本书的出版得到"吉林大学哲学社会学院一流学科建设"项目资助

吉林大学哲学社会学院一流学科建设丛书

太极之音
——中国文化复兴之路

TAIJI ZHIYIN
——ZHONGGUO WENHUA FUXING ZHILU

龙晶 著

中国社会科学出版社

图书在版编目（CIP）数据

太极之音：中国文化复兴之路/龙晶著 . —北京：中国社会科学出版社，2019.11

（吉林大学哲学社会学院一流学科建设丛书）

ISBN 978 - 7 - 5203 - 5232 - 1

Ⅰ.①太… Ⅱ.①龙 Ⅲ.①哲学—研究—中国 Ⅳ.①B2

中国版本图书馆 CIP 数据核字（2019）第 216458 号

出 版 人	赵剑英
责任编辑	朱华彬
责任校对	张爱华
责任印制	张雪娇
出　　版	中国社会科学出版社
社　　址	北京鼓楼西大街甲 158 号
邮　　编	100720
网　　址	http://www.csspw.cn
发 行 部	010 - 84083685
门 市 部	010 - 84029450
经　　销	新华书店及其他书店
印刷装订	北京市十月印刷有限公司
版　　次	2019 年 11 月第 1 版
印　　次	2019 年 11 月第 1 次印刷
开　　本	710 × 1000　1/16
印　　张	45
字　　数	690 千字
定　　价	248.00 元

凡购买中国社会科学出版社图书，如有质量问题请与本社营销中心联系调换
电话：010 - 84083683
版权所有　侵权必究

序　言

21世纪将是人类走向天下大同的时代。天下大同不仅仅是指人类在政治、经济、科学、技术等文明建设方面走向一体化，更同时指人类文化将进入一个全新的时代。在这个全新的时代中，各民族都将返回自己文化的根源，复兴传统文化的精神，同时相互交流、吸收和融会贯通，在更高层次上产生可以容纳各民族文化传统的世界性文化，达到天下一家、和而不同的精神境界。在世界各民族中，中国古人最早发展了容纳天下的文化精神。从易经、儒家到道家，中国文化的精神始终立足于太极、天地人和大道的宏大格局中，具有包容天下的世界性和吸收世界各民族文化的潜在能力。因此，中华民族承担了带领人类走向天下大同的历史使命。我们必须以中国哲学为基础吸收西方哲学，以古代文化为基础实现中国文化复兴才可能完成这个历史使命。这就是从中国文化的源头传来的太极之音。

我在哲学探索的道路上走了二十多年，经历了从中国到西方再从西方返回中国的发展历程。出国之前我潜心研究了《周易》和《道德经》。在海外十八年的探索中，我初次聆听到了太极之音，看到了西方哲学史和中国哲学史的内在关联，明白了二者其实是世界哲学史的不同发展阶段。世界哲学史就是太极通过人展开自我思考的历史。由于人类思考的有限性，世界哲学史的不同发展阶段需要不同的民族来承担。总的来说，世界哲学史从中国古代哲学的宏大格局开始，思考了太极的变易、天地人和大道，接着进入西方哲学史，发展了从小道（可言之道）出发的形而上学，并且在形而上学走向终结之后重新返回大道、天地人和太极，最终发展出吸收了西方哲学的世界性中国哲学。20世纪的德国哲学家海德格尔开启了克服形而上学，从小道返回大道的思考之路。所以世界哲学的精神正在转回中国，同时带来了中国文化复兴的暗潮涌动。

自从2012年从海外回国任教于吉林大学哲学系，一个走出现代、走向大同的中国文化复兴时代就开始进入我的意象，激励我去探索通向这个新时代的道路。在回国六年来的探索中，我潜心聆听玄妙高远的太极之音，体会天地人一体的境界，思考世界哲学史和人类历史从初到终的运动，展望太极之道的永恒轮回。另外，我深感中国文化的精神已经在当代中国人的生活中失落。太极之音的呼唤就是要把我们从这种失落中唤回，让我们超越浮躁的精神状态和随波逐流的生活方式，回归真我，回归天地，回归太极。因此，我在博客中开设了"中国文化复兴系列讲座"，循序渐进地展开这条回归之路，并把这条回归之路实现为融合中西哲学，发展世界性中国哲学的道路。本书就是在这个系列讲座基础上写成的，因此它既是一部从太极而来的哲学交响曲，同时也构成了一条中国文化复兴之路。伴随这个系列讲座的写作，我还写下了不少相关的文章和诗歌。这些文章和诗歌将另外集结成书，以"太极之余音"为题出版。

本书的出版得到了吉林大学哲学社会学院和哲学基础理论研究中心的大力支持。哲学社会学院开放的思想氛围为我的思考和写作提供了良好环境。特别感谢贺来教授对本书的写作给予的理解和支持。和哲学系诸多同仁及学生的交流使我获得了精神上的激励。我还曾就本书涉及的一些现代物理问题与物理系研究生王奇交流，获益匪浅。在海外期间我曾与美国夏威夷大学的成中英教授交流易学本体论的思考，受到了热情的鼓励，并与加拿大布鲁克大学的陈荣灼教授交流海德格尔和中国哲学的问题，深受启发。张祥龙教授结合现象学和中国哲学的做法也启发了我的思考，在回国后的交流中得到了进一步的帮助。我对中国文化复兴的探索和我对中国当代音乐的体会密不可分。特别是邓丽君和萨顶顶的音乐给了我深刻的启示。没有她们唱出的妙曲天音，就不会有这本《太极之音》。

龙晶

二零一八年十二月十八日

于长春观澜湖畔

目　录

导论 …………………………………………………………… 1

 一　太极之音 ………………………………………………… 1
 二　世界哲学史 ……………………………………………… 2
 三　中国文化复兴之路 ……………………………………… 4
 四　世界性中国哲学 ………………………………………… 8
 五　本书的读法 ……………………………………………… 13

第一部　回归真我

第一讲　论生命 ……………………………………………… 19

 一　生命的中心——心情和欲望 …………………………… 19
 二　生命的两面——处境和环境 …………………………… 22
 三　生命回旋运动 …………………………………………… 24
 四　身体作为生命的物化 …………………………………… 27
 五　生命的意义 ……………………………………………… 28

第二讲　生命与诗歌 ………………………………………… 31

 一　诗境回旋运动 …………………………………………… 31
 二　中国古典诗歌的意境 …………………………………… 34
 三　中国古典诗歌的格律 …………………………………… 38
 四　诗意的人生 ……………………………………………… 51

第三讲　生命与音乐 56

 一　音乐与意志 56
 二　乐音的属性 60
 三　旋律与和声 80
 四　性情的人生 92

第四讲　现代人生命的演变 95

 一　生命的智慧 96
 二　现代人生命的客观化 100
 三　现代人生命的工具化 106
 四　现代人生命的主观化 112
 五　走出现代主体性 118

第五讲　我是谁？ 120

 一　我与生命 122
 二　我与常人 125
 三　我与时空 133
 四　我与万物 140

第二部　回归天地

第六讲　天地与我 147

 一　我的生命来自地 147
 二　我的意志来自天 157
 三　我来自天父地母 165
 四　儒道佛的基本立场 167

第七讲　天地与万物 · 173

　　一　天地物化　气土火水 · 173
　　二　生物进化　从地向天 · 180
　　三　日月运行　天地开合 · 187
　　四　宇宙智慧　科学真理 · 190

第八讲　天地与人 · 197

　　一　共同在世 · 198
　　二　地生风俗 · 205
　　三　天降礼乐 · 211
　　四　礼俗社会 · 225

第九讲　服装和建筑 · 229

　　一　服装是我之为人的物化 · 229
　　二　建筑是人之为人的物化 · 242
　　三　当代中国的服装和建筑 · 259

第十讲　语言与世界 · 266

　　一　逻各斯 · 267
　　二　解释与言谈 · 272
　　三　大道和小道 · 275
　　四　漫游的世界 · 281
　　五　行动的世界 · 289
　　六　敬拜的世界 · 294
　　七　诗意的世界 · 298

第三部　回归太极

第十一讲　论太极 · 309

　　一　太极 · 311

二　太极生成圆象 ································· 313
　　三　乾坤转生天地 ································· 322
　　四　太极生成宇宙 ································· 324
　　五　太极生人 ····································· 363
　　六　太极生成历史 ································· 382

第十二讲　易经与希腊神话 ··························· 398
　　一　易经中的原始思考 ····························· 398
　　二　希腊神话中的原始思考 ························· 428
　　三　结语 ··· 450

第十三讲　从太极看世界哲学史 ······················· 452
　　一　世界哲学史的先天性与后天性 ··················· 453
　　二　世界哲学史的 34 个先天位置 ··················· 456
　　三　结语 ··· 617

第十四讲　易经对世界哲学史的描述 ··················· 619
　　一　易经下篇 34 卦和世界哲学史的 34 个先天位置 ···· 620
　　二　结语 ··· 681

第十五讲　论爱情 ··································· 683
　　一　爱的本质 ····································· 683
　　二　爱的理想 ····································· 686
　　三　爱的现实 ····································· 694
　　四　爱的悲剧 ····································· 703

导　论

一　太极之音

所谓太极就是原始自性。亿万星系、日月山川、花草鸟兽乃至人类自身，无一不从太极而生。太极之所以能生，乃因太极以阳为本，以阴为体，既同于自己又异于自己，故阴阳交合，生生不息。但太极初生之物并非可见、可闻、可触的具体事物，而是毫无具体特性之无形大象，唯有阴阳性及其交错组合而已。这些无形大象以六十四卦为核心内容，整体上构成了太极既圆满又圆融的自我形象，即太极圆象。圆象就是太极第一次自我生成的结果。太极接着从自身转生出了内含圆象的天地，再通过天地的阴阳交合，让地中的圆象孕育成宇宙生命，进而生出到世界中成为动物生命，经过漫长的进化史，最后通过人类形成社会，统一了天地之间的世界。天地其实是从原初的太极转生的第二太极。所以原初的第一太极可称之为乾坤，以别于从乾坤转生的天地。

人生天地之间，承担了在世界中完成太极发展的历史使命。历史就是太极在世界中的自我生成。这是太极的第二次自我生成。这种自我生成的目标就是要通过男女之爱实现乾坤阴阳交合、生生不息的本质，使男女之爱成为太极最终的自我形象，构成太极的永恒轮回，同时还要通过政治经济（天治地养）把天地实现为人类生活的现实基础。当人类认识到太极是世界各民族的共同父母，就会走向天下一家，同时把天治地养实现出来，使人类大家庭中每个人的生活都得到天父地母的支持，最终达到天下大同。历史的终极目标就是永恒之爱和天下大同。除了爱情和政治经济之外，其他历史活动（哲学、艺术、科学、技术等）的本质也都是在世界中把太极实现出来，只是实现的内容和方式有所不同。其中，哲学是指导其他历史活动的特殊历史活动。所以，历史的终极目标只能在世界哲学史完成从中国到西方，从西方返回中国的发展时才能开始实现出来。

二　世界哲学史

所谓哲学就是人对事物最彻底的思考，也就是对事物本源的思考。但哲学不完全是人的作为，而是本源通过人所做的自我思考。太极就是一切事物的本源。太极实现哲学的方式就是把自己投射到人的思考中，形成太极的自我形象。这种投射来自太极，而人只是隐隐约约感受到某种东西在召唤人思考它，并通过不断的探索把这种思考发展出来，就形成了所谓的哲学。但人类历史发展出了许多不同的哲学，怎么能说它们都是太极通过人所做的自我思考呢？问题就在于人的思考是有限的，无法从一开始就把握太极的全部内容，所以太极只能一次又一次地投射自己。最初的投射是整体性的，但形成的只是混沌的原始思考。接下来的每次投射就突出太极的某个方面，形成独具特色的某个哲学位置，最后才把太极的种种不同方面收拢起来，重新回到整体，达到对太极的完整认识。所以，世界哲学史的发展形成了一个封闭的圆圈。

世界哲学史是许多哲学位置前后相续的连贯发展。所谓哲学位置就是从太极而来，被某个时代的人们共享的思维倾向。这种思维倾向在各种历史活动中都会有所表现。哲学不过就是把它纯粹地发展成思考而已。把它纯粹地发展成思考的人就自然地成了代表这个位置的哲学家。那么，世界哲学史究竟有多少个不同的位置，它们又是如何前后相续地发展的呢？虽然从人的角度看这个问题有多种可能的答案，但从太极的角度看却只有一个，因为最初的整体性投射，从某次投射过渡到下次投射的方式，以及要经过多少次投射才能返回整体，都是被太极本身的结构先天决定的。① 我对世界哲学史做了多年的思考，最终确定了世界哲学史的全部 34 个先天位置，并从太极出发推演了它们前后相续连贯发展的方式。下面就是我得到的结果：

1 易 2 孔子 3 老子 4 毕达哥拉斯 5 庄子 6 巴门尼德 7 杨朱 8 芝诺 9 赫拉克利特 10 普罗塔哥拉 11 苏格拉底 12 柏拉图 13 亚里士多德 14 伊壁鸠鲁 15 阿奎那 16 笛卡尔 17 斯宾诺莎 18 贝克莱 19 莱布尼茨 20 洛克 21 休谟 22 康德 23 叔本华 24 谢林 25 费希特 26 黑格尔 27 梅洛-庞蒂 28 维特根斯坦 29 罗素 30 尼采 31 胡塞尔 32 萨特 33 海德格尔 34 太极易

这个结果也许会让熟悉哲学史的读者感到惊讶，因为它似乎不完全符合哲学史的实际发展过程。但只要明白这 34 个黑体名字指的是哲学的先天位置，而不是哲学家，其先后顺序来自世界哲学史的内在发展逻辑，而不是哲学家在历史中出现的方式，就不至于那样惊讶了（我只是借用哲学家的名字来代表哲学位置）。②

值得注意的是世界哲学史在中西之间运动的方式。这种运动不是时空中的运动，而是哲学内在精神的运动。世界哲学史开始于**易**对太极发展过程的混沌的原始思考。**孔子**走出了在第一太极和第二太极之间运作的占筮思维，开始专注于发展第二太极的天地人。**老子**则从第二太极逆行回第一太极，但只专注于太极的发展过程而忽略其开端（乾坤），把这个过程当成完全自然无为的运动（大道）。**老子**突出了不可言之道（大道）和可言之道（小道）的区别。因此，世界哲学史从**老子**之后就从大道转入小道，从逻各斯所归属的小道出发思考，开始了西方哲学史的历程，虽然曾经几次返回中国哲学史，但最终还是丧失了大道的视

---

① "先天"在这里是广义的，指不是来源于人的实际生活（但可以在实际生活中表现出来）。相应地，广义的"后天"指来源于人的实际生活。

② 关于哲学史的先天性和后天性的复杂关系，以及 34 个哲学位置的推演，我在第十三讲《从太极看世界哲学史》中有详细分析。

野，直到**海德格尔**才从小道重新返回大道。所以，世界哲学史最终必然要返回**易**，从乾坤出发重新理解太极的发展过程，同时吸收西方哲学史的发展，形成完整地认识太极的**太极易**。世界哲学史在中西之间运动的方式说明了为什么中国哲学在先秦之后始终坚守易儒道的宏大格局，而西方哲学则不断突破自身，却又在20世纪走向自身的终结。这个终结意味着世界哲学的精神正在转回中国，并将带来中国文化的复兴。

三　中国文化复兴之路

近百年来中国的现代化过程基本上就是西方化的过程，以致当代中国的文化已经很难说得上是真正的中国文化。虽然西方现代文明具有一种相对于古代文明的优越性，与之相伴随的西方现代文化却从20世纪开始变得越来越肤浅和平庸。因此，吸收西方现代文明并不意味着我们必须全盘接受西方现代文化。相反，我们完全有可能在吸收西方文明的同时复兴中国文化，建立一个以现代文明为现实基础，以中国文化为理想境界的新时代。这样做之所以可能就在于文化与文明是太极在世界中实现自己的两种不同方式。二者虽然相互关联，相互补充，但本质上是相互独立而非融为一体的。中国文化复兴的前提就是把文化与文明区分开来。

从大体上说，**文化**包括爱情（家庭）、哲学、艺术、品德等实现意义、精神、境界的活动，而**文明**则包括政治经济、科学、技术、劳动等实现体制、功利、效果的活动。从历史活动的本质来说，文化是从理想角度实现太极，而文明则从现实角度实现太极（由于太极有多种发展层次，文化和文明也相应地有多种形式。第十一讲《论太极》将为历史活动分类并阐明各种历史活动的本质）。许多民族的语言对文化和文明都有所区分，但到目前为止这些含糊的区分并没有被上升到哲学的高度，更没有使文化和文明在实践中实现相对独立的发展。① 从历史的角度看，现代西方人倾向于让文化从属于文明，所以在现代文明获得迅猛发展的同时，现代文化逐步丧失了独立性，最终成为现代文明的附庸，因而变得越来越肤浅平庸。相反，中国古代文化境界恢宏，博大精深，以致中国古人倾向于让文明从属于文化，所以古代中国无法从自身发展出（缺乏文化精神的）现代文明。虽然西方人和中国人混淆文化和文明的方式是相反的，但这些混淆都同样带来了问题。

近代中国人羡慕的主要不是西方现代文化而是西方现代文明。但因为中西都以各自的方式混淆了文化与文明，近代中国人深深感到要发展出现代文明就必须彻底放弃传统文化，导致20世纪初的新文化运动中出现了全面否定中国传统文化的激进言论。从那以后，中国人的梦想就是富国强兵，拥有西方人拥有的那种文明的社会与生活环境。许多当时的知识分子都认为要达到这个目标，就必须彻底摧毁束缚现代文明发展的传统文化。今天，经过几十年的改革开放，中国的文明建设已经在很多方面获得了迅猛发展，甚至开始在全球化中起到推动作用，所以全面否定传统文化的激进言论已经没有了市场。相反，复兴传统文化的浪潮正在日益高涨。

但近代中国人的这种激进言论却值得我们反思。世界上没有哪个民族会如此激烈地否定自己的文化传统。这种面对西方文明冲击时的过激反应暴露了一个事实，就是中国文化在理想性方面达到的高度和深度伴随着中国社会在现实性方面的一种不足。这种不足不是因为中国古人不够聪明，而是因为中国古人一直没有让文明独立于文化来发展。例如，把政治和家庭结合并提倡以德治国、以礼治国的做法导致了重人治轻法治的社会，而从汉朝开始的轻商倾向则使中国的经济思想长期不发达。所以，古代中国在发展出深刻、宏大、优美文化的同时却没有发展出独

---

① 例如，汉语中的"文化"有"文采"和"教化"的意思，暗示着一种意义、精神和境界，而"文明"则带有"开明"和"昌明"的意思，与现代政治经济、科学、技术等等密切相关。在英语中，"culture"（文化）含有"培养"和"修养"的意思，而"civilization"（文明）则来自词根civil（公民的，市民的），同样与现代政治经济的特点密切相关。但这些区分在两种语言中都是含糊的。

立、成熟的政治经济体制，一个人人都可以在其中自由、平等、有保障、有尊严地生活的社会环境。其实，中国古代文明的发达程度可以和西方古代文明相比，甚至在很多方面更为先进。但当西方开始进入现代文明阶段时，中国古代文明就开始显示出它从属于文化发展的局限性。因此，当古老的中国文明遭遇西方现代文明时，在体制、功利和效果方面更为发达和成熟的后者必然会迫使前者屈服于它的强力，并殃及池鱼地让近代中国人产生了全面否定中国传统文化的激进言论。

另一方面，现代西方让文化从属于文明的做法导致文化也按照文明的法则来发展，逐步丧失了从超越根源而来的理想性。政治所追求的平等本来是关乎权利和义务的文明法则，却逐步演变成一切人类活动的潜在法则，掩盖了文化追求差异、卓越、层次和深度的本质。政治所保护的自由本来是个人在社会中存在的现实基础，但也从一种文明形式扩展为一种文化精神，仿佛个人自由是生命最高的意义，只要不伤害他人，一切自由行为都是好的，导致人们任意放纵自己，滋生出许多颓废变态的生活方式。经济所追求的效益和价值本来只是人类共享（从大地而来的）有用之物，使生活得到保障的一种手段，但已经演变成一切人类活动共同追求的目的，以至于文化被商业化和市场化。科学本来只是以实证的方式揭示宇宙万物的规律，但却通过"科学的世界观"扮演了只有哲学才能承担的揭示意义的角色，导致现代世界的祛魅和生命意义的失落。技术本来只是把自然物转化为有用之物的现实活动，但技术对待自然的态度已经演变成人类对待自然的普遍态度，导致诗意的世界退化为按照技术方式运作的无意义世界。劳动本来是个人在世界中维持自身生存的现实活动，但在已经丧失意义的世界中被当成个人维持自性的唯一方式，使现代人仅以自食其力和生活富足为精神上的满足，而不再像古人那样追求修身养性、安身立命的品德。总的来说，20 世纪以来的西方文化不断地被体制化、工业化、商业化、平民化，变得越来越肤浅和平庸。这种大众文化已经丧失了文化本来应当有的独立于文明的理想性，亦即从超越根源而来的意义、精神和境界。

在西方现代文明的主宰下，西方现代文化已经很难从自身产生摆脱这种主宰的力量。幸运的是，虽然近代中国人为了吸收西方现代文明而被迫放弃中国传统文化，文化大革命更使传统文化的大树受到了严重创伤，枝叶枯萎，花果飘零，但中国古代文化的根是永远生生不息的太极，即使暂时被掩盖也会重新破土而出。中国文化复兴不仅对中华民族，而且对人类都将是有重大意义的历史事件，因为中国文化本质上就具有世界性。由于中国哲学从整体上揭示了太极，中国文化具有独特的全体性和境域性。全体性就是指中国文化的意义、精神和境界来自太极本身，包括太极的整个发展过程。因此，从本质上说，中国文化不但不排斥其他民族的文化，而且潜在地可以包容世界各民族的文化。境域性则是指中国文化是在天地之间生长出来的。天地之间是人类所在的最原始的敞开域，亦即最高意义上的"世界"。虽然易儒道偏重于太极的不同方面，但它们都十分注重天地之间的境域性，不断从超越的根源维持其海纳百川、成就一切事物的本性。从印度传来的佛教则突出了原始敞开域本性虚空、圆融无碍、容纳一切世界现象的特性，所以能够最终融入中国文化，深化了后者的境域性。中国文化的境域性为其全体性提供了最好的发展空间，使得从太极而来的种种意义、精神、境界能够在世界中各得其所，和谐共存，甚至相互生发，融会贯通（这就是为什么中国文化在儒道佛三教并行的唐朝达到了发展的顶峰的原因）。全体性和境域性的结合使中国文化具有独特的包容天下的**全世性**。所以，在中国古代文化中隐藏着人类走出现代、走向大同的希望。

走出现代不是要否定现代，而是要走出现代文化的狭隘格局，进入太极的全体性和世界的境域性中，使人类文化从超越的根源重新获得意义、精神和境界。当文化进入全世性发展时，文明也会相应地从文化获得新的理解，其普世性将在文化的全世性观照下发展，使世界恢复多层次的立体结构。**普世性**就是普遍适用于世界中所有人的特性。虽然文化也可以有普世性，但其本质并不是普世性，因为文化追求的意义、精神和境界可以有多种层次、多种特色的差异。文化的全体性覆盖了一切事物，但保留了事物的层次和分殊，使一切事物都能充分实现其独特的自性。相反，文明忽略事物的层次和分殊，其现实法则可以普遍适用于每个人，如人人都有平等的权利和义务，人人都需要衣食住行，科学的真理性不因人而异，技术产品人人可用，等等。这种普遍性来自人在客观现实方面的共性，可以仅仅用智性或理性把握（相反，全体性和境域性必须用心去感受和实践）。普世性追求最普遍、最大、最快、最多等量化指标。但真正的意义无法量化，而只能来自太极全体在世界境域中的种种显现。西方文化的全世性主要来自基督教中的创世神。但在基督教已经衰落的现代社会，西方文化失去了从神而来的全世性，使世界丧失了意义上的统一性，所以现代文明的种种普遍法则就被提升为具有意义品格的"普世价值"，凭借现代文明统一社会的力量，以不可阻挡的趋势推广到一切人类活动，使现代文化被片面地"普世化"，不断降落到让所有人都感到虚假优越性的最低水平上，丧失了从更高层次展现世界意义、引导人们不断向更高境界上升、不断向本源回归的全世性。

所以，人类需要中国文化复兴来帮助人类走出现代，走向大同。所谓现代就是人被转化为主体的时代。人的主体化意味着生命的中心从感受和实践生命意义的"心"转移到了追求确定性、价值和信息的"判断力"。从超越根源感受并实践生命意义的独一无二的"我"被转化成了在肤浅平庸的大众文化中体会自我价值的"主体"。目前在西方和中国流行的都是这种丧失了意义根源的大众文化。因此，要开启中国文化复兴的新时代，我们必须超越随波逐流的生活方式，走出现代主体性，回归真正的我，才能进一步向我的自性根源（天地）回归，并最终回归到一切事物的本源（乾坤）。这样人类才能进入太极的永恒轮回，并从这种太人合一的境界出发更新和深化世界的意义。所以，大体上来说中国文化复兴需要经历三个步骤：1. **回归真我** 2. **回归天地** 3. **回归太极**。这就是我在哲学探索中领悟到的中国文化复兴之路。我所写的"中国文化复兴系列讲座"就是根据这条思路展开的。本书是该系列讲座的提炼和系统化。因此，我在书中保留了讲座的形式，并根据以上思路分成三部分：第一部"回归真我"，第二部"回归天地"，第三部"回归太极"。

四　世界性中国哲学

我对中国文化复兴的探索是从哲学角度出发的，所以这种探索同时也是我尝试发展世界性中国哲学的过程。虽然中国古代哲学本质上是全世性的，但它主要从整体上把握太极的发展，而没有深入到许多细微的发展层次。另一方面，西方哲学史虽然从大道转入小道，最终丧失了大道的视野，但这种思考突出了小道的末端（逻各斯）及其源头（宇宙逻各斯或宇宙理性），为世界哲学提供了不同于中国古代哲学的思考路径，发现了中国古代哲学不曾探入的许多精细入微的太极发展环节。所以，中国哲学必须以古代哲学的宏大格局为基础吸收西方哲学，才能深化和丰富其全世性，以"从大入小，从小返大"的方式认识太极整体，真正实现世界哲学的目标。

突出逻各斯使西方哲学偏向精细的分析和追根究底的考察，而不像中国古代哲学那样偏向以知行合一的方式感受和实践所思之物。总的来说，中国古代哲学的基本特点是"知其然行其然"，而西方哲学的基本特点则是"知其所以然"。哲学要真正通达太极就必须用心去感受和实践，而不能仅仅通过概念来把握事物。以逻各斯为中心的西方形而上学传统常常执着于概念辨析和理论构造，遗忘了概念和理论在生活实践中的起源。但逻各斯并不仅仅具有把握概念的能力，同时也具有组织和解蔽现象的作用。所以，当西方形而上学传统在黑格尔之后走向衰落时，西方哲学就开始转向逻各斯的另外一面，发展出了对现象进行精细分析的现象学。特别是海德格尔在《存在与时间》中发展的现象学突破了现代主体性，把人理解为在世界中的存在者，突出了心情在人的存在方式中的中心地位，从而接近了中国古代哲学对生命和世界的把握。这种现象学放弃了现代哲学从主体和意识出发的倾向，返回人的生活现象，让事物如其所是地显现自身，把哲学概念带回它们在生活中的起源，在现象中发现隐藏其中的本质结构。这种做法和中国哲学注重生活实践的倾向是相契合的。但与中国哲学不同的是，现象学对现象做十分精细的分析，从中提炼出现象的本质结构，从而不但能够"知其然"，还能把我们引向"知其所以然"。如果我们以中国哲学的宏大格局为思考背景，坚持中国哲学注重生活实践的立场，同时又吸收现象学的方法来考察生活现象，就可以澄清"我"、"天"、"地"、"世界"、"人"、"大道"等等哲学核心词在生活现象中的起源，使中国古代哲学的思想在当代生活中重获生机。所以，本书第一部"回归真我"和第二部"回归天地"是采用现象学方法展开的。

第一部"回归真我"从生命现象出发通达真我，构成了**生命现象学**。第一讲《论生命》揭示了生命和心之间的回旋运动，指出我就是心与生命的阴阳合一，亦即生命的统一性。《生命与诗歌》和《生命与音乐》则从生命回旋运动出发揭示诗歌和音乐的本质，指出真正的人生就是诗意的人生、性情的人生。《现代人生命的演变》则从生命智慧的变异出发，结合现代社会的三个发展阶段解释了现代人生命的异化（客观化、工具化和主观化），指出了恢复生命智慧、走出现代主体性的途径。最后一讲《我是谁？》从生命回旋运动出发改造了海德格尔在《存在与时间》中对本真性的现象学分析，将"回归真我"带向了高潮。

第二部"回归天地"通过考察我们在生活中对天地的潜在领悟来通达天地人，构成了**天地人现象学**。《天地与我》揭示了天地是我的自性之源，生命回旋运动是天地在生命中阴阳交合的结果，澄清了我从天地生出到世界中的方式，借此解释了儒道佛的基本立场。《天地与万物》则考察了本来无形的天地把自己物化为天空和大地，把生命物化为生物体的方式，指出了生物进化的意义，以及科学的真理性和局限性。《天地与人》把生命回旋运动扩展为世界回旋运动，指出人就是世界的统一性，考察了礼俗社会如何实现本真共同在世，把人统一在天地之间。《服装和建筑》则考察了服装和建筑如何从物化角度帮助人实现居于天地之间的本质。最后一讲《语言与世界》分析了逻各斯在领悟和判断力之间的回旋运动，从逻各斯与小道和大道的关系出发考察语言的本质，揭示了语言如何帮助人类把世界敞开在天地之间，将"回归天地"带向了高潮。这个讲座受到了海德格尔语言之思和老子的启发，是中西哲学的一次直接交汇。

第一部和第二部在某种意义上构成了对中国古代哲学（儒道佛）的现象学阐释。我的做法不是从经典出发解释经典，而是从我们熟悉的生活现象出发，通过精细的分析提炼出其中隐含的本质结构，借此对中国古代哲学做出"知其所以然"的解释和重构，帮助我们从现代主体一步步地回归真我，回归天地。古代经典是中国古人从生活实践中直接感悟出来的，所以无论什么时候都是我们取之不尽、用之不竭的思想源泉和实践中国文化精神最为宝贵的、不可取代的向导。然而如果我们仅仅满足于学习和实践古代经典，就只能"知其然行其然"而无法真正"知其所以然"，无法超越古人的思想，更不可能破旧立新，以世界性的目光复兴中国文化。

  但现象学方法也有其局限性。虽然现象学分析可以从生命追溯到天地，但要继续追溯到第一太极（乾坤）就很困难。另外，虽然从生活现象提炼本质结构的做法把我们引向了"知其所以然"，但还不足以形成自圆其说的"知其所以然"。因此我们必须进一步发展从太极本身出发思考其发展过程的本体论。① 这种本体论实际上就是人对太极在宇宙逻各斯中的自我思考的模仿。宇宙逻各斯就是太极在宇宙生命中形成的宇宙智慧或宇宙理性。宇宙逻各斯不出现在世界中，而是深藏于小道的开端，是中国古代哲学仅仅含糊地有所知晓而不曾真正探入的细微层次。太极通过宇宙逻各斯思考了自己的一切发展（包括世界哲学史和人类历史），然后才把自己物化在宇宙中，产生宇宙万物，并进一步让宇宙生命生出到世界中成为有限生命。人赖以思考的逻各斯其实就是宇宙逻各斯的有限化，而宇宙逻各斯向有限逻各斯的运动就是所谓的小道。西方哲学探入了小道的运动，发展出了模仿宇宙理性的形而上学思考。但西方哲学从小道出发的思维方式倾向于混同思考与所思之物，因此无法恰当地通达太极的发展过程。然而，如果我们在现象学揭示的无形天地的基础上，把太极当成阴阳合一的原始自性，再根据原始自性的内在矛盾推演其发展过程，这种本体论推演就不会混同思考和所思之物，而且可以最终落实到生活现象中。

  所以，第三部"回归太极"不再采用追根溯源的现象学方法，而是反过来从太极出发理解其发展过程，构成了**太极本体论**。《论太极》从原始自性出发，根据其内在矛盾推演太极的发展，包括生成圆象，转

---

① 这里所用的"本体"一词指一切事物的本源，是从中国哲学而来的概念。"本体论"指的是纯粹从本源出发的思考，而不是对西方哲学中的"ontology"的翻译。"Ontology"旧译为"本体论"，但现在一般译为"存在论"，因为其义就是"存在的研究"。

生天地，孕育宇宙生命，生出为动物生命，进化为人，最后通过历史活动在世界中实现自己的全过程。特别值得一提的是，这个推演包括太极生成宇宙的过程，从太极的物化出发解释了宇宙大爆炸的起因、太阳系的生成和地球的演化，以及牛顿力学、相对论和量子力学对宇宙物质的研究，构成了本书的"自然哲学"。《论太极》初步形成了自圆其说的太极本体论。在此基础上，《从太极看世界哲学史》模仿太极的自我思考推演出哲学的 34 个先天位置，把中西哲学史统一成了有内在发展逻辑的世界哲学史。这个推演（**伊壁鸠鲁**部分）还揭示了基督教和佛教在世界哲学史中的先天起源。《易经与希腊神话》和《易经对世界哲学史的描述》共同构成了对易经的太极本体论解读。这个解读表明易经原文与希腊神话都是人类（通过占筮思维和神话思维）对太极发展过程的原始思考。特别值得指出的是，根据这个解读，易经上篇 30 卦描述了第一太极的发展过程；下篇 34 卦描述了第二太极中人类历史（以哲学史为主线）的发展过程。所以，下篇 34 卦的排列和筮辞来自世界哲学史的 34 个先天位置（这些位置在太极的自我思考中已经先天形成，因此可以通过小道送出到人类对太极的原始思考中）。这种本体论解读揭开了隐藏在易经朴素经文背后的奥秘，纠正了从《易传》开始流传至今的"以爻解易"的错误做法。最后一讲《论爱情》则把"回归太极"带向了高潮，因为爱情就是阴阳合一的太极在世界中实现自己的理想方式，是人类回归太极的真正希望所在。

  总的来说，本书是发展世界性中国哲学的一个初步尝试。海德格尔为我们架起了从西方哲学通向中国哲学的桥梁。我在本书中所做的就是走过这座桥，把西方哲学史吸收到中国哲学的宏大格局中，产生融合中西的哲学。我所走的就是从海德格尔到中国哲学的道路。但海德格尔的思考止于第二太极，而本书的太极本体论则返回到了第一太极。所以，这条哲学道路的终点就是中国古代哲学在易经中的起点，但在经历了世界哲学史的圆圈之后，它已经变成了世界哲学的新起点。另外，本书从现象学到本体论的进路还受到了黑格尔的启发（与黑格尔从《精神现象学》到《哲学全书》的进路相似）。但黑格尔虽然（以混同思考与所思之物的方式）隐约窥见了第一太极到第二太极的发展过程，却没有看到太极本身。尼采是另一位探入太极发展过程的西方哲学家。其探索突出了贯通太极发展过程的太极阳刚之力，但同样没有看到太极本身。虽然如此，尼采对基督教和道德说教的批判曾经帮助我获得精神的新生。其所思之永恒轮回、超人和酒神精神也曾对我有所启发。在西方哲学史中，只有这三位伟大哲学家的思考真正从整体上触及了太极的发展过程。所以，《从太极看世界哲学史》对他们所代表的哲学位置做了最详细的分析。

五　本书的读法

本书最恰当的读法就是按顺序从头读到尾。这看上去是个多余的建议，但言出有因。许多读者喜欢挑选一本书的有趣章节来读。这种读法可以作为本书的一块敲门砖。但要真正读懂本书就要尝试没有跳跃地从头读到尾。本书的思考涉及太极从始至终的发展过程，层次很多，内容很丰富。为了让读者能够循序渐进地达到对太极的完整理解，我对十五个讲座的内容和顺序做了精心安排。每个讲座都在为后面的讲座铺路；每个讲座中的章节也都是这样安排的。本书是从生命开始一步步通向太极的一部哲学交响曲。如果读者能够耐心、细心地按顺序从头听到尾，就能听到完整的太极之音。读前两部时既要联系生活现象进行感悟，同时也要把握从现象中提炼出来的结构，这样进入后面更高层次的结构时就不会感到困难了。由于本书的思考是自成体系、自满自足的，其前进方式又是层层铺垫、循序渐进的，任何有兴趣、有思考能力的读者都有可能不借助其他书籍的帮助就读懂本书的基本意思。[①] 但哲学思考毕竟是不容易的，既需要生活中的感悟也需要精细的辨析，所以不同的人可能会达到不同层次的理解，或者从不同部分获得启发。这些就是完全因人而异，甚至因时而异的了。哲学的道路并非只有一条。如果你发现了

[①] 哲学史中的许多思想都没有经过现象学或本体论的澄清。因此最好的做法是尝试从本书的思想出发理解中西哲学史，而不是反过来用中西哲学史的现成思想来理解本书。

特别适合你的通往本源的思考之路，就可以自己探索下去，或许你最终会发现我们只是以不同方式在思考同样的东西。

另一方面，本书不仅是一部哲学著作，也构成了一条中国文化复兴之路。如果读者愿意走上这条道路，阅读本书的过程同时也就是自我更新、自我超越的过程，更可以是结合生活实践、参与中国文化复兴的过程。纸上得来终觉浅，绝知此事要躬行。现象学和本体论的探讨十分精细，但还不是中国哲学的核心部分。这个核心部分就是知行合一的，在生活实践中展开的思考。我把这个核心部分称为**太极学**。这是需要每个读者亲身实践的。没有这种亲身实践，本书的思考过程就始终还不是真正的中国哲学（现象学和本体论可以激发和引导这种实践，但不能代替它）。在知行合一的实践方面中国古人给我们留下了最好的榜样。这不但体现在古代经典中，也体现在反映古人生活的其他书籍、诗词、小说、戏剧、绘画、礼乐、风俗、服装、建筑等多种形式中。归根到底，哲学只是文化的一部分而已。中国文化复兴有许多不同的道路、许多不同的实现方式。但不论以何种方式实现，真正的中国文化只能活在当代人的生活中。

我们正站在历史的一个关键转折点。未来将不再是现代的简单延续，也不是古代的简单重复，而是人类历史最终要通向的大同时代。因此，中国文化复兴需要我们解放思想，展望未来。时代正在呼唤那些能够默默地聆听太极之音，返回古代文化的源头，让它在当代生活重新生长的人们。这些未来的人们必须甘愿让自己为太极所用，敢于冒险，敢于创造，敢于超越当下流行的事物。他们必须深深地扎根在中国古代文化中，同时又具有宽广的心胸，以世界性的目光重新理解中国古代文化，以融会贯通的灵性吸收西方文化。他们还必须能够忍受孤独和寂寞，放弃虚荣和名利，深深扎根在人类生活的土壤中，深深扎根在脚下的中国大地，走出城市生活的喧闹和浮躁，走向高山峻岭、草原湖泊，深入农村、乡镇、古城、偏远地区和少数民族地区，自愿而非被迫地"上山下乡"，寻找中国文化最深的根。他们中有些人还可能会游历世界，把世界各民族文化的精华吸收到中国土地上，同时让中国文化走向世界。

最重要的是，这些未来的人们必须是真正的实践者。他们不应该把古代文化理解为已经过去的东西，满足于把古代文化作为一种怀旧对象展现在文化秀中，或者把古代文化作为一种符号粘贴到现代人的生活中，或者象征性地和现代文化拼凑在一起。相反，他们应当把古代文化理解为从一个深厚根源生长出来的东西。这个根源虽然被现代生活埋没，但仍有可能在现代人的生活中重新生长。他们应该把古人看成是我们的同时代人，把古代文化看成是可以在当代生活中创造性地重演的事物，深入考察和体会中国古人的生活方式，有选择地恢复和改造可以在当代生活中复活的优秀成分，借此创造出更新更美好的东西。当这些未来的人们勇敢地带来一种新的生活方式时，新的文化就会在其中发芽，再经过精心浇灌就可以不断生长。近年来，复兴中国文化已经成为人心之所向。每个人都可以在心中聆听太极之音在这个时代的呼唤。每个人都有独一无二的天命。我们踏上中国文化复兴之路的方式可能不同，但只要我们勇敢地走下去，就一定会在新的时代中相会。

第一部

回归真我

第一讲　论生命

　　生命是我们最熟悉的东西。但我们最熟悉的往往并不是理解得最清楚的。正因为生命对我们是这样熟悉，我们通常不会保持距离观察它。相反，我们被生命吸引、感动、激荡，同时努力把握生命的契机，战胜各种险阻，创造出生命的灿烂与辉煌。但我们的努力又常常遭受挫折，不曾预料的发展往往让我们措手不及，以至于生命虽然还吸引着我们，却不再显得那样熟悉了。彷徨之余，我们也许会追问"生命的意义到底是什么"？于是我们和生命拉开了距离，审视着它，力图理解它的意义，最终却发现生命的意义似乎不在生命本身，而是来自更高的源泉。换句话说，我们发现生命的意义恰恰在于超越生命的事物，以至于我们甚至有可能为了伟大的事物牺牲生命，并因此活出生命的最高意义。

　　生命的这种悖论告诉我们：生命不是最高的东西，但它却能让更高的东西通过它显示出来。因此对生命的理解是我们理解种种超越事物的前提。我们在生活中已经对生命有一种非理论、非概念、潜在的领悟。但我们对生命的这种日常领悟是初步而又含混的。因此我们有必要观察我们的生活现象，提炼对生命的潜在领悟，澄清生命的内在结构和运动，以期达到对生命的更加透彻的领悟。一句话，我们需要对生命做一个现象学考察。

一　生命的中心——心情和欲望

　　当我追问"生命的意义到底是什么"时，我所说的"生命"不是指我的身体，而是指我的生活领域。这个领域的根本特点就是它的敞开性。一切我熟知的现象都出现在这个本性虚空的敞开域中。所以，生命也可以看成是包含种种生命现象的现象总体。这个现象总体不是静止的而是处在不断的运动变化之中，同时又在运动变化中保持相对不变性，因为它始终是**我的**生命。当我从家里漫步到附近的公园时，出现在生命中的现象就从桌子、椅子、电脑、灯光、音乐等变成了道路、游人、绿树、鸟鸣、湖水、蓝天等。虽然出现在生命中的现象发生了变化，我并没有因此拥有一个不同的生命，而只是拥有了不同的现象作为同一个生命的具体内容。显然，我之为我，和生命的这种不变的统一性有密切关系。

　　生命中的种种现象虽然千变万化，却始终被统一在一个中心。这个中心就是我们通常所说的"心"。"心"首先指的是心情，也就是对生命的感受。生命可能会让我兴奋、愉快、陶醉，也可能让我担心、焦虑、害怕，而在日常生活的大部分时间里我可能更多地处在平淡的心情中。兴奋、愉快、陶醉、担心、焦虑、害怕、平淡……这些都是心情可能采取的具体样式。心情就是生命的感受中心。它以感受的方式展现了生命所处的状况。好的心情展现生命处于正面的状况，而坏的心情则展现生命处于负面的状况。即使是平淡的心情依然展现出生命所处的状况，也就是它的平凡无奇。

　　必须注意的是，"生命所处的状况"指的是生命整体的状况，而不是它的某个具体内容的状况——生命的某个具体内容只有在和生命整体相关的意义上才属于"生命所处的状况"，才会参与影响我的心情。我担心某次考试的结果，是因为它和我的人生息息相关。如果这次考试只是一个问卷调查，对我的整个生命根本无足轻重，我就不会为它感到担心。同样的道理，一个关于股市行情的消息可能会让一个持股人欢呼雀跃或者颓然崩溃，但却不会影响一个街头流浪汉的心情。当然，我们也看到有些人会为了生活中的一些琐碎的事情感到不愉快，例如打碎了一个玻璃杯之类。这种不愉快说明他们已经暗中习惯于从生命中的一些琐碎的事情来理解生命本身，以至于让自己的心情受这些事情的影响，仿佛它们使自己整个生命发生了变化似的。

　　当心情和他人有关时，我们通常称之为"感情"。他人之所以会和我的心情有关,是因为他人是与我的生命整体密切相关的重要事物。恋爱的幸福心情说明我的生命由于恋人出现其中而变得特别有意义。相反,对某个人的厌恶心情则说明我的生命由于此人的出现而处于被贬低、被破坏、被侮辱等负面状况。感情虽然和他人有关,它所展现的仍然是我的生命的状况。就这点而言感情和其他心情没有本质区别。我对恋人的感情虽然超越了我的生命,以至于我甚至愿意为她牺牲自己的生命,这种感情所展现的仍然是我的生命的一种状况,即它从一个超越它的事物获得了特别的意义。

总之,不管心情有什么样的具体内容,它都有"展现生命所处状况"的品格。心情并不将生命的状况展现给随便什么人,而是把它展现给我自己。但我并不在心情之外通过观察来发现心情所展现的东西。相反,我只能"作为心情"感受生命的状况。生命的状况之所以会影响心情,就因为心情总是把生命感受为"我的"生命。一句话,我是"作为心情"拥有生命的。心情就是我在生命中最原始的现身,也就是最原始的"我自己"。① 这不等于说我就是变化多端的种种心情。作为"我自己"的心情不是指心情的具体内容,而是指心情展现生命状况的品格。种种具体心情都是这种品格在不同处境中的具体表现。

心情虽然是最原始的"我自己",它本身却是一种被动的意志。心情拥有生命的方式是完全被动的"我被生命如此这般影响"。生命产生了心情为其感受中心。在此中心我第一次作为拥有生命的意志存在着。作为一种意志,心情是生命中的种种现象之一,但它同时又展现了生命整体(现象总体)的状况。心情的这种独特性无法从生命本身得到解释,因为没有什么理由认为现象总体中必须有一个独特现象专门感受这个总体。这说明心情必定来自某个拥有生命整体的超越根源。生命依靠这个超越根源才能产生心情为其感受中心。心情的这种既内在又超越的

---

① 海德格尔曾从存在论角度发现了心情的这种特性。他讨论心情时用的德语词 Befindlichkeit 字面意思是"自己在其中现身的状态",同时又具有"感受"的意思。参见〔德〕马丁·海德格尔《存在与时间》(修订译本),陈嘉映、王庆节译,生活·读书·新知三联书店 2012 年版,第 156—157 页。译者将 Befindlichkeit 译为"现身情态"。本书对《存在与时间》的所有引用皆出自该译本。

特点是我们能够理解各种超越生命的事物之关键。至于心情的超越根源是什么,它是如何从这个根源被抛入生命中的,在此我们先存而不论。

心情的被动性说明它不是我唯一的意志。我不仅被动地感受生命的状况,同时也想主动地把握生命,将生命真正地转化为"我的"生命,而不仅仅是一个被给予我的生命。我不会仅仅为考试担心,同时还会努力地去做各种准备以便通过考试。我的努力潜在地来自一种最原始的欲望,即想要把握生命,将之置于自己力量之下的欲望。我的种种具体的欲望,比如想通过考试,想找一个好的工作,想拥有公寓和汽车,甚至最简单的想出去散散步的欲望,都起源于我想把握生命,将之置于自己力量之下的原始欲望。原始欲望想做的就是将生命整个地把握为"我的"生命。[①] 种种具体欲望都只是原始欲望的具体化。和心情不同的是,欲望不是被动地感受生命,而是主动地把握生命。但排开主动与被动的不同,欲望和心情一样构成了生命的中心。**心情是生命的感受中心,而欲望则是生命的行动中心**(任何行动本质上都是欲望实现自己的过程)。作为生命的中心,心情和欲望其实不是相互隔离的两个意志,而是同一个意志的两个方面。我们把这个意志称为"心",以表示其作为"生命中心"的特性。心通过拥有生命作为"我的"生命而成为生命的"我自己"。**我就是意志与生命的阴阳合一**(阳性的意志以生命为其阴性对象)。

二 生命的两面——处境和环境

既然生命的中心(心)有心情和欲望两个不同方面,生命也相应地有两个不同方面。首先,生命是一个决定我的心情的现象总体。通过决定我的心情,生命将我置入一个"被如此这般影响"的处境。因此,

---

[①] 在《存在与时间》中,海德格尔详细讨论了心情的存在论特性,但对于欲望则完全没有涉及。在他看来诸如意愿、冲动等通常归之为"欲望"的现象不具有存在论上的重要性。对欲望之存在论特性的忽略使海德格尔未能发现我们将在第三节讨论的"生命回旋运动"。

生命对于作为心情的我显现为"处境"①。"在处境中"就是我作为心情的存在方式。我可能处在一个令人兴奋的处境、一个令人感到幸福的处境，也可能处在一个令人沮丧的处境、一个令人害怕的处境……。虽然处境的具体样式是丰富多彩和千变万化的，每个处境都是通过决定我的某种心情才成其为处境的。纯粹的生命，完全不决定任何心情的生命只是一种理论上的虚构。即使最平凡无奇的生命也会决定一种相应的心情，即一种平淡的心情，一种仿佛"没有心情"的心情，而这种"没有心情"的心情往往最具有毁灭性，因为它可能会慢慢地侵蚀我们的生命，直到有一天我们再也无法承受生命的这种平凡无奇而突然间变得烦躁甚至疯狂。

和心情不同，欲望不是被生命决定的意志，而是主动把握生命的意志。作为欲望，生命不是影响我的"处境"而是我可以在其中有所作为的"环境"。在生命这个环境中，我可以通过把握种种具体事物来把握生命本身。例如，我可以通过巧妙地安排室内的各种家具来改变我的居住环境，使我能在其中更加自由舒畅地做各种事情，或者将一片长满杂草的野地清理出来，种上瓜菜和水果，以便更好地享受生活。环境是一个对我的欲望敞开的，可以在其中做这种那种事情的生活领域。和处境一样，环境首先指的是生命整体而非具体事物，但生命的空洞敞开性又总是让具体事物出现其中。在处境中，事物以有意义的方式向心情出现，而在环境中，事物则以可操作和有用的方式向欲望出现。环境中最常出现的是直接上手的用具或用具整体，诸如桌子、笔、电脑、汽车、商店、体育馆……以及不是马上可用，但可以通过改造使之变得有用的可操作之物，诸如野地、石头、木料等。② 然而，生命之所以能向我敞开为环境，不是因为它充满了有用的或者可以变得有用的东西。恰恰相反，是欲望把生命敞开为可以在其中活动的环境。只有在这种为欲望敞开的环境中，某物才可能相对于欲望显示出它的可操作性和有用性。即

---

① 在《存在与时间》中，海德格尔提到了处境（Situation），但没有明确地把处境和心情（Befindlichkeit）联系起来。参见《存在与时间》，第 341—342 页。

② 海德格尔把用具和用具整体出现于其中的敞开领域称之为 Umwelt，相当于我们所说的"环境"（中译者把它译为"周围世界"）。参见《存在与时间》，第 78—85 页。

使我在某个时刻没有任何具体欲望，我依然有一个原始欲望，也就是想要把握生命整体，将之置于自己力量之下的欲望。这种原始欲望不是一个概念或想象，而是一个极其单纯的意志，一个仅仅欲望着生命本身的意志，一个没有任何具体内容但随时可以化生出具体内容的意志。在日常生活中，这个原始欲望通常总是已经沉浸在它化生出来的种种具体欲望之中，以至于我可能会觉得欲望总是具体的。但在某些特别的场合，例如当我面临一种不确定何时会到来的危险时，这个仅仅欲望着生命本身的意志就有可能明确地显露出来。正是作为这样一个仅仅欲望着生命本身的意志，我才总是拥有一个可以在其中实现种种具体欲望的环境。

作为欲望，我的存在方式就是"在环境中"。所以，我的"在生命中"是由"在处境中"和"在环境中"共同构成的。与"在处境中"的被动存在方式相反，"在环境中"是一种主动的存在方式，其最普遍的形式就是操劳于环境中的种种具体事物，为了实现某些具体欲望而不断地忙碌。但即使我无所事事时，我的存在仍然具有主动的那一面，因为我仍然在默默地欲望着生命本身，否则我就无法理解什么叫"无所事事"，即那种虽然欲望着生命本身但无法将这种欲望具体化的状态。即使我完全被动地感受着我的处境，例如当我沉浸在失去亲人的痛苦中时，我依然拥有一个我可以在其中活动的环境。即使我完全不想在这个环境中做任何事情，我仍然理解做各种事情的可能性。正是由于我仍然在默默地欲望着生命本身，生命才被敞开为我可以在其中活动的环境，这样我才能理解做各种事情的可能性。总之，只要我仍然活着，我就必定欲望着生命本身（尽管我可以不把这种欲望具体化）。所以，我的存在方式永远都有被动和主动两个方面。

三　生命回旋运动

根据上面的讨论，生命的内在结构包括四个要素：心情、欲望、处境、环境。心情和欲望是生命中心（心）的两个不同方面。处境和环境则是生命整体的两个不同方面（处境和环境的区分不是具体内容的区分，而是整体特性的区分）。这四个要素构成了生命的两种不同的内在运动：在处境中（心情被动地感受处境）和在环境中（欲望主动地把握环境）。这两种截然相反的运动方式是如何结合在一起的呢？

作为一个有限的存在者，我并没有创造我的生命。我首先必须作为心情接受一个被给予的生命，然后才能作为欲望主动地去把握这个生命。所以，"在处境中"是"在环境中"的前提，而"在环境中"则是"在处境中"的发展。但发展必须返回前提才能真正将发展实现出来。所以，在生命的四个要素之间存在一个不断回旋的运动，也就是从处境到心情，从心情到欲望，从欲望到环境，再从环境返回处境的一个首尾相接的运动（见图1）。生命的这个回旋运动结合了被动的"在处境中"和主动的"在环境中"，共同形成"在生命中"的存在方式。这个回旋运动就是心作为原始的"我自己"活在生命中的方式。

处境 → 心情
↑　　　↓
环境 ← 欲望

图1　生命回旋运动

我首先必须被给予一个生命，在心情中体会这个生命的处境，然后才能主动地通过欲望在环境中的活动来把握这个处境（活动的结果形成了新的处境）。正是因为心情仅仅被动地接受生命，心情才会产生出欲望去主动地把握被给予的生命，从而通过欲望真正把生命拥有为"我的"生命。因此，欲望起源于心情的被动性。欲望就是心情为了"变被动为主动"而产生的外部存在。欲望从心情而来，并向心情回归。从心情升起的欲望在环境中的活动归根到底是为了把握影响心情的处境。但作为有限存在者，我永远不可能将生命变成纯粹是我的主动创造。心情通过欲望在环境中的活动来把握处境的努力永远都不可能将处境的被给予性完全消灭，而只能让处境以一种新的方式被给予，从而产生出新的心情和欲望。生命回旋运动就这样不断地进行下去，直到生命不再被给予我为止。

　　生命回旋运动就是心将生命拥有为"我的"生命，使生命获得统一的方式。**我就是生命的统一性**。生命回旋运动就是我的存在方式，亦即生命向心显现为"我的"生命之方式。正因为生命作为圆融一体的敞开域显现出来，生命中的具体事物才能借此显现在生命中。生命回旋运动牵涉到的四个要素（处境、心情、欲望、环境）都是和生命整体相关的。这四个要素的原始状态与生命中的具体事物无关，因此本质上是空灵的。它们之间的回旋运动是由生命整体及其中心的特性先天决定的，而不是来自生命的具体内容。这种空灵的生命回旋运动就是**生命的原始律动**。但生命作为一个敞开域的特点又总是让具体现象出现其中。所以，虽然我本质上是由生命原始律动构成的，这个原始律动可以具体化成我的生活经验。下面就让我们以一个例子来说明这种牵涉到具体内容的回旋运动。

　　当我看到一只凶猛的狗向我冲过来时，我感到自己的生命受到了威胁。这个感受是一种害怕受到伤害的心情。这个害怕的心情将我的生命展现为一个危险的处境，激起我主动地把握这个危险的处境，将它置于我的控制之下的欲望。这个欲望促使我在周围的环境中采取某种行动来控制我所面临的危险处境，例如捡起一块石头来对付这只凶猛的狗。当这只狗被我投掷的石头吓跑时，我的处境就由危险转为安全，而我的心情也就由害怕转为平静。这个发生在我的生命中的事件就是一个牵涉到生命具体内容的回旋运动。我之所以能对一个具体的处境做出回应并采取行动去改变它，是因为我的生命的四个要素先天地形成了一个关系到生命整体的回旋运动。我不需要思考这个先天的回旋运动，甚至不需要去注意它，因为我就是由这个先天的回旋运动构成的。即使什么都不做的时候我也仍然处在其中，而且随时可以把它具体化。例如当我百无聊赖地躺在院子中的一个躺椅上时，我依然可以体会到我的无聊的处境，同时也可以随时对处境中的任何变化做出迅速的反应，例如在觉察到第一粒雨滴时就从椅上一跃而起。

四　身体作为生命的物化

我之所以能在觉察到第一粒雨滴时就从椅上一跃而起，不仅仅是因为我拥有一个可以称之为"我的"生命的现象总体，同时还因为我拥有一个可以称之为"我的"身体的物。如果我仅仅是一个拥有现象总体或生命整体的意志，我作为意志就没有具体性，从而无法真正拥有具体的生命现象作为"我的"现象。我必须拥有一个通往具体现象的桥梁才能具体地活在生命中。这个桥梁就是我的身体。①

我的身体不仅仅是一个出现在环境中的物，而且是一个独一无二的物，因为它是万物中唯一的一个我想移动就可以立即移动的物。这说明我作为欲望总是拥有身体作为"我的"身体，也就是作为我随时已经把握，总是在我的力量之下的一个特别的物。身体可以随时被欲望移动的特性不是欲望创造出来的，而是大自然赐给欲望的天然礼物。正是因为欲望可以在任何时候随意地移动身体，我作为欲望才可能随意地在环境中走动，并通过移动身体去操作环境中的各种物来让它们为我的活动服务。身体作为大自然赐给欲望的天然礼物具有和生命整体一样的特点——它被欲望先天地拥有为"我的"。身体作为一个物将生命"被欲望拥为己有"的特点具体地实现在了自己身上——身体就是生命的"物化"。

为了移动身体，欲望并不需要从外面看到它。一条鱼或许从来没有从外面看见自己的身体，但却可以在任何时候随意地移动它。同样的道理，尽管从外面看见我的身体对我熟悉自己的身体有帮助，我对身体的移动却是一种直接的、内在的行动。这种内在的行动有它自己的一种"看"，也就是对身体姿势的内在知觉。凭着这种内在知觉，即使我闭着眼睛都可以随时移动身体的任何一部分。看见环境中的一物对我移动

---

① 海德格尔在《存在与时间》中忽略了身体对"在世界中"的桥梁作用，使其对世界结构的分析不够完整。我曾在一篇论文中讨论了这个问题。参见 Jing Long, "The Body and the Worldhood of the World", *Journal of Philosophical Research*, Vol. 31, 2006。

它有重要的指导意义。但当我已经能够熟练操作它时,我也可以不看着它来操作,而且往往会因此操作得更好,仿佛它就是我的身体的一部分似的,因为我已经把对身体的内在知觉延伸到了这个物上。通过学习使用环境中的种种用具,我最终可以达到对它们的一种类似于熟悉身体的那种熟悉。这些用具因此成为我的身体在环境中的一个延伸,并构成我的自我熟悉的一个日常成分。因此,"在环境中"的完整形式是"通过身体在环境中"。

但身体不仅仅是一个我可以随时移动的物,它还是一个伴随着自身感受和欲望的物。这说明随着生命物化为身体,生命的中心(心情和欲望)也被物化在身体中,使我感觉到身体的冷暖和疼痛,拥有食欲和渴欲等身体欲望。我不但可以移动身体去使用环境中的物,还可以通过身体的感受和欲望体会物对生存的意义,从而可以具体地活在生命中。① 既然身体不仅物化了生命,而且还物化了统一生命的意志,身体就不仅仅是生命的物化,而且是我的物化。身体不仅仅是我的,而且它本身就具有"我"的品格。所以,当身体感到累时我会说"我很累",当身体感到饿时我会说"我饿了",等等。但归根到底,我首先是生命的统一性。身体之所以会具有"我"的品格乃在于它物化了我。心所具有的超越根源说明我是以超越生命的方式活在生命中的,而身体作为我从生命整体进入生命具体内容的桥梁,则是超越生命的事物和生命中种种具体事物之间的一个天然通道——我是一个既超越又内在的,心身合一的存在者。

五 生命的意义

我的生命之所以有意义,是因为它能让种种现象出现其中,从而展

---

① 身体有现象和物自身的两面性。作为现象的身体是直接被感知的,而作为物自身的身体(生物体)则是不依赖感知客观存在的。这两个方面是密切结合、互相对应的。欲望所移动的身体既是我直接从内部感知的现象身体,同时也是客观存在的身体(在做梦的特殊情形中,欲望移动的只是现象身体,而作为物自身的身体并没有同时被移动)。生物体是生命最早的(客观的)物化形式(参见第七讲《天地与万物》)。生命必须通过生物体才能敞开为一个现象领域,作为现象的身体才能出现在这个领域中。

现这些现象对于我的意义。某个现象在生命中的意义展现在它影响心情的方式中。**心情就是生命的意义中心**。每种心情都以其独特的方式展现了生命的一种意义。生命最原始的意义就是它是"我的"。我因此对被给予的生命有一种原始的熟悉和亲切感，亦即感到生命就是我的家。对生命感到"在家"就是我的原始心情。这种心情不牵涉到生命的具体内容，而只和生命作为一个被给予的、有意义的整体相关。正是在这种原始心情的基础上，我才可能对生命中的具体事物产生一种"在家"式的熟悉和亲切感，例如把我可以安居其中的房屋当成"家"，或者把我的生命被给予被爱护的地方，亦即父母所在的地方，当成我的"家"。父母是我在世界中的根源。当我把父母所在之处当成"家"的时候，我就深化了生命的原始意义。

生命的意义可以从许多事物得到深化。除了父母，我们还为生命中出现兄弟姐妹以及恋人、朋友等而感激，因为和他们的亲密关系扩展和提升了我们的生命。他们在生命中的意义就展现在感情这种特别类型的心情中。另外，我们也会觉得家乡、祖国乃至于人类是我们个人生命所归属的一种更高的东西，其意义就展现在我们对家乡、祖国和人类的爱中。我们还会感到诸如哲学、艺术、政治、科学等人类活动是有意义的。我们对这些活动的献身就是基于对它们的热爱。除此之外，生机盎然的大自然也充满了我们可以默默地感受到的意义，以至于我们常常在大自然中体会到生命的喜悦。生命中有意义的事物是非常多种多样的。这些事物之所以对我们有意义，不仅仅是因为它们出现在我们的生命中，更重要的是它们本质上超越了我们的生命，从高于生命的源泉展现了生命的意义。

这点不应该让我们感到奇怪。生命本身只不过是一个敞开域。这个敞开域作为整体具有"空"的特性，唯其如此它才能让种种现象出现其中。一切事物，不论其来源如何，最终都可能在生命中出现为一种现象。生命的意义就在于让这些事物出现，让它们在生命中是其所是。因此，生命的虚空本性不是否定生命的理由。相反，生命正是由于其空性才能让一切事物在其中成就它们自己，从而构成生命丰富多彩的意义。所以，生命的空性不是"死寂"而是"空灵"。一切出现在生命中的事物都在来源上比生命本身"更早"（唯其如此它们才能"出现"在生命中而不是被生命凭空创造出来）。生命不但比其他一切事物"更晚"，而且它的空灵使一切事物都可能出现在生命中，通过生命实现出它们自身的意义。这正是生命的意义所在。

　　从这个角度来说，生命的意义是被给予的而不是我们凭空创造的。这种被给予性就表现在心情的被动性中。心情被动地感受生命的意义，而欲望则通过主动地把握生命来展开和深化心情所感受到的生命意义。如果我仅仅是让恋人在我的心中激起美好的感受，我就永远处于一种被动地羡慕她的状况。生命固然因为她出现于其中而变得特别有意义，这个意义并没有充分地对我展开。但如果我主动地去接近她，去表达我的爱慕，用实际的行动去爱护、保护、体贴她，我就以一种主动的、创造性的方式展开了我被动地感受到的一种意义，从而让这个意义得到了深化。同样的道理，如果我作为一个原始居民仅仅是以感恩的心情享用大地生长出来的一些野菜水果，我很快会把大地的这种恩泽耗光。但如果我细心地栽培这些野菜水果，让它们生长得越来越丰盛，我就以一种主动的、创造性的方式展开了大地的恩泽，从而深化了大地对于我的意义。

　　生命回旋运动所实现的正是生命意义的不断展开和深化。虽然心情和欲望都同样处在生命的中心，**生命的重心是心情而不是欲望**，因为欲望是为了实现心情所感受到的生命意义而存在的。如果我们体会到的生命意义是肤浅、无聊、庸俗的，那么欲望在环境中的活动就无法真正实现出生命的意义。这就是为什么有时候我们会在表面上最热闹、最忙碌的生活中隐隐地感受到生命意义的虚无。另一方面，如果我们仅仅是被动地体会生命的意义，仅仅满足于一种心灵的安乐，我们就没有充分地展开和深化生命的意义。因此，我们不但应当用心体会生命的意义，而且应该通过积极的活动展开和深化它。通过展开和深化超越生命的各种事物的意义，我们就可以让它们在生命中实现它们最终的发展，而这就是我们实现生命意义的根本方式。

第二讲　生命与诗歌

　　生命的意义不仅可以在生活中也可以在艺术中展开和深化。诗歌就是通过语言展开和深化生命意义的一种艺术。这点在中国古典诗歌中表现尤为突出。中国古典诗歌不仅是中国文化最伟大的成就之一，而且是直接从中国人的生命中生长出来的花朵。下面就让我们以中国古典诗歌为例来说明生命与诗歌的关系。首先让我们看看生命回旋运动是如何在诗歌中实现出来的。

一　诗境回旋运动

　　诗区别于其他文学形式的一个基本特征是它的句子可以单独成行。这看上去好像只是一个无关紧要的形式，但却反映了诗和其他文学形式的根本区别：诗中的每个句子都可以单独地展现生命的意义。诗对语言的使用显然和其他文学形式有本质的不同。其他文学形式是通过言语显示一些生活场景，以便通过这些场景的发展变化来展现生命的意义。显示一个生活场景需要一段话。所以，这些文学形式展现生命意义的基本单位是段落而非句子：句子之间不能断开，否则就会破坏了段落所描绘的生活场景。相反，在诗中，言语本身就是生命意义的直接展现。诗中的每个句子都单独地展现了一种意义，所以可以单独成行（有时甚至可以把一个句子分为若干行来突出某些句子成分的意义）。诗歌作为从句子到句子的运动就是生命意义的不断展开和深化。

　　诗歌的运动因此和生命回旋运动密不可分。生命回旋运动的不断循环就是所谓的"生活"。散文和小说等其他文学形式正是通过对生活的描述来显示一个又一个生活场景，让我们体会到生命的意义如何从一种处境到另一种处境转变，不断被人在环境中的活动展开和深化。在这种描述中言语是为显示生活场景服务的（尽管言语有其自身的美感）。但在诗歌中，言语本身就是生命回旋运动的一种实现方式。在这种方式中，生命的四大要素（处境、心情、欲望、环境）被转化成了诗歌的四大要素（意境、感受、期望、语境），形成了一种特别的"诗境回旋运动"。

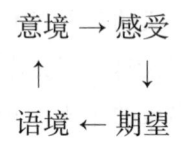

$$
\begin{array}{ccc}
\text{意境} & \to & \text{感受} \\
\uparrow & & \downarrow \\
\text{语境} & \leftarrow & \text{期望}
\end{array}
$$

图 2　诗境回旋运动

让我们以李白的《月下独酌》为例来看看诗境回旋运动是如何进行的。

花间一壶酒，独酌无相亲。
举杯邀明月，对影成三人。
月既不解饮，影徒随我身。
暂伴月将影，行乐须及春。
我歌月徘徊，我舞影零乱。
醒时同交欢，醉后各分散。
永结无情游，相期邈云汉。

这里意义的基本单位是由"上下句"组成的更为完整的"联句"。这首诗产生于一种独自在月下饮酒的孤独处境。第一联"花间一壶酒，独酌无相亲"首先把这种处境转化成了一种意境。处境是完全真实的生活状态，而意境则经过了想象的转化。即使是读此诗的人没有和李白一样身陷孤独的处境，却还是能感受到一种孤独的意境。这里说的"感受"

不是一般的心情（读者并没有真的陷入孤独的心情），而是由所想象的意境引起的心情（即使李白也可能只是想象月下独酌的情景，而不一定真的是在月下独酌）。从孤独的感受中产生出了主动把握其意境的期望。期望不是一般的欲望，因为它想要把握的不是一个真实的处境而只是想象中的意境。由于最初的意境是言语产生出来的，这个期望就从意境中打开了一个言语可以在其中活动的环境，也就是一个语境，其中有运用语言的各种可能性（词汇就是语境中的有用之物）。但这个语境中包含的各种可能性并不是任意的，例如不存在说出"明月弄花影，花香醉人心"的可能性，因为这种美丽怡人的景象无法从孤独的意境中自然地升起。所以，第一联所形成的孤独意境把从它产生的语境限制到了一个特定的区域中。这个特定的区域中仍然存在言语的多种可能性，而如何选择这些可能性正是诗人显露才华的地方。从这种特定的语境中，诗人吟出了下一联"举杯邀明月，对影成三人"。这不见得是他在环境中的真实行动，但却自然地从当前的语境中被想象出来。这句诗回到了原来的意境并将它深化了（虽然孤独，但毕竟有明月相伴）。然而，这个深化还没有真正把握住诗人体会到的孤独意境的全部内涵。于是，已经深化了的意境进一步通过对它的感受和期望产生出新的语境。在这个新语境中，诗人吟出了下一联"月既不解饮，影徒随我身"。这样就把看似不孤独的"举杯邀明月，对影成三人"所导致的孤独深化出来。下面的"暂伴月将影，行乐须及春"及"我歌月徘徊，我舞影零乱"从孤独的意境中转化出了与月亮同歌共舞的"及时行乐"意境，但接着的"醒时同交欢，醉后各分散"又一次显露了挥之不去的孤独。最初的孤独意境就这样不断地被言语展开和深化（包括向反面的转化和回转），直到最后一句"永结无情游，相期邈云汉"才结束在一种希望和无情的明月在银河边（仙境中）相见的自我安慰，把孤独意境发挥到极致，从而结束了初始意境的展开和深化过程。

　　李白的诗才就在于他从当前语境中产生新句子的过程纯然来自把握意境的期望，而不夹杂什么别的企图（如故意要表达某种思想，故意制造惊人的佳句等），也不需要在语境中反复斟酌，精挑细选。因此他的诗通常显得自然流畅，不事雕琢。当然这不仅仅需要一种"纯粹为了意境"的心态，还需要丰富的想象力和从语境中迅速提炼出恰当句子的能力。但后二者的作用归根到底还是为了展开和深化意境。意境来源于诗人的生命处境，而展开和深化意境的"诗境回旋运动"就是通过语言实现的"生命回旋运动"。意境就是诗人的生命在诗歌中的升华，是诗歌的真正灵魂所在。

二　中国古典诗歌的意境

意境作为经过想象力转化的处境，本质上是**生命整体**的一种特别状态。尽管意境的具体内容总是和具体事物相关，意境首先牵涉到的是生命整体而不是其中的具体事物。因此，虽然诗歌的意境必须通过某些意象（想象力构成的具体形象）来形成，意境却不是这些意象或者它们的总和。相反，意象只是起到了引发意境的作用。中国古典诗歌最重要的一个特点就是善于通过意象的运用来展开和深化意境，因此它的着眼点在生命本身的意义，而不仅仅是某些具体事物的意象。

在《红楼梦》第四十八回中，香菱向林黛玉请教作诗。黛玉说道："词句究竟还是末事，第一立意要紧。若意趣真了，连词句不用修饰，自是好的，这叫做'不以词害意'。"如果把"立意"理解为"创造意境"，那么黛玉的意思就是作诗最要紧的是创造意境，而不能仅仅修饰词句来制造一些新奇的意象。但香菱误解了黛玉所说的"意趣"，于是接着说："我只爱陆放翁的诗'重帘不卷留香久，古砚微凹聚墨多'，说的真有趣！"黛玉却劝她："断不可学这样的诗。你们因不知诗，所以见了这浅近的就爱，一入了这个格局，再学不出来的。"陆游的诗句中有一些具体的意象，还形成了工整的对仗，但不能很好地形成意境（全诗试图写一种闲暇的生活，但偏向于修饰词句来制造意象，而不是从意境生成意象）。如果从这种有意象无意境的诗句开始学习作诗，就无法学会创造意境，从而很难学会用语言来展开和深化生命的意义。

必须注意的是，我们所说的"意义"并不是语文教科书经常谈到的"主题思想"或"中心思想"。生命的意义是一种潜在的、与生命本身融为一体的领悟，是我们在心情中达到的对生命整体的一种非语言、非概念的领悟。哲学在思考中提炼和升华这种领悟，而诗歌则把生命想象为意境来展开和深化这种领悟。意境不是说出来的，而是心中默默感受到的。诗的词句只是说出了一些意象来形成一个场景，而读者只有通过对这个场景的想象和切身的**感受**，才能把这个场景转化为意境。当然，诗人在创作的时候必须在意境所敞开的语境中写作，写出的场景才能让人有所感受，否则就只能写出有意象无意境的场景，成为词语的堆砌。

《月下独酌》对孤独的心情有比较直接的描述。其孤独的意境基本上是直接展现在场景中的，比较容易感受到。但有些诗的意境并不直接展现在言语所描述的场景中，而必须靠读者将自己置身于场景中细心地加以体会才能感受得到。例如，李白的《送孟浩然之广陵》。

> 故人西辞黄鹤楼，烟花三月下扬州。
> 孤帆远影碧空尽，唯见长江天际流。

第一联说的是在繁花似锦的春天送别故人去扬州。黄鹤楼传说是仙人飞升之处。在这种地方和这种时候送好友去繁华的扬州，隐含为故人喜悦的心情。这种心情没有说出来，但从黄鹤楼、烟花、三月、扬州这些美好的意象中可以体会得到（这些意象是从意境生成的）。第二联的意境则更加微妙。表面上看它只是描写了船离开的情景，但仔细体会，"孤帆"，"远影"，"碧空尽"，展开了对故人离开自己，孤身一人，越行越远的感受。诗人一直望着故人的船离去，直到船消失在天边，只看见长江在天边流着。可见诗人抬头之高，遥望之远，时间之长。当然，这是有点夸张的写法，但这种由言语想象出来的意境，虽然没有直接说"依依不舍"之类的话，却更能让人如临其境地体会到诗人依依不舍的心情。借用王国维的术语，这就是一种"无我之境"的写法（相比之下，《月下独酌》的写法就是"有我之境"）。[①] 其实无我之境并非真的无

[①] 王国维在《人间词话》中首先提出了"无我之境"和"有我之境"的区别，但分析得不是很清楚，以致后人有多种不同解释。

我。表面上单纯描写生命的诗在读者心中产生心情，从而体会到诗人没有写出的心情。这种写法似乎把诗人或诗中人物的"我"排除在诗歌之外，其实是悄悄地移植到了细心的读者身上。李白的《玉阶怨》同样是一种无我之境的写法。

> 玉阶生白露，夜久侵罗袜。
> 却下水晶帘，玲珑望秋月。

秋天的夜晚，一个后宫女人在室外独自坐了很久，直到玉石台阶上生出了白露，阴气渐渐透入袜子。夜深室外不胜寒。她只好回到室内，把水晶帘子下了，以纯净如水的目光隔着帘子望天上的明月。整首诗没有一个字写她的心情，但更让人如临其境地感受到她的孤独、寂寞和虽然无奈但仍然充满期盼的怨情。

有时诗人对生命的体会不是一种普通的心情，而是某种非常微妙的感受，这时无我之境的写法就显得更有必要了。例如王维的《鹿柴》。

> 空山不见人，但闻人语响。
> 返景入深林，复照青苔上。

这种场景似乎没有任何心情的痕迹，似乎全然无我。但其实所描写之场景的无我恰好能让读者的"我"如临其境，亲身感受到了生命整体的空灵和澄明（空山不见人而只闻人声，就像生命能容一切事物，但并非塞满了东西，而是有无限丰富的动态可能性。落日的余晖穿过幽暗的深林，照在本来不显眼的青苔上，就像生命让出现其中的事物获得了澄明）。这是对生命整体的一种非常纯粹的原始感受。诗人没有直接写出这种感受，而只是想象了引起这种感受的意境，这便是诗人的高妙之处。

再看王维的《终南山》。

> 太乙近天都，连山到海隅。
> 白云回望合，青霭入看无。

分野中峰变，阴晴众壑殊。
欲投人处宿，隔水问樵夫。

这首诗首先以夸张的笔触突出了太乙（终南山主峰）的高度和绵延，暗示了终南山的丰富地势，接着描绘了在山中行走时的情形（身边分开的云在身后又聚拢，一团雾走进去后却好像什么都没有），以及山峰两边一晴一阴、各山峰天气不同的奇景，形成了扑朔迷离、不知身在何处的意境。最后想要找个人家住下来，还得隔着山中的一条水流问对面打柴的樵夫。在扑朔迷离的大山中问路，还得隔着水流去问对岸的人。这个奇特的景象把扑朔迷离、不知身在何处的意境推到了极致。"隔水"两字是全诗最出彩的地方。人隔着水流交谈，这是日常生活中不常见的景象，隐含人与自然合一、人与人通过自然相关联的意境。虽然不知身在何处，但自然就是人的家园，即使扑朔迷离也仍然有家可归。最后这联的意境极其微妙而不易体会，以致众说纷纭。有些人甚至批评它与前面三联意思不连贯。这是把前面三联仅仅当成写景的错误看法。即使在写第一联时，整首诗的意境已经以某种方式在诗人的想象中被朦胧地体会到了，否则就不会被这样一步步展开和深化，并在最后一联画龙点睛。只有细心体会整首诗的意境，才不至于把一些诗句当成仅仅在写景。好的诗句是不会单纯写景的。比如，韦应物的"春潮带雨晚来急，野渡无人舟自横"看似单纯写景，但它却像梵高画的景物一样让人在无人的环境中更深刻地感受到人的存在。这种看似单纯写景而其实意境深远的无我之境在唐诗中可以说是不胜枚举。《终南山》的最后一联"欲投人处宿，隔水问樵夫"写到了人的行为，但其中的微妙意境必须靠读者如临其境地去想象和感受，因此也是一种无我之境的写法。

一般说来，无我之境的写法确比有我之境高出一筹，因为它让读者如临其境地亲身感受到了诗的意境。相反，有我之境的写法把诗人（或诗中人物）的心情写在诗中，让诗人的心横在诗人的生命和读者的心之间，使读者的心无法绕开诗人的心去体会诗人的生命，所以比不上无我之境的写法更为直接地再现了诗人的"我"。当然，诗人的心本身也是其生命的一部分（生命的中心）。因此如果诗人的心因为情绪激动或感情强烈等原因而在生命中凸显出来,这个时候还要坚持用无我之境的写法就很矫情了。请看杜甫的《闻官军收河南河北》。

> 剑外忽传收蓟北,初闻涕泪满衣裳。
> 却看妻子愁何在,漫卷诗书喜欲狂。
> 白日放歌须纵酒,青春作伴好还乡。
> 即从巴峡穿巫峡,便下襄阳向洛阳。

这首诗写的是听到唐朝军队终于收复了河南河北、平定了安史之乱的消息时诗人及其家人的反应(当时诗人全家漂泊流离于四川,远离老家洛阳)。全诗一气呵成,如决堤的江水一泻千里,把惊喜的心情和归乡的欲望直接化作诗句,畅快淋漓。这首诗虽然特别"有我",却显得很自然,因为欣喜若狂的情感已经被凸显为生命的中心。如果故意把这个中心隐藏起来反而会显得很不自然。

诗的写作之所以会有"无我之境"与"有我之境"的分别,是因为"我"不是一个单一的东西,而是心与生命的阴阳合一。一切事物都出现在我的生命中,因此和我密不可分。但这种密不可分在日常生活中常常会被掩盖,而我和其他事物的对立则被特别地凸显。所以我们会比较自然地把"我"缩小到自己的身体、动作、心思、情绪等狭窄范围内,比较少机会能够体会到一切事物都出现在我的生命中、与我浑然一体的状态。这种浑然一体因为没有凸显生命的中心而显得似乎"无我",但其实只是"我"的一种特别状态(偏向生命的状态)。无我之境的写法让我们体会到"我"不是和生命对立,而是消融在生命中的。有我之境的写法则让我们体会到我就是活在生命中的心,具有超越生命的本质。这两种写法只是在展开和深化意境时侧重点有所不同而已。

三　中国古典诗歌的格律

如果说古典诗歌的意境是生命的升华,那么其格律就是生命回旋运动的形式化。首先，从生命回旋运动中转化出来的"诗境回旋运动"决定了诗的节奏。诗境回旋运动包含意境、感受、期望、语境四个环节。这四个环节的回旋具有"起—承—转—合"的特性：回旋运动起于意境，被感受所承接，从感受转化出（企图把握意境的）期望；期望则通过在语境中的活动（言语）将语境带回意境，从而深化了意境。由于回旋起于意境，所以其他三个环节都可以看成是意境的发展，都上了"意义"的特性。这样，"起—承—转—合"就成为由四个"意义环节"构成的一种"意义节奏"。**"起—承—转—合"就是最原始的意义节奏**。中国古人早已在实践中体会到了这个意义节奏（虽然并未深究它的起源）。它直接来自生命的原始律动，因而具有空灵的特点，可以容纳各种不同的具体意义。所以，在古典诗歌发展的早期，这个最原始的意义节奏成为一种最自然的诗歌节奏，而后来出现的种种不同节奏都可以看成是这个原始节奏的变体。当然，并非所有的语言都适合于把这个原始节奏直接实现在诗中，因为它需要一种意义与音节有直接对应的语言（一个意义用一个音节表达，而不是用复杂的多音节组合来表达）。汉语正是这样的语言。

中国最早的诗集《诗经》汇集了从西周到春秋的各种民间和宫廷的诗歌。这个诗集的大部分诗句都是四字句，例如："昔我往矣，杨柳依依。今我来思，雨雪菲菲。"（《采薇》）。四字句是"起—承—转—合"这种原始节奏的直接实现。但汉语的"一个意义对应一个音节"首先指的是字的意义，而不是事物的意义。例如"昔我往矣"中的"昔"、"我"、"往"、"矣"都是有意义的字，但这些字只有在组合成"昔我往矣"时才真正指向诗歌所要描写的事物。所以，"昔我往矣"中的四字并不真的具有"起—承—转—合"的意义，但它们的组合仍然反映了"起—承—转—合"的节奏。这种原始节奏首先被应用到字的意义中，而不是事物的意义中，所以还只是一种纯粹形式化的节奏，无法构成诗境回旋运动，但它起到了把四个字变成一个意义整体的作用。所以，古人很自然地用四个字的组合作为表达事物的基本意义单位，也就是一个句子。这点不但表现在《诗经》的四言形式中，也表现在至今仍然流行的成千上万的四字成语中。

中国人不仅对生命原始律动很敏感，同时也对阴阳互补非常敏感。我们总是习惯于在看到事物某一面的时候，同时想到与之对称的反面，这样才觉得构成了一个自我同一的整体。西方人倾向于认为最完美的东西是不可分割的"一"，而我们却总是在"成双成对"的阴阳组合中才发现完美。这种对阴阳互补的体会是中国文化最深刻的根源（黑格尔的对立统一思想主要是从主客角度出发的，不像中国人在任何事物中都看到阴阳互补）。中国人的这个思维特点使我们觉得任何完整的意义都不可能是单一的，而必定是两个意义的阴阳互补。所以古人自然地不会把"四字句"这种最小的意义表达式当成一个完整的意义，而只能在两个四字句的阴阳互补中看到一个完整的意义。于是一个完整的意义就被拆成两半，各用一个四字句来表达，形成上下句互补的联句（上句为阳，下句为阴）。例如"昔我往矣，杨柳依依"构成一个完整的意义，而"今我来思，雨雪霏霏"则构成另一个完整的意义。这种用联句表达一个完整意义的做法在中国古典诗歌中是非常普遍的，也表现在今天仍然流行的各种对联中，反映了中国人最根本的一种思想倾向。

从"上句"到"下句"的运动，带有"起—承"的意思，也就是下句仿佛是对上句的展开。虽然展开，但未及深化。对意义的展开和深化所具有的"起—承—转—合"节奏的敏感，使古人自然而然地用"四句"来构成一个意义段落（古称"一章"）。例如《关雎》就包含了五章。

关关雎鸠，在河之洲。窈窕淑女，君子好逑。
参差荇菜，左右流之。窈窕淑女，寤寐求之。
求之不得，寤寐思服。悠哉悠哉，辗转反侧。
参差荇菜，左右采之。窈窕淑女，琴瑟友之。
参差荇菜，左右芼之。窈窕淑女，钟鼓乐之。

由"四句段"构成的"一章"把"起—承—转—合"的原始节奏实现在四个意义前后相续的运动中，使这个原始节奏的形式开始和事物的意义相关。但"起—承—转—合"这个意义节奏在"四句段"中的实现是不够彻底的，因为既然"上下句"或"一联"才构成一个完整的意义，这种"四句段"就更多的是两个完整的意义之相续，而不是四个意义之相续。这种"两个完整意义之相续"特别适合于"兴"的手法。所谓"兴"，就是先描述某种景象（通常是自然景象），烘托出了某种气氛，然后再引入所要表达的事物。例如"关关雎鸠，在河之洲"先描述了自然中发生的事情（雌雄鸟的对鸣），然后才引出"窈窕淑女，君子好逑"的意境。先描述一种自然景象，可以把人从日常生活中忙碌于周围环境，为各种有用之物操劳的那种状态中带出来，让我们看到生命是一个有意义的整体。自然景象特别适合作为"前奏意境"出现，因为自然景象构成我们生活最基本的意境。当我们的注意力从日常的有用之物转移到自然之物，我们也就不知不觉地从对环境的关注转移到了对处境的关注，转移到了自然之物在其中有意义的生命整体。这种转移使我们处在一种最适合把处境转化为意境的状态。这其实就是用自然景象的"无我之境"来"兴"起后面要展开的意境。

除了"兴"之外，古典诗歌还常用"比"的手法。先描述自然景象可能会产生一种比喻来带出下面所要表达的意义（例如用雌雄鸟的对鸣比喻男女之爱）。但纯粹的"兴"可以不包含比喻。例如，《关雎》中以"参差荇菜"开头的几个句子，说的只是采摘水中野菜的动作，和后面要表达的"寤寐求之"，"琴瑟友之"，"钟鼓乐之"不能算是一种明显的比喻。但这种"兴"仍然是很有意义的，因为它用一些和自然景象相关的活动"兴"出了和"窈窕淑女，君子好逑"的意境相关的活动。总的来说，在古典诗歌中"兴"比"比"更重要，因为"兴"关系到整个意境的兴起，而"比"则只是两个具体事物的相似。例如，《桃夭》中"桃之夭夭，灼灼其华。之子于归，宜其室家"所描写的鲜艳桃花，虽然可以看成比喻女子的青春美貌，但更重要的是它所具有的"兴"的作用，从自然景色中塑造了一个生动美丽的前奏意境，使我们可以在其中去体会女子出嫁这件事的意义。

由于古人对"兴"产生前奏意境的作用特别重视，"四句段"经常被用来实现先兴后述的结构，亦即用第一联来兴出第二联。这样的"四句段"虽然没有在具体意义上彻底实现"起—承—转—合"，但它确实构成了意义的一次展开和深化。另外，诗境回旋运动的循环方式意味着同一个意义可以一而再、再而三地被展开和深化。所以，《诗经》中的许多四言诗不断地重复"四句段"的形式，直至意尽才结束（某些句子或句子成分常常重复出现在下一段，增强了重复的效果）。这种重复让人觉得同一个意义被不断地展开和深化，很好地体现了诗境回旋运动的循环结构。有些诗还把"四句段"的形式刚好重复了四次，造成一种类似"起—承—转—合"的四段落结构（例如《绿衣》和《雄雉》）。但"四句段"不是一个很单纯的意义结构（它形式上是"起—承—转—合"，内容上常常是"兴—述"），即使刚好重复了四次也不能比较单纯地展现"起—承—转—合"的意义，所以这种重复常常是形式化的。另外，四字句已经有"起—承—转—合"的形式，组合成"四句段"又重复了这种形式，再形成四段落结构就过多地重复了同一形式，容易显得刻板。所以在《诗经》中，三个"四句段"构成的三段式比四段式更为常见。[①]

　　四言诗直接起源于生命原始律动，非常适合于展现古人质朴的生活方式和天真无邪的情感流露。所以孔子曾用"思无邪"来概括《诗经》。四言诗完美的阴阳和谐还特别适合表达男女之间自然发生的情感。不但如此，四字句中每两字的阴阳互补还构成了一个完整的节奏单位，类似音乐中的一个拍子，使四字句具有"四言二拍"的节奏，而联句则具有类似四拍子的完整性，刚好对应联句在意义上的完整性。所以四言诗很适合于配乐吟唱。《诗经》中的诗都是有乐调的。孔子就曾经用配乐吟唱方式校正其中每首诗的乐调。《诗经》以四言诗为主不是偶然的，而是反映了以心为生命的中心和注重阴阳和谐的自然倾向（孔子正是这种倾向的典型代表）。所以，尽管"兴"常以"无我之境"的自然景象开始，引出的却是直接流露情感的"有我之境"，构成了从阴性到阴阳合一的运动。

　　[①] 有趣的是，不论四段式还是三段式都主要出现在以民歌为主的《国风》，而在文人创作为主的《二雅》和祭神为主的《颂》中就不常见。在《二雅》和《颂》中，一段经常会超过四句，一篇经常会超过四段。显然，文人和宫廷的创作常会在思想内容上进行扩展，不像民歌那样自然纯朴，能够更好地显露生命的原始律动。

四言诗也有其自身的局限性。主要问题在于"四字句"虽然适合古汉语常常用双字构成名词的特点，但不太适合它通常只用单字构成动词的特点。名词通常表示一个自我同一的完整事物。双字结构可以让一个完整事物隐含的"阴阳互补"得到充分的展现。这种互补可以是任何一种类型的组合（例如"日月"，"山水"是两种事物之组合，而"佳人"，"红叶"则是事物及其属性之组合）。另一方面，动词只是表达事物的存在方式，因此往往用一个字即可。四字句的形式有利于突出双字名词，却不太有利于突出单字动词（以及其他一些和事物的存在方式相关的单字词，例如单字形容词和副词）。如果要突出单字词，则势必要在"四字句"基础上多加一个字来为突出单字提供机会。所以从四言诗自然而然地会逐渐发展出五言诗。

五言诗的句子通常都是2—2—1或者2—1—2结构。例如"明月松间照，清泉石上流"的上下句都是2—2—1结构，而"清晨入古寺，初日照高林"的上下句都是2—1—2结构。单独出现的1不但可以是动词，也可以是其他词类。例如"大漠孤烟直，长河落日圆"中，"直"和"圆"就是单字形容词。"山光忽西落，池月渐东上"中，"忽"和"渐"就是单字副词。五言诗使单字词被凸显在诗中，从而导致了"炼字"的做法。例如，"大漠孤烟直，长河落日圆"中的"直"和"圆"都是炼字，贴切而又醒目，无法替代。又如"泉声咽危石，日色冷青松"中的"咽"和"冷"，"风暖鸟声碎，日高花影重"中的"碎"和"重"，等等。这种精练的单字如果用得贴切，会使整个意境获得一个醒目的聚焦点，从而显得生动别致，意味无穷。另外，由于五言突出的单字通常和事物的存在方式相关，五言诗比四言诗有更强的动态美。

但"五字句"不可能达到内部阴阳和谐（至少有一字无法参与阴阳互补）。这种对阴阳和谐的破坏使"五字句"给人的感觉是没有构成一个完整的意义，而只是构成了一个单方面的意义。从这个角度来说，五言诗比四言诗更需要用上下句的阴阳互补来表达一个完整的意义。上句和下句都各有五字，自身都无法达到内部阴阳和谐，但其组合使它们的内部不和谐消融在外部的和谐中。因此，上下句组合形成的"联句"在五言诗中比在四言诗中有更大的必要性和更强的内部凝聚力。所以，虽然五言诗也可以像四言诗那样用"四句"来展现"起—承—转—合"（例如在五言绝句中），但更适合于用"四联"来展现这种意义节奏（例如在五言律诗中）。由于五言诗无法在"五字句"中而只能在"联句"中达到阴阳和谐，四句的五言诗在表现"起—承—转—合"方面受到了一定限制，以至于我们常常更多地体会到一种由上下联组成的"开始—结束"结构。四句的五言诗因此更适合表达静的意境（例如李白的《静夜思》和《玉阶怨》，柳宗元的《江雪》）。但五字句缺乏阴阳和谐的特点强化了上句向下句的运动（只有运动到下句才形成阴阳和谐），使得五言诗有很强的流动性。这种流动性使静的意境显得并不死寂。所以，四句的五言诗很适合表现有禅意的境界（例如上节分析的王维的《鹿柴》），因为禅其实就是道的流动所敞开的空境。

和四句的五言诗相比，四联的五言诗可以更完整地展开和深化一个意义。例如王维的《山居秋暝》就具有明显的"起—承—转—合"的意义节奏。

空山新雨后，天气晚来秋。
明月松间照，清泉石上流。
竹喧归浣女，莲动下渔舟。
随意春芳歇，王孙自可留。

第二联承接第一联进一步细化了暮秋的意境。第三联从静转动，而最后一联说的是"任春天的芬芳消逝吧，美好的秋色一样可以让我留居山中"，回应了第一联中的秋意。"起—承—转—合"的意义节奏是空灵的，在成为具体的意义节奏时可以有多种灵活的变化，所以许多五言古诗并不是刚好"四联"的结构。但五言律诗的"四联"结构最能反映这种空灵的原始节奏，其发展和成熟不是偶然的。这种原始节奏是从生命回旋运动的"处境—心情—欲望—环境"发展而来的。心情和欲望具有统一生命的作用，是生命的同一性所在。因此，律诗的中间二联通常会使用"对仗"这种强化（上下句）阴阳同一的静态结构，而首尾二联则通常不用对仗，突出了阴阳差异造成的生生不息的动态。不但如此，第二联和第三联的关系类似于"心情—欲望"关系，因此第二联相对更为静态，常常用来描写自然或生活中的被动场景，而第三联则常常会突出自然或生活中的某种动作。总之，四联的律诗比四句的绝句更好地反映了生命的原始律动。所以律诗的"律"应该理解成"律动"而不是"规律"。律诗正是生命原始律动在诗的节奏中充分发展之后的成熟形式。

　　七言诗和五言诗一样，每句中至少有一字无法参与阴阳配对，只能靠上下句的阴阳互补形成一个完整的意义。所以七言诗在很多方面和五言诗相似：七言也和五言一样可以突出单字，富于动态美和流动性；七言律诗比七言绝句更好地反映了生命的原始律动。七言诗也有其独特之处。相比五言诗，七言诗能容纳更加丰富多彩的修饰，表达更多的细节。但七言诗也因为细节稍多而不太适合于展现以整体意义取胜的古朴意境（古人的山水田园诗就大部分是五言的）。七言诗还有一个独特之处，就是它的"七言四拍"节奏（最后一字加上停顿构成一拍）。这种四拍节奏暗中契合了"起—承—转—合"的意义节奏，显得比五言诗的三拍节奏更富于内在发展和音乐美，同时也更加方正沉稳。七言诗因此比五言诗更适合展现人生、社会、历史的丰富内容。

　　总的来说，五言比四言发展，七言又比五言发展。四言诗突出了生命原始律动中的阴阳和谐（心与生命的阴阳合一），暗中契合了儒家热爱生命，注重情感的倾向。五言诗的流动性则能够很好地展现道的流动所敞开的空境，因此很适合无我之境的写法。《文心雕龙》认为"四言正体，则雅润为本；五言流调，则清丽居宗"（《明诗第六》），说得非常贴切。五言诗在魏晋达到高度的发展不是偶然的，因为魏晋正是儒家的礼教衰落，大道获得更加自由的流动之时。五言和七言都是既有流动性又有阴阳和谐的，只是五言更有流动性而已。唐朝儒道佛三教并行，使具有综合性的五言和七言获得了大发展，而流动性比较弱的四言就被冷落了。

　　至于六言诗，则可以说并没有进入古典诗歌的主流。六言的2—2—2结构无法像四言那样形成2—2的阴阳和谐，给人的感觉只是把2重复了三次，显得单调机械，同时又无法突出单字，缺乏动态美和流动性。所以，六言诗无法进入古典诗歌的主流就不难理解了（屈原的《离骚》中有不少六言联句，但因为在每个上句后加了"兮"而获得了类似七言的感觉，所以不能算六言诗而只能算六言诗的变体）。八言构成了完美的阴阳和谐，但它和四言、六言一样无法突出单字，而且2—2—2—2这样的结构把2重复了4次，显得比六言更加单调机械，不断重复这种结构让人感到非常累赘沉闷。所以，诗从四言发展到五言、七言即达终点。再往下发展就只能发生变异了。

格律诗（绝句和律诗）的严格形式是到了唐朝才真正成熟起来的。此前（汉魏）发展出来的"古诗"（又称"古风"）形式上比较自由，虽然有五言、七言之别，但句数不限，在平仄押韵等美感形式上也比较自由，可以灵活地表达各种各样的人生、社会、历史内容（为了与之区别，唐人称格律诗为"近体诗"）。所以即使到了唐朝，甚至宋朝，人们在写格律诗的同时也写"古诗"（例如白居易脍炙人口的《长恨歌》和《琵琶行》都是七言"古诗"）。但格律诗的形式不能仅仅看成是一种束缚，因为它起源于生命的原始律动。只要熟悉了它的节奏，就可以从空灵的原始律动出发去自然而然地展开和深化一种意义。这样作诗就不是一种受外来因素束缚的过程，而是自身原始生命力的一种展现。格律诗成熟于唐朝不是偶然的事。唐朝是中国历史上最自由开放的社会，在文化上兼收并蓄，百花齐放。为什么恰恰在这样的朝代里古典诗发展出最严格的形式？这和唐人的生命特征有关。唐人得力于与蒙古高原的游牧民族的混血，生命力特别旺盛。而且这种旺盛不是执着于生命中种种琐碎事物，拼命追求物欲的那种旺盛，而是以高昂姿态俯临生命的那种旺盛。唐朝的儒道佛互补以及汉族的儒雅飘逸与草原豪爽气质的结合，使空灵的原始律动显得特别突出，让人会不知不觉地喜欢从生命本身的原始节奏去展开和深化一种意义。如果生命力没有如此旺盛，或者其旺盛不是在空灵的原始律动上，而只是在对具体事物的追求上，那么人就会倾向于把格律诗的严格形式仅仅当成不得不遵守的死板规则。所以，在一个僵硬呆滞或者物欲横流的时代里，像绝句和律诗这种严格的形式是很难产生好作品的。

不论是古诗还是格律诗，不论是四言、五言还是七言，古典诗的主要特征是以字数相同的上下句构成联句，并不断重复同样形式的联句。因此，古典诗很好地反映了生命原始律动包含的阴阳和谐，以及这种律动的不断循环。但生命原始律动虽然是空灵的，推动它的心（心情和欲望）却常常充满具体内容。虽然古典诗能够展现心情和欲望的具体内容，却未能展现它们对生命回旋运动的节奏产生的具体影响：人心的某些内容可能会影响生命回旋运动的具体化，使其实际节奏偏离原始律动的四平八稳，这时古典诗的形式就会显得过于方正。如果要充分显露人心在生命回旋运动中的特殊作用，就有必要突破古典诗的节奏形式。

词的发展就是对古典诗节奏形式的一种突破。词本来是配合音乐的文字，相当于我们今天说的"歌词"（这与可以配乐吟唱的诗是两回事）。音乐是直接展现人心的艺术。所以，歌词常常会对古典诗的节奏进行局部变异，以便充分显露人心的特殊作用。一个变异对原始节奏的破坏可以用另一个变异来挽回。这样，词在整体上就仍然可以保持一种阴阳和谐，并因为这种局部变异而显得更富于音乐的抒情性。例如南唐李后主（李煜）的《相见欢·林花谢了春红》。

> 林花谢了春红，太匆匆。
> 无奈朝来寒雨晚来风。
> 胭脂泪，相留醉，几时重？
> 自是人生长恨水长东。

"林花谢了春红"是六言，包含阴阳和谐，但不像四言那样构成完美的阴阳和谐。"太匆匆"则无法构成阴阳和谐，但它作为对"林花谢了春红"的补充造成了类似上下句互补的感觉。这种写法，相比于"林花春红谢匆匆"这种七言写法，更突出了"匆匆"，而仍然能形成一个完整的意义。下一句"无奈朝来寒雨晚来风"是九言。这样的句子如果出现在开头会显得冗长，令人难以忍受。但在"林花谢了春红，太匆匆"把一个完整句子裂成两个不对称的局部之后，补上"无奈朝来寒雨晚来风"这个同样字数的长句，给人一种把上一句被裂开的内容重新收拢在一起的感觉。所以，这个长句的出现没有让人觉得冗长，而是觉得刚好能够承接上一句构成一个"起—承"的阴阳和谐。第三句则开始发生"转",出现了"3,3,3"这样的更为断裂的新结构。这种结构将上一句九个字形成的无间歇的运动一破为三。三字句是无法构成阴阳和谐的,即使重复三次也依然如此。因此这个"转"比第一句显得更加缺乏阴阳和谐(突出了感伤之情)。这种更深度的破裂,最终又被第四句的九字一气呵成的结构重新收拢,回应了第二句中已经发生过的第一次收拢,构成了一种阴阳遥相呼应,从而把整首词收拢在阴阳和谐中。如果我们把这首词和七言绝句加以对比,可以感觉到它虽然在局部上不像绝句那么工整,却也因此获得一种变异的动态,经过发展之后被重新收回到阴阳和谐中。另外,整首词都是清亮的平韵,只有第三句转向暗沉的仄韵,很好地突出了多愁善感的第三句。

　　一般说来,词不像绝句和律诗那样在表现心情方面始终保持中庸的品格,而更擅长于表达多愁善感。虽然这种多愁善感的倾向有时会显得比较消极,但也产生了一些既抒情又有意境的佳作。《相见欢·林花谢了春红》是李后主降宋成为阶下囚后所做,对人生免不了生出惜花一样的感伤之情,而他的《虞美人·春花秋月何时了》则对这种感伤之情做了进一步的升华:

> 春花秋月何时了?往事知多少。
> 小楼昨夜又东风,故国不堪回首月明中。
> 雕栏玉砌应犹在,只是朱颜改。
> 问君能有几多愁,恰似一江春水向东流。

作此词时李后主已经归宋大约三年。亡国之君寄人篱下,不敢面对一年一度的春花秋月、东风送爽,更不敢回望明月照耀下的故国。此情此景,天地同哀。这个词牌以七言开头,但立即收缩在简短的五言中。再次重复七言时,已经收缩的力量被释放出来,化作舒展大方的九言(上下片同格,如同音乐中的重复演奏,只是歌词变动)。相应地,第一联用仄韵,显得阴柔内敛,强化了收缩之意;第二联改成平韵,强化了舒展大方的气势。这种先收后放的词格,非常适合表达感情上的一种细微变化（从无奈到感叹）。据说此词牌被命名为"虞美人"，是源于吟咏项羽别虞姬的悲壮场面，恐怕不无道理。李后主作此词而触怒宋太宗，进而被毒死，更使之成为千古绝唱。

李后主的词虽然常常充满无奈的感叹，但不失亡国之君的风流气度。宋朝的范仲淹、张先、晏殊、欧阳修、柳永、苏轼、陆游、辛弃疾、李清照等词人，更是百花齐放，鲜艳夺目。其中苏东坡、辛弃疾的词大多豪放，而被称为豪放派，与擅长表达多愁善感的婉约派形成对比。豪放派的词虽然数量不多，却无法被婉约派代替。值得一提的是明朝杨慎的《临江仙·滚滚长江东逝水》，是豪放词风的一朵奇葩。

滚滚长江东逝水，浪花淘尽英雄。
是非成败转头空。青山依旧在，几度夕阳红。
白发渔樵江渚上，惯看秋月春风。
一壶浊酒喜相逢。古今多少事，都付笑谈中。

这首词豪放中有含蓄，感慨中有飘逸，变化中有永恒，幽暗中有澄明。其词牌《临江仙》可与《虞美人》对比。二者都是用七言来引出一些变异。但《临江仙》的第一个变异（"浪花淘尽英雄"）是六言而非五言。虽然六言在整体上的阴阳和谐不完美，但仍然包含三个阴阳和谐。因此，从七言引出六言不但是一种收缩，而且产生一定的内部凝聚力。这种既收缩又凝聚的特点，在第二行中引出了一个五言联句（"青山依旧在，几度夕阳红"），不但释放了收缩，而且散开了凝聚，将整片归结到一种舒展的阴阳和谐中。这个词牌将变异带来的起伏最后归结为一个联句的做法，很适合表达变中有不变的意境。我们可以对比一下苏东坡的《临江仙·夜饮东坡醒复醉》。

夜饮东坡醒复醉，归来仿佛三更。
家童鼻息已雷鸣。敲门都不应，倚杖听江声。
长恨此身非我有，何时忘却营营？
夜阑风静縠纹平。小舟从此逝，江海寄余生。

苏词和杨词一样看到了变中有不变，但最后意欲离变求不变，偏于消沉，不似杨词深得"一阴一阳之谓道"的大易精神。苏轼的《念奴娇·赤壁怀古》以"大江东去，浪淘尽，千古风流人物"开头，并有"江山如画，一时多少豪杰"及"谈笑间，樯橹灰飞烟灭"等句，开了豪放派之先河。杨词或许受到了苏词的启发。但苏词最后以"故国神游，多情应笑我，早生华发。人生如梦，一樽还酹江月"结束，还是回到了个人的感慨。杨词写于他人生失意之时（因为直谏触犯了明世宗而被终生流放云南），但仍然豁达雄沉，飘逸超脱，与苏词相比可谓是青出于蓝而胜于蓝。

词的发展之所以出现婉约和豪放两种不同倾向，并非偶然。词展现的是人心的特殊作用，而人心包含心情和欲望两个成分，侧重不同成分就会产生不同倾向（婉约派侧重把处境收入心情，故多愁善感；豪放派侧重从欲望开启环境，故开阔辽远）。相比之下，古典诗更注重生命四大要素的阴阳平衡与不断循环的回旋运动，表现能力更为全面；其节奏形式保持了原始律动的空灵，故其"无我之境"的写法是词通常没有的（虽然如此，苏东坡将诗的写法吸收到词中，扩展了词的意境，功不可没）。其实词就是诗的一种变体。如果我们仔细分析，许多词牌都有绝句或律诗的基底，只是做了一些局部变异。**词的节奏就是生命原始律动的一种局部变异形式**。所以，直接从原始律动产生的古典诗并不可能被词代替。事实上，宋人也确实是既写词又写诗。但他们在诗上已经不再有多大成就。这或许和宋人的生命开始受到"理"的束缚有关。宋人与唐人相比已经少了一些原始的生命力，倾向于用诗来说理，无法很好地发挥生命的原始律动。但被"理"束缚的心可以在歌唱中得到释放。因此，擅于展现人心特殊作用的词有更大的发展是不足为奇的。

总的来说，**中国古典诗词是以生命原始律动为节奏基础产生出来的诗歌**。这种诗歌之所以能从原始律动中产生出来，和汉语的特点有关。汉语的特点反映了中国古人对"阴阳互补"的敏感。这种敏感使古人把事物纷繁复杂的种种情形都看作是阴阳结合的种种变化。在发音方面，声母和韵母的阴阳结合构成的单音节"以少概多"地代表了各种复杂的阴阳结合。这使得中国人不像西方人那样发展出复杂的发音系统，而保持一种更适合表现阴阳和谐的单音节系统，使得"一个意义对应一个音节"成为可能。单音节系统导致很多同韵字，使押韵变得相对容易。押韵的重复感强化了"诗境回旋运动"，帮助我们感到是同一个意义在不断地被展开和深化，因此不仅仅是一种听觉上的美（通常不在每句尾而只在每联尾押韵，就是因为一联才是一个完整的意义）。汉语的声调也和发音一样相对简单，后来也只发展出四个声调，并归结为平仄两种类型。平和仄其实是阳（清亮）和阴（暗沉）的对立，因此一句中平仄相邻或上下句同位相对，就能产生阴阳和谐之美（句尾的平仄还具有决定整句阴阳特性的作用）。这是为什么古典诗词（特别是格律诗和词）讲究平仄的原因。另外，空间的上下前后左右这种最基本的阴阳对立被特别重视，从而自然地发展出方块形状的象形文字（"前后"这个对立无法反映在字的形状中。取而代之的是"外阳内阴"的组字形式）。一个具有"上下"，"左右"或"外内"结构的字对应一个声母韵母的阴阳结合，可以说是最为自然的事情。中国语言的以上这些特色，使它特别适合于从生命原始律动中产生出诗的格律，从而形成了古典诗词这种最接近生命原始律动的诗歌形式。这不仅是中国文化，也是人类文化的一个伟大成就。

四 诗意的人生

人生本质上是诗意的。诗意不是来自诗歌的语言形式，而是来自生命回旋运动。这个运动不断地展开和深化生命的意义，这就是原始意义上的诗意。生活就是无言的诗，诗就是有言的生活。人生可以没有诗歌，但不能没有诗意。如果人生是有诗意的，诗歌自然会应运而生。反之，当人生迷了路，不能很好地展开和深化生命的意义时，诗歌可以重新开启生命的意义，激发生命的原始律动，让我们重返诗意的人生。

在现代社会中，引领生命回旋的并不是对生命意义的感受，而是在社会中成功的欲望，以致人生的诗意处于被遮蔽状态。这不是一个艺术问题，而是一个人生问题。诗歌在现代社会的失落反映了现代人的生命状态。我们已经丧失了古人对生命意义的深刻体会。中国古典诗歌就是直接从古人生命中生长出来的最美的花朵。所以，欣赏古典诗歌能够帮助我们重返诗意的人生。除非有一天生命"过时"了，否则古典诗歌永远不会"过时"。其实，生命原始律动才是每个人最原始的时间，也就是我在其中成为我自己的时间。这种时间即使被淹没在现代社会占主导地位的物理时间中，依然会在暗中生生不息地运转，并有可能在我们被某种特别的处境打动的时候突然闪现出来，使我们产生用古典诗歌的形式展现生命意义的冲动。因此，我们不仅应当欣赏古典诗歌，更可以尝试写作古典诗歌。

然而，虽然今天大多数人能够接受古典诗歌对意境的强调，却对古典诗歌严格的格律感到头疼。古人在实践中逐步形成了这些格律而不去深究它们的道理。有些格律确实已经发展到太过细节化（主要是为了局部美感），不经过严格训练很难掌握。在这方面有两种相反的倾向，一种是完全墨守古典诗歌的格律，甚至要求今天的人们按照古代汉语的发音来决定平仄和押韵（今天，一些正规的诗词刊物不会刊登违反这个规定的作品）；另一种倾向则是随便地抛开古典诗歌的格律，在写作四言、五言、七言这种古典形式的诗歌时全然不顾平仄和押韵。这两种倾向都是走极端的做法。

第一种倾向维护古典诗歌本来面目的做法令人同情。用现代汉语的发音读古典诗歌确实会失去一些平仄和押韵上的精确性，使其效果受到损失。但这样做基本上不会影响我们欣赏其意境。至于让我们在写作时按照古代发音来决定平仄押韵则是完全不合理的要求。如果我们明白为什么要讲究平仄和押韵，就不会这样作茧自缚。讲究平仄是为了阴阳互补的和谐感，而讲究押韵则是为了突出生命回旋运动不断展开和深化同一个意义的特性。这些应该是我们根据生活中的语言习惯直接就"听"出来的效果，而不应该靠查看古代韵书来确定。如果我们真的要让诗成为有言的生活，而不是沉迷故纸堆的闭门造车，就应该让诗直接从我们的生活中产生。因此，在写作时应当完全按照现代汉语来决定平仄和押韵。另外，古人对绝句和律诗中几乎每个字的平仄都有要求，这确实太过细节化了。其实，如果仔细体会，古典诗中只有句尾的平仄才真正决定整句的阴阳特性（其余字的平仄只决定局部美感）。为了实现诗境回旋运动不断展开和深化同一个意义的特点，所有联的结尾应当具有同样的平仄，押同样的韵。另外，一联中的上下句在结尾处应当有相反的平仄，押不同的韵，这样才符合上下句阴阳结合的特点。总的来说，我认为我们今天写作古典诗时，大概有下面这么几条简单的规则是应当遵守的。①

1. 按现代汉语发音决定平仄和押韵（阴平，阳平为"平"；上声，去声为"仄"）。
2. 每联结尾的平仄相同。
3. 每联结尾押同样的韵。
4. 每联中上下句的结尾平仄相反，押不同韵（第一联可例外）。②
5. 有时候，"阴平"和"阳平"的对立可以当作"平"和"仄"的对立使用。③

这几条规则吸收了格律诗的一些规定，但比古人烦琐的规则简化了很多（因为每句只有最后一个字才讲究平仄）。只要做到了这几条，就基本上可以实现上下句之间的"阴阳互补"以及从联到联展开"同一个意义"的特点。如果按照"古诗"（而不是格律严格的"近体诗"）的写法，规则还可以再放宽（根据具体情况决定）。但完全不讲究平仄和押韵的古典诗，读了会让人感到不和谐、不舒服。既然写成四言、五言或七言，就给人以原始律动之感，因此完全不讲平仄或押韵就会让人觉得别扭。例如，李白的《静夜思》如果改成"床前明月光，疑是地上霜。举头望婵娟，低头思故乡"，每句就都是以平声结尾，缺乏阴阳互补和谐的感觉；如果最后一句改成"低头思故里"，就与"疑是地上

---

① 柳村曾经为当代中国人写作古典诗制定了一些简化的平仄规则，非常实用。我下面列举的平仄规则是在其规则基础上改造而成。参见柳村《古典诗词曲格律研究》，百家出版社2007年版，第113页。

② 第一联的上下句结尾如果平仄相同并押韵，可以从一开始就突出诗境回旋运动的重复感，之后再扩展成从联到联的重复。在绝句中这样做尤其有好处，因为只有两联，重复感比较弱。例如李白《静夜思》的第一联"床前明月光，疑是地上霜"就是这种情形。

③ "阴平"比"阳平"更清亮。所以，"阴平"和"阳平"的关系有点类似"平"和"仄"的关系，有时可以代替后者，这样作诗时可选字的范围就大了一些。

霜"在结尾处的平仄和押韵都不对应,感觉更别扭。

至于写词,其平仄的要求其实比写诗更加严格。写诗最主要的是句尾的平仄(以及联尾的押韵),而写词则必须尽量使每个字都符合规定的平仄,这样才比较容易产生相应的音乐感,同时还要注意体会词牌的节奏和特色,才能用得恰当。因此写词比写诗的回旋余地更少,很容易出现"硬填"词牌造成的词语堆砌。但词的格律并非完全不可超越的僵硬形式。古代的词牌就经常被后人加以变异。词牌其实是古人在不断实践中形成的。今天,如果我们能够进入词的实践中,也可能会有人产生出新的词牌,使词的领域得到丰富。

当然,如果是写现代诗,则可以不理睬任何关于字数、行数、平仄和押韵的规定,自由地用白话文表达一种意境。其实所有诗歌(包括西方诗歌)都是在诗境回旋运动基础上发展起来的,但现代诗歌在其起源上不像古典诗歌那样接近生命的原始律动,因此虽然现代诗也有一些类似"起—承—转—合"的意义节奏,也自然地在能够押韵时尽量押韵,但并没有形成固定的格式。现代诗这种自由的形式是它最大的优点,因为它可以让我们在想象力方面做许多自由发挥,写出一些古典诗歌难以表达的特别意境,或者进入古典诗歌难以充分进入的种种细节,探入人生、社会、历史的复杂层次等。但这种完全自由的形式也容易导致一种误解,以为诗歌可以乱写,可以完全不讲意境。这种误解会使我们仅仅追求某些意象的新奇,或者它们在思维中的抽象关联,而不在乎这些意象是否能恰当地开启意境,从而失去对生命整体的把握,导致"有意象无意境"或"有思想无意境"的毛病。

纠正这种毛病的一个最好办法就是多读古典诗歌。古典诗歌最优秀的地方就是它对意境的重视,而其形式反倒不是最重要的。归根结底,应该让诗的意境决定采用什么形式;最能展现某种意境的形式就是其最佳形式。在这方面我们应该坚持"意境第一,形式第二"。如果我们经常欣赏古典诗歌,体会其意境,在写现代诗歌的时候就不容易走到完全失去意境的极端。在这方面,唐诗尤其是最佳的典范。古代儒家把《诗经》作为每个学生必须掌握的"五经"之一。相比于《诗经》,《唐诗三百首》更接近今天的语言,意境更为微妙,形式更加成熟,可以在中小学里开设专门课程讲授。从小修习《唐诗三百首》的学生,不但会形成古典诗的基本修养,而且不论今后他们走上什么样的人生道路,总会有一种对生命整体及其原始律动的体会与之默默相伴,不断地滋润其诗意的人生。从这样的人当中,我们难道不可以期待几个未来的中国古典诗人吗?

巍巍我大唐,
诗国久辉煌。
山水今犹在,
何愁李杜王?

第三讲　生命与音乐

音乐是通过声音展开和深化生命意义的一种艺术。为什么一些本身没有内容的声音竟然能像诗的语言那样展现生命的意义？因为声音的运动能够引导意志的运动，借此表达人心对生命的复杂感受。虽然历史上已经有不少人注意到音乐与意志的关系，但因为没有澄清意志如何推动生命回旋运动，所以无法从这个关系出发深入理解音乐的构成方式。音乐把生命回旋运动投射到声音的运动中，转化为意志回旋运动，反过来体会到了意志如何展开和深化生命的意义。这样做之所以可能，不仅因为声音和意志有密切关系，同时也因为意志的本质是超越生命的。下面就让我们考察音乐中的意志回旋运动，由此出发来理解音乐的构成，以及音乐对人生的意义。

一　音乐与意志

音乐不像其他艺术那样展示生命中的事物。音乐既不像诗歌那样用词语指代事物，也不像绘画那样直接显示事物的形象。音乐中的声音（乐音）只是一些有节奏、音高、音阶、音色等属性的声音，而不像日常声音（如脚步声）那样总是指向具体事物。但不论乐音还是日常声音都展示了发音者的"意志"。一切声音都是由物的运动发出的，而我们身体的运动又总是被意志（欲望）推动。所以，声音总是象征着发声者的意志。这不是我们听到声音之后才发生的"联想"，而是我们听到声音的根本方式，是大自然的巧妙设计。自然让动物听到声音，不是为了展示某物如何运动（视觉能更好地做到这点），而是为了展示推动它运动的意志如何行动。动物天然地把听到的声音当成来自某个能移动身体的意志（所以动物很容易被声音惊吓）。甚至非生物发出的声音也是我们从意志的角度听到的（例如水流声是"轻快"的，风声是"呼啸"的，雷声是"沉闷"的，等等）。**声音就是意志的天然象征**。相反，**视觉形象是生命的天然象征**，因为它是向观看者的目光敞开的对象。所以相对而言声音是阳性的，视象是阴性的（尽管二者相对于审美想象力而言都是阴性的）。视觉和听觉的这种区别来自大自然的设计和演化。人之所以拥有视觉和听觉绝非偶然：与每个人都是"活在生命中的意志"这个基本事实相应，我们拥有视觉以便观看生命的内容，拥有听觉以便发现在生命中活动的意志。视觉和听觉因此构成我们从自身出发显现事物的两个基本途径——它们分别来自生命的敞开性和意志的能动性。所以，一切艺术都必须依赖这两个途径来展现生命的意义。

由于声音显示的是意志的**能动性**，它不仅是意志的象征，而且更准确地说是**欲望的象征**。生命回旋运动既是意义的展开和深化，同时也是被欲望推动而不断循环的过程。如果我们从意志的角度出发，就可以把生命回旋运动看成欲望不断离开自己又不断返回自己的过程，亦即看成**意志回旋运动**。如果我们能在想象中把生命回旋运动以某种方式投射到声音的运动中，我们就可以把它转化为意志回旋运动。这样，我们就可以伴随声音的运动反过来体会到意志如何推动生命回旋，从而体会到生命的意义如何被展开和深化。这种转化的可能性就在于"声音是意志的天然象征"（与之形成对比，色彩在时间中的变化并不能像声音的运动那样转化生命回旋运动，因为色彩是生命而不是意志的天然象征）。这就是为什么当我们听音乐的时候会感到乐音的运动仿佛是我们自己的意志（欲望）造成的。没有这种感受的人就很难体会到音乐所展现的意义。

虽然有些人对音乐能否表达一些复杂的意义抱怀疑甚至否定的态度，但大多数人都承认音乐能够"表达心情"。当我们聆听贝多芬的《命运交响曲》、柴可夫斯基的《悲怆交响曲》或者阿炳的《二泉映月》时，我们很明显地感受到我们的心情被音乐直接"调谐"成某种样式，并随着音乐的进行不断地发展变化。音乐之所以能表达心情，原因在于欲望本来就是心情的外化，因此意志回旋运动虽然是欲望的回旋，但它可以通过欲望和心情的关系不断地"调谐"心情，仿佛音乐用它的"弓"在听者的"心弦"上不断拉动似的。因此，尽管单独的一个声音并不直接表达心情，声音的运动却可以做到这一点。

然而，"音乐表达心情"的说法还没有真正触及音乐的本质，因为心情不是孤立存在的东西，而是我们对处境的感受。通过"表达心情"，音乐实际上要展现的是处境的意义。由于不能直接展示处境中的具体事物，音乐只能通过调谐心情对处境的感受来展现处境的意义。这是音乐有别于所有其他艺术的地方。例如，悲伤展示了被严重破坏的生命处境对意志的负面影响。不管这个破坏来自处境中的什么具体事物，它引起的悲伤都具有相似的"处境—心情"关系，并由此决定了心情外化为欲望的某些特别模式。因此，音乐可以通过乐音运动的相应模式来调谐出悲伤的心情，但却无法展现这种悲伤是来自什么人或什么事（除非加了标题或歌词，但这已经不是音乐本身表达出来的内容）。虽然如此，音乐表达的悲伤仍然可以有许多具体变化，因为生命处境被破坏的方式是千变万化的，由此决定了悲伤有许多不同色彩，可以通过不同的乐音运动调谐出来，其复杂性甚至可以超过我们在生活中实际体会到的悲伤。

音乐引起的心情并不是对某个真实处境的感受（感受悲伤音乐的人并不真的处在悲伤的处境中。我们甚至有可能在欣赏悲伤音乐的同时感受到它带来的愉悦）。音乐展现的其实是我们通过音乐才感受到的处境，亦即"意境"。音乐和诗歌都是对意境的展开和深化。但音乐不像诗歌那样通过关于事物的意象来形成意境，而是通过声音引导的意志回旋运动展现心情感受到的意境。不论是生命中的具体事物还是超越生命的事物，一切事物都有可能通过它们对生命的影响使我们进入某种处境。因此，音乐的意境可以使我们体会到事物对生命的影响，也就是事物对我们的意义。但音乐并不直接描绘这些事物，因此音乐的意境很难用语言准确描述。然而，它所表达的意义其实比语言更精确，因为语言必须靠描述事物来间接地引发意义，或者笼统地概括某些意义，而音乐却直接通过乐音的运动展现心情感受到的意义。音乐就是纯意义的艺术。

当然，我们也可以通过语言或舞台表演来帮助音乐对意义的展现（例如在歌曲中）。但如果一个人离开了标题、歌词或舞台表演就不知道如何欣赏音乐，就说明他还没有真正能够将生命回旋运动投射到纯粹的声音运动中。从这个角度来说，是否能够理解无标题的器乐曲可以作为音乐欣赏能力是否成熟的一个标志。无标题不等于无内容，只是内容难以用语言描述而已。因此，对一些本来无标题的器乐曲加上标题不见得是一件好事。例如后人把贝多芬的第五钢琴协奏曲加上"皇帝"这个名称（以示其庞大辉煌）很容易让人忽视其中出现的某种既空灵又超越的意境。有时候标题是作曲家本人加上去的，例如贝多芬的《英雄交响曲》和《田园交响曲》，陈钢与何占豪的小提琴协奏曲《梁祝》等。这些标题起到将意境引向作曲家指定的某个特别方向的作用，因此可以说是必要的。但要提高音乐欣赏水平，就必须从欣赏标题音乐逐步发展到欣赏无标题音乐。有些人对无标题音乐感到束手无措，不知道如何对付这些"赤裸裸"的乐音。一个办法就是尝试把乐音的运动想象成是我自己的欲望造成的，然后用心体会音乐进行过程中欲望和心情的极为细微的发展变化。久而久之，就有可能自然而然地让纯粹的乐音运动引导我的意志进行回旋，从而对任何音乐都能有所体会。

音乐本质上是意志的艺术。相比之下，诗歌是结合意志与生命的艺术。虽然诗歌也可以把心情直接写出来，但这种"有我之境"的写法比不上"无我之境"的写法更能让人心直接体会生命的意义，因为诗歌只是通过言语的想象把生命回旋运动升华成了诗境回旋运动，而不像音乐那样把它转化成了意志回旋运动。音乐是纯粹的"有我之境"，即使其"无我之境"（例如某些没有明显情感的纯粹器乐曲）也是通过意志回旋运动引发出来的，因而只是更加微妙的"有我之境"。音乐的"有我之境"不是通过语言建立的。但音乐却给人"说"的感觉，仿佛音乐通过乐音的运动不断向人的心灵述说。音乐之所以给人这种感觉，是因为它和诗歌一样都是生命回旋运动的转化，尽管转化的方式不同，但转化的结果都是通过不断循环的回旋运动展开和深化生命的意义。音乐的构成因此和诗歌的构成有相似之处，但比后者要复杂得多，因为我们首先必须把声音转化为乐音，才能在此基础上构成音乐。

二 乐音的属性

音乐是乐音的运动。乐音的基本属性包括节奏、音高、音阶、音色。这四种基本属性不是偶然形成的,而是与生命回旋运动的四个环节密切相关。正因为这些属性来自生命回旋运动,音乐才能在此基础上形成旋律与和声来展开和深化生命的意义。

(一) 节奏

在诗歌中,生命回旋运动展开和深化生命意义的方式产生了"起—承—转—合"的意义节奏。但音乐必须先把生命回旋运动投射到声音中,转化为意志回旋运动,然后才能以此为基础展开和深化生命的意义。所以,**音乐的节奏来自欲望推动生命回旋运动的方式**。当我们把回旋运动看成是由欲望推动时,这个运动的其他三个环节都可以看成欲望的延伸,都从回旋运动分享到了欲望的"意志性",因此都可以和欲望一样被投射成乐音。这样,生命回旋运动最典型的投射就是由四个乐音构成的运动序列 a、b、c、d,按顺序分别是欲望、环境、处境和心情的投射(参见图1)。这种运动序列构成了音乐中的一个"小节"。回旋运动的不断循环导致了小节的循环运动:|a b c d|a b c d|a b c d|……(这里我们只研究节奏,所以暂且忽略 a,b,c,d 的音高等其他特性,而只让它们代表乐音在小节中出现的顺序)。这种投射的结果是一个4拍子的乐音运动。**生命回旋运动决定了4拍子是最典型的乐音运动方式。**

四个环节的"意志性"(能动性)是不一样的,导致它们投射出来的乐音具有不同的强弱特征。欲望是主动推动回旋运动的意志,因此投射出来的 a 是强拍。被欲望推动的环境投射出来的 b 则是弱拍。相似地,处境决定心情,而心情则被动地感受处境,因此处境和心情投射出来的 c 和 d 分别是强拍和弱拍。但处境毕竟不是一种意志,其能动性弱于欲望,但又强于心情。所以,c 实际上应该是次强拍。**生命回旋运动四个环节的"意志性"决定了4拍子具有"强—弱—次强—弱"的特**

性。显然，音乐的节拍不是随意产生的。我们之所以感到乐音的运动是有节拍的，是因为我们的生命永远都在欲望的推动下不断地重复有节奏的律动。节拍就是生命原始律动的节奏在声音中的投射。

在回旋运动的四个环节中，心情和欲望其实是同一个意志（心）的两个方面。因此，它们也可以合成一个意志被投射到声音中。当这种合成发生时，图 1 所示的回旋运动仿佛变成了三个环节似的，如下图所示。

$$
\begin{array}{c}
处境 \leftarrow \\
\uparrow \quad \searrow 心 \\
环境 \swarrow
\end{array}
$$

图 3　三环节的生命回旋运动

投射的结果是 | x y z | x y z | x y z | x y z | ……，也就是 3 拍子的乐音运动，其中 x、y、z 分别是心、环境和处境的投射。显然，x 作为意志的投射应该是强拍，而 y 和 z 作为生命的投射应该是弱拍。**生命回旋运动的"三环节形式"决定了 3 拍子具有"强—弱—弱"的特性**。由于意志投射出来的强拍延伸为生命投射出来的两个弱拍，三拍子具有"牵拉"和"舒展"的特性。不但如此，由于心情和欲望合一投射出强拍 x，从处境到心情的运动就表现为第三拍 z 具有"带出下一个强拍"的特点，导致三拍子具有一种首尾相连、绵延不绝的特性。所以三拍子特别适合于舞曲，或者舒展大方、宽长抒情的风格。例如贝多芬的《英雄交响曲》第一乐章就用了三拍子来表现一种豪迈、舒展、大方、不停地行动的英雄气质，而张寒晖的《松花江上》则用三拍子表达了一种虽然悲哀但仍然宽长舒展的思乡之情。相比之下，四拍子在一个小节内就完成了一个完整的回旋运动，因而显得比三拍子方正沉稳。

如果生命的两个方面（处境和环境）也合并在一起投射到声音中，回旋运动就被简化为二环节的"心 ⟷ 生命"运动。**这种最简化的投射得到的二拍子具有"强—弱"的特性**。在二拍子中，心对应的强拍直截了当推动生命对应的弱拍，没有三拍子的牵拉舒展、首尾相连和绵延不绝的特性，比较接近四拍子的方正沉稳，但更为简洁有力。二拍子实际上就是四拍子的简化形式。至于五拍子、六拍子、七拍子等，可以看成是二拍子、三拍子、四拍子的某种组合。归根到底，所有节拍形式都可以看成四拍子的一种变体，因为四拍子就是直接从生命原始律动产生的最典型的节拍形式。

节拍是节奏的一种高层组织，反映了生命原始律动的空灵。因此当乐音的具体节奏发生变化时节拍仍然可以保持不变。乐音的具体节奏不是来自原始律动，而是来自回旋运动展开和深化意义的具体方式，故显得千变万化。例如在四拍子的旋律 |1·7̲6-|2·1̲5̲-|6·6̲5̲2̲3̲4̲|3--3̲4̲| 中，前两个小节有相同节奏型，而后两个小节则各异。决定某个小节具体节奏的是各音出现的时间长短关系。这种长短关系反映了回旋运动在各环节中所占的相对比例。如果运动在某个环节逗留，它投射出的乐音时值就被延长，达到了强调这个环节的效果。相邻音符的时值比还可以显示相邻环节之间的运动方式。**乐音的具体节奏反映了回旋运动中各环节的运动性**。这种运动性对于空灵的原始律动是固定的（每个环节以同样方式运动）。但对于具体的回旋运动来说则根据展现意义的具体方式而可以有各种各样的变化。有时候具体节奏的变化甚至可能改变强弱拍的分布方式（例如在切分节奏中）。一拍也不一定由一个乐音构成，而可能包含多个乐音。这些都是为了展现意义而作的具体变化，单纯从原始律动的角度是无法理解的。另外，音乐的节奏来自意志推动生命回旋运动的方式，因此乐音的强弱和时值不是绝对固定的物理量，而是可以随着人心的运动在一定范围内发生变化的（这点在中国民族音乐经常用到的自由伸缩变化的节奏中有突出的表现）。

（二）音高

既然欲望和心情同属一个意志（心），作为"欲望的象征"的声音必然会有一种特性是展示欲望与心情之关系的，而我们正是在音高中发现了这种特性。**音高展示的是欲望和心情在人心中所占的比例关系**。声音越低，欲望所占的比例就越大；声音越高，心情所占的比例就越大。这是大自然形成的声音特性，不是我们可以人为改变的。我们都有这样的体会：心情激动时发出的声音会升高；心情变平缓时发出的声音会降低。"欲望—心情"关系实际上是一种"阳—阴"关系，因为尽管欲望和心情都属于意志，相对于生命皆为阳性，但欲望推动生命的力量使它相对于心情而言偏于阳性，故低音偏阳，高音偏阴（相应地，我们发现男人声音低沉，女人声音高亢）。也许有人会说音高反映的是发音体的振动频率，频率越大声音就越高。但频率只是发音体的客观属性，而不是我们"听到"的音高现象，正如我们看到的是色彩而不是电磁波的频率一样。虽然音高和发音体的频率有关，音高本身，作为声音现象的一个特性，展示的只是欲望和心情在人心中的比例。或者更确切地说，是人心在音高中听到了它的两个方面的比例关系。但我们在日常生活中听到的声音并没有固定音高。对音高的敏感使我们发明了乐器（或通过人声）来发出固定的音高。具有固定音高的声音因此成了"乐音"而与日常声音区别开来。于是才有了建立在乐音基础上的音乐。固定音高出现的基础就是我们对音高展示的"欲望—心情"比例的一种天然的、潜在的感受。

虽然音高展示了"欲望—心情"的比例，音高并不直接表达心情，否则我们就可以用一个固定音高的延续来表达一种心情了。当我们听到钢琴的键发出不同的音高时，我们并没有体会到不同的心情，而只是心情在人心中所占的不同比例而已。在音乐中，表达心情的基本方式不是延续一个固定音高，而是通过音高的升降来表现心情的涨落。这点早已被音乐家和音乐研究者所熟悉。例如，周海宏曾经采用心理学的实验证实了听觉的音高越高，听者的情绪就越倾向于兴奋性；反之，音高越低，情绪就越倾向于抑制性。[1] 这就是为什么我们可以用音高的升降来表现心情的涨落的原因。但这种表现方式很有局限性，因为它反映的只是心情的起伏，而不是心情本身。很多情况下我们有一个稳定的、没有起伏的心情，比如在大自然中散步时的喜悦，或者人生缺乏明朗前景时的忧郁，等等。当心情没有起伏时，音乐是否就无法表现它？显然不是。贝多芬的《田园交响曲》第二乐章就很好地表现了在小溪边散步或静坐时的喜悦心情，而柴可夫斯基的《悲怆交响曲》第一乐章的引

---

[1] 周海宏：《音乐与其表现的世界》，中央音乐学院出版社2004年版，第53页。

子则展现了人生的忧郁和辛酸。音乐之所以能表达快乐或悲伤等情感，不是仅仅因为音高展示了"欲望—心情"的比例，更重要的是这个比例在回旋运动的不同环节有不同的表现（因为每个环节以不同方式分享了欲望的"意志性"），而且不同的心情会导致这些表现的形式有所不同。所以我们可以用音高的运动变化来表现心情本身而不仅仅是心情的起伏。

如果我们把图 1 和音高所展示的"欲望—心情"比例结合起来，就可以得到下面的图形：

$$
\begin{array}{c}
升 \\
处境 \rightarrow 心情 \\
升 \quad \uparrow \qquad \downarrow \quad 降 \\
环境 \leftarrow 欲望 \\
升
\end{array}
$$

图 4　生命回旋运动与音高

"欲望—心情"关系有两个不同的运动路径。一个路径是从"心情"直接外化出"欲望"。这个外化如果正常进行，投射出来的声音是从高音到低音下降的。另一个路径是从欲望开始经过另外两个环节之后返回心情。如果欲望可以正常地通过这个路径返回原来的心情，那么从欲望到心情的运动投射出来的就是从低音上升回到高音的运动。所以，在完全正常的投射中，所得到的｜a b c d｜a b c d｜a b c d｜a b c d｜……这种乐音运动在每个小节中都是上升的，而在小节之间（d 和 a）则是下降的，构成音高上升序列｜a b c d｜的不断重复。当然，这仅仅是在完全正常状态下的投射。所谓完全正常，是指心情能够完全顺利地外化成欲望，欲望也能完全顺利地通过另外两个环节返回原来的心情。这种完全"理想化"的情形对应的是一种稳定的、不变的心情，因为只要心情有一点起伏，回旋运动就不会完全顺利，也不会刚好回到原来的心情。这个例子说明**一种稳定不变的心情有可能投射出一个音高不断变化的乐音运动**。不管一种心情如何稳定，它总要在回旋运动中释放到欲望中，再通过欲望对回旋运动的推动返回自身。这是心情维持自己的一种动态方式。但我们通常不会感受到心情的这种运动,因为心情本身没有变化,而只是在回旋运动的其他环节中释放自己又重新收拢自己。这种释放和收拢对应着"欲望—心情"关系的一种变化(因为每个环节都分享了欲望的"意志性"),投射到声音中时就成为音高的一种变化。如果一切正常,得到的就是一个不断重复的音高上升序列。

这种音高上升序列对应的是一种快乐的心情,因为快乐的心情外化出来的欲望自然会希望保持原来的心情,这样心情就可以顺利地通过回旋运动返回自身。相反,不快乐的心情自然不想维持它本身,这时心情外化出来的是否定它自己的欲望。所以,当欲望通过回旋运动返回原来心情的时候,它是在做一件它不愿意做的事,也就是说,欲望是逆着自己的倾向返回心情的。这样投射出来的声音运动就和欲望的运动方向相反,成为一种从高音到低音下降的运动。这就是为什么作曲家通常会用音高上升序列来表达快乐的心情,并用音高下降序列来表达悲伤的心情。但根据前面的讨论,音高的上升或下降也可以用来表达心情的起伏而不是快乐或悲伤。"快乐—悲伤"和"高涨—低落"之间可以有多种复杂的组合(例如,悲伤的心情可以不断高涨,快乐的心情可以不断放松)。因此音高的上升和下降的组合也是多种多样的。例如,在《松花江上》这首歌中,不断地出现各种表达痛苦悲伤的音高下降序列,接着在高音区出现了

$$|\ \dot{1}\ \ \dot{7}\ \ 6\ -\ |\ \dot{2}\ \ \dot{1}\ \ 5\ -\ |$$
"九 一 八", "九 一 八",

这种激昂而又悲愤的呼喊,最后在更高的音区出现了

$$|\ \dot{3}\ -\ \dot{2}\ \dot{1}\ |\ \dot{6}\ -\ -\ |\ \dot{2}\ -\ \dot{1}\ \dot{6}\ |\ 5\ -\ -\ |$$
爹 娘 啊,   爹 娘 啊,

使痛苦悲伤的心情高涨到了极点。

如果我们把心情看成与其他现象一样仅仅处在一种直线式地向未来延伸的时间中，我们就无法理解为什么稳定不变的心情可以通过音高的变化来表达（这个重要的问题常常被音乐研究者所忽略）。心情不仅像其他现象一样出现在直线式日常时间中，同时还出现在"生命回旋运动"这个构成"我"的特别时间中。在音乐中，这种不断回旋的时间被投射到声音的直线时间中而被"直线化"了，以致我们想当然地认为音乐和其他现象一样仅仅发生在直线时间中，忽略了音乐时间的真正起源。人们常常说"音乐是时间的艺术"。这个说法只有当我们把"时间"理解为"生命回旋运动"时才真正触及了音乐的本质。

（三）音阶

为了展开和深化生命的意义，乐音不能仅仅通过音高的运动表达心情，更重要的是表达心情所感受的**处境**（意境）。由于声音本质上是欲望的象征，乐音对处境的表达必须通过展示"欲望—处境"这个关系来进行。既然音高展示的只是"欲望—心情"这个关系，那么乐音就必须有另外一种特性展示"欲望—处境"这个关系。这个特性就是乐音所属的**音阶**。

音阶是通过音高来实现的，但音阶和音高是两回事。在生命回旋运动中，欲望和处境本来并不相邻。处境首先作用于心情，然后通过心情外化为欲望才和欲望相关，如下图所示。

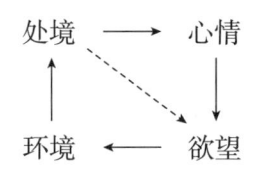

```
处境 ——→ 心情
 ↑  ╲     ↓
环境 ←—— 欲望
```

图 5　从处境到欲望的运动

显然，"欲望—处境"关系包含了"欲望—心情"关系作为其构成环节，这说明展示前者的"音阶"是通过展示后者的"音高"来实现的。这就是为什么乐音能够通过音高关系形成音阶的原因。如果声音只能展示"欲望—心情"关系，那么虽然我们会听到不同高度的音，这些音却不会形成像简谱中的 1，2，3，4，5，6，7 这样的七声音阶；我们会感到音高在乐音中的分布是"完全均匀"的，不同音高之间只有"离得近"、"离得远"这种量化关系，不会出现音阶中每个音都有其"个性"这种现象，而这种现象正是音乐可以表达意义的关键。

音阶中的每个音都展示了"欲望—处境"关系的一种特别样式，而音阶作为一个整体则是这个关系的完整展示。因此音阶中应该包含多少个音，是由"欲望—处境"关系的**多样性**决定的。这个关系在本质上是一个"意志—生命"关系，也就是一个"阳—阴"关系。对阴阳十分敏感的中国古人很早就发现了"阳—阴"关系的多样性，并归结为八种模式，亦即所谓的"八卦"。虽然八卦本质上是先天的，但它在生命现象中有许多潜在的表现。其中一种表现方式就是音阶。这点古人并没有加以研究。但我们可以在此做一些分析，因为它可以帮助我们理解音阶的构成，并说明中国民族音乐的五声音阶之特殊性。

八卦是由三爻构成的，每爻或阴或阳。每一卦的阴阳属性可以按照从下至上顺序把三爻的阴阳属性综合起来得到。如果我们把八卦按照阳性递减的方式排列，得到的结果是"乾兑离震巽坎艮坤"。声音从低到高也是阳性递减的。因此我们可以按照从低到高的顺序把音阶和八卦对应如下。

表1　八卦与音阶

八卦	乾	兑	离	震	巽	坎	艮	坤
音符	1	2	3	4	5	6	7	0
自性—他性	━━	━━	━━	━ ━	━━	━ ━	━ ━	━ ━
意志—生命	━━	━━	━ ━	━━	━ ━	━━	━ ━	━ ━
肯定—否定	━━	━ ━	━━	━━	━ ━	━ ━	━━	━ ━

八卦的上中下三爻有不同的意义。中爻代表"阳—阴"关系的原始出现；下爻代表"阳—阴"以"肯定—否定"的转化方式出现；上爻代表"阳—阴"以"自性—他性"的转化方式出现。这里我们不必深究八卦的三爻为何以不同方式代表"阳—阴"关系（这是进入第三部的《论太极》时才能解释清楚的事情）。我们只感兴趣三爻的不同意义如何决定了音阶中每个音的个性。

1对应的乾卦由三个阳爻构成，说明1这个音符具有自性、意志性和肯定性，是最有自我同一性的音符。相反，0对应的坤卦全部由阴爻构成，说明它没有任何意志性（原始出现和转化出现都没有）。由于声音是"意志的象征"，完全没有意志性的音符实际上无法出现为声音。所以坤卦对应的就是音乐中的休止符，用0代表。除了0，其他七个音符对应的卦中都包含至少一个阳爻，因此都能出现为声音。**八卦决定了音阶中天然地包含七个可以发出声音的音符**。必须注意，这种"天然七声音阶"中的1、2、3、4、5、6、7七个音不能简单地等同于简谱中的1、2、3、4、5、6、7（后者只是前者的一种具体实现方式）。"天然七声音阶"不是我们在实践中形成的某种音阶体系，而只存在于我们对乐音展示的"欲望—处境"关系的天然的默默的领悟中。一个民族在音乐实践中不一定会形成七声音阶。即使形成七声音阶也不一定都按完全相同的方式。但如果大自然没有让人对乐音所展示的"欲望—处境"关系有一种天然的默默的领悟，我们就不会在实践中形成任何音阶。至于为什么不同的民族在实践中形成了不同的音阶体系，这点我们后面再讨论。

　　在三爻的意义中，"自性—他性"决定一个音符具有"自相关"还是"他相关"的特性。"自相关"说明该音符具有内敛性，"他相关"说明它具有外散性。"肯定—否定"决定一个音符是自我肯定还是自我否定。自我肯定的音符安静；自我否定的音符活跃。"意志—生命"决定该音符是以偏向"意志"还是偏向"生命"的方式出现。由于声音本来就是"意志的象征"，以偏向"意志"方式出现的音符具有正面的、明朗的"积极"特性，而以偏向"生命"方式出现的音符则具有负面的、暧昧的"消极"特性。当然，这里说的"积极"、"消极"并不是一种好坏的判断，而只是音符在音阶中的个性。

　　根据以上讨论，我们可以得出以下的音符基本特性表。

表2　音符基本特性表

内敛型音符：１３５７　　外散型音符：２４６

积极型音符：１２５６　　消极型音符：３４７

安静型音符：１２３４　　活跃型音符：５６７

在八卦的三爻中，中爻是特别的，因为它代表"阳—阴"关系的原始出现，而其他二爻则代表这个关系的转化出现。所以，中爻具有凝聚其他二爻，将三爻统一为整体的作用。阳性的中爻偏向"意志"而具有"强凝聚性"；阴性的中爻偏向"生命"而具有"弱凝聚性"。因此"积极型音符"１２５６同时也是"强凝聚型音符"，而"消极型音符"３４７同时也是"弱凝聚型音符"。

表3　音符的凝聚性

强凝聚型音符：１２５６　弱凝聚型音符：３４７

凝聚性是关系到八卦整体的特性，所以和"积极"、"消极"不是同一回事。除了中爻决定的凝聚性，八卦还有一种整体特性，就是上下爻之间的平衡。当上下爻同性时，中爻就不会偏向其中一方而能够把三爻统一为平衡的整体。所以七个音符还可以按"平衡性"分为两组。

表4　音符的平衡性

平衡型音符：１３６　不平衡型音符：２４５７

如果一个音符既是强凝聚型又是平衡型，它在音阶中就具有**完全稳定性**，因为它对应的卦有一个阳性中爻凝聚了上下两个同性而平衡的爻。如果一个音符是强凝聚型但不平衡，它仍然是稳定的，因为其阳性中爻有足够凝聚力统一异性而不平衡的上下爻。如果一个音符是弱凝聚型但平衡，它也仍然是稳定的，因为虽然阴爻中爻凝聚力不够强，上下爻之间的同性平衡使它不会向某一边倾斜。总之，只要属于强凝聚型或者平衡型，一个音符都是稳定的。如果一个音符既是弱凝聚型又是不平衡型，它在音阶中就具有**不稳定性**，因为本来上下爻已经是异性而不平衡，阴性中爻又没有足够强的凝聚力去统一它们，这样就必然造成整个卦的不稳定。下面是音符按照稳定性分组的结果。

表 5　音符的稳定性

完全稳定音符：1 6

稳定音符：2 3 5

不稳定音符：4 7

稳定性是一个音符在音阶中的整体特性。完全稳定的音符具有稳定整个音阶的作用。其中，1 不但是完全稳定的音符而且是最有自我同一性的音符。因此，1 就是音阶的"天然主音"。6 是另一个完全稳定音符，但它的上下爻都是阴爻，因此自我同一性比 1 弱。虽然 6 可以作为主音构成另外一种音阶，这种音阶相对于以 1 为主音的音阶显得阳性不足而阴性丰富。因此，"天然七声音阶"实际上包含两种不同的音阶：以 1 为主音的"阳性音阶"和以 6 为主音的"阴性音阶"。在西方音乐的实践中，这两种"天然七声音阶"被发展成了以 1 为主音的"大调音阶"和以 6 为主音的"小调音阶"。西方人通常认为大调快乐，小调悲伤。其实这是对"阳性音阶"和"阴性音阶"的一种不太准确的说法。不论大小调都可以用来表达快乐和悲伤。但大调确实偏向阳刚，小调确实偏向阴柔。这是二者的一般特性，至于如何在音乐中表现出来则可以根据乐曲的具体内容而有所不同。

七个音符中有两个不稳定音符，即 4 和 7。这两个音符无法稳定自己，因此具有向既稳定又最有自我同一性的 1 运动的倾向。4 向 1 的运动使它接近于 3，而 7 向 1 的运动使它接近于高音 1，也就是比原来的音阶高一级别（高八度）的 1 音。这就是为什么在音乐实践中 3 和 4 之间以及 7 和高音 1 之间被确定为半个音程的原因。

但这里有一个问题。"天然七声音阶"必须在不同音高级别上都存在，否则 7 向 1 的运动就应该使它接近 6 而不是高音 1。为什么"天然七声音阶"会在不同的音高区域中重复自己？这虽然是人类凭耳朵自然发现的事实，却是哲学必须加以解释的。这个问题关系到音高和音阶之间的相似性——音高展示的"欲望—心情"关系和音阶展示的"欲望—处境"关系一样都是"阳—阴"关系，只是方式有所不同而已。

所以，音高也具有八卦决定的先天多样性。由于音阶必须通过音高实现，音高就先形成八个区域，然后在每个区域中产生1、2、3、4、5、6、7、0八个音符。所以，八个音高区域应该总共产生8×8＝64个音符（对应八八六十四卦）。但休止符0其实不发音，无法出现在音高区域内。这样八个音高区域实际产生的就是八个"天然七声音阶"，包括8×7＝56个音符。这便是乐音最基本的56个音符。①

八个音高区域按照"乾兑离震巽坎艮坤"的顺序从低音区到高音区排列。这八组"天然音区"是否可以和钢琴上的音区发生对应？这是可以尝试的。首先，如果假设人耳听起来既不高也不低的声音确实是钢琴上的中央C，那么它应该处于八卦的中间两卦（震卦和巽卦）决定的音区之间，但"震音区"和"巽音区"之间没有音符，所以中央C只能对应"震音区"中的最高音7或者"巽音区"中的最低音1。显然，中央C作为"小字一组"的最低音应该属于"巽音区"。这样钢琴上的音区和八卦决定的"天然音区"之间的对应就如下所示。

表6　天然音区与钢琴音区的对应

天然音区	乾	兑	离	震	巽	坎	艮	坤
钢琴音区	大字二组	大字一组	大字组	小字组	小字一组	小字二组	小字三组	小字四组

钢琴上的每个"组"包含对应七声音阶的七个白键（钢琴还把所有全音程之间的半音都实现为黑键，所以每组还包含五个黑键，总共十二个键）。但实际上，标准钢琴中的大字二组是不完整的，因为有些音太低，一般用不上。同时标准钢琴还多了一个只包含一个白键的"小字五组"。这说明八卦决定的"天然音区"和实际使用的"钢琴音区"的对应不是很完美。但这并没有否定"天然音区"的合理性，因为这种合理性建立在生命回旋运动中的先天阴阳关系上，而不是后天实践中总

---

① 这里有一个问题，就是为什么"天然音阶"中只有七个可发音的音符，而"天然音区"却有八个？既然坤卦决定的0不能发音，为什么坤卦决定的"坤音区"却可以发音？因为音高展示的是意志（欲望—心情）的内在比例，而不是音阶展示的"意志—生命"关系，所以坤卦对应的区域只是欲望最弱，而不是完全没有意志性，所对应的就是"天然音区"中最高音的区域。

结出来的。我们完全可以制造出刚好有完整的八个音区的钢琴，但这在实践中却不见得有必要。

　　上面提到 4 和 7 作为不稳定音符具有向 1 音运动的趋势，并且因此分别接近同组的 3 和高八度的 1。这种"接近性"实现出来的结果就是 3 和 4 之间以及 7 和高音 1 之间的音程是其他相邻音程的一半。为什么刚好是一半？原因在于不稳定的音一方面要向 1 音运动，另一方面又必须和运动方向上的相邻音保持距离，以便和后者保持为两个不同的音。一个音如果越过与相邻音的中间点，就会进入相邻音的范围而失去它原本的特性。因此，不稳定音符向 1 音的运动只能进行到与相邻音的中点位置。所以，**它和运动方向上的相邻音的音程应该缩小为原来的一半。**这种用"半音程"来实现 4 和 7 的"不稳定性"的做法来自"天然七声音阶"的本质，因此具有先天合理性。另外，由于半音程的存在，全音程也获得了新的意义，亦即"两个半音程"。这样两个相邻的音 a 和 b 之间如果是全音程（例如 5 和 6），它们的音程中点就有了"a 向 b 接近（升半音）"或者"b 向 a 接近（降半音）"的意义。这个意义使得音乐中有时需要对某个音升或降半音来表现其"不稳定性"。这种"不稳定性"不是这些音符的先天特性而是一种后天的、临时的特性，但也因此给音乐带来了一些偏离常态的特殊效果，可以用来表达一些特殊感受。所以，七声音阶也可以从半音角度理解为由十二个半音构成，也就是将八度音程平均地分成十二等份，每个等份都是半个音程，这样刚好可以得到七声音阶中相邻音程为"全—全—半—全—全—全—半"的音程分布。必须注意的是，七声音阶中的十二个半音的地位是不平等的，因为其中七个是八卦决定的"先天音符"，而其他的五个则是具有特别意义的"后天音符"。但如果我们在十二音中选择不同的音作为主音（首音），就可以在不同的音高级别上得到七声音阶，原来是"后天音符"的音在新的音阶中就可能成为"先天音符"（反之亦然）。由此可见"先天音符"与"后天音符"的区分是音阶的特性，而不是音高的特性。所以，把八度音程平均划分为十二等份就有了另一个意义，就是允许在不同音高级别上自由地转调（转到以另一音为主音的调上）。

　　在音乐发展史上，把八度音程平均分为十二等份的做法就是通常所说的"十二平均律"。根据以上分析，十二平均律有先天合理性（合理地实现"天然七声音阶"）。但这个有先天合理性的音律具体实现在乐器上却非常困难，因为弦长比例和音高比例不是同一回事。弦长减半时，振动频率加倍，音高就上升八度（听起来和原来音一样，只是更高）。因此，必须对2开12次方才能算出相邻音之间的弦长比（约等于1.059463094）。最早提出十二平均律理论的是中国明朝的音乐家朱载堉（1536—1610年），他用珠算首次计算出了十二平均律对应的各种弦长比（一直算到了25位数），并制造了世界上最早的十二平均律乐器（律管和弦乐器）。但他的理论并没有在中国得到广泛应用。其实中国古人很早（至少在周朝时）就已经发现了"十二律"，也就是八度之间的十二个音，分别称之为黄钟、大吕、太簇、夹钟、姑洗、仲吕、蕤宾、林钟、南吕、夷则、无射、应钟。古人确定十二音的主要方法是"三分损益法"，也就是把一根弦分为三等份，或去掉一份，或增加一份，就可以得到高五度或低四度的音。两种方法交替使用，最终就可以辗转生出十二律中的所有音。但这种方法得出的十二音和十二平均律之间有细微的差异。例如，三份损一得出高五度音时，弦长比 = 3/2 = 1.5。但按照十二平均律算出的弦长比是1.498，不是刚好等于1.5。所以，虽然新弦发出的音与原音很和谐（这是泛音原理决定的，弦长比为简单整数比的时候发出的音就很和谐），也比较容易实现，但它并不刚好等于十二平均律中的高五度音。其他音符的情形也相似。用弦长的简单整数比找出十二音还可能导致几种不同的相邻音程（几种不同的"半音"）。这种"自然音律"虽然听起来比较自然和谐，却不利于转调。

在西方，十二平均律出现得比朱载堉稍晚，但很快就得到普及。钢琴就是建立在十二平均律基础上的乐器。我们可以在钢琴上任何一个位置弹奏一个旋律，听起来仍然觉得是同一个旋律，这就使转调变得非常方便。在十二平均律普及之前，世界各民族和古代中国人一样使用自然音律（虽然各民族发明的自然音律不尽相同）。从十二平均律的角度看，自然音律是"不准"的。但从自然音律角度看，十二平均律的音程不是来自发音体的自然泛音，因此不够自然和谐。在这里很难找到一个完美地解决二者差异的办法，因为二者根据的原则是不同的。好在二者之间只有细微的差异，所以并不互相矛盾。钢琴的发展，欧洲 18 至 19 世纪的音乐大发展都得益于十二平均律的使用。十二平均律对音乐发展的作用是不言而喻的，其先天合理性以及可以自由转调的优点适合于普及到全世界。然而这不等于自然音律就可以被简单地否定。各民族在历史上发展出来的多种多样的自然律不仅反映了各民族对声音美感的不同偏向，也反映了对音符的"后天不稳定性"的不同偏向（例如阿拉伯音乐喜欢用 3/4 音，是钢琴上弹不出的音，在陕西民歌中也存在类似的音）。不同的音律系统实际上是不同民族文化特色的一种表现。

　　虽然中国古人早就发现了十二音，但中国人对宫、商、角、徵、羽（1、2、3、5、6）五个音有特别的偏好，称之为"五正音"，从而形成了所谓的"五声音阶"。纯粹的五声音阶不包含 4 和 7 这样的"半音"。但中国人并非完全不使用半音。在五声音阶的基础上，中国人引入了"偏音"，例如清角、变徵、变宫、闰（分别相当于 4、$^\#$4、7、$^\flat$7），从而形成了以五声音阶为基础的三种七声音阶，即清乐、燕乐、雅乐。宫、商、角、徵、羽中任何一个音都可以成为主音，因此清乐、燕乐、雅乐共有十五种不同的调式。可见中国古代的调性系统是非常丰富的。西方中世纪时的"教会调式"有七个调（分别以七声音阶中的每个音为主音）。但文艺复兴之后七个调逐渐融入以"do"和"la"为主音的调式，最终发展成了大调和小调。如果仅仅从音阶所包含的音符来看，中国清乐的七声音阶与西方七声音阶含有相同的音符，因此中国的"清乐宫调式"对应大调，"清乐羽调式"对应小调。然而，中国的七声音阶中"五正音"是骨干，而"偏音"只是辅助性的，基本上只是作为过渡音、装饰音等来使用。因此中国七声音阶和西方七声音阶并不是同一回事。归根到底，中国人最典型的音阶系统确实就是五声音阶。

　　五声音阶不是中国独有的，而是广泛存在于世界许多民族的音乐传统中。但各民族的五声音阶中包含的五个音并非都相同。有一些五声音阶包含半音。例如，日本冲绳与越南山区一些少数民族使用像 1，3，4，5，7 这样的五声音阶，而印度尼西亚的爪哇甚至有一种把八度音程平均划分为五等份得到的五声音阶（这样相邻音程就会大于一个全音）①。为什么世界上有这么多民族喜欢用五声音阶？为什么他们选择的五个音又不尽相同？这里涉及人们对数字"五"的偏爱。有人认为这是因为人有五指，因此人们自然地喜欢用"五"来表达事物的多样性。这种说法有点道理，但还没有真正说透。归根到底，人类对数字"五"的敏感其实是对"五行"的敏感，尽管只有中国人才真正把五行发展成一种哲学概念。五行是与八卦并列（相对独立）的另外一种先天的多样化模式：八卦是"阳—阴"关系的先天多样化模式；五行则是"意志—对象"关系的先天多样化模式（参见第十一讲《论太极》）。大自然让人手有五指就是因为手是意志把握对象的通道。"欲望—处境"作为"阳—阴"关系以八卦为其多样性，导致了七声音阶的存在。但"欲望—处境"作为"意志—对象"关系又以五行为其多样性。这种多样性和音高没有关系，因为音高是"欲望—心情"作为"阳—阴"关系产生的，其多样性只取决于八卦。所以，五行只是决定了由五个音组成音阶，而这五个音的音高却没有什么先天决定好的特性。只要我们从七声音阶（或十二音）中选取五个就可以构成一种五声音阶。这就是为什么世界上有这么多种不同的五声音阶之原因。所以我们不能简单地认为五声音阶是一种"不完整"的音阶，好像它"漏掉"了七声音阶中两个音。尽管五声音阶必须依赖七声音阶（或十二音）来构成，它具有自己的相对独立性。有些民族把八度音程平均分为五等份，说明他们把这种独立性强调到超过了八卦决定的音阶特性。

中国五声音阶以"没有半音"为其特色。为什么中国人偏好1、2、3、5、6而不注重4和7？这里面的原因是深刻的。音阶反映了生命回旋运动中的阴阳关系，暗中指向天地人包含的阴阳关系。因为4和7是两个不稳定音，既缺乏凝聚性又缺乏平衡，对天人合一特别敏感的中国古人自然地更喜欢稳定的1、2、3、5、6。当然，这种做法同时也导致

---

① 参见陈文溪、张东晓《五声音阶是全球性的吗？——对五声音阶论的若干思考》，《中国音乐》1995年第2期。关于世界各民族音乐之间的差异，可以参考王耀华《世界民族音乐概论》，上海音乐出版社1998年版。

了一种"因大失小",因为 4 和 7 这种半音正因为其弱凝聚性和不平衡而在表现一些精细、微妙的心情和意境方面有其独到之处（新疆少数民族就比较喜欢使用半音,故其民歌有独特风味）。西方音乐传统对 1、2、3、4、5、6、7 平等看待的做法,固然说明他们对天人合一不比中国人敏感,但他们在近代以 1 和 6 为主音形成大小调的做法同样反映了他们对凝聚性和平衡感的追求,因为 4 和 7 导致的不稳定性需要解决,而以 1 和 6 这两个完全稳定音为主音来形成大小调的做法正可以解决这个问题。另外,1 和 6 刚好形成了阳和阴的对立,也是一种阴阳平衡。中国人把 1、2、3、5、6 作为骨干音的做法,使我们不需要解决 4 和 7 的不稳定性,因此我们的五声音阶可以用 1、2、3、5、6 中任何一个音为主音来形成一种调式,也可以扩展为以 1、2、3、5、6 为骨干音的十五种七声调式,导致了中国民族调式的丰富多彩。

由此看来,中国的五声音阶（以及以五正音为骨干的七声音阶）与西方的七声音阶各有其优越性,无法互相代替,但可以互相学习借鉴。目前中国人已经接受了西方的大小调七声音阶以及十二平均律,使我们能够吸收西方从 18 到 19 世纪发展起来的辉煌的音乐传统来丰富我们自己的传统。目前五声音阶仍然在许多民族音乐中存在。即使在大量使用西方大小调七声音阶的地方,我们的旋律依然偏向五声音阶的音列,显示了我们的民族特色。音阶反映了人类对"意志—生命"关系的理解。不同民族在理解这个关系上的不同倾向自然会导致不同的音阶体系。我们应该在保持民族特色的同时兼容各种音阶体系,这样会有利于我们发展具有世界性的中国民族音乐。

（四）音色

在回旋运动的四个环节中,欲望还与"环境"这个环节相关。环境是直接由欲望开拓出来的活动领域。欲望正是通过在环境中的活动才对被给予的处境有所作为（参见图 5）。展示"欲望—环境"关系的乐音特性就是欲望操作环境中的物自由地发出声音的方式,也就是乐音的"音色"。

同一个音高的音,当它以不同方式发出时,听起来感觉是不同的。世界上并没有什么抽象的、完全没有音色的乐音。任何乐音都必须被听见，而我们听见的乐音（除了电子合成的声音之外）总是人以某种方式自由发出的。发音方式的不同并不仅仅导致美感的不同，而是有更深的意义。当我们运动自己的发音器官或操作某种乐器发出声音时，我们是在欲望打开出来的"声音环境"中自由地活动着。这种"声音环境"不但包括发出种种不同乐音的可能性，还包括以种种不同方式发出同一乐音的可能性。这里出现了一个"欲望—环境"的"阳—阴"关系。我们可以猜测这个"阳—阴"关系同样有八卦决定的八种"天然音色"。但发音是通过移动身体（和环境中的物）实现的。因此，音色具有节奏、音高和音阶所没有的"具体性"。这说明即使存在八卦对应的八种"天然音色"，它们具体实现在发音体上时会有无穷变化的可能性。值得注意的是，对八卦敏感的中国古人早在周朝就已经有"八音"的说法，也就是把乐音根据发音体的材质分为金、石、丝、竹、匏、土、革、木八种类型，并与八卦相配。这种分类法后来甚至导致古人把音乐泛称为"八音"。但关于"八音"的说法不是绝对的，因为八卦决定的八种"天然音色"是不具体的，可以和各种各样的发音材质对应。世界上不同民族发明了许多不同的乐器，反映了他们对"欲望—环境"关系的理解具有各自不同的、与具体环境密切相关的偏向。因此，音色和音阶一起构成了一个民族的音乐特性的基本成分。

　　中国人从远古就发展了许多不同类型的乐器。这些乐器有些至今仍然被广泛使用。它们与西方乐器相比毫不逊色。虽然有些乐器的声音不像钢琴和小提琴那样高雅纯净，但它们独特的音色反映了中国人独特的气质。音色是由欲望发出的，而欲望则来自心情。不同处境导致的不同心情可以通过欲望的活动在音色中流露出来。所以，每种乐器都会有它比较擅长表达的意境和心情。比如，拉弦乐器就比弹拨乐器更能表现缠绵的情感。当心情沉浸在自身中而不想离开自身时，它外化出来的欲望仅仅希望返回原来的心情去继续体会它，而不想在环境中展开什么活动。整个回旋运动处在心情不愿离开自己的拉力中，只能绵绵不绝地延伸而无法跳跃式地经历各个环节。所以我们通常用"缠绵"来形容这种心情并倾向于用拉弦乐器（如小提琴、二胡等）来表达它。与之相反，琵琶、钢琴等弹拨乐器则更多地强调回旋运动中各环节的独立性，因此虽然它们能表达凄凉、欢快或激越的心情，或者某种深沉的思绪，等等，却不太适合表达缠绵的心情。

中国古代最独特的民族乐器是"琴"，也称"古琴"。古琴已经有三千年以上历史，是中国最古老的乐器之一。古琴的声音并不十分优美，有点紧涩，不够圆滑和悠扬。但正是这种古朴的音色最能表现一种超越生命的原始感受。单纯音色上的美感代表我们对生命具体内容的"形式上的"感受（不同于有超越内涵的美感，例如大自然的美，人的美，也不同于音色传达出来的某种心情或意境）。因此，一种乐器虽然可能比较缺乏美感，但却可能因此在表达超越的意境方面有所得。古琴正是偏向古朴的，超越生命具体内容的感受而牺牲了声音本身的美感。所以洁身自好的中国古代文人都非常喜爱古琴。孔子就是古琴不离身的人，在被围困时还弹琴唱歌，而且据《史记》记载，"三百五篇，孔子皆弦而歌之，以求合韶武雅颂之音"，也就是说，《诗经》三百零五篇诗歌孔子都用古琴伴奏来唱过，以便使其乐调达到尽善尽美的境界。但古琴由于音色太古朴，个性又太强，比较难与其他乐器合奏，所以后来渐渐被冷落。许多古代文人对此深表惋惜。白居易就曾在"废琴"一诗中写道："丝桐合为琴，中有太古声。古声淡无味，不称今人情。玉徽光彩灭，朱弦尘土生。废弃来已久，遗音尚泠泠。不辞为君弹，纵弹人不听。何物使之然。羌笛与秦筝"。

诗中说的"秦筝"就是现在我们说的"古筝"，因为起源于战国时的秦国而得名。古筝的音色有些接近古琴，虽然不如古琴古朴，但优美悠扬，浑厚圆润，不论独奏还是与乐队合奏都很合适。古筝的表现力十分丰富，不仅可以像《渔舟唱晚》那样高雅深邃，也可以像《林冲夜奔》那样从沉吟到悲愤，从思绪到激昂，其演奏效果如同一个小乐队，再复杂的意境都能在十指和手腕之间一泻千里地奔流而出。琵琶是另一种非常富有中国民族特色的乐器，从秦朝末期开始出现后经历了很多发展变化，在"盛唐之音"的音乐大发展中起了重要作用。琵琶音色铿锵、流畅而又密集，独奏时有非常丰富的表现力，与乐队合奏时则仿佛是绝世而独立的佳人，与其他乐器形成有张力的对比，而且穿透力很强，运用得好时会有开拓意境的作用。其他如笛、箫、二胡等民族乐器

（包括许多少数民族乐器）都具有西方乐器所不具有的独特音色。中国乐器的材质大都直接取材于大自然，演奏者还可以根据对音乐的领悟自由地使用吟、揉、抹、挑等手法来发出独特的音色，演绎出独特的意境。中国乐器发出的乐音常常可以围绕一个音高中心在一定范围内摇摆起伏，展现了一种"稳中有动，动而不失其稳"的韵味。这种灵动的音色比强调固定音高的西方乐器的音色显得更接近大自然，同时也更富有人性，非常适合展现天地人一体的境界。在许多西方人眼中，中国乐器"充满噪音，缺乏美感"。但有些意境就只能用中国乐器的音色来表达。中国民族乐器在独奏方面的表现力确实是无与伦比的，因为音色十分丰富，手法非常多样，比音色单一、强调精准的西洋乐器更能"以一当十"。现场聆听和观看其人性化的表演更是能够把众人的精神凝聚在天地之间（只有现场表演才能真正展现中国民族音乐的天人合一精神）。当然，如果能把中国民族乐器与西方管弦乐队结合，就可以表现一些新的、更加丰富多彩的意境。中国乐器在演奏旋律方面有独到之处，很适合作为独奏乐器与西方管弦乐队合作，例如琵琶协奏曲、二胡协奏曲、古筝协奏曲等。这方面当代中国音乐家仍然有很多事情可做。

最后值得一提的是人声。人声是欲望最直接、最自由地发出的声音，所以最能以其独特的音色来表达心情，展现意境。中国人因此有"丝不如竹，竹不如肉"的说法。中国戏曲和民歌中有许多独特的、丰富多彩的发音方式，展现了异常丰富的音色。必须说明的是，这里所说的"音色"并不是仅仅指"好嗓子"，而是指整个发音的方式。音色来自心，通过心的自由活动直接参与意境的展现。因此，我们应该从展现意境的角度重视音色而不能把音色仅仅理解成"好嗓子"。另外，虽然人声是心情的直接表达，这并不意味着心情的表露越强烈就越是好音色。音乐表达心情的目的是为了展现心情感受到的意境。一种深刻的意境引起的心情不一定是很强烈的，但却可能是深入心扉、真挚动人的。如果以为音乐的唯一目的就是表达感情，而忽略了感情所感受的意境，就有可能把歌唱仅仅当作宣泄感情的手段，以至于以声嘶力竭的叫喊代替了真正的歌唱。真正的歌唱应该根据歌曲的意境来使用音色，该放则放，该收则收，该强则强，该弱则弱。演唱者应该把人声当作最精致的乐器，努力让它发挥出最微妙、最恰当的音色来展现意境，而不应该毫无意境地宣泄感情，"以喊代唱"。

三 旋律与和声

上面我们讨论了乐音的四种基本属性：节奏、音高、音阶和音色。乐音的属性取决于欲望在生命回旋运动中的特性：欲望对回旋运动的推动作用决定了乐音的节奏，而欲望与心情、处境和环境的关系则分别决定了音高、音阶和音色，如下图所示。

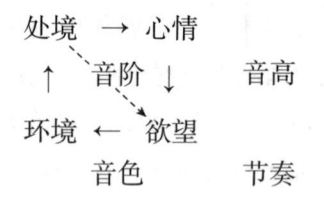

```
处境  →  心情
 ↑    音阶 ↓    音高
环境  ←  欲望
     音色      节奏
```

图 6　乐音的四种基本属性

音乐的本质在于通过乐音展开和深化生命的意义。虽然回旋运动必须建立在它的四个环节基础上，对意义的展开和深化是回旋运动的**整体特性**而不是其个别环节的特性。因此，音乐要表达意义就必须在乐音的四种基本属性基础上形成展开和深化意义的乐音运动。这种乐音运动的基本形式就是旋律。音乐主要通过旋律展现意义，而和声的引入则使这种展现获得了丰富的立体性和内在的逻辑性。

（一）旋律

在四种基本属性中，音阶展示了"欲望—处境"关系的多样化。因此，展开和深化处境之意义的旋律主要是由乐音在音阶中的运动构成。但音阶又是通过音高实现的。前面分析音高时曾经指出，在完全正常的典型投射中，一种稳定的、快乐的心情投射出一个音高上升序列。现在我们可以来进一步确定这种典型的音高上升序列对应什么样的音阶运动。

把图 4 稍作修改即可得到下面的图形。

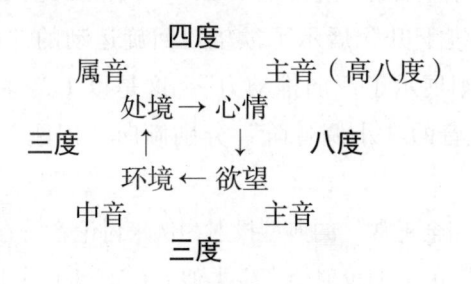

$$
\begin{array}{ccc}
 & \text{四度} & \\
\text{属音} & & \text{主音（高八度）} \\
\text{处境} & \rightarrow \text{心情} & \\
\text{三度}\quad\uparrow & \downarrow & \text{八度} \\
 & \text{环境} \leftarrow \text{欲望} & \\
\text{中音} & & \text{主音} \\
 & \text{三度} &
\end{array}
$$

图 7　生命回旋运动与音阶

因为声音是"欲望的象征"，推动回旋运动的"欲望"投射出的乐音自然地成为支持音阶运动的"主音"。完全正常的处境引起的是一种稳定的、快乐的心情。这种心情外化出的是保持处境不变的欲望。因此，虽然从心情到欲望的运动投射出的是音高的下降，这个下降不会改变展示"欲望—处境"关系的音阶。结果就是一个"八度下降"，也就是从高八度的主音下降到主音（例如从 $\dot{1}$ 到 1，从 $\dot{6}$ 到 6，等等）。所以，欲望对回旋运动的一次推动应该投射出从主音到高八度主音的上升序列。当处境完全正常时，回旋运动会完全顺利地进行，从而会以相同的步伐经历每个环节。这样"欲望→环境→处境→心情"投射出的三个"音阶上升"应该具有相同的步伐，其结果自然就是"三度 + 三度 + 四度"。其中，"处境→心情"这个运动稍微特别一些，因为它受到"心情→欲望"是"八度下降"的制约而必须从属音返回高八度主音，导致了"四度"的步伐。所以尽管它投射出"四度"，其意义仍然和前面两个"三度"相同，都属于同一类型（完全顺利）的"音阶上升"运动。

这样，我们就从生命回旋运动的"完全正常"的典型投射中得出了早已被人类的音乐实践总结出来的音阶特性：从主音、中音到属音是一个"三度上升"序列；属音具有天然的回归（高八度）主音的倾向；主音与中音的关系决定了整个音阶的"调性特征"。从主音到中音的运动展示的是欲望对环境的"直接推动"。这个"直接推动"是决定欲望如何推动整个回旋运动的关键。从主音到中音的"三度上升"有两种情形：大三度和小三度。"大三度"包含两个全音（如1—3），而"小三度"则包含一个全音和一个半音（如 6̇—1）。因此相对而言，从主音到中音的"大三度上升"展示了欲望对回旋运动的"强推动力"，而"小三度上升"则展示了"弱推动力"。这是以 1 为主音的"大调音阶"和以 6 为主音的"小调音阶"分别倾向"阳刚"和"阴柔"的原因。

  上面是以"完全正常"的典型投射为例来讨论音符在音阶中的特性。这种"完全正常"的典型投射会产生类似 |１３５ i̇| 或 |６１３６| 这样的乐音运动。但如果处境不是"完全正常"而是"负面"的（引起的心情是不快乐的），那么投射出来的就是相反的下降序列。音乐展示的具体处境（意境）通常不会是"完全正常"而是千变万化的。这些具体处境投射出了千变万化的"偏离正常"的乐音序列。这些乐音序列正是借助其"偏离正常"来展示具体处境的独特意义。加上前面分析过的音高的二重性（音高的运动既可以展现心情的起伏，也可以展现心情的快乐或悲伤），回旋运动的一次循环投射出来的乐音序列是非常多种多样的。再加上四拍子这种最典型的节拍有三拍子、二拍子等各种变体，乐音序列就显得更加多种多样了。但不管乐音在一个小节中的运动序列是哪种具体样式，它都是生命回旋运动一次循环投射出来的结果，因此初步展示了处境的意义。这种长度为一个小节的运动是音乐最小的意义单位，构成了"音乐语言"的"词汇"，也就是通常所说的"乐汇"。①

  必须注意的是，尽管欲望是推动回旋运动的力量，回旋运动的投射不一定非得从欲望这个环节开始，而是可以从任何一个环节开始。例如，我们也可以从"心情"这个环节开始投射，构成一种"弱起"的乐音运动，用以展现"心情→欲望→环境→处境"这种回旋形式。这种回旋形式也包含完整的四个环节，其投射结果虽然牵涉两个小节，其

---

  ① 英国音乐理论家戴里克·柯克曾经总结了"音乐语汇"中的 16 种"基本术语"。例如，根据这些基本术语，大调中的"5—1—2—3"音列表现的是一种纯洁、朴素的愉快，而小调中的类似音列则表现一种坚定、勇敢地承认悲剧之存在的情感。这些"音乐语汇"实际上就是一些典型的"乐汇"（姑且不论它们是否可靠）。参见［英］戴里克·柯克《音乐语言》，茅于润译，人民音乐出版社 1981 年版，第 3 章。

总长度依然是一个小节。例如，邓丽君演唱的《月亮代表我的心》的主旋律就是由许多"弱起"的乐汇构成。

0 5 | 1·3 5·1 | 7·3 5 0 5 | 6·7 1·6 | 6 5 5 - 3 2 | 1·1 1 3 2 | 1·1 1 2 3 | 2·1 6 2 3 | 2 - - 0 5 |

"弱起"的乐汇强调从心情升起欲望，和强调欲望（意志之能动性）的"强起"乐汇有不同的意义。但不管从哪个环节开始投射，回旋运动的一次循环都可以投射出长度为一个小节的乐汇，从而初步展示了处境的意义。

但乐汇仅仅初步形成了一个意义，而并没有展开和深化它。乐音在一个小节中的运动仅仅反映了欲望推动生命回旋运动的方式。所以，音乐的节奏仅仅是欲望的节奏而不是意义的节奏。音乐中的"意义节奏"和诗歌中一样，都具有生命回旋运动展开和深化意义的"起—承—转—合"形式。乐汇还必须通过"起—承—转—合"运动来构成意义的一个完整表达，也就是通常所说的"乐句"。所以，最典型的乐句包含四个小节（四个乐汇）。这种"四小节"或"四乐汇"乐句在西方古典音乐和中外现代歌曲中都不胜枚举。上面提到的《月亮代表我的心》的主旋律就是由两个"四乐汇"乐句构成。苏联歌曲《喀秋莎》的主旋律

| 6·7 1·6 | 1 1 7 6 | 7 3 0 | 7·1 2·7 | 2 2 1 7 | 6 - |
　正　当梨　花 开　遍 了天涯,　河 上 飘　着 柔漫的 轻　纱;

| 3 6 6 | 5 6 5 | 4 4 3 2 | 3 6 0 4 | 2 3·1 | 7 3 1 7 | 6 - |
　喀 秋莎 站　在 峻　峭的岸上,　歌 声 好　像明 媚的春　光。

也是由四个小节（乐汇）构成一个乐句，再由四个乐句构成一个完整的旋律。有时候两个乐汇可能会组成一个相对独立的单位，从而形成所谓的"乐节"，这时乐句也可以看成是由两个乐节构成，例如《我的祖国》中的开头：

|1 2 6̂ 5̂ 5·6̂ 3̂5̂ 1̂ 6 5 - | 5 6̂5̂3̂2̂3̂ 5̂3̂ 6̂ 1 2 - |
　一条　大　　河　　波浪　宽，风吹稻花香两岸；

这种由两个乐节构成的乐句在歌曲中经常对应歌词的"上下句"或"联句"。在音乐实践中"起—承—转—合"的意义节奏还有许多其他变体，因此乐句的构成方式也是多种多样的。音乐创作是完全自由的，一个乐句如何构成应该由所要表达的意境来决定，而不存在必须遵守的规则。但人们在音乐实践中不知不觉地倾向于"四小节"或"四乐汇"乐句却不是一件偶然的事。

　　乐句是意义的一个完整表达，但音乐还必须展开和深化这个完整的意义，这样就必须在乐句的基础上构成"乐段"。由于"起—承—转—合"是普遍的"意义节奏"，最典型的乐段由四个乐句的"起—承—转—合"构成。《喀秋莎》的主旋律就是由四个乐句构成的一个乐段。贝多芬在第九交响曲中的"欢乐颂"主旋律也是四个乐句构成的一个乐段。

|3 3 4 5 |5 4 3 2 ||1 1 2 3 |3·2 2 - |3 3 4 5 |5 4 3 2 ||1 1 2 3 |2·1 1 - |

|2 2 3 1 |2 3̲4̲ 3 1 |2 3̲4̲ 3 2 ||1 2 5 3 |3 3 4 5 |5 4 3 2 ||1 1 2 3 |2·1 1 - |

这个旋律用上升的乐汇表达欢快的心情，接着用下降的乐汇表达心情的放松，如此反复交替地在大调的主音、中音和属音之间回旋。每个乐句由四个小节（四个乐汇、两个乐节）构成，每个小节都包含四拍（基本上是一音一拍，显得很"顺畅"）。这种最典型的乐音运动很适合表达人类欢聚一堂、消除了各种矛盾分歧的理想境界。

　　在乐段的基础上还可以形成更为复杂的乐音运动，以便更充分地展开和深化音乐的意境。但在这里我们不必再继续讨论这些更复杂的情形，因为乐段已经是可以独立存在的音乐形式，同时也是旋律最完整的存在形式。这里说的"旋律"指的是乐句及其运动。单独的一个乐句是旋律的最小单位，表达了一个完整的意义，而乐句的运动则展开和深化了这个意义，形成了旋律的完整形式——乐段。当然，我们还可以通过对旋律进行各种发展来表达一种不断发展变化的意境。总而言之，音乐是通过旋律来表达意义的。**旋律就是音乐的灵魂**。这点早已经成为许多音乐家和音乐研究者的共识。

音乐只有通过旋律才能真正形成意境。这是由音乐的本质决定的。在歌曲这种特别的音乐体裁中，歌词也以某种方式参与了意境的展现。但歌词表达的意境和音乐本身的意境不是同一回事，因为两者具有完全不同的形成机制。即使歌词的意境很深刻，音乐的意境也可能是肤浅的，反之亦然。当然，最理想的情形是歌词和音乐都很有意境并融成了一个整体。但即使歌词从文学角度来说比较一般，只要音乐本身很有意境就仍然是一首好歌。这不是音乐与文学哪个更重要的问题，而是如何结合的问题。音乐是通过直接激发和调谐意志来形成意境的，而文学则是通过想象生命中的具体内容来形成意境。这就决定了二者结合时音乐自然地会主导文学，正如意志主导生命一样。所以，我们听歌曲的时候对歌词的感受和欣赏诗歌的时候是很不一样的，因为歌词已经被置于音乐的主导之下，失去了诗歌具有的那种独立性。反之，音乐却不会因为结合了歌词而失去其独立性——歌曲中的音乐仍然像纯音乐那样通过旋律来展现其意境。事实上，听不懂歌词（如外国或少数民族歌曲）并不妨碍我们领悟音乐本身（包括音色）形成的意境，反而可能让我们对这种意境有更深、更纯粹的体会。这并不意味着否定歌词对歌曲的意境可能起到的帮助作用，因为语言能够表达音乐不能表达的一些具体事物，可以很好地增强音乐的表现力。但如果音乐本身没有很好地形成自己的意境，或者只形成一种肤浅的意境，那么即使歌词再动人也不是一首好歌。

中国古代的音乐、诗歌、舞蹈经常是融为一体的，也就是古人所说的"乐"。这种综合性的艺术形式在唐朝的歌舞大曲（如《霓裳羽衣曲》）中达到了全盛的顶峰。但古代音乐注重旋律的特点，使音乐在与诗舞结合的时候仍然保持其音乐性。中国古人对意境的重视使旋律成为中国民族音乐的主要表现形态。旋律展现的意境来自人的生活，所以旋律最深的根源在于一个民族的文化，特别是民族音乐（包括民歌、民间音乐、戏曲、古代音乐、少数民族原生态音乐，等等）。音乐教材只能教授音乐的技术，而无法教授旋律的艺术，因为旋律是最富于灵性和人性的东西，是真正让音乐超越其形式结构而与天地万物相沟通的东西。因此，我们不应该盲目学习西方流行音乐对舞台效果等辅助手段的突出，而应该努力提高歌曲的旋律性，让舞台效果完全服从音乐意境的展现。

要提高歌曲的音乐性，除了对歌曲本身下功夫之外，还可以从器乐作品中学习音乐对意境的展现。由于器乐没有依赖歌词和其他辅助手段，对器乐的欣赏能够很好地提高我们对声乐的欣赏水平。20世纪五六十年代的中国人对声乐和器乐是同样重视的。正是在这段时间中，中国人创作了像《梁祝小提琴协奏曲》、《黄河钢琴协奏曲》、《嘎达梅林交响诗》这种融合了中西音乐元素的杰出器乐作品。与此同时，对器乐的欣赏和对中国民族音乐的重视也为歌曲的发展提供了良好的环境。所以，五六十年代的许多电影插曲都有很好的旋律和意境，以致到今天仍然魅力不减。但近几十年来，中国人对声乐的需求已经远远超过对器乐的需求，对歌曲类节目的狂热喜爱超过了历史上任何一个时期，而器乐曲则被冷落一旁。这种狂热喜爱为歌曲的创作和演唱提供了一个前所未有的发展机会和舞台。但这种向声乐一边倒的狂热并不证明大众的音乐欣赏水平在不断提高。相反，这种现象反映了人们越来越不重视音乐本身，而更多地注重音乐的外围性、娱乐性和商业性，更多地追求音乐的表面效果。要改变这种趋势，就必须强调歌曲的意境，强调旋律展现意境的作用，强调器乐的欣赏，并落实到学校的音乐教育中。只有当我们拥有一大批注重音乐本身的听众，才能出现一大批注重音乐本身的音乐家，才可能迎来中国音乐高水平的大发展。

（二）和声

和声是多个不同音高的乐音同时发音造成的音乐感。西方人从古希腊开始就显示了对和声的某种兴趣，而从18世纪的欧洲开始，和声逐渐发展为音乐的重要成分，对18—19世纪西方音乐的繁荣起到了很大的促进作用。相比之下，中国古代音乐则比较缺乏对和声的兴趣。直到20世纪初，中国音乐中的"合奏"仍然基本上是多种乐器的"齐奏"

而不是多声部的和声。① 中国古人对和声的忽视可以用他们对旋律的高度重视来解释。对音乐的精神性的注重使古人更看重旋律所展示的意境以及合奏者的"和谐一致",而不是多声部之间各行其是、交相辉映的"和声"。然而,和声在西方古典音乐中的重要作用,说明和声并不仅仅是一种形式上的美感,而是来自音乐的本质。另一方面,尽管西方古典音乐家利用和声创作了许多伟大的作品,西方的音乐研究并没有很好地揭示和声如何来自音乐的本质。许多西方音乐家和哲学家都喜欢把音乐和建筑相比,因为二者都具有讲究数学比例、立体感、层次感等特点。这种对比说明了西方人注重理性的特点,同时也说明他们对音乐的"空间性"的关注,而和声似乎就是由泛音原理决定的一种"空间性"的音乐结构。

如果我们坚持"音乐是时间的艺术"这个观点,我们就必须解释对西方音乐发展起到重要作用的和声如何来自音乐的时间性本质。如何理解多个不同音高的声音"同时发音"对于在时间中前进的音乐之重要性?"同时性"作为时间的"横截面"似乎不具有时间性而只有静止的空间性。但对时间的这种理解来自日常时间观念,也就是把时间当作在一条直线上不断向前延伸的单向运动。前面已经指出,只有当我们把"时间"理解为"生命回旋运动"时,"音乐是时间的艺术"这种说法才真正触及了音乐的本质。生命回旋运动才是真正构成每个人的"我"的时间。因此,和声的"同时性"必须从生命回旋运动去理解,而不能仅仅从声音在其中发生的日常时间去理解。

生命回旋运动与日常时间之间有什么样的关系?回旋运动的具体内容确实是在日常时间中不断流动变化的。但具体的回旋运动是建立在空灵的生命原始律动基础上的。日常生活经验其实就是原始律动在日常时间中的具体化。原始律动不牵涉到生命的具体内容,而只是生命四大要素之间先天的、具有内在逻辑必然性的回旋运动,因此它并不需要通过

---

① 中国古代音乐或许有和声的雏形,但无从考证。在一些少数民族原生态音乐(例如侗族大歌)中确实存在多声部的复调音乐(每个声部有各自的旋律),但没有像西方复调音乐那样进一步发展出主调音乐(以不同声部的和声来辅助旋律性声部)。

日常时间来完成。这种超越时间变化的运动仿佛以"瞬间"的方式发生在垂直于日常时间直线的横截面上，如图8所示。

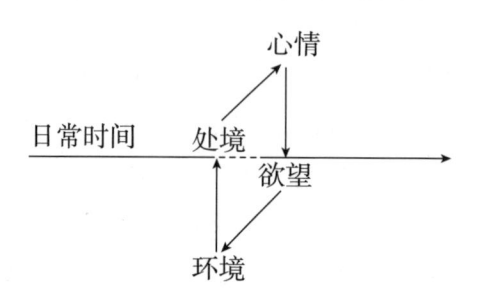

```
                    心情
                     ↑
                     │
日常时间 ─────────── 处境 ─ ─ ─ ─
                     │     ↘
                     │      欲望
                     ↓
                    环境
```

图8　生命原始律动与日常时间

生命原始律动不需要"一段时间"来发生，而是在任何瞬间都根据其逻辑必然性发生着。只有当它具体化为我们的生活经验时，我们才会注意到它的存在（甚至仍然不注意到它，而只注意到生活经验在日常时间中的流转变化）。正因为"我"作为心与生命的阴阳合一在任何瞬间都由生命原始律动构成，我才能在任何瞬间都可以感受生命处境的意义，而且随时可以在环境中采取行动来展开和深化这个意义。

旋律就是把回旋运动展开和深化意义的**具体过程**投射到声音中的结果，形成的是在日常时间中流转变化的一个乐音序列。但这种投射仅仅反映了某个具体意义（意境）被回旋运动展开和深化的过程，而没有反映生命原始律动在垂直于日常时间的横截面上以瞬间的、逻辑性的方式发生这个事实。如果我们把原始律动的这种发生方式投射到声音中，得到的就不是在日常时间中流转变化的乐音序列，而是四个环节投射出来的四个乐音的"同时发音"。这四个乐音虽然同时发音，它们所象征的四个环节在原始律动中是有先后顺序的。因此，它们可以根据"欲望→环境→处境→心情"的先后顺序形成由**根音、三音、五音和末音**组成的和弦。这里我们采纳了和声学中"根音"、"三音"、"五音"的名称，但对和弦中的第四个音我们采用了"末音"这个名称而不是通常所说的"七音"，理由将在下面交代。

把图7稍作修改即可得到下面的图形。

```
                    四度
         五音            末音
             处境 → 心情
    三度      ↑     ↓      八度
             环境 ← 欲望
         三音            根音
                    三度
```

图 9　生命原始律动与和弦

由于"三度+三度+四度"的上升序列是在"完全正常"的情形下投射出来的乐音运动，它刚好反映了生命原始律动本身，因为原始律动没有牵涉任何具体内容，其运动自然是"完全正常"，"完全顺利"而没有任何偏向或阻碍的。所以，原始律动决定了由任何一个音作为根音，就可以按照"三度+三度+四度"的叠加方式形成由根音、三音、五音和末音构成的和弦，可以称之为"天然和弦"。天然和弦中的末音比根音高八度，听起来像同一个音，因此它的和声效果基本上可以用根音代替。这样天然和弦就转化为音乐中最常用的和弦形式，也就是由根音、三音和五音按照"三度叠置"原则构成的"三和弦"。音乐中有时会用到的"七和弦"则是由根音、三音、五音、七音构成的包含四个音的和弦（因为第四个音与根音相距七度而得名）。七和弦的音程关系是"三度+三度+三度"，因此有别于天然和弦的"三度+三度+四度"。

　　天然和弦与七和弦的和声效果不同，因为七和弦包含不协和的七度音程，而天然和弦则基本上只包含协和音程（在此不做论证）。但不协和音程在音乐中有它特别的意义，因为它造成的紧张需要解决，所以在适当情况下可以帮助音乐的发展，而比根音高八度的末音其实没有太大用处。所以，人们在音乐实践中总结出"三度叠置"的原则来构成三和弦与七和弦是有道理的。另外，完全正常的音阶运动本来应该以完全相同的步伐（三度）前进，只是因为属音必须返回高八度主音而出现了"三度+三度+四度"的结构，其中"四度"的意义和"三度"是一样的（见上节分析）。因此，天然和弦既可以自然地转化为三和弦，也可以合理地转化为七和弦。**三和弦与七和弦反映了生命原始律动的内在逻辑性**。所以和弦不能仅仅从发音体的自然泛音（和谐美感）来理解。但把和弦与理性相关联有一定道理，因为和弦是有内在逻辑性的运动。注重理性的西方人偏爱和弦不是偶然的。这不等于说西方人更能体会空灵的生命原始律动，而是说其理性的倾向自然地会喜欢原始律动中隐含的这种内在逻辑性。

和弦在音乐中的使用使得单线条前进的旋律获得了一种来自原始律动的辅助，仿佛旋律作为具体的乐音运动是发生在完全正常地、逻辑性地运动的和弦基础上的。和弦随着旋律的变化而变化，构成了前后相续的和弦运动，仿佛在为旋律"保驾护航"，增强了旋律本身的音乐性。不但如此，和弦运动有它的内在逻辑，可以配合旋律所展示的意境的发展变化，使单线条的旋律在多声部的运动中获得不断发展的多种可能性。这是西方古典音乐能够以丰富多彩的方式展开和深化生命意义的一个主要原因。因此，和弦不但能够为音乐提供立体的（类似建筑的）美感，更重要的是它对旋律的发展起到了辅助和推动作用。这个作用的基础在于旋律与和弦有共同的来源。二者都是生命回旋运动的投射：旋律是具体的回旋运动的投射，而和弦是具体的回旋运动赖以发生的原始律动的投射。

由于和弦中的音阶关系具有"原始性"和"正常性"，旋律可以认为是对和弦的带有"偏离"性的展开；某个旋律的偏离方式突出了该旋律的独特意义。18世纪和声理论的奠基人法国音乐家拉莫甚至宣称"只有和声才能引起感情。和声是唯一的源泉，旋律来自和声，旋律的力量也是取自和声"。与之同时代的法国哲学家卢梭则激烈地反对拉莫的"和声至上"观点，坚持认为只有旋律才是音乐的灵魂，才能激起各种各样的情感，并产生超越感官的道德作用，和声完全不能进入灵魂深处，而只是愉悦耳朵的好听的声音。[①] 拉莫把音乐归结为和声的观点显然是偏激的。中国音乐的实践就足以证明单线条的、没有和声伴奏的

[①] 参见蒋一民《音乐美学》，东方出版社1997年版，第6页。

旋律可以很好地表达感情，展现意境，甚至陶冶人的性情。卢梭坚持旋律是音乐的灵魂是有道理的。但卢梭同时也是偏颇的，因为他把和声与旋律对立起来，把和声仅仅看成形式上的美感，而没有看到和声在辅助和推动旋律发展方面的重要作用。

西方古典音乐通过和声运动发展旋律的手法是值得中国音乐学习和借鉴的。中国传统音乐的意境通常很微妙深远、怡情动人，其发展旋律的手法注重渐进、绵延、环环相扣、浑然一体，以至于"余音绕梁，三日不绝"，但与此同时，比较缺少像协奏曲、交响曲那种富于内在逻辑性的，对比强烈的发展变化。这一方面反映了中国人喜欢稳定与平和的民族气质，同时也反映了古人缺乏对和声的兴趣导致古代音乐无法利用和声运动来推动旋律的发展变化。事实上，作为中国文化源头的易经充满了对发展变化的深刻领悟。易经中六十四卦的前进、转折、上升、衰落、迂回、突破、回归等运动与西方古典音乐中展现的类似运动相比毫不逊色，且境界更加宏大，更加原始和包罗万象。但易经对发展变化的深刻领悟尚未真正在中国音乐中实现出来。中国人已经从西方学到了和声的理论和技巧。但由于和声通常用于纯粹的器乐，而一般民众对声乐的兴趣远远超过器乐，和声在中国音乐中的运用并没有形成像西方18—19世纪的那种音乐大发展。另一方面，西方20世纪以来的音乐探险在节奏、音高、音色、调性等方面突破了古典音乐传统的束缚，从而在某种意义上和中国民族音乐发生了共鸣。但总的来说，这些探险并没有真正把音乐带入更高的境界，而只是向生命内容的多样性（对应音乐风格和音色的多样化）做横向的扩展[①]。因此，仅仅吸收西方当代音乐的表现手法是不够的。中国文化中还有许多对宇宙、人生、世界、历史的深刻领悟等待中国音乐家们去转化为伟大的音乐作品。要实现这个目标，就必须努力学习西方古典音乐的表现手法，吸收到中国民族音乐

[①] 有些故意颠覆传统的音乐探险（如无调性音乐）已经走到失去音乐本质的边缘。调性的存在不是偶然的，而是来自音乐的本质。只有确定某个主音，音阶中的音才能具有反映不同的"欲望—处境"关系的"个性"，从而才能真正展开和深化处境的意义。所以，无调性音乐平等对待八度中的十二个半音，故意避免让某个音成为主音的做法只能表现一些特别的、含糊的感受，无法很好地达到音乐的目的。

中,才能使我们在表现中国文化的意境方面不断进步,不断产生新的伟大作品。

四　性情的人生

　　音乐是直接从人心生长出来的艺术,因此特别能够陶冶人的性情。所谓性情,就是人心拥有生命的方式。性即本性,情即纯情。音乐把生命回旋运动转化为意志回旋运动,依靠的是人心超越生命的本质。所以乐音的运动激发的不是普通的欲望,而是以超越方式活在生命中的欲望,是实现了人心本质的欲望。音乐就是欲望的艺术、意志的艺术、本性的艺术。另一方面,乐音的运动调谐了人的心情,让心情绕过生命中的具体事物,纯粹地感受生命的意义,体会人生的理想境界。所以,音乐就是心情的艺术、感受的艺术、纯情的艺术。通过激发欲望、调谐心情,音乐以最卓越的方式陶冶了人的性情。音乐的存在证明人生就是性情的人生,就是以超越的方式活在生命中的人生,以纯粹的方式感受生命意义的人生。所谓性情中人,就是能够实现人心的超越本性,纯粹地感受生命意义,保持了赤子之心的人。只有性情中人才拥有真正的生活。生活是无声的音乐,音乐是有声的生活。人生可以没有音乐,但不能没有性情。没有性情的人生是沉沦的人生、麻木的人生。正如诗歌有助于开启诗意的人生,音乐有助于塑造性情的人生。所以孔子说"兴于诗",又说"成于乐"。诗歌开启的有意义的生命被统一到有性情的人心中,我们才能在自我教育方面达到成熟。孔子将《诗经》中所有诗篇都"弦而歌之",不就是为了给我们留下这种教育的最佳典范吗?

　　音乐在塑造自性方面有着不可替代的意义。所谓自性,就是自我同一性。我的自性是靠意志统一生命来构成的。音乐把生命回旋运动转化为意志回旋运动,重塑了我的自性,把"活在生命中的我"转化成了"听音乐的我"。这是音乐有别于其他艺术的独特之处。我们只需以"活在生命中"的方式进入其他艺术,就可以欣赏到其意境,因为除音乐之外的其他艺术都是通过展示生命的内容来展现意境的;不论这些艺术对生命的内容通过想象力做了多少变化，我们始终都还可以把它们当作生命的内容来理解。但音乐作为纯粹的声音运动并不展示生命的内容，而只是引导意志的回旋。我们必须从意志角度建立一个"听音乐的我"，才能真正感受到音乐所要表达的意境。有些人对音乐本身没有什么感受，而只能通过标题、歌词或舞台表演等辅助方式"欣赏"音乐，就是因为他们无法成功地将生命回旋运动投射到纯粹的声音运动中，建立一个"听音乐的我"。这种投射对于某些人来说可能是比较自然就能做到的，而对另外一些人则要经过不少训练才能逐步达到。这种建立一个"听音乐的我"的过程在童年时期比在成年时期更加容易，因为童年时期对生活没有太多的具体经验，比较容易把仍然单纯的生命回旋运动投射到一些纯粹的声音运动中，因而比较容易重塑自己的"我"。这也是为什么音乐比其他艺术领域更容易出现"神童"的原因。

当我们经常不断地沉浸在某类音乐中时，我们的"我"会不断地被所迷恋的音乐重塑，使我们的意志倾向于以相应的方式推动生命回旋运动，从而倾向于相应的行为方式。这就是音乐成就人格的方式。人类很早就认识到了音乐的这种特殊性。亚里士多德强调美的、不过分的、和谐的音乐在净化心灵、形成中庸美德方面的重要作用。以孔子为代表的儒家则更为重视音乐陶冶性情、统一人心、组织社会的作用，把它与诗歌和舞蹈一起归结为"礼乐"中的"乐"。孔子的艺术理想是"乐而不淫，哀而不伤"。他"弦而歌之"的《诗经》包括"郑风"（郑国民谣），内容大都是描绘男女之情，十分清新可爱。但孔子同时又批评在郑国都市（带商业性质的）娱乐圈中流行的一味放纵声色的音乐（所谓"郑声"）。对"郑风"和"郑声"的两种不同态度就是这种艺术理想的一个表现。孔子整理出来作为"六经"之一的《乐经》到汉代已经失传（可能被秦始皇烧掉了）。现在我们只能从《礼记》中的《乐记》这篇文章看到儒家音乐思想的一个侧面。《乐记》对音乐与人心，人性和社会的关系有不少非常精彩的论述，可以说是古代最出色的音乐论文。《乐记》还指出"乐由天作"，突出了音乐在实现天人合一中的作用。虽然儒家把音乐政治化的倾向不可取（政治作为一种文明不应该与音乐作为一种文化纠缠在一起），但儒家关于音乐起源于人心，能够塑造人性，实现天人合一的看法却是非常深刻的。①

这里必须注意区分作为"礼乐"一部分的"乐"和作为纯粹艺术的音乐。音乐作为一种艺术和其他艺术一样，都是以感性方式展现意义的活动。虽然艺术展现的意义会对人性造成影响，但艺术的目的并不是为了造成这种影响，而是为了所展现的意义本身。因此，艺术有自身的目的和独立性。但与此同时，艺术对人性的深刻影响又使它有可能起到提高精神、统一人心、组织社会的作用。古代艺术首先是在这种意义上发展起来的。所以，儒家把"乐"和"礼"结合在一起；古希腊把艺术和宗教结合在一起；基督教的教会音乐也曾经起到类似"乐"的作用。然而，即使在孔子的时代，艺术就已经开始从礼乐中分化出来，到唐朝时很多艺术都获得了纯粹的发展，与此同时"乐"仍然被保留下来。在现代社会中，"乐"实际上已经失落，只剩下了纯粹艺术。由于没有"乐"来统一人心、组织社会，大众化的娱乐就取而代之，在现代社会中起到了类似"乐"的作用。但娱乐仅仅是生命的自我满足，无法像"乐"那样提高人的精神，开启生命的超越意义。当娱乐取代"乐"，人性更多地被平庸的大众文化塑造时，纯粹艺术就被冷落了，无法得到足够的社会资源来支持自身的发展，被迫走上了娱乐化的道路。社会需要良好的"乐"来提高人们的精神，这样大众才会有足够的精神基础来欣赏和追求纯粹艺术。"乐"的核心是音乐。音乐能够陶冶性情，统一有诗意的生命，还能通过与舞蹈的相通来和谐人的身心。然而，当娱乐已经在现代人的生活中占据统治地位的时候，音乐还能把诗歌和舞蹈聚拢在自己周围，让曾经塑造了中国文化精神的"乐"重放光彩吗？

---

① 唐太宗认同音乐对人的教化作用，但同时否定音乐与国家的"治乱"有任何关系（《贞观政要·论礼乐》）。他把音乐与政治分开的做法，对唐朝音乐发展起到了保护作用，使唐朝接受了不少来自少数民族和其他国家的曲调和乐器，融合传统的"雅乐"，成就了辉煌的"盛唐之音"。

第四讲　现代人生命的演变

　　作为现代人，我们的生命就如同一个万花筒，一刻不停地变幻着，内容虽然丰富多彩，但缺乏厚度和深度，更谈不上神圣和崇高。科学描绘的宇宙破坏了我们的诗意，技术统治的世界扭曲了我们的性情。如果说古代生活的主导心情是感恩和敬畏，那么现代生活的主导心情就是焦虑和无聊。新闻满足了我们的焦虑，同时引发出更多的焦虑；娱乐释放了我们的无聊，同时滋长出更深的无聊。我们拼命工作来享受生活，却不知道活着究竟为了什么；我们四处旅游来安慰疲惫的心灵，却无法在山水中找到真正的家。当传统的风俗逐渐在生活中淡出，我们把节假日变成了工作之余的购物和休闲。当传统的敬拜销声匿迹，世界不再庄严神圣，我们沉迷在高科技的虚拟世界中不可自拔。我们诚然比古人更有知识，拥有更为大量的信息，但不见得因此更有生命的智慧。我们诚然比古人活得更加舒适，更加方便，拥有更多的有用之物，但生命不见得因此更有意义。

　　我们是如何走到今天这一步的？如果要追根溯源，我们称之为"现代"的时代可以一直追溯到欧洲从17世纪开始在哲学、科学和政治方面的变革，以及随之而来的技术革新、工业革命和资本主义经济的发展，直到景观社会、消费社会和信息社会的出现。这些变化的最初起点是17世纪西方哲学把人转化为主体的做法。这种做法使原本圆融一体的生命智慧自我分裂，逐步分化出了智性思维、价值思维和符号思维，导致现代人生命的客观化、工具化和主观化。所以，我们可以抛开复杂的历史因素，从生命的智慧出发来考察现代人生命的演变。

一　生命的智慧

　　生命不是漆黑一团，而是被智慧所澄明。"智"首先意味"知"。"知"就是关于事物的**领悟**。例如，我能够开门、关门是因为我有"门"的领悟；这个领悟默默地融在门的感性现象中，把我看到摸到的门组织成了可理解的事物。生命现象因为被领悟默默地组织才变得可理解。但理解不仅包括融在生命现象中的静态的领悟，还包括进行理解的意志。这个意志的作用就是通过把握领悟来理解事物。它对领悟的把握通常是一种默默的解释，但也可以明显地表现为分析、综合、比较、推理、肯定、否定、怀疑等广义的"判断"活动。所以我把这个意志称为**判断力**。理解事物就是"智"或"智性"的表现。智性包括两极：判断力（阳性的意志）和领悟（阴性的对象）。智性就是判断力和领悟的阴阳合一（"智"中的"日"可以看成放射光明的力量，而"知"就是这种力量所放射的光明）。领悟把生命现象组织成可理解的事物，而判断力则通过领悟来解释和判断这些现象，从而产生语言和知识。

　　但判断力拥有的只是融在生命中的领悟，而不是生命本身。真正拥有生命的是心。所以判断力总是附属于心，作为心的下属意志存在，默默地辅助心对生命的把握。另一方面，心的本质是超越生命的，可以让超越的事物在心中显露出来。所以，心本身并非茫然无知，而是隐含从其根源而来的光明。心的这种光明本性就是"慧"或"慧性"（"慧"乃"心"上有"彗"。彗星是从上至下一闪而过的光，可代表从超越领域闪现到心中的光明）。心一方面拥有判断力和领悟来理解生命，另一方面又能直接从其超越根源获得光明。所以，**智本质上归属于慧，共同构成"智慧"**。生命的真正智慧就是从超越理解内在，从根源理解末端，让从根源而来的光照亮生命中的一切事物。

　　心包括心情和欲望，分别拥有处境和环境。所以组织生命的领悟也包括两个方面，亦即**生命的意义**和**生命的可能性**。生命的意义来自给予生命的源泉。这种意义把生命组织成了有意义的处境，并在心情对生命的感受中展现出来。从心情中升起的欲望则看到了在环境中活动的可能性。但欲望的活动不是为了欲望本身，而是为了展开和深化心情感受到的生命意义。可能性因此源于意义并回归意义。可能性就是意义展开和深化自己的外在中介，离开了意义就会丧失其作为可能性的本质（这是为什么《论生命》只讨论生命的意义）。总之，生命的可能性就是展开和深化生命意义的可能性。如果我们这样理解可能性，我们就有了生命的智慧，因为生命的智慧就是对生命意义的恰当把握。

心情是欲望的起源和归宿，是生命的重心所在。从超越根源而来的光明首先就显露在心情中。心情的被动性来自超越根源的主动性——正是在心情的被动感受中超越根源才能把生命的意义显露出来。所以，心情就是慧的居所、智的内院。我们拥有什么样的心情，我们的生命智慧就处在什么样的状态。心情就是生命智慧的集中展现。如果一个人飞黄腾达，却过着焦躁不安、烦恼丛生的生活，我们不会觉得这样的人是有智慧的。反之，在艰难困苦中还能保持心灵安宁的人是有智慧的。人的有限生命难免会经历痛苦。但焦躁不安、烦恼丛生却是不正常而且可以避免的。如何才能让心安定下来？经验告诉我们这不是一件容易的事。但只要我们明白人生的四种基本心情的关系，就可以找到安心的途径。

我们对生命最基本的感受就是对原始处境的感受。所谓原始处境就是生命作为一个敞开领域被给予心情而形成的处境，和生命中的具体事物无关。对原始处境的感受是对生命"属我"的感受，亦即对生命感到"在家"的亲切感受。虽然这种感受没有具体内容，但正是它让我们天生就对生命中的一切事物都感到十分亲切。当人意识到生命不是自己创造的，而是从生命的源泉被给予的，这种"在家"的感受就发展成为**感恩**的心情。感恩是对被给予的生命最大的肯定。缺乏感恩的人永远不可能达到彻底的"心安"，因为人心只能在其原始的家中才能真正"安"下来，而只有在感恩中这个原始的家才真正从其源泉获得支持。感恩就是有生命智慧的人最基本的心情。

但生命不仅包括被给予的处境，同时也包括从处境中升起的、为欲望敞开的环境。环境否定了处境的被给予性，因此以否定的方式影响心情。和心情对处境感到"在家"相反，环境让心情感到的恰恰是"不在家"。所以，对环境的原始感受就是为其"不在家"感到**焦虑**的心情。这种原始焦虑是对环境整体的感受，和环境中的具体事物无关。原始焦虑就是人生的第二种基本心情。它将环境展现为充满可能性的领域，而其否定性则促使欲望把环境的可能性重新转化为处境的意义，以便从"不在家"返回"在家"状态。所以，人心虽然对充满可能性的环境感到兴奋，但却永远不可能在其中感到"心安"。任何人如果想把心安在环境的可能性中（不论这些可能性多么诱人），就会永远被焦虑所折磨。反过来，如果我们首先把心安在被给予的、有意义的生命处境中，把生命的一切可能性都看成是为了展开和深化生命的意义而开启出来的，焦虑就会被"在家"的心情所吸收。虽然焦虑不会因此被消灭，但它展现的可能性却不会再产生诸如担心、忧虑等烦恼，因为它已经被带回更原始的、可以使它安定下来的心情中。如果我们进一步体会到一切可能性归根结底来自给予生命的源泉，我们就可以让焦虑被感恩完全收服，使我们在感恩的瞬间体会到永恒的安宁。

　　心情不但能感受生命，而且还可以感受心情本身，因为心情作为生命中心是属于生命的。当人产生了自我意识，可以站到生命之上俯视生命时，心情就可以感受自身，发现自身属于生命的有限性。心情的有限性与其超越本质刚好相反。因此心情对自身的原始感受就是已经被抛入到生命中，不得不承受被给予的生命（这种感受与生命中的具体事物无关）。当心情进一步体会到自己是从何处被抛入生命时，这种自我感受就发展为对超越根源的**敬畏**。敬畏使人心深深扎根在更高的、拥有人心的意志中，虽然人不一定明白这个更高的意志本身是怎样的。敬畏就是人生的第三种基本心情。当人仅仅注意心情的自我感受时，敬畏就表现为愿意为自己的有限性负责的"良心"。敬畏是具有超越指向的更为完整的良心。感恩使人心在生命中安家，而敬畏则把人心固定在其根源中。生命的智慧就是在感恩和敬畏中"安心固本"。

　　心情不但可以感受心情本身，还可以感受从心情中升起的欲望。欲望开启了充满可能性的环境。但可能性不是意义本身，而是已经外化的意义，是"无意义的意义"。欲望在环境中看到的就是这种"无意义的意义"。所以，心情对欲望的原始感受就是欲望的活动是"无意义"

的。这种原始感受就是**无聊**的心情。原始的无聊并不是对某些事情感到无聊,而是对所做的一切事情都感到无聊。这是非常深刻的,在日常生活中通常被掩盖起来的感受。① 原始无聊就是人生的第四种基本心情。正是原始无聊迫使欲望扎根于心情,把欲望的活动当成从心情发出的活动,将无聊吸收到心情对自身的感受中。无聊使欲望清醒地认识到它无法主动为其活动赋予意义(否则任何活动都可轻易获得意义),而只能从心情的感受中获得意义。如果人心进一步体会到真正意义上的活动是与超越根源合一的活动,敬畏就会完全收服无聊,使我们在敬畏的瞬间体会到自己的活动具有的神圣意义。

感恩、敬畏、焦虑、无聊就是人生的四种基本心情。它们不是偶然产生的,而是来自心情对生命回旋运动四个环节的感受,如下图所示。

$$
\begin{array}{ccc}
\text{处境(感恩)} & \rightarrow & \text{心情(敬畏)} \\
\uparrow & & \downarrow \\
\text{环境(焦虑)} & \leftarrow & \text{欲望(无聊)}
\end{array}
$$

图10 人生的四种基本心情

四种基本心情是生命智慧最集中的展现。生命的最高智慧就是用感恩和敬畏收服焦虑和无聊,使感恩和敬畏成为主导心情,这样我们就不仅能够感受生命的意义,通过积极的活动展开和深化它,而且还可以真正做到安心固本,永远充满对生命的热爱和喜悦,任凭生命的风浪袭击也毫不动摇。中国古人对天充满了敬畏,对地充满了感恩,在敬天亲地中安心固本,显示了很高的生命智慧。在古代西方,宗教也使人们在感恩和敬畏中生活,展示了相似的生命智慧。但由于中世纪的宗教统治压迫了世俗生活,导致生命的意义失去自然而又丰富多彩的展现方式,所以出现了文艺复兴运动,反过来突出人性本身的丰富,为西方迈入现代铺平了道路。

---

① 海德格尔曾经对无聊做过现象学分析。参见 Martin Heidegger, *The Fundamental Concepts of Metaphysics*: *World*, *Finitude*, *Solitude*, Bloomington: Indiana University Press, 1995, Part One, Chapter Four。

现代是人被转化为主体的时代。这种转化构成了现代人生命的演变，其内在机制则是生命智慧的变异。下面的分析将要指出，生命智慧的变异经历了三个阶段：（1）生命中心从心转移到判断力；（2）生命重心从心情转移到欲望；（3）生命中心进一步向判断力萎缩。相应地，现代人生命的演变经历了三个阶段：（1）生命的客观化；（2）生命的工具化；（3）生命的主观化。生命的这种演变过程伴随着社会的发展过程。从历史角度，我们可以把"现代"理解为17世纪到20世纪四百年的历史（21世纪继承了现代，但已开始悄悄向新时代过渡）。更仔细地划分，17世纪到18世纪中叶可以看成是"早期现代"（其主要特点是哲学、科学和政治方面的变革）；18世纪中叶到19世纪末（大约1870年）是"中期现代"（其主要特点是技术革新、工业革命和资本主义经济的发展）；19世纪末到20世纪是"晚期现代"（其主要特点是景观社会、消费社会、信息社会、新闻娱乐）。现代人生命演变的三阶段基本上对应现代社会的早中晚三阶段。但生命演变和社会发展之间的关系十分复杂。所以三阶段的对应是一种简化的说法，目的只是为了使我们对生命演变的讨论不至于脱离历史。另外，每个阶段并不简单地否定之前的阶段，而是在之前的基础上建立起更高的层次，并反过来主导低层次的发展。所以三阶段的演变其实是从底层向高层不断叠加的过程，其结果是每个阶段都延伸到下一阶段中，作为隐含的基础层次发挥作用。

二　现代人生命的客观化

从哲学的角度来说，现代人生命的演变可以一直追溯到现代哲学之父笛卡尔。当笛卡尔宣称"我思故我在"时，他以非常明确无误的方式把"我活"转化成了"我思"，相当于把**生命的中心从心转移到了判断力**。判断力本来是心的下属意志，这意味着我首先是在生活中感受和行动的我，同时拥有理解事物的能力，也就是进行广义"思考"的能力（包括进行分析、综合、比较、推理、肯定、否定、怀疑等）。但是，当我在反思中直观判断力的活动时，我可能会觉得判断力才是生命的中心，思考才是我最根本的活动。当笛卡尔把"我思"当成"我在"的根本方式时，他实际上就是把判断力当成了生命的中心，也就是当成"我"的真正落脚点。人的我于是在无形中演变成了判断一切事物的"主体"，而生命作为判断对象则成为在我之外、和我对立的"客体"。"我思故我在"因此开启了以"主客二分"为主要特征的西方现代哲学。[①]

哲学是时代精神的表现。西方现代哲学在 17 世纪的起源说明了现代人生命的演变是从生命中心的转移开始的。这个转移并没有否定心的作用，而是把判断力提高到主要意志的地位，并反过来暗中把心当成附属于判断力的意志，使之成为生命的次级中心（我作为主体首先是思考的我，同时也拥有感受和欲望的能力）。这个主次颠倒使生命的智慧发生了分裂和变异，因为它破坏了智对慧的归属，把智性突出为自满自足的东西。这种纯粹智性追求的只是确定性。确定性是判断力对所思之物的正面接受（反面接受就是怀疑）。主体以心为次级中心，因此仍然追求生命的意义，但生命的意义被暗中寄托在确定性上来实现：确定性越强生命就越有意义。这种以确定性为唯一目标的思维可以称之为**智性思维**。生命的智慧本来是圆融一体的，因为智本来归属于慧；思考本来是为了实现生命的意义。但智性思维通过追求确定性来追求生命的意义，使生命的意义被知识化。所以，早期现代主体实际上是一种"知识主体"。人们以极大的热情投入到知识的获取中。这并不仅仅是为了理解一切事物，而是早期现代人实现生命意义的根本方式。当智反过来主宰慧的时候，人心从超越根源而来的光明就被掩盖起来，良心被外化成了主体必须遵守的，可以知识化的道德法则（古人并没有这种现代意义上的道德）。当生命的意义不再寄托在心的感受中，而是寄托在知识的确定性中时，生命的意义就"由热变冷"。智性思维本质上是一种"冷思维"。这种冷思维把基督教中感恩和敬畏的神转化成了通过形而上学认识和接近的神。它揭示了神理性的一面，但同时也掩盖了神直接在人心

[①] 中国古代哲学和古希腊哲学都没有"主体"和"客体"的说法。"主客二分"是西方现代哲学的根本特征，是把圆融一体的生命以判断力为中心分裂为对立两极的做法。

中显露自己的本性。

和心情在快乐中得到满足不同，判断力只有在确定性中才能得到满足。因此智性思维必须把我们对事物潜移默化的领悟重新整理一番，把它们转化为清晰明确、为判断力存在的概念，才会觉得事物是有意义的。这就需要把生命中的事物从生命整体中切割出来，单独地作为属于某个概念的一类事物看待。智性思维本质上是一种"类思维"。生命的智慧本来就包括判断力的分类能力。这种能力默默地帮助我们积累生活所需的关于各类事物的知识，但智慧把这些知识全部统一到对生命整体的领悟中，当成是人生学问的一部分。生命整体不是由生命中的种种事物组合而成的，而是由生命向心敞开的本性决定的。所以只有心才能真正把握生命的整体。相反，判断力从自身出发只能对生命中的事物进行分类，发展关于各类事物的知识，最终把各类知识综合起来得到世界的完整图像，形成现代人的"世界观"。世界不再被看成是生命在其中实现意义的终极领域，而是看成由许多事物组合起来的，可以用知识来把握的集合体。"世界观"就是智性思维从判断力出发观察世界的产物。

类思维对科学的发展起到了强大的推动作用。古人的思考总是企图将生命中的事物把握为一个有意义的整体，而科学则对每种类型的事物进行单独的观察和分析，找出它们的共同特征和共同规律，形成关于此类事物的科学知识。这种分科化研究有利于每门科学的独立发展，但同时也遮蔽了生命的整体性。当我在长春观澜湖边对这个问题进行思考时，我深刻地体验到了类思维如何破坏了我们对生命整体的领悟：我坐在湖边的一块大石头上，心旷神怡地沉浸在湖光风色之中。离岸边几步远的水中，生长着一片青绿的芦苇，风吹过的时候，轻轻地摇摆着。芦苇丛中蛙声此起彼伏，互相呼应，一个带头，就引起一阵共鸣。在靠近岸边的浅水中，小鱼儿在成群结队地游动着，有时好像发现了什么好东西一样欢快地聚到一起，有时又好像受到惊吓似地突然散开。岸边疏疏落落地分布着各种形状的大石头，有的站立，有的俯伏，有的斜卧，有的横躺。远处，几只鸟在不知什么地方叫着，一个垂钓者在湖边默默地等着鱼儿上钩，对岸的高楼在水中投下水彩一般的倒影，随着微风吹过轻轻地颤抖着……。我深切地感受到生命作为一个整体是这样有意义，其中出现的每个事物都各居其所，真正地是它们自己。所有这些事物相互交融，共同属于一个圆融一体的现象领域，也就是我的生命。这个圆融一体的生命不需要我进行思考来将它统一成一个整体，而是自然而然地统一在我对生命的感受中。正是这种感受为所有出现在生命中的个别事物提供了一种天然的、有意义的统一性。

然而当我把生命的中心转移到判断力，把生命中的种种事物当作是属于某个概念类型的判断对象时，生命的圆融一体突然变得无法理解。生命中的事物现在必须通过判断力获得统一性，也就是必须统一到我关于它们的系统知识中。可是却没有一门关于所有事物的系统知识。如果我要了解有关水的知识，我可以请教化学家；如果我要了解有关芦苇的知识，我可以请教植物学家；如果我要了解有关鱼的知识，我可以请教生物学家；如果我要了解有关垂钓者的知识，我可以请教研究人类行为的社会学家；如此等等。但是如果我要了解所有这些事物属于一个什么样的整体，我却找不到一个科学家可以回答我。即使把关于水、植物、动物和人等的所有科学知识全部加在一起，也无法将我所看到的这些个别事物统一成一个有意义的整体，如同我所体会到的那样。类思维无法尊重个别事物。但我看到的每个事物都显示出它们独一无二的个性。每个事物都以它独特的方式属于这个圆融一体的生命，这个独一无二的属于"我"的生命，而这个"我"却是类思维无法把握的，因为每个人只把自己称为"我"。以"我思"为本质的我实际上是没有个别性的、普遍的我。但我不仅仅是这样一个"智我"。这种"智我"只是附属于我的"小我"。真正的我首先是"这个我"。但这种真正的我是类思维无法理解的。

智性思维把握的是事物的普遍客观的属性。虽然判断力对生命中的种种事物都有某种程度的确定，但最能够确定的是数学对象，包括可以通过计算把握的空间。欲望在环境中的活动是通过移动身体实现的。移动身体的可能性构成了欲望的生存空间。但生命中心的转移使这种可能性首先被从判断力的角度把握。这意味着欲望开启的生存空间失去了"生存"的特性，转化为被判断力直观的广延空间。万物在广延空间中的属性（如形状、位移等）是判断力可以通过思考（计算）把握的普遍客观的属性，因而被看成万物最根本的属性（第一属性）。另一方面，万物作为生命现象出现的特性，例如颜色、声响、香臭、温冷、硬软等，却不是判断力可以仅仅凭思考把握的。因此，这些和万物的意义密不可分的特性反而被主体当作物的派生属性（第二属性）。第一属性和第二属性的区分反映了心和判断力主次关系的颠倒。这种颠倒不但使生命成为被判断对象，而且进一步把生命中事物的客观属性突出为它们的根本特性。这意味着智性思维把生命客观化了。

生命的智慧本来首先关注的是万物被给予的意义，而万物发生变化的可能性也是从其被给予的意义去把握的（例如，我们关心自然万物在春夏秋冬的变化，首先是因为万物是被给予在天地之间的有意义之物）。但智性思维通过追求确定性来追求生命的意义，因此它关心的是如何把客观事物发生变化的可能性确定下来，亦即（通过计算）从被给定的初始状态精确地决定未来的可能状态，相当于从确定性展开可能性，再把可能性重新带回确定性，借此深化了最初的确定性。所以智性思维直接刺激了科学的发展。科学研究被给定事物发生变化的可能性，但目的是为了确定变化的方式（客观规律），以便将可能性带回确定性。这种思维方式不仅在物理学中结出了硕果，而且还激励人们把它应用到对人的研究，形成了各种"人文科学"和"社会科学"。早期现代人怀着对智性的深深信任和对客观性的执着追求，企图通过科学研究掌握一切事物的客观规律。这种做法无形中代替了对事物的诗意的理解。诗意的人生被转化成了"科学的人生"。伴随知识的增长，出现了大量的图书馆。印刷术的迅速发展使人人都有机会获得知识。报纸的出现则为人们提供了关于世界的客观事实。人们表现出了对印刷文字的极大兴趣。这种阅读的兴趣并不是为了消遣，而是实现生命意义的一种方式。智性思维以理性的态度追求确定性，从而促进了个人理性的发展。当个人理性在社会中获得普遍发展时，社会就发展出了自身的理性。社会理性帮助现代人发展出了对个人普遍权利的尊重和法律的理性精神。法学开始进入大学。人文科学和社会科学摆脱了神学的统治地位，开始以自然科学为楷模来发展自己。

科学在对自然的研究中获得了巨大的成就。这不是偶然的，因为宇宙万物不是杂乱无章的，而是被宇宙智性统一起来的。科学用人的智性来发现组织万物的宇宙智性，但却无法用慧性来揭示宇宙万物的意义。科学关心的是确定性而不是意义。当科学知识被当成关于自然的最高真理时，万物就首先被当成具有广延、运动、数量等客观属性的，可以通过计算和实验把握的"物质"，失去了它们作为自然之物的意义。主体于是成为精神的唯一居所，出现了精神和物质之间的对立。其实自然之物不但不与精神对立，而且它们正是被给予我们的最原始的精神之物。每个自然之物都以其独特的个性展现出不可替代的意义。比如，太阳和月亮就有非常不同的意义。甚至在同属一类的个体之间，例如观澜湖边的一块大石头和另一块大石头之间，都存在着微妙的意义上的差异，在我们的精神世界中展示出不同的意境。自然之物的这种独特的意义不是科学所能把握的。科学的立场只能看到有质量和能量的运动物体，看到分子、原子和电磁场，却看不到喷薄而出的太阳、温柔纯洁的月亮，看不到那条潺潺的小溪、那朵微风吹过时轻轻摇曳的玫瑰、那块坚定不移地躺在大地上的黄褐色的形如面团的大岩石、那些在岸边谦卑地生长着的各种小草，还有在天上缓缓地变幻形状的白云、滋润着大地的春雨和雨后的彩虹……。这些自然之物凝聚了它们从万物的源泉而来的意义，成为精神的原始栖身之所。然而，现代人已经不再明白物的意义，不断将物转化为没有意义的客观物质，使现代人的精神越来越找不到自己的家园。

这并不是科学的过错，而是现代人把生命客观化的结果。生命中心的转移形成了智性思维，激励了早期现代人以极大的热情投身到科学知识的发展中。但智性思维并不是科学的必要条件。我们完全有可能在保持生命智慧的前提下进行科学研究，因为科学只不过是生命智慧的一种特别的（狭隘的）运用。只要我们不用确定性代替意义，不把客观属性当成事物的唯一本性，就会明白科学是从特别的立场出发理解事物的，不是对事物的全面理解，就不会把科学的狭隘立场扩展为"世界观"，把科学真理当成关于事物的全面真理。[①] 现代人以生命的客观化

[①] 建议每本科学书籍的扉页上都印上这样一则免责声明："科学只研究事物的客观属性和客观规律，而不涉及事物的意义，因此科学不可能也不打算提供关于事物的全面真理"。

为代价发展出了现代科学，但我们今天却不必继续付出这种代价来接受和发展现代科学，因为现代科学的这种起源是历史性的，不是科学本身必需的前提。科学固然要依靠智性来前进，但我们可以从生命的智慧出发吸收科学的智性，用智慧揭示宇宙万物的意义，把科学带入更为广阔的真理领域。

然而，这并不是目前人们接受科学的态度。智性思维作为早期现代的特点仍然以某种方式延伸到了我们这个时代，潜移默化地塑造着我们的生活。古代的学校教育是以培养人为目标的。今天的学校教育则只关注科学知识的灌输，追求的是确定性和答案的准确性（甚至连文科也不例外），使本来圆融一体的生命智慧被其在科学中的狭隘运用所僵化，不知不觉中形成了智性思维。在大学中，人文研究和自然科学研究以同样的方式被组织起来，纳入到完全相同的体制化、客观化的发展渠道，使大学丧失了真正的人文精神。现代人潜移默化地接受的"科学主义"企图用科学代替哲学解释一切事物的意义，结果却让一切事物都失去了意义。诗意的人生从早期现代就开始受到破坏，直到今天都未能恢复。这不是说我们不再写诗了，而是说诗歌已经失去了生活的土壤，因为生活本身已经没有了诗意。诗意的丧失证明生命已经失去天然的、有意义的统一性。这种失去了自身统一性的生命只能从生物体这个角度获得客观统一性。因此现代人倾向于把人的生命看成是一种高级生物体的属性，也就是一种高级物质的属性。人只不过是毫无目的地运动的宇宙物质进化到高级阶段的产物。在以自然科学为基础的这种"世界观"中，我们再也找不到一个地方来安放生命的意义。这是现代人的生命被客观化的自然结果。

三 现代人生命的工具化

当主体对客观事物的考察发展到极端时，这种考察就会转回主体自身，把主体的自我意识凸显出来。这种被凸显的自我意识强化了判断力的自主性和它对生命的超越。主体于是不再被动地考察客观事物，而是企图通过自主的活动来征服它们。这种从自我意识出发主动征服客观事物的做法使主体更多地认同于欲望而不是心情。心情被看成是欲望的结果而非源头——心情只是反映了欲望是否成功地达到了目的。生命回旋运动变成一个由欲望作为原动力不断地推动，为了欲望本身而不断循环的运动。这意味着**生命的重心从心情转移到了欲望**（虽然生命中心已经从心转移到判断力，但心仍然作为次级中心帮助主体把握生命）。这个转移把生命首先看成欲望在其中活动的环境，把生命对欲望的有用性当成生命最根本的特性，导致了现代人生命的工具化。

所谓"工具"就是对欲望有用的东西。环境既然是为欲望敞开的，它就代表了生命有用的那一面。环境中的物之所以对欲望是有用的，就是因为环境本身是最原始的有用性。但环境本身毕竟只是空洞的敞开性，其有用性不是具体的"小用"，而是没有任何具体用处，却能让环境中一切物都能获得具体用处的"大用"。环境的这种"大用"并不是生命的根本特性，因为生命首先是向心情敞开的有意义的处境，而欲望在环境中的一切活动都是为了展开和深化处境的意义。环境的"对欲望有用"来自处境的"对心情有意义"。所以，"大用"归根到底来自"意义"。当生命的智慧这样理解有用性时，环境的"大用"就会被处境的意义所吸收，使生命的意义保持为生命的根本特性。但如果生命的重心从心情转移到欲望，环境的"大用"就被凸显为生命最根本的特性。现代人于是把生命的"大用"作为人生目标来追求，导致了生命的工具化。

有用性的本质是"可能被用"。当某物真正被使用时，"可能被用"就转化为"实际已被用"，结果是产生了新的被给予性（改变了处境）。所以，环境的"大用"揭示的不是实际被用的东西，而是可能被用的东西——"大用"就是生命本身被用的可能性。这种空洞的可能性可以随时具体化为万物的有用性。在人们对"大用"的潜在领悟引导下，出现在环境中的自然之物被加以改造，当成有用之物组织起来。例如门和窗，床和被子，桌子和椅子等用具互相指引，共同构成了卧室这个用具整体，而卧室又和其他房间、院子、街道、公园等用具整体共同归属于人们在其中行动的世界。这种世界围绕公共环境的"大用"组织起来，把"大用"从上至下逐层具体化到单个用具，构成了可用之物的网络。我们在日常生活中总是默默地理解着这个可能性网络，否则我们就无法在行动的世界中正常地生活。我们把组织这个可能性网络的领悟称为"意蕴"，以便区别于处境的意义，同时也暗示意蕴来自意义。意蕴就是组织公共环境的领悟。①

　　意蕴虽然来自意义，但它领悟的不是处境的意义，而是环境为欲望所用的可能性（被大用组织起来的小用之网络）。所以意蕴具有"无意义的意义"之特性。如果欲望扎根在心情中，它就不会仅仅满足于意蕴，而总是倾向于把意蕴带回意义，以便通过制造和使用来展开和深化天地万物的意义。所以，在传统的手工艺中，人们并不仅仅追求有用性，而是从自然之物被给予的意义引申出其用途，并把产品纳入到世界的意义体系中。古代流传下来的种种用具在今天看来似乎都是艺术品。这主要不是因为其外表的美观（现代产品可能比朴拙的古代产品有更美观的外表），而是因为其材料的使用、设计和装饰等充分发挥了自然之物在人的世界中出现的意义。在古代建筑中，意义对意蕴的吸收更是达到了很高的境界。但现代人看世界的目光截然不同于古代人，因为生命的工具化使意蕴本身成为被追求的目标。这种追求毫不在乎自然之物的意义。相反，它追求的是否定这种被给予的意义，让万物仅仅为欲望服务的可能性。所以现代产品仅仅为了有用而生产。对有用性的单向度追求极大地刺激了人们对技术发明的热情，使现代人进入了技术革新的时代。

　　生命的工具化永远不会满足于某物的有用性，而总是把其有用性纳入到可用之物的网络中来追求。意蕴于是统一了有用之物的生产，逐层分化出许多中间环节，环环相扣地构成一个生产网络。科学技术为生产网络的发展提供了关键的助力。科学不但把自然万物理解为可计算可控制的物质，而且还深入到万物相互作用的方式中，指导技术把自然之物的能量释放出来，作为中间环节储存起来，为生产网络提供了强大的推动力。人们不再仅仅为了确定性追求科学知识，而是把科学知识当成技

---

① 海德格尔曾把世界的结构归结为含义的关联整体，亦即 Bedeutsamkeit，中译本译为"意蕴"。参见［德］海德格尔《存在与时间》，第 102 页。本书借用了"意蕴"一词。

术发展的基础。大学不再仅仅根据科学研究的领域来划分学科，而是把科学知识围绕技术组织起来，为技术发展服务。现代技术彻底改变了传统的生产方式，使生产成为人类对自然的征服。技术释放的自然能量来自推动宇宙万物的力量。这种宇宙推动力一旦以能量的形式释放出来，它就不但成为推动生产网络的主要力量，而且还进一步统一了现代技术产品参与构成的意蕴网络。被技术释放的宇宙推动力无形中变成了统一现代世界的真正力量，使世界从本质上被技术化。

世界的技术化意味着它的"物质化"，因为技术释放出来的不是人心的力量，而是推动宇宙万物的力量。现代世界表面上看起来是按照人的欲望运行，实质上是按照宇宙推动力推动物质的方式运行。宇宙推动力是生生不息地推动万物生长的力量，其最终目的是为了实现万物的意义。但科学的纯粹智性无法追溯宇宙推动力的目的，只能把握宇宙推动力推动物质的方式，通过技术实现到世界中，使世界的运行方式不断地被物质化，迫使人们改变思考、感受、工作、交往等生活方式去适应它。宇宙推动力统一世界的基本度量就是世界被计算和控制的程度，以及世界运转的效率。所以，现代人倾向于在一切事情上追求数量指标和做事效率，至于事情本身是否有意义，或者是否会随着数量增加、效率提高而更有意义则无人问津。行动的世界本来是为欲望敞开的，不是为宇宙推动力敞开的。但单向度地追求有用性的欲望必然会崇拜技术的力量，以至于不知不觉中把世界的统一性寄托在技术释放的宇宙推动力，使世界不断地失去人性，不断地被物质化，而人则被转化为物质化的世界自我完善的手段。欲望以为技术只是它的工具，却不知道它已经实际上成为技术的奴仆，被迫地服从技术的召唤，不断地以更深入的方式征服自然，同时让世界更彻底地被宇宙推动力征服。因此，世界的技术化和非人性化成为一个由宇宙推动力自发地通过人进行，但永远不会自发停止的进程，就像宇宙不会自发停止运动一样。[1]

---

[1] 海德格尔在其后期思考中深入地追问了技术问题，但主要是从存在的角度，而不是从欲望和宇宙推动力的角度。只有当哲学最终理解了宇宙智慧，明白宇宙推动力推动万物运动的根本目的，我们才能用技术帮助我们建设一个有意义的世界，而不是将世界不断地物质化、非人性化。

当生命被工具化时，生命的意义就发生了变异。由于心情被看成是欲望的结果，人自然而然地通过追求意蕴来追求生命的意义。意蕴于是以"价值"的面目出现。价值是相对于欲望（而非心情）的意义，也就是"无意义的意义"。价值首先是使用价值，但意蕴的"世界性"意味着有用性可以在同样的世界标准下比较和交换。金钱作为交换价值的象征就是意蕴的"世界性"之物化。拥有越多金钱意味着世界向拥有者敞开得越彻底，欲望所能做的事情就越多。金钱是本身没有直接用处，但能够转化为其他有用性的，物化了"大用"的物。所以，生命的意义最终落实在了金钱上，但不是在实际的消费中，而是在金钱所象征的可能性中，因为欲望追求的意蕴是可能性而不是实际性。欲望为了意蕴而追求意蕴。但意蕴作为"无意义的意义"是自相矛盾的，所以金钱必须被实际地使用，目的不是为了享受其使用，也不是为了回归意义，而是为了产生更多的金钱，因为意蕴作为"无意义的意义"是欲望唯一看到的意义。现代技术构成的生产网络为这种追求意蕴的方式提供了极大的可能性。欲望因此无法在固定的生产活动中得到满足，而总是企图把生产的成果不断转化为进一步扩大再生产的基础。这种疯狂地追求资本增殖的心态是生命重心转移到欲望的结果，是人把生命意义寄托在意蕴上的结果。[1] 生命意义的这种变异虽然是普遍趋势，但它的真正实现只能发生在个人身上。因此，现代技术和生产资料的私人占有制共同导致了资本主义经济的迅猛发展，并反过来为世界的技术化提供了强大的推动力。

把意蕴作为生命意义来追求就是**价值思维**。价值思维从欲望出发看生命的意义，因此只看到事物对欲望的价值。意义来自处境对心情的作用。相反，价值来自欲望对环境的作用。所以，价值本质上是一种效用。价值是可计算的，因为意蕴涵盖一切有用之物，使它们可以在同一种世界标准中进行比较。但价值不仅仅局限于物的使用价值和交换价值，因为价值的世界性使得世界中出现的一切东西（例如美貌、智慧、

---

[1] 关于欲望在资本主义发展中的作用，参见王庆丰《〈资本论〉的再现》，第八章，中央编译出版社 2016 年版。

善恶等）都可能被看成一种价值。虽然价值思维遮蔽了生命的意义，代之以"无意义的意义"，但人心感受到的生命意义不可能全部被遮蔽。因此，当工业革命和资本主义的发展使人们感到生命意义的丧失时，价值思维就派生出了价值哲学。价值哲学企图通过建立价值体系来挽回已经丧失的意义。但生命的意义是感受到的，归根结底是来自超越源泉的，而不是人通过价值判断主动赋予事物的。我们在生活中有时会认为某些事物是高尚或低俗的，伟大或渺小的，让人尊敬或让人鄙视的，等等。这些说法通常建立在我们的感受基础上，因而不是价值思维而是生命的智慧。例如，敬畏天命的人在其敬畏中就感受到了天的意义。这种意义是根本无法从"天是最高价值"的判断中得出的。归根到底，任何价值判断都在无形中把被判断事物降低成了人可以主动赋予价值的东西，也就是比人低级的东西，遮蔽了意义的超越来源。人心可以从超越根源感受到许多不同层次、不同维度的意义，这些意义都是独特的，难以比较的。但价值判断却把一切事物都放在同一个平面上比较，掩盖了意义的立体结构。当生命的意义被价值化时，我们不再像古人那样用心感受生命的意义，并在实践中将它展开和深化，而是把它变成谈论争辩的对象，掩盖了意义的本质。因此，把传统文化的意义概括为"传统价值观"是不恰当的。

生命重心的转移还导致了现代人主导心情的变化。感恩和敬畏本来是主导焦虑和无聊的原始心情。生命的最高智慧就是用感恩和敬畏收服焦虑和无聊，让欲望在环境中的一切活动都是为了展开和深化生命的意义，这样才能"安心固本"。然而，当生命重心从心情转移到欲望时，心情对环境和欲望的感受（焦虑和无聊）就成为现代人的主导心情。焦虑迫使现代人全身心地关注改造环境的可能性。科学知识带来的确定性被用来促进技术的发展，以便产生更多的可用之物，不断扩展和丰富意蕴网络。作为主导心情，无聊看不到欲望所做之事的真正意义，只看到它追求的意蕴，亦即"无意义的意义"。无聊迫使现代人不断否定欲望已经达到的成就，永远不知满足地追求新的成就。因此，焦虑和无聊共同促使现代人以永不停歇的意志去征服自然、改造环境，仿佛天国就在眼前，只要不断发展就能实现在人间。

这种不断超越的精神归根结底来自主体的自我意识。自我意识的发展突出了主体的自我超越。这种自我超越无形中凸显了判断力（和欲望）向之超越的更高意志，从而为基督教倡导的感恩和敬畏带来了新的意义。人们把征服自然看成是领受恩赐的方式，把不断获取更多财富看成是上帝赋予人在世界中的使命。拼命工作而不图享受成为荣耀神的事情。主导这种疯狂工作劲头的本来是焦虑和无聊，但却获得了从感恩和敬畏而来的支持（而不是被后者所收服）。[①] 在文化领域，向更高意志的超越使人类的精神被提升到高度理想的境界，特别是在德国古典哲学中达到了顶峰，同时伴随着古典音乐的空前繁荣（音乐是意志的艺术。早期现代对判断力的突出促进了音乐的发展，但其真正的大发展是在中期现代）。文明（工业革命和资本主义经济）的发展与文化的发展虽然有共同根源，但它们追求的目标是非常不同甚至有所冲突的。所以，前者首先在注重经验和现实生活的英国获得了最早的发展，而后者则主要在前者尚未充分发展，同时又富有理想主义情怀的德国获得了空前的发展。但即使德国文化在18—19世纪的大发展也最终被工业革命和资本主义经济的发展所超越。到19世纪末，欧洲的主要国家（以及美国）都完成了工业革命，农村基本上都被转化成了城市，人开始了脱离大地的生活。西方文化的发展从此走上了工业化和商业化的道路。基督教影响人心的力量最终让位给了资本和技术统治世界的力量。西方世界完成了世俗化的过程。总的来说，中期现代是人类的意志一味向前冲、一味向上飞的时期。这点在文化和文明的发展中都是如此。但生命的工具化主要伴随现代文明的发展，并通过工业革命和资本主义经济一直延续到今天。

四　现代人生命的主观化

主体从自我意识出发征服客观事物的努力不可能完全达到目标。这

[①] 韦伯曾经揭示新教伦理在资本主义发展中的历史作用。参见［德］马克斯·韦伯《新教伦理与资本主义精神》，阎克文译，上海人民出版社2018年版。

种征服建立在生命的客观化基础上,通过科学技术释放大自然的力量,因此总是依赖于被征服的客观事物。不论主体如何通过科学技术控制物质,它永远都会感到物质无法被完全纳入其自我意识。物质的这种顽梗性是万物不属于生命的那一面,也就是它们独立于生命自存于宇宙中的那一面。因此,主体最终反过来把注意力转移到万物属于生命的那一面,也就是它们作为现象出现在生命中的那一面,发现了生命现象的主观性。主体于是从自我超越的理想苏醒过来,把理想的自我意识改造为现实的,以身体为基础的自我意识,从主体直接感知的生命现象出发把握世界,开始了现代人生命的主观化进程。

当世界被首先看成是主观的感知世界时,客观世界就退到了幕后,作为主观世界的背景发挥作用。生命中的种种感性现象被凸显了出来,当成是客观事物的象征。由于主体仅仅关注直接观察到的感性现象,这些现象不仅被当成客观事物的象征,而且被当成比客观事物本身更加真实(象征成了事物本身)。人们开始把世界"景观化",也就是更为注重世界"看起来"是怎样的,而不是它实际是怎样的。如果说早期现代是一个"读"的时代,中期现代是一个"听"的时代,那么晚期现代就是一个"看"的时代(听和看的差异对应意志和生命的差异。参见《生命与音乐》)。绘画等视觉艺术因此在晚期现代获得了突破性的大发展。另一方面,由于缺乏中期现代的超越视野,晚期现代的音乐不再追求高远的意境,而是专注于音色、音调、节奏等音乐要素的扩展。音乐被不断地视觉化,旋律开始让位于舞台效果等视觉因素。电子音乐则把反映生命回旋运动的节奏从旋律分离出来,特意地加以强化,成为21世纪音乐的一大潮流。

在人们的生活中,对印刷文字的热情开始让位于对视觉图像的热情(印刷文字虽然是视觉形象,但真正起作用的是其理想指向,更有利于理性思考)。电影代替小说成为最流行的艺术。电视代替报纸杂志成为最主要的媒体。景观社会追求的是事情的表面效果。只有出现在媒体制造的某种景观中,一件事情才算是真正地发生了。人在世界中的自然行动被转化为在观众面前的表演和作秀。大众开始崇拜明星,在明星身上寄托自己身上缺乏的景观。景观社会是没有深度没有高度的世界,因为人们已经不再从超越的目光看事物的意义，而是把事物的意义等同于事物的出现——事物的意义就在于成为景观。景观社会是生命被主观化的社会，同时也是生命意义被符号化的社会。符号是象征某种意义的感性形象。所以，广义的符号不仅包括指示性的符号，也包括符号化的景观。当人们把事物景观化时，实际上就是把事物的意义符号化到了景观中。把生命意义符号化就是**符号思维**的本质。和智性思维相反，符号思维是缺乏理性、感觉化、碎片化的主观思维方式。

景观社会与资本主义经济的结合产生了消费社会。[①] 在传统资本主义经济中，意蕴被当成生命意义来追求，资本家疯狂地追求资本的增殖，生产出来的产品常常会超过人们的实际需要。景观社会的发展为资本的增殖找到了出路，因为它促使人们超越实际需要去追求消费的表面意义，产生了鲍德里亚曾指出的符号消费现象。符号消费就是把使用某种产品等同于拥有这种产品所象征的生命意义。广告于是有意无意地成了生命意义的解释者。广告用十分精致的感性形象来象征美好的、有意义的生活，并把这种生活等同于拥有某种产品，使这种产品分享了象征生命意义的功能，在不知不觉中实现了生命意义的符号化。当人们把生命意义寄托在消费上时，生命意义就借助意蕴网络来扩展自己，使意蕴网络符号化，通过各种名牌系列产品构成具有解释力量的"消费网络"，诱使人们疯狂地追求进入其中，并努力占据尽可能高的层次。"你消费什么，你就是什么人"：这就是现代人在消费社会中追求生命意义的方式。

当生命被主观化时，主体对事物的把握就主要不是通过客观知识，而是通过主体拥有的信息来进行。知识是通过理性思考形成的，反映的是事物的客观属性和客观规律，追求的是普遍性和必然性。信息则是通过感知得到的，反映的是事物的实际状态，因此不具有普遍性和必然性，但可以帮助主体控制事物出现的方式。因此，当主体把注意力从客

---

① 德波把景观社会当成资本主义社会的新形式（参见［法］居伊·德波《景观社会》，张新木译，南京大学出版社 2017 年版）。我所说的景观社会则泛指生命被主观化的社会。它与资本主义经济的结合产生了消费社会，强化了景观的社会性。

观事物转移到事物在生命中出现的方式时，主体就企图获得尽可能多的信息，以便更好地把握生命的可能性。在智性思维中，主体通过追求知识的确定性来追求生命的意义。但主体现在发展出了符号思维，因此把生命意义寄托在信息的确定性中来追求。主体获得的信息量越大，就越能确定生命现象的出现方式，因而就拥有更多的生命意义（意义等同于出现）。但生命的主观化并没有消除生命的客观化，而只是使后者退到幕后，作为背景发挥作用。所以，主体利用科学技术处理信息，发展出了信息技术。

信息技术的作用就是帮助主体控制生命。它把生命中的种种现象转化为信息，通过电脑加以处理，并通过互联网来传播。电脑的发展大大简化了人类的计算、通信、了解世界等活动，把人们从许多繁杂的传统工作方式中解放了出来，而互联网的发明则使所有电脑被纳入同一个信息系统，使人类真正踏入信息社会，生活在信息世界中。信息世界本来只是组织世界的一种方式，但由于人们通过追求信息的确定性和有用性来追求生命意义，以致人们把信息世界当成比真实世界更高级（更真实）的世界。信息就是对判断力的决策有用的领悟，是"无意义的意义"的一种特殊类型（通过对判断力的有用性实现对欲望的有用性）。生命的意义本身并不是信息，因为它的本质不是有用。但从意义可以产生出有用的信息。如果我们把信息仅仅当成实现生命意义的中介，信息就会被带回意义。但信息技术对世界的统治使我们越来越把信息本身当成意义的所在，遮蔽了生命的真正意义。沉迷在信息世界使人们遗忘了真实的世界，丧失了人与人在世界中亲切交往的自然感受，越来越没有真实的情感和做人的修养。随着手机等信息技术产品在生活中的普及，人们不知不觉中把生命意义寄托在象征意义的图像、声音、符号、流行词汇等信息，通过消费各种社会交往程序和游戏，把景观社会和消费社会实现到信息社会中。信息世界仿佛变成了一个自满自足的，可以让人们在其中实现生命意义的终极领域。

为了让信息世界真正实现这个梦想，信息技术被用来产生虚拟世界。在虚拟世界中，主体终于可以开始实现仅仅从判断力出发把握生命的梦想。当一个人在虚拟的世界中旅游、冒险、打架、养电子宠物、从事虚拟的职业、和虚拟的网上伴侣结婚时，整个身体的活动只剩下了眼睛看，耳朵听，手操作鼠标、键盘或杠杆，最多再加上嘴巴说话。这些已经萎缩到最小范围的身体活动是为了在虚拟世界中生活残留下来的。当我们把真实世界萎缩到虚拟世界中时，身体的移动其实已经不重要，因为虚拟世界是一个纯粹主观的信息世界，是仅仅为"信息主体"的判断力存在的世界。如果有一天科技发展到可以仅仅靠意念（通过人脑和电脑的感应）在虚拟世界中从事同样的活动，活动的效率就会被极大地提高，人们就不再需要移动身体，而仅仅靠意念"生活"在虚拟世界中。虚拟世界就会因为最终摆脱了身体的束缚而变成真正的"幽灵世界"。这种幽灵世界将会最大限度地实现主体仅仅从判断力出发把握生命的梦想。它的出现将意味着现代人生命的中心不仅从心转移到了判断力，而且还进一步放弃了心通过身体活在真实世界中的特性，让心完全服从于活在虚拟世界中的判断力，使生命中心最终萎缩到判断力本身。本来活在真实世界中、居于天地之间的人，将最终萎缩成活在虚拟世界中的幽灵，一个沉浸在幻想中的高级信息处理终端。**生命的中心向判断力萎缩**就是生命主观化的内在机制。这个内在机制在景观社会和消费社会中已经开始起作用了。当主体把目光从客观世界和超越根源收回，仅仅关注判断力直接观察到的生命现象时，判断力就收服了具有超越本质的心，使已经变成次级中心的心开始向判断力萎缩。信息社会帮助判断力实现了对生命现象的控制，进一步加强了这种萎缩。虚拟世界则使生命中心完全萎缩到对信息进行处理的判断力，最终完成了生命的主观化进程。

由于生命的主观化遮蔽了超越视野，晚期现代完全丧失了感恩和敬畏，世界被彻底世俗化，主体变成无根地飘荡，急于获得他人认同的大众化个人（大众化意味着个体生命无法在更高层次上统一起来，只能在其普遍性中寻求形式上的、量化的统一性。所以大众文化总是追求被最多数量的人赞赏，这与扎根于大地的民间文化完全是两回事）。由于焦虑和无聊无法再从感恩和敬畏得到支持，它们就只能自我巩固其作为主导心情的地位。焦虑巩固自己的方式就是不断更新它对环境的关注。焦虑带着好奇心关注环境中的种种可能性，但不是为了实现它们，而仅仅是为了拥有它们。刺激这种关注的不是已经发现的事实，而是发现事实的可能性。一旦事实被发现，可能性转化成了实际性，焦虑就只能期待新的尚未发现的事实，在期待中延续自己的存在。焦虑因此把对事实的报道转化为满足好奇心的新闻。新闻一旦被人们熟知，就转变成"旧闻"而无法再起到巩固焦虑的作用。所以，焦虑永远带着好奇心去发现新闻，不是为了获得对客观世界的知识，而是为了让焦虑本身不断获得更新，这样人们才会感到自己真正"活"在以焦虑为主导心情的现代世界中。这种好奇心把对景观的追求发展成了对奇观的追求，以致新闻总是企图挖掘出让人们吃惊的事情，至于这些事情有什么意义则完全不在考虑之列。当人们对生命的关注不再导向被给予的意义，而只是导向不曾听说过的新鲜事情时，诗意的人生就被暗中转化成了"好奇的人生"。

　　由于无聊不能再从敬畏获得支持，人们不再为了荣耀神拼命工作，而只是为了生存和消费的欲望拼命工作。晚期现代人因此感受到了更加深刻的无聊。无聊是对欲望所做的一切都感到没有意义的心情。欲望追求的意蕴仅仅是从意义中升起的"无意义的意义"。但欲望既然变成了生命的重心，欲望就必须把"无意义的意义"当成"有意义的意义"来追求，这样欲望才能真正收服心情，维持自己作为重心的品格。欲望因此想要摆脱无聊。但意蕴毕竟不是生命真正的意义，即使意蕴的符号化也只能带来一种粉饰的意义，一种连追求者都潜在地觉得虚假的意义，所以欲望仍然需要无聊的支持来继续追求意蕴。欲望只好发明不断更新无聊的活动。这种不断更新无聊的活动就是现代娱乐。

　　晚期现代的根本特性是仅仅关注生命的感性现象本身。因此现代娱乐追求的是生命自我满足的快乐。它不像古代的"乐"那样既带给人们极大的喜悦，又提高了人的精神，而纯粹是为了摆脱无聊。但摆脱无聊的真正目的是更新和巩固无聊。正是在无聊的娱乐中，晚期现代人才能真正感到自己所追求的"无意义的意义"是值得追求的。现代娱乐因此隐藏着一种自我陶醉的虚无主义。它总是小心翼翼地避开可以提高精神的东西，反过来向大众化、平庸化甚至低俗化方向发展，因为越是无聊的娱乐越能巩固无聊的心情。现代娱乐因此不能仅仅看成是一种消遣和放松。它代替的其实是古代"乐"的作用。古代艺术首先作为"乐"得到发展。现代娱乐则反过来把已经独立发展的艺术娱乐化，以便满足大众对"乐"的需要，特别是许多流行音乐的表演，配上五光十色的背景，以及与音乐内容并无多大关系的强烈节奏和劲舞，成为娱乐组织大众的一种典型方式。娱乐化甚至渗透到了许多本来和艺术无关的社会活动中，因为正如古代的"乐"那样，娱乐就是晚期现代人组织社会、统一人心的根本方式。这种娱乐让人们仅仅陶醉于生命本身的感性体验，遮蔽了人心的超越本质，潜移默化地把性情的人生转化成了"放纵的人生"。

五 走出现代主体性

现代的根本特点是人被转化为主体。这个转化经历了三个阶段，就是生命中心从心转移到判断力，生命重心从心情转移到欲望，生命中心进一步向判断力萎缩，其结果分别是生命的客观化、工具化和主观化，同时伴随着生命意义的知识化、价值化和符号化。今天我们仍然生活在现代社会中，因为21世纪继承了晚期现代在20世纪的发展。但21世纪已经不是纯粹的现代，因为新的时代已经开始在其中萌芽。在中国，这个萌芽的主要表现就是中国文化开始出现复兴的趋势。中国文化把人看成是居于天地之间的人。这种天地人格局就是我们走出现代的根本希望所在。[①]

走出现代并不意味着否定现代，而是对现代进行转化，以便走向未来的大同时代。走出现代的第一步就是走出现代主体性。这意味着对主体进行逆向转化，恢复生命的智慧，让主体回归真正的我。只有从原始的、圆融一体的真我出发，我们才可能进一步回归天地，回归太极，实

---

① 中国传统文化与现代思维和生活方式之间的巨大差异，使中国的现代化进程从一开始就伴随着对现代性的反思、质疑和批判。参见陈赟《困境中的中国现代性意识》，华东师范大学出版社2005年版。

现中国文化的复兴。现代的四百年发展获得了许多伟大的成就，特别是在政治、经济、科学、技术等文明方面的成就。这是我们今天应该继续发扬光大的。现代文明不仅提高了人类的生活水平，帮助人类战胜贫困和疾病，同时也使个人的权利和利益得到了充分的保护和发展。但现代文明的发展是以生命的异化（客观化、工具化、主观化）为代价的。今天我们不必付出同样的代价来继承现代文明的伟大成就，因为生命的异化是历史性的，不是现代文明发展的必要条件。我们完全有可能在继承现代文明的同时走出现代主体性，使已经异化的生命恢复其原始的、圆融一体的、充满生命智慧的本来面目。但另一方面，现代文明的发展伴随着科学主义、技术崇拜，以及现代文化的工业化、商业化、大众化、娱乐化。如果我们不加分析地继承现代文明的发展，就会在不知不觉中延续生命的异化。因此，走出现代主体性需要我们每个人反省现代社会中普遍发生的生命异化现象，把现代思维方式（智性思维、价值思维、符号思维）收回到圆融一体的生命智慧中。

为了恢复生命的智慧，我们必须化虚为实，转欲归情，引智归慧。化虚为实就是走出高科技制造的虚拟世界，从我们对信息世界的迷恋解放出来，把天地之间的世界当成唯一真实的世界。这并不是说我们要放弃电脑手机等信息技术的产品，而是要把它们还原到它们本来的面目——它们只是真实世界中出现的有用之物，就好像一张书桌或一只手表，其作用只是帮助我们生活在真实世界中。转欲归情就是用心感受天地万物本来就有的意义，让欲望深深地扎根在心情对生命意义的感受中，让诗歌与音乐深化和提高我们的精神境界。引智归慧则是把一切思考都当成生命智慧的运用，特别是把科学当成生命智慧在剥除事物意义之后的特别运用，而不是当成能够揭示事物意义的思考。只有当生命的智慧之光重新照亮生命的时候，我们才能走出现代主体性，回归到真正的我中。

第五讲 我是谁？

我是谁？这是一个奇怪的问题。我不就是我吗？难道还有比"我是我"更直截了当的真理吗？但"我是我"还没有真正指出我是谁，因为它只是指出了我的本质是自我同一，却没有指出我是如何自我同一的。这个"如何"是问题的关键。我如何同一我自己，决定了我到底是谁。所以"我是谁？"这个问题包含两个方面，一方面是"我"的意义，另一方面是我的实际存在。"我"的意义人人都能领悟，而我的实际存在只有我自己才能体会。如果我自己不明白我是谁，还有谁能帮我明白我是谁？一切普遍的客观知识在这里都失效了。但我仍然可以考察我的生活现象，挖掘我对自己的潜在领悟，阐明我是如何自我同一的，这样就能初步揭示我是谁。这种现象学分析就是这个讲座要做的事情。

"我"的意义是**自我同一性**或简称**自性**。但"我"并不泛指一切有自性者，而仅仅指向我自己。"我"就是自性的自称。如果石头能思考，它一定会把自己思考为"我"；如果宇宙能思考，它也一定会把自己思考为"我"；如果有上帝，上帝也会把自己思考为"我"。但上帝不会问"我是谁？"，因为全知的上帝必然直接知道自己是如何自我同一的。人对自己的理解首先不是思考中的理解，而是生活中的默默理解。这种默默的理解首先关注的并不是我自己，而是我日常打交道的种种事物，通过这些事物间接地理解我自己。这种间接的自我理解隐含直接的自我理解，但往往遮蔽了后者，以致我可能没有恰当地理解我自己，而是沉沦到遗忘真实自我的日常生活中。追问"我是谁？"就是为了恢复生命的智慧，把我带入自我澄明的光亮中。

"我是谁？"是哲学的基本问题。所谓哲学，就是从根本上理解一切事物。如果我对自己的理解不是很恰当，我如何能保证我对事物的理解是恰当的？我所理解的一切事物都被澄明生命的光明照亮，其自性都是借着我的自性而被理解的。所以，恰当理解一切事物的前提是恰当理解我自己。但另一方面，我不是自己的创造者，而是被给予了生命、被迫向其他事物敞开的有限存在者。我的有限自性必须依靠更原始的自性才能成立。因此，恰当理解我自己的前提是恰当理解一切使我成为我的事物。哲学在这里陷入了无法摆脱的循环。

这种循环是哲学的必经之路。哲学必须从人的有限、不完全恰当的位置出发，不断向更原始的自性前进，直至到达完全自我成立的原始自性，再从原始自性出发反过来理解它如何从自身生长出一切事物，直至返回进行哲学思考的人，使人对自身和一切事物的思考获得深化，最终转化为原始自性通过人所做的自我思考。原始自性的自我思考必然是通过"我"这个意义进行的。"我"从最初指向我自己，到最终指向原始自性，就是哲学的必经之路，同时也是人回归原始自性之路。所以，"我是谁？"不但是哲学的基本问题，也是哲学的终极问题。

我们现在只是粗略地看到了哲学前进的方式。这种前进方式是否真的能够到达原始自性，是否能够从后者理解一切事物的发生，是否能够最终返回起点，把哲学实现为原始自性的自我思考，所有这些问题都只能通过实际的探索去回答。任何事先的怀疑都是无益的，因为没有人能够在理解一切事物之前就理解了一切事物。既然你在怀疑，说明你还没有理解一切事物。既然你还没有理解一切事物，你怎么敢断定你的怀疑是绝对正确的呢？如果你想为人的认识划定一个范围，你就必须理解人在一切事物中的位置，这就要求你必须首先理解一切事物。所以我们应该义无反顾地踏上通往原始自性的道路。在这条道路上并没有什么绝对的真理，但只要我们踏上了这条道路，视野就会不断开阔，认识也会不断加深，直至我们到达终点，再返回起点，那时我们自然会知道人的思考到底能够认识什么。万事开头难。就让我们从追问"我是谁？"开始。

一　我与生命

　　我就是我的生命。生命不是我额外获得的东西。如果我不拥有生命，我还能作为我活着吗？把生命拿掉，我的"我"还剩下什么？什么也没剩下。因此，生命不仅仅是我的，而且就是我本身。但"我的"表达的意思比"我"多：它表示生命是被拥有的。我如何拥有生命呢？我在心情中感受到生命是"我的"，在欲望中主动将生命把握为"我的"。我是作为意志（心）拥有生命的。我就是这个意志。所以，我其实有阴阳两方面：作为意志的我（阳）和作为生命的我（阴）。我的自我同一就是这两方面的同一。意志把生命当成"我的"，其实就是把生命当成"我的我"。意志与生命的合一其实是我的自我同一。这种同一自己的方式就是意志对生命毫无保留的热爱。

　　我就是热爱生命的我。我并非首先是我，然后才热爱生命。相反，是热爱生命使我成为我。热爱生命看上去是很简单的事，但它实际上是通过生命回旋运动实现的，也就是通过生命意义的展开和深化实现的。所以，我如何展开和深化生命的意义，决定了我到底是谁。生命最基本的意义是"我"。如果我仅仅热爱生命中的某些具体事物，而没有真正热爱生命本身，我就可能因为执着于某些事物而丧失生命的自由，为生命的种种变化担惊受怕，为生命的艰难困苦怨天尤人。这样的我是不完全真实的。真正的我会因为拥有生命本身而快乐。这种"乐"不仅是我对生命的感受，而且是对自性的感受。为什么我可以感受自性？因为我的心是生命的中心，同时又具有超越生命的本质，因此它不仅可以感受生命，还可以感受它对生命的拥有。当心感受到它对生命的拥有，它就会因为感受到自我同一的"我"而处在"乐"中。这种"乐"是人特有的。动物虽然能感受到生命中许多事物带来的快乐，但动物没有达到自我意识，其意志无法以超越生命的方式感受它对生命的拥有，因此动物只能感受生命而无法感受自性。我不仅热爱生命，而且因为这种热爱而快乐。这种"**乐生**"才是自性的自我感受。

我就是乐生的我。乐生的我能够持之以恒地热爱生命。孔子说："知之者不如好之者，好之者不如乐之者"。"好之"是热爱；"乐之"则是乐于这种热爱，陶醉于这种热爱。孔子就是最乐生的人。他不仅热爱生命中的种种可喜之物，而且热爱生命本身，所以能够终其一生"发愤忘食，乐以忘忧，不知老之将至"。他不论在何种处境中都能保持自得之乐，甚至被围困而有生命之忧的时候还弹琴唱歌。为什么这时候他不担心忧虑，反而弹琴唱歌？其实孔子经常弹琴唱歌，只是在困境中仍然这样做才显得独特。音乐展现的是意志拥有生命的运动。所以，音乐的本质就是"乐"。即使悲伤忧郁的音乐也能让人陶醉其中，更不用说快乐的音乐了。音乐就是自性自我感受的艺术。孔子在听了美好的音乐后竟然"三月不知肉味"，"不图为乐之至于斯也！"（"真没想到音乐能让人陶醉到这种地步啊！"）。这不仅仅是因为他对音乐有很高的鉴赏力，更因为他对生命的热爱已经升华到乐生的境界。孔子曾经赞赏颜回说："贤哉，回也！一箪食，一瓢饮，在陋巷，人不堪其忧，回也不改其乐。贤哉，回也！"颜回是孔子最得意的学生，其原因之一就是颜回得到了孔子的真传，达到了乐生的境界。

　　孔子不仅乐生，而且还乐学。子曰："学而时习之，不亦说乎？"（"说"同"悦"，即"乐"）。学习最初只是知之，但知了以后就可以好之，经常实践（习）所学就可以乐之。古人所说的"学"不是为了向他人炫耀，而是为了完善自身而学习，是生命智慧的实践。子曰："古之学者为己，今之学者为人"，就是这个意思。乐学意味着知行合一，因为如果我感受到了生命的某种意义，但却不在行动中实践，这种意义就始终没有得到展开和深化，我就无法在学的过程中体会到自性的不断丰富和成长。孔子认为弟子中只有颜回是真正好学的，因为他"不迁怒，不贰过"，就是不把怒气转移到别人身上，不重犯同样的过错，这是颜回善于自我教育和自我实践的结果。乐学可以完善人格，使乐生得到巩固。今天我们仍然需要通过教师的言传身教帮助学生完善人格。孔子教授的六艺包括礼、乐、射、御、书、数。这些是古人在社会生活中的基本修养。我们应该恢复礼乐在社会生活中的作用，使之成为青少年乐学的主要内容。射、御在今天可以代之以健身术（包括武术等传统健身术）。书法是中国文化修养的基础，应该成为中小学的必修课程。至于数，在今天已不能局限于算术，应该扩展到基本的科学技能（如观察、推理、辨析等）。学习科学可以帮助青少年学会观察事物，发展理性和独立思考的能力。如果我们不把科学当成对世界和人生意义的解释，而是当成培养观察和思考能力的途径，就可以从自我完善的角度接受科学，把它和其他做人必备的修养归到一起，成为自我教育的一部分。这样我们从科学知识得到的快乐就不仅是乐智，更是乐学，甚至乐生了。

　　道家也是乐生的，但和儒家有所不同，道家主要乐的是无为而无不为的生活方式。生命回旋运动既可以看成是被意志推动的，也可以看成是自然而然地流动，不断地重返自身的运动。这种运动的自性被感受到时，就会产生一种自然而然的"乐"。我不刻意追求生命的意义，而是让生命的意义自然地向我流泻，又自然地引发实现这些意义的行为。前者无为，后者无不为。这不是极大的快乐吗？当然，这不是容易达到的境界，因为要让生命自然地、不受意志羁绊地流动起来并不是容易的事。但只要我们注意体会，生活中随时都可能会出现这种自然之乐。王维在《终南别业》中写道："中岁颇好道，晚家南山陲。兴来每独往，胜事空自知。行到水穷处，坐看云起时。偶然值林叟，谈笑无还期。"这是一种心无所系，随处得安的自然之乐。李白则在《下终南山过斛斯山人宿置酒》中写道："暮从碧山下，山月随人归。却顾所来径，苍苍横翠微。相携及田家，童稚开荆扉。绿竹入幽径，青萝拂行衣。欢言得所憩，美酒聊共挥。长歌吟松风，曲尽河星稀。我醉君复乐，陶然共忘机。"这种自然之乐就更加流畅自如了。自然之乐所感受的不是我的自性，而是生命回旋运动的自性。后一种自性是由于前者的有限性而发生的（如果我的自性是完全自满自足的，它就不需要"从被动到主动"的回旋运动来实现了）。所以，虽然儒家的**自得之乐**是自性之乐的典型方式，道家的**自然之乐**是其不可替代的补充。

　　中国文化的基本特性就是乐。李泽厚曾经把中国文化概括为"乐感文化"，这是有道理的。正是这种乐感文化使我们不会过深地陷入宗教对人生的否定中。中国人的目光总是关注着今生今世的生活，总是倾向于肯定生命的美好。当欧洲走出神权对人性的压迫时，启蒙思想家们正是从中国文化的这种充分肯定人生的态度获得了支持。但我们也不能把乐感文化肤浅化，仿佛只要快乐就好，如果这样人的乐就和动物的快乐没什么区别了。真正的乐是自性之乐，是因为热爱生命而感受到的快乐。另外，我们也不能因为乐生而看不到生命的悲剧性。不论生命多么可爱，它又总是被死亡的阴影所笼罩，随时都可能丧失。这说明我的自性是有限的。我天生就被给予了一个必死的、充满苦难的生命。要做到真正的乐生，我就不能仅仅感受生命的美好，而且要完全接纳死亡和苦难，勇敢地挑起人生的重担。但是，在日常生活中我们往往并不能很好地正视生命的悲剧性，不愿意挑起自己生命的重担，而是不知不觉地在众人中随波逐流，在混日子中逃避生命的责任。这就是海德格尔所描述的"常人"①。

二 我与常人

所谓"常人"就是大家都是的"一个人"。虽然我们每个人都是独一无二的，但其实在日常生活中我们基本上是作为和他人无别的"一个人"生活的：一个人如何生活我就如何生活。这种做"常人"的倾向是人在日常生活中最基本的倾向。虽然文化的熏陶可以使我们超越平庸的日常状态，但在文化被工业化、商业化、娱乐化和大众化的今天，"常人"的支配力量比历史上任何时代都更为强大。这种支配是不知不觉的。当我热衷于娱乐文化、流行时尚、符号消费、成为明星或粉丝、获得更多点赞、在网络上走红、被手机和电脑的社交软件捆绑、在游戏的虚拟世界中不可自拔的时候，我是谁？常人而已。正因为我们无法真正把握自己独一无二的生命，所以才会依靠流行的、外在的、量化的、符号化的东西来相互区别。如果我不能真正做独一无二的我自己，所谓"回归真我"就成了一句空话。

---

① 海德格尔认为日常生活中的"我"其实就是谁都是，谁都不是的"常人"（das Man）。参见［德］海德格尔《存在与时间》，第一篇第四章。

我的独一无二的个体性是从哪里来的呢？我并没有创造自己，而是被给予了生命。因此我的个体性首先实现为我对生命最原始的感受：生命是我的，而不是任何其他人的。我首先是一个感受者。我感受着我的独一无二的处境，因此才是这个独一无二的我。但从心情中升起了欲望，使我可以通过环境中的活动来展开和深化我感受到的生命意义。所以，我既是感受者也是行动者。如果我能守住对生命最原始的感受，我的行动就可以保持原始个体性。但既然我的活动环境是和他人共享的，作为行动者的我总是有被公共环境同化的倾向。这就是为什么我总是自然而然地倾向于做"常人"。做"常人"意味着我不是从对生命最原始的感受出发来行动，而只是按照一般人的行为方式来行动，导致我的感受也变得常人化。个体性于是就只能表现为"这个常人"，而不是"这个我"。

常人化是成长过程的自然倾向。孩童天生就充满对生命的纯真感受。这种感受虽然缺乏深度，但遍及生命的一切内容，激发了孩童对什么都跃跃欲试，想把一切事物化为己有的欲望。但孩童的成长过程是学会和他人共享环境的过程，比如，首先是学会使用饮食和卫生用具，逐步达到对环境中各种有用之物的把握。这种学习促使孩童首先从环境中的行动者（而不是处境中的感受者）理解他人和自己，并迫不及待地要表现自己也是一个行动者。虽然孩童实际上首先是一个纯真的感受者，但这种纯真的感受还没有回过头来注意自身，而是专注于他人和自己作为行动者的角色。当孩童最终开始反观自己，注意到自己是一个感受者，并开始明白他人也是这样的感受者时，孩童早已形成了对自己和他人作为行动者的理解。所以一个"长大成熟"的人会倾向于把他人和自己都首先理解为行动者，同时把感受仅仅当成行动者的属性。换句话说，"长大成熟"的人通常是**作为行动者去感受**而不是**作为感受者去行动**。作为一个"长大成熟"的人，我首先作为欲望活着，通过环境中的活动来追求众人都追求的东西，不断地体会到成功的喜悦或失败的忧伤。我不再像孩童那样对生命怀有一种原始的、纯真的热爱。我的行动常常更多地受功利心的支配，以至于成功到来时的喜悦也不像孩童随时都可以体会到的那种纯真的快乐。对于大部分成年人来说，童年时光是最快乐的，因为那时生命本身直接就被感受为有意义的，不论做什么都伴随一种纯真的愉快，所以有时偶尔看到孩童那纯真的笑脸和清澈明亮的眼睛，就会从心底里感到羡慕。

　　从孩童到成年的这个转变是一种自然倾向，因为它起源于处境和环境的不同特性：处境是特别属我的，而环境则是人人都可以（通过有用之物）共享的。孩童天生就会从处境出发自然而然地在环境中行动，因此个个都是"准道家"（因为还不能认识大道，所以还不是真正道家）。但成长就是把生命向公共环境开放的过程。所以成人常常会不知不觉地考虑"一般人如何行动"，把孩童的"自然之道"发展成了"常人之道"。成人因此倾向于在行动者占统治地位的世界中随波逐流，在互相攀比中感受生命的意义。相比于童年，我变得"庸俗"了：我根据一个人在环境中占有多少可用的东西、享有多大的名声、获得多大的成功等来判断其生命是否有意义；我瞧不起那些不如我的人，羡慕那些超过我的人；至于那些超过大多数人的人，就使我不得不生出崇拜敬仰之心，并在他们面前自惭形秽。

　　然而，这不见得是每个成人必然会有的表现。生活中我们会发现有些人始终能保持"赤子之心"，甚至在艰难困苦中也不失去对生命纯真的热爱，因而总是有一种"童真未泯"的快乐。这种人通常是在成长过程中受到了某种文化的熏陶。例如，音乐能够以一种超越的方式展现生命的意义。当我受到音乐感动时，我就有可能从熙熙攘攘、为功名利禄忙个不停的世界返回我对生命意义的纯真感受。如果我在成长过程中经常受到高雅和谐优美的音乐熏陶，我就有可能比较稳定地形成"作为感受者去行动"的品格，从而在一定程度上超越了日常的"作为行动者去感受"的平庸状态。诗歌、舞蹈等其他艺术也都可能起到这种作用。古代的"乐"正是以这种方式陶冶了人的性情。孩童虽然很原始地感受到生命的意义，但这种意义仍然缺乏超越的内涵，而学习和实践"乐"则不仅带来快乐，还能开启生命的超越意义，让我们在保持赤子之心的同时更为深刻地热爱生命。

　　作为感受者去行动并不意味着在行动上变得消极。问题只在于行动是否出自对生命的真实感受。当我真实地感受到生命的意义时，我就有可能通过积极的行动实现这种意义。在这种情况下，感受越深，行动力就越强。所以感受和行动并不相互对立。一个母亲越是深爱自己的孩子，就越是积极努力地为孩子做各种事。一个平时并不出色的人，也可能因为爱情而做出超凡脱俗的事。一个为了拯救祖国献身的人，常常会表现出惊人的行动力。即使在知识领域中，对真理的热爱也常常是一些伟大科学家（例如爱因斯坦）从事科学的真正动力。这些从热爱产生行动的人才是真正伟大的行动者。即使我对生命丰富多彩的意义没有深刻的感受，我至少还有对生命本身天生的、纯真的热爱。只要我让乐生保持为最基本的心情，不让它被生命的艰难困苦所掩盖，我就能够保住"赤子之心"，任何时候都能产生积极行动的力量。反之，如果一个人首先把自己当作是在周围环境中做事的人，其对生命意义的感受就会局限在自己的欲望是否达到、行动是否成功等结果上，从而很容易患得患失，为过去懊悔，为将来担忧。这种作为行动者去感受的人，恰恰最容易产生许多不必要的情绪，其心情常常会被种种无法控制的事情所左右。当然，如果一个人把行动者的身份发展过了头，把对生命的感受看成完全无足轻重，他就会变成一个冷酷无情、铁石心肠的行动者。这种人或许会在行动上获得巨大成功，因为他会为了达到目的不择手段，完全不顾他人甚至自己的感受。但这种成功是以丧失对生命意义的真实体会为代价的。

　　有些人则可能走向另一极端。他们有深刻的感受，但把握不住自己的生命，因此常常处在不安定的情绪中。他们天生就对自己的处境过分敏感，倾向于把自己当作纯粹感受者，而把行动看成是迫不得已的事。他们因此无法很好地与他人共处，因为共处是一种共享环境的行为，需要一个人对自己和他人作为"行动者"的角色和关系有比较成熟的理解。这些人可能会对别人的苦难有比较深的体会，因为他们很容易感同身受，但他们采取的行动却往往达不到帮助别人的目的，有时甚至把事情弄得更糟。由于把自己当作纯粹感受者，他们过多地沉浸在自己的心灵中，不屑于去了解这个世界的现实，从而显得不通人情世故。由于缺乏对环境和他人行为的恰当了解，这些纯粹感受者一旦采取行动，别人就要为他们担心。然而一旦他们表达对事物的感受，人们又不得不佩服他们的敏感和深刻。这样的人往往是生活中的不幸者，因为承受了过多的生命感受而在行动的世界中感到格格不入。其脆弱的心灵常常会被生命的重担压垮，以致他们感受到的生命意义无法很好地实现出来。

所以我们不能仅仅感受生命的意义，而且要主动地把握，真正地拥有被给予的生命，否则就可能让自己被种种情绪牵着走，即使不随波逐流，也无法很好地、坚定不移地"做我自己"。怎样才能真正拥有被给予的生命？这不仅需要对生命的热爱，还需要下定决心承担起自己的生命。我不是生命的创造者而只是再造者。因此生命永远都是一个我必须挑起来的重担。没有任何人能够替我挑起它，因为只有我才能把被给予的生命当成"我的"。但是在日常生活中，我常常会不知不觉地把生命交给"常人"去承担，亦即仅仅按照"一般人如何行动"来行动。比如，有些学生上课时心中有了问题，但不会突然举手提问，因为一般人通常不会这样做。又比如，我们给别人拍照的时候，往往会说"来！笑一笑！"，如果别人不笑还要想办法逗他们笑。为什么拍照一定要笑呢？因为一般人都是这样拍照的。也许有些人（特别是女孩）笑的时候最美，但也许有些人不笑的时候更显示其个性，可是拍照的人还是非要他笑不可。这不是因为拍照的人真实地认为拍照要笑才好看，而是因为"一般人都是这样拍照的"。这虽然是无关紧要的小事，但却反映了我们潜移默化地形成的随波逐流的心理。"随波逐流"意味着我没有真正把握自己的生命，而是让平均化的"常人"替自己决定要做的事，甚至决定别人要做的事（如果别人不这样做我就觉得不对劲）。

由于我们已经不知不觉地习惯了做"常人"，当我们觉得自己是独一无二的"我自己"时反而可能会感到不自在。比如，有些学生在考试的时候很快就写完了，但不敢马上交卷，因为还没有人交卷，这么早交卷会显得太特别了。又比如，我平时可能是能说会道的人，但上台说话时却感到害怕，好像观众的目光要把我吃掉一样。其实我知道观众并没有想把我吃掉，可我还是感到怯场。众人的目光之所以可怕，是因为这种目光把我放在"常人"的对立面，把我暴露成一个独特的、赤裸裸的、我所不习惯的、独一无二的"我自己"，使我无法再把生命的担子交给"常人"去承担，因而感到惊慌失措。当观众只是几个人时，其目光还没那么可怕，但一大群人的目光就十分可怕了，因为在怯场的时候，可怕的不仅是他人的目光而且是"常人"的目光。如果我是和家人或亲戚团聚，即使人数众多，我也不会怯场，即使在大家面前唱歌、表演等也不觉得有什么可害怕的，因为家人或亲戚与我有非常密切非常独特的关系，使我很难把他们当作谁都可以是的"常人"。一般说来，人数越多，面目越模糊不清，"常人"的身份就越加明显。因此，面对黑压压的几千人演说或演唱，比面对几十个观众要可怕得多，尽管后者更容易被观察到。另一方面，如果有不少人和我一起被众人的目光放到对立面，我的怯场就会大大减弱，因为我感到生命的担子被"大家"一起挑了起来。这就是为什么我一个人在台上唱歌时可能会怯场，但如果我和几十个人同时合唱就不会了。很多人都有类似的经验：当我一个人在公共场合做某种特别事情的时候，我可能会有点不自在，但如果周围有人在做同样的事，我就会感到轻松很多。这说明我更加习惯于做"常人"而不是"我自己"。

　　我们的人生是建立在公共环境基础上的。因此，"常人"的支配力量并不仅仅限于一些无关紧要的场合，而是不知不觉地弥漫到工作、休闲、交往、恋爱、创作、欣赏、娱乐等各种各样的场合，使我们不知不觉地根据公众舆论和流行观念从事这些活动。我的生命不是完全真实地属于我自己，而是属于众人的，就像没有舵手的船那样随波逐流。这种随波逐流的生活最轻松，最没有负担，因为我不用自己决定如何行动，只要不知不觉地按照一般人的行为方式行动就行了。但仔细想想，我不仅仅是众人之一，同时也是一个独一无二的，能把生命拥有为"我的"生命的人。随波逐流的生活掩盖了我的个体性，使我放弃了对生命的责任。要想真正拥有自己的生命，我必须勇敢地挑起生命的担子。我不能躺在生命这艘船中任凭潮流把它飘到四面八方。相反，我应该坚定不移地站在船的中央，以高昂的姿态俯临它，把握它，才能完全自如地驾驶它，和它一起构成一个自我同一、坚不可摧的个体。

　　俯临生命是以超越的姿态把握生命的方式。人心是既内在又超越的。人心超越生命的方式就是站到生命之上，把被给予的生命承担起来。这不仅仅意味着承担生命的内容，而且首先意味着承担生命的原始处境。原始处境就是被给予我的那个敞开领域。在这个领域中会出现许多具体事物，但不论出现什么它都是"我的"生命。即使生命的内容是让人不愉快，甚至让人痛苦和难以承受的，它仍然是独一无二的"我的"生命。我不能因为它的某些负面的内容就不想承担它，否则我就无法真正做我自己。人的有限、必死的生命不可能总是充满美好的事物。如果我对死亡的本质有清醒的观照，我就会明白正是这个必死的生命才真正是"我的"，因为**死亡否定的不多不少就是"我的"生命**，而不是任何其他人的生命。死亡作为随时可能发生的极端可能性否定了我的一切可能性，但同时也就把生命特别属我的本质凸显了出来，使我看清了生命独一无二的个体性，看到了我所要把握的生命到底是怎样的。另一方面，当我随波逐流地生活的时候，我不会完全心安理得，而是时不时地会感到内疚。内疚是意志对自己的有限性的强烈感受，是由于意志没有真正承担起生命而引发的。这种心情可能会突然袭击正在混日子的我，使我默默地体会到了**良心的呼唤**。这里所说的"良心的呼唤"并不是指因为伤害他人而感到的内疚，而是指因为随波逐流、得过且过的生活而在内心引发的一种无言的责备。这种呼唤使我感受到了对自己生命的不负责任。如果我完全真心实意地接受呼唤，我就可以默默地下决心承担起这个被给予我、独一无二、随时必死的生命。这种默默的"**向死决断**"以强有力的方式把生命回旋运动从松垮的、随波逐流的日常状态抽紧起来，把它带回到生命的原始律动。原始律动是被原始欲望推动的。原始欲望超越了日常生活中的种种具体欲望，所以能够下决心回到欲望从中升起的心情，把被给予的原始处境承担起来。"向死"作为对生命极端可能性的清醒观照个体化了生命，而"决断"作为意志回归自身的自我把握则个体化了意志。向死决断坚定不移地承担起了这个被给予我的、必死的、总是可能有苦难的生命，把我从"常人"个体化成了这个独一无二的，没有任何人可以代替的"我自己"。这就是我成为个体最彻底的方式。①

---

① 参见［德］海德格尔《存在与时间》，第五十三、五十六、六十二节。译者把向死决断（vorlaufende Entschlossenheit）译为"先行的决心"。海德格尔不是从意志和生命（生命回旋运动）角度，而是从存在论和生存论角度谈论向死决断。

孔子向我们展现了这种成为个体的理想。孔子反对随波逐流地生活，还批评那些总是迎合众人、不能坚持独立品格的人为"德之贼"。有人以为孔子只关心人生而不关心死亡，例如"未知生，焉知死"。其实孔子并非不关心人生必死的可能性，而只是不关心人死后的情形，所以又说"未能事人，焉能事鬼"。虽然孔子不思考死亡问题，但孔子对自己随时可能会死显然有很清醒的观照，并彻底接受了这种极端可能性，坚定不移地承担起自己必死的生命，不论遇到什么艰难困苦甚至死亡的威胁都不放弃对生命的热爱。孔子的乐生因此超越了一般境界的乐生，成为向死决断的乐生。真正的儒家绝不是随波逐流的人，更不是贪生怕死之徒，而是坚持个体性，敢于面对时刻可能到来的死亡，真正拥有着自己生命的人。有人认为儒家只注重群体不注重个人，这实在是很大的误解。儒家非常注重每个人独一无二的个体性。正因为孔子注重这种个体性，他才会对每个学生的独特个性和处境了如指掌。儒家的理想就是让每个人"各正性命"。子曰："三军可夺帅也，匹夫不可夺志也"（《论语·子罕》）。三军统帅可以迫使众兵士服从，但这种绝对的权力还是可剥夺（换人）的。然而，一个普通人"做我自己"的意志是统帅自己的意志，因此谁也无法剥夺掉。这就是对个人的一种尊重。西方自由主义对个人的尊重是从普遍性出发的，是由法律来保障的。普遍的个人是对个人的抽象。这种抽象在法律保护个人的普遍权利方面有积极的作用，是中国政治文明应该吸收的。但政治文明实现的普遍个体性不能代替每个人"成为我自己"的理想，后者只能通过每个人自己做自己的统帅来实现。所以儒家对个人的注重虽然与自由主义有所不同，却并不矛盾，而是可以互相补充的。

这里必须避免一种误解，以为我要真正做我自己，就必须做一些"与众不同"的事来使自己区别于大众。真正做我自己与"做什么"没有关系，而只与"谁在做"有关。如果我故意剃掉半边头发，留下另外半边，以便和他人有所区别，我就只是在行为上区别于大众。这种做法说明我以为真正的我不是自我同一的，而是必须通过与他人比较才能成立的。为了做我自己，我要做的并不是比较我和他人，而是下决心承担起我的生命，在向死决断中达到自我同一。如果我能够这样做，即使我的行为和他人的行为看上去相似，它也不是由"常人"而是由我自己做出的。真正做我自己是"自相关"而不是"他相关"的，不可能通过故意地做与众不同的事来达到。当然，当我真正做自己的时候，我就不会盲目地跟随公众舆论和流行观念，而是从内心的真实意愿出发来行动，这样我的某些行为就确实可能会显得很特别，甚至超凡脱俗、令人震惊，但这与故意做与众不同的事来区别于大众是两回事。由于人的许多特性都是来自天然，我们真实地愿意做的事会有不少相似之处。故意违背自然天性来显得与众不同并不是真正做自己，而只是常人之道的一种变异，因为这种做法仍然是通过和他人比较来做自己，而不是真正的自我同一。故意标新立异来区别于大众是晚期现代社会特有的一种现象。正因为大众习惯于从一个人"看上去如何"来判断人，才会有人在外在形式上做文章，故意用反大众的符号来彰显个体性。这种外在的反叛行为并不能真的找回自己，反而强化了生命的主观性。

这里还必须避免另外一种误解，就是把"做我自己"当成人生的最高境界。事实刚好相反："做我自己"不但不是人生的最高境界，而且是最低的境界。这里说的"最低"指的是"最基本"而不是贬义。我不但是"我自己"，我还是一个"人"，一个男人或女人，一个父亲或母亲，一个儿子或女儿，一个兄弟或姐妹，一个哲学家，一个艺术家，一个政治家，一个科学家，一个中国人……我之所以可以有很多不同身份，是因为生命是更高事物在其中实现自己的一个领域。"做我自己"是人生的基本境界，但也因此不是最高境界。虽然如此，这个基本境界无法被更高的境界代替，因为不论我做什么，成为什么样的人，我都还是需要"做我自己"。

三　我与时空

向死决断是人生的特殊瞬间，是我把自己收拢起来，在当下做我自己的瞬间。真正做我自己并不需要"一段时间"来完成。这是很奇妙的事情。我的一切活动都需要一段时间来完成，做我自己又如何能例外？这是因为做我自己不关乎做什么，只关乎谁在做。我通过向死决断把自己个体化，实际上就是把生命回旋运动从随波逐流的日常状态抽紧起来，把它带回生命的原始律动。生命原始律动只牵涉生命整体而与其具体内容无关，因此并不需要日常生活的"一段时间"来完成。向死决断使生命在当下就完成回旋运动，使我在当下瞬间成为我自己。这种瞬间性的当下回旋没有可度量的"间隔"。它不是众人共享的日常时间，而是特别属我的时间。

我的时间就是构成我的生命原始律动。生命作为一个敞开整体就是"当下"。如果我仅仅是生命，我就只有"当下"。但我不仅是生命，同时还是活在生命中的意志（心），这就导致我有"过去"和"未来"。作为心情，生命是已经被给予我的，因此生命有"过去"。作为欲望，生命是我主动去把握的，因此生命有"未来"。"过去"和"未来"不是生命的两种状态，而是生命的两个运动方向：生命在"过去"方向上被给予，在"未来"方向上被主动把握。"当下"、"过去"、"未来"的三维结构其实是生命回旋运动的简化形式，是把意志从中除掉以后剩下的运动，如下图所示。

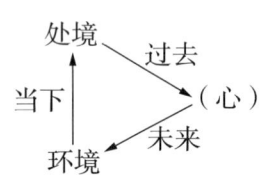

图11 我的时间

我的时间就是意志对生命回旋运动的把握。意志在这种把握中忽略了自身，而仅仅观察生命如何运动，所以看到的是当下、过去、未来三个维度。由于意志的天然倾向是面向对象而非自身，所以生命回旋运动被意志把握为有三个维度的时间。注意"当下"其实是一个"当下化"的运动，亦即把环境转化为处境的运动，但这个运动不需要一段时间来完成，因为它仅仅牵涉到空灵的生命整体。如果意志专注于空灵的生命整体，"过去"和"未来"就只是生命的两个运动方向，而不是两种状态。但"当下"这个空灵的运动使意志可以观察到生命中具体事物的"变化"（可能性向实际性的转化）。所以意志自然地把"过去"的内容想象为越积累越多的"实际状态"，把"未来"的内容想象为不断到来的许多"可能状态"。在这种想象的基础上，我们把时间直观成是从过去向未来不断延伸的许多"现在点"。这就是日常的时间观念。这种时间观念本来是借助"我的时间"这个原始框架，在判断力的直观能力帮助下产生的。但意志通常并不注意"我的时间"而只注意日常时间，因为我是通过有用之物和他人共同生活在环境中的，所以首先注意的是物的变化在其中发生的日常时间，而不是特别属我的、没有时间间隔的、当下回旋的时间。

当我仅仅注意日常时间时，我不再明白"我的时间"并不像日常理解的那样从过去向现在和未来不断延伸，而是借助于意志从未来返回过去的运动带出当下。如果我下决心承担起被给予的生命，我就主动地从未来返回过去，并借着这个返回把生命当下把握为我的生命。这就是所谓的"决断"。只有当我明白我可以返回过去，也就是"去是我曾是的自己"，我才能以超越的姿态把握生命，从随波逐流的状态中振拔出来，主动承担被给予的生命，当下成为我自己。"我的时间"因此具有"去是曾是从而当下即是"的意义。决断的前提就是我对这个意义的默默理解。① 正因为我本质上是由这种当下回旋的时间构成的，我才能通过决断去是我曾是的自己，在当下实现自我同一。

真正的我是当下回旋的，而不仅仅是在时间长河中和万物一起流动的。如果我真的体会到了当下回旋的时间，我会觉得日常时间虽然还在流动，但它并不影响我做自己，因为我已经在当下实现自我同一。我所做的种种事情只是"当下做我自己"的具体化。但在日常生活中，我的时间常常会被占主导地位的日常时间所掩盖，使我把"做自己"当成是需要一段时间来完成的事情，并把它等同于做这件或那件事。我常

---

① 海德格尔把时间性看成本真存在（向死决断）的意义。但他倾向于把"我"看成从现代主体性哲学而来的概念，所以没有从"我"的角度解释时间性。参见［德］海德格尔《存在与时间》，第六十四、六十五节。

常以为，过去发生的某件事使我无法当下我做自己，于是处在一种懊悔或埋怨的状态。我又常常以为，如果我能够成功地做成某事，我就可以成为我自己，否则就会失去我自己，因此为这件将要到来的事担忧、不安甚至恐惧。孔子认为儒者可以做到"往者不悔，来者不豫"（《礼记·儒行》）。正因为孔子能在当下真正做自己，他才能"发愤忘食，乐以忘忧，不知老之将至"。如果我把过去仅仅理解为"已经消逝的现在"，把未来仅仅理解为"将要到来的现在"，我就无法在当下回到自身，而是把自己铺开在时间的长河中，很难安下心来好好地做当下回旋的我。由于习惯于把我的自性寄挂在过去或未来的某些事情上，我常常无法专注当下的生命，体会不到当下做自己的快乐，因而总是想找些事情把无聊的"现在"打发掉。这种情形在现代社会是很普遍的，因为自然科学的"世界观"和世界的技术化大大强化了物的可计算的时间性，导致我们对日常时间的过分重视和依赖，掩盖了特别属我的时间。我的时间是属于心的，而日常时间则是判断力对物的时间所做的直观。执着于日常时间使判断力很容易产生关于过去和未来的杂念。杂念既非心情亦非思想。它既不是对过去的深刻感受或反思，也不是对未来的真心盼望或筹划，而只是头脑中不由自主地发生的，毫无意义但又难以摆脱的念头，是由于心无法把握判断力，我的时间无法从日常时间中绽出而产生的。由于在现代生活中欲望取代了心情成为生命的重心，我们的时间一味地跟着日常时间向未来前进，不愿意返回过去。每个"现在"很快就被一个新的"现在"代替，并被抛弃到"过去"，成为一个死去的没有意义的"现在"。我们只好拼命地追求变化和时髦，无法静下心来欣赏已经实现出来的事物。我们不明白事物正是在它们成为过去（被我感受）的方向上才真正显露其意义。在这种浮躁的风气中，谁还会"去是我曾是的自己"，在当下回旋中真正做我自己呢？我是谁？时间长河中随波逐流的一片树叶而已。

　　做我自己不但与时间有关，还与空间有关。虽然我的时间是空灵的生命原始律动，但我的生命是通过身体敞开的。身体是生命的物化，同时也就是我的物化，因为我就是生命的统一性。所以，移动身体的可能性就是我通过身体"做我自己"的可能性。这种物化义上的"做我自己"有其自身的空间性，亦即"**我的空间**"。"我的空间"不是几何学所研究的均匀、同质、由无数没有区别的"点"构成的直观空间，而是由移动身体的可能性构成的。我可以朝不同方向移动身体的各部分，或者朝同一方向不断深入。这些不同的方向和纵深不是客观地存在于宇宙中的，而是由我移动身体的**可能性**决定的。即使我完全静止不动的时候，空间依然向我敞开着，因为我在任何时候都理解移动身体的各种可能性。正是这种我时时刻刻都默默理解的可能性组织了出现在生命中的万物，使它们各自处在某种方向和纵深中。但即使我没有看到这些万物，例如当我处在完全黑暗的夜中时，或者闭上眼睛时，空间依然完整地向我敞开着，因为我仍然默默地理解朝不同方向和纵深移动身体的可能性。总之，所谓空间就是移动身体的可能性体系。我对这种可能性体系天生就有一种潜在的领悟。正是这种潜在的领悟组织了生命这个敞开域，使出现在其中的一切事物都有相对于我的"位置"。这就是我的空间的构成方式。

我的空间并不像几何空间那样毫无意义。我的身体不是毫无意义的物体，而是"作为物的我"或"**物我**"。所以，我觉得移动身体就是移动"我自己"。物我分化成许多部分，例如"作为手的我"、"作为肚子的我"、"作为头的我"，等等，但整体上又只是一个"物我"。所以，手动就是我在动，肚子饿就是我在饿，头痛就是我在痛。物我（包括各部分）的意义是被先天给定的，而不是我创造的。移动身体就是把它被给予的意义释放出来。所以，身体动作并非抽象的空间运动，而是天生或习惯性的，有内在意义的运动。例如，吃东西不仅是嘴的动作，而且隐含了"化外物为己有"的意义；性爱不仅是男女身体的接触，而且隐含了"与对方身体合一"的意义。但"我的空间"的整体意义并不是所有身体动作意义的总和，而是隐含在它的三维结构中，亦即上下、前后、左右六个方向中。然而，这六个方向的意义却又只能来自移动身体的可能性。所以，它们的意义必定隐含在某些天生的、特别的移动身体可能性中。

"上下"的意义来自头的移动方式。抬头是充满敬畏的"仰望"，是希望和所敬畏者合一的姿势。相反，低头是谦卑、愧疚、自责，感到配不上所敬畏者的姿势。这些体会在世界各民族的习惯动作和传统礼仪中都是普遍存在的。我们还常常说"上升"、"沉沦"、"高于"、"低于"、"高级"、"低级"、"高尚"、"低俗",等等。这说明**"上下"这个维度的意义就是"超越和被超越"**。从做我自己的角度来说,"上"对"下"的超越就是我的自我超越,亦即以超越自己的方式把握自己。这使我自然而然地从上至下把握自己的身体,亦即以头为枢纽把身体"向上收紧"(昂首、挺胸、收腹)。这种姿势和我把握自己生命的"决断"是互为表里的。当我保持这种"决断"的姿势时,我不但感到很好地把握了自己的身体,甚至感到很好地把握了自己的生命。反之,如果我弯腰驼背,身体松垮,像烂泥一样陷入座位中,或者一有空就立即低头玩手机,我对自己身体的缺乏把握就会使我感到对生命也缺乏把握。这就是为什么古人特别强调"立"的原因。不能把身体"立"起来的人,很难真正做到"安身立命"。当然,一个很好地"立身"的人不见得一定就是把握了生命的人,但一个不能很好地"立身"的人却很难说是把握了自己的生命,因为对生命的把握是必定会在身体上有所表现的。

"前后"的意义来自双脚的移动方式。人的双脚不是胡乱移动的,而是或者前进,或者后退。前进有超越目前位置的意思,隐含了对现在和过去的否定,以及对未来的肯定。**"前后"这个维度的意义就是"肯定和否定"**。但步行是脚不断升空又不断回落的运动,是不断返回之前姿势的运动。步行因此浓缩了我以自我超越、当下回旋的方式"去是我自己"的时间。所以我们应该以坚定向前、节奏均匀、不慌不乱的步伐来步行。向上收紧的姿势浓缩了我的决断,步行则浓缩了我的时间。因此,我们应该以昂首、挺胸、收腹的方式步行。这同样是古人很注重的修身功夫。步行并不仅仅是为了去某个地方,而是通过身体做我自己的基本方式。不论我要走到哪里去,我都是走在人生的道路上。我们常常说"勇往直前"、"跌倒了再爬起来"、要"进步"不要"落后",等等,都是来自步行的这种意义。

"左右"的意义来自双手的移动方式。双手虽然可以向任意方向移动,但它们的最大特点是可以对称地移动,例如推动某物、抱住某物、抬起某物，等等，而最大范围的运动则是双手左右伸展。所以，"**左右**"这个维度的意义就是"相互对称"。虽然左右是对称的，但左右的意义其实有潜在的不同。中国古人说"左为阳，右为阴"。这比较难体会，因为左右之别是在对称基础上的区别，不像前后之别那么泾渭分明。但人们对左右的区别还是潜在地有所体会的，例如用"左翼"代表激进，"右翼"代表保守。另外，左右的对称性和展开性暗示了生命的圆融和敞开性。所以，"左右"这个维度潜在地代表了生命本身。

生命是属于意志的。因此，"左右"维度总的来说从属于"上下"维度。从做我自己的角度来说，就是身体左右两侧从属于头的统领作用。所以步行的时候不是靠左右两侧带动身体，而是以昂首、挺胸、收腹的姿势带动全身。我们有时会看到一些青少年以一种特别的姿势行走，就是左右肩轮流下垂，靠双肩的左右摇摆来带动全身行走。这是放弃头部从上至下统领全身的作用，用身体左右侧带动全身的行走方式。这种行走方式暗中给人以"颓废"的印象，因为它暗示着放弃意志对生命的把握（责任），仅仅跟随生命的自我感觉（带有反叛权威的味道）。有些大腹便便的人则用腰部的左右摇摆来带动全身行走，给人的印象是仅仅追求生命的享受，缺乏向上超越的精神。还有一些人喜欢低头急急地走，缺乏昂首挺胸时的那种宽广视野。这是用"前后"这个维度带动全身行走，给人的印象是过于执着在未来，缺乏对当下生命的真正热爱。当然，姿势问题首先并不在于给他人的印象如何，而在于它无形中暴露了一个人把握生命的方式。

总的来说，"上下"这个维度对"前后"和"左右"两个维度有天生的统领作用，因为我的时间是靠意志来带动的，我的生命也是靠意志来把握的。通过身体做我自己就是要以"立身"为基础把握身体的各种姿势，使我在任何时候都感到身轻体健、精神高昂。身心本来就是合一的。如果我们仅仅"修养心性"，就没有真正做到"修身"。我们应该培养对"我的空间"的理解，体会三个维度和各种姿势的不同意义，在生活中不断实践和完善自己的行为举止。我的时间是空灵的，而我的空间却是具体的。这种不对称性来自我的一个根本特性：我的生命是通过身体敞开出来的。虽然生命整体是空灵的，以致意志可以在当下瞬间把握住生命，但我的生命是通过身体敞开的，因此我不是一个能够自我成立的、封闭在自己内部的自我，而是在空间中开放的自我。不但如此，当生命通过身体敞开时，自然万物也就随之向我显露出来，成为生命最基本的内容。所以，做我自己不仅和时空有关，还和万物有着密切的关系。

四　我与万物

自然万物不是人创造的，而是伴随生命的给予出现在生命中的。万物就是生命最基本的内容，分享了生命整体的意义。不但如此，万物还从生命的源泉获得了千姿百态的意义，使生命的意义在万物中被具体化和多样化。所以，我们不仅要乐生，而且还要把乐生具体化为**乐物**。我们的人生其实就是从乐物开始的。孩童最大的乐趣就是和万物一起玩耍。泥沙、石头、竹竿、树枝、花果、蚂蚁、水洼、泥鳅……随便一样东西都能让孩童乐上一天。孩童自然而然地把生命的意义具体化到万物中，使万物显得充满了生命活力，不论拿它们做什么都很有意思。随着孩童不断学习使用环境中的用具，用具之间的复杂关联不断被凸显，孩童开始对意蕴整体有所意识，对自然万物的兴趣会慢慢地转移到有用之物上。这是自然而然的发展，也是人走入社会必需的发展过程。但我们能否在发展有用之物的同时继续发展对自然万物的喜爱呢？

传统手工艺显示了这种可能性。传统手工艺的特点就是尊重万物的本性，把万物首先当作有意义的东西，因此生产出来的东西仍然和大自然保持着和谐。在乡村，你可以看到农民如何建造房屋，如何用大树做成柱子和屋梁，支撑着向天空耸起的屋顶，如何把泥土烧成砖瓦，用层层上升的砖把大地连向屋顶，用层层下降的瓦让屋顶的雨水流回大地，如何在屋顶留下玻璃天窗，让太阳和月亮的光明进入黑暗的屋中，随着昼夜交替，四季推移展现出光和影的交织。在山里，你可以看到山民如何砍伐竹子，如何把竹子破成长长的竹篾，如何用竹篾编织出箩筐、筛子、粪箕、鱼篓……。在云南的少数民族山寨里，你甚至可以看到他们如何巧妙地把自然和艺术融为一体，例如用山藤编织成灯罩，既极为精美又有浓厚的自然情趣。

如果你看不到这些，你就看看藤椅吧，这是你在城市里也能看到的。藤椅是由一些粗大的藤条为骨干加上藤条、藤皮和藤芯编织而成。藤椅仿佛是从地上重新生长出来的藤。它原来盘旋在天地之间的样子被重新改造成适合人居于天地之间的样子。当藤椅越用越旧，它也就像一棵植物一样地逐渐衰老，慢慢地骨架松散，最后再也无法帮助我们的居住而被送回大自然中。藤椅是有生命力的。它的形状随着我们坐在它上面的方式不断变化，它的颜色也因为吸收了我们的汗水、气味和阳光而不断发生变化。这样一把藤椅凝聚了我们生命的历程。藤椅之所以有这样的意义是因为它以某种方式保持了自然本性。我们对它的加工只是深化了它来自大自然的意义。

相反，塑料做的椅子仅仅以实用为目的。它的材料最初也是来自大自然，但经过多种化学变化而失去了从自然而来的生命力。塑料椅子很容易大批量地生产。它的制造需要的不是熟悉自然的心灵和双手，而是一整套大型的机器设备。它会随着使用不断变形、开裂而最终被我们抛弃。但废弃的塑料制品很难重新融入大地。尽管它也伴随我们走过一段路，我们却不会感到它凝聚了我们生命的历程。现代技术的许多产品都是像塑料椅子这样的缺乏自然生命力的东西。我们喜欢这些产品是因为它们带来生活的方便。有些高级技术产品带来的方便更是传统手工艺无法代替的。但我们的生活环境中不能全部只是现代技术的产品。这些产品既然是生命中的无生命物，就始终是和我们的生命异质的。所以，我们对这些产品的喜欢不是真正的乐生。当我们生活在遮天蔽日的高楼大厦中，周围全都是现代技术制造出来的无生命之物时，我们的生命意义就开始变得空乏。虽然我们也许还能在某些时候产生顿悟，体会到了生命本身的意义，但这种意义无法被具体化到万物中。生命本身与生命内容的这种矛盾使我们很难坚持对生命的热爱，最终只能把这种热爱转化为对产品有用性及其符号化意义的热爱，并依靠商业化的娱乐来麻醉自己。这种生活不是乐生，而只是娱乐的人生。

我们经常说大自然是美的。为什么大自然是美的？因为生命来自大自然，所以我们在自然中发现了我们的自性。**美就是想象力对自性的感受**。想象力能随意地想象各种感性形象，但这只是想象力主动的一面，其被动的一面就是对感性形象的感受。如果这种感受是正面（快乐）的，我们就觉得这个形象是美的，否则就会觉得它是丑的。想象力只能在美感中得到满足。但想象力如同判断力那样是心的下属意志，只有相对的独立性。如果想象力只发挥其相对独立性，它感受到的美就只是对它自己而言，是一种形式上的美，例如线条的流畅、色彩或声响的和谐，等等（就像判断力在逻辑思考中判断的真只是形式上的，不是内容上的）。但如果心通过想象力去感受事物，美就不再仅仅是形式上的，而是与生命意义密切相关的。这种美才是真正的美，是有内涵的"大美"而不是形式化的"小美"或"唯美"。我们在自然万物中感受到的就是这种真正的美。自然美就是生命意义的感性化。当我们真正感受到大自然的美时，我们就通过眼睛或耳朵看到或听到了生命的意义。因此，"乐物"总是隐含着"**乐美**"。

中国古人不但喜爱自然，而且非常善于通过诗歌、散文、音乐、舞蹈、绘画等去捕捉自然的美。所以中国文化不但是乐生的文化，也是乐物乐美的文化。中国古人的理想境界就是把乐生乐物乐美融为一体。在王维和李白的诗歌中我们体会到的就是这种境界。在孔子的弹琴歌唱中我们也能想象这种境界。正是这种境界使孔子倾心于曾点看似胸无大志的理想："暮春者，春服既成，冠者五六人，童子六七人，浴乎沂，风乎舞雩，咏而归。"（《论语·先进》）。苏东坡的《前赤壁赋》也描述了类似的境界。苏东坡可以说是集中国乐文化的大成。他在《超然台记》中写道："凡物皆有可观。苟有可观，皆有可乐，非必怪奇伟丽者也。哺糟啜醨，皆可以醉；果蔬草木，皆可以饱。推此类也，吾安往而不乐？"苏东坡不但喜爱自然万物，而且这种喜爱是从对生命的热爱出发的，因此即使在普通的物中也能体会生命之乐。他以乐生统一乐物乐美，故可超然物外，无往而不乐。

苏东坡和孔子一样注重美食。他不仅善于品尝食物，而且还善于利用普通材料创造佳肴（如著名的"东坡肉"）。"美食"的说法耐人寻味。食物的味道不是看到或听到的，而是身体感受到的。但身体感受食物的同时想象力也能参与其中，把对食物的感受提升为美感。这种美感不是纯粹的美感，因为它依赖身体的感受，但它使人对食物的感受超越了动物，上升到了乐美的境界。中国是世界著名的美食大国。这不仅仅是因为我们心灵手巧或善于品尝，更是因为我们把美食当成乐物乐美的一种方式，通过烹调和享受自然之物来实现乐生。然而，现代技术把食物首先当成有用之物，使我们越来越依赖在人工环境中大批量种植或饲养出来的动植物。这些动植物已经失去了自然天性，更不用提为了让它们快速和大量生长而使用的激素和化肥了。当食品失去来自大自然的生命力时，不但其味道变得平淡怪异，而且难以达到乐生的目的。当我们的食物逐渐失去自然天性时，我们的身体也会逐渐失去自然天性，生命就越来越难在自然中找到意义。从小就吃这种人工食物长大的人，其饮食品味也会被它们所塑造，对自然食品会逐渐丧失欣赏能力。不但如此，现在有些年轻的家庭已经不再喜欢烹调，而更倾向于依赖批量生产的外卖来度日。我们和自然的最后一点关联正在逐渐消失。今天的人们十分注重养生。现代医疗技术使我们比古人长寿得多。但我们的生活方式其实是很不自然的。这不是长寿能够补偿的。在这方面，不仅传统的饲养和烹调技术，而且传统的养生之道，包括中医气功等都是我们应该努力继承和发扬光大的。

　　中国文化不仅崇尚乐物乐美，而且还崇尚和自然万物融为一体。我的生命是从自然而来的，天生就与万物有着亲缘关系。所以，乐物的最高境界就是把自然万物当成我最古老的好朋友。把万物当成好朋友并不是浪漫的幻想。这其实是人对万物最基本的感受。但现代社会把万物仅仅当成可以利用的物质，使我们逐步丧失了这种感受。为了找回那些被我们长久遗忘的好朋友，让我们走出市区，到郊区或野外的大自然中，好好地在万物中体会一下我们自己。你看到那棵古老的大树了吗？你能在它的沉默中体会到你的本性吗？你能够像它那样坚定地扎根在大地上，默默地向着天空生长吗？你的生命是否如同它的绿叶那样青翠，那样充满活泼的生气？你的腰杆是否如同它的主干那样挺拔，那样坚强，不论大风如何吹过都毫不动摇？你看到那些千姿百态的岩石了吗？你是否体会得到它们之中有刚毅的、圆润的、冷峻的、舒展的、乖巧的、危险的、沉稳的、斑斓的、朴素的……各自展现着你本性中可能发展出来的种种性格？你能否让你的感情如同那条清澈的溪流，缓缓地流向密林深处，默默地滋润着周围的花草？你能否像鱼儿那样在水中无心地游荡，像鸟儿那样在林间自由地飞翔，像蓝天那样无思无虑，像云彩那样温柔含蓄？你能否让你的喜悦如同阳光朗照，让你的悲伤如同黑云蔽日，让你的激情如同雷鸣闪电，让你的思念如同彩云追月，让你的心胸如同大海那样开阔，让你的理想如同高山直入云霄？你难道不明白自然就是你原来的模样，就是你出生之前的本来面目，就是你永远无法割舍的，蕴含了无限丰富可能性的无限生命吗？你的有限生命难道不是来自这个无限生命吗？你的人生不就是要活出自然的丰富多彩吗？你本来就是大自然，为什么你变成人以后就遗忘了你的本性，以至于把万物仅仅当成可以利用的物质，而不是首先当成你最古老的好朋友呢？

但万物又是从哪里来的呢？是什么源泉在滋润万物生长呢？除非万物的源泉也是生命的源泉，否则生命就不可能从自然中生长出来，我也就不可能作为"我"存在，更不用提什么乐生乐物乐美了。不论我如何在当下瞬间真正做我自己，我的生命都不是我能够完全把握的，否则我就不会有生老病死了。真正做我自己并不是成为完全自满自足的自性，而是正视自己的有限性，勇敢地挑起被给予我的生命担子。很显然，我的自性本质上就是有限的。这种自性不是自生自长的，而是来自更原始的根源。所以，要明白我到底是谁，就不能仅仅回归真我，而且还要进一步向我的自性根源回归。

第二部

回归天地

第六讲　天地与我

　　什么是我的自性根源？就是古人所说的天地。所谓天地，首先并不是指头上的天空和脚下的大地，而是指我的自性根源。我的自性是意志与生命的阴阳合一。但我的生命不是来自我自己，而是从地生出；我的意志不是来自我自己，而是从天而降。天地就是我的自性从之而来的根源，我的真正父母。这就是**天地的本义**。中国古人直接从天空和大地看出了本义上的天地，所以没有对天地的两种意义做出严格区分。古人的这种做法自有其道理，因为天空和大地就是天地的物化。我们正是从晴朗刚健的蓝天体会到了我们的意志之根，从充满生机的大地体会到了我们的生命之源。但如果不严格区分天地的本义和物化义，我们对天地的思考就无法超越古人，更不可能恰当地解释科学对天地万物的探索。在"科学的世界观"统治人们思想的今天，澄清本义上的天地尤其至关重要。这个讲座要做的就是从生活现象出发澄清我们的自性根源。

一　我的生命来自地

　　首先让我们思考这个问题："为什么会有万物？"这个问题是谁提出来的呢？不是那个为了生计终日奔波的人。这个人的首要问题是："如何才能得到我想要的物？"然而，当我偶尔从日常忙碌中解脱出来，心无所求，漫无目的地游荡于万物中的时候，我可能会突然冒出这样一个问题："为什么会有万物？"问这个问题的"我"一定是以某种方式突然看到了生命这个敞开域的虚空本性，以至于对生命中"有万物"而不是"什么都没有"感到好奇。只要我还处在对物的日常关注中，我就已经默默接受了生命中"有万物"这个事实，因此不会想到要问这个问题。所以，这个问题把生命本身的虚空本性凸显了出来。

然而，这个问题不仅关乎生命的虚空本性。我之所以会问这个问题，是因为我没有创造万物。如果万物是我的意志自由创造出来的，我就不会追问"为什么会有万物？"，因为万物明明就是我创造出来的嘛！当我闭上眼睛想象一块石头时，我模模糊糊地看到了一个石头的形象。我不会问"为什么会有这个形象？"，因为我自由地创造了这样一个形象，我想让它出现就出现、消失就消失。然而，当我看到一块真实的石头，我可能会为它的存在感到好奇，因为它不是我自由创造出来的，我也不可能想让它出现就出现、消失就消失。我今晚睡了一觉，明天起来我还是看到这块石头。虽然我可以看它、摸它、推它，但我不这样做时它还是以某种方式独立存在着。显然，它的存在不依赖于我的意志，也不依赖于我的生命。不但石头，生命中出现的万物都是这样的。正因为万物可以不依赖我而独立存在，我才能放心地离开家去上班，不用担心我不使用家具时它们就会消失掉，以致我每次下班都必须重新置办家具。我感到奇怪的，不是我的意志让其自由出现的东西，而是不依赖我的意志就出现在我的生命中，即使不出现时也可以独立存在的东西。这些东西既然可以独立于我存在，它们的来源对我来说就成了一个问题。

要弄清这个问题，就要弄清万物如何独立于我存在。当万物不出现在我的生命中时，它们是如何自己存在的？这似乎是无法回答的问题，因为我是通过观察才发现万物的，而我观察到的就必定是万物出现在我生命中的样子。也许有人会说，我们可以通过自然科学来研究万物本身，例如我们可以把石头当成"由许多不同的分子组成的复杂物质"，还可以进一步去弄清楚这些分子的结构。但这并没有真正回答石头是如何自己存在的问题，因为分子不过是一个概念，这个概念（包括它牵涉的各种物理化学结构）是否真的对应某种存在物，是需要实验去验证的，而实验就是一种精致的观察。归根到底，自然科学只是我们观察和理解万物的一种特别方式。科学理论只存在于思考中。离开了实验，仅仅靠科学理论是不能通达万物的。然而，再精致的观察也无法观察到"万物离开了观察而独立自存的样子"，因为这是自相矛盾的事情。

但这是否说明观察对理解"万物如何自己存在?"没有帮助呢?并非如此。我之所以认为万物可以独立存在,不仅仅是因为我发现万物离开我的观察之后又可以重新出现,更重要的是因为我观察万物的时候就已经潜在地理解了万物独立存在的特性。换句话说,我是以观察一个"独立于我的观察之物"这种潜在领悟来观察万物的。我在观察一块石头时,我并没有把它当作我自由想象出来的东西,而是当作自己独立存在的东西,因此我觉得我观察到的就是"石头本身"。这种对"万物本身"的领悟不是我创造的,而是伴随着万物的出现而被给予的,是组织万物形象的一种潜在领悟。所以,我不觉得我只看到了石头的形象,而是觉得看到了"石头本身",也就是那个我可以移动的石头本身。当然,石头本身并不就是它向我显现出来的形象(否则我不看它时它本身就会消失,不会再出现)。但这个形象确实就是"石头本身"的形象。我正是从这个形象知道石头有一个"本身"的。我从不同角度看这块石头,以不同的方式移动它,它就不断地向我展现各种不同的形象。但这些形象始终都是同一个"石头本身"的形象。这个"石头本身"虽然不同于我观察到的形象,而是独立于我的观察自己存在的东西,但我还是觉得我观察到的就是"石头本身",以致在日常生活中我甚至没有想过"石头本身"和我观察到的石头有什么区别。"石头本身"已经在我的观察中出现,但这个出现却又因为它是石头本身的"出现"而不同于"石头本身"。石头本身的出现掩盖了石头本身,但石头正是以这种"隐藏本身"的方式出现在我生命中的。正是这种"隐藏本身"的出现方式使我把石头当成是独立存在的。对石头"隐藏本身"的潜在的领悟就是我领悟"石头本身"的方式。所以,我观察到的不是一个纯粹的石头形象,而是从自我隐藏的"石头本身"绽出的形象。不但石头,一切万物都是以"隐藏本身"的方式出现在生命中的。**万物在生命中的出现是一种从"隐藏"到"显现"的运动。**但任何"显现"都无法剥夺万物"隐藏本身"的那一面。正因为如此,"显现"才真正成为"万物本身"的显现,否则就只是一种和想象没有区别的"纯粹显现"了。

这里要注意,"隐藏"不是指万物总有尚未被观察到的那一面,仿佛只要我们不断观察下去,"隐藏"的那一面就会越来越少。虽然不断的观察会使"显现"的内容越来越多,但这一点也不意味着"隐藏"的内容因此越来越少,好像总有一天我们会把万物"完全"显现出来似的。万物"隐藏本身"的那一面是万物独立自存的本性,而我们观察到的是万物出现在生命中的现象。两者虽然在内容上密切相关(显现的内容来自隐藏的内容),但在存在方式上有着本质的区别(一个向生命公开,一个向生命隐蔽)。不论观察如何改进,例如用精致的科学仪器或神奇的特异功能帮助我们观察,我们只能因此丰富"显现"的内容,却无法将万物"隐藏本身"的本性改变哪怕只是一点点。所以,万物从"隐藏"到"显现"的运动不是通常意义上的运动(空间位置的变化),而是从"隐藏的领域"向"敞开的领域"涌现的运动。这种运动不需要一段时间来完成,而是任何时候都当下完成着。这种运动不会改变万物本身,因为万物不会因为"显现本身"而失去"隐藏本身"的特性,只是从"隐藏的领域"向"敞开的领域"绽出罢了。所谓"敞开的领域",就是生命本身。那么,什么是万物本身所在的"隐藏的领域"呢?从这个隐藏的领域打开了一个敞开的领域,也就是万物在其中出现的生命。但这种"打开"并没有取消这个隐藏的领域,否则万物就会全部失去"隐藏本身"的特性了。正如生命作为一个敞开的领域不是由其中出现的种种现象堆积而成,这个隐藏的领域也不是由万物本身堆积起来的,而是含藏万物本身于其内部的一个自我封闭的领域。所谓万物的"独立自存",其实不是指万物本身真的可以自己独立存在(如同科学所假设的那样),而是指万物本身全都含藏在这个独立自存的隐藏的领域中。**这个独立自存、含藏万物本身,并且可以从自身打开一个敞开领域(生命)的"隐藏的领域",就是本义上的"地"。**

人们通常所说的"地"指的是脚下的大地。古人所说的"地"虽然有这个意义,但它还有另一个更原始的意义。《易传》说"有天地然后有万物"(《序卦》)。这里的"地"不是指脚下的大地,而是指能含藏万物,但比万物更早"有"的一个无形的领域。正是这个领域在自己内部产生了万物,并使之不断成长。这里说的"万物"不仅包括土地、海洋、动植物的身体,也包括太阳、月亮、星星,以及宇宙中一切我们还没有发现的物。所有这些万物作为"万物本身"都含藏在"地"这个隐藏的领域中，所以才有可能出现在生命这个敞开的领域中。正是这种本义上的"地"物化到它自己内部，才形成了滋养地上万物的大地，亦即物化义上的"地"。但这点我们留待下一讲再详细讨论。现在，让我们先根据上面的现象学分析把"地"仅仅理解为含藏"万物本身"于自己内部的一个隐藏的领域，以便继续探讨本义上的"地"。

虽然生命是从"地"敞开出来的，并非一切万物都会出现在我的生命中。我的生命中有哪些物出现，以什么方式出现，取决于我的身体与其他物的关系，因为生命是以身体（生物体）为媒介敞开的。随着生命的敞开，含藏在"地"内部的万物本身也就有机会出现在生命中。这种出现可以称之为"涌现"，因为万物从隐藏到显现是一种跨领域的特殊运动而不是静止的纯粹显现。当我看到一个"静止"的物时，例如树上的一朵花，我通常不会感到它处在运动中。然而，如果花本身没有从"地"这个隐藏域涌现到生命这个敞开域中，我就不会看见它。但我们通常不会去注意万物从隐藏到显现的特殊运动，因为我们在日常生活中只关心物在时间中的变化。然而，这种运动是千真万确的。如果我们留心一下万物如何总是在显现自身的同时隐藏自身，就不难体会到这种运动。一切物都是从"地"涌现到生命中的。所以，比物的涌现更为原始的是生命的涌现。从无形的"地"涌现出了本性虚空的生命，才使万物都可以随着这个原始的涌现而纷纷涌现在生命中。

"地"不会因为涌现出生命就失去自我封闭的特性。正因为"地"在涌现出生命的同时仍然保持自身封闭，生命才成为一个有源泉的生命，时时刻刻都依靠从"地"到生命的运动来保持自己的敞开。如果"地"在敞开生命的同时失去封闭性，万物将失去含藏于"地"的特性，而变成生命中的纯粹显现，然而这并不符合我们对万物的观察。"地"这个源泉是永远都隐藏在生命背后的——她永远都是一个默默地滋养着生命的母亲。当我们真正体会到这点时，就会对这个生命的源泉产生感恩的心情。不论生命如何让万物显现出来，"万物本身"都始终被她藏在怀中，从而源源不断地为生命提供显现万物的种种新的可能性。万物不断从"地"涌出，却永远也涌不完。万物的这种生生不息的涌现来自"地"含藏万物本身，永远拒绝将万物"全盘托出"的本性。"地"的这种本性就是她作为生命源泉的本性，亦即本义上的母性。感恩就是我们亲近地母的方式。

生命从"地"涌现出来的运动也可以从生命的内容去理解。生命不但是本性虚空的敞开域，同时也是充满生机、有内在组织的现象总体（领悟的作用就是组织生命现象）。这说明"地"所含藏的"万物本身"构成的不是一个僵死、散乱的宇宙，而是和生命一样充满生机、有内在组织的"宇宙生命"。所以，万物不是散乱地涌现到生命中，而是作为宇宙生命的内容涌现出来的。宇宙生命就是生命的"前身"。它不像生命那样被某个身体所限制，因为它是"地"在自己内部孕育出来的无限生命。但它需要以身体为媒介才能从"地"涌现出来，成为依靠身体维持敞开性的有限生命（所以有限生命只能观察到宇宙万物中很小的一部分）。宇宙生命则始终隐藏在"地"的内部，独立于从它而出的所有生命。因此，宇宙生命只有一个，而有限生命则可以有千千万万。宇宙生命就是含藏在"地"这个母亲怀里的"宇宙胎儿"。任何有限生命都是"宇宙胎儿"从地母"生"出来的结果。人间母亲必须让胎儿脱离母体生出来，才能开始孕育下一个胎儿，而地母却自始至终只有一个"宇宙胎儿"，亦即一切有限生命共同的"前身"。宇宙生命不会因为出生为某个有限生命就脱离"地"这个隐藏的领域，否则就再也无法出生为其他有限生命了。宇宙的每次"出生"同时又是"拒绝生出"，这就是为什么宇宙万物永远向我们隐藏自身的原因，也是为什么宇宙始终能保持其"客观存在"的原因。科学把宇宙万物看成是客观存在的，这并没有错，因为宇宙是独立于人的自然体系。但科学没有看到宇宙这个自然体系就是地母孕育的大生命，而且这个大生命就是所有生命共同的"前身"（科学只理解生物体和宇宙，不理解生命与世界）。我们的生命出生之前就是宇宙生命。出生不仅是身体（胎儿）从母亲腹中生出，同时也是宇宙生命（宇宙胎儿）从地母中生出（被有限化）。有限生命虽然已经从宇宙生命生出，但仍然依靠它来生存。我们赖以生存的宇宙生命就是通常所说的"自然"（有内在生命和智慧，包括了宇宙万物的自然）。这就是为什么我们天生就对自然感到很亲切，仿佛自然万物是我们最古老的好朋友。**乐物的最高境界就是乐自然、乐宇宙，也就是乐我们的本来面目**。① 在这方面道家是最有体会的。

生命从地出生的运动不是通常意义上的运动，不需要一段时间来完成，而是当下生生不息的涌现。这种从地涌现出生命的运动就是老子所说的"**大道**"。"大道"其实不仅包含从地到生命的运动，还包含更为原始的从天向地的运动。因此，从地到生命的运动其实只是大道的末端而非全体。这个末端因为最接近我们的生命而可以被直接体会。我们的生命既然是从地涌现出来的，就带有从涌现而来的冲力，亦即继续运动的趋势。这种冲力使生命绕着自己的中心旋转起来，其结果就是我们早已熟知的"生命回旋运动"。因此我们必须从更为宽广的视野，也就是从地和大道的运动重新理解生命回旋运动。现在我们可以把《论生命》中的"生命回旋运动"图形加上地和大道的运动，使之成为如下的图形。

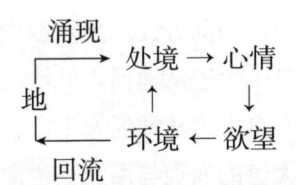

```
        涌现
       ┌──→ 处境 ─→ 心情
   地  │      ↑       ↓
       └──── 环境 ←── 欲望
        回流
```

图 12　地与生命回旋运动

从地涌现的生命是被给予的原始生命，也就是处境。处境既然是从地涌现出来的，就带有从地而来的先天意义。处境作为有意义的生命引起了心情。从处境到心情的运动可以看成是从地到处境之运动的继续，

---

① 宇宙生命生出到世界中而被有限化，开始了生命的苦难。因此，对宇宙作为"前身"的体会既可能表现为"乐宇宙"，也可能表现为怀念和失落感。俄国女作家莎乐美曾以非凡的洞察描述了后者："我们最初的体验是对失落的体验，那种体验是自足的。在出生前一秒钟，我们还是一切，和一切事物都没有区别，是某种存在的，但看不见的组成部分——然后被迫出生。因此，那个整体的一小点残余都必须避免那种越变越弱的命运，都必须挺立着身子，直面那个矗立在它面前的现实世界。那个世界的实在性与日俱增，而它已然从充满的宇宙掉入了那个世界，就像掉入一个正在剥夺你的神圣性的空间。"（［俄］莎乐美：《在性与爱之间挣扎：莎乐美回忆录》，北塔、匡咏梅译，上海人民出版社 2003 年版，第 3 页。）

也就是从地流向处境的大道带动生命继续向前奔涌的结果。这个奔涌因为引起了心情而转生出欲望，并进一步引出从欲望到环境，从环境返回处境的运动。但欲望其实不仅仅指向环境，而且还从环境这个可能性领域直接指向地母（生命中一切可能性的源泉）。欲望从环境中看到了地母提供的显现万物的种种可能性，从而可以通过移动身体把这些可能性转化为处境中的实际性。因此，"环境→处境"这个运动可以看成是大道回流入地再涌现出来的运动之伴随产物。欲望直接移动的是含藏在地中的"身体本身"，但通过移动身体，欲望就可以通达含藏在地中的其他"万物本身"。虽然看上去欲望仅仅是把环境中的可能性转化为处境中的实际性，其实欲望通过移动身体达到了从地的内部将一种显现万物的可能性转化为实际性的目的。欲望在环境中所做的一切事情（如吃饭、谈话、歌舞、逛街、旅游等）都是通过移动身体来实现的。身体就是欲望返回地的一个桥梁。欲望的活动具有一种"回流到地"的特性，所以才能够不断从地的内部重新开拓新的处境。这是生命在大道的涌现与回流推动下不停地回旋运动的方式。虽然欲望是主动的，但它来自心情的被动性，而心情则是由大道从地涌入处境的冲力引起的。从这个角度来说，整个回旋运动来自大道从地涌入生命，再从生命回流到地的运动。**生命回旋运动就是大道的涌现与回流在生命中形成的漩涡。**

这一切看起来好像很复杂，但说穿了只不过是从生命的源泉重新理解其回旋运动而已。我们通常觉得自己的行动是完全"自主"的，和任何外在因素无关的。其实我的一切行动都是生命回旋运动的具体化，而我并没有创造这个运动。我对处境的被动感受和在环境中的主动行为，都可以看成大道从地涌现并回流的结果。如果这样去看，生命回旋运动并不需要我刻意去安排，只要让大道自然而然地涌现与回流就可以了。这种行为方式就是老子所说的"无为"。"无为"并不是什么都不做，而是说不论做什么，都是我顺着大道，让大道自然而然地涌现与回流的结果。如果我"无为"地接受大道的涌现，大道的回流就会"无不为"地生发一切活动，这样生命就不会失去从地而来的滋养，自然而然地实现其本性和意义。因此"无为"其实是"无为而无不为"。

老子对地和生命之间的母子关系非常敏感，甚至用"玄牝之门，是谓天地根"（牝即母性生殖器官）来形容生命的源泉（《道德经·六章》）。"既得其母，以知其子。既知其子，复守其母"（五十二章），就是要我们从地母理解生命，理解后返回守住地母，不要一味执着生命本身，仿佛生命就是一切似的。老子常说"五色令人目盲；五音令人耳聋"（十二章）之类的话，仿佛是一个厌恶生命内容的人。其实，老子不是厌恶生命的内容，而是喜欢它们的源泉，对这个源泉有独到的领悟，因此觉得太注重色彩的耀眼就看不到使色彩耀眼的看不见的源泉，太注重声音的悦耳就听不到大道的涌流发出的无声的大音。老子不喜欢过分地发展事物，因为这种过分的发展忽视了大道无为地成就一切事物的本性，使事物脱离源泉自我膨胀，浮在生命的表面而无法从源泉得到滋养。老子不但重视大道的涌现，更重视其回流。"夫物芸芸，各复归其根。归根曰静，是曰复命。"（十六章）归根就是回归作为"天地根"的"玄牝之门"，体会地母中隐藏的宇宙胎儿的虚静无为，体会生命的本来面目。为了回归生命的源泉，必须不断放弃各种人为的、脱离源泉拼命发展出来的、塞满整个生命的东西。故老子说"为学日益，为道日损，损之又损，以至于无为。无为而无不为"（四十八章），又提倡"小国寡民"，"使人复结绳而用之"（八十章），等等，都是属于"复守其母"的做法。当然，这类极端的主张难以被大多数人接受。所以老子也不得不感叹："吾言甚易知，甚易行。天下莫能知，莫能行。"（七十章）然而他还是在大道中自得其乐，觉得自己"如婴儿之未孩"，为自己的愚钝、笨拙和没有什么可以炫耀的本事而沾沾自喜，并且不无得意地总结说："我独异于人，而贵食母"（二十章）。老子确实是太懂得从地母去吸取生命的营养了。看到众人都只会去争夺生命中表面的东西，却不懂得从地母吸取营养，让大道不断滋养自己的生命，自然是又遗憾又得意的。

　　以上的分析远远没有展示老子思想的整体，但至少为我们领悟大道提供了一个切入途径。生命回旋运动可以归结为大道的涌现与回流。这说明我们不能再把生命看成是自身成立的东西，而必须看成是从其源泉涌现又回流的东西。对这个涌现与回流的体会同时也就是对"无为而无不为"的体会。要进入这种体会，就必须放弃那种"我正在做……"，

"我曾经做……"，"我将要做……"之类的念头。这种念头会让我把一切行为都看成是刻意的安排。如果我尝试不再刻意做任何事情，让一切事物自然而然涌入我的生命，并让这种涌现自然而然地生发我在环境中的活动，我也许会在某一瞬间突然觉得好像我所做的一切不仅仅是我的行为，而是整个宇宙的行为。我也许会突然觉得，周围的一切事物，那棵树、那块石头、那个走过的人、对面的高楼、身边的车辆等作为一个总体在我这里行动着。我只是一切事物涌进来又流回去的一个敞开领域。万物的生生不息就是我的生生不息。平时看上去是机械的、无生命的万物，似乎都突然"活了起来"，不断涌入我的生命中，在我的心中激起了拥抱整个宇宙的欲望，好像不是我，而是整个宇宙在我这里活着，不断涌现，不断回流，一切栩栩如生！这种体会很特别，不常有，也很难长久持续。但如果你偶尔体会过一次，你就会明白老子所说的"无为而无不为"是什么意思，从而更加明白为什么可以把生命回旋运动看成大道在生命中形成的漩涡。这种体会使生命不再浮在表面，而是从深不可测的源泉涌现出来，成为有深度的生命。所以，"无为而无不为"不是对生命的放弃，而是对生命的一种爱护，是从生命取之不尽、用之不竭的源泉不断灌溉生命的方式。

在竞争激烈的现代社会，我们已经很难体会"无为而无不为"的意义。现代人倾向于把欲望当成人生的起点。过强的生命漩涡已经掩盖了源泉的涌流，使我们不再认得生命的本来面目。虽然我们潜在地对万物隐藏自身的那面有所理解，但更容易引起注意的是显现的那面，所以我们暗中把"隐"仅仅理解为"有待显现"，努力"化隐为显"，以为这样做就可以逐步消灭"隐"，最终完全把握万物。我们完全遗忘了万物藏身其中的地母，更不用说对她感恩了。在古代中国，人们在日常生活中追求"化隐为显"的倾向被道家思想所平衡。所以中国古人特别注重"含蓄"、"质朴"、"画外之音"、"内在神韵"等各种只可意会不可言传的、隐藏在事物外表下的东西。这是中国古代文化能够长久保持深度的一个重要原因。但主客对立的立场使现代人企图敞开一切事物，彻底征服自然。晚期现代的主观倾向更是掩盖了生命的源泉，使我们片面迷恋于显现，完全丧失了对事物隐藏自身那一面的感受和尊重。我们努力把一切隐藏的事物挖掘出来,肢解为无数的细节,使人们头脑中塞满了碎片化的"知识"和"信息"。随着这些"知识"和"信息"的不断堆积,我们对天地人和万物的理解不但没有增加反而减少了,甚至已经无法再理解。过度的光明已经遮蔽了黑暗的丰富。人们越来越无法忍受缺乏公开性的事物,想尽办法把一切自然发生的事物都转化为公开进行的"秀",同时通过媒体的热议为这些已经从生命源泉脱落的事物贴上价值标签,以便弥补意义的丧失带来的虚无感。公开性本来是文明的一个重要法则。政治、经济、科学、技术、劳动等文明活动都必须具有充分的公开性才能健康地成长,因为它们实现的不是深不可测的意义,而是某种普遍的现实。但现代文化缺乏独立于现代文明的精神境界,潜移默化地接受了"公开性"为其法则,仿佛事物越有公开性就越有意义。从事文化活动的人于是从默默耕耘的创造者变成了闪闪发光的"明星",成为凝聚了一切光明,消除了一切黑暗的"偶像"。这说明在今天的时代中,生命的意义无法再从深不可测的地母获得源源不断的支持。大道虽然还在自然无为地运动,但人们对大道的遗忘却使它很难在生命中涌现与回流。从这个角度来说,今天的时代实际上已经成为一个"大道不流"的时代。

二 我的意志来自天

让我们首先思考一个问题:"**为什么我刚好是这个我**?"这是一个我们在日常生活中几乎不会想到的问题。我们每个人早已熟知我就是"这个我",也就是这个正在忙这忙那,想这想那,或者闲得无聊的我。这个事实太明显,似乎没什么可追问的。但生活不会总是一帆风顺。当我突然面临人生的苦难,而旁人仍然一如既往地生活时,我可能会对我竟然是"这个我"感到难以接受。为什么我刚好有这样一个命运?为什么我不是隔壁那个人,或者古代某个人,或者国外某个人,而刚好是"这个我"呢?如果我想象我是另外一个人,似乎也没有什么不合理。可我偏偏就是这个我,这个独一无二的我。虽然人人都是独一无二的,可我为什么刚好是"这个"独一无二的我呢?

  这个问题无形中把我的超越本质凸显了出来。既然每个人都把自己叫作"我","我"在本质上就是超越个体的。但我同时又总是这个有具体特性的我,这是怎么回事呢?我的超越本质和我的个体性之间存在巨大的反差。这个反差说明了什么?既然我看到了这个反差,说明我的意志超越了我的生命,站到生命之上来看生命中的种种具体现象,发现这样一个有具体内容的生命不是来自我的意志,而是我不得不接受的东西。我不知道是什么力量把这样一个具体的生命赋予我的意志。但我能够问出"为什么我刚好是这个我?",说明我意识到了意志本来没有个体性,仅仅是因为它所接受的生命有个体性,所以才被个体化。这个问题中的前一个"我"其实是意志,而后一个"我"则是生命。当意志暂时超越了日常生活中沉浸于生命的状态,站到生命之上俯视生命时,意志的超越本质和生命的个体性之间的差异就突然被凸显了出来,所以才会问"为什么我刚好是这个我?"。生命作为敞开域是空灵的,但这个敞开域是通过身体从地打开出来的,因此其中总是充满具体的现象,从身体所决定的独特角度显现着宇宙万物。这就是生命个体性的起源。① 既然生命总是个体生命,把生命当成"我自己"的意志就总是个体意志。

  虽然意志从生命获得了个体性,但其本质仍然是超越生命的。意志不仅是出现在生命中的诸多现象之一,而且是一个本质上超越一切生命现象,仅仅与生命的敞开性对应的东西——生命的敞开就是"向意志敞开"。一旦我注意到意志的超越本质,就会对它刚好拥有这样一个独特的生命而感到吃惊。这说明"意志本身"和它在生命中的出现是两回事。如果意志没有一个超越生命的"意志本身",它就只不过是出现在生命中的一个现象,不可能去感受和欲望生命整体。所以,一定有一个隐而不露的"意志本身"。正是这个"意志本身"出现在生命中,同时又保持本身隐而不露,这样出现在生命中的意志才能具有超越生命的本

---

  ① 生命的个体性不仅源于身体的个体性,而且更原始地源于灵魂的个体性(后者是前者的保证)。这点我们在第十一讲《论太极》中再给予说明。

质，并且在意识到这个本质时问出"为什么我刚好是这个我？"这样的问题。

这个问题凸显了"意志本身"对生命的超越，但它还没有凸显"意志本身"对我的意志的超越。"意志本身"在什么时候显露它对我的意志之超越？如果有这样的显露，它就会迫使我的心为"被超越"而感到不安。这种不安就是良心的呼唤。《我是谁？》已经指出，良心的呼唤通过内疚的心情显露了一种无声的责备，责备我没有为自己的生命负责。这种无声的责备并不是来自我本身，因为它的感受恰恰是我的心被暴露在某个更高的意志面前，完全无处可逃（最多只能选择不去面对它的责备，逃入自我欺骗中）。但这个更高的意志又不是他人的意志，而是我的意志最深的本质，也就是"意志本身"。所以我感觉它好像是我的意志，同时又超越我的意志。正因为如此，它的无声责备才不需任何中介地到达我，使我整个地暴露在它面前。如果我下决心接受这种责备，亦即不再逃避生命的重担，而是下决心接受"意志本身"给我的这个充满苦难的、必死的生命，我就和"意志本身"实现了合一。这就是我通过向死决断个体化我自己的方式。看上去是我从"常人"个体化了出来，其实是我主动地让"意志本身"个体化成了我的意志。

良心的呼唤还有一种更为常见的形式，就是因为伤害他人而感到内疚。在这种内疚中，我感到对不起他人，也就是没有为他人的生命负责。但我为什么要为他人的生命负责呢？既然每个人的生命都只能由自己来承担，为什么我要为他人的生命负责？然而内疚的心情明白无误地（虽然只是无声地）责备我没有为他人的生命负责。这种心情的默默意思并不是说我没有帮他人挑起生命的担子，而是说我完全无视他人生命，仿佛他人生命完全和我的意志无关。它真正要显露的，就是我的意志和他人意志都是同一个意志的个体化，所以我不能完全无视他人生命，而必须把他人生命当成像我的生命那样值得尊重和爱护。在这种良心的呼唤中显露出来的"同一个意志"就是"意志本身"。正是"意志本身"呼唤我去注意他人意志和我的意志有共同的根。我必须从这个共同的根出发感受他人的生命，才能在和他人相处时真正作为"意志本身"的个体化存在。所以，为他人的生命负责是为我的生命负责的扩展形式。如果我在良心的呼唤中体会到了这点，我就体会到了他人意志和我的意志一样都是"意志本身"的个体化。①

"意志本身"的超越品格令人敬畏。敬畏并不是从良心的呼唤产生的思想，而是呼唤本身迫使我体会到的心情。在内疚的心情中，我默默地体会到了呼唤者的超越性。这种体会本身就是敬畏，尽管它可能会被忽视，因为我可能会更多地注意自己或他人的处境。如果我用心体会呼唤者的超越性，我就会被敬畏的心情所充满。我作为一个有限的意志，敬畏着我的超越之根。这是我和他人共同的意志之根。它不仅在我这里超越地拥有我的生命，而且以同样的方式拥有所有人的生命。我在良心的呼唤中体会到了它对一切生命超越的、不加区分的拥有。它君临一切从地母涌现的生命，仿佛地母是为了它才把生命敞开出来的。但它凭什么获得地母如此的青睐？地母绝对不会让自己被这个意志把握，因为她在敞开出生命的同时保持自我封闭，才能成为一切生命生生不息的源泉。"意志本身"根本无法迫使地母敞开出生命，因为它的力量作用于生命，而不是地母本身。那么，地母为什么会为这个意志敞开出生命？因为这个意志和地母有非常亲密的关系。亲密到何种程度？亲密到它以地母为依靠、为凭借、为基础。唯其如此，这个意志才能超越地把握一切从地母涌现的生命。但地母和生命一样是阴性的。所以，地虽然是这个意志的依靠、凭借、基础，却不是这个意志的来源。这个意志只能来自和地母亲密到极点，乃至与地母完全合一的阳刚之物。正是这个阳刚之物从自身延伸出了"意志本身"，使后者能够超越地把握一切从地母涌现出来的生命。**这个与地母亲密到极点，乃至完全合一的阳刚之物就是本义上的"天"**。所谓"意志本身"，就是天的意志，也可以简称为天志。②

所谓"阳刚之物"，当然不是指"万物"，而是指和地一样无形的

---

① 为伤害他人感到内疚总是和生命的具体情况有关，同时也和我对自己和他人的理解有关，因此其意义无法一概而论。但如果它表现为强烈的呼唤，就有可能把人心共同的根显露出来。海德格尔忽视了这种牵涉到他人的呼唤，因为从存在出发的立场使他看不到呼唤者作为"意志本身"的品格。

② 我在此引入的"天志"是从现象学分析得出的，不可混淆于墨子所说的（人格化的）"天志"。

东西。这里我们不必去深究天本身究竟有什么内容，因为不论天有什么内容，它都凭借自己的意志拥有一切从地涌现的生命。但这种拥有只是一种超越的、不加区分的拥有。天志必须落入生命中，将自己个体化为"心"，才能直接地、个别地拥有生命。天志不会因为落入某个生命而从天脱落，否则它就不可能再落入其他生命了。正因为天志落入生命后又回归自身，它才能作为"意志本身"成为人心共同的根。这个"落入又回归"使天志永远高于人的意志。但人心就是天志在生命中的出现。所以，人心本质上是与天志合一的。如果我把心仅仅当成生命的中心，完全沉浸在生命的内容中，我就无法从天的立场去俯临生命、把握生命，而只能随波逐流地做"常人"。"常人"实际上就是尚未实现"天人合一"的日常人。但"常人"随波逐流的生活有可能在特别的瞬间引发从天而来的"良心的呼唤"，迫使我通过决断使我的意志真正成为天志的个体化，从而实现天人合一（更准确地说是"天我合一"）。这就是我敬畏天命的方式。所谓"天命"即天的命令，也就是天志超越地把握我的生命，呼唤我的意志，让我主动承担起上天所赐的这个生命的力量。正是天命使我刚好成为"这个我"。敬畏天命就是我对"为什么我刚好是这个我？"这个问题的真正回答。

　　天命不仅把我从"常人"中呼唤出来，而且还呼唤我去实现独一无二的使命。这个独一无二的使命来自我从地母获得的具体性。我们每个人的生命都是宇宙生命的独一无二的有限化。生命的先天具体性，包括性别、容貌、性格、气质、智慧以及和他人的先天关联等，都是从生我的地母而来的恩惠。因此，我对地母充满感恩之情。但从地母而来的这个生命只有通过决断才能真正被我拥有，否则我就无法真正发挥个体性，实现我的使命。每个有使命感的人都会有这样的体会：当我离开我最应该为之献身的某种事情，走在另一条道路上时，我可能会逐渐地感到不安。如果这种不安越来越强烈，或者突然间袭击我时，就成为一种良心的呼唤。当我最终醒悟过来，再次下决心回到原来的道路上时，我的心才终于安定下来，并且明白这才是我真正应该做的事。上天就是这样用良心的呼唤不时地把我拉回到天命中。这是许多伟大的创造者都曾经有的体会，只是他们不一定明白这种不安就是上天的呼唤，不明白他们所下的决心就是在实践天命。所以，如果我们对天命有清醒的领悟，就可以更好地敬畏天命，更好地实现我们每个人独一无二的使命。

孔子就是敬畏天命的典范。子曰"君子有三畏"，第一就是"畏天命"（《论语·季氏》）。"畏"不能简单地理解为害怕，而是敬畏之义。敬畏天命使人获得从意志的超越之根把握生命的力量，反而不再害怕威胁生命的东西。孔子在宋国的时候，曾经带领弟子习礼于树下而差点被宋司马桓魋杀掉。弟子求他赶快逃跑。他对弟子说："天生德于予，恒魋其如予何？"（《论语·述而》）孔子认为自己具有从天命而来的德，使他面对危险也无所畏惧。孔子和弟子经过匡地时，也曾经被匡人误解而遭到围困拘禁。孔子对弟子说：周文王死后，遗留下来的文化不都在我这里吗？上天要是想毁灭它，我就不可能掌握它。如果上天不想毁灭它，匡人又能把我怎么样呢？（《论语·子罕》）孔子没有把发扬光大西周文化的事当成仅仅是个人的自由选择，而是认为这是他的天命。正是这个天命使他成为独一无二的"这个我"，并不断地通过决断来实践这个天命。当然，决断不见得必须牵涉具体的事情。只要我下了决心响应那呼唤我超越自己生命的力量，我就可以与之合一，实现自己的天命。只要我以接受天命的态度行事，不论我做什么都是在实践自己的天命。但既然天命决定的"这个我"是有具体性的，使我在天地的作为中处在独一无二的位置上，我在实践天命的过程中就会对其内在的具体意义有越来越深的体会。孔子正是通过不断地实践天命而终于在五十岁时觉得自己已经"知天命"。这种"知天命"不是简单的了解，而是经过长期实践达到的对天命的深刻体会和坚定不移的信念。

敬畏天命就是敬天。孔子说过"唯天为大"（《论语·泰伯》）。但孔子理解的天并不是西方宗教所理解的人格神。商朝的时候中国人曾经很相信一个有人格的"上帝"，敬之为天上至高无上的君王，并以各种方式讨好"上帝"，通过占卜来揣测"上帝"的意图才敢行事。到了周朝，对"上帝"的畏惧心理逐步被对"天"的敬畏所取代。周公明确地提出人可以"以德配天"，这意味着中国文化开始进入"天人合一"的阶段。孔子继承的正是这种天人合一的西周文化。有时候孔子的言论似乎包含对人格神的理解，但仔细考究就会发现他的态度始终不是宗教式的"神人对立",而是默默地接受和实践天命的"天人合一"。有一次他生了重病,子路说不妨试一下祷告。孔子有点不太相信地问:"有诸?"(有这个道理吗?)。子路引经据典地说明可以向天上地下的神祇祷告。孔子感叹说:"丘之祷久矣!"(《论语·述而》)。孔子婉言谢绝了子路的建议,并告诉子路其实他一生都在不停地"祷"。这种"祷"当然不是宗教意义上的祷告,不是通过言词去乞求一个有自由意志的人格神给自己赐福或免祸,否则孔子就不会问子路用祷告治病是否真的有道理了。显然,孔子说的"祷"指的是他对天命的接受和实践。这种"祷"并不需要言词,而是内心的一种默默的决断。子路建议祷告,显然是因为孔子病得很重,医生已经没有办法。但孔子在这种情况下仍然对天命坚信不疑。他认为只要接受和实践自己的天命,就已经得到了天的佑助。反之,如果任意胡来,即使向上天祷告也没有什么用。"获罪于天,无所祷也"(《论语·八佾》)。由此可见,孔子虽然敬畏上天,但并没有把它当作和人相对立的人格神。

有一次,孔子对学生说:我不想说话了。子贡说:如果您不说话,我们有什么可以传述的呢?孔子回答说:"天何言哉?四时行焉,百物生焉。天何言哉?"(《论语·阳货》)孔子心目中的天是默默地推动万物生长的天。虽然天没有把地作为意志的对象来把握,但天地的阴阳合一使天拥有了地所含藏的宇宙生命,乃至拥有了在宇宙生命中推动万物生长的宇宙推动力。**宇宙推动力是天志的下属意志**。正因为如此,人心作为天志的个体化才能(通过推动身体)推动万物。天志不但是推动宇宙万物生长的潜在力量,也是在人心中生生不息地推动人类一切活动的潜在力量。所以,孔子相信的是默默地让一切事物生长的天,而不是通过言词发号施令的"上帝"。孔子对天人合一的深刻体会使他倾向于像天一样默默地行事,以行动展示自己的本性。虽然孔子谈论天命的话不多,这并不表明他不重视天命。相反,正因为他时常默默地聆听上天无声的呼唤,所以才不喜欢把这种事情拿来谈论。

天不但推动万物生长,而且推动四季运行。所以古人有"天时"的说法。但"天时"在人中还有另外一种表现,就是天志对"我的时间"的推动作用。天志落入生命,把自己个体化为人心,然后又回归自身。当人心从自己的时间出发体会天志的个体化运动时，这个运动就被体会为"天时"：天志落入生命就是"过去"，个体化为心就是"当下"，回归自身就是"未来"。如果我向着未来（向死）下决心与我的意志之根合一，我的欲望就顺着天志返回自身的运动与之合一。但我的意志毕竟不可能重新成为天志，所以欲望向天志回归（去真正把握生命）的运动只能回落到生命中，仿佛从天志把自己重新抛入生命，成为接受生命的心情，这就是我通过决断实现天人合一的方式。在《我是谁?》中，决断被理解为从随波逐流的生命回旋运动返回生命的原始律动，同时从欲望返回心情，彻底接受被给予之生命。这是从生命的角度看决断。如果从天志的角度看，决断实际上就是欲望顺着天志返回自身（又重新落入生命）的运动而与之合一的方式，也就是借着"天时"实现"我的时间"的方式。① 古人说的"天时"因此和"天命"是密不可分的。"做我自己"不是一劳永逸的事，而是随着"天时"的运行不断发生的当下回旋。"天时"不但在我之中运行，也在宇宙中运行。所以我做事情就不能不考虑具体的"天时"。随着天时的推移，我必须与时俱进地跟随天时的脚步，以相应的方式实现我的时间，这样才能把天命具体地实现在生活中。孔子正是这样实践自己天命的。这种实践微妙之极，高深之极，后人实在难以望其项背。孟子说孔子是"圣之时者也"。诚哉斯言！

今天，人们倾向于把一切事情都解构成"个人行为"。如果我把所做的一切事情都仅仅看成个人行为，我就不会对所做的事情产生神圣感，从而很难真正实现其超越生命的意义。真正伟大的事情总是人默默地让天命实现的结果。然而，我们今天却倾向于把一切成就都仅仅看成个人奋斗获得的"成功"。不但艺术家，而且其他行业的"成功人士"也在逐步转化为"明星"。由于把一切成就归结到个人，"明星"随便的一举一动似乎都在放射出光辉。这种盲目的明星崇拜过度放大了一个

---

① 海德格尔在《存在与时间》中揭示的"时间性"实际上就是使向死决断成为可能的"天时"。但由于海德格尔不是从意志角度理解决断，"时间性"仅仅被把握为本真存在的意义，没有进一步把握为天志在人心中个体化自己的运动。

人的自我，但没有真正显示出人能够超越自己生命去与天合一的那种高贵和尊严。所以，当"明星"的自我被大众放大的同时，他们却往往得不到真正的尊重。大众不但感兴趣"明星"个人生活的所有细节，竭尽全力"化隐为显"，而且常常肆无忌惮地对他们品头论足、攻击笑骂。有时候一些疯狂的"粉丝"甚至会对其无限崇拜的"偶像"做出任意伤害的事情（例如，西方流行乐坛的一个"明星"被疯狂的"粉丝"们扯掉头发，撕掉衣服上任何可以撕下的东西作为纪念；另一个"明星"则被一个得不到签名的疯狂"粉丝"当场枪杀）。在盲目的"明星崇拜"背后往往站立着许多因为无法出名而自觉渺小的"我"，希望能从被过度放大的"明星"身上分享其耀眼的自我，间接地感受自己作为"我"的意义。因此，越是故意表现自我的艺术家就越容易获得疯狂崇拜，而那些不表现自我、完全为艺术献身的艺术家则通常难以成为"明星"。人们已经看不到默默地推动一切事物发展的力量。虽然天志仍然自发地个体化自己，但只有当人心响应其呼唤，主动与之合一时，这种个体化才能真实地通过人心实现出来。所以，没有人心的响应，天命就无法真正降临。当天命不降的时候，一个人很容易就会被生命的浪潮卷走，在流行和时髦的漩涡中沉浮，找不到一个可以牢牢把握生命的立足点。"天命不降"和"大道不流"的现象说明今天的时代已经是一个"天地退隐"的时代。这是晚期现代把生命主观化，丧失了超越视野的必然结果。

三　我来自天父地母

我的生命来自地，我的意志来自天。我的自性来自天地的自性。天地是亲密到极点，乃至完全阴阳合一的自性。天性阳刚而健动，地性阴柔而生长。阴阳化合，生生不息。天的阳刚促使地发生变化。地的阴柔则使之能承受变化，在自己内部孕育出了宇宙万物。天地合则万物生。天是能发出意志的阳性之物，地是能在内部孕育宇宙生命，并让它生出为个体生命的阴性之物。天志超越地、不加区分地拥有了一切从地涌现出来的生命，同时把自己个体化到生命中，使我能够作为意志与生命的阴阳合一存在。所以，天地就是我本义上的父母，我就是天父地母的孩子。

　　这个道理是我们从上面的现象学分析中总结出来的。为了理解得更加透彻，让我们从生命回旋运动的角度理解天地生我的方式。前面已经指出，生命回旋运动是大道的涌现与回流在生命中形成的漩涡：大道从地涌现出生命，引起了感受处境的心情，转生出把握环境的欲望，并顺着欲望的活动回流地中。但大道的运动之所以能引起心情，是因为天志同时落入到了生命中。所以，我们也可以从天志出发理解生命回旋运动。生命回旋运动就是天志落入生命又回归自身而造成的震荡：天志顺着大道的运动落入生命中，成为被动地感受生命的意志（心情），然后转化为主动把握生命的意志（欲望），以恢复自己因为落入生命而丧失的主动性。所以，欲望的运动（去把握生命）是暗中受到天志从生命回归自身的运动引导的。正如前面所指出的，如果欲望向着未来下决心与意志之根合一，欲望就可以顺着天志返回自身的运动超越生命，并重新落入生命中成为心情，承担起这个被给予的生命，实现出天人合一。所以，生命回旋运动可以看成是天志的出入在生命中造成的震荡。

　　总而言之，生命回旋运动是天地在生命中阴阳交合的结果：它既是大道的涌现与回流形成的漩涡，也是天志的落入与回归造成的震荡。前面的"地与生命回旋运动"现在可以扩展为如下图形。

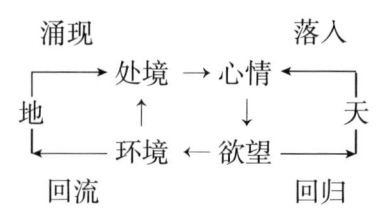

```
       涌现              落入
      ┌──→ 处境 → 心情 ←──┐
   地  │     ↑      ↓      │  天
      └──── 环境 ← 欲望 ───┘
       回流              回归
```

图 13　天地与生命回旋运动

这个图形完整地展示了天地和生命回旋运动的关系，亦即"天地生我"的方式。我作为心与生命的阴阳合一，是以地为生命源泉，以天志为意志之根形成的。我的生命从地生出的同时天志就落入其中，作为"心"

拥有了我的生命。我就这样成了天父地母的孩子，通过生命回旋运动活在天地之间。这就是**我之为我**的本质。但这个本质不是一个静止的、任何时候都已经完成的既成事实。我必须顺着大道的涌现与回流无为地生活，才能真正成为地母之子。我必须在良心的呼唤中体会天命的降临，通过决断回归天志，才能真正成为天父之子。所以，要想真正成为天地之子，实现我之为我的本质，我就不能仅仅实现无为或者决断，而是必须实现**无为决断**。

然而，"无为决断"这个说法似乎显得自相矛盾。决断是意志超越地把握生命的行为，因而是真正的"有为"。"无为"和"有为"可以共存吗？无为让生命顺大道而流，决断则让生命被天志把握。既然天地是阴阳合一的，天志和大道也应该是阴阳合一的。但这只是从天志和大道的根源来说的。从天志和大道在生命中的作用来说，由于二者的作用方式不同，在结合时会有所冲突。这种冲突是天地为了孩子而发生的争执。我既可以偏向天父而有为，也可以偏向地母而无为，甚至有可能脱离天父地母而泯灭我的自性。这些不同的可能性导致了几种不同的立场。

四　儒道佛的基本立场

儒家偏向天父，道家偏向地母。儒家的天人合一是人心与天志的合一，是敬畏天命的实践。道家虽然也谈论"天"，但不是从天志（天命）角度谈的，而是从大道角度谈的。大道就是从天向地、从地向人流动的道，其末端就是从地涌现出一切生命的运动。天对道家来说主要表现在事物的天性，亦即顺着大道的流动自然而然实现出来的本性。儒道对天的理解是不一样的。不明白这点就会对它们产生混淆。儒家从意志之根把握生命的做法有可能会使生命的自然流动受到束缚。道家自然无为的行动方式也可能会让人放弃生命的责任，只想逍遥自在地生活。儒家和道家都讲德，但其方式有所不同。"德"是从根源有所得的意思（古代"德"与"得"通用）。但儒家和道家强调的根源是不同的。儒家从天志有所得，其德主要实现为意志的统一作用。道家从大道有所得，其德主要实现为生命的自然流动。既然天地在生命中的作用不同，两种作用就可能在实际运作中有所冲突，难以完全融合在一起。这是为什么历史上儒家和道家保持相对独立性，形成两个门派的一个重要原因。

无为使生命归本于地。决断使生命归本于天。前者阴柔，后者阳刚。二者确有冲突。但这种冲突是良性的，因为只是天父地母为孩子而起的争执。生命本来自地，但天志通过心把生命拥为己有，使生命中出现天的因素，成为阴阳合一的自性，亦即"我"。**我从生命中形成的方式，正是天地争执的结果**。我的存在方式就是**居于天地之间**。这个"之间"首先不是空间上的，而是指"同属于天和地"。从属于地的生命到居于天地之间的"我"，这个发展过程从动物和人的区别可以看得更清楚。动物的生命也是一个敞开域，其中心也包括心情和欲望；心和生命之间也有潜在的回旋运动；动物的心也是天志落入生命的结果，具有超越生命的本质。但动物无法实现心的超越本质，因为其心没有达到自我意识，无法超越它所在的生命，以致天的因素（意志）只是潜伏在地的因素（生命）中。换句话说，在动物的生命中天地尚未分开，因为天的因素被地的因素所掩盖。另一方面，人能够说"我"，说明人心已经达到自我意识，可以站在生命之上将生命拥有为"我的"生命，甚至可以听到意志之根的呼唤，通过决断与之合一。在人的生命中，天的因素不再潜伏于地的因素，而是从后者站了出来，使天地被分开，心和生命才真正成了阴阳对立的两极。在决断中，人心进一步实现了归属于天的本质，完成了天地在生命中的"分开"。这不是天地本身的分开，而是天地的阴阳合一在生命中实现出来的方式。为了真正在生命中实现天地合一，生命就必须脱离其仅仅归属于地的自然状态。所以，天父地母为孩子所起的争执是良性的，最终只是为了让孩子同时归本于天地，使孩子既能从大道得到地的滋养，又能在天命的推动下不断发展。一句话，"天地分"的真正目的正是为了实现"天地合"。[①]

[①] 萨顶顶《天地合》专辑的主打歌"天地记"讲述了从天上飞来的金色公鸡为地上的人将天地分开的故事，可以说是暗藏了这个玄机。关于这个故事，我在《太极之余音》中将有详细分析。

既然如此，无为和决断就应当结合成无为决断，以便让我同时归本于天地。但这两种行为方式之间确实存在争执。所以，无为决断不是完全融合无为和决断，而是让双方同时发挥作用，互相协调。只要我同时接受双方，而不是用一方否定另一方，我就有可能在二者之间维持相对稳定的协调关系，尽管在不同情况下我可能会对其中一方有所偏向。所以，无为决断不是一个理想的、完美的、单一的行为方式，而是在无为和决断之间维持平衡的技艺。完全顺其自然的行为方式有时必须让步于积极有为地实现天命的方式，因为人生苦短，不努力就无法有所作为。反之，对天命过于执着有可能会伤害到大道自然而然的流动，使生命的源泉被遮蔽，行动失去灵性和活泼泼的生机，反而无法很好地实现天命。所以我们应该兼容儒家和道家，根据实际情况随机应变。事实上，许多中国古人都是亦儒亦道，而不是偏执一方的。作为开创性的思想家，孔子和老子都非常忠实于他们各自的立场，使其思想都有"一以贯之"的特性。故其思想都是有偏向的（以上的讨论远远没有涉及他们思想的整体，但已经可以看出二者的偏向。孔子其实也很注重道，但偏向为人之道）。他们正因为这种偏向才成为独树一帜的思想家，开创出了各自的流派。但作为后人，我们却不应该把自己的思想限制在儒家或道家的格局中，仿佛我们一定要非此即彼。天地阴阳化合生出了万物和人。这个过程儒道都有所理解，只是侧重点不同而已。

　　中国传统文化还包括从印度传来，并在中国得到充分发展的佛家思想。历史上的佛家思想曾经起到净化人心、开启悟性的作用，和儒家道家一起为中国文化的发展做出了贡献。但佛教的立场否定了人的超越根源，因此佛家无法领悟天地（不是指可见的天地，而是本义上的天地）。佛家看到了各种具体事物的缘起，但没有看到这种缘起不是偶然的，而是来自天地的阴阳化合，以至任何事物都有从天地的自性而来的某种自性，都以某种方式（虽然有时是扭曲的方式）实现着从天地而来的意义。由于没有领悟本义上的地，佛家没有看到生命的源泉，也没有看到万物虽然出现在生命中，"万物本身"却永远隐藏在地的内部，永远无法完全敞开在生命中，因此无法仅仅从"识"的角度把握。相比之下，道家对生命的源泉以及万物独立于生命的"隐"有非常深刻的体会。佛家也没有看到人心（人的意志）虽然是生命中的一种现象，但它的本质是超越生命归属于天的，而儒家则对天人在意志上的合一有非常深刻的体会（佛家所说的"心"主要指的是组织生命的领悟，不同于儒家所说的"心"）。由于佛家没有看到"我"是意志与生命的阴阳合一，具有从天地而来的自性，而是仅仅从"缘起"的角度理解"我"，所以导致了"无我"的主张。从这个角度来说，佛家思想的根本特征就是**无天无地，无父无母**。

但对佛家的这种看法是不够全面的，因为它没有从正面说出佛家思想的本质。佛家思想对中国文化的深刻影响说明它也是"一以贯之"的，否则就不会经得起中国文化对它的抵制和排斥，而最终融入中国文化中。佛家对天地的"无知"实际上来自对天地人中某个环节特别专注的"有知"。这个环节就是一切生命在其中出现的**原始敞开域**。前面我们说过天志超越地、不加区分地拥有了从地涌现出来的一切生命。这个拥有其实是通过拥有原始敞开域进行的。原始敞开域就是从地敞开出来、本性虚空、可容纳任何生命现象的领域。它是无形的地为了天志而从自身敞开出来的，是天志的原始对象。**天志和原始敞开域是永远阴阳合一，密不可分的**。前面我们说过生命作为敞开域是本性虚空的。这就是因为原始敞开域是一切生命共同的超越本质。当原始敞开域通过身体个体化为生命时，拥有它的天志就随之落入到生命中，作为个体意志拥有这个生命。和个体生命不同，原始敞开域不依赖任何具体事物存在，但它容纳了一切生命现象，和后者互为表里。原始敞开域就是一切生命在其中生活的"世界"。我们通常把世界理解为许多事物的集合。但其实世界首先是本性虚空的原始敞开域，只是因为容纳了一切生命才成为包罗万象的现象总体。当需要特别突出世界的虚空本性时，我们就把原始敞开域称为"**世界本身**"，以免和作为现象总体的世界混淆。生命作为敞开域就是世界本身的个体化。生命作为现象总体则构成世界现象总体的一个独特侧面。总而言之，**生命就是世界的个体化**。和生命不同，世界本身不是通过某个身体敞开的，而是直接从地敞开的。因此，世界本身没有任何具体特性，以至任何生命现象都可以毫无妨碍地出现其中。世界本身和一切生命现象的关系就是"空"和"有"的关系。前面说过大道是从地涌现出一切生命的运动。其实大道首先是从地敞开世界的运动，这样生命才能随着大道（通过身体）涌现到世界中。所以，"空"就是本性虚无的大道从地敞开出来的。但道家更多地关注敞开运动本身（无），而不是被敞开的"空"。佛家出于宗教原因对一切生命的超越本质特别关注，因此"空"成为佛家思想中"一以贯之"的东西。

　　佛家思想和儒家道家的思想一样都是天地人格局的一种特别发展。但佛家缺乏儒道的全局性。儒家和道家都保留了天地人的完整性，只是在这个整体中突出了天人关系（儒家）或从天向地、从地向人的运动（道家）。佛家却仅仅专注于和生命现象"空有不二"的原始敞开域。佛家因此看不到世界是从地敞开出来，被天志直接拥有的。**世界就是在天地之间敞开的原始领域**。但佛家没有看到世界作为"天地之间"的本质，而只看到了它的虚空本性。出于其宗教立场，佛家必须坚持世界是没有源泉的。因此佛家看不到世界中一切现象都是从地涌现出来的，故而无视"显"和"隐"的区别，仅仅从"显"的角度解释一切现象，以致发展出了"万法唯识"的立场。同样出于其宗教立场，佛家必须坚持世界是没有主宰的。因此佛家看不到人的意志有超越生命的本质，而把它仅仅当作"缘起"的一种现象。意志的根本特性就是执着于其对象。执着于具体现象可能会让我们看不到生命空灵的整体性。从这个角度来说，放下执着对回归真我很有帮助。但我们不需要放下一切执着，因为人心的天然倾向就是执着生命、热爱生命。这种执着属于人心的本性，来自天对地永不止息的爱恋。要彻底坚持世界是没有主宰的，就必须放弃一切执着，泯灭从天地而来的一切区别，特别是个体生命之间的区别，放弃天命决定的这个独一无二的"我"，才能在生命中彻底切断世界和天志的关联，保持世界本身（空）在佛教中超越一切的优越地位。这种优越地位并不是用空来否定有，因为空和有是互为表里的，无法片面地否定一方。这种优越地位真正否定掉的是世界的主宰和源泉（天地）。① 这是佛教为了让生命放弃个体性、回归本性虚空的世界本身（借此解脱人生的苦难）而采取的宗教立场。② 只要我们不坚持这种立场，佛家思想对原始敞开域的深刻洞察就可以丰富中国文化的天地人格局，使我们更清楚地看到天志的原始对象，看到世界本身的虚空本性，看到生命如何在世界中水乳交融地相互通达，看到生命的虚空本性如何使其保持圆融一体。如果执着于科学的客观和实证立场，我们就只能理解相互缘起的种种具体事物，而不能超越"有"来看到"空"，不能理解本性虚空的生命整体，更无法理解在天地之间敞开的世界本身。这样回归真我和回归天地就都变得不可能。所以，佛家对"空"的深刻洞察对我们踏上中国文化复兴之路有重大的意义。

---

① 如果看不到世界的超越根源，就只能从"缘起性空"出发把世界本身理解为现象因为缘起而致的"空"。这样的"空"只是"缘起"的特性，失去了从天地而来的自性。

② 第十三讲《从太极看世界哲学史》（**伊壁鸠鲁**部分）将对佛教的本质做初步的探讨。

第七讲　天地与万物

　　天地不仅是我的自性根源，而且首先是万物的根源。天地阴阳化合，生生不息。天地合则万物生。天地不仅在地母内部孕育了宇宙万物，而且还把自己物化到宇宙万物中，以天空和大地的面目出现，又把生命物化为生物体，让生物不断进化到人。居于天地之间的人最终从天空和大地看出了本义上的天地。所以古人不刻意区分天地的物化义和本义。但我们必须严格区分这两种意义才能超越古人，深化我们对天地的理解。上一讲探讨了天地的本义。现在我们必须深入理解天地的物化义，也就是要理解天地如何物化为天空和大地，生命如何物化为生物体，生物如何进化到人，而人又是如何从天空和大地看出了本义上的天地。科学对宇宙演化和生物进化有很深入的研究。但科学不是从物化的角度，而只是从智性的实证角度理解宇宙的发展。我们必须从物化的角度重新理解科学的真理性，才能走出狭隘的科学主义，更好地理解天地与万物。

一　天地物化　气土火水

　　从物化的角度来说，天和地就是气和土。让我们先看看我们在生活中最熟悉的土。土就是大地，是地上万物的来源和承载者，具有地母含藏和滋养的品格。**土就是本义上的地的物化**。我们生活在大地上最基本的方式就是步行。从婴儿到孩童，我们从与大地结合在一起的爬行中逐步站立起来，最后才学会了步行。这是我们从大地向天空绽出，逐步区分天地，最终进入世界生活在天地之间的过程。承接我们步行的大地显露出地母顺承的特性和永远不变的可靠支持。我们日常使用的万物也都是由大地承载收藏的。我们在大地上步行时，地上万物不断在我们的生命中涌现和消失，但我们知道万物并没有真的消失，因为它们仍然被大地承载和收藏着，以致我们可以随时再找到它们，这样我们才在大地上有了家园的感觉，并建起了房屋作为大地怀抱之延伸。房屋不仅仅是遮风挡雨的用具，而且是从大地母体中敞开出来的一个家园。我们在房屋里才真正有家的感觉。在房屋外则更容易感受天的威力而不是地的拥抱。我们常说的"回家"就是指回到日常起居的房屋，在那里我们可以感受地母的拥抱，从地母生长的食物得到滋养，并且在夜晚放心地休息在她的环抱中。我们的母亲不但生出了我们，无微不至地关心我们的健康，还从大地生长的自然之物烹调出可口的饭菜，滋养着我们的生命。这是地母和人母最亲密无间的结合，使我们真正体会到了家的意义。家是什么？就是母亲所在的地方。我们最应该感恩的人是谁？就是我们的母亲。

在土地凹凸不平的地方，例如高山、丘陵、深谷等等，我们和大地交流的方式与在平原上是不太一样的。在平地上步行时，我们可以保持一个基本姿势，以习惯步伐前进，不必特别地注意承载我们的土地。然而在凹凸不平的地面上行走时，我们不得不注意每个斜坡、每个沟坎、每个隆起的土块和下陷的洞穴。如果我们每天都在这样的环境中生活，我们就不得不熟悉周围土地的这种多种多样的差异性，就好像我们熟悉自己身体的每个部分一样。我们必须对土地有高度的敬意，让身体和土地有很深的交流才能生活在这样的土地上。可以想象居住在这种环境中的人们会比居住在平原地区的人们更多地被保持在大地母亲的怀抱中，同时那遮挡视野的高山和丘陵也使天空的打开受到了一定限制。总的来说，在这种环境中生活的人们从大地绽出进入世界的程度弱于那些生活在平原的人们。但正因为如此，他们对大地丰富而深藏不露的阴性之体验是生活在平原的人所不能及的。

除了地势的凹凸不平外，茂密的树林也具有将人们保持在大地怀抱中的作用。在没有树林的平坦之处，天的威力倾泻无遗、不可阻挡，而茂密的树林则通过遮挡阳光缓和了天的威力。树林是直接从大地生长出来的属于大地的物。因此树林和房屋一样是大地的延伸。那高高地耸入苍天的大树将大地直接连接到苍天，从而将天地连为一体。在树林茂密的地方，天地的区分被大地过度的丰盛所淡化。茂密的树林同时给各种动物提供了天然的生活环境。因此在树林茂密的地方，人、动物和植物被持留在一种混沌的宇宙生命里。从这个宇宙生命绽出进入世界的过程虽然不断地进行，但又不断地返回宇宙生命之中，以致生命无法充分地绽出到天空下，好像仍然在大地母亲怀抱里似的。所以在树林茂密的山区，人们会更多地体会到大地的意义而不是天空的意义，会比较倾向于保守的生活。在这种环境中生活的人们不会拥有一个发达繁忙的世界，但他们却比生活在光秃秃的土地上的人们更能体会那具有神秘力量的宇宙生命。①

　　天空是由大气构成的。气的特点是轻盈、透明、单纯，无处不在而又不可捉摸。和土的厚重与丰富多彩相反，气是缺乏明显物性的物。古人说"阳化气，阴成形"，用在这里很贴切。② 弥漫在大地上的气一直扩展到高空，融入无边无际的湛蓝，构成了我们所说的"天空"（天空的蓝色是阳光照在大气上形成的。如果没有大气，我们看到的宇宙背景就会是纯粹的黑暗）。**气就是本义上的天的物化**。湛蓝的天空深邃辽远，显示了一个超越生命甚至超越世界的维度。这种超越不是我们通过思考理解的，而是仰望天空时直接感受到的。每当我们从封闭的房屋走到蓝天下，我们就立即感受到一种心灵的释放，心情为之明朗，欲望也为之清爽。但如果天空不是深邃的湛蓝，而是阴沉的灰色，我们的心情也就转为暗淡，欲望也随之混浊。清晨白净的天空给我们以希望；傍晚昏红的晚霞令我们思家。天空的色彩就是我们的心情；天空的威力就是我们的欲望。我们总是潜在地以天空来度量我们的意志，由此才发现了意志超越生命甚至超越世界的维度，才不再仅仅以大地为家，而是在高天的

---

① 云南佤族有关于连接天地的大树被金色公鸡踢断，人类从此走出洞穴而生活在天地之间的故事。这个故事成为萨顶顶创作《天地记》的灵感。
② 此说法最早的出处应该是《内经》中的《素问·阴阳应象大论》。

鼓舞下展开我们的理想，真正居于天地之间。① 所以，在我们的成长过程中，我们会潜移默化地用父亲的意志来度量我们的意志。父亲对儿女的管教通常比母亲更为严厉，但这种管教（只要它不是粗暴而是文明的）对儿女成长为能为自己负责的人是有好处的。所以我们最应该敬重的人就是我们的父亲。②

天物化成了气，并形成了天空。相应地，**天志被物化成了气释放出来的威力**。气的威力有多种表现。首先，气的振动产生了声音。所以我们不仅仅是听到声音，而且听到了发出声音的意志。这就是为什么声音是意志的象征（参见《生命与音乐》）。自然并不是偶然形成我们的发音和听觉器官的，而是为了意志的传播而形成。我们不仅从无边无际、弥漫在高空的大气中体会到天，还从震撼心灵的雷声中体会到了天的威力。雷鸣作为一种突如其来的巨大声响，不但在力度上超过了我们日常听到的各种声音，而且它的突如其来往往对我们造成直接的惊吓。在我们日常生活所熟悉的各种声音中，突然凌空劈下这样令人震惊的巨响，这是天的阳刚之力超越地上万物的直接表现。阳刚之力是推动事物发展的力量。这种力量在万物中以各种不同的方式存在着。但天的阳刚之力是万物阳刚之力的根源，更是每个人的意志之根。当天志突然以雷鸣的方式具体地出现时，它从根本上撼动了万物中的阳刚之力，从根源上更新了它们。对于我们人来说——如果我们善于倾听——它的效果就是让我们不得不收起我们经常变得浮躁、狂傲、自我中心而又无根的意志，正视我们在天的威力下暴露无遗的有限性，使我们对上天心生敬畏。可以想象，如果我们从来没有听过雷声，天空对我们就仿佛是无伤大雅的，即使风雨交加也是一种可以设法加以防范的东西。然而雷声的存在却直接敲打着我们的心灵，让我们体验到天的意志开辟世界的无上威力。这是天的阳刚显示其威力的最极端的形式，是其他的自然力量无法

---

① 海德格尔曾经从荷尔德林的诗句中分析出"天地之间"这个维度，并指出人以天空度量自身来贯通这个维度。参见［德］海德格尔《……人诗意地栖居……》，载海德格尔《演讲与论文集》，孙周兴译，生活·读书·新知三联书店 2005 年版，第 205 页。

② 文明的管教应该以理性为基础，尊重并培养儿女的独立人格。要做到这点，管教者本身必须以理性的态度处理争端，能为自己的行为负责，否则就无法起到以身作则的作用。

代替的。高空中的气不仅可以发出雷声，还常常伴随着闪电。闪电是天释放其威力的另一种形式。但闪电的效果不是撼动我们的意志而是将乌云蔽日下昏暗的天空带入极度的光明中。在这样的极度光明中，一切事物无处躲藏，全都暴露在我们眼前。闪电显示了一个完整的世界，将各种各样的事物如其所是地显现在这个世界中。所以，雷鸣和闪电一起展现了天志开辟和澄明世界的作用。

雷鸣和闪电的出现通常有一个条件，就是飘浮在天空中的云彩。温柔多变的云彩出现在刚健的天空，展现了"阳中有阴"的意境。但天空本来是和大地互为阴阳的。因此，云彩成了天空怀有的大地因素。事实上，云彩就是在阳光照射下，从大地升腾到天空中的水汽形成的。云彩就是大地在天空中呼唤出来的天对地的柔情。这个柔情一旦浓到化不开，就会电闪雷鸣、云行雨施，将水的精华全部注入顺承的泥土。电闪雷鸣作为雨的前奏，将天的阳刚以最惊人的方式展现了出来。正是在这种极度阳刚的激情之后，发生了天向地的交合，也就是我们所说的雨。这种天地交合是天地阳中有阴、阴中有阳的具体实现。正是这样的天地交合才滋养了地上的万物——天地合则万物生。而作为天地的儿女居于天地之间的我们，正是从大自然秉承了天地的这种阴阳交合才能世世代代繁衍不息……

彩虹通常是雨过天晴之后出现的一种景象。它静静地悬垂在天地之间，以它特有的宁静的美丽展示着天地交合之后的那种快乐的休息。它的七层次的色彩是构成万物的色彩中最原始的元素。彩虹以这种最原始同时又潜在地最丰富的色彩，展现了天地合则万物生的意境，向我们暗示着多姿多彩的万物在天地中的起源。彩虹是天地之间最宁静的浪漫，因为它是天地交合的激情过后的产物。它的色彩源于太阳的光芒，但只有借着承受太阳光的来自大地的水汽才能出现。彩虹就是雨孕育出来的天地交合的结晶。

雨就是从天向地流动的大道之物化。雨水从天空降到大地，最终汇入大大小小的河流。河流常常会形成湖泊，也可能流入海洋。河流、湖泊和海洋都是水在大地上存在的方式。在河流中，水不断从高处向低处流动，以特别的方式在大地上延续了天地的交合，滋润了地上万物的生长。河流因此将沿岸的居民连成了一个整体，把他们一起带入天地合则万物生的交响乐中。河流以这种方式展现了从天到地的大道之流动，潜移默化地推动着居于天地之间的人去接纳从生命源泉而来的涌动，实现生命从大道而来的意义。河流因而不仅哺育了两岸的人民同时也哺育了他们最初的文化。

与河流的不断运动相反，湖泊静静地守在大地的低洼之处。在湖泊中，水作为天地交合的媒介已经完成了从天向地的流动，被储藏和保持在大地的怀抱中。在这里水成了纯粹阴性的东西，静静地归属于大地，默默地显示出大地的温柔和纯洁，展示了"阴中更有阴"的境界。没有什么比湖泊更像一个安静的处女了。在湖泊旁边生活的人们比其他地方的人们对事物会有更加敏感、细腻和纯洁的体验。因此湖泊是哺育高雅文化的良好环境。

海洋和湖泊一样完成了从天向地的流动，成为纯粹阴性的东西。但海洋不像湖泊那样出现在土地的低洼处，反而是土地出现在海洋中并且被海洋所包围。因此，海洋是自成体系的水，是水的真正归宿。如果说雨物化了天地交合之道，河流物化了大道在地中的流动，那么海洋所物化的就是大道从地敞开的，本性虚空、能容纳一切生命的原始敞开域（世界本身）。雨和河流最终汇入海洋之中，正如大道从天向地运动，再从地涌现出来，最终形成容纳所有生命的原始敞开域。海洋因此成为一切生物的摇篮。但海洋不像陆地那样给人以地母怀抱的感觉。生命无法在海洋上找到家园感。不但如此，在一望无际的海上，天的威力毫无阻挡地覆盖了每个角落，完全没有任何逃脱的可能。生命于是被迫从汹涌澎湃、动荡不安的世界向晴朗刚健的天空绽出。所以，长年生活在海上的人们是大地上最不安分守己、最有开拓和冒险精神的一群人。

综上所述，**水就是大道的物化**。老子说"上善若水"。他喜欢用水来形容大道，说明他从水看出了大道的物化。从天向地、从地向海洋运动的水展现了大道自然无为地流动，最终从地母涌现而出的阴柔之性。另一方面，灼热发光的火展现了和水相反的阳刚之性。火的威力是从哪里来的？来自空气的燃烧。作为气释放出来的威力，**火就是天志的物化**。天志不仅落入生命又回归自身，还作为众人共同的意志之根统一了世界，形成了社会。呼吸通过氧化作用把空气的威力（能量）释放到身体内部，而火则通过氧化作用把空气的威力释放到世界中。所以，呼吸物化了天志在生命中的出入，而火则物化了天志统一世界的作用。通过火的使用，人们才真正释放了天志超越地，不加区分地拥有世界中所有生命的本性。我们不知道原始人类是如何学会使用火的。但可以想象，当众人围聚在自然发生的火周围时，火给所有人以光明和温暖，使人们感受到了环境被共享的特性。当人们围着火堆取暖和烧烤食物时，维持火堆不灭就成为所有人共同的欲望。这或许是人们在环境中形成的第一个共同欲望。这个共同欲望导致人们维持火堆不灭的行动，开始也许只是不断添加柴火，后来则可能慢慢发展出燃烧火把、钻木取火等保持火种的方式。虽然火具有摧毁一切的阳刚之力，但只要人恰当地把它保持在周围环境中，它的阳刚之力就能为人的生活不断提供能量。火的使用使人们学会了共同生活在一起。在原始人类的漫漫长夜中，火发出的光和热成了人们超越个体生命、建立世界、形成社会的强大推动力。所以不难理解为什么对火的敬畏和崇拜普遍存在于世界各民族的古老文化中。甚至直到今天，中国的一些少数民族（如蒙古族）仍然保留了拜火的习俗。拜火归根到底就是对天志的敬拜。[1]

火和水物化了天志和大道。这种物化的基础是气和土所物化的天和地。气土火水分别物化了作为生命基础的天、地、天志、大道。**气土火水就是物化了生命基础的四大元素**。古希腊就已经有"土气水火"四大元素的说法。佛教中也有"地水火风"四大的说法。佛教的说法来自古印度，和古希腊的说法一样表达了古代人对万物中最基本的四大元素的理解（风可以看成是气的运动）。四大元素虽然是我们生活中最常见的物，但它们其实不是构成万物的四大元素，而是生命活动的

---

[1] 最初的火可能是由闪电击中树林引起的。火的光和热延续了电闪雷鸣开启新世界的作用。在印欧民族关于"林间隙地"的神话中，神的霹雳焚毁了林木，显露了天空和林中荒地，在黑暗森林中游荡的先民发现了被天火开辟和照亮的林中荒地，才开始定居而成为"人"。所以，在印欧民族中对"火"的崇拜是极其普遍的。"祭火"展现了神的意志将人组织为团体的作用。参见洪涛《逻各斯与空间——古代希腊政治哲学研究》，上海人民出版社1998年版，第32—33页。

基础。① 在宇宙演化的过程中，正是四大元素的形成为有限生命物化为生物体做好了准备。

二 生物进化 从地向天

当生命的基础在宇宙中物化成四大元素之后，宇宙演化的下一步自然就是把生命本身也物化在宇宙万物中。**生命在万物中的物化就是生物体**。只有当生命已经被"事先"物化在生物体中时，生命本身才能通过生物体敞开出来：我首先必须拥有一个活的身体，才可能拥有一个我可以在其中看、听、走、感觉、思考、说话……的现象领域。天父地母显然"事先"就明白了生命的本质，所以才能让生命事先物化为生物体，以便通过生物体把生命敞开在世界中。这里我们暂且不去追究这种"事先就明白"是怎么回事，而仅仅专注于生物体如何物化了生命。

生物体包括植物、动物和人的身体。让我们先看看植物这种纯粹的生物体。植物之所以是纯粹生物体，是因为它仅仅是生物体，而并没有一个现象领域通过它敞开出来，否则植物就会像动物和人那样感受和欲望，通过移动身体活在世界中了。植物是生命的物化，但生命并没有借着这种物化敞开出来。因此植物是一种不完整的生物。但这种不完整却有着重要的意义。植物的意义就在于构成**从太阳到动物的桥梁**。作为这种桥梁，植物需要像动物那样有身体，但并不需要像动物那样活在一个敞开的现象领域中。太阳是宇宙演化过程中比天空和大地更早出现的东西，是地上一切能量的终极来源。植物把吸收到的太阳能量转化成了动物可以直接吸收的营养物。植物的根吸收土地的水分，叶子依靠太阳光进行光合作用，从二氧化碳和水合成有机物（主要是糖）。这样动物才能通过植物获得有机营养来维持生命。这个过程同时释放出氧气，空气

---

① 中国古人说的木火土金水"五行"是物性（意志对象）的五种先天样式，但不是作为生命活动基础的"五大元素"，所以不可与"四大元素"的说法混淆。关于五行的先天起源，参见第十一讲《论太极》第二节。

中才会有源源不断的氧气。植物因此帮助完成了天物化为气的过程。动物吸入氧气，排出二氧化碳；植物则刚好相反。植物的存在使动物可以通过呼吸和食用植物活在天地之间。所以，正是植物的不完整性成就了动物的完整性。

作为从太阳到动物的桥梁，植物也具有和动物相似的一些特性，例如繁殖后代的特性。植物的花中含有雄蕊和雌蕊。花粉（植物的雄性配子）被风吹到另一棵（有时是同一棵）植物的雌蕊中，从而产生出果实（含种子），繁殖出下一代。风是气的流动。风的能量其实是天志的一种物化形式。因此，植物的繁殖以独特的方式物化了从天向地、从阳向阴的"天地交合"过程。植物还可以通过昆虫来传授花粉。昆虫在这里起到了类似风的作用。昆虫是最为普遍的动物，像风一样遍布在各种不同的自然环境中。为了吸引昆虫来传播花粉，植物的花朵通常具有特别的色彩和香味。昆虫把花粉从雄蕊带到雌蕊，其实是在默默地"替天行道"。所以，为了吸引昆虫而生长得千姿百态、美丽芬芳的花是"阴性美"的自然结晶。这就是为什么从古到今，从中到西，世界各民族都不约而同地用花作为女性美的象征。

植物既然和动物一样是生命的物化，其意义就不仅仅是能量的转换者。植物不能移动身体，而是把根深深扎在大地上，其枝叶则向着苍天伸展，追随着太阳在天空行走的轨迹。植物多种多样的枝干向我们展示了耸立在天地之间的种种不同方式。对通过移动身体而活在天地之间的人来说，植物的每种姿势，不论是站、卧、卷还是盘旋而上都是意味无穷的，而其色彩纷呈、香味各异的花朵则更是向我们展示了美的极端丰富多彩。中国古人喜欢用植物来比喻人，就是因为植物以一种原始的方式来自天地，以致其根、叶、花朵等都有特别的意义。离开了天地，仅仅作为装饰摆放在室内的植物则基本上失去了这种意义，可以说是现代居住环境下的无可奈何之举。虽然人的精心培育能让植物长得更好，但最美好的是那些长在野外，任由春风夏雨、秋霜冬雪滋润或摧残的植物，那些只要有一点阳光、一点水分、一点泥土就生生不息地繁殖下一代的植物。在植物身上我们看到了天地本身的自然无为和生生不息。植物尽其天职为动物和人架起了通天的桥梁。人能否像它们那样自然无为，生生不息地实现自己美好的天命呢？

人是万物之灵。从海洋到陆地，从爬行到直立，人实现了进化的最后环节，成为居于天地之间的生物。人体因此成为生命最完美的物化。这里说的"最完美"并不是指人的身体在各种功能上都超过动物。身体的完美性不在于某些功能的强弱，而在于它是否完整地、恰当地物化了生命本身。有些动物能在水中生活，有些能在空中飞翔，有些能用身体的毒素攻击其他动物，有些可以看到人看不到的东西。动物和植物一样多种多样、千姿百态，而且许多动物比人更能适应生存环境。但生存仅仅是生物的基本特性，而不是其本质。生物的本质在于它是生命的物化。越是高等的动物，其身体对生命的物化就越完美。因此，我们必须以人体为标准才能恰当地了解生命是如何物化为生物体的。

下面就让我们看看生命回旋运动在人体中物化成了什么。这个运动是以心为中心进行的。在生命被物化为身体的同时，心被物化成了心脏。心脏就是身体的中心，正如心是生命的中心。所以，**生命和心之间的回旋运动被物化成了血液循环**。血液首先从身体流入心脏，才有血液可以从心脏流回身体。身体的血液通过（上腔和下腔）静脉流入心脏的运动就是"处境→心情"的物化；血液从心脏通过主动脉泵出到身体各处的运动则是"欲望→环境"的物化。心脏分为心房（上半部分）和心室（下半部分）。心房被动地接受静脉血；心室则主动将血液通过动脉泵出。因此，在血液循环中，心情物化成了心房，欲望则物化成了心室。相应地，处境物化成了提供静脉血的身体，环境则物化成了接受动脉血的身体（这只是身体的两面，正如处境和环境只是生命的两面）。显然，人体的血液循环方式不是偶然形成的，而是生命回旋运动的恰当物化。

上一讲已经指出生命回旋运动如何从天地得到支持。这种支持显然必须物化成天空和大地对血液循环的支持。首先，大道从地涌现出生命的运动物化成了**饮食**。食物是来自大地的万物精华。正如万物随着大道涌入生命一样，食物通常随着水进入口中。我们进食的时候身体还会自动分泌出唾液（其成分99%是水分），以便将食物湿润，利于身体吸收。所以食物总是随着水进入胃中。饮食通过胃和小肠的消化和吸收，其营养经过肝的处理后从静脉流入心脏。另一方面，从心脏出来的血液经过主动脉输送到身体各处，在消耗了营养之后又通过消化吸收补充营养，再次从静脉流回心脏。这个新陈代谢过程产生的废物经过肾脏过滤后进入尿液排出（消化吸收的残渣也化作粪便排出）。所以大道从生命回流到地的运动物化成了**排泄**。身体排泄出的尿和粪其实是帮助植物生长的肥料。植物被动物吃掉，人又通过饮食吸收植物和动物的营养。饮食和排泄就这样物化了大道在生命中的涌现与回流。**血液循环靠饮食和排泄来维持，实际上是物化了大道的涌现与回流对生命回旋运动的支持。**

但生命回旋运动不仅是大道的涌现与回流形成的漩涡，同时也是天志的落入与回归造成的震荡。所以，血液循环其实并不仅仅在身体和心脏之间发生（体循环），而是同时在心脏和肺之间发生（肺循环）。① 吸收了营养的静脉血流入心脏后其实并不是马上被送到身体各处，而是继续流入肺中接受氧气，然后再流回心脏，最后才通过主动脉输送到身体各处。血液中的营养在身体各处的细胞中发生氧化，产生能量供身体活动，然后又从消化吸收中获得补充，成为有营养但缺氧的血液，再次从静脉流回心脏。肺从体外（大气）吸入氧气，融入血液，而在呼气时则把身体消耗血液产生的废气呼出体外。氧气的能量就是天志的物化。呼吸则是天志出入生命的物化：**吸气**物化了天志落入生命的运动；**呼气**物化了天志从生命回归自身的运动（呼气就是让废气回归大气）。人体呼出的二氧化碳被植物吸收，再从植物释放出氧气来供人吸入。**肺循环靠呼吸来维持，实际上是物化了天志的落入与回归对生命回旋运动的支持。**吸气和呼气，饮食和排泄，这两种最基本的新陈代谢相互合作，共同物化了天地对生命回旋运动的支持。② 人体在天空和大地的支持下维持血液

---

① 医学中说的"体循环"是从心脏泵出血液到身体各处开始，最后从静脉流回心脏。但如果把血液中的营养看成来自饮食，经过处理之后才从心脏泵出到身体各处，就可以更清楚地看到血液循环如何物化了大道对生命回旋运动的支持。

② 氧气不仅可以通过呼吸释放能量，也可以通过燃烧释放能量。食物一般要煮熟之后才适合人体吸收。煮熟的食物不再仅仅来自大地，因为经过了火的处理。人正是通过吃煮熟的食物才逐步从地向天进化的。所以，就像火的使用一样，吃熟食是人从动物分离出来的一个重要步骤。

循环，构成了身体的自我同一性，从而物化了从天地获得自性的"我"。

我们还可以把天地与血液循环的关系用图形更直观地展示出来。从上一讲的"天地与生命回旋运动"图形，我们可以得到相应的物化图形。

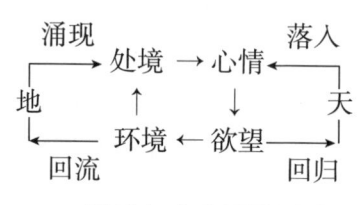

```
        涌现            落入
    ┌─→ 处境 → 心情 ←─┐
   地      ↑    ↓      天
    └─── 环境 ← 欲望 ──┘
        回流            回归
```

天地与生命回旋运动

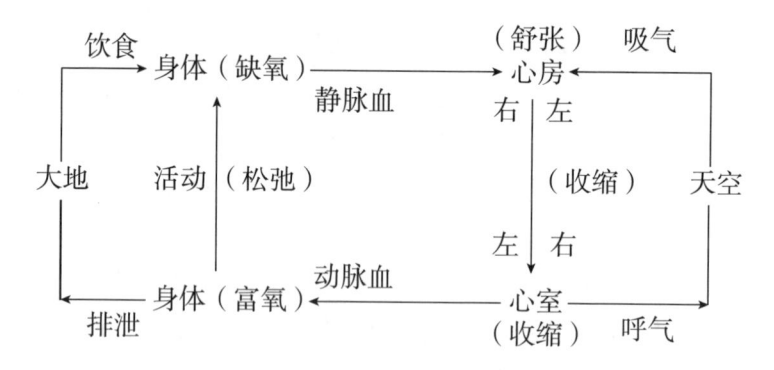

```
      饮食                (舒张)  吸气
   ┌─→ 身体(缺氧)─────→ 心房 ←──┐
   │           静脉血   右│左    │
  大地    活动(松弛)       (收缩) 天空
   │                     左│右    │
   └── 身体(富氧)←───── 心室 ──┘
      排泄      动脉血   (收缩)  呼气
```

图 14　天地与血液循环

根据医学的观察，心脏的每一次跳动包括四个阶段：舒张、心房收缩、心室收缩和松弛。① 在第一阶段，来自消化系统的有营养（但仍缺氧）的血液从静脉流入右心房，同时左心房接受到来自肺的富氧血液。在第二阶段，左右心房发生收缩，将血液分别挤入左右心室。在第三阶段，心室发生收缩，左心室把富氧血液泵入身体各处供身体使用，右心室则把缺氧血液泵入肺中，排出血液中的废气，以便下一步接受氧气。身体活动消耗掉营养（产生的废物通过排泄回流到大地），但又从饮食吸收到新的营养。因此，心脏跳动的第四阶段是一种松弛状态，可以重新接

---

① 参考［英］帕克《人体：人体结构、功能与疾病图解》，左焕琛主译，上海科学技术出版社 2014 年版，第 136—139 页。

受从静脉来的血液。心脏的跳动就这样周而复始，不断地把从天地获得的氧和营养运送到身体各处，同时把废气和废物送回天地，以便重新开始循环。

从上面的分析可以看出，为了和天地保持恰当关系，心脏不仅分为上下两部分（心房和心室），还分成了左右两部分。左心房接受从肺来的富氧血，再由左心室送到身体各处，而右心房则接受从消化吸收而来的有营养的血，再由右心室送入肺中去接受氧气。显然，心脏的**左边部分处理从天空而来的氧；右边部分处理从大地而来的营养**。心脏四个腔的作用如下表所示。

表7 天地与心脏的四个腔

	大地（营养）	天空（氧）
接受	右心房	左心房
输送	右心室	左心室

心脏的左右两部分是分别为天和地服务的。这说明人体的左右两侧分别属于天地（中国古人早就认为左为阳，右为阴）。在心与生命的对立中，心属天（阳），生命属地（阴）。所以心脏虽然居于人体中心，但偏向左边，其对应欲望（阳性意志）的下半部分（心室）更是向左偏斜。可见心脏的位置不是偶然的，而是天地和生命之物化所决定的。

综上所述，生命回旋运动物化成了**心血管系统**（包括血液、心脏、动脉和静脉等）。大道的涌现与回流物化成了从大地吸取营养并排出废物的**消化系统**（包括胃、小肠、大肠、肝胆等）和**泌尿系统**（包括肾和膀胱等）。天志的落入与回归则物化成了从天空吸取氧气并排出废气的**呼吸系统**（包括肺、气管等）。这些就是维持人体新陈代谢的基本系统。这些系统和天地的关联使得属天的心和肺居上，属地的消化和泌尿系统的器官居下，并以胸腹之间的横膈膜隔开了天地。

生命不仅通过回旋运动构成自我同一性，而且生命整体作为一个敞开的现象领域是由领悟组织的。领悟在生命中无处不在，形成了默默地照亮生命整体的澄明。澄明生命整体的潜在领悟使生命成为一个有自我理解的敞开域。这种组织生命的潜在领悟物化成了遍布身体的神经。**神经系统把身体各处的信息汇总到大脑（中枢神经系统），经过大脑处理后再通过神经传达出组织身体活动的各种信号**。中枢神经系统物化的就是统一所有具体领悟的原始领悟（即"我"这个潜在的领悟），而其处理信息的能力则物化了处理领悟的判断力。所以**大脑物化的就是由判断力和领悟构成的智性**。大脑越发达的动物，其智力自然也就越发达。人作为发展了语言和自我意识的动物，其大脑是最发达的。

总的来说，人体的各种系统、器官和结构不是偶然形成的，而是在天地物化的基础上，生命进一步物化为生物体的结果。人体作为进化的最终结果就是生命的完美物化。生物进化的根本原因在于生命来源于地，因此必须从仅仅归属于地的状态走出来，不断发展其属天的意志，不断在生命中实现"天地分"，才能最终成为天地之子。这个过程同时也就是心不断超越从地打开的原始敞开域，向天志前进的过程。原始敞开域的物化就是海洋。所以进化的过程是从海洋到陆地，从靠水获得能量到从空气获得能量。从动物心脏的进化可以明显看到这点。鱼类还没有开始从地向天进化，所以只能靠溶在水中的氧生活。鱼类没有体循环和肺循环之分，而是单循环，就是血液从心脏到鳃，吸收溶解在水中的氧，然后输送到全身。鱼的心脏因此只有心房和心室之分，没有左右之分。从两栖类开始，血液循环包括体循环和肺循环两条途径。两栖类有二心房，但却只有一心室。爬行类有二心房和二心室，但二心室之间尚未完全分隔开。所以它们的富氧血和缺氧血还是有混合，构成了"不完全双循环"。这说明两栖类和爬行类还没有完全实现从地向天的进化。到了鸟类和哺乳动物，左右心室完全分开了，心脏变成四个腔，不再出现富氧血和缺氧血混合的情况，构成了"完全双循环"。这说明它们已经完全实现了"天地分"，充分从地站了出来，实现了从地向天的进化。但鸟类显然过分脱离了大地，以天空为其主要活动场所，使它们无法像哺乳动物那样居于"天地之间"。愚蠢的鱼类不知天为何物，而骄傲的鸟类则不懂得仰望天空，还自以为和天一样高。所以，人不必羡慕鱼类在水中的自由，也不必嫉妒鸟类在空中的潇洒。在哺乳动物中，猿猴是最接近人的物种。但这些半爬半走，在树和树之间荡过来荡过去的家伙还不太明白怎样"挺起腰板来做人"。所以，人也不必太在乎猿猴比人更为灵巧的身手。

人不但在大地之上，天空之下活动，而且可以完全直立在天地之间。人在大地上建起家园，同时仰望天空的威力，在刚健的天的鼓舞下展开在大地上的生活。人体完美地实现了血液循环中的"天地分"，而其大脑也进化到能够发展语言和思维。人作为进化的最终结果是何等幸运！人，也只有人，才最终实现了进化的目的，完成了从潜游于海、匍匐于地到顶天立地的发展，并作为进化的最终环节产生了自我意识，可以通过在天地之间的生活实现出上天赋予的历史使命。人体作为生命最完美的物化是何等高贵！不但如此，人分为男女，通过性爱在女人中孕育胎儿，再生出到世界之中。性爱重演了天地阴阳交合，在地母中孕育宇宙生命再生出为有限生命的过程。这是在物化基础上发生的更高级的活动。天地在人体中分别浓缩成了男女的**生殖系统**，目的就是要通过人在世界中的活动重演天地生人的过程。总之，人从动物进化而来并不说明人起源于自然的无目的演变。相反，生物进化的最终目的就是为了产生能够在天地之间实现历史使命的人。这是天父地母对人最大的恩惠和最高的期待。

三 日月运行 天地开合

虽然本义上的天地物化成了天空和大地，但要从后者体会出前者并不是那么简单的事。这种体会最初是如何形成的呢？这与日月的运行密切相关。日月是天空中最卓越的光明，是澄明整个世界的光，因此能够开启我们的领悟。最令人瞩目的是，日月澄明世界的方式是相反的，因为日是纯粹阳性的光，而月则是纯粹阴性的光。所以，我们对阴阳最早的体会就是对日月的体会。日月运行、昼夜交替开启了我们对天地的领悟，帮助我们体会到了天地是意志和生命的根源。下面就让我们对生活做一些观察来理解这件事情。

我们通常都是天一亮就开始忙碌，天黑之后就开始休息。白天与黑夜、工作与休息的交织构成了我们生活的节奏。所谓"日出而作，日入而息"。但我们往往不会注意到，我们对天地的区分就像我们活动的欲望一样，会随着太阳在早晨的升起而逐渐显露，随着太阳在傍晚的下落而逐渐消失。太阳的照耀使我们感到天的阳刚之力，推动着我们在大地上从事各种活动，而太阳的消失则把天空变成了寂静无为的夜空。夜空中天的阳刚之力已经隐退，再也没有什么力量能够真正让天地对立起来。当夜空和大地在黑暗中变成浑然一体时，我们就体会到了含藏宇宙万物的母体，因为此时我们体会到宇宙万物都笼罩在没有区别的黑暗中，好像胎儿在母亲体内一样沉睡着。①

然而当太阳升起时，黑夜逐渐地被太阳的阳刚之力驱散。太阳霸占了天空，显示出清朗刚健的蓝天。我们在夜晚体会到的笼罩整个宇宙的母体，在天亮时逐渐缩小，直至缩小到我们所说的大地。在大地的丰盛物产和阴凉树荫中，我们还能体会到含藏宇宙万物的母体。因此相对于被太阳霸占了的天空而言，大地就成了地母的藏身之所。然而当夕阳西下时，其阳刚之力越来越弱，对天空的霸占也就越来越弱，整个宇宙逐渐显示出它含藏在地母怀抱中的特性。最后黑夜把整个宇宙都笼罩了，我们感到又重新回到了地母的怀抱中，享受着如同胎儿在母亲体内的安静和休息的感觉。这时夜空与大地浑然一体而将大地的阴性扩展到无边无际。黑夜因此给我们一种很特别的"家"的感觉。白天我们在大地的丰盛物产和阴凉树荫中也可以体会我们所归属的家园，但这个体会不全面，因为地母含藏宇宙万物的特性还没有真正被体会到。所以，对黑夜的体会是不能被对白天的体会代替的。前者并不与后者相矛盾。相反，只有充分体会黑夜，我们才能体会到地母的隐藏和容纳，体会到生命的深不可测的源泉。这些体会使白天的活动变得更有意义，因为我们在白天秉承天之阳力进行的活动仍然要依赖地母这个生命的源泉。

在夜空中代替太阳的是一点也不霸道，充满了阴性美的月亮。月亮

---

① 严格说来，即使是完全黑暗的夜也是一种敞开，因此黑夜仍然属于"生命"这个敞开领域，而不属于自我封闭的"地"（只有在完全无梦的睡眠中，生命才不再敞开）。但相对于白天显露万物的澄明而言，黑夜给我们宇宙万物都沉浸在自我封闭的"地"中的感受。

用她纯洁的清辉拥抱了月光下的群山、江河、人们……她泯灭了白天的一切对立纷争,将万有都收入她温柔的怀抱中。含藏在地母中的宇宙万物仿佛被月亮统一成了和谐的整体。我们可以想象,如果没有太阳只有月亮,人就只能体会地母中的宇宙万物如何被月亮统一,从而不会把天空和大地对立起来。这种终日感受母体的人会倾向于在母亲怀抱中的那种安静和休息,如同老子提倡的那样生活,几乎不会追求任何东西,只想"复归于婴儿"(《道德经·二十八章》)。另一方面,当我们生活在阳光下的时候,太阳的阳刚之力使我们感受到了天和地的区别,也感受到我们已经不再仅仅包含在地母中,而是已经出离母体,超越地上万物而居于天地之间。在晴朗刚健的天空推动下,我们努力去实现人生的美好,完成上天赋予的使命。从这个角度来看,儒家的哲学主要是白天的哲学,而道家的哲学主要是黑夜的哲学。因此我们可以理解为什么孔子责备宰予在大白天睡懒觉,而有道家风骨的诸葛亮却喜欢"草堂春睡足,窗外日迟迟"。然而诸葛亮同时也是真正的儒家,所以才会为了天下苍生走出茅庐,实现了一个未竟的丰功伟业。所以道家和儒家的精神是可以互相补充的。它们只是对白天和黑夜有所偏向,并不是完全对立。

  日月彰显的阴阳性开启了我们对天地阴阳性的理解。因此,日月的阴阳性显得更加原始,更加纯粹。太阳虽然用极为耀眼的光芒霸占了天空,照亮了天下万物,但它并不像蓝天那样深邃辽远,用父亲般的胸怀笼罩着天下万物。太阳的光芒显得太过单纯,仿佛不谙世事、过度自信的青年放射出来的狂傲目光。银白色的月光则显得极为纯洁,如同女人眼中水灵灵的光明,仿佛充满温柔、关怀、善解人意等特性。所以我们看着月亮的时候,会感到月亮仿佛也在看着我们。但月亮并不给人母亲的感觉,因为母亲是生命之源,而月亮的阴性太原始太纯洁,更像柔情似水的闺中少女。日月并没有物化天父地母,而是物化了比天地更原始更纯粹的阴阳。日月就是出现在天空的**纯阳之象**和**纯阴之象**。正如《易传》所言:"悬象著明莫大乎日月。"(《系辞上·十二章》)古人称日为"太阳",称月为"太阴",暗示了日月象征的是最原始最纯粹的阴阳。阳提供了发展的动力,而阴则提供了发展的场所,是阴阳化合发展出来的美好事物的承载者，亦即美的荟萃之地。所以天地产生的万物被含藏在地母中。但地母的阴性来自最原始的纯粹的阴性。月亮虽然不象征含藏万物的地母，但其象征的原始阴性潜在地可以容纳万物，所以才能以其纯洁的清辉拥抱万有，帮助我们体会地母含藏宇宙万物的品格。中国人之所以特别喜欢月亮，就因为它是出现在天空中的纯阴之象，是美的最原始最纯洁的出现，是一切美的源泉。太阳对天下万物的统一是阳刚、霸道的，就像欲望统一生命的方式一样，而月亮对天下万物的统一是阴柔、容纳的，就像心情对生命的感受一样。所以月亮不仅让我们体会到最原始最纯洁的美，而且还体会到最原始最纯洁的意义，即一切意义的源泉。这是为什么几千年来月亮一直都是中国诗人最神往的灵感之源。不理解月亮就不能理解中国文化。

　　日月运行、昼夜交替不但使我们体会到了天地的阴阳之别，还潜在地帮助我们体会到了生命如何从地母绽出到天地之间。生命在夜晚睡眠时回归到宇宙生命中，融成一体，无法区分，但白天醒来时又从宇宙生命绽出，作为有限生命生活在世界之中、天地之间。所谓"日出而作，日入而息"，就是早上从地母的怀抱中醒来，在阳光的照耀下展开人生的种种活动，到了晚上又重新回归地母的怀抱。正是日月运行、昼夜交替展示了天地的开合，帮助我们默默体会到了意志和生命的根源。日月物化的是比天地更原始更纯粹的阴阳，亦即天地阴阳性的来源。这就是为什么日月能够开启我们对天地的领悟。但这种最原始最纯粹的阴阳，亦即所谓的"原始自性"到底是什么呢？这里我们无法继续探讨下去，因为现象学只能从生活现象去揭示事物的根源。所以，这个问题只能等我们进入"回归太极"的本体论探讨时才能解决。

四　宇宙智慧　科学真理

　　以上的讨论说明，和我们关系最密切的自然之物，包括气土火水以及动植物的身体，都不是宇宙演化过程中偶然产生的，而是本义上的天地将自身（以及所生之生命）物化到宇宙中的结果。这些自然之物的协调合作，其所造就的生存方式，以及生物从地向天的进化方式，等等，说明了宇宙是一个有内在组织和目的性的体系。换句话说，宇宙不仅是物质体系，更是宇宙生命。这个大生命显然是有智慧的，而且其智慧服务于天地物化自身，产生人类的目的。所以，宇宙智慧其实是天地本身的智慧，是天地通过其"宇宙胎儿"所拥有的智慧。正因为天地拥有宇宙智慧，才能"事先就明白"生命必须先物化为生物体，才能通过生物体敞开出来，并通过从地向天的进化，最终成为居于天地之间的人。

　　这与科学对宇宙发展的理解似乎有很大差异。科学是不讲目的性的。科学考察宇宙的方式是纯粹智性、完全客观的。所以，科学其实不研究作为现象的万物，而只研究可以通过实验把握的"万物本身"的客观属性。这些客观属性本质上可以用数学来描述，用概念模型来推测，用实验来加以证实。这就是为什么科学对宇宙万物的研究获得巨大成就的原因。但科学并没有证明宇宙的发展没有目的。科学只是不关心目的问题，因为这不是科学的纯粹智性可以探讨的事情。纯粹智性既无法证明也无法否定目的性，因为目的性处在比智性更高的层次。所以，我们从物化现象出发对宇宙发展的理解和科学的理解并不矛盾。

　　科学的智性和客观的立场使它跳过了万物的现象，仅仅研究这些现象所彰显的，独立于生命存在的"万物本身"。科学不研究诗人看到的美丽纯洁的月亮，而是研究由化学元素构成的、有质量和运动速度等客观属性的"月亮本身"。同样的道理，科学不研究色彩而是研究光波，不研究声音而是研究空气的振动……。但科学必须观察万物的现象才能研究万物本身，因此常常需要研究二者的对应关系（如满月与月亮位置的关系、色彩与光波波长的关系、音高与空气振动频率的关系，等等）。然而，科学并不把现象当成现象来研究，而只是当成提示物自身的东西（有时甚至把现象归结为物自身）。关于这点我们不妨看一下歌德和牛顿的著名争论。牛顿认为白光是多种单色光的混合，而歌德则在其《颜色论》中批判了牛顿的理论（歌德认为彩色是光明与黑暗互相渗透的结果，而不是包含在白色中）。今天人们认为科学已经肯定了牛顿的理论，否定了歌德的颜色论。其实两人研究的不是同一个东西，所以各有其道理。牛顿研究的是光波。歌德研究的是色彩。光波是隐藏在宇宙生命中的"物自身"（电磁波），是独立于观察者存在的。色彩则是光波（以身体为媒介）在有限生命中引发的现象，是相对于观察者而言的（色盲的人看到的色彩就和正常人有所不同）。光波和色彩虽然有对应，但属于两个不同的生命领域（无限和有限），服从不同的组织法则。但牛顿和歌德没有明确区分光波和色彩（歌德也和牛顿一样用实验来证实自己的颜色论）。所以两人之争是出于对光波和色彩的混淆。事实上，有些波长的光波不能在生命中引发色彩，而我们在梦中或想象中看到的色彩则不需要光波来引发。现象和物自身虽然本质上互相对应，但这种对应是以身体为媒介实现的，所以在某些特殊情形中不一定对应得很好。然而，在正常生活范围内，现象和物自身通常有很好的对应，不需要加以区分。正是这种不加区分的自然态度帮助我们正常地和万物打交道（因为现象就是物自身的出现）。但是，当我们出于深入思考的需要必须对二者做出区分时，我们就常常因为这种自然态度而感到困惑甚至陷入混乱之中。

　　康德在哲学史中第一次明确区分了现象和物自身。[①] 这是康德对人类做出的巨大贡献。但他认为时空只是现象的直观形式，不能应用于物自身。这个结论是有问题的，因为现象有时空形式不等于物自身没有相应的时空形式。万物的现象就是其物自身在生命中的出现，因此二者的组织形式必然相似（虽然不一定完全相同）。我们只能说物自身的时空和现象的时空不是同一回事，而不能断定物自身没有时空形式。事实上，康德并没有意识到物理学研究的不是现象的时空，而是物自身所在的物理时空。现象的时空属于有限生命的组织形式。物理时空则属于宇宙生命的组织形式。前者是后者的出现，反映了后者，但不是后者本身。所以，从我们的时空直观得出的结论不一定都可以应用到物理时空中（后者只能通过实际测量来决定）。这就是为什么爱因斯坦的相对论得出了一些违反时空直观的结论，却得到了实验的证实的原因。

　　[①] 康德的"物自身"概念可以指多种不同的事物。在这里我们只讨论万物的现象所对应的"物自身"。

这里我们不想对物理问题做深入探讨，而只是想澄清科学真理和宇宙智慧的关系。科学排除万物的意义来研究其客观属性，其实就是排除了心的慧性，仅仅用判断力的智性研究万物（参见《现代人生命的演变》）。心是天志落入有限生命才产生出来的，所以宇宙生命是完全"无心"的。有限生命来自宇宙生命，从后者获得了相似的内在组织，却多出了"心"来感受和实现生命的意义。但科学排除了心的慧性，剥夺了有限生命比宇宙生命"多出来"的成分，靠着剩下来的纯粹智性发现了宇宙生命的组织形式（宇宙规律）。这说明科学在宇宙中发现的就是宇宙的智性。正因为宇宙生命有智性，它生出到世界中形成的有限生命才能有智性。**人的智性就是宇宙智性的有限化。**但智本归属于慧。人的智慧本质上服务于人心在天地之间的生活，所以通常不会排除慧性去发挥纯粹智性。中国古人具有极深的生命智慧，所以不会发展"有智无慧"的科学来研究宇宙。现代人则以智慧的分裂为代价发展出了现代科学。但这并不妨碍我们从生命智慧出发吸收科学的智性，把它当成智慧的一种特别的（狭隘的）运用。

人的智性包括领悟和判断力两方面。因此我们可以猜测宇宙智性也包括"宇宙领悟"和"宇宙判断力"两方面。古人其实早已发现组织万物的宇宙领悟。柏拉图把它当成永恒的理念（老子则称之为"常名"、"有名"、"万物之母"）。人的领悟是理念在生命中的出现，但不是理念本身（"可名非常名"）。柏拉图认为人出生前对理念有完美的认识，但出生后就遗忘了，所以学习就是回忆。这种说法的道理在于人的生命出生前就是宇宙生命，尽管柏拉图是从灵魂角度理解的。至于"宇宙判断力"，我们可以推测它有无限性，因为它不像人的判断力那样受到身体的限制。宇宙智性可以通过无限判断力和永恒理念进行思考，为宇宙万物提供内在组织。也许有人会问："没有大脑的宇宙怎么能思考呢？"因为思考的本质并不在于大脑。不通过大脑进行的思考是更纯粹的思考。人的生命是通过身体敞开的，所以人的智性不但依赖身体存在，而且还依赖（物化了智性的）大脑来工作。但宇宙生命不是通过身体敞开的，而是天父地母直接孕育出来的。所以宇宙生命根本不需要依赖任何身体（大脑）来思考。宇宙生命不但"无心"而且"无身"。

所以宇宙不但没有心情和欲望，也没有疼痛饥渴等感觉。宇宙就是"麻木不仁"的大生命，如同胎儿那样在地母的怀里沉睡着。但宇宙的"沉睡"是相对于人而言。宇宙其实是有思考的。不过这种思考不是自由的、随意的思考，而是服从自身逻辑性的纯粹思考。这种组织万物的思考具有智性的特点。这是为什么科学能够用纯粹智性发现宇宙规律的原因。

然而，宇宙不但有智性而且有慧性。也许有人会再问："宇宙生命既然没有心，它怎么可能有慧性呢？"因为慧性的本质并不在心本身，而在其超越根源。正因为心是天志的个体化，它才有了从超越根源而来的光明，即慧性。宇宙生命既然被天地直接拥有，宇宙判断力就和宇宙推动力一样是天志直接拥有的下属意志（二者的合作使天志可以有内在组织地推动万物，实现天志所要达到的目的）。所以，宇宙智性天生就归属于从天志而来的慧性。**宇宙是有智慧的。宇宙智慧就是天地的智慧**。天地通过宇宙智慧思考自己，组织宇宙生命，所以"事先就明白"如何物化自己、物化生命，让生物逐步进化为居于天地之间的人。随着宇宙生命生出为有限生命，宇宙智性就生出为有限智性，同时天志落入生命中，作为心去拥有智性，这样有限生命才有了智慧。**人的智慧就是宇宙智慧的有限化**。只要我们充分发挥智慧，就能从宇宙演化和生物进化中看出天地的智慧，明白宇宙发展的目的是什么。

但科学却是"有智无慧"的。所以科学只能发现宇宙智性在万物中的表现，而不明白天地如何物化自己，不明白生物是从地向天进化的，不明白这种进化从一开始就受到天地的引导，目的是为了最终产生居于天地之间的人。科学能够理解宇宙万物的运动规律，借此从当下状态推测未来状态（或反推过去的状态），但无法从目的性理解宇宙的发展。我们对目的性的理解最初来自欲望的行为方式。欲望的行动是有"目的"的，因为欲望能够向未来看到我的种种可能性，并选择想要的可能性来实现。所以，**目的性是慧性利用智性为自己服务的一种方式**。天地虽然没有欲望，但天志就是欲望的超越根源。天地通过宇宙智慧看到了自身发展的可能性，亦即物化自己、物化生命，让生物进化为人等可能性。但天地并不对自己的可能性做自由选择，因为天地的可能性同时也是其必然性。人的有限性使人面临许多被天地给予的，不是从人自身而来的东西，所以才能以超越的姿态对它们进行选择。**自由选择是有限性的表现**。天地本身没有自由，但最终通过所生之人走出了自身的无限性，发展出了自由。人的自由说明人有能力超越被给予的生命去与天合一，从而完成上天赋予的历史使命。所以人的自由是实现必然性的自由，而不是毫无根基的任性妄为。

天地为了自身的发展必须物化自己、物化生命，乃至发展出居于天地之间的人。这些必然的"目的"通过宇宙智慧引导了宇宙演化和生物进化的过程。所以，宇宙万物既有许多可以被科学把握的规律，同时又表现出科学所不能解释的合目的性。科学无法仅仅凭推理去证明宇宙演化必然会在某个星球上产生气土火水四大元素，也无法证明生物必然要出现，进化必然会产生人类。有些人相信科学理论可以完全精确地决定万物的运动变化。这其实是对科学的误解。虽然牛顿力学和爱因斯坦的相对论都肯定宇宙是被物理规律精确决定的，但量子力学在微观层次上否定了决定论的观点。对量子力学而言，微观粒子的状态是不可能完全精确决定的（能够决定的只是这些状态的概率分布）。即使在宏观层次上，一旦有非物理因素介入，就无法光凭物理学决定万物的状态。例如，尽管我对某物的使用包含物理学可以决定的许多因素，但物理学无法完全解释该物的状态，因为其状态受到我的活动影响，从我的生活目的解释反而更加直截了当（为什么灯突然灭了？因为我想睡觉，所以把灯关了）。同样道理，天地通过宇宙智慧引导万物，实现出天地的物化、生命的物化、生物的进化等，以致宇宙的发展无法仅仅从智性去理解，但从发展的目的出发就不难把握。宇宙智慧的引导既包括对宇宙演化和生物进化的预先设计，也包括对其发生过程的实际影响。这种影响是全方位、涉及宇宙整体的，同时又是非常微妙的（只需要极微小的影响就足以引导宇宙和生物的演变向合乎目的性的方向发展）。然而，科学必须排除目的性才能用纯粹智性研究宇宙。所以，科学只能发现宇宙的"如何"，回答不了宇宙的"为什么"。如果我们把科学当成唯一或全面的真理来崇拜，就会彻底丧失宇宙发展的意义。

科学的局限性在于它只能把握宇宙智性，无法把握宇宙慧性。虽然科学是探索宇宙智性的一种重要方法，但科学真理不是关于宇宙的全面真理。另一方面，哲学可以从宇宙智慧出发理解宇宙，为科学补充它无法具有的慧性，揭示宇宙万物的意义，甚至揭示生命和世界的意义，把科学带入更完整的真理领域。当我们从宇宙智慧出发解释科学的真理性时，就可以使科学技术释放出来的宇宙推动力恢复其归属于天志的本性，使世界摆脱技术统治，让技术为实现上天赋予人类的历史使命服务。从宇宙智性到宇宙慧性仅仅是一步之遥。但科学的本质使它不可能迈出这一步。科学发现了宇宙万物的许多规律和演变过程，大大扩展了人类对宇宙的了解。科学在这方面的贡献和作用是哲学无法代替的。科学不断观察、提出理论、验证理论、完善理论，就是为了用人的智性去无限逼近组织万物的宇宙智性。但这种逼近受到其实证立场的限制，因此无法直接显露宇宙智性本身。即使科学最终完全把握了宇宙智性组织万物的方式，它仍然无法完全解释宇宙的发展，因为这种发展不仅被宇宙智性所组织，更受到宇宙慧性的引导。所以，科学无法完全解释自身的真理性。这个工作就只能留待哲学来完成。

历史上已经有不少哲学家试图解释科学的真理性。德国古典哲学时期产生的自然哲学就是这种尝试的开端。特别是黑格尔的自然哲学，将当时自然科学的成果从"自然是理念的外化"角度重新加以阐释，到目前为止仍然是这种尝试中最系统、最完整的。但自然哲学（以及今天的科学哲学）没有看到宇宙是天父地母孕育的宇宙胎儿，是有智慧的宇宙生命，是天地物化自己的场所。我们上面对宇宙发展的探讨是从天地的物化现象出发的。这种以现象学分析为基础的探讨仍然很初步。哲学必须以更根本的本体论方式，从原始自性（太极）出发推导其全部发展过程，才能更全面地理解宇宙的起源和发展，从而更全面地解释科学的真理性。在第三部"回归太极"的《论太极》讲座中我们将对此做初步的尝试。目前我们仍然需要继续"回归天地"的现象学之旅。

第八讲　天地与人

　　生物从地向天进化的最终结果就是产生了居于天地之间的人。但是，中国古人所说的居于天地之间，不仅是指在天地之间直立行走，而是有更为深刻的内涵，因为古人所说的天地不仅指天空和大地，更指本义上的天地，亦即天父地母。居于天地之间就是生活在天父地母之间。这是为什么中国古人把天地人看成是一体的原因。所以，我们不能仅仅把人当成一个生物种类。人作为一个生物种类其实是我的身体所归属的类，而不是我本身所归属的类。虽然我的生命必须通过身体才能敞开出来，我本身并非一物，而是意志与生命的阴阳合一（自我同一）。我所归属的类应该具有和我相似的自性，因为我就是所属之类的个体化。第六讲《天地与我》曾经指出，我的意志是天志的个体化，我的生命是世界的个体化。既然如此，作为类的人，亦即人之为人，岂不就是天志与世界的阴阳合一吗？如果意志与生命的合一构成"我"，天志与世界的合一岂不是应该构成"大我"吗？

　　但大我是谁？不是我，而是我所归属的类，亦即本义上的人类（物化义上的人类就是作为生物种类的人）。尽管人类无法自称为"我"，却已经意识到世界是一个整体，是"我们"在其中共同生活的世界。正如我是生命的统一性，**人就是世界的统一性**。这是人最基本的特性，亦即人的社会性。所谓大我就是自我同一的人类社会。人因为形成了社会而区别于其他动物，因为人把自己从生物种类提高到了可以"参天地"的，本义上的类。然而，到目前为止，世界并没有被天志统一为中国古人念念不忘的"天下"。既然世界还没有达到真正的统一性，所谓的大我其实还没有完全真实地实现出来，这点从世界各民族仍然难以相互理解、彼此纷争不断的状态就可以看出来。从这种意义上说，人还没有完全成为人。尽管天志与世界的合一是天地阴阳合一的本性决定的，但世界包含许许多多个体生命，天志也已经落入其中而被个体化。所以，人们只有通过在世界中的共同生活超越个体生命，才能逐步实现人类作为大我居于天地之间的本质，回归到天父地母的怀抱中。这个讲座所要讲的就是礼俗社会如何通过敬天亲地实现人的本质。

一　共同在世

我从来就不是孤立存在的，而是和他人共同生活在世界中。我只有在和他人的共同生活中才能发展自我意识，学会做我自己，乃至进一步回归天地。在前面的讲座中我们一直不曾突出"共同在世"，仿佛我可以单独存在，但我们的讨论实际上已经预设了"共同在世"作为人最基本的存在方式，只是我们从生命开始的考察方式使我们把共同在世推迟到现在来考察。从现在开始我们必须把目光从生命扩展到世界，从我扩展到人。海德格尔在《存在与时间》中跳过生命，直接从"在世界中"把握人的存在方式。相比之下，我们从生命开始的考察构成了一个比较狭隘的开端，但同时也是一个良好的开端，因为它能让我们更清楚地看到共同在世的构成方式。

虽然生命只属于我，但人的生命本质上是相互开放的。生命如果不能相互开放就会失去一切属人的内容。没有学生的聆听、提问和讨论，老师的授课就无法展开，反之亦然。课堂作为一个活动领域不是由老师和学生们的生命叠加得到的，而是源于一个向所有生命开放的敞开域，在其中老师和学生们的生命可以按照各自方式敞开出来，相互交融，相互贯通，心照不宣。不仅课堂，而且饭堂、图书馆、商场、剧院、医院中的种种活动，乃至家庭生活、国家运作等都必须依赖这个向所有生命开放的敞开域才能发生。虽然每个生命都以各自方式敞开着，都是特别"属我"的，但所有生命都共同出现在这个比生命更大、更原始、能够让生命相互开放的敞开域。这个原始敞开域就是**世界本身**。世界之所以能容纳所有生命的敞开，就是因为它是超越一切生命的，本性虚空的原始敞开域。每个人的生命都是世界特别"属我"的那个侧面,但每个侧面都不是自我封闭,而是向世界开放自身的。我只有在世界中开放自身才能成为一个人。在世界中就是超越生命,向世界开放自己,就是与他人共在。因此我不可能孤立地在世界中。即使他人当下不在场,我也仍然生活在向他人生命开放的世界中。在世界中本质上就是共同在世。

共同在世不是凭空发生的,而是建立在生命回旋运动的基础上,因为生命回旋运动是一切个体生命(包括人和动物)自我同一的存在方式。人类的共同在世意味着生命回旋运动在世界中相互交融、相互纠缠、相互同化。所以,共同在世会自然而然地把生命回旋运动扩展为"世界回旋运动"。如下图所示。

共同环境 → 共同处境
  ↑   ↓
共同欲望 ← 共同心情

图 15　世界回旋运动

生命回旋运动本来是从处境开始的,这是因为我首先要感受到被给予的生命处境,才能产生主动把握它的欲望,从而开辟出我可以在其中活动的环境(参见图 1)。但我们必须通过在环境中的活动才能和他人共同生活,因为我们必须通过身体(和环境中的物)才能和他人发生关系。所以,从共同在世角度敞开的世界首先是一个可以在其中行动的共同环境,而不是一个有意义的共同处境。共同在世只能从共同环境开始。这意味着"生命回旋运动"被扩展为"世界回旋运动"时发生了一件奇异的事情,就是处境在个体生命中的优先地位被共同环境的优先地位所掩盖。**共同在世从一开始就是对生命回旋运动的异化。**

这种异化是人们超越个体生命,共同生活在世界中时自然而然地会发生的事情。所以它不是一个错误,而是一个新的开端。这个开端掩盖了处境的优先地位,同时也就掩盖了生命意义的优先地位,使人们首先关注环境中可以共享的有用之物，把环境是否有利于生存当成共同处境，由此产生为生存焦虑的共同心情，并激发人们改造生存环境的共同欲望。这就是人们共同在世最基本的形式，因而也是日常生活中占据统治地位的形式。任何更高层次的共同在世都只能在这种日常形式的基础上才能建立起来。但异化说明日常共同在世隐含"非本真"的因素。我的个体性首先在于我所感受到的特别处境，而不是我和他人共享的环境。日常共同在世使我倾向于从共同环境出发理解我的处境，根据公众舆论理解生命的意义，掩盖了我独一无二的个体性，使我倾向于做一个"常人"，过着人云亦云、随波逐流的生活，无法真正地把生命拥有为"我的"生命。

第五讲《我是谁？》曾指出，我可以通过当下瞬间的决断来超越"常人"状态，真正做我自己。但从世界的角度看，"常人"并不仅仅是一种我必须超越的状态。"常人"其实是世界最基本的统一性，也就是人们通过共享环境中的物自然形成的统一性。"常人"是大我的最初的、非本真的实现，因为它不是把世界统一到天志，而是统一到人们的普遍欲望。"做常人"是日常生活中最基本的做人方式。即使我能够通过决断超越"常人"状态，在当下真正做我自己，我也并没有因此成为一个更本真的"人"。我不可能孤立地、仅仅在我自身实现一种比"常人"更本真的"人"，因为本真的"人"只能在我们的共同在世中，在我们生命的相互开放中才能达到。

做人和做我自己密切相关，因为不是别人，而是我在做人。但二者是不同层次的存在方式。做人不仅涉及世界特别"属我"的那个侧面，而且涉及一切其他侧面。每个人都出现在他人生命中。在他人的生命中，有我这样一个"人"，这个人对他们来说是"他人"，构成他们生命内容的一部分。因此，我不是只有一个版本，而是有多少他人就有多少个版本。我不可能仅仅"做我自己"，而总是要同时做"他人生命中的他人"。也许有人认为"他人生命中的他人"不是真正的我自己，但这个身份却属于我做人的内容。我正是依赖这个身份来与他人共同在世的。不但如此，我作为"他人生命中的他人"的内容比"我自己"的内容要丰富得多，因为这种内容出现在许许多多人的生命中，有许许多多不同的意义（有些甚至是我不知道的）。"我自己"是"他人生命中的他人"的不变核心。但我不能简单地把"做我自己"当成内部存在方式，把"做人"当成外部存在方式，因为对我来说是外部的东西，对他人来说却是内部的（属于他人生命的）。人既然是世界的统一性，做人就没有内外之分——我必须超越内外之分，放弃狭隘的主观立场，才能真正从世界的角度做人（这并不意味着"做人"必须放弃"做我自己"，因为二者是不同层次的存在方式）。

这种内外不分意味着身体在做人中有重要意义。共同在世的基础就是身体的相互照面。我们是通过他人身体才发现他人并与之来往的。对我自己而言，身体是物化的我，不是我本身，但对他人而言，我的身体和我本身是重合的——我就是这个在他人眼中如此动作、如此说话、如此微笑、如此生气的身体。这并不是说他人把我仅仅当成身体，而是说我的身体在他人生命中被提升到了代表我本身的地位——这正是我做人的一个重要内容。这并不是我的外化，而是我的提升——我在和他人的交往中才真正释放了身体所物化的"我"，让它作为"人"在世界中放射出耀眼的光辉。我可以在内心暗暗决断来真正做我自己，但做人则必须通过身体在世界中的出现。所以身体动作（包括言谈）在做人中被提升到了代表我之"存在"的高度，获得了"行为"的意义。

既然共同在世需要身体的相互照面，做人通常发生在人们共享的"世界时间"中。世界时间是由公共环境中的物（例如太阳）出现在世界中的方式决定的，是可以用年月日时来度量的。我的人生轨迹就出现在这种世界时间中。随着我的诞生，世界敞开了一个特别属我的侧面。这个侧面在我的人生旅途中不断发展变化，形成了一条有始有终的人生轨迹。身体的诞生、成长、衰老、死亡是人人都无法避免的自然过程。因此，我不仅是一个"人"，而且是婴儿、孩童、青年人、成年人、老年人，以至于最后成为死人。我们通过众人共享的世界时间和他人打交道，实现我们人生轨迹的交叉、重合、分离，以至于最后脱离世界时间而结束人生。这种从生到死的运动并不是我作为"我"的存在方式，而是我作为"人"的存在方式。当我刚刚诞生时，我还没有自我意识，还不是一个真正的"我"。但这样一个出现在世界中的婴儿却仍然是一个真实的"人",只是处在人的幼稚阶段而已(这是我们为什么谴责溺婴的原因)。我作为孩童的许多生活经历我长大后都忘了,但对于父母和长辈来说却是我作为一个"人"不可缺少的一个有意义的阶段。我的死亡使我失去生命,从而也失去了"我",但我作为一个"人"却因为死亡才真正实现了完整的人生,甚至在死后仍然作为"这个人"而被亲人朋友所怀念,在他们中延续我作为一个人的存在,继续参与构成他们生命的意义。甚至在我出生之前,我就已经作为尚待出生的孩子,或者父母决定要生的孩子等参与构成父母生命的意义。所以,不论从空间还是从时间来说,我作为一个人的存在都超越了我自己的存在。如果一个人不明白这点,就会凡事只考虑自己,以致人们常说这样的人不懂"做人"。相反,所谓的伟人,就是能够从世界和历史的角度超越自己,以世界为自己的生活领域,以历史使命为自己生命意义的人。这种人在活着的时候其存在就已经远远超越了自我,所以死后仍然会在世界中延续其存在,不断参与构成着千千万万人生命的意义。

　　人从生到死的存在方式说明世界的统一性不是静止的,而是动态的,也就是在众人共享的世界时间中,不断开启新的侧面、关闭旧的侧面。如果个人在世界中的出现和消失没有什么内在的、必然的联系,那么世界的统一性就是间断的,不可能形成一种连续的、有意义的发展,不可能出现我们称之为"历史"的东西。是什么使世界保持连续的、有意义的发展?就是从父母到儿女的发展过程。我们每个人都不是凭空出现在世界中的,而是来自父母的性爱、怀孕、生产和养育。父母在儿女身上看到了自己的延续。一个时代的人在下一代人身上看到了自己的延续。世界就这样通过一代代人的延续而获得连续的、有意义的发展。因此,共同在世的时间不仅仅是由公共环境中的物所决定的世界时间,更是由一代人到下一代人的延续形成的不断生成的历史时间。

　　这个曾经被德国现象学家黑尔德称为"世代生成"的现象[①],对于我们中国人是一点也不陌生的。不但如此,中国人还特别突出了男女结

[①] 参见 [德] 克劳斯·黑尔德《世界现象学》,倪梁康等译,第三篇,三、世代生成的时间经验,生活·读书·新知三联书店 2003 年版。

合在世代生成中的重要性。人类自我延续的方式不是从一个人到下一个人，而是从男女到其后代。男女结合生出后代浓缩了"天地生人"的过程，亦即天地阴阳交合，在地母中孕育宇宙生命，再从地母涌现到世界中成为有限生命的过程。世界就是天地所生之人的容身处。所以，世界本质上是父母为儿女开启的活动领域。父母继承了上辈父母开启的世界，重新开启后又传承给儿女。人类就这样不断重演"天地生人"的过程，使世界可以一次又一次地从天地开启出来，历久常新。动物虽然也能通过交配生出后代，但还没有充分意识到世界是向所有生命开放的，其生命的相互开放是有限度的，其雌雄结合还没有真正实现"天地合"的意义。人类充分意识到了世界向一切生命的开放，所以人的生命可以充分相互开放，使男女之间可以达到相互认同，把动物式的交配提升为性爱，把儿女从单纯的"后代"提升为"世界的继承者"。所以，男女结合生出后代不仅是生物种类的自我延续，更是人作为世界统一性的自我延续。正是通过这种自我延续，世界的统一性才能历久常新，历史发展才成为可能。

所以，男女不能仅仅看成人的某种下属分类，仿佛"男人"和"女人"只是如同"白人"和"黑人"、"南方人"和"北方人"，甚至"胖人"和"瘦人"等带有相对性质的分类。男女之别是阴阳之别，代表了人类根源的两个不同方面，因而是决定人这个类的区分，而不仅仅是人的下属分类。严格说来，男女首先代表的是比天地更原始的阴阳（原始自性），其次才代表天地。所以，男女结合的意义首先是爱情，其次才是性爱（这点在我们进入第三部"回归太极"时才能加以解说）。但人作为"世界的统一性"是依靠男女结合形成的世代生成不断延续和发展的。所以，男女的共同在世具有比一般共同在世更深刻的意义，导致"做男人"和"做女人"两种不同的"做人"方式。

人是通过身体活在世界中的。男女身体的不同自然而然地导致了男女活在世界中的不同方式。男女身体都是"我"的物化，具有相似的心血管系统、呼吸系统、消化系统、神经系统等（参见《天地与万物》）。但男女的生殖系统不是来自"我"的物化，而是来自对天地的浓缩，因而是相反相成、对立互补的。性欲来自人的根源，为身体的感受和欲望提供了统一性。男女因此有相对不同的身体感受和身体欲望，并升华到男女的心和生命中。世界因此以相对不同的方式向男人和女人敞开。这样世界就永远有两种不同的侧面。每个人只能站在其中一种侧面去理解另一种侧面。这种理解深化了生命之间的相互开放。两种侧面的阴阳互补使异性之间有一种天然的"亲和力"。同一种侧面的共性则使同性之间有一种天然的"聚合力"。但"聚合力"暗中包含相互排斥，导致同性之间的竞争。然而这种相互排斥是良性的，因为它能促使每个人都争取以更出众的方式做男人或女人。男女之别从人的根源丰富了人性，使人生变得多姿多彩（想象一下，如果人没有分为男女，人生会多么缺乏情趣！）。当男人真正活出男人的本性，女人真正活出女人的本性，人就能从其根源获得生生不息的发展动力，世界的统一性也就有了牢固的根基。

我们在这里谈论的"做男人"和"做女人"是在世界中"做人"的两种基本方式，不是指爱情或性爱等高层次活动。一个人也许还没有进入爱情或建立自己的家庭，或者没有这样的机会，或者有这样的机会但没有机会生孩子，但这些都不妨碍这个人在世界中实现其作为"男人"或"女人"的本性。由于男女之别是阴阳之别，"做男人"更多地表现在意志的刚强和力量的释放，而"做女人"则更多地表现在性情的温柔和生命的美丽。从古到今，从东到西，男女本性的表现虽然有时代和地域的差别，但仍然保持着基本的共性，成为人们默认的理想，因为这种本性不是偶然形成的，而是来自人的根源，只是在不同社会中表现有所不同而已。

另一方面，男女的"我"都是意志和生命的统一，都有来自天和地的因素。因此男女本性的差异不是完全缺乏共性的绝对差异，而是在"同为人"基础上的高层次差异。男人和女人都同样是"人"。作为一个"人"，其在意志和生命方面的杰出都是值得赞扬的。真正杰出的男女不但能够把男女的本性发挥到淋漓尽致，同时还能在社会中做一个杰出的"人"。这需要全面的人格修养，以及在不同层次、不同倾向之间保持平衡的艺术。社会应该为男女提供平等机会，让他们不但能展现男女的不同本性，而且都有机会在社会中做一个杰出的人。阴阳本来就是同一层次的互补关系,而非不同层次上的高低尊卑关系。只要社会保持良好的"做男人"和"做女人"的理想,男女平等能够让这种理想以更自由、更充分的方式发挥出来。

然而,如果我们仅仅从平等出发理解人,就会掩盖男女本性的差异。男女平等是一种社会文明,是社会地位的平等、权利和义务的平等、机会和待遇的平等,而男女差异则是一种文化理想,是来自人的根源的一种意义、精神、境界。所以二者之间并不相互矛盾。男女差异并不像一些西方当代学者所认为的那样,仅仅是一种后天的、由社会强加在个人身上的东西。社会就是世界的统一性,就是人的大我之所在。社会之所以会形成男女差异的文化理想,是因为这种差异不是偶然的,而是来自人的根源,是人保持和根源的关联,让世界历久常新,让传统不断延续和发展的重要方式。如果说"做人"就是向人开放自己,那么"做男人"或"做女人"就是向人的根源开放自己。如果我尊重自己身上的"人",为什么我不尊重从人的根源而来的特别天命?我并没有选择成为男人或女人,而是被天命赋予了男人或女人的本性,而我所能做的,就是在社会生活中实现这种本性,这样我才能真正释放身体所浓缩的根源,让它作为"男人"或"女人"在世界中放射出耀眼的光辉。天命还使每个人都有独特的性格和气质,因此"做男人"和"做女人"也可以像"做我自己"那样独具特色。男女的共同在世使世界变得富有情趣,而我们每个人都可以通过自己的参与让它变得更加丰富多彩。

二 地生风俗

日常共同在世使世界达到了最基本的统一性,但同时也掩盖了处境在个体生命中的优先地位,形成了从公共环境出发的"常人"存在方式。另一方面,"做男人"和"做女人"并不是从公共环境出发,而是从男女各自的特别处境出发,以对立而又互补的方式实现各自生命的意义。所以,男女的共同在世其实超越了"常人"的存在方式。这并不是说只要男女在一起就实现了本真的共同在世,而是说如果"做男人"

和"做女人"已经成为社会默认的理想，这种理想就会从人的超越根源赋予世界一种意义，使得男女的共同在世受到这种意义的引导，从世界的意义获得各自生命的意义，超越了共同环境在日常生活中的优先性，从各自的特别处境出发行动，从而超越了"常人"的存在方式。

这种关于"做男人"和"做女人"的理想不是人们有意的规定，而只是以风俗的方式自然地存在。例如，男女的服饰不同、言谈举止不同、在恋爱和家庭中的角色不同，等等。在风俗的实践中，引导人们行为的不是对环境的共同关注，而是对世界意义的共同感受。尽管男女以不同方式行动，但相互都理解对方的行动方式，因为男女对世界意义有共同感受，只是在此意义中处于不同位置，因此以不同方式从世界意义个体化出自己生命的意义。男女共同感受到的世界意义超越了日常世界的基本意义（生存环境的好坏）。所以，男女共同在世虽然建立在日常共同在世基础上，但它已经是更高层次的、更为本真的共同在世。

这个结论对其他风俗也都是成立的。一般说来，风俗实现的世界意义超越了公共环境在日常生活中的优先地位。但风俗是如何形成的呢？没有人知道风俗是如何形成的，因为它们不是人为设计出来的，而是人们在生活中不知不觉、潜移默化地形成的。但风俗既然实现了超越日常世界的意义，它就是有来源的。为了理解风俗的来源，我们不能仅仅把"生命回旋运动"扩展为"世界回旋运动"。《天地与我》已经指出，生命回旋运动是大道的涌现与回流形成的漩涡。既然我的生命是大道从地敞开出来的，世界就同样是大道从地敞开的，而且比生命的敞开更为原始。如果人们在共同生活中潜在地意识到了世界是从地敞开出来的，世界就会从大道的运动获得意义，导致风俗的形成。为了更直观地理解这点，让我们把图12的"地与生命回旋运动"扩展为"地与世界回旋运动"。

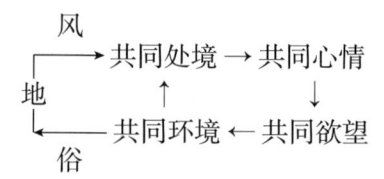

```
        风
      ┌──→ 共同处境 → 共同心情
   地  │      ↑           ↓
      └──→ 共同环境 ← 共同欲望
        俗
```

图 16　地与世界回旋运动

当大道在人们的共同生活中自然而然地涌流时，世界回旋运动就不再仅仅是生命回旋运动的扩展，而是获得了从大道而来的支持。世界作为被给予的（从地涌现出来的）共同处境获得了优先地位，因此首先被理解为一个有意义的世界，而人们在共同环境中的活动就是为了展开和深化世界的意义。大道的这种涌流超越了"常人"围绕生存展开的日常生活，潜移默化地形成了更高层次的共同在世，也就是所谓的"风俗"。

"风"和"俗"都是大道在世界中的运动，只是相对而言，大道从地涌入世界，形成人们对处境的共同感受，即所谓的"风"（例如"民风"、"风气"都是指民众对世界的共同感受），而在这种共同感受的基础上形成的、在环境中的共同行为方式，即所谓的"俗"。综合而言，**风俗就是大道从地向世界自然涌流形成的、人们共同感受和实现世界意义的生活方式。**这里所说的"地"是本义上的，即从自身敞开世界、生出一切生命的地母。许多风俗的起源难以考究，即使知道其起源，也不知道是哪些人以什么方式发展出来的。风俗的这种特点就是它源于大道、出自地母的明证。但是，既然地母在自己中物化出了大地，而且人们的共同生活是在大地上实现的，风俗的具体内容就常常和大地的具体特点有关，甚至于"百里不同风，千里不同俗"。

虽然古代的男女交往有不少限制，但也有不少风俗为男女的自由恋爱提供机会。例如，《诗经》就有不少篇章描绘青年男女在野外的浪漫约会。周朝甚至鼓励男女仲春之月在野外私会（孔子就是父母"野合"所生。孔子把《诗经》当成人生教育的开端，可见其对周朝风俗的认同）。后来的朝代逐渐失去了野合的风俗。但元宵节看花灯又逐步演变成男女寻觅心上人的机会，以至于元宵节甚至被今人称为"中国情人节"。欧阳修的"去年元夜时，花市灯如昼；月上柳梢头，人约黄昏后"，辛弃疾的"众里寻他千百度，蓦然回首，那人却在，灯火阑珊处"，都描述了这种浪漫的场面。许多少数民族直到现代仍然保留了野合的习俗。海南的黎族就曾有"放寮"的风俗：女孩长大后住到特别建造的茅草屋（"寮房"）；未婚青年男子可以到茅草屋旁吹箫唱歌，表达爱慕，如果得到女子回应就可以结合。中国少数民族在自由恋爱方面的风俗十分丰富多彩。不管世人怎么看，爱情的意义总是悄悄地从人的根源流入世界，默默地展示在这些风俗中。

中国古代的婚俗也十分丰富多彩。因为新娘出嫁是身份的改变，这些风俗常常特意为难新郎，以显示新娘的尊贵。古代的鲜卑族在新娘出嫁时会故意派人阻挡男方的婚车，等车好不容易到了女家，新娘又借口还在化妆不肯出门，以致男方要纠集上百人大喊"新娘子，催出来！"，一直喊到新娘上车为止（好不热闹！）。唐朝时汉人的"催妆"则有另一种情趣：新郎必须作诗催新娘出门，大意是说新娘已经足够美丽，不用化妆就可以出门。新娘对"催妆诗"感到满意就会出门，否则新郎还得再作，有时竟会拖到很晚还出不了门。白居易在《和春深二十首》中曾经描述道："催妆诗未了，星斗渐倾斜。"（急死新郎！）甚至新娘入洞房之后，新郎还得作"却扇诗"，新娘感到满意才会放下一直遮住脸的扇子。[①] 古代的"催妆"风俗后来慢慢演变，到今天某些地方变成新郎要给娘家人足够多红包，否则新娘就不出门，其意义和唐朝时已经相去甚远（郁郁乎文哉！吾从唐）。

世代生成不仅包括男女的结合，还包括儿女的出生和成长、父母的衰老和离世。在这方面人们也形成了不少风俗。其中有些是关于婴儿的（如"满月"、"百日"、"抓周"等），有些是关于孩童的（如日本人庆祝三岁、五岁、七岁），有些是关于青年的（如"青年节"、日本的"成人节"），有些是关于老人的（如"祝寿"），有些则是关于死人的（如"做七"）。这些风俗不仅关系到世代生成的"历史时间"，还关系到人们共同在世的"世界时间"，特别是年月日所决定的天文时间。实际上，许多风俗都和某个特别的日子有关，最典型的就是节日风俗。为什么风俗会赋予某日特别的意义？因为天文时间不是偶然形成的，而是和大道的运行有关。日月运行、天地开合使我们的生命每天都随着太阳升起而"生出"到世界之中，又随着太阳的落下而逐渐回归地母怀抱。这个过程刚好契合了大道从地母到世界的涌现与回流。日月是天空中出现的"纯阳之象"和"纯阴之象"。所谓大道其实就是阴阳化合、产生

---

① 参见叶国良《礼制与风俗》，复旦大学出版社2012年版，第133—134页。

万物和人的生生不息的运动。因此人们自然而然地根据日月的运行产生了天文历法，并根据它来安排地上的生活。大道在日月运行中的反映使不同的年月日有不同特性。因此，人们根据天文历法形成了节日的风俗。

节日的最大特点就是它把某一天从日常生活的过日子区别出来，赋予这天以某种特别的意义。中国的春节、元宵节、清明节、端午节、七夕节、中秋节、重阳节等都是这样形成的。在节日的时候，人们常常会做一些比较特别的事情，例如放鞭炮、赏花灯、扫墓、划龙舟、吃粽子、赏月、赏菊等。正是借着这些特别的节日，人们才从日复一日、单调重复的日常生活中振拔出来，领悟到了世界从大道涌流而来的某种意义。节日的世界是令人兴奋的，因为我们在日常生活中沉浸于世界作为生存环境的特性，比较少有机会体会世界的意义（即使偶有体会也是个人化的、稍纵即逝的）。所以节日通常都伴随各种欢乐的，甚至狂欢的庆祝活动。这种狂欢的气氛在除夕之夜电闪雷鸣似的鞭炮声中达到了顶点（现代城市不许放鞭炮的禁令使春节的意义失去了不少）。即使是扫墓这种气氛严肃的事情，也能给清明节一种特别的意义，使我们感到世界不仅仅是一个为生存而忙碌的世界，人所做的事情不仅仅是为了活着，而是要活出超越生命本身的意义。

有些节日风俗来自对历史人物的怀念，例如为纪念屈原而在端午节划龙舟、吃粽子的风俗。但人们之所以会在每年固定的日子举行这种纪念活动，首先是因为日月运行、天地开合为世界提供了一种反映大道运行的意义，使得天文时间成为世界意义的自然载体。因此，我们不能随便赋予某一天一种完全人为的意义（像现代国家常做的那样）。这种完全人为的"节日"通常无法像风俗形成的节日那样深入人心，因为它不是大道自然形成的，很难展现世界从地而来的深刻意义。当然，有些现代节日（例如国庆节）不是随便形成的，而是有其深刻的历史渊源。但总的来说，现代节日大部分是人为制定的。当这种人为制定的节日越来越泛滥时，节日的意义就越来越符号化，越来越脱离大道运行而成为一种抽象的象征。所以，深入挖掘和恢复传统节日风俗对复兴中国文化有着十分重要的意义。

风俗不但常常和世界时间有关，还常常和世界中的物有关。日常生活主要关注的是物的有用性。风俗则常常通过物的使用彰显世界的意义。例如，服装和建筑本来是实用之物，但中国古代的服装和建筑却超越了日常的实用性，展现了人居于天地之间的本质（参见下一讲）。有些风俗则用禁忌来超越实用性，提示人们世界不仅仅是一个公共环境。例如，春节不要扫地（留住喜气和好运），吃鱼不要翻身（以免翻船翻车），等等。物本来就不是机械物质，而是天地、大道等超越事物被物化的结果。所以风俗赋予物的意义并不是偶然和任意的。在这方面酒茶烟的风俗最为典型。饮酒可以暖身活血；喝茶可以提神消食。但酒和茶的意义不仅在于这种实用性。酒和茶是从大地流出，凝聚了大地精华的水，可以温暖和滋润我们的生命，带给我们共同归属地母的亲近感。酒浓郁活血，如混沌的大道一样推动生命回旋，适合于亲朋好友的热情聚会；茶清淡提神，如精致的小道一样推动思维运转，适合于为共同话题展开的亲切交谈。饮酒和品茶是通过大道的物化体会世界意义的风俗，所以酒有酒道，茶有茶道。吸烟则是呼吸与火的结合。呼吸与火都是天志物化自己的方式，只是前者属于个体，后者属于世界。吸烟暗中有把个体意志提升到世界层次的意思，所以特别被一些男士所偏爱。但吸烟毕竟不是正常的呼吸，而是对身体有伤害的呼吸，所以这种风俗有待人们在实践中不断改良。不管怎样，酒茶烟在世界各地的流行不是偶然的，而是人们以物化的方式体会世界意义的特别风俗，尽管实践这些风俗的人们不见得都理解其中隐含的意义。

风俗作为人们自然而然形成的生活方式，是大道在"共同在世"中涌流的结果。老子更多地注重大道在个人生命中的涌流，但他对风俗也采取了接纳的态度。老子关于人的理想是"甘其食，美其服，安其居，乐其俗"（《道德经·八十章》）。衣食住行是人生活在大地上的基本方式，构成了风俗的基本内容。当人们满足于风俗形成的衣食住行习惯时，人们就不会极力追求欲望的满足，就会亲近地母，不至于脱离大道而过度地发展社会。所以他接着说"邻国相望，鸡犬之声相闻，民至老死，不相往来"。老子从大道出发，希望人们守住大地，各安其分地在本土生活。这种想法突出了人归属地母的本质。对于今天一味往大城市挤的人们来说，这种想法是富于启发性的，因为城市生活比较容易脱离大地，在激烈的生存竞争中遮蔽了大道。但另一方面，老子的这种想法也有其片面性，因为世界本身不仅仅借着大道从地敞开出来，同时也处在天志的直接把握中。人们的心如果能够回归共同的意志之根，世界就会从天志获得统一性。这种统一性也会导致人们在世界中的共同行为方式，但它形成的不是风俗而是礼乐。

三　天降礼乐

　　风俗从地敞开了一个有意义的世界，自然无为地形成了在世界中的共同生活方式。但是，如果世界还没有被统一在人心共同的意志之根（天志），世界就仍然只是"地上"而不同时是"天下"，人就还没有完全实现居于天地之间的本质。世界如何才能被统一在人心共同的意志之根中？这就需要人们达到意志上的合一。共同在世是通过身体的相互照面实现的。在环境中移动身体的意志就是欲望。所以，人们必须在身体动作中体会欲望的同根性。当人们为了体会这种同根性而行动时，所谓的"礼"就形成了。

　　我们移动身体通常是为了在环境中做事。但见面时的握手却不是为了在环境中做事。手是意志最自然的出口。在握手的时候我们感到两人的手仿佛被同一个意志所统一（握手时上下摇动或紧握是为了更好地体会这点），从而体会到意志的同根性。握手就是要体会意志之根对我们身体动作的统一（从而间接地体会它对周围世界的统一）。所以，握手不是一般的日常生活动作而是一种"礼"。握手是来自西方的礼节。西方人见面不但握手，有时还会紧紧拥抱在一起。拥抱使身体达到最大程度的合一。紧紧的拥抱让人觉得仿佛两人的身体是属于同一个意志的。但我们中国人自古以来的相见礼并不强调身体的接触，而是保持距离的"揖礼"（例如拱手）。这是否说明中国人的"礼"不够彻底？当然不是。中国人的"礼"更强调身体的"上下"方位而不是身体的合一。拱手是两手紧握、向上拱起，这里的体会是双手被一种来自"上方"

的意志统一，而且这种统一朝向对方，包含了对方。这是从"天上"体会我们共同的意志之根，包含着敬意（不但敬对方而且也敬我自己，因为我们的意志都来自"天上"）。"敬意"就是对意志之根感到敬畏的心情。在决断中，我的意志深深扎根在所敬畏的意志之根中。当双手在决断中紧握，朝着对方向上拱起时，我潜在地体会到的，就是我们的意志有来自"天上"的同根性。与之相比，握手和拥抱强调的是意志的统一产生的亲近感，至于统一两人身体的意志究竟来自何方则不是重点所在。所以，握手和拥抱在表达敬意上是不够彻底的。

　　拱手只是古代揖礼的一种。揖礼根据不同关系、不同性别等有许多变化，展示了不同的意义。除了拱手，揖礼还常用低头、俯身、鞠躬甚至下跪等方式表达敬意。人在仰望上方时产生敬畏之情，潜在地体会到了意志之根的超越性，自然而然地把"上方"当成了"敬"的方向。所以，将身体（特别是头）以某种方式降低，在世界古代民族中是一种很普遍的表示恭敬和谦卑的礼节。这种礼节在古代的等级社会中是维持世界统一性的重要方式。当人们各自按自己的身份和地位实行相应的礼节时，虽然这些礼节包含双方的差别，但仍然展示了双方共同归属的意志（统一世界的意志），只是归属方式有所不同而已。所以，当古人说礼是用来"别异"的时候，并没有因此否定礼的本质是体会意志的统一，而只是强调了人们在"世界的统一性"中处在相对不同的位置上。随着历史的发展，人们在社会中越来越平等，因此许多用来"别异"的礼节逐步地发生变化甚至消失。《礼记·礼器》中说"礼，时为大"，即礼是应该随着时代发展而发展的。许多用来"别异"的礼随着时代发展而逐步发生变化甚至消失是合情合理的。但社会差别是不可能完全消失的，所以世界各民族的礼节中仍然保留了一些"别异"的成分，这也是合情合理的。

　　除了身体动作，我们也常常在相见时献上"礼物"来表达敬意。当我把礼物献给对方时，我就把礼物原来所属的意志（我的意志）和礼物将要归属的意志（对方的意志）统一了起来，并且更多地表达了我的敬意（我的意志主动认同对方意志）。所以人们常常会在拜访时带上各种"见面礼"（两手空空常常会被认为是"失礼"的）。藏族人民为来宾献上哈达则表达了更高的敬意，因为哈达不是日常生活中的实用之物，而是纯粹的"礼"物。礼物使得意志之根对世界的统一从双方身体扩展到了世界中的物，使相见礼的意义变得更为完整了。

上面的讨论可以帮助我们理解古人强调的"礼主敬"的真正含义。"敬"作为礼的主导心情，是心（意志）对其意志之根（天志）的一种潜在的体会。动物的心也是天志落入生命的结果，但动物不像人一样发展了自我意识，所以动物无法超越自己的生命去体会意志之根。动物可以感到惧怕，但无法体会到"敬"的心情。通常我们都觉得"敬"是对他人的感受，但如果我不能在自己心中对意志之根有所体会，我就无法在他人身上体会到共同的意志之根，这样就不会感到他人的可敬，而最多感到他人是可惧怕的，就像动物感受到的那样。可见，"敬人"同时也是"敬己"。礼的主导心情"敬"是"自尊尊人"而不仅仅是"尊人"。但"自尊"不像"尊人"那样牵涉到统一世界的意志。所以，虽然礼的主导心情是"自尊尊人"，我们总是突出其中"尊人"的成分，而"自尊"的成分则是潜在的。

其实，我们潜在地体会到的"自尊"心情也会导致自己身体动作的一种统一性，也就是《我是谁？》中曾经分析过的"向上收紧"姿势（昂首、挺胸、收腹）。这种姿势来自我们对意志之根的潜在领悟，是一种实现在身体上的"决断"。对于敬天的古代中国人来说这就是通过"天我合一"实现自我同一的方式。这种"敬己"的姿势在和他人相见时就可以自然而然地外化出"敬人"的姿势（例如拱手礼）。在这方面中国古人是非常杰出的。现代社会中人们非常注重"做我自己"，但并没有形成一种普遍的"敬己"姿势。看看那些在电脑前面弯腰驼背、头向前探或者像一摊烂泥一样陷入软沙发中，或者一有空就立即低头玩手机的人们，我们能说现代人真的很懂得"做我自己"吗？

除了相见礼，人们还发展了和世代生成有关的礼，因为世代生成使世界获得连续的、有意义的发展，为世界的统一性提供了基础。例如，"成人礼"显示一个人已经成熟到可以进入社会，正式归属于统一世界的意志。在这种礼中，通常以某些长辈代表统一世界的意志来将少年接纳到社会中，让这个人真正"成为人"，既显示了作为一个"人"的尊严，也显示了作为一个"人"在社会中担当的责任。在古代，成人礼还分为男子的冠礼和女子的笄礼，暗示了一个成人不仅要"做人"，而且还要"做男人"和"做女人"。人长大成熟，进入社会的时刻也正是性别意义得到充分发展的时刻，因为社会不是偶然存在的，而是来自男女的世代生成。

婚礼把男女的共同在世提升到了阴阳合一的高度。在婚礼中，通常是由证婚人代表统一世界的意志，把男女的结合接纳到社会中，让爱情得到从社会而来的承认和祝福。在西式婚礼中，通常是由新娘父亲把新娘带到新郎面前，仿佛在暗示"我把爱护她的责任从此交给了你"。传统的中式婚礼则更强调男女结合所具有的"天地合"的意义，所以婚礼是以"拜天地"开始的（一拜天地、二拜高堂、夫妻对拜）。中式婚礼特别强调夫妻不再是两个分开的个体，而是阴阳合一的整体。《礼记·昏义》记载："妇至，婿揖妇以入。共牢而食，合卺而酳，所以合体，同尊卑，以亲之也。""共牢而食"就是指夫妻共食同一小猪（牢）。小猪虽然被分开成两半，但必须放在同一盘中，绝对不允许分开放在两盘中，否则不但破坏了"合体"的意思，而且还破坏了夫妻的"同尊卑"（古人以左为贵，以右为贱，两盘必有一贵一贱）。"合卺而酳"即把一个葫芦剖为两个瓢（卺），夫妻各执一瓢来饮酒漱口（酳）。中国古人对婚礼意义的深刻领悟由此可见一斑。《礼记·郊特性》指出，"天地合而后万物兴焉。夫昏礼，万世之始也"。《礼记·哀公问》记载孔子告诉鲁哀公"敬之至矣，大昏为大。大昏至矣，冕而亲迎，亲之也"。也就是说，婚礼是最大的礼，因此在大婚的日子应该戴礼帽穿礼服去亲迎新娘（还要亲自为新娘驾车）。鲁哀公问这样做是不是显得太隆重了。孔子说："天地不合，万物不生。大昏，万世之嗣也，君何谓已（太）重焉？"又说："昔三代明王之政，必敬其妻子也，有道。妻也者，亲之主也，敢不敬与？"妻是"亲之主"，就是说妻是亲情的主要承载者，是男女相亲乃至于家庭和谐的中心。因此，在婚礼中新娘应该受到最大的尊重。这是为什么新郎要盛装亲迎的原因，也是为什么在有些古代风俗中女方要故意为难新郎以显示新娘之尊贵的原因。

在葬礼中，死者的身体被葬入地下，永远安息在大地母亲的怀抱中。但人们同时对死者低头、鞠躬、静默，显示出一种深深的敬意。中国人常说"死者为大"。为什么一个人死的时候反而得到其一生最大的敬意？因为死者的意志已经完成地上的旅程，放弃了它曾经拥有的生命，回归到意志之根中，也就是已经"升天"。死者的"升天"并不只是一种迷信或善意的想象，而是人们对人的意志来源于天的一种潜移默化的领悟。人心本来是天志落入生命而被个体化的结果。死者的意志在失去所拥有的生命后反而显露出其"高高在上"的本来面目（成为"在天之灵"），从而引起人们最大的敬意。葬礼让死者以一种令人肃然起敬的方式被接纳回天志中。既然如此，我们更应该在一个人活着的时候就尊敬其意志属天的高贵本质，而这正是礼敬他人的真正意义所在。

由于中国古人特别重视亲情，所以也特别重视"祭祖"。祭祖的敬拜仪式将祖先放在高高在上的位置，表达了对已经"升天"的祖先的敬意。但和葬礼不同的是，葬礼的参与者可以是任何亲朋好友，而祭祖的参与者只能是该祖先的子孙。由此可见，祭祖不是一种普通的礼。一般说来，礼是把人接纳到世界统一性中的行为。越是隆重的礼，越需要有众多的接纳者，以表示接纳者是整个社会（作为世界统一性的人）。成人礼、婚礼、葬礼都是如此。还有许多社会活动的开幕式、闭幕式等庆典礼也都是欢迎所有人参加的（一切社会活动都可以通过庆典礼被众人接纳到世界的统一性中）。然而，祭祖中接纳祖先的只能是其子孙。古代家族对其成员的最大惩罚就是不允许参加祭祖。祭祖不但是子孙接纳祖先的礼，同时也是子孙被祖先接纳的礼。通过祭祖，子孙与祖先相互接纳，二者达到了合一。这种相互接纳有点像相见礼，不同的是这里祖先并没有真正活在世界中，而只是（在子孙的敬拜中）以一种"已经升天，仍然在天"的方式把子孙接纳到天上与自己合一。所以祭祖实际上隐含了"祭天"的意义，但没有真正被凸显出来。

祭天是"天"与"人"相互接纳的礼，也就是真正实现"天人合一"的礼。通过敬拜上天的仪式，人把"天"接纳为覆盖大地，以其意志统一世界的"天"，从而把世界真正敞开为"天下"，同时也让"天"把人接纳到天的意志中，让人真正成为与天合一的人。祭天从天志统一了世界。所以，**祭天是唯一彻底实现礼之本质的礼**。正如在祭祖中子孙被接纳为子孙一样，在祭天中人被天接纳为天之子，实现了人归属于天的本质。① 祭天因此和决断有相似之处。决断是我下决心接受自己的天命，在个人层次上实现"天人合一"（即"天我合一"）的方式。在祭天中，众人通过共同敬拜上天达到了天人合一，从而把"常人"转化为超越日常生活状态的，真正居于"天下"的"人"。所以，决断和祭天都是本真存在，只是一个成就本真的"我"，一个成就本真的"人"。在当下瞬间的决断中我接受了自己作为"这个我"的天命。在祭天中人类接受了作为"当代人"的历史天命。祭天开辟出来的"当代"不是仅仅在世界时间中出现的"当代"，而是天志降临大地、统一世界所造成的独一无二的"当代"。只有在这种本真的"当代"中，我们才能真正实现上天在我们身上寄托的历史天命（个人天命其实是人类的历史天命被分配到个人身上的结果）。所以，恢复祭天大礼对开启"中国文化复兴"的新时代具有重要意义。

但以上对祭天的分析其实是理想化的，因为历史上的祭天从一开始就被统治者垄断为只有君王才能实行的礼。通过祭天，君王代表所有人被天接纳为天之子，亦即"天子"。"天子"代表所有人承受了人的历史天命而成为"真命天子"。虽然中国人都理解"天父地母"的说法，但把祭天权力限制在"天子"却掩盖了一切人都是"天地之子"的本质。所以古代祭天开辟出来的只能是以君王为"真命天子"的某个朝代。由于不能祭天，普通民众只能祭自己的祖先，这样就使一个普通人觉得自己真正必须与之合一的不是上天，而是祖先；自己的意志所要真正顺从的不是天志，而是祖先的意志。一个普通人没有资格参与历史天命，而只能参与自己家族世代生成的命运。所以，普通民众只关心自己的家族，"天下"是皇帝的事，"外人"是与己无关的人。周人所说的"天"本来是有意志的，决定历史发展的天，但对于普通民众来说"天人合一"只是指"人与自然合一"而不是人与神圣的天合一。这种情

---

① 天地本为一体。所以祭天实际上包含祭地，只是突出了天志统一世界的作用，这是礼的本质决定的。古代除了祭天的郊祭，还有祭地的社祭，完整地展示了天地一体之义。

况一直发展到今天，以致人们心目中的"天"差不多只是"自然"的古老代名词。儒家意义上的"天人合一"被道家意义上的"天人合一"所掩盖。这是几千年来只有"天子"才能祭天的必然结果。

与之形成鲜明对比的是，在西方，人人都可以到教堂中朝拜上帝。基督教认为"上帝"是创造万物和人并以其意志统治一切事物的"神"。所以基督教强调要"顺从神的旨意"。中国人所说的"天"不是像"上帝"那样的一个有自由意志的人格神，但"天"同样以其意志推动万物和历史的发展。可以说，基督教中的"上帝"其实是"天"的一种人格化和宗教化（所以"上帝"也被称为"天父"，亦即"在天上的父"）。① 由于人人都可以朝拜上帝，人人都可以被上帝接纳为"神的儿女"。平时人们为自己的日常生活奔波忙碌，但在星期天的教堂崇拜仪式中，众人的意志又被神的意志更新，重新体会到作为"神的儿女"的本质，心灵重新焕发出力量，精神得到了洗礼，可以更好地投入到生活中。许多参加过教堂崇拜的人都有这种体会，就是这种崇拜让人感到生活不仅仅是"过好自己的小日子"，而是被神的光辉所照亮的，从日常生活而来的种种烦恼得到了缓解，空虚的心灵也变得充实起来，感受到了同为"神的儿女"的温暖，感受到了人与人之间的普遍信任。虽然今天西方社会已经相当世俗化，经常参加教堂崇拜的人其实不多，教堂崇拜对社会生活的影响不大，但这种崇拜所具有的意义是不容否定的。

基督教堂的崇拜之所以会打动人，和圣乐的作用是分不开的。正是在圣乐的感召下，人们的心情才被统一在敬畏中，敬拜活动才得以展开。中国古人对音乐的这种作用早就有了深刻的认识。中国古代的"礼"总是和"乐"结合在一起，所以常常被合称为"礼乐"。为什么

---

① 圣经一开头就说"起初，神创造天地。"这种说法把"天地"仅仅理解为天空和大地。如果从本义上理解，"神"其实就是"天"的人格化和宗教化，而"神创造天地"其实就是"天地物化为天空和大地"。如果我们把"神"阐释为"天"，就可以从中国哲学的角度重新阐释基督教的基本教义。参见第十三讲《从太极看世界哲学史》（**伊壁鸠鲁**部分）对基督教的讨论。"上帝"一词是中国古代本来就有的。商朝就非常敬畏上帝。但从周朝开始"天"逐渐代替人格化的"上帝"，发展出了天人合一的精神。

"礼"需要"乐"？在礼中我们通过动作的统一体会欲望的同根性，但欲望是从心情升起的，而心情则是天志落入生命的结果。如果每个人的心情是不同的，欲望的同根性就只是表面的，而不是来自共同的意志之根。为了让世界在礼中真正被天志统一，首先要让天志统一我们的心情。庄重神圣的音乐把在场所有人带入共同的敬畏心情，把世界敞开为有神圣意义的共同处境。在这种共同心情基础上产生的共同欲望才能真正通过"礼"把世界统一到天志中。**礼乐就是天志在人们的共同生活中统一世界的方式**。为了更直观地理解这点，让我们用下面的图形来展示礼乐统一世界的方式。

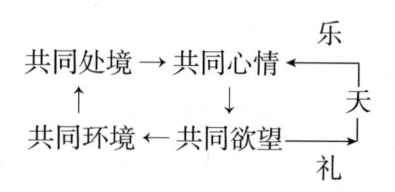

```
                        乐
共同处境 → 共同心情 ←─┐
   ↑          ↓       天
共同环境 ← 共同欲望 ──┘
                        礼
```

图 17　天与世界回旋运动

当音乐引发人们共同的敬畏心情，天志就会直接降临人心，并且通过共同欲望外化为礼，从而将众人的意志带回天志，实现天人合一，达到当下瞬间的本真共在（既是本真的我也是本真的人）。这就是为什么《礼记·乐记》说"乐由天作"，又说"乐也者，动于内者也。礼也者，动于外者也"。尤其是欢乐的音乐能让人感受到天人和谐、人人和谐，有助于在礼中实现天人合一。当然，普通的相见礼并不需要音乐，因为这种礼只是两个人的相互接纳；周围世界的统一只是一种间接的暗示。但在以家庭为背景的相见礼中音乐可以起到和谐人心、统一周围世界的作用。这不但在古代中国，而且在今天的一些少数民族中仍然可以看到。在成人礼、婚礼、葬礼、庆典礼和祭礼等社会性的礼中，人心共同的意志之根直接统一周围世界，因此必须有音乐才能真正实现这些礼的本质。

　　古代的"乐"不仅包括音乐，还包括舞蹈甚至诗歌等活动。这些"乐"不是作为独立的"艺术"实现出来的，因为它们不是仅仅为了展示意境而展示意境，也不是仅仅为了展现美而展现美，而是为了让人们处在共同的心情中，体会到世界的共同意义，让礼的仪式能够真正统一世界。舞蹈是直接受到意志推动的，因此天生就和音乐有亲和力。古代的礼常常包含舞蹈。这种舞蹈本身就是一种受到"乐"直接引导的特殊的"礼"。至于诗歌等其他活动主要是协助音乐把人们带入共同的心情中去体会世界的意义，使礼所统一的不再仅仅是日常生活的世界，而是一个有超越意义的世界。在所有这些活动中，音乐是唯一直接调谐人心的。其他活动的作用都可以被音乐代替，而音乐的作用却无法被它们代替。所以在礼中统一心情、展示世界意义的活动被统称为"乐"。

中国古人最初发展出来的是和原始巫术混在一起的祭拜活动，后来才被儒家发展为"礼乐"。"乐"在春秋战国的"礼坏乐崩"中开始被从"礼乐"分离出来。孔子虽然结合礼乐，但他没有把"乐"仅仅当作"礼"的陪衬，而是特别注重"乐"表达内心的作用。他跟随师襄（古琴大师）学习时，不满足于技巧的完善，一定要弹出曲子的志趣神韵，甚至体会到作曲者是怎样一个人才肯罢休，令师襄不禁避席而拜（《史记·孔子世家》）。孔子经常以古琴抒情。他敲打磬时连路人都能听得出其中有深意（《论语·宪问》）。这些都说明孔子发展了礼乐中的乐，使之有了更深的情感内涵。魏晋时"越名教而任自然"的思想解放可以说是第二次"礼坏乐崩"，导致"乐"被进一步从"礼乐"中独立出来发展，以致到唐朝时各种艺术形式都已经获得独立的发展（诗在周朝就已经开始作为独立的艺术获得发展，其主要成果即《诗经》。诗通过语言展开可感受的意境，而不像音乐那样直接调谐心情，也不像舞蹈那样诉诸身体动作，因此诗与礼的关系不如音乐和舞蹈密切）。然而作为纯粹艺术的音乐、舞蹈、诗歌并不能代替"乐"在"礼乐"中的作用。"乐"把人们带入天人合一、人人合一的境界，起到了提高精神、统一人心、组织社会的作用。所以，我们应该让"乐"按它的特殊本质去发展。另一方面，我们应该允许艺术以独立于"礼"的方式自由发展，因为艺术的本质不是成就人，而是在人的基础上成就更高的东西。

礼乐并没有否定日常的共同在世，而是把它提升到更高的层次。但日常共同在世始终是人们最基本的共在方式。在礼乐中，人们的行为被统一在人心共同的意志之根中。但在礼乐之外，人心还是不可避免地被日常生活的共同环境决定。礼乐本身也可能会最终退化为一种日常活动，沦为一种表面的形式。所以，礼乐必须扎根在日常生活中，才能真正提升日常生活。什么是礼乐在日常生活中的根？就是人们在日常生活中对意志之同根性的感受。这种"同根"的感受不是靠音乐激发出来的，而是人心本来就有，时时刻刻都可能体会到的。通过人心的"同根"感受来通达天下，就是孔子所说的"仁"。

　　"同根"首先是"同情"。共同在世不仅意味着生命的相互交融、相互贯通，同时也意味着意志的相互沟通、相互理解。当我把自己放在他人处境中，仿佛他人的处境就是我的处境，我就体会到了他人的心情。这种对他人心情的"感同身受"的体会就是"同情"。这里说的"同情"不是专指体会他人痛苦的心情，而是体会他人的任何一种心情，包括快乐、悲伤、焦虑、愤怒、担心、无聊等。"同情"是人心互感的基本方式。动物也能体会到其他动物的一些心情，但只是从对自己的影响来体会（例如从愤怒体会到威胁），而不是将自己放在其他动物的处境去体会其心情（因为动物的生命没有达到充分的相互开放）。当然，即使是人类也常常以外在的方式体会他人。日常生活中，我们倾向于从他人在环境中所做的事理解他人，而往往忽略了他人的感受。当我买东西时，我可能仅仅把售货员当成一个为顾客服务的人，把我自己仅仅当成一个需要某种东西的人，以一种程式化的方式完成买东西的过程。如果售货员是一台会说话的高级机器人，整个过程也没有什么不同。但如果我首先把售货员当成是一个有自己处境的人，我和她打交道的方式就有可能不同，就有可能会注意到更多人性的东西，例如她的表情的亲切或冷漠，动作的焦急或从容，她一边工作还一边照顾身边的孩子，等等。只要我稍微留意一下他人的处境，他人就不再仅仅是做事的人，而是立刻变得有血有肉，世界也就立刻显出其有人情味的那一面来。梵高画的许多人物都很平凡，但我们从画中可以看出他总是从他人处境去体会他人，不论这些人是公务员，吃土豆的农民，还是俱乐部中无聊的人群。这是一种对他人的深深的"同情"。这种"同情"揭示了他人不仅仅是在环境中做事的人,而且是有自己独特处境的、能够感受生命意义的人。

"同情"并不是"有同样的心情"。我的心情可能和他人很不同,但这并不妨碍我把自己放在他人处境中去体会他人的心情。因此,"同情"不是"同内容"而是"同根"。我能够体会他人的不同心情,就说明我们的心有一种超越具体内容的共性,也就是共同的根。这个共同的根既出现在我这里,又出现在他人那里,使我能够超越自己的心情去体会他人的心情。当我的心以这种方式超越自身的时候,我的心就不再仅仅是"我的"心,而且是通达他人的"人心"。这种由己及人通达他人之心的方式是一种最基本的做人方式,也就是孔子所说的"仁"。"仁"字从"人"从"二",说明仁不是一个孤立的"我"的特性,而是牵涉到人和人之间的相互通达。由己及人的"同情"使我认同他人。所以孔子认为仁是"爱人"(《论语·颜渊》)。但这种"爱人"不是不加区分地爱一切人,如墨子所倡导的"兼爱"。人心共同的意志之根不是一个抽象的普遍概念。我只有通过感受他人的处境来体会他人的心情,才能在"同情"中体会到他人和我的心是同根的。仁因此是一种境域化、生活化、充满人情味的做人方式。我不能把仁当成普遍的"道德规范"或"道德价值",而只能从我周围的人出发,由近及远地不断通达他人之心。所以,孔子说"夫仁者,己欲立而立人,己欲达而达人,能近取譬,可谓仁之方也已"(《论语·雍也》)。如果一个人仅仅是抽象地"爱一切人",但没有真正体会周围具体的、个别人的独特处境,他就没有真正通达这些人的心,因此也许有"兼爱"但不会有"仁"。这方面孔子给了我们最好的示范。他对每个学生的处境了如指掌,常常根据他们的不同情形给予指点,对"仁"给出种种不同的解释。这其实就是他由近及远实行"仁"的方式。

和我们最切近的他人就是家人。如果我对父母、兄弟姐妹都没有真实感受,对外人又如何能有呢?但仁并不局限于家人,而是要把从家人体会到的感受扩展到周围的人,乃至扩展到所有人。所以,"仁"并没有边界或止境。由近及远地实践仁意味着不断扩大自己体会他人之心的范围,所以也可能会最终达到一种对天下之人都怀有的一种"同情"。

这样的"同情"建立在对周围具体的、个别人的"同情"基础上，因此仍然保留了境域化、生活化的特点。孔子正是在这种心怀"天下人"的心情中四处奔走，希望把人心维系在共同的意志之根中，而没有把仁的情怀局限在自己的家乡鲁国。他曾"欲居九夷"（《论语·子罕》），即想到少数民族地区居住，甚至说"道不行，乘桴浮于海"（《论语·公冶长》），也就是要离开中国到"海外"去。到异国他乡去会遇到什么样的人是不可知的，但只要是人，就会有人的处境，就可以通过仁去通达他们。孔子由近及远，以至于包容天下的"仁"代表了我们中华民族的一种根本特色。中国古人对不同地区和不同民族的人都有一种"仁"的情怀，总是努力感化他人，不得已时才使用武力。这是中华民族不断吸纳其他民族的一种向心力，也是中华民族维持自身统一的一种内聚力。这种仁的情怀最终要达到的就是"天下一家"的境界。这其实也就是礼乐所要达到的终极境界。

　　仁并不仅仅是通常所说的"善良"。善良是对他人完全接纳的态度，因而也有"同情"的成分。但善良并不需要对他人的独特处境有真实的体会。一个善良的人也许会对所有人都很友好，但同时分辨不出谁是真心对他，谁是表面客套；谁是真正需要帮助的，谁是需要提防的，等等。反之，如果我能真正体会他人的独特处境，就能看出他到底是怎样一个人。仁者不但能看到他人内心，而且是从人心的共同之根去看的，所以能够公正地看待他人。孔子说"唯仁者能好人，能恶人"（《论语·里仁》），就是说只有仁者才能不带偏见或无知，真正地喜欢或者不喜欢一个人。仁者不喜欢以表面的、客套的方式和他人打交道，因为这种表面的、客套的行为方式遮蔽了每个人独特的处境，使人心无法真正相互通达。仁者既然体会到人心的同根性，就不会觉得有必要过多地通过外在行为来和他人认同——这种认同在仁者的"同情"中已经达到了，在行为上自然会有所表现，不必刻意做给别人看。所以，仁者不喜欢用花言巧语和表面的热情对待他人，故曰"巧言令色，鲜矣仁"（《论语·学而》）。

　　仁虽然是"同情"，但不是一种软弱的情感。由于"同情"体会的是意志的同根性，它需要我以坚定不移的态度接纳我的意志之根，也就是通过决断接纳我的天命。虽然"真正做我自己"的决断不一定就是"仁",但"仁"却包含了"真正做我自己"。所以,孔子说"刚毅木讷近仁"(《论语·子路》)。这种决断使人倾向于默默的行动而不是浮夸的言语。所以"仁者,其言也讱(仁者不轻易说话)"(《论语·颜渊》)。仁可以通过决断主动地选择。所以孔子说"仁远乎哉?我欲仁,斯仁至矣"(《论语·述而》),又说"为仁由己,而由人乎哉?"(《论语·颜渊》)。从"真正做我自己"的决断,我体会到了我的意志之根,由此可以进一步体会他人之心有共同的根,从而通过"同情"超越我自己,达到和他人一体之"仁"。仁者对他人的爱是一种天人合一式的、坚定不移的爱,如同山岳一样高入云天。故曰"知者乐水,仁者乐山"(《论语·雍也》)。这种天人合一式的爱超越了日常生活中的恩恩怨怨,使仁者对天命和人事有一种豁达的胸怀,故曰"仁者不忧"(《论语·子罕》),不但不忧,而且不贪,"欲仁而得仁,又焉贪?"(《论语·尧曰》)。

"仁"是从"我心"到"人心"过渡的关键。实行仁的方法是"己欲立而立人,己欲达而达人"。我要真正做人,就要帮助他人做人。帮他人减轻痛苦,我自己的痛苦会减轻;使别人快乐,我自己会变得快乐。做人要成就的不是"我",而是我和他人身上的"人"。这意味着我欲望什么,就要帮助他人去达到同样的欲望而不要仅仅"独善其身"。当我对他人欲望的体会建立在"同情"基础上时,我就会有"己欲立而立人,己欲达而达人"的举动。所以,**"同根"既是"同情"也是"同欲"(总而言之即"同心")**。这种建立在"同情"基础上的"同欲"可称之为"恕"。"恕"就是"如心",就是"将心比心"。对他人欲望和我的欲望有共同之根的体会,使我不想把自己不希望发生的事强加于人。这种认同他人欲望的"恕"是"同情"的自然延伸,也就是仁的自然延伸。孔子虽然最重视仁,但当子贡问他"有一言而可以终生行之者乎?"时,他回答说:"其'恕'乎!己所不欲,勿施于人。"(《论语·卫灵公》)曾子也认为孔子"一以贯之"的道是"忠恕而已矣"(《论语·里仁》)。恕之所以会被放到这样重要的地位,是因为它是仁从心情延伸到欲望的结果,是直接关乎行为的一种仁，而孔子也正是在被问及可以"终身奉行"之言的时候回答"恕"的。所以，如果把仁当成做人的根本方式，这样的仁就已经包含恕在其中了。

仁就是礼乐在日常生活中的根。礼乐则是仁开放出的花朵。在仁中，我不是直接体会人心的根，而是在他人的心中体会到它。这个超越之根并没有被凸显出来，而是潜伏在我对他人的"同心"中。在礼中，这个超越之根则被凸显出来，在"敬"的心情中被共同体会，从而统一了众人的行为。敬畏共同的意志之根使人心在更高层次上达到了相通。真正的礼乐是仁的自然外化。所以，当颜渊问仁时，孔子回答说"克己复礼为仁，一日克己复礼，天下归仁焉。为仁由己，而由人乎哉？"（《论语·颜渊》）"克己"是坚定不移的决断，是从上天的意志来约束自己，这样就能够在日常生活中恢复礼的作用。如果人人都这样自觉行事，天下就统一到仁中了。反之，如果没有仁作为生活中的根基，礼乐达到的就只是表面的统一。"人而不仁，如礼何？人而不仁，如乐何？"（《论语·八佾》）。只有在生活中真正体会人心的同根性，礼乐才能真正起到从意志之根统一世界的作用。所以，孔子一再强调礼不能仅仅是外在的形式，而必须有"仁"作为其不可缺少的内核。这是孔子对他所继承的周礼的一个重要的发展。

周公"制礼作乐"是中国文化史上一个重大的事件。孔子说"周监于二代，郁郁乎文哉！吾从周。"（《论语·八佾》）。周公不是凭空制定礼乐的，而是建立在夏商两代已经有的风俗礼仪基础上。周朝把商朝对"上帝"充满畏惧的敬拜转化为天人合一的礼乐，第一次在历史上开辟了作为"天下"的世界，实现了人居于天地之间的本质，为中华民族几千年的统一和发展奠定了坚实的基础。但周朝在实现"天人合一"的同时，把政治和家族结合在一起，通过等级森严的"别异"之礼维护世袭贵族制，导致了"以礼治国"的做法。"以礼治国"使周人把礼发展得过于庞大和无所不包，对人的行为做了过多的束缚，代替了许多本来应该由法律起到的作用，一定程度上掩盖了礼成就"人"的本质。这里必须特别注意国家和社会的不同。国家实现的不是"人"，而是在"人"的基础上建立起来、但本质上超越"人"的政治体制。

政治虽然具有统一世界的力量，但这种统一不是世界的原始统一性（社会），而是建立在原始统一性基础上的更高层次的统一性，其途径是"法"而非"礼"。"以礼治国"使得"法"的作用被纳入"礼"的体系中，导致了"人治"的弊端。今天，我们应该通过礼乐团结社会，统一人心，实现人居于天地之间的本质，在此基础上通过"法治"实现超越人的政治体制，才能既实现人的本质，又避免"人治"的弊端。

孔子继承了周朝"以礼治国"的思想，所以也说"为国以礼"（《论语·先进》）。但孔子打破了"礼不下庶人"的界限，强调对人民"齐之以礼"（《论语·为政》），把礼从贵族扩展到了平民。他看重的是周礼中体现出来的敬上爱下、天人合一的和谐精神。礼乐使众人可以共居天下，各安天命，和乐融融，优雅来往。所以孔子才会感叹说"郁郁乎文哉！吾从周"。孔子通过突出仁来深化礼乐的内涵，使礼乐更加人性化，并认为达到完整人格的方法是"兴于诗，立于礼，成于乐"（《论语·泰伯》）。虽然孔子的政治思想没有超出周朝的"人治"传统，但他通过突出仁来深化礼乐内涵的做法，使中国文化特别富有人情味和做人的精神，塑造了两千多年来中国人的人性。这是孔子对中国文化的一个重大贡献。

四　礼俗社会

礼乐和风俗都是对日常共同在世的超越和提升。风俗展开了世界从地而来的意义，使世界成为真正的"地上"而不仅仅是一个我们在其中共享有用之物的公共环境。礼乐则从天志统一了世界，让人在天人合一的状态中实现其居于"天下"的本质。礼乐和风俗共同构成了"礼俗社会"。为了更直观地理解礼俗社会的构成，让我们把"地与世界回旋运动"和"天与世界回旋运动"合并在一起，得到"天地与世界回旋运动"的完整图形。

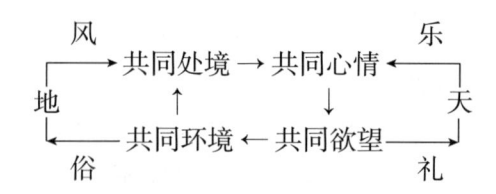

```
      风                            乐
   ┌─→ 共同处境 → 共同心情 ←─┐
 地 │      ↑         ↓       │ 天
   └── 共同环境 ← 共同欲望 ──┘
      俗                            礼
```

图 18　天地与世界回旋运动

这个图形展示了礼乐和风俗如何提升日常生活中的"世界回旋运动",使之不再从共同环境出发成为一种仅仅求生存的"过日子",而是从共同的处境和心情出发展开和深化世界从天地而来的意义。这种回归天地的"世界回旋运动"构成的不是在世界中随波逐流的"常人"而是居于天地之间的"人"。礼乐和风俗之间是阴阳互补的关系。风俗从地自然无为地展开有意义的世界,而"乐"则从天志重新开启它,并通过"礼"把它统一到天志中。所以,历史上的"乐"常常从"风"发展而来,"礼"常常从"俗"发展而来(古代政府很注重民风民俗,从中进一步制礼作乐)。礼乐形成之后,也会逐渐内化为一种自然而然的、类似风俗的举止。礼俗相互渗透,在内容上常有重叠,但它们的本质并不相同,而是阴阳互补的。风俗亲地,礼乐敬天。世界因为有了礼俗才从天地获得了统一性,成为真正的"人间"——"人间"的真正含义就是"天地之间"。**礼俗社会就是人类回归天地、实现大我的方式。**

和"百里不同风,千里不同俗"的特点不同,礼乐具有超越地域的统一性。风俗来自地母,反映了大地不同区域的特性。相反,礼乐来自上天,反映了天志的单一性。[①] 虽然中国各地风俗不同,但自从周朝发展出礼乐文化之后,中国人就一直生活在礼乐文化构成的"天下"中。礼乐文化以天下为一家的特点使不同的民族不断地融入中华民族

---

① 《礼记·乐记》认为"乐由天作,礼以地制"以及"乐统同,礼辩异"。这种区别礼乐的观点只有相对的正确性。礼和乐都来自上天,但乐统一的是从天而降的心情,而礼统一的是欲望推动的地上动作(这些动作可因人而异,显示不同的身份和地位)。这只是礼乐共同来自上天前提下的相对区别。《礼记·礼运》中也讲到"礼必本乎天",《左传·文公十五年》讲到"礼以顺天",都说明古人认识到礼和天的本质关联。

中。有些民族的风俗发生了变化甚至消失，或者与汉族的风俗相融合，但也有很多民族保持了原有的风俗。真正把中华民族统一起来的，不是各地不同的风俗而是富于"天下"精神的礼乐文化。然而风俗展现了人类在不同地域中发展的多样性，构成了"和而不同"的境界。正如一个家庭中每个人都有独特的、不可替代的位置，世界各民族也是如此。所以，礼俗社会最终要实现的人类大我并不是抽象的普遍的"人"，而是以天父地母为基础的"天下一家，和而不同"。

中国古人的"天下"观念具有包容四海的特性，不但不排斥任何民族，而且具有包容所有民族的本质。这种"天下"观念是文化意义上的，是没有国界的。所以，中国古人并没有很明确的"民族"观念，而只有包容天下一切民族的"人"的观念。这种"天下"观念与政治经济上的天治地养思想结合在一起，构成了中国古人向往的"天下大同"的理想。虽然普通民众只关心自己的家族，但读书人始终保持了天下的情怀。即使中国受到西方文明的冲击和西方列强的侵略，面临亡国危险时，中国的"志士仁人"向往的仍然是天下大同。从康有为、梁启超到中国的共产主义者，这种天下大同的理想从没有中断过。这是几千年来中国礼乐文化熏陶的结果（马克思主义追求全人类在大地上的自由解放，这与中国古人天下大同的理想有着内在的一致性）。

虽然中国古人突出"人"而不是"民族"，但在西方以"民族国家"为基础的帝国主义冲击下，中国人在近代被迫放弃了"天朝王国"的自我欣赏，承认中国只是世界诸多"民族国家"中的一个成员，并发展出了"中华民族"的观念。[①] 虽然中国大地上有诸多民族，并且在历史发展过程中有过一些难以避免的冲突，但中国始终能维持统一，因为这片土地上的人民承受的历史天命就是发展天下大同的理想，并最终带领世界各民族实现这种理想。这就是中国人的民族性，就是中华民族作为世界民族之一的独特之处。中国境内五十六个民族和谐共处，构成了中华民族的大家庭。中国各省都有自己独特的地方文化，但中国文化

[①] "中华民族"的名称最初由梁启超提出，被孙中山和蒋介石继承，在抗日战争后成为中国人民普遍接受的自我认同。

仍然有很强的统一性。这正是"天下一家，和而不同"的精神在中国境内的反映。因此，**从文化的角度来说，中国就是世界的缩影**。中国古人以中国为世界的中心。这种观念虽然被西方列强在现代文明方面的优势所打破，但从文化的角度来说并非毫无道理。古代中国发展出了最为完备的礼俗社会，因为它最充分地发挥了敬天亲地的精神。我们要复兴的中国文化，首先就是敬天亲地的礼俗文化。但中国人不必孜孜不倦地推广自己的文化，因为文化的生命力在于生活本身，而不在于某些可输出的文化产品。如果仅仅把中国古代文化介绍给世界各民族，而我们当代中国人却没有真正生活在精美、优雅、敬天亲地的礼俗社会中，中国文化就仍然只是一种历史遗产。孔子说"远人不服，则修文德以来之"。如果我们能够以古代文化为基础，在生活中逐步恢复中国礼俗文化的丰富多彩与博大精深，在现代社会开创出一种崭新的当代中国文化，世界各民族自然会被吸引过来，甚至参与到其中。这样"天下一家，和而不同"才可能以中国为中心逐步扩散出去，成为人类走向天下大同的精神基础。

第九讲　服装和建筑

服装和建筑常常被人们相提并论。黑格尔曾经指出服装是走动的建筑。张爱玲也说过我们住在各人的衣服里。然而从外表上看，服装和建筑其实有很大的差别。如果二者之间有相似之处，那么这种相似之处就一定不是外表上的，而是本质上的。服装和建筑都是关乎物的风俗。在人们熟悉的日常生活物品中，服装和建筑最能反映一个民族和时代的精神面貌。因此，服装和建筑不是一般的风俗，而是和人的本质有密切关系的风俗。上一讲指出，人通过礼乐和风俗超越了日常生活的平庸状态，把世界展开成真正的"天地之间"，从而实现了人居于天地之间的本质。这里所说的"天地之间"是本义上的。从物化义来说，人是通过身体居于天空和大地之间的。所以，从"我"到"人"的扩展涉及两个特别的问题：1. "我的身体"如何被转化为"人的身体"？2. "我的空间"如何被转化为"人的空间"？本讲座所要指出的就是，人类通过服装和建筑分别实现了这两个转化；服装和建筑的本质就在于以物化的形式实现从"我"到"人"的扩展。

一　服装是我之为人的物化

人们对服装的认识通常包括三个方面，即实用、遮羞和装饰。服装的实用性主要是保暖和护体。从这个角度来说服装属于"我的身体"。但服装的遮羞和装饰特性却不属于"我的身体"，而是属于被他人看到的"人的身体"。让我们先看看服装的实用性如何属于"我的身体"。

（一）服装与我的身体

虽然我的身体是一个生物体，但我不是从生物学了解身体的。我对身体的了解首先在于身体的感受和欲望以及移动身体的能力。所以，身体对我来说是首先是一种内在的东西（作为内在现象的身体）。身体感受和欲望（如冷暖、饱饿、性欲）是我从内部体会到的，移动身体的可能性也是从内部体会到的（即使我闭着眼睛也能移动身体，因为我对身体各部分的位置和可移动性有一种内在直觉）。我通过穿衣服满足了身体在冷暖感觉上的需要，并保护身体在活动中不受周围环境的伤害。从这个角度来说，服装只不过是我的身体的一个有实用性的附属物。如果我像动物那样有完备的，可以保暖和护体的皮毛，我就不会感到有必要穿衣服。因此，不管服装有多么实用，它都没有必然"属我"的本质。如果我生活在一个四季如春、日夜温暖、环境宜人的地方，我又何必要穿衣服？我和服装只有偶然的，而没有本质的关系。**我在本质上是赤裸裸的**。这就是为什么当我赤裸裸的时候，例如洗澡的时候，我会感到以一种很轻松的、毫无负担的方式"是我自己"，以至于忍不住要哼唱起来。有些歌唱家（例如帕瓦罗蒂）就是从这种轻松愉快的自哼自唱中开始走上歌唱道路的。

（二）服装与人的身体

但我不仅仅是"我"，我还是一个"人"，也就是一个和他人共享世界的人。人的共同在世是通过身体的相互照面实现的。所以，他人对我来说就是一个在共同环境中出现的，能和我打交道的身体（他人的"我"和"身体"对我来说是重合的）。他人从内部拥有的身体对我而言只能通过其外在的、被我看见的身体间接地体会。但是，正如上一讲已经指出的，在世界中"做人"本质上是内外不分的；我看见的他人身体就是他人作为"人"的真正存在。所以，我们必须超越从内部体会到的"我的身体"，才能通过身体的相互照面作为"人"共同生活在世界中。

既然我必须让他人看到我的身体才能作为一个"人"活在世界中，穿衣服岂不是反而成了一个妨碍吗？的确，当我赤裸裸的时候他人更容易看到我的整个身体。但为了让我的身体作为"人的身体"出现，我只需要让他人看到我的脸就行了（脸代表整个人），而其他部分的暴露则可多可少。但性器官却是必须被遮蔽起来的，否则我就无法正常地作为一个"人"生活在世界中。这就是人们通常所说的衣服的"遮羞"作用。"遮羞"的本质并不是隐藏不想被他人看见的身体部分（如伤疤）。有些人可能希望他人看到自己的裸体，但为了正常生活在世界中而不得不遮蔽一部分。遮蔽性器官的真正目的是"使我在他人面前出现为一个人"。服装正是通过遮蔽性器官来把赤裸裸的"我的身体"转化为"人的身体"，以此来帮助我实现从"我"到"人"的过渡。

这里出现了一个令人困惑的问题：为什么必须遮蔽性器官才能让我的身体作为"人的身体"出现在他人面前？看来性器官有一种仅仅"属我"的特性，以致它的公开出现意味着对"人"的否定。但身体的其他部分也都是"属我"的。究竟性器官有什么特殊性，以致它在属于"我"的同时拒绝属于"人"？性器官可以自然地出现在性生活中。有些人也许会为性器官在性生活中的暴露感到害羞，但这并不意味着这种暴露冒犯了对方，使对方无法接受自己作为一个"人"存在。性器官在性生活中的暴露不仅是正常的，而且是美好的。我们之所以要在他人面前遮蔽性器官，不是因为性器官本身是丑陋的、不堪入目的（如一些道德或宗教的说教者所暗示的那样），而是因为性器官的暴露使我和他人之间从"通过各自身体生活在世界中"的正常关系引向特殊的、身体合一的"性关系"。既然如此，为了作为一个"人"生活在世界中，我们就必须通过穿衣服来遮蔽性器官。

这说明性爱不是发生在两个"人"之间的一种关系。在性爱中，对方已经不再是一个"他人"，而是和"我"合为一体的一个异性的"我"：不但身体的动作合在一起，身体的感受和欲望也处在一种相互满足之中。这种相互满足不是来自身体的日常需要，而是来自天地赐予男女的一种特别的感受和欲望，其本质就是让男女的"我"在身体上达到完全彻底的阴阳合一。**性爱就是"天地合"在男女身体中的实现。**天地正是通过阴阳合一产生了宇宙万物，把自己物化为可见的天空和大地，并把自己浓缩在男女身体中，通过男女身体的合一产生出下一代，在男女中重复"天地生人"的过程。男人有一个浓缩了天的阳刚属性的性器官（阳具），而女人则有一个浓缩了地的阴柔属性（接纳和顺承）的性器官（阴道）。二者的结合就是"天地合"的浓缩。女人的子宫就是地母"含藏宇宙生命"的本性之浓缩，其作用就是含藏胎儿。胎儿的出生浓缩了宇宙生命从地母涌现到世界中，成为有限生命的过程。所以，女人的下体浓缩了大道从地向世界的运动。总之，男女的下体是性的主要发生场所。这就是为什么男女服装都必须遮蔽下体的原因。除此之外，女人的性器官还包括乳房。乳房浓缩的是先天大道生成的太极圆象。男人对女人乳房的爱抚是导向性交和怀孕的前奏。① 所以女人的服装既要遮蔽下体也要遮蔽乳房。

　　性爱使男女感到仿佛两人的身体合成了一个更大的"我"，一个阴阳合一、自满自足的东西。这是为什么性爱会让人销魂以至于忘乎所以的原因。性爱中的男女常常会觉得仿佛世界上的一切事情都消失了，世上一切美好的事物似乎都在其中实现了出来；整个世界只剩下了一件事情，就是性爱本身；男女合一形成的更大的"我"仿佛统一了整个世界，以至于世界上的任何"他人"在这个时候不但是多余的，而且是必须被否定的。这种感受不是任意产生的，而是因为在性爱中世界作为"天地之间"已经被浓缩为"男女之间"，导致对任何"他人"的否定，使性爱中的男女自然地以彻底放弃社会、完全自满自足的方式行动。然而，他人的出现会立刻把性爱中的男女又拉回到与他人共享的世界中，把两人还原为社会中的两个"人"，让男女为否定"他人"、仿佛"整个世界只剩下了这件事"的疯狂举动感到羞愧。这就是为什么性爱必须在隐蔽的私处进行的原因（动物不懂得隐藏其性行为，因为动物身上的"我"还没有觉醒，其交配还没有包含天地赐予男女的这种特别感受）。

　　羞愧是一种常见的心情。我们通常会因为没有很好地做人而在他人面前感到羞愧。如果把羞愧默默地体会到的意义翻译出来，这个意义就是"我不是人"。性爱本身就是超越人（社会）的疯狂举动。虽然男女身体的合一浓缩了"天地合"，这种合一毕竟不是"天地合"本身，所以它并没有真的让整个世界被统一在性爱中。性爱因此包含非常深刻的

---

① 以上对男女身体和性爱的讨论在第十一讲《论太极》中会有更详细的解释。

矛盾：一方面它许诺男女可以通过它统一整个世界；另一方面这个许诺又只是一个浓缩在身体感受中的理想而不是一个现实。人们为性爱被他人看见而产生的羞愧并不证明性爱是一种低下的行为（除非它完全和爱情无关，而仅仅是为了一种现实的利益）。但性爱的这种"超越人"的特殊本质破坏了世界的正常统一性，所以只能在世界的隐蔽处发生。既然性器官的形象直接展示了性的欲望和感受，它就必须在社会生活中被服装遮蔽，这样众人才能实现正常的共同在世。如果社会以公认的方式否定了某种活动和"性爱"的关联，而为了另一种合理的目的展现裸体（例如在展现人体美的摄影中、在美术学院的画室中，等等），这种展现就不会否定世界的正常统一性。除了这些特殊的场合之外，人们总是需要用服装来遮蔽性器官，以便作为一个"人"和他人正常地生活在同一个世界中。

以上的讨论说明服装不是一种普通的有用之物，而是把赤裸裸的"我的身体"转化为"人的身体"的物。**如果说身体是"我之为我"的物化，服装就是"我之为人"的物化。**穿上了服装的身体展现了一个恰当的"我之为人"的形象，仿佛在默默地告诉他人："看！这是一个人。"俗话说："衣如其人"，就是这个意思。孔子说："见人不可以不饰。不饰无貌，无貌不敬，不敬无礼，无礼不立。"（《大戴礼·劝学》）。衣冠整洁是对他人的尊重，是礼敬他人的一种方式。所以服装不仅是一种风俗，也是实现礼的一种物。孔子一贯强调礼不能仅仅是一种外在的形式，所以也反对过分追求外在的修饰。据《荀子·子道》记载，有一次子路穿着很盛大的服装来见孔子。孔子问他："你的服装如此盛大，神情又这样自满，天底下还有谁敢劝告你呢？"意思就是过分盛装会让人觉得无法亲近、无法真心对你。孔子还有一句名言："质胜文则野，文胜质则史。文质彬彬，然后君子。"（《论语·雍也》）文质彬彬就是质（内在性情）和文（外在修饰）和谐一致，否则就会或者粗野无教养，或者太巧饰而失去质朴率真。孔子的这种思想对于我们今天的生活仍然是非常有意义的。

既然服装物化了"我之为人"，服装的美就不是一种纯粹的形式美，而是一种只有"人"才能具有的美。人的身体形象在本质上是美的，因为这种形象浓缩了人的根源，以感性的形式展现了这个根源。人的美因此有着深刻的意义。美并不只是感官感受到的一种愉悦（这种愉悦在动物中也有，然而只有人才能欣赏美）。**美是以感性形式出现的意义**。美的意义不是附加到感性形式上的，而是融化在感性形式中的，一旦被抽象出来就会成为概念而不再是以感性形式出现的意义了。所以很多情况下我们觉得某种东西很美，却又无法解释这种美。人体的美就存在于其形象中，只需要观看而不需要加以解说。但我们仍然可以指出，这种美感来自人的根源（太极）在男女身体中的浓缩（参见第十一讲《论太极》）。正是这种有内在意义的浓缩使人体美成为自然形成的最高形式的美。进一步来说，美是世界的意义在世界中的卓越的、感性的显现。世界本身以及世界中的感性形象都是向阳性的意志敞开的。美的形象不论在天志的超越视野中、人心的感受中还是在审美想象力中都是一种阴性的显现。**美本质上是阴性的**。所以女人的形象自然而然地成为美的代表。在英文中指称美的词"beauty"同时也是指称美丽女性的词，而在汉语中，"美人"也同样特指美丽的女性。这些都不是偶然的。

男女身体的形象具有不同的意义，因此男女服装的美也就具有不同的特性。男女分开时可以各自实现所浓缩的根源的特性，例如，男人更多地实现出意志的刚强和力量的释放，女人更多地实现出性情的温柔和生命的美丽。这些特性是作为生活在社会中的"人"的两种不同特性实现出来的。所以，男女的服装只要能充分展示出"做男人"和"做女人"的不同，就可以产生一种只有人的形象才能具有的美感。这点只要我们对比一下国际流行的男女礼服，也就是西装和长裙就可以看得很清楚。西装是由翻领上衣、西装裤和领带配套组成。西装给人的整体感觉是挺拔、帅气、严肃、认真、理性。西装上衣的腰部自然收紧，下摆稍微放开。这种三维立体的贴身剪裁，配合垫肩的使用，使整个上身被"向上收紧"，形成一种宽肩、挺拔、充满力量感的造型，让穿衣者感到昂首挺胸收腹的姿势得到从上衣而来的默默的"支持"，特别地突出了意志的决断力。因此不论穿者还是观看者都会感受到一种严肃、认真的态度。这种态度被西装的斜领开口所缓和，从而在严肃认真的同时显示出一种开放的胸襟和优雅的气质。然而在斜领开口的中央，一条领带自上而下，由细而粗地贯穿整个领口，和斜领由下而上张开的造型刚好相反，同时与上衣的挺拔造型内外呼应，以一种位居中央、从上至下、一以贯之的态度统一了整个上身。这是一种非常理性的态度，能够很好地显示男人意志的单一性和统一身体的力量。当然，领带的颜色和上衣的颜色要有呼应，并和衬衣的颜色形成对比才能真正达到这种效果。如果不打领带，整个上身就会缺乏意志的单一性，从而显得比较放松。但西装配上领带才是男人最美的穿着。有些场合不需要显得过于严肃、认真和理性，这时可以适当选择有条纹和色彩的领带来弥补。

西装裤和上衣是同一种颜色，这样"意志的单一性"不但能够统一上身，还能够从上至下贯穿整个身体，形成孔子所说的"吾道一以贯之"的效果。但上衣和裤是完全分开的两件衣服，而且上衣是整体性的（包裹整个上身），而裤子却没有足够的整体性与之抗衡，因为裤子只分别包裹两腿（这种设计是为了行动方便）。所以这种"一以贯之"并不像大道从天向地的运动那样流畅，而是一种"以上统下"亦即"以天统地"式的贯穿。一般说来，服装的上半部分和下半部分的关系暗示着天和地的关系。当上衣起到统一整个服装的作用时，天对地的统一作用就会被暗中凸显出来，而这正是西装的特色。所以西装作为一个整体很好地展现了男人身体的意义。

与之形成对比，西式长裙通常是上下连体的。柔软、贴身、束腰、下摆放大的长裙从上至下形成了一种流畅的、不断发展的运动，造成一种类似大道从天至地自然而然流动、不断滋润生命生长的效果。所以西式长裙的下摆通常是最宽阔、最多皱褶、装饰最丰富的部分。婚纱在这方面最为夸张，特别是长长地拖曳在地上的婚纱，显示了大道从天向地，从地向世界一泻千里的流动。西式长裙通常不遮蔽肩部和颈部，而是从胸部开始往下遮蔽，同时三维立体的贴身剪裁使女性的胸部被凸显出来，腰部显得特别纤细，而腰部（或臀部）以下则任意地、松散地流泻开来，直至裙子下摆触地或者拖曳在地上，和大地结合在一起。西式长裙的这种特点凸显了女人身体所浓缩的大道。西式长裙不像西装那样展现"意志的单一性"和"以天统地"的特性。统一西式长裙的不是紧裹胸部的上半部分，也不是松散开来的下半部分，而是整条裙子从上至下、从紧到松、不断发展的运动。但大道其实又是在阳刚之力的推动下运动的。当我们看到一个穿西装的男人和一个穿西式长裙的女人一起出现时，我们感到二者形成了阴阳合一的整体，仿佛男人意志的单一和严肃认真在女人生命的多姿多彩和自然流动中被释放了出来。西装和西式长裙以一种对比强烈的方式展现了"做男人"和"做女人"的不同风采。二者成为国际流行的男女礼服不是没有道理的。

和西装与西式长裙相比，中国古代的礼服具有颇为不同的特色。中国古代最有代表性、延续时间最长的礼服是从周朝就开始出现的深衣。所谓深衣就是一种上下连体、交领右衽、中间束以腰带的装束，是男女都喜欢穿的一种服装（男女深衣的细节有所不同，但整体结构是相似的）。深衣用的是平面裁剪法，形成的服装可以平摊在一个平面上。这和西方近现代服装紧贴人体的三维立体裁剪法（即所谓"省道"）有着根本的不同。深衣的交领有点像西装的斜领，但西装左右襟的结合是靠纽扣，而不像深衣那样用左襟盖住右襟，再在腰部以腰带系牢。深衣的"交领右衽"突出了左襟覆盖右襟形成的从左上向右下的斜向运动。深衣的上半部分因此比西装上衣显得更有不对称运动带来的美感和生机（比西装显得潇洒）。深衣的腰带起到显示身段的作用，有点类似西装上衣的收腰，也有点像西式长裙的束腰（比前者收得更紧而比后者宽松）。腰带将上下一体的深衣一分为二，突出了上天下地的区别，但上下依然一体贯通，具有相似的整体性，不像西装"以天统地"那么截然对立，也不像西式长裙那样不用腰带而一气呵成（突出大道的连贯性）。深衣虽然不如西装活动方便，但它长不及地，可以出现在不同场合，不像西式长裙那样通常会触地甚至拖在地上，只适合出现在室内很正式的场合。

总的来说，深衣是一种兼具西装和西式长裙的一些特点，但又与二者不同、自成体系的服装。深衣既展示了天地之分，又展示了大道从天向地的流动；既有交领的对称感，又有右衽带来的不对称的动感和美感。深衣虽然收紧腰部，但其平面剪裁没有突出胸部和臀部，所以单从结构上看没有突出男女之别。这是为什么古代男女都可以穿深衣的原因。虽然深衣的整体结构没有突出男女之别，人们还是可以通过细节和色彩的不同，以及男人的冠帽和女人的发髻等来显示男女的不同形象（冠帽和发髻都是头的延伸，象征着天人的合一。中国古代男人的冠帽发展出了很多不同样式。女人的发髻更是花样繁多，美不胜收，可算世界之最）。然而与西装和西式长裙相比，男女深衣的对比确实没有那样强烈。如果在细节和色彩方面不注意男女之别，就更有可能使男女深衣给人一种很相似的印象。这种印象总体上看倾向于女性，因为深衣是上下连体、宽袍大袖的服装，更适合于展示女性生命的多姿多彩和自然流畅。男人如果穿深衣应该选择色彩朴素、造型简单者（选择直裾而不是在腰下绕圈旋转而下的曲裾），否则的话就会让人感到太阴柔和感性，显示不出男人的刚毅和理性。

（三）服装与空间

为什么中国古人会以结构上男女差别不大的深衣为礼服，而且持续几千年而盛行不衰？这似乎是因为中国古人不想突出男女身体的性感，以免人们受到太多诱惑而放纵欲望。但这只是比较表面的原因。我认为中国古人之所以喜欢深衣，不是因为它不突出男女差别，而是因为它突出了另外一种东西。为了突出这种东西，男女身体的差别在服装中被放到了次要的地位。这个东西就是服装所展示的**空间**。

这里说的空间指的就是《我是谁?》中曾经分析过的"我的空间"。这种空间是由移动身体的可能性构成的，有上下、前后、左右三个维度。移动身体就是我通过身体做我自己的方式。但我和他人的交往也是通过移动身体进行的。在交往中我们的空间是相互关联的。在他人眼中，我的空间就是我在其中做人的空间。所以，空间的意义自然地会物化到服装的设计中。我们已经分析过空间三个维度的意义："上下"的意义是"超越和被超越"，主要表现在向上收紧（昂首、挺胸、收腹）的姿势中。"前后"的意义是"肯定和否定"，主要表现在步行中。"左右"的意义是"相互对称"，同时暗示生命的圆融和敞开性，主要表现在双手的对称动作中。三个维度中"上下"起到了统领其他两个维度的作用。在上节的分析中我们已经看到这些意义在服装中的某些应用。同时我们也看到了"上下"不仅有"超越和被超越"的意义，还有"上天下地"的意义。前一个意义来自人心对意志之根的敬畏，所以在礼的动作中有很多应用。第二个意义不是来自敬畏的心情，而是来自天地的物化。这个意义把空间决定成了众人共同生活其中的"天地之间"，因此在服装中有重要的应用。

中国古人对三个维度的意义早已有所认识，而且还把它们看成是三对阴阳，亦即**上为阳，下为阴；前为阳，后为阴；左为阳，右为阴**。这三对阴阳把空间划分成了对应八卦的八个不同区域（例如，乾卦对应"上左前"）。《生命与音乐》已经指出八卦就是"阳-阴"关系的八种不同的先天样式。天地产生的宇宙万物必须被安排在和八卦对应的八个空间区域中。这就是为什么空间会是三维的原因，也是为什么三个维度有先天意义的原因。《生命与音乐》还指出了八卦三爻的意义，包括（1）原始的阳—阴（2）肯定—否定（3）自性—他性。（2）和（3）是从（1）转化而来。把这些意义应用到空间的三维，结果就是：（1）"上下"是原始的阳—阴（2）"前后"是肯定—否定（3）"左右"是自性—他性。这与我们从身体得出的三维意义是契合的。这种契合不是巧合。身体既然浓缩了人的根源，身体动作的意义和来自根源的空间三维必然密切相关。

服装既然把"我的身体"转化为"人的身体"，展示了"我之为人"的形象，它就同时把"我的空间"转化为"我之为人"的空间。所以，服装不仅具有保暖护体的实用性，也不仅仅发展了男女身体天然的美感，同时还具有**向他人彰显我的空间**之意义。服装向他人彰显我的空间的方式就是展示决定其意义的三对阴阳。这是中国古人在发展服装时的一种潜移默化的指导思想，并且典型地实现在了深衣的结构中。深衣上下一体、宽袍大袖、平面剪裁的特点，把上下和左右这两对阴阳决定的平面凸显了出来。紧束的腰带突出了上天下地之分。深衣的平面剪裁没有特别突出胸部、臀部或者任何其他部位，所以我们首先看到的是上下一体、天地有别。当两手左右伸开时，宽大的衣袖使深衣的平面如同孔雀开屏一样伸展开来，强化了左右对称以及生命的圆融和敞开性，同时也把空间隔开为前后两个区域，强化了前阳后阴的关系。深衣的"交领"也是一种左右对称，但"右衽"意味着左襟在前、右襟在后，暗示着"左为阳，右为阴；前为阳，后为阴"的意义。中国古人（中原汉族）对"右衽"非常注重。不但在深衣中，在一切有交领的服装中都是"右衽"。孔子在赞赏管仲时，就曾说他辅佐君王平定天下，如果没有他今天我们就会"披发左衽"（失去中原文化传统）了。

深衣的结构显示了中国古人对空间意义的重视。当我们看见穿深衣者时，首先感受到的不是身体的细节，而是整个人堂堂正正地挺立天地之间的形象。宽袍大袖和平面剪裁使身体感到很放松，使穿着者的注意力首先不是放在身体感觉上，而是放在深衣所强化的空间意义上，使人自然而然地注意出现在自己空间中的他人，体会"上下"这个共同拥有的维度，同时也注意到左右、前后对每个人的不同意义，产生一种"我有我的空间，你有你的空间，但我们都在天地之间"的感受。所以，穿深衣的人会不由自主地通过富有空间意义的各种"揖礼"来表达对他人的尊敬。与之形成对比，西装、长裙和其他突出身体形状的西方服装使穿着者对自己身体的感觉（而不是空间感）占了首要地位，这样握手和拥抱就成为最自然的礼节。

西方服装并不是从一开始就突出身体形状的。古代西方（希腊和罗马）的服装也是平面剪裁的宽衣。希腊人崇尚"逻各斯"（组织世界的理性），在视觉上的表现就是喜欢合乎比例的、展现美的理想的几何形式。希腊人很向往人体匀称的、合乎理想比例的美。所以希腊服装实际上无所谓剪裁，而是一块柔软的大布在身体上缠绕系扎而成，一方面让身体在松弛的服装下若隐若现，同时又产生许多自然下垂、多姿多彩的皱褶。希腊人显然并不在乎服装展示空间的作用，而只在乎服装下的裸体和服装本身的几何曲线美。罗马人继承了希腊人的文化，但又做了发展变化。罗马人比不上希腊人精致高雅，但眼界和心胸远比希腊人为大，所以能够发展出超越城邦的大帝国。罗马人的"托加"也是一块大布在身上缠绕系扎而成，但所用的布特别大，缠绕方式特别复杂，使得"托加"成为世界上最大的服装，展示了罗马人的世界性胸怀和对威严的渴望。

西罗马帝国因日耳曼人的入侵而灭亡之后，西欧各民族逐步被以罗马教皇为中心的宗教神权统一，进入了漫长的中世纪。受到基督教认为人人生来有罪观念的影响，中世纪早期的服装倾向于不露形体地包裹全身，以便遮蔽"有罪的"、"丑陋的"身体（这和中国古代服装不凸显身体形状的做法不是同一回事。中国古人并不认为人是天生有罪的，人体是丑陋的）。但作为近代英法德等民族祖先的古代日耳曼人本来是北欧的游牧民族，具有注重个人自由和实际的倾向，其服装窄小紧身，上下衣分开以方便活动。所以，到13世纪的哥特时代就出现了紧贴人体（特别是腰部）剪裁的"省道"，将古代的平面裁剪法发展为复杂的三维立体裁剪法，使西方服装的发展从古希腊罗马的宽衣型转向日耳曼的窄衣型，从此西方服装和古代及东方服装开始分道扬镳，一直延续到今天。

进入15世纪的文艺复兴时代后，人们摆脱了宗教的束缚，重新肯定人间的、世俗的生活。男女的性差异开始成为服装发展的一个重点。女人为了突出丰乳、细腰和圆臀，从小就开始穿紧身胸衣（有些甚至是铁做的）来束紧腰部，造成肋骨内弯、呼吸困难，在过分撑大的裙子中难以行动，而等待着男人的"献殷勤"。男装则极力夸张上半身的雄大和下半身的紧瘦，和女人的上窄下宽刚好形成对比，突出了男人的社会地位和保护女人的力量。到了19世纪，资本主义开始取代封建贵族社会，男人从贵族生活转向平民化的商业活动，注重的不再是地位、排场和向女人献殷勤，而是在户外活动的方便以及理性、严谨的行动方式。一些从平民而来的服装开始流行，其中的"休闲茄克"最终发展成了我们中国人所说的"西装"。从此西方男装开始趋向简明朴素的固定造型，而女装则继续其丰富多彩的发展变化，以至于人们谈到"时装"的时候只是单指女装。尽管20世纪出现了一些比较中性的服装，但总的来说男女服装已经被纳入了不同的发展轨道。男人的服装更多地展示意志的单一、理性、严谨和行动的方便，其展示地位和身份的作用已经基本消失，仅在各种制服中以一种转化了的方式继续发展。虽然20世纪的女装也出现了许多方便的、职业化的穿着，但总的来说，女装已经成为服装美的主要发展场所，出现了许多千姿百态、色彩缤纷、日新月异的女装，为这个世界增添了不少光彩。

相比之下，中国古代服装的发展是比较平稳持续的，而且基本上是男女平行并列的。中国古人最强调男女阴阳之别，为什么反而没有像西方人那样发展出男女差异很大的服装？原因就是上面指出的中国古人对服装所展示的空间意义的高度重视。中国古代服装给人的感觉更多的是一种在天地之间展开的"气场"，一种豁达、飘逸、潇洒的"气韵"。为了这种弥漫在空间中的"气感"，中国古代服装一直保持平面剪裁、宽袍大袖、洋洋洒洒的风格。这种服装风格特别适合"礼"所需要的天人合一的感觉，但在凸显男女差异方面则显得不够。中国古代男装的发达还与古代社会的等级制度有关。男装发展出了许多不同的装饰、图案、色彩等，主要是为了区别不同的地位和身份。越是装饰复杂、富丽堂皇、色彩高贵的服装就越能表明穿着者的地位和身份（清朝皇帝的许多朝服甚至比皇后的还要华丽和鲜艳夺目）。女装表示地位的需要少一些，但女装本来就是美的恰当展示场所，自然会出现多种多样的发展。所以中国古代男女装的发展出现了平行并列的情况。从罗马人开始，西方古代服装也同样被用来展示地位和身份，所以有些男装也比较华丽，装饰也比较多种多样，直到近代资本主义兴起，男装才逐步趋向简明朴素，最终形成服装美集中到女装中发展的局面。不论东西方，古代男装的发展动力都主要来自展示地位和身份的需要。但用服装区分地位和身份的做法是等级社会造成的，已经不适合于今天人人平等的时代。所以，男装变得简明朴素是必然的，而女装成为服装美的主要发展场所也是必然的。

中国古代服装的美感完全可以和西方服装相比，甚至更为出色和丰富多彩。古人认为"中国有礼仪之大，故称夏；有服章之美，谓之华"。古代服装的美是中国作为"华夏"的一个重要特征。中国古代服装讲究手工、材料和色彩，即使纽扣、腰带等部件也都用布制成，使整个服装如同身体一样有一种来自大地母亲的感觉（相对布而言，金属显得冰冷和缺乏大地的生机），而其色彩的绚丽更是直接展示着大地的多姿多彩和生生不息。中国古代服装的这些特点使之特别适合于女装的发展。中国古代女装虽然经历了不同朝代的许多变化，但这些变化都能以不同的方式展现出女性如同大地母亲一样的妩媚、多彩、富于生命气息，尤其是在户外出现时显得与自然万物很和谐，揭示出自然万物属于地母的意义。中国古代女装的宽松和平面剪裁使女性的美好身体在服装下只是隐隐若现，显示出一种含蓄、高雅、矜持、纯洁的特性，很好地展现了女性象征大地的本质。西式长裙展现了女人身体所浓缩的大道运动，突出了曲线美和性感，但并没有突出大地的含蓄和内在的生命气息，在展现大道本身（而不是其在身体上的浓缩）方面不及中国古代女装。大道本身是虚虚实实，有无相生的。许多西式女装在突出女性身体的曲线美和性感方面非常出色，但为了这个目的，服装就必须紧贴人体，穿着者不会感到很舒服，同时比较难用服装做出许多不同的造型（为了一种新的造型只能换一种服装）。反之，中国古代女装宽松和平面剪裁的特点使穿着者感到很舒服，而且同一服装可以随穿衣人的动作、姿态的不同而产生千变万化的造型，被风吹动时更是裙裾飘飘，婀娜多姿。总之，中国古代女装不但有外在的空间感和内在的女人味，而且还有飘然若仙的美感，以一种看不见的光芒照耀出自然万物的意义。这是西方女装无法代替的。

二　建筑是人之为人的物化

服装将"我的身体"转化为"人的身体"，展现了"我之为人"的形象，并以其空间感展示了每个人居于天地之间的本质，以物化的形式实现了从"我"到"人"的扩展。然而，为了完整地实现从"我"到"人"的扩展，还必须将"我的空间"统一成众人在其中共同活动的"人的空间"。这种统一是由建筑来完成的。

（一）建筑的实用性

建筑首先是一个实用的物。每个建筑都是为了人的某种活动建立的。例如，房屋为人的日常居住而建，商业大厦为经济活动而建，歌剧院为艺术活动而建，庙宇和教堂为宗教活动而建。建筑的这种实用性使它从根本上区别于雕塑。雕塑是以其形象展示意境（和美感）的艺术品。虽然建筑可以和雕塑一样具有美感，它本质上是实用的物而不是艺术品。① 但建筑所具有的实用性并不是普通的实用性。建筑本身并不能像纸、笔、电脑、食物、衣服那样"被使用"。建筑虽然为人在环境中的某种活动服务,它本身并不提供这种活动所需要的材料和工具,而只是为这种活动提供一种经过规划的空间。商业大厦无法提供歌剧院为艺术敞开的空间,而歌剧院也不适合作为一个贸易公司的办公场所,因为二者所提供的空间是为了完全不同的目的规划的。建筑的实用性就在于它所提供的空间。这种空间是为人们提供公共环境的一种"无用之用",并因此区别于一般的有用之物。建筑的这种独特的实用性使它在从"我"到"人"的扩展中扮演了一个重要的角色。

(二) 建筑与空间

每个人都有一个由上下、前后、左右构成的"我的空间"。通过"上下"这个共同的维度,我们每个人的空间都被纳入到"天地之间"中,使我们可以通过移动身体共同居于天地之间。但我们每个人的空间又是各自不同的,因为我们有各自的"前后"和"左右",这意味着我们步行的方式和生命的伸展性是相互独立的。换句话说,我们各自走在自己的人生道路上。但是,当我们为了某种共同的活动聚在一起时,就必须把不同的"我的空间"统一规划为"人的空间",而把"我的空间"转化为"人的空间"的就是为某种共同活动建立的建筑。

当我走入一个商场的时候,我从正门进去,然后可以选择继续前行,或者搭乘两侧的扶手电梯上二楼,在不同店铺间徜徉,到指定的中央服务台付款,在美食中心用餐,在洗手间放松,在喷泉旁边的座椅上休息……我所做的一切都暗中受到商场建筑结构的指引。虽然每个人都可以自由地选择在商场中活动的方式,这些方式却不是任意的,而是一个经过规划的可能性体系。我们只能在这个可能性体系中进行选择。商场不需要规定顾客们如何行动,因为其建筑结构已经向所有人指示出"这是做……的地方","那是做……的地方","往前走就通向做……的地方","往左拐是做……的地方",如此等等。整个商场的内部空间就

---

① 雕塑的大小对其艺术性影响不大,但建筑的大小对其美感有极大的影响,原因就在于建筑本质上并非艺术品。

这样被建筑结构规划成一个人们以共同方式行动的场所，成为一个"人的空间"。虽然众人的空间并没有完全重合在一起，但它们已经不再是一个个纯粹的"我的空间"，而是已经被纳入建筑为所有人事先规划好的内部空间中。

人的活动当然也可以在露天进行。但在没有建筑结构引导的情况下，人们就必须通过言语的交流才能形成对某种活动如何在空间中展开的一致意见。每个人的"我的空间"就被言语统一成了"人的空间"。然而空间的本质是移动身体的可能性，是由于"我"被物化为身体才形成的。所以，空间的统一性必须通过物而不能仅仅通过言语来实现，否则这种统一性就还不是空间自身的统一性，而是外在地强加于空间的。这是为什么我们发明了各种标志来统一人的行动的原因。标志是固定在环境中的某个位置上，指示人如何行动的一种特别的物，例如交通灯、路牌、禁止吸烟的牌子等。标志虽然可以使用文字，但也可以不使用文字而是通过色彩、形状、图案等来发挥作用。标志作为固定在环境中的物以某种方式统一了周围的空间，把它变成一个众人公认的"在此处如此行动"的空间，从而把每个看到标志的人的"我的空间"转化为"人的空间"。但标志并没有靠自身产生人的空间（并没有空间被包围在标志内部），而只是规划在它外部的空间。建筑虽然也常常在内部使用标志，但这些标志规划的不是外部世界的空间，而是建筑的内部空间。建筑的内部空间就是它从自身敞开出来的一个人们在其中共同活动的小世界。因此，只有建筑才真正是将"我的空间"统一为"人的空间"的物。

空间是身体所在的"天地之间"。因此，空间中的"上下"是统领"前后"和"左右"的维度。这意味着"上"这个方向统一了建筑的内部空间，也就是从屋顶开始，向下敞开出建筑的整个内部空间。在中国古代的建筑中，最典型的屋顶是由两个斜面交汇而成。当我们站在建筑内部往上看时，屋顶的两个斜面从上至下地敞开着屋内的空间，暗示着"高天"具有的敞开"天地之间"的力量。不但如此，这两个斜面分别向建筑的前方（门口所在方向）和后方伸展，从而在敞开内部空间的同时确定了"前后"和"左右"两个维度。古代建筑以这种方式展示了"上下"、"前后"、"左右"三个维度，并以"上下"统领了"前后"和"左右"，使得活动在建筑中的人感受到一种从高天向地面敞开的胸怀，一种被高天覆盖和保护的感觉，亦即天人合一的感觉。

与之形成对比，西方最典型的古代建筑（宗教建筑）通常是圆顶或尖顶的。站在这种建筑内部，人的视线会自然而然地沿着众多上升的线条汇集到极高的屋顶中央，从而感到自己非常低下和渺小。这是宗教所需要的一种神无限超越人的感觉，和中国建筑的斜面屋顶从上至下敞开内部空间，覆盖和保护地上之人的感觉很不一样。中国古代很少极高的建筑。不是中国人没有本事造出这样的建筑，而是因为中国人更喜欢"天人合一"的感受，所以不会让屋顶过分远离地上的人。另外，西方宗教建筑为了强化"前后"这个维度，把整个建筑建成从正门开始纵向深入的长方形。人们进入建筑之后，会发现神坛在离人很远的对面，越往前走就越感到两边的空间在收紧，最终汇集到处在终端的神坛。这种做法使得"前后"这个维度也被利用来展示"神"的至高无上，这是从"上下"这个维度的特性转化出来的。另一方面，"左右"这个维度的对称性使它无法用来展示神人之间的无限距离。从"我"的角度来说这个维度暗示了生命的圆融和敞开性。所以，从"人"的角度来说这个维度暗示了人类世界的无限宽广。这就是为什么西方宗教建筑极力加长"前后"、萎缩"左右"，形成纵深的长方形的原因。与之相反，中国古代的宗教建筑（庙宇）和其他建筑一样都是左右伸展开来的长方形。人们从长方形的中点（正门）进去后就立刻面对所要敬拜的对象，感到很亲近。左右伸展开来的内部空间给人一种"对称"大于"不对称"的感觉，无形中拉近了天人之间的距离，把人心安定在天地之间。

不论中国还是西方的古代建筑，其内部的屋顶都不是今天常见的平坦的天花板。这种完全平面化的屋顶没有敞开空间的力量。在屋内的人感到屋子的上下、前后、左右都是由同样的平面构成，"上下"这个维度并没有什么特殊性。屋内的空间不是从上至下敞开出来，也不是从下至上收紧，而是由六个相似的平面包围形成的。当"上下"这个维度失去统领其他两个维度的力量时，空间就失去了"天地之间"的意义，而只剩下"可以在其中活动"的含义。这种在现代社会流行的平面天花板暗示着现代人对人的理解已经不再和人的超越根源有什么关系。与之相反，不论是中国还是西方的古代建筑都以某种方式展示着这种关系，尽管西方宗教的"神人对立"和中国文化的"天人合一"导致了中西建筑的不同特色。

当建筑的内部空间被屋顶统一在"上下"这个维度时，众人的"前后"和"左右"就都被统一在共同的"上下"之中，形成一个具有"天地之间"意义的"人的空间"，而建筑的墙壁、走廊、门窗、柱子等结构则以更具体的方式统一众人在空间中的行动。这就是建筑把"我的空间"转化为"人的空间"的方式。建筑只有作为让人"居于天地之间"的物才真正具有"居所"之意。海德格尔曾经指出，"惟当我们能够栖居，我们才能筑造"。① 他认为人是通过贯通"在大地上"与"在天空下"而栖居的。② 服装虽然向他人展示了"我居于天地之间"的空间感，但服装还没有把"我的空间"转化为"人的空间"，真正做到这点的是建筑。**如果说身体是"我之为我"的物化，服装是"我之为人"的物化，那么建筑就是"人之为人"的物化。**

建筑对人的物化首先是通过建筑的内部空间进行的，但这使得建筑的外部形象也自然而然地具有了"人之物化"的意义。也就是说，我们看到建筑时不是仅仅看到一个有用之物，而是仿佛看到一个居于天地之间的，大写的"人"。这就是为什么有些建筑师把建筑当作一个放大的人体的原因。但必须注意的是，建筑的外部形象绝不是对人体形状的模仿。虽然我是通过身体居于天地之间的，但建筑作为"人之为人"的物化已经超越了"我"的个体性，从而超越了身体的具体性。所谓"人之为人"，实际上就是人的大我，亦即天志与世界的合一，在建筑中对应屋顶与它敞开的屋内空间。所以，建筑不应该在具体形状上模仿身体，而应该将身体的具体形状全部剥夺，只剩下身体在其中移动的

---

① 参见［德］海德格尔《筑·居·思》，载海德格尔《演讲与论文集》，孙周兴译，生活·读书·新知三联书店 2005 年版，第 169 页。
② 参见［德］海德格尔《……人诗意地栖居……》，载海德格尔《演讲与论文集》，孙周兴译，生活·读书·新知三联书店 2005 年版，第 208 页。

"空间"，即由上下、前后、左右形成的"天地之间"。这就是为什么我说建筑的外部形象是一个"大写"的人，以便区别于有具体形状的人体。如果一个建筑故意模仿人体的形象，它就更像是一个雕塑而不是一个建筑，不但不能展示建筑物化"人之为人"的本质，反而掩盖了这个本质（例如，河北的天子大酒店外形是"福禄寿"三个巨大的人物，既俗气又没有显示建筑超越个人的本质）。建筑和人体之间的相似只是"神似"而不是"形似"。但这种"神似"仍然是可见的，因为它是在空间上的相似，也就是在"居于天地之间"方面的相似。

（三）中国古代建筑

如果我们从外部观看一个中国古代建筑，例如一个宫殿或庙宇，我们看到什么样的形象呢？我们看到的是站立在天地之间、面向前方的一个大写的"人"。中国建筑强调的不是前后之间的距离，而是前后在意义上的区别。建筑的前面总是装饰得富丽堂皇，把最美的东西直接"面向"来客展示，而从建筑后面望去则或者被高墙挡住一半，或者只露出朴素、窄小的后门。"前为阳（肯定），后为阴（否定）"的意思很明显（所以办事走"后门"就是不走正道）。中国建筑的整体结构总是左右对称的，显示了中国人对左右意义的深刻理解和重视（西方建筑的正门一般是左右对称的，但整体结构却不一定）。特别是左右檐角对称式地高高翘起，展示了"左右"和"上下"的和谐一致，有一种展翅飞翔的飘逸感。从建筑的正面望去，左右两边翘起的檐角不但强化了屋顶承接高天的意义（天人合一），同时也使建筑具有向所有人"敞开自己"的胸怀和气度，强化了"前方"所具有的"肯定"（接纳）之意。反之，西方建筑的正面通常是狭窄高耸的，屋顶没有飞檐翘角。这种正面只展现了向上耸立、高入云天的气势，而没有展示"天人合一"及"人人合一"的意义。中国建筑的屋顶是整个建筑外形的重点，装饰精美，气魄宏大，其高度常常接近整个屋子高度的一半。对屋顶的高度重视是中国建筑外形区别于西方建筑的最大特色，反映了中国人对天人合一的深刻领悟和重视。

中国古代建筑一般是"三段式"的，就是屋顶、台基和屋身（分别对应天地人）。屋身在屋顶和台基之间敞开着供人在其中活动的"天地之间"。屋身主要包括墙壁和柱子。屋顶的重量落在梁木上，然后落到柱子上，再传入地下。所以柱子有"顶天立地"的意义。在中国建筑中，真正支撑屋顶的是柱子，墙壁只是起到规划空间的作用。即使墙壁被拆除，柱子仍然支撑着整个屋顶。所以中国有"墙倒屋不塌"的说法。但中国建筑依赖柱子支撑屋顶的做法也导致建筑不够牢固，在年久失修或者大风时容易出问题。中国建筑一般不使用斜梁来连接梁木。这种斜梁构成的三角形是建筑中最能保持形状的结构。如果使用它的话房屋就会坚固很多。但中国人不喜欢斜梁，因为它不是真正在"顶天立地"地支撑屋顶，而是歪歪斜斜地划破空间。所以可以理解为什么中国人发明了"斗拱"这种巧妙的构件来代替斜梁的作用。斗拱就是在柱子的顶端层层叠叠地放置许多短木，使得柱子顶端可以"开花"似地托起梁木，将大面积的荷重传到柱子上。后来斗拱更是慢慢发展为一种装饰，和飞檐翘角一起成为中国建筑在装饰方面的最大特色之一。

柱子"顶天立地"的作用使它成为人的尊严的象征。这就是为什么中国人宁愿让房屋不那么牢固也要把房屋的重量放在柱子上的原因。事实上，在西方古代建筑中，柱子也同样暗示着人的尊严。古希腊的庙宇就非常重视柱子，把它们放在外面最显眼的位置上。希腊人的柱子有三种类型，即多立克、爱奥尼和科林斯。多立克粗犷简朴，爱奥尼秀雅华丽，分别象征着男人和女人的气质，科林斯则是爱奥尼的进一步发展，顶部装饰如同花篮。罗马人把希腊的柱式从三种发展到了五种。但到了中世纪，基督教堂就尽可能地隐藏柱子，一直到文艺复兴后才重新开始暴露。

中国古代建筑有一个区别于西方建筑的重要特点，就是主要使用木材，而不像西方古代建筑那样主要使用石头。《周礼·冬官》中把搞城市建筑的人和木匠一起归类为"匠人"，也就是处理木材者。中国人之所以偏爱木材，主要是因为木材是从有生命的树而来，即使被砍下来仍然有一种内在的生命气息，仍然显得温暖而富有人性。木材还可以涂上油漆而呈现非常丰富的色彩。建筑是大地向天空的延伸，所以建筑的色彩让人感受到大地的丰富多彩（展现大地本身的主要是暖色，冷色则更多地让人感受到天空，灰黑色则显示出大道的朴素幽深）。由于大量使用木材，中国建筑显得非常富有生命气息和大地的生机，加上其外形具有的天人合一感，使其很容易和周围的自然环境融为一体，而不像很多西方建筑那样突兀地耸立在环境中。与木材相比，石头显得冰冷、坚硬、沉重、缺乏生命气息。所以中国人通常只用石头来做台阶、地基、桥梁、墓碑，而不用在房屋的主体结构（砖瓦是土焙烧而成，比石头多一些温暖的人性，故可用于主体结构）。西方文化从一开始就受到宗教影响。古代西方人内心深处充满对永恒的向往和对世俗生活的超越态度。因此，西方人更喜欢没有生命气息但坚定不移、永远不变的石头，而不是容易朽坏的木材（西方人往往化几百年才建成一个大教堂，因为想到的是让它永久存在，为此不惜耗费几代人的生命）。另外，木材由于其内在的生命机理（纹理）而不容易被加工成各种形状，只能顺其天然的生机去使用它，而石头则容易被雕刻成具有极高精确度的几何形状，非常符合西方人对富有理性的几何美感的喜爱。使用石头作为主要的建筑材料使西方人对建筑美主要是从其几何形状（而非色彩和气韵）去欣赏的。许多西方哲学家、艺术家都喜欢把建筑称之为"凝固的音乐"，因为他们喜欢石头建筑呈现出来的具有完美比例的各种几何线条的运动感及相互和谐感，觉得就像音乐的和声进行一样具有一种合乎理性的美。中国古人从来不把建筑当作艺术品，也不把建筑师当作艺术家。中国古代的建筑基本上是作为风俗自然而然发展的，同时也有礼的意义（古代建筑展示的天人合一合乎礼的精神；各类建筑的高度、规模、材料等都是符合礼制的）。西方人却倾向于把建筑当作一切艺术的根基，甚至当作最高的艺术。这反映了他们的宗教情结（西方古代建筑的发展主要是靠宗教感情推动的），也反映了他们对美感的一种理性的追求。所以，西方从罗马人开始就有系统的建筑理论，建筑师被当作伟大艺术家来尊重。然而，建筑虽然有美感，因而可以说有艺术性，但把建筑归类为艺术甚至当作最高的艺术却掩盖了建筑不同于艺术的独特本质，也就是它把"我的空间"统一为"人的空间"，以物化形式实现"人居于天地之间"的作用。

中国古人则把建筑看成是有生命的、像人一样居于天地之间的物。中国建筑的木结构方便人们对它不断地替换、更新，就像人不断成长一样。不但如此,建筑对中国人来说是和居住在其中的人分不开的,是有"人气"的。当一个朝代取代另一个朝代时,人们觉得前朝"气数已尽",应该被新的朝代代替,所以不会珍惜前朝的建筑,要么放一把火烧了,要么拆其木料来建新的宫殿(唐末的大明宫就是被拆掉,把材料运去洛阳建新宫殿去了)。所以我们现在看到的古代建筑很多都是近代的,或者是近代重建的。这种做法和西方人竭尽全力保存古老建筑的做法形成了鲜明对比(西方的古老建筑即使衰败了也不会重修,而是努力保持其原貌)。其实,历史朝代的更替并不仅仅是人的更替。但中国古代的人治思想并没有把政治和人分开,再加上中国人没有西方宗教培养出来的永恒感,所以才导致对历史文物不注意保护的现象。今天我们不但应该把政治和人分开,充分实现法治,而且还应该看到"天长地久"的永恒性,看到历史超越人的永恒本质,才能真正把握历史文物的意义。

但中国人把建筑看成和人一样有生命的想法并没有错,因为建筑就是"人之为人"的物化,在本质上是非常富于人性的。然而,每个建筑都是为某种特定的人类活动提供活动空间的,例如商业大厦、歌剧院、教学楼、四合院等各有其特定的目的。从这个角度来看,没有任何一个建筑单独地实现了"人的空间",因为人并不是仅仅为了某个特定的目的而存在的。相反,人是世界本身的统一性,因此人必须在一个自满自足的世界中生活才能完整地实现居于天地之间的本质。只有当不同的建筑互相配合构成建筑群时,才可能产生一个相对独立的、可以让人完整地实现各种活动的"人的空间",也就是一个相对完整的"天地之间"。这种建筑群中的个体不一定要紧挨着,而是可以通过道路、桥梁等互相关联。通过道路和桥梁对周围世界的规划作用,建筑群就被统一为一个相对完整的"天地之间"。这个"天地之间"有几种不同的存在形式,也就是人们通常所说的**乡**、**镇**和**城市**。

在乡村,最主要的建筑就是院子。一家人住在同一个院子,或者几个院子构成的大院落中。院子周围绿树环绕,常可看见鸟类、松鼠等野生动物。一年四季,风霜雨雪,使屋顶和庭院呈现出种种不同的景观。这样的民居和大自然融为一体,仿佛从大地涌现而出,是城市民居很难具有的特色。乡村民居一般都是典型的斜面瓦屋顶，有些还带有飞檐翘角、屋脊雕龙等装饰，颇有气势。由一层层的瓦叠成的斜面屋顶承载了天上落下的雨水，让它顺势流到地上，而翘起的顶角则把房屋作为大地的延伸指向天空。四面合围的院子把天地人凝聚在相对自满自足的领域中，使人能够世世代代安居其中，成为一个名副其实的"家"。相邻的院子通常住着最亲近的亲戚，也就是有共同祖父母的亲戚，而远一点的院落其血缘关系也就远一点。整个乡村的建筑就这样在亲情中互相关联，构成一个大家族。除了院子之外，一个乡村通常还包含村里人共同使用的公共设施，例如谷场、水井等。最重要的是，中国的乡村通常都有一个叫作"祠堂"的建筑。这里供放着全村人历代积累下来的共同祖先的牌位。祠堂是全村人聚集起来祭祖的地方，是人心在"敬"的心情中被统一起来的地方，也就是村民们实现其作为"人"（村民）之本质的地方。祠堂还是村里人聚集起来讨论和决定村里事务的地方。有些小的纠纷在祠堂就得到了解决，只有人命案之类的重大问题才需要到县衙门去解决。祠堂还通常是私塾上课的地方，是人文教化的场所。祠堂因此不是一个普通建筑，而是把所有其他乡村建筑统一为整体的"中心建筑"。整个村庄的生活就在以祠堂为中心，以谷场、水井等公共设施为周边，以众多院落为外围，靠乡间小道连成整体的建筑群内展开。这样一个建筑群实现了一个相对完整的"人的空间"，从而开放出一个相对完整的"天地之间"或"世界"。

但乡村其实是无法独立存在的，因为农民还需要到镇上去出售农产品，买到必需的农业用具，以及农民无法自己生产的一些生活用品。一个镇包含许多店铺和一些办事机关，通常沿着街道一间挨一间地排列。所以镇上的建筑通常无法像乡村建筑那样被自然景观环绕，但借着自然地势涌现而出的错落有致的建筑群仍然能形成一种有独特地方特色的小镇景观，例如蜿蜒的石路和小桥流水等。一个镇通常是周围几个村的人们共同"赶集"的地方，所以起到了统一不同村庄的作用。虽然小镇上的人们通常互相认识，但血缘关系比较远。所以在精神上统一小镇的更多地是共同属于"这个地方"的感受，也就是由小镇（和周围乡村）的自然风貌、土地出产、风俗习惯等形成的属于"某某人"的感受。

在大一点的镇，人们通常无法辨认出血缘关系，所以统一人心的就只剩下这种属于"某某人"的感受了。但某些镇也可能会有一些庙宇，供奉着地方神仙或历史人物，供镇上的人共同敬拜。这种庙宇也具有"中心建筑"的意义，起到了统一乡镇的作用。

城市是一个充分自满自足的生活区域。由于城市土地平整、交通发达，城市建筑容易设计成一个有机整体，形成一个完整的"天地之间"。中国古代城市建筑为我们留下了光辉的榜样（例如明朝开始修建起来的北京古城，以及遗迹依稀可寻的古代长安城）。古代城市中最辉煌的建筑是宫殿，代表着中国古代建筑的最高成就。皇宫或地方政府建筑就是中国古代城市的中心建筑。西方城市的中心建筑则一般是宗教性的，所以西方古代建筑的最高成就是宗教建筑。中国古代城市庙宇的结构类似宫殿，但规模比宫殿小很多（中小城市的庙宇结构则类似当地衙门或民居）。中西在中心建筑上的差别反映了对人的本质的不同理解。中国古人把人的本质理解为居于天地之间，也就是天人合一，但同时又将"天人合一"寄托在统治天下的君王身上。古代西方人则把人归属于诸神或上帝，即使君王也不例外，所以把最高的热情献给了宗教，用不朽的石头为世界留下了许多辉煌的庙宇和教堂。

（四）西方建筑的历史发展

相对而言，中国古代建筑的发展是相当平稳持续的，反映了中国人安居天地之间的特点，而西方建筑却像西方服装一样不断发生剧烈变化，甚至变到面目全非，反映了西方历史上"人"所经历的种种曲折的演变。由于今天中国的建筑风格已经基本上西方化，让我们考察一下西方建筑的一些主要发展阶段，以便看清我们今天从西方继承的究竟是怎样一种关于"人"的理解。

雅典的卫城是古希腊建筑的典范，主要包括敬拜雅典守护神雅典娜的帕特农神庙和伊瑞克提翁神庙。这些神庙建在城中央一个孤立的山岗上，使得四面八方的人，包括航海的人，远远就能望见它们。山脚下是拥挤的民居和公民们参政议政、交换产品的广场。在半山腰上，凭借一个小山谷建起了一个半圆形的狄奥尼索斯剧场。剧场位于山顶的神庙和山脚下的民居之间，暗示着人生的戏剧是在"神人之间"展开的。卫城整体上是按照祭祀雅典娜的仪典过程设计的。游行的队伍从广场出发，进入卫城的山门之后，首先看到高大的雅典娜铜像。过了铜像，就会看到帕特农神庙耸立在右前方（这是观赏它的最佳角度）。帕特农神庙使用的是粗犷简朴的多立克式石柱。正门的柱子上面顶着向左右敞开的斜面屋顶。因为希腊神庙是纵深的长方体，所以从正门看去就像从中国宫殿的侧面望去一样。虽然斜面屋顶有从上至下敞开空间的意思，但因为以侧面对着来客，所以让人不觉得神庙是向来客敞开的，加上没有飞檐翘角，显示不出天人之间的关系。帕特农神庙真正让人感到震撼的是环绕神庙的几十根粗大的石柱。所有柱子都向神庙中心略微倾斜，甚至台基面也往中间微微凸起。柱子的表面不是严格的直线，而是精心设计的微微凸起的弧线，柱子的半径和高度也根据人体的比例（放大高度）做了精心设计，以便呈现出类似人体的自然的、合乎理想的美。总的来说，这样一座朴素粗犷但又精心设计的石头建筑，给人的感觉是自然健康的力量、和谐的理性和对美的形象的理想化追求。当游行的队伍继续前行时，就会看到左手边的伊瑞克提翁神庙在欢迎人们。这座神庙用的是秀雅的爱奥尼柱式和洁白的大理石墙壁。最令人吃惊的是一个柱廊中顶着屋顶的石柱竟然是六尊少女雕像。她们的身体重心落在一只脚，另一只脚自然地向前微微屈膝，加上衣裙下垂形成的褶皱，形象非常美丽健康。这座神庙虽然比帕特农神庙小很多，但其风格在整个古典时代都是独一无二的。游行的队伍经过伊瑞克提翁神庙之后继续前行，最后在帕特农神庙另一端正门前的露天祭坛点火，举行祭祀仪式，随后载歌载舞，狂欢终日。

古希腊建筑富于理想性的、充满力量的美开启了西方建筑注重石头和柱式的历史。但古希腊建筑缺乏中国建筑宏伟的、彰显天人合一的屋顶，木材带给人的温暖的人性，以及建筑的丰富色彩显示出来的大地气息。坚硬的石头虽然显示了永恒的力量，但没有显示这种力量和苍天有什么关系，而是通过象征人体的柱子来显示它和人的力量的关系。帕特农神庙不仅在外部，而且在内部的雅典娜神像周围也环绕着几十根石柱，显示了诸神的力量与人的力量之间的内在关联。希腊人崇拜的诸神都像人一样生育，构成一个神的"谱系"。这些诸神和人一样有血有肉，相互之间经常嫉妒和争斗，唯一不同的就是他们永远不死，而且有力量左右人的命运。诸神其实就是人的永恒化，是必死的人在"永恒"这面镜子中看到的自己的形象，代表着高于必死之个人、统一世界的永恒力量。这种力量的本质是天的意志（人的意志的永恒根源）。但诸神类似人的特性说明希腊人不是从"天"去理解这种力量的，而只是从人去理解，把它当作人的力量的永恒化和神圣化。由于没有"天"去拥有这种力量，它就无法出现为一个单一的、统一天下的力量（天志），而只能根据人对世界统一性的理解分裂成许多力量（诸神）。人对统一世界的力量有多少种不同理解，就会创造出多少个不同的"诸神"，例如天空之神宙斯、海神波塞冬、智慧女神雅典娜、爱与美之神阿佛洛狄忒、酒神狄奥尼索斯、商业之神赫耳墨斯等。希腊人的社会不是在天地之间，而是在永恒的诸神和必死的个人之间形成的。所以，希腊人不像中国人那样对天命充满信心，安居天地之间，而是对人生充满了动荡不安的悲剧感，其艺术化的表达就是在狄奥尼索斯剧院中不断上演的希腊悲剧。然而，这种悲剧感并不是软弱的悲观失望，不是对人生的消极否定。诸神虽然常常作弄人，其力量本质上和人的力量无别。崇拜诸神其实是以宗教的方式崇拜永恒化与神圣化的人。因此，希腊人没有在诸神面前诚惶诚恐和匍匐屈膝，而是以诸神为榜样和理想，努力过一种虽然必死但又充满美感的人生。希腊宗教因此有其积极的一面。正是这样一种宗教，加上希腊人对组织世界的逻各斯的注重，使希腊人发展了令人惊异的充满力量和美感的古代文化。

但希腊人的这种诸神崇拜也使他们眼界狭窄，看不到一个有统一意义的"天下"。希腊的城邦各自敬拜自己的神，相互争斗，对外邦人充满戒备甚至敌意，以致希腊无法形成大帝国。与之相比，罗马人就显示出非常宽广的胸怀和气魄，甚至给外邦人以公民身份。罗马人继承了希腊神话中的诸神（只是改了名字，如阿佛洛狄忒被改为维纳斯）。但和希腊人不同的是，罗马人有强烈的统一天下的意识，这点从他们建立的"万神庙"就可以看出来。万神庙初建于公元前27—前25年。其入口是希腊式的，有科林斯柱子和三角形屋顶，但里面的圆形正殿上方是罗马式的穹窿，跨度达到43.43米（至今仍然是跨度最大的穹窿）。从内部看上去，整个穹顶形如半个巨大的圆球从极高处覆盖下来，让人强烈地感受到高天覆盖地上一切事物的气势（人根本就无处可逃）。穹顶正中央还开了一个圆洞作为采光口，使敬拜的人们如同身处苍穹之下，看到了神秘的天光。所以，万神庙虽然是献给诸神的庙宇，却隐隐地暗示着统一天下的"万神之神"（罗马人后来接受了基督教，万神庙被改成了基督教堂）。相比之下，中国建筑的屋顶虽然非常壮观，显示了"唯天为大"的格局，但同时却让屋檐超出屋子很远并稍稍翘起，而两侧的檐角更是向外高高飞扬起来，形成一种"托起苍天"的架势，暗示着人可以主动承受"天命"而与天合一。这和罗马式的穹窿一味从高处笼罩下来，让人无处可逃的感觉是很不同的。即使是天坛祈年殿这样的圆形建筑（其内部有点类似罗马式穹窿），其屋顶外形也不是半球形，而仍然是中国式的斜面屋顶，只不过是围绕顶点绕圈而已，所以仍然能给人以天人合一的感觉。

基督教中的"上帝"是至高无上、创造一切的神。这种一神教不像希腊多神教那样把天志人格化，而是把天本身人格化，产生的不是具有人的形象和品格的"诸神"，而是全能全知、有自由意志、在各方面都绝对完美、超越一切有限事物的"上帝"。罗马帝国一开始是迫害基督教的，但最终在公元313年通过"米兰赦令"把基督教合法化，使基督教得以向全欧洲传播。西罗马帝国在公元476年被北欧日耳曼人灭亡之后，基督教（天主教）以罗马教皇为中心继续发展，成为中世纪时统一欧洲的精神力量。从10世纪到12世纪，流行的教堂建筑就是"罗曼式建筑"（Romanesque architecture），也就是罗马风格的建筑。这种建筑采用罗马人发明的圆拱形拱券作为入口，教堂内部也大量采用圆拱形设计（圆拱和穹窿相似，都有从高处覆盖一切的气势）。罗曼式教堂整体上让人感到沉重、阴暗、忧郁，而信徒们就在这种令人诚惶诚恐的气氛中为自己的罪祈求上帝的宽恕。

然而，教皇的权威在12至13世纪达到顶点的时候也开始悄悄地走向衰落。这时在意大利以外的地方（首先是法国）出现了一种新的建筑风格，即所谓的"哥特式"（Gothic）建筑（其第一个成熟的作品就是巴黎圣母院）。"哥特"（Goth）一词源于日耳曼人的哥特族，在意大利人的用法中含有"野蛮"的意思，因为相对希腊罗马高度发展的古代文化，来自北欧的日耳曼人最初只是一些游牧打猎的"野蛮人"。哥特式建筑是从罗曼式教堂发展出来的，但风格很不同。它采用了彩色玻璃窗来引发人们对天国美好景象的向往，和沉重阴暗的罗曼式教堂形成鲜明对比。它还把罗马的半圆拱改成了尖顶拱。整个教堂的外形也变得瘦长，其尖顶高高地指向天空。教堂内部众多轻快的尖形拱券则从下至上运动并在极高的尖顶交汇。哥特式建筑以这些方式强化了沿着狭窄通道向天国飞奔的感觉，让人心仅仅向上看而不看左右旁人，仿佛我自己可以直接和上帝沟通。这种感觉符合日耳曼人的特点，因为他们本来是森林中打猎的游牧民族，非常酷爱个人自由，同时很注重实际，不像希腊人那么精致高雅，也不像罗马人那样气魄宏大、把天下尽收眼底。哥特建筑的这种风格也影响了同时期的服装，使当时的人们普遍喜欢能显示人的瘦长身形的服装，所以才发明了"省道"裁剪法来极力突出人的身体形状。服装中的这种变化意味着从"人的身体"向"我的身体"的一种靠拢，但不是废弃服装展示"我之为人"的作用，而是通过突出身体形状使"我自己"被凸显出来。这与哥特式建筑强化的每个人通过狭窄的通道向天国飞升的感觉是相似的。罗曼式建筑的风格过分强调了上帝的威严，让人感到诚惶诚恐。哥特式建筑虽然强调天国的美好景象和对世俗生活的否定，但同时让人感到神是可以凭自己信念去接近的。后来以德国的宗教改革为起点发展出来的基督教新教就特别强调每个人都可以通过信仰获得拯救。这与日耳曼人注重个人自由的精神是非常符合的。

在文艺复兴时期（15—17世纪），人们认为中世纪的宗教建筑是神权的象征，是野蛮和扼杀人性的，古代希腊和罗马才是文明的，哥特式建筑受到了批评和贬低，人们开始重新采用希腊罗马与人体美相通的古典柱式（同时男装开始变得雄大，女装开始变得浑圆）。当历史从17世纪开始进入现代社会后，以英法德为代表的日耳曼人精神成为西方历史的主要引路者，哥特式建筑又重新得到了肯定。但与此同时，注重主体性的现代思想使西方人开始走出宗教，进入了世俗化的现代进程。日耳曼人注重个人自由、独立思考、讲求实际等特点使英法德等国家率先发展出了现代科学、技术、商业以及保护人的自由和权利的现代民主政治，为人类文明的发展做出了重要的贡献。与此同时，西方建筑开始从宗教建筑为主走向世俗建筑为主，出现了许多为平民的社会生活建立的公共建筑。建筑风格开始突出实用性，也就是功能性。到 19 世纪末，在工业革命和资本主义市场的推动下，出现了真正的现代化建筑。首先是 1851 年伦敦出现为第一次世界工业博览会设计的展览馆，一个全由铁架和玻璃装配起来、没有装饰的"水晶宫"。接着是 1889 年法国为世界博览会（和纪念法国大革命）建立的高达 328 米的埃菲尔铁塔，其挺拔的姿态和高耸入云的尖顶代替了欧洲古老的石头建筑，被称为新兴资产阶级的钢铁纪念碑（塔上还设有酒吧、游艺台和眺望台，展示了资本主义对欲望的追求）。

就在欧洲出现"水晶宫"和埃菲尔铁塔的同时，在美国出现了以摩天大楼为主的"芝加哥学派"建筑。芝加哥学派的领袖人物沙利文的口号就是"形式随从功能"，让建筑的外部形象完全屈从于建筑的实用目的，以高层建筑节省出来的功能性的"空间"取代了作为"天地之间"的空间，屋顶也变成平面，完全不再和"苍天"有任何关系了。到了 20 世纪二三十年代，出现了"功能主义"的风格，废弃表面外加的建筑装饰，从内到外，由功能决定形式的设计，进一步发展了现代主义建筑风格。现代主义完全是工业化的产物。它大量使用金属和玻璃类工业材料，造型生硬、色彩冷酷、缺乏情感。这种风格典型地展现了现代人在工业化时代的自我理解，也就是一个失去超越根源、企图用科技征服世界、仅仅追求功利性目标的人。

然而，从 20 世纪六十年代开始，世界各地开始出现对现代主义建筑的批判，指责现代主义割断历史、忽视人的情感、忽视建筑和周围环境的配合。从此西方建筑发展开始进入多元化的阶段。其中，"后现代建筑"是最有代表性的。这种建筑反对工业文明的机械化、简单化、条理化特点，追求个性化和多样化，采用装饰，主张兼收并蓄的包容，总的来说就是以生命本身的丰富多彩和感性来对抗现代工业文明。后来人们把 20 世纪出现的批判现代哲学的哲学称之为"后现代哲学"，就是从这种建筑风格借来的词语。但后现代建筑其实不是一种统一的新建筑风格，而只是对正统现代主义的一种反叛和修正。其各式各样的个性化建筑并没有重新回到西方古代建筑对人的根源（诸神和上帝）的彰显，也没有像中国古代建筑那样彰显"天人合一"，而是在人的根源已经退隐的时代里探索着生命本身的种种可能性。到了七八十年代，在法国哲学家德里达的"解构主义"思想影响下，出现了更为激进的"解构主义"建筑。正如德里达攻击整个西方形而上学传统的理性主义和逻各斯中心主义一样，解构主义建筑故意制造无中心、无边界、歪扭变形的效果。这种风格完全不同于希腊和谐的理想化的美，以及中世纪的高度秩序感和精神性，也不同于现代主义的机械化和功能化，甚至也不同于后现代主义的个性化和多样化，而是故意把建筑弄得"不像样"、"不合理"，把一切传统和规范破坏掉，反映了西方人自我理解的一种严重危机，一种对西方哲学传统所推崇的"理性动物"的彻底的信心失落。

　　近几十年来，西方建筑继续朝着多元化方向进行探险。在一些别出心裁的尝试中，建筑已经越来越不像是有实用目的、为人类活动提供空间的物，更不是展现人居于天地之间本质的物，而是供建筑师进行各种创新和冒险的"艺术品"。这种情形同样出现在近几十年的西方服装潮流中。有时我们看到的一些最新的"时装"已经完全不顾服装是"衣服"的特点，也完全不在乎它彰显"我之为人"的本质，而仅仅把模特和服装当成设计师实现其最新奇思妙想的物质材料。当我们看到模特穿着让她完全变成一个非人怪物的服装，在台上走着机械的步伐时，我们不再感到她是一个值得尊重的人、一个有着美丽身体的女人，而只是一个毫无生气、如同剪裁用的纸板或雕塑家手里的泥巴一样的东西，任由设计师心血来潮的奇思妙想蹂躏，其目的只是为了制造一种哗众取宠的效果（这样的"实验"即使放到动物身上都会侮辱动物来自大地的、自然活泼的生命）。如果说这类服装贬低了穿着者作为一个人的尊严，那么那些追求惊人的、不合理外表的建筑所贬低的则是"人本身"。建筑师比服装设计师有着更大的社会责任。服装作为展示"我之为人"的物，包含了对"我"的展示，因此穿着者的服装品位和搭配确实有可能显示其个性和审美境界。只要服装不走向一味追求新奇古怪而贬低了穿着者的尊严，服装仍然可以有比较强的个性特点和想象空间（特别是演出用的服装，是艺术的一部分，可以根据艺术所要展现的意境加以特别的设计）。但建筑彰显的不是某个人，而是人本身。建筑是出现在世界中，代表人居于天地之间的物。所以，建筑师没有理由将建筑仅仅当作展现自己个性和创造力的"艺术品"来任意对待。一种让人感到不舒服的服装流行不开，出现后又会迅速消失。但一个让人感到不舒服的建筑却不会马上消失，也不会很快在竞争中被新的、更好的东西代替。它一旦建起，就会几十年甚至上百年屹立在人们的生活空间中，不知不觉、日复一日地破坏周围空间作为"天地之间"的本质。建筑师们应该明白，每个建筑都是社会对人的一次默默的解释，会潜移默化地塑造（或破坏）人居于天地之间的精神。建筑师的责任如此重大，可不慎乎？

三　当代中国的服装和建筑

从服装和建筑来看，今天的中国已经和古代中国完全不同，而与当代西方没有什么区别。走在中国的街道上，所看到的景象和美国某个城市的街道差不多，只是人们的长相不同而已。这个有五千年历史的文化大国，已经变得和只有几百年历史的美国没什么两样。中国人放弃传统文化的速度和规模确实令人吃惊。服装和建筑只是其中一例，但同时也是非常说明问题的一例，因为二者都是展示人之本质的物，区别只在于服装展示"我之为人"，而建筑展示"人之为人"。中国古代的服装和建筑在展示人的本质方面是非常优秀的，体现了中华民族独特的民族性。但从今天中国的服装和建筑来看，我们虽然生活在中国大地上，却并没有真正把自己当成中国人。

在 1996 年奥运会开幕式上，当很多国家的运动员纷纷穿着民族服装入场的时候，中国运动员却穿着西装入场，令人十分惊诧。著名医师陶斯亮（陶铸的女儿）曾经回忆她参加世界女医生协会一次会议的情形："开幕式上，各国的女医生都穿着花花绿绿的民族服装，七八十岁的老太太也不例外，日本是和服，台湾是旗袍，就连最没有民族特色的澳大利亚女医生们，胸前也别上一只树熊……相比之下，我们去的几个人，服装上没有什么特色，代表不了我们伟大民族的传统，在整个会场显得黯然失色，使我的自尊心很受刺激。"① 礼服尚且如此，常服就更不用说了。在当今的中国，最常见的服装就是从西方流传过来的突出实用性、没有文化底蕴可言的各种便装，或者后现代风格的、故意破坏服装意义的时装。再看看我们中国目前流行的建筑，最常见的是西方在20世纪上半叶曾经流行过的，象征工业化和机械化的摩天大楼和许多毫无特色和文化底蕴可言的平顶楼房。更令人吃惊的是，我们可能会在一个富有的乡镇看到一个模仿白宫建起的政府大楼，或者在一个城市公园看到模仿希腊神庙的入口，或者在一个文化古城发现即使在西方也很少见的奇怪丑陋的建筑实验品。

或许，今天的中国人已经成为地球上最有"世界性"的人。或许，我们可以为自己的开放程度感到自豪。但"世界性"和"毫无民族特色"不能混为一谈。在政治、经济、科学、技术等许多文明领域中，"世界性"基本上意味着"普遍性"，因为这些文明领域所要实现的不是多姿多彩的意义世界，而是本质上人人皆同的现实世界。尽管不同民族在文明发展方面有不同的步伐和特点，但文明活动的本质决定了人类文明的发展有不断趋同的历史倾向。因此，一个民族不必为它在文明领域中的"毫无民族特色"感到惭愧。然而，在展示意义的文化领域中，一个民族的"毫无民族特色"就不是一件值得骄傲的事情。从文化角度来说，中国人的世界性就反映在其独特的民族性中。因此，我们在开放的同时必须继承和发扬中国古代文化的精神，而不应该盲目照搬西方当代流行文化。

中国古代服装曾经有许多朝代的发展变化，但基本上是比较稳定的。虽然清朝的统治者强迫汉族人民剃头、留辫、穿长袍马褂，但这种服饰上的改革只限于男性，汉族妇女仍然允许穿从明朝延续下来的深衣、襦裙、袄裙等传统服装（清朝统治者出于安定人心的需要，接受了

---

① 参见［日］山内智惠美《20世纪汉族服饰文化研究》，西北大学出版社2001年版，第4页。

明朝遗臣金之俊的建议,对强制性的移风易俗实行"男从女不从"的政策)。所以,清朝出现了汉族和满族妇女各有自己民族服装的现象,甚至出现了一种相互影响的趋势,到民国时终于出现了被称为"旗袍"的中国民族服装。所谓"旗袍"本来是满族妇女穿的一种服装(源自蒙古妇女的袍服,后被满族妇女承袭),是典型的平面剪裁、宽袍大袖、上下一体、不显腰身的古代服装,其偏襟类似传统的"右衽",但不是交领而是左襟整个盖住右襟。整体来说,满族的旗袍其实和古代汉族妇女的深衣相去不远。但满族的旗袍虽然和深衣一样上下一体,却并不系腰带,而是如同西式长裙那样从上到下一气呵成,不同之处只在于旗袍上下同宽、不显腰身。因此,满族的旗袍其实兼有中国和西方服装的某些特点。所以不难理解,在民国取代清朝之后,中国汉族妇女反而将满族的旗袍吸收过来,不断加以改革,最后形成了在民国妇女中广泛流行的现代旗袍。这些改革最主要是吸收了西方"省道"的三维立体裁剪法,让旗袍紧贴胸和腰,突出了女性饱满的胸脯和细腰,下摆也稍微内收,突出了圆臀和下半身。另外,袖子越缩越短,直至露出整个手臂。经过这些改革,旗袍在显示女性身体的曲线美方面其实已经超过西式长裙(以及类似的西式女装),因为西式长裙下摆是松散放大的,没有突出从臀部到脚的曲线美。然而,旗袍的立领(来自汉族)、偏襟、布纽扣等仍然保留中国的民族特色。这种中西结合的服装一方面充分展示了女性身体的曲线美,同时又保留了古代妇女服装的含蓄(不露胸)、优雅(偏襟)和温柔(布纽扣)。这就难怪旗袍会得到民国妇女普遍的喜爱,成为既是礼服又是常服的中国民族服装。旗袍可以说是中国人吸收西方文化特别成功的一个例子。它的成功是因为它以中国传统的长袍为基础来吸收西方服装的优点,而不是全盘照搬西方服装,或者仅仅在其基础上附加"中国元素"。旗袍的成功也可以说是一个奇迹,因为它出自千百个不知名的中国妇女之手,渐渐演变成熟,自然而然地在中国大地上流行开来,成为一种新的中国风俗。

民国时期的男子从清朝的长袍马褂转向了西装,同时发明了从西装改革而来的中山装。但中山装虽然也曾经在民国和改革开放之前的中国流行,它并没有像旗袍这样直至今天依然有持久的生命力。究其原因,首先是因为它不是在中国服装的基础上吸收西方服装的优点，而是以西方服装为基础做了一些适应当时环境的变化而成。例如，它不搞复杂的西式翻领，简化了剪裁和人工，符合当时中国社会的经济状况。但西式翻领和中国古代的"交领"都有一种向上敞开的气势和斜领形成的优雅，而中山装用纽扣把衣领紧紧扣在脖子上的风格则缺乏这种气势和优雅（但这种风格造成一种严谨、内敛、守信、忠诚、可靠的印象，也可算是一种独特的中国男人风格）。中山装整个来说更像是为公务员设计的制服，但和其他许多制服相比在美感方面有所不足，作为常服则显得过于严谨保守。所以在改革开放之后，中国男性基本上放弃了中山装而接受了西装。西装在展现男人意志的单一和理性方面确实是出色的。它突出了男性身体的挺拔帅气，造型典雅大方。所以如果有一天西装成为全世界男性都接受的一种礼服是不会有什么奇怪的。相比之下，中山装作为一种现代中国民族服装并不像旗袍那样成功。从某种意义上说，旗袍的成功不仅是民族性的，而且带有一定的"世界性"，因为它在显示女性的曲线美方面比西式女装有过之而无不及，但又仍然能展示女性的含蓄、优雅、温柔的特性，也比较方便日常活动。如果有一天旗袍成为全世界妇女都喜欢的一种服装我们也不必大惊小怪。

旗袍的这种"世界性"同时也意味着它放弃了一些中国民族服装的特点，最主要的就是宽袍大袖、上下有别和宽大的下摆。如上面所分析的，中国古代服装的这些特点来自展示空间（天地之间）的需要。中国古代妇女的服装具有一种弥漫空间、与周围山水融为一体的气韵，宽袍大袖，裙裾飘飘，可以随意做出各种不同造型。另外，旗袍紧贴腰身，无法有各种附加装饰，而中国古代女装则可以有许多附加装饰，千变万化，美不胜收。所以，最能充分展示中国文化深厚底蕴的是中国古代女装。这点是现代旗袍无法代替的。

中国古代的男装和女装相似，也很有空间感，但在显示男性气质方面不像西装那么突出，特别是一些色彩艳丽、装饰复杂的男装，更显得太过阴柔和感性。中国古代女装几乎可以不加修改就适合今天的中国妇女，特别是作为礼服更是如此（作为常服，需要考虑在现代社会中行动的方便，就不能不做一些改革）。但中国古代男装则需要做一些改革才能适合今天的中国男性。这些改革必须在保留古代服装优点的同时突出男人的气质，否则就不容易流传开来。前些年出现的所谓"唐装"就是一个例子。这种男式上衣是清朝的马褂改制而来。其密封的对襟没有西装和深衣的交领所具有的开放感，柔软的织锦缎面和布纽扣显得很温柔，花花绿绿的图案和色彩虽然充满了富贵和喜庆感，但也因此显得有点俗气。这样的男上衣整体上太阴柔和感性，没有足够的力量统一下半身的裤子。这种没有男人气质的男上衣无法真正流行起来是很自然的事情。所以，如果我们要从古代服装中发展出当代中国男性的礼服和常服，就不得不做一些创造性的改造。这方面是否会出现像旗袍一样的"奇迹"，目前尚难预料。

服装的美感主要体现在女装，而服装的民族性，作为从大地而来的一种多样性，也主要体现在女装。所以，目前中国人最需要做的是恢复、改造和发展中国女性的传统服装，以便产生富于中国民族特色的当代女装。服装不仅有民族性，同时也可以显示穿着者的个性和品位。所以，作为常服的中国女装可以是多种多样的（包括民族的、西式的、个性化的、国际化的等）。但作为礼服（包括校服、制服等）的女性服装则应该充分体现中国的民族特色。尽管旗袍可以看成中国民族服装的代表，但今天真正穿旗袍的中国女性不是很多，有些地方则完全看不到，这点和日本的和服形成了鲜明的对比。今天的中国女性其实没有真正的民族服装。中国古代女装只是在电影、电视、图片，还有一些服装表演中出现，这些都根本不能算是当代的民族服装，而不过是一种怀旧或"服装秀"而已。今天，民间兴起的汉服运动已经进行了十几年，但还没有真正形成流行的趋势。究其原因，还是我们对自己传统文化的自信心不够，对西方流行文化过于盲从。另外，汉服运动有时过分突出汉族的主体性而无形中贬低了少数民族的服装。这种狭隘的做法反而妨碍了它在中国大地上的流行，因为汉族文化的特点本来就是包容天下的精神。中国少数民族的服装（特别是女性服装）和汉服一样出色，有些在色彩、样式和装饰等方面甚至比汉服更加丰富多彩。所以，我们除了推广"汉服"还可以推广更为广义的"华服"。今天，中国很多少数民族仍然保留了从古代继承下来的服装，可以直接作为少数民族的"华服"保留下去，而汉服则可以当成是汉族的"华服"。当然，汉服和少数民族服装的融合也是可能的（旗袍就是一个成功的例子）。在这方面中国当代女性仍然有很多发挥聪明才智的空间。

中国当代建筑基本上是西方化的。早在民国初期，中国著名的建筑师梁思成就对当时西方建筑开始取代中国传统建筑的倾向表示了极度的担忧，而今天这种担忧已经成为现实。当代中国最流行的就是到处可见的平顶楼房。这种平顶楼房已经完全没有古代屋顶展示天人合一、敞开屋内空间的意义。楼房的内部空间只是许多单调的集成方块。整个楼房给人的感觉就是单纯追求实用性，缺乏风格和文化底蕴。由于屋顶不再特殊，整个建筑只能靠高度来产生雄伟的感觉，而这种高度只不过是数量（层数）的堆积。拼命追求高度的摩天大厦似乎在展示"人定胜天"的伟大气魄，但这种气魄只不过是无根无基、企图无限增长的欲望而已。其光滑闪亮、充满冷色的玻璃外表显得缺乏人性的温暖和大地的浓郁，展示的只是现代技术征服大地、改造世界的工具理性。这种建筑来自西方20世纪早期的现代主义，但在八十年代的改革开放后却成了中国大地上最流行的高级建筑。

虽然近几十年中国各地出现了一些仿古建筑，还有一些结合中国古典和西方现代风格的建筑，但总的来说中国目前的建筑没有什么统一的民族风格，也没有形成一种成功地融合了中西的新风格，而更多地是西方不同时期各种风格的大杂烩（上海是一个典型）。社会发展一味追求数量，所以新建筑出现的速度快得惊人。许多建筑只追求内部功能性而不注重外部空间感和美感，有些则片面追求外表新奇，使中国大陆成为许多国外建筑师的实验场。更成问题的是，大部分城市缺少建筑方面的整体规划，许多建筑根本不讲究和城市人文传统的衔接以及和周围自然环境的和谐，以致城市建筑风格混乱不堪，反映了当代中国人在精神上的无根和浮躁状态。

如果中国要进入文化复兴的新时代，我们就必须继承和发扬古代服装和古代建筑的精神实质和传统工艺，同时适当地吸收西方服装和建筑的优点，产生适合当代中国社会、具有中国文化底蕴的服装和建筑风格。服装和建筑是构建礼俗社会最重要的物。最近十几年中国传统文化已经出现了复兴的良好趋势。但我们不能仅仅空谈传统文化而不关注和传统文化的精神密切相关的物。服装和建筑虽然是自然形成的风俗，同时也是时代精神的真实反映。新时代正在呼唤服装和建筑的新风俗。让我们聆听这样的呼唤。

第十讲　语言与世界

中国古人认为人的本质是居于天地之间。另一方面，古希腊人把人当成会说话的动物。为什么中国和西方对人的本质有如此不同的理解？因为中国人注重的是人的根源，而西方人注重的是人如何存在。这两种立场其实是互相补充的：人与根源的关系决定了人如何存在，反之亦然。虽然人的本质是居于天地之间，但正是语言的发生才使人类从动物的生活脱颖而出，把世界敞开在天地之间，实现出人的本质。因此，哲学的一个重要问题是语言如何帮助人类敞开世界。这个问题就是中国哲学和西方哲学的交汇点。

希腊人并没有相应于我们今天所说的"语言"的词，但他们有一个表示"言谈"的词，就是"逻各斯"（logos）。所谓"人是会说话的动物"，指的就是人是有"逻各斯"的动物。但究竟什么是"逻各斯"？在希腊文中，"逻各斯"除了"言谈"之外，还有更古老的"聚集"、"让……显现"等含义，后来又从"言谈"中发展出"命题，理性，法则"等含义。在这里我们不必追溯这个词的历史演变。相反，我们的现象学分析应当从"逻各斯"这个词返回使这个词有意义的生命现象，以便从现象中引出"逻各斯"的结构。下面我们将首先分析使言谈成为可能的两个因素（领悟和判断力），通过它们的动态关系来把握"逻各斯"的结构，再进一步探入推动逻各斯运动的"小道"，这样就能一步步澄清语言如何帮助人类敞开世界。

一 逻各斯

言谈交流的是对事物的理解。在第四讲《现代人生命的演变》中，我们已经指出理解是智性的表现；智性就是判断力和领悟的阴阳合一；领悟把生命现象组织成可理解的事物，而判断力则通过领悟来解释和判断这些现象，从而产生语言和知识。但该讲座并没有深入探讨领悟和判断力，更没有研究智性和逻各斯的关系。为了说明语言的本质，我们现在必须深入展开这些工作。

（一）领悟

在一切现象中，领悟居于特别的地位，因为它无色无味、无形无状，但又真实地出现在生命中。领悟无法被感觉，但可以被理解。最清晰明白的领悟也许是词的含义。词是一种感性现象（声音或图像），但它的含义却不是感性的，而是一种无影无形的"领悟"。这种领悟组织了词的现象，使我们一听到或看到词就同时明白了它的含义。然而，词不是唯一被领悟组织的现象。我们生活中接触的种种现象其实都已经被领悟所组织，只不过这种领悟不像词的含义那样凸显出来。例如，我看到一棵树的时候，我默默地理解这是一棵树。这种理解不是我事后的思考，不是我附加到树上的东西，而就是我看到树的方式——我看到的是树而不是一堆混乱的感性印象。显然，树的形象隐含了"树"的领悟。这种领悟默默地组织树的形象，融化（渗透）在这个形象中。当我开口说"树"的时候，我就把这个默默的领悟从它所组织的现象分离了出来，让它去组织另外一种现象，即"shu"这个声音，从而把它转化为词的含义。这个词的含义与它的发音之间并没有必然的关联，而只是语言约定俗成的关联。但组织树的默默领悟和树的形象有内在的关联：树因为有了这个默默的领悟才在我的生命中出现为树——没有这个默默组织其形象的领悟，树就只能出现为一堆混乱的感性印象而不是一种有意义的现象。

同样的道理，我听到的声音如果不是被一种领悟默默地组织起来，我就不会听到流水声、脚步声、鸟鸣声、雷鸣声……而只会听到一系列没有任何意义的纯粹"声响"。生命中的一切现象都因为被某种领悟默默地组织，才成为可理解的事物，才能被我们言说。所谓"言说"就是用言词来展开和深化领悟。一棵树不仅是一棵树。它可能是在风中摇荡的，可能是歪歪扭扭的，可能是古朴清瘦的……。当我注意到它的某种特别的存在方式时，就可能会说出"树在风中摇荡"等类句子。这类句子的意思在树的形象中有其来源，因为我不是看到一棵没有任何特点的树，而是一棵在风中摇荡的树，一棵歪歪扭扭的树，一棵古朴清瘦的树……。默默地组织树之形象的领悟一旦从这个形象分离出来，就可以有很多种不同的展开和深化的方式，产生许多不同的句子。但这些句子的意思终究来源于树的形象本身，来源于默默地融化在树的形象中、参与构成这个形象的领悟。

这种默默地融化在所组织的现象中的领悟，我称之为**"潜在的领悟"**，以便区别于词的含义和句子的意思。后者可以称之为**"浮现的领悟"**，因为它们已经从现象的海洋"浮"到我们能直接理解的表面上来。所谓"会说话"，首先指的就是能够把潜在的领悟从所组织的现象分离出来，从而"浮现"出词和句子。猴子也许能感到香蕉很甜，但它不会说"香蕉很甜"，因为它没有把默默地组织香蕉味道的领悟分离出来的能力，更不用说把这种领悟展开和深化了。人不但可以把潜在的领悟浮现出来，还可以从浮现的领悟产生更高层次的、关于浮现领悟的领悟，甚至产生抽象的概念。然而，如果我们的生命现象没有被潜在的领悟所组织，生命就完全没有任何可理解性，没有任何可以言说的东西，这样就不会有任何浮现的领悟，遑论更高层次的领悟或抽象概念。归根到底，**一切浮现的领悟都起源于组织生命的潜在的领悟**。

但我们能言说的事物不仅限于生命中的现象，我们还谈论超越生命的一些事物，例如世界、社会、国家、历史、爱情甚至天地、大道等。这是如何可能的呢？如果一切浮现的领悟起源于潜在的领悟，而后者的存在方式是融化在所组织的生命现象中，我们怎么可能谈论超越生命的事物呢？这和领悟的二重性有关：领悟虽然融化在所组织的现象中，它的"意义"却有可能指向其他事物。融化在所组织的现象中是领悟的

"现实性",而能够通过意义指向事物则是它的"理想性"。领悟的现实性和理想性可以刚好重合,例如组织树的默默领悟指向的就是这棵树,但也可以相互分离,例如组织"shu"这个声音的领悟指向的是树而不是声音。有些潜在的领悟并不指向所组织的现象。例如,我听到的脚步声中含有"有人在走路"的潜在的领悟。这个领悟融化在所组织的声音中(现实性),但它指向的是"有人在走路"这个事件(理想性)。我看到红绿灯的时候,红绿灯的意义默默地组织着红色或绿色的感性现象,但这个意义指向的却是人在环境中行动的可能性(停下或前进)。显然,领悟所组织的现象和它的意义之所指是两回事。所以,虽然领悟总是组织生命现象的领悟,但其意义却有可能指向超越生命的事物。例如,"敬畏"这种心情隐含某种潜在的领悟。这种领悟组织了心情这种生命现象,但它指向的却是某种高于生命的东西(否则就无法形成敬畏这种心情)。出于同样的道理,我有可能从风雨交加中听出天地的交合,从恋人的眼神中看到爱的永恒,从贝多芬的音乐中听到人类对命运的抗争……

组织生命现象的领悟非常多种多样,但它们全部都被统一在"我"这个潜在的领悟中。"我"这个领悟像其他潜在的领悟一样融在生命现象中,但它默默地组织的并不是生命中的某些具体现象,而是生命现象的总体(生命整体)。这个领悟以两种方式组织生命:一方面它把生命整体组织为"我的";另一方面它把生命的中心组织为"我"。必须注意,生命和心一样是"我",只是相对于心而言生命具有"我的"之义。"我"的完整意义展开来就是"我拥有自己"。这个默默的意义是一切领悟中最原始的,因为一切组织生命现象的领悟都附属于组织生命整体的领悟,并通过后者发挥作用。但领悟的二重性说明:组织生命整体的领悟有可能指向超越生命整体的事物。所以,从"我"这个默默的意义有可能发展出超越"我"的各种意义(如上面提到的世界、社会、国家、历史、爱情甚至天地、大道等)。这些超越的意义通过"我"这个意义默默地参与组织我的生命,使我可以和超越事物发生真实的关系。

我们把"我"这个潜在的领悟称为**原始领悟**。原始领悟一方面

"向下"分化出组织生命现象的各种具体领悟；另一方面"向上"生长出指向超越事物的种种意义。从现实性的角度来说，原始领悟是统一所有领悟的领悟；从理想性的角度来说，原始领悟是一切超越意义的基础。如果没有"我"这个潜在的、先天的领悟，生命就会是漆黑一团，完全没有任何可理解性。也许你会觉得"我"只是一个后起的意义，是人们在语言中发明出来的。但如果你明白潜在的领悟是融化在生命中，而不是以词的方式存在的，你就不会对"我"这个原始领悟的先天性感到惊讶。生命被"我"这个默默的意义所组织，这与开口说出"我"完全是两回事。如果没有"我"这个意义先天地组织生命整体，生命就根本没有自我同一性，根本无法作为个体活着。人类在共同生活中发展了语言，产生了自我意识，才能说出"我"，但这样做的基础是生命事先已经被"我"这个默默的意义所组织。甚至动物的生命也一样被原始领悟所组织，否则根本无法作为个体活着。但动物没有把潜在的领悟浮现出来的能力，因此不能发展语言，无法达到自我意识。所以，动物虽然有"我"的潜在品格却无法发展它，更别提将它说出来。我们把动物和人共同具有的，被原始领悟组织的个体生命称为**默默的我**。原始领悟把默默的我组织成了心与生命的合一。这种默默的我就是个体生命最基本的存在形式，是发展语言和自我意识的基础。

（二）判断力

拥有生命的意志是心，而拥有领悟的意志就是判断力。判断力就是以领悟为对象的意志。我只有通过判断力才能将潜在的领悟从所组织的现象分离出来，形成词和句子，这个过程就是说话。当然我也可以不说话而只是思考，也就是在头脑中展开分析、综合、比较、推理、肯定、否定、怀疑等活动。所有这些都是判断力对领悟的操作。判断力无法直接拥有生命，而只能拥有组织生命的领悟，所以判断力天生就是心的**下属意志**。我在生活中所做的一切都是心在做。但心必须拥有判断力才能从事言谈、思考等活动。如果我只有心而没有判断力，即使生命被领悟所组织，即使我感受并欲望生命，我的心也无法注意到融化在生命现象中的潜在的领悟，更不用说将它们从现象中分离出来，领悟就会永远处在晦暗和不发展状态。所以，心拥有判断力是发展语言和思考的前提。

心拥有判断力的方式并不是简单地拥有一种功能，而是把自己放在判断力的位置上，仿佛判断力本身是一个下属的"我"（我们只要稍微注意一下自己的思考方式就可获得这种体会）。之所以会如此，是因为心是生命的直接拥有者，而判断力则是生命的间接拥有者（判断力通过拥有原始领悟而间接地拥有了后者组织的生命）。所以，心总是把自己放在判断力的位置上去拥有一个可理解的生命。这就是心和判断力密不可分的主从关系。但是从笛卡尔开始的现代哲学却把这个主从关系颠倒了，把生命中心转移到判断力，把"我"转化为思考主体。这样做产生了"智性思维"，亦即通过追求确定性来追求生命意义的思维（参见《现代人生命的演变》）。确定性是判断力的满足，就像快乐是心的满足，美感是想象力的满足。所谓"智性"就是判断力与领悟的阴阳合一。正如心与生命的合一构成"我"，判断力与领悟合一构成的"智性"也可称为**智我**。"智我"不是真正的我（默默的我），而只是附属于我的"小我"。但智我的活动在人类发展语言和自我意识中起到了关键的作用。智我的活动就是所谓的"逻各斯"。

（三）领悟回旋运动

判断力和领悟是阴阳合一、密不可分的。但这种合一不是静态而是动态的合一。就像生命和心之间存在回旋运动一样，领悟和判断力之间也存在回旋运动。领悟是伴随它所组织的生命而被给予的。所以判断力不是凭空创造领悟，而是接受被给予的领悟，再主动将它拥为己有，亦即将它重新产生出来。这样就出现了一个从领悟到判断力、从判断力返回领悟的回旋运动，如下图所示。①

领悟 ⇌ 判断力

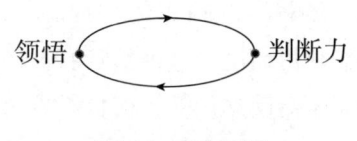

图 19　逻各斯

---

① 领悟回旋运动与生命回旋运动一样有四个环节，但可以简化为两个环节。此处采用的是简化的图示。

这个回旋运动就是判断力拥有领悟的方式，也就是构成"智性"或"智我"的运动。通过这个回旋运动，领悟就有可能不断地被判断力展开和深化。这个**以领悟和判断力为阴阳二极的"领悟回旋运动"就是所谓的"逻各斯"**。这是我们从现象学分析得出的定义。这个定义非常严格，因此也非常狭窄，但这种狭窄性有助于我们把"逻各斯"的多种含义追溯回它们在生命现象中的起源。由于原始领悟是统一所有领悟的领悟，逻各斯从整体上看就是**原始领悟的回旋运动**。原始领悟的回旋运动总是自发地进行，而它的具体化就是各种具体领悟的回旋运动。作为组织生命回旋运动的下属运动，逻各斯总是自发地运行着，默默地"收集"和"处理"生命中的具体领悟，帮助生命回旋运动的正常展开。[①] 逻各斯的这种默默运作是言谈得以产生的基础。

二 解释与言谈

在逻各斯中，领悟被判断力接受之后再重新给出，这个过程就是对领悟的解释。逻各斯总是在解释它接受到的一切领悟。我们通常是用句子来解释事物的，但这种解释只是对浮现的领悟进行的解释。组织生命的领悟首先是融化在生命现象中的潜在的领悟。所以，逻各斯总是在默默地解释一切生命现象，帮助生命回旋运动的正常进行。这种默默的解释不是人的有意行为，而是逻各斯的自发行为。即使是我们不言不语地生活的时候，逻各斯也仍然在自发地、默默地收集和处理组织生命的潜在领悟，亦即默默地"解释"生命中的种种事物，只是因为没有形成浮现的领悟而不被我们注意而已。这种默默的解释就是言谈的基础。当逻各斯不仅默默地组织生命回旋运动，而且在我们的共同在世中相互激荡时，默默的解释就发展成言谈：我们的判断力通过言词互相发出和接

---

① 《天地与万物》已经指出，生物体是生命的物化；组织生命的潜在领悟物化成了遍布身体的神经；大脑物化了统一所有具体领悟的原始领悟，而其处理信息的能力则物化了判断力。所以，大脑就是智我的物化，大脑的活动就是逻各斯的物化。

收领悟，形成相互交叉的领悟回旋运动。言谈使默默的解释被释放出来，使我们可以分享对事物的理解，帮助我们实现共同在世。如果说默默的解释是逻各斯组织生命回旋运动的方式，言谈就是逻各斯组织共同在世的方式。**言谈就是逻各斯的共同在世。**

默默的解释发生的原始方式，就是逻各斯把某个潜在的领悟 A 当作就是 A（判断力把接受到的领悟不加改变地重新给出）。这相当于把领悟所组织的事物当作就是这个事物。这是没有任何发展的解释，但它是自然发生的**原始解释**。这种原始解释总是默默地把苹果当作苹果，把门当作门，把狗当作狗，把车当作车……这种默默的"当作"不发展收集到的领悟，而只是重复它。在孩童学会说话之前，这种默默的"当作"只能帮助孩童熟悉事物。虽然孩童可以慢慢扩大熟悉的范围，但也只是把熟悉的事物默默地当作就是它自身。所以其领悟不会有什么实质性的发展。

如果把这种原始解释在言谈中浮现出来，就得到"A 是 A"。**系词"是"**在这里暗中指向领悟的"回旋运动"（从被给予的 A 到被重新给出的 A）①。所以，原始解释就是逻各斯对事物同一性的默默理解。孩童刚开始学说话时通常只说单词，例如"车"、"狗"等。其实这种单词表达的就是默默的原始解释，只是因为孩童还没注意到领悟的回旋运动，仅仅注意到被重复的领悟，所以没有把"是"说出来。这是为什么孩童倾向于用重复单词的方式指称事物，例如"车车"、"狗狗"、"妈妈"、"爸爸"，等。逻各斯从整体上看就是原始领悟的回旋运动。所以逻各斯总是默默地把"我的生命"当作"我的生命"，这是把生命中某个事物当作其自身的基础（一切具体领悟都是原始领悟的分化）。原始解释归根到底是生命的自我解释。

当孩童的逻各斯开始注意到自己的活动时，逻各斯就不必再简单地重复领悟，而是可以主动改变所接受到的领悟（再重新给出）。这种改变是为了突出领悟的某个方面，亦即孩童所注意的某个方面。这样"A

---

① "是"仅仅指向领悟的"回旋运动"（不包括领悟本身，也不包括判断力）。所以"是"不指向完整的逻各斯，而只是指向领悟在逻各斯中的运动方式。

是A"式的原始解释就发展成"A是B"式的**展开解释**。这种解释不仅把一个事物当作就是这个事物,而且把它当作有"如此如此"的特性。展开解释其实是原始解释的变体。所以,**一切解释归根到底都是生命的自我解释**。展开解释说出来就是一般的句子,例如"苹果甜"或"苹果是甜的"。汉语有时会把系词"是"(古汉语的"乃"等)省略掉,如"花好月圆"、"诚者,天之道也"。西方语言不但不省略,反而特别突出"is"之类的系词(有很多变形),因为西方人很关心逻各斯的运动方式,而中国人则更关心逻各斯所谈论的事物(暗中指向回旋运动的"是"可以演变为各种动词,用来谈论事物的运动。所以汉语虽然不太重视系词,却很重视动词)。总之,**一个句子其实就是逻各斯的一次自我生成**:逻各斯把自己的一次回旋(分环节地)投射到浮现的领悟中,生成若干词的组合,就是所谓的句子。① 逻各斯不但聚集组织生命的领悟,形成默默的解释,而且还在言谈中把默默的解释投射成句子,把世界中的事物显示为可理解的公共事物,导致了希腊文"逻各斯"的多种含义。

作为逻各斯的共同在世,言谈把组织生命的潜在领悟浮现为组织世界的公共领悟。这些公共领悟以"词"的方式存在,通过约定俗成的语法相互关联,构成了一个自成体系的"词语世界",亦即逻各斯在其中活动的公共世界。"词语世界"并不是一个单独成立的世界,而是依附于生活的世界,作为组织后者的"下属世界"存在。言谈就是逻各斯在"词语世界"中的"共同在世",但又是作为人们共同在世的一种方式发生的。逻各斯在其中活动的"词语世界"就是通常所说的"语言"。逻各斯通过语言把世界组织成了可理解的公共世界(这种组织不仅包括领悟组织现象的作用,也包括判断力的解释作用)。**语言就是组织世界的公共领悟**。通过言谈,人们把潜在的领悟从事物分离出来,作为浮现的领悟来发展。这些得到发展的浮现的领悟又反过来深化了潜在

---

① 句子"A是B"投射了从A到B的领悟回旋运动,即逻各斯本身的运动,导致逻各斯把自身的两极结构也同时投射到句子中(判断力投射到A,领悟投射到B)。这是为什么A被当成"主语",而B被当成A的"宾语"。所以,一个句子就是逻各斯的一次自我生成。

的领悟，让后者以新的方式组织事物，这样世界就变得越来越可理解。浮现的领悟扎根于潜在的领悟，但后者又反过来被前者澄明，成为潜在的公共领悟，把它所组织的生命向世界开放出来。所以，语言最根本的存在就是融化在每个人的生命中，默默地将生命向世界开放的、潜在的公共领悟。**语言本质上是沉默的**。人的世界总是被这种沉默的、潜在的公共领悟所照亮。即使人不言不语地"做事"的时候，人所做的一切也都是在语言的这种沉默的光亮中发生的。这就是语言组织世界的根本方式。

三　大道和小道

为什么只有人发展了语言？因为只有人能够言谈。为什么只有人能够言谈？难道只有人才有逻各斯？动物虽然不能言谈，但也可以默默地把熟悉的事物"当作"就是这个事物，例如猴子把香蕉当作香蕉（而非木棍），狗把主人当作主人（而非外人）。这说明动物不是没有逻各斯，而只是无法把逻各斯对生命现象的默默解释发展成言谈。[①] 动物的逻各斯只能默默地组织生命回旋运动，完全融在其中，无法实现出"共同在世"。这说明动物的逻各斯缺乏世界性。相反，人的逻各斯先天就有世界性，否则逻各斯就无法超越个体生命，在相互激荡中发展出言谈。所以，我们必须仔细考察逻各斯的世界性，以便弄清楚语言发生的先天条件。

逻各斯就是领悟回旋运动。领悟是有现实/理想二重性的。从现实性来说，领悟总是融化在所组织的生命现象中，完全无法超越个体生命。但从理想性来说，领悟的意义可以超越所组织的生命去指向世界。这就是领悟的世界性。这种世界性出现在组织生命整体的原始领悟中。原始领悟具有默默的意义"我的"。这个意义所指的就是它所组织的生命（就这点而言其理想性和现实性相重合）。但对于人来说，组织生命

[①] 逻各斯的物化就是大脑的活动。所以，有大脑的动物必然有逻各斯。

的原始领悟不仅指向生命，同时也指向世界本身（容纳一切生命的原始敞开域）。原始领悟的这种世界性是人先天具有的，而不是人在言谈中发展出来的，因为如果原始领悟没有世界性，它所统一的一切具体领悟就更不可能有世界性，人的领悟就会完全封闭在个体生命中，言谈就根本不可能发展出来。**人先天就有对世界本身的领悟**。这就是语言发生的先天条件。

但这似乎很违反我们的直觉。难道我们还没学会说话的时候，就已经理解什么是世界？有这种疑问的人，是把"世界"当成了事物的总体。原始领悟所指向的"世界本身"没有任何具体特性，只是本性虚空的原始敞开域而已。所以，这种指向性只是融化在生命中的一种空洞的指向性，一种向外照射但什么也照不到的光。虽然世界本身容纳了一切生命，但对于还没有学会言谈，还没有真正理解他人的我来说，它容纳的只不过是"我的"生命：世界就是我的生命，他人只是我的生命中的一种现象（能动的身体）。我需要通过言谈才能慢慢地体会到世界不仅容纳了我的生命，而且还容纳了他人的生命，从而把世界和我的生命真正区分开来。虽然我的生命先天地被世界之光所照亮，这种世界之光只有照亮他人生命时才能真正被我看见。在我还不能真正理解他人之前，世界这个原始敞开域和生命这个特别属我的敞开域是无法真正区分的，因为我看到的只是世界特别属我的侧面。所以，人先天就有对世界本身的领悟不是什么奇怪的事。相反，如果没有这种潜在的先天领悟，我的生命就无法向世界本身开放，从而无法向他人的生命开放，更不可能通过言谈最终理解他人是和我共享世界的"另一个我"。

但是，领悟的世界性只是语言发生的必要条件，不是充分条件。即使领悟有先天的世界性，如果领悟的"回旋运动"没有世界性，默默的解释就无法在世界中相互开放，这样言谈就无法形成。什么是领悟回旋运动的世界性？领悟的世界性在于它指向"世界本身"。所以领悟回旋运动的世界性就在于它指向"世界的敞开运动"。世界并不是静止地敞开的。《天地与我》已经指出世界是大道从地敞开出来的。伴随大道从地敞开世界的运动，地内含的宇宙生命就"出生"到世界中成为有限生命，同时宇宙逻各斯也就"出生"为有限逻各斯（宇宙逻各斯就是组织宇宙生命的逻各斯，是有限逻各斯的前身）。我们每个人的逻各斯就是这样从宇宙逻各斯生出来的。我们把**从宇宙逻各斯到有限逻各斯的出生运动**称为"小道"，以便区别于从地向世界运动的"大道"。小道其实是大道的一种内在运动，是和大道互为表里的。大道末端是敞开世界的运动。小道末端则是敞开领悟的运动，也就是逻各斯从小道接受领悟并重新给出的运动。小道的末端必须指向大道的末端，领悟回旋运动才有世界性，默默的解释才能相互开放而形成言谈，世界才能被言谈澄明。我们把**小道末端对大道末端的指向性**称为"明性"。人先天就有明性，否则语言就不可能发生。明性就是大道末端拥有小道末端来指向自己，亦即前者对后者的**居有**。这种"居有"并不是人的作为，而是大道的作为。大道敞开世界的运动"居有"了小道敞开领悟的运动，致使世界本身"居有"了原始领悟，这就是为什么人的原始领悟先天地指向世界本身。人先天地拥有的明性使默默的解释向大道开放，从而在大道中相互开放，这样人就能在共同生活中逐步发展出言谈。所以我们可以推断动物是没有明性的（这显然是因为动物没有承担发展世界的历史天命）。**语言发生的充分必要条件就是人先天具有明性。**

但明性究竟是如何让默默的解释相互开放的呢？默默的解释就是生命的自我解释。明性使生命的自我解释被大道拥有，使它在本质上成为世界的自我解释，从而有可能在世界中相互开放：生命的自我解释向他人开放出去（向他人言说），而他人的自我解释也向我开放出来（听他人言说）。我和他人的自我解释在这里呈现出了对称性（说者是听者，听者也是说者），因为大道可以拥有任何生命的自我解释，把它们开放为世界通过不同生命所做的交互的、公共的自我解释，这就是所谓的"言谈"。言谈就是世界通过我们来公开地解释自己的方式。在我通过言谈熟悉了世界的这种自我解释之后，我就可以让它仅仅通过我进行，也就是自言自语，亦即用内在的声音思考。内在的思考从来就不是完全封闭在生命内部的"私人思考"，因为语言就是组织世界的"公共领悟"。这并不是说我无法隐瞒自己的思想，而是说思考本质上是世界的自我思考，只是它通过我发生，仅仅被世界本身和我知道。所谓"被世界本身和我知道"，就是指世界的敞开运动"居有"了我的自我解释，否则默默的自我解释就无法成为用语言进行的思考。但我们通常并不认为思考是世界的自我思考，因为我们通常并不认为言谈是世界的自我解释。

为什么我们把言谈仅仅当成人和人之间的事情？为什么世界总是通过我们解释自己，却又常常隐藏自身？因为我们认为解释是人完全主动进行的，而不明白逻各斯首先要从小道接受到领悟，然后才能重新给出，并在此过程中对领悟作出解释。逻各斯的回旋运动其实是由小道推动的。小道的开端虽然是同一个宇宙逻各斯，其末端却是许许多多的有限逻各斯。如果小道孤立地流入每个逻各斯，产生的就是生命的自我解释。如果小道通过几个逻各斯相互流向对方，产生的就是言谈。但小道之所以能够通过几个逻各斯相互流向对方，是因为大道末端拥有了小道末端来指向自己，使得小道的几个末端共同指向大道敞开世界的运动，从而能够在世界中相互开放。言谈之所以可能，就是因为逻各斯具有**"同源性"**（共同来自宇宙逻各斯）和**"同流性"**（共同归属于大道敞开世界的运动）。[①] 但人们通常只注意逻各斯在言谈中的"交互性"，而不去注意使"交互性"成为可能的"同源性"和"同流性"。所以，人们仅仅把言谈当成人和人之间的交流，把语言仅仅当成交流的工具，而不是当成大道在小道中"安居"的家园。

在我学会说话之前，我还无法区分世界和生命，世界就是我的生命。因此，我无法区分生命的自我解释和世界的自我解释。但明性使我的自我解释先天地向世界中其他人的自我解释开放，使我能够学会说话，最终理解他人其实是世界中的"另一个我"，从而把我的生命和世界真正区分开来。所以，言谈就是大道通过小道澄明世界的方式。大道敞开世界的运动并不是对世界的解释，因为解释是在小道末端发生的事情。但本性不言不语的大道却先天地拥有本性能言能语的小道来指向自己，以致大道可以通过小道澄明世界。明性就是大道通过小道所做的最为原始的解释。这种解释是完全寂静、不用任何言词的**"道说"**，因为

[①] 逻各斯的同源性不仅使交谈成为可能，而且还使它从宇宙逻各斯获得了（普遍的）理性和法则。

正是生命默默的自我解释被大道拥有来解释世界。① 大道通过小道发出的这种"寂静之音"是人类一切言谈的基础。如果人没有潜在地"听"到了大道发出的"寂静之音",默默的解释就无法提升为世界的自我解释,因而无法相互开放为言谈。所以,正如海德格尔指出的,人只有在听到"道说"时才能说话。②

老子很早就注意到了大道和小道的关系,虽然他没有用"小道"这个词。老子在《道德经》第一章开宗明义地说道:

> 道,可道,非常道。名,可名,非常名。无名,天地之始;有名,万物之母。故:常无,欲以观其妙;常有,欲以观其徼。此两者,同出而异名。同谓之玄。玄之又玄,众妙之门。

可说的道(小道)不是永恒的道(大道)。因为大道本身是超越一切具体事物、本性虚无的运动,而能够言说的小道(末端)却是组织生命现象、有具体特性、可以变化生灭的运动。不过,作为小道开端的宇宙逻各斯却有所不同,因为它先于宇宙万物形成,并事先思考和设计了万物(宇宙逻各斯构成的就是宇宙智性)。宇宙逻各斯组织宇宙生命的方式不是像有限逻各斯那样融化在生命现象中,而是通过其永恒常在的领悟为宇宙万物提供秩序和目的。这种永恒的领悟就是柏拉图所说的"理念",是比世界中一切"可名"事物更早的"常名"。但即使"常名"也不是最早的,因为它是天地交合孕育出来的宇宙生命中的东西。故

---

① 大道的道说不需要任何言词,是因为组织生命的原始领悟指向世界本身,使得世界的自我解释可以通过生命的默默的自我解释发生。所以,生命就是语言最原始的"默默的词",而生命中的具体现象则可以成为从生命分化出来的"默默的词"。正是这些"默默的词"在语言中浮现为词语,通过词语指向它们已经默默地指向的事物。大道的道说就是通过"默默的词"进行的。

② 参见[德]马丁·海德格尔《语言的本质》和《走向语言之途》,孙周兴译,载《海德格尔选集》,生活·读书·新知三联书店 1996 年版,第 1061—1120 页和 1121—1149 页。海德格尔没有明确区分大道和小道,但其关于"道说"(Sage)的思想隐含对明性的理解。"Sage"本来只有"说"的意思。孙周兴根据海德格尔的思想把它译为"道说",非常的传神。但海德格尔也谈到诗歌与思考的"Sage"。为了区分大道寂静无声的"说"和人通过言词展开的"说",本书的"道说"仅指前者。

曰："无名，天地之始。"天地通过宇宙逻各斯的"理念"才能以之为"原型"化生万物。故曰"有名，万物之母"。但"无"具体特性的大道和"有"具体特性的小道是互为表里的。所以老子认为要经常体会大道的"无"以便"观其妙"，同时也要经常体会小道的"有"以便"观其徼"（"徼"指事物的"边界"，可解为"具体规定性"）。二者"同出而异名"，同样都从隐藏自身的地母向世界涌现，只是因为表里精粗不同而异名，故"玄之又玄"（"玄"指黑暗、隐藏、神秘），而且是理解一切奥妙的关键入门。

老子在《道德经》一开始就区分可说和不可说之道，同时又强调二者互为表里的密切关系，这是非常富于深意的。但老子是从大道出发看小道的，所以常常警告我们不要进入小道去发展智慧和知识，否则就会遮蔽了大道本身。这与西方哲学注重逻各斯的做法形成了鲜明的对比。但西方哲学并不仅仅注重逻各斯，而是同时注重"存在"。最早思考"存在"的是古希腊哲学家巴门尼德。他认为"思考与存在是同一的"。这种思想其实是巴门尼德对明性的理解，因为他说的"思考"就是接受（并重新给出）领悟，而他说的"存在"其实就是大道敞开世界的运动。敞开世界的运动使事物出现在世界中，也就是让事物在世界中存在。因此，**我们可以把大道敞开世界的运动称为"存在"**。但西方哲学中的"Being"其实是从系词发展出来的概念，只是隐含了"存在"的意思。前面曾指出，系词"是"暗中指向领悟在逻各斯中的"回旋运动"。这个运动总是把领悟当成"是其自身"（A is A）并可展开为"是某某"（A is B），由此形成解释（思考）。巴门尼德注意到了小道末端对大道末端的指向性（明性），而且从小道出发去理解大道。这样大道敞开世界的运动就既有"存在"又有"是"的意思，可以用希腊文的 einai 或英文的 to be 表示。英文 to be 的名词形式就是 Being（中文翻译为"存在"，因为无法兼顾"是"的意思[①]）。从小道出发思

[①] 虽然用"存在"翻译"Being"无法兼顾"是"的意思，但这在某种意义上带来了一种好处，就是让我们更加专注于大道敞开世界的运动本身，而不是仅仅从思考出发理解这个运动。

考大道的哲学因此把明性表达成了"思考与存在是同一的"。巴门尼德把"存在"当成哲学唯一可思之物，开创了以"存在"为主要思想，以"思考与存在同一"为主要原则的西方哲学史。从这个角度来说，西方哲学史就是从大道进入小道而发展出来的哲学史（因为进入了小道，所以从小道出发理解大道）。这种哲学史倾向于遗忘大道的末端（存在），不断地深入到小道所组织的事物（存在者）中，所以发展出了精致的形而上学。但西方哲学史最终在海德格尔这里发生了转折，重新开始追问存在，开启了从小道返回大道，从西方哲学回归中国哲学的道路。海德格尔对存在的追问最终深入到了语言的本质中，并在老子的"道"中找到了某种共鸣。这绝非偶然，而是世界哲学史发展的必然。

四 漫游的世界

我们已经弄清楚语言发生的先天条件。但我们还需要分析语言发生的过程，以便最终明白语言如何把世界敞开在天地之间。语言的发生和人类世界的建立是同步的。所以，我们的分析必须根据语言和世界的关系循序渐进地展开。但人类并不是从一开始就生活在语言建立的世界中，而是首先和动物一样漫游在没有语言的世界中。这种没有语言的世界是语言发生的基础，而且即使在语言建立了人类世界之后，它仍然是人类世界不可缺少的底层构造。所以，我们的分析必须从漫游的世界开始。

我们首先遇到了一个问题：如果动物没有对世界本身的先天领悟，世界如何能向动物敞开出来呢？显然，世界本身并没有向动物敞开，否则动物的生命就可以相互敞开，乃至最终明白其他动物是"另一个我"。但动物仍然可以明白其他动物是"另一个能动的身体"。动物对其他动物的理解是从身体出发的——其他动物就是我可以攻击、逃避、抢食、交配或者干脆"吃掉"的一种能动的身体。所以，动物的世界是由**移动身体的可能性**敞开出来的。移动身体的可能性构成的是"我的空间"。动物也潜在地领悟这种空间，因为动物和人一样都是"默默的我"。我总是潜在地领悟着移动身体的可能性。这种潜在的领悟默默地组织了生命，把我的身体向"作为空间的世界"开放出去，因而也向这个世界中的其他身体开放，使我能够通过移动身体和其他身体打交道。"作为空间的世界"不是世界本身，但它就是世界被敞开出来的最初形式。

我们通常不把空间看成是由领悟开放出来的，仿佛空间一直客观地存在，就像物体客观地存在一样。但这只是物理意义上的空间，是属于宇宙而不是属于世界的。我们直接观察到的有方向感和纵深感的世界是一种"现象空间"。它有上下前后左右等许多方向以及远近不一的许多位置。这些"方向"和"位置"其实是移动身体的诸多可能性。例如，这朵玫瑰花出现在我伸手可以够着的前方，而那棵树则出现在我需要走几步才能到达的右方。我对移动身体的"可能性"有一种潜在的领悟。这种领悟组织了花和树的视觉形象并融在其中，所以我不必实际移动身体就直接"看到"了花和树的位置。移动身体的可能性包括移动身体的不同部位、朝不同的方向和纵深度等。所有这些可能性构成了一个完整的可能性体系。生命已经被我对这个可能性体系的潜在领悟所组织，所以生命中的种种现象都出现在空间中，否则它们就会是漂浮不定的幻象，说不清楚它们究竟"在什么地方"。这种潜在的领悟不但组织了视觉现象，也组织了听觉现象，所以我听到的脚步声是"在后边，离我大概五步远，并且逐渐向我靠近"。事实上，如果仔细考察，生命中的一切现象都有空间位置：饿的感觉在肚子里，冷的感觉在脸庞上，焦虑的心情在胸中，思想作为内在声音出现在头脑中，判断力则仿佛居住在两眼中间，通过两眼审视着生命中的一切现象……所有这些空间位置都属于移动身体的可能性体系。生命已经从整体上被我对这个体系的潜在领悟所组织，从而被"空间化"了。这种领悟是非常特别的，因为它不是一种智性的领悟，而是在不同方向上伸缩绵延的一种感性的领悟。虽然它是感性的，但它确实是一种"领悟"而不仅仅是一种感性形式。它所领悟的是我最基本的一种存在方式，亦即移动身体的可能性或简称"**我身可动性**"。生命必须先天地被这种领悟所组织，欲望才知道如何移动身体去和环境中的物打交道。所以，我身可动性构成的就是我的**生**

存空间。只有当我暂时放弃欲望的生存关注，纯粹从判断力角度静观生命时，生存空间才变成我的"直观对象"，从而转化为几何学所研究的**直观空间**。

必须注意的是，虽然我身可动性（作为潜在领悟）组织的只是我的生命，但它却超越地"指向"我可以在其中移动身体的整个"世界"。这是领悟的现实/理想二重性造成的奇妙效果。虽然我只能从某个角度看到一片树林，但我所看到的树林形象已经被我身可动性所组织，因此我同时看到了走进树林、接近某棵树、绕过某棵树、从某棵树走到另一棵等许许多多的可能性。所有这些可能性都不是我凭推理得到的，而是我在看到这片树林时"一下子"就全部看到的，因为这就是树林向我出现的方式。我虽然仅仅从一个角度看到了树林，但却觉得我仿佛从树林的各个不同角度同时看到了这片树林。树林不但向我敞开着，而且仿佛同时向树林中的每棵树敞开着。我觉得每棵树都"站在"树林中，甚至都从各自角度"看"着其他的树。如果树林中跑出一只兔子，我无需任何思考就直接看到它跑动时穿过的空间，仿佛我就是那只兔子似的。我还看到了捉住兔子的可能性以及兔子逃脱的可能性。我看到的一切使我明白，这个世界不但向我而且也向兔子敞开着，以致我们可以通过移动身体相互打交道。显然，兔子也默默领悟到了这点。所以它好奇地看了我一眼之后就急忙逃走了。

"我身可动性"把生命组织成了一个通过身体向世界和他人开放的生命。这种"通过身体"的开放不是生命的直接开放，所以不同于原始领悟对生命的开放。"我身可动性"这种领悟并不像原始领悟那样把生命向本性虚空的"世界本身"开放，而只是向"作为空间的世界"开放。虚空和空间都能容纳现象，因此有相似之处，但二者的本质是不同的。虚空完全没有任何具体特性，而空间却有方向、远近、位置等具体特性。作为虚空的"世界本身"就是佛家所说的"空"，而作为空间的世界则不是。但空间具有和虚空一样宽广的容纳性，因为一切生命现象都不仅出现在虚空中，同时也出现在空间中。所以"我身可动性"和原始领悟一样都是组织生命整体的先天领悟，只不过它指向的不是世界本身，而是世界本身（通过身体发生的）转化形式，亦即作为空间的世界。这种作为空间的世界就是动物和人都在其中生活的**漫游的世界**。

"我身可动性"是原始领悟的一种转化形式。但世界是由它首先敞开出来的。这不是说大道敞开的首先是漫游的世界。大道敞开的就是世界本身。但我只能靠组织生命的领悟所具有的"超越指向性"去理解世界。从这个角度来说,世界是由领悟向个体生命敞开出来的。虽然原始领悟和"我身可动性"都是组织生命的先天领悟,但生命必须通过身体才能敞开出来。所以,世界首先由"我身可动性"这种先天领悟敞开,以致我首先把世界理解成可以在其中移动身体的"空间"。只有在这种默默理解的基础上,我才能和万物及其他身体打交道,才有可能凭借原始领悟逐步向世界本身和他人生命开放我自己。所以,虽然漫游的世界不是世界本身,但它作为世界的转化形式是世界本身被敞开的基础。必须注意的是,漫游的世界从一开始就已经向其他身体开放,因为空间可以"一下子"把世界从所有不同角度敞开出来,而不像世界本身那样需要通过言谈才逐步向他人生命开放。所以我从一开始就能区分生命和空间,而且自然地把空间中的其他身体当成"另一个身体",暗中体会到了移动"另一个身体"的"另一个欲望"。这就是"我身可动性"这种先天领悟的奇妙之处。

漫游的世界并不像几何空间那样毫无意义。第五讲《我是谁?》曾经从移动身体的方式出发分析过"我的空间"的意义。现在我们可以从先天领悟的角度出发来加深对这种意义的理解。"我的空间"的意义是由上下、前后、左右三个维度的意义决定的。这种意义已经被浓缩在移动身体的某些特别方式中。但是,"上下"这个维度的意义比较特别,因为它牵涉到人对意志之根的领悟。所以,尽管这个意义已经隐含在漫游的世界中,它必须在更高层次的世界中才能真正显露出来。"上"对"下"的超越不同于"前"对"后"的超越,因为后者是时间性的自我超越,而前者则更为根本,是某种东西本质上就超越了我,所以是静态而非动态的。这种更为根本的超越就是"意志之根"对"人的意志"的超越,因此它无法仅仅从人的意志去体会,而必须依赖人对"意志之根"的体会。孩童一开始并没有敬畏、愧疚等心情,因此也体会不到抬头低头的真正意义。但随着良心的成长，孩童开始在心中体会到让自己敬畏和愧疚的更高意志。这时孩童才真正体会到抬头低头中隐含的"上下"维度的意义。动物无法发展出良心，所以动物始终无法理解"上下"的意义（对动物来说"上下"不过就是移动身体的两个方向，没有尊卑的意义）。

意志之根是人心直接归属，但又比人心更原始的意志，故亦可称为**原始意志**。如果"上下"这个维度对人来说隐含"超越和被超越"的意义，而且这种意义来自原始意志，这是否说明人对原始意志有先天领悟呢？也许有人会反驳说，如果人对原始意志有先天领悟，那么人在学会说话之前就能体会敬畏和愧疚等心情，这显然不符合事实。但我们不要忘了，对某事物有先天领悟并不意味着从一开始就能把这个事物区分出来。前面已经指出，人对世界本身有先天领悟，但在通过言谈理解他人之前，人是无法将自己的生命和世界本身真正区分开来的。同样的道理，即使人对原始意志有先天领悟，也不会从一开始就能区分自己的意志和作为"意志本身"的原始意志，因为心本来就是原始意志落入生命的结果。人一开始会默默地把自己的意志当成拥有生命和世界的意志，直到人通过言谈逐渐区分了生命和世界，才能最终明白统一世界的意志不是自己的意志，从而发展出良心，体会到敬畏和愧疚的心情。所以，人对原始意志有先天领悟并不是什么奇怪的事。

但人为什么会拥有对原始意志的先天领悟呢？这仍然是来自明性。如前所述，原始领悟不仅用"我的"这个默默的意义组织生命，同时还用"我"这个默默的意义组织了拥有生命的意志（心）。既然原始领悟先天地指向世界本身，它就必然同时指向拥有世界本身的意志（原始意志）。所以，原始领悟不但把它所组织的生命向世界开放，使生命具有**世界性**，而且同时把它所组织的人心向原始意志开放，使人心具有**仁性**。仁性就是人心对原始意志的指向性。人先天地有仁性，才可能通过仁的实践体会人心共同的意志之根。生命的世界性和人心的仁性共同构成了人的我对大我的指向性。这种指向性就是所谓的"**人性**"。人和动物的真正区别就在于人有人性（这并非同义反复）。人是生物进化的最终结果，是承担了历史使命的生物种类。即使在人与动物一起漫游的时候，人就已经因为先天的人性而从本质上区别于动物，尽管人只有通过发展语言和社会才能把人性真正实现出来。人性就是世界性与仁性的合一。做人就是要向世界超越自己的生命，通过仁的实践超越一己之心，向社会开放自己。但人的大我（人之为人）要等到人类发展了礼俗社会时才能真正显露出来。

原始意志就是天的意志（天向世界的延伸）。既然人对原始意志有先天领悟，这是否说明人对"天"有先天领悟呢？答案是否定的。人之所以对世界本身和原始意志有先天领悟，都是拜明性之所赐，是大道末端居有小道末端的结果。大道和小道的末端都是从地涌现到世界中的，和地有直接关联，和天的意志也能通过世界发生直接关联，但和天本身没有任何直接关联。所以，明性无法让人先天地对天有所领悟。这说明人即使发展了良心，也只是把原始意志当成更高的（不知属于谁的）意志，而不会自动地当成"天的意志"。所以，人虽然在良心的呼唤中体会到一个令人敬畏的更高意志，却不知道它来自何方。只有当人们（在中国即儒家）通过思考理解了本义上的"天"之后，才能明白这个呼唤人的意志就是天志，从而发展出"天命"的思想。**人对本义上的天没有先天领悟**。这是人的先天领悟的一个缺陷，只能靠哲学的后天发展来弥补。

既然人对天没有先天领悟，这是否说明人对地也没有先天领悟呢？不见得。生命虽然和天没有直接关联，但和地有直接关联，因为生命是通过身体从地母敞开出来的。人心通天，人身通地。当我移动身体的时候，我不是移动纯粹属于我的某种现象（如想象力所做的那样），而是移动一个可以独立于我存在的物自身（物我）。即使我闭上眼睛移动身体，我也仍然知道我在移动作为"物自身"的我自己。如果没有对这种物自身的先天领悟，我就无法区分"想象身体移动"和"真正移动身体"，因而无法实际移动身体。"物我"这个意义是从原始领悟派生的。它总是默默地组织（从内部知觉到的）作为现象的身体，同时又超越地指向作为物自身的身体，让前者先天地向后者开放，使我在任何时候都知道如何移动作为物自身的我自己（这是领悟的现实/理想二重性的又一奇妙效果）。所以"我身可动性"隐含了对某种物自身（物我）的先天领悟。既然移动身体是移动作为"物自身"的我自己，移动世界中的一切物就都是在移动某种"物自身"，亦即无形地母内部含藏的某种东西。所以，**"我身可动性"隐含了"漫游的世界是从地敞开出来"的先天领悟**。

但这不等于说我从一开始就能把"地"和漫游的世界区分开来。我发现物自身的自然方式就是看到它们出现在漫游的世界中。所以，我首先会把"地"这个含藏万物自身的无形领域混同于"空间"，仿佛万物本身就存在于漫游的世界中。这就是为什么我把看到的石头当成就是石头本身，看到的花当成就是花本身，看到的汽车当成就是汽车本身……的原因。我移动石头的方式是走向它，弯下腰，把它拿起来。对我来说，这种事情仿佛仅仅发生在世界中。其实万物虽然出现在世界中，其"物自身"并非世界中的现象。然而我却总是自然而然地把世界中出现的物当成物自身，因为我只能通过物的现象发现物自身——我缺乏**直接**看到物自身的能力（只有宇宙推动力能够直接"看到"它推动的宇宙万物自身）。所以康德认为时空只是现象的直观形式，无法让人认识物自身（参见《天地与万物》）。但事实上我对物自身并非一无所知，因为空间中的现象已经被"我身可动性"的先天领悟所组织，使我总是把看到的东西当成我可以移动身体去通达的某种"物自身"（这对于在漫游的世界中生存是非常必要的）。**移动身体就是我直接通达物自身的途径**。但这种移动却是以组织现象的"我身可动性"为向导的，而不是以某种直接"看到"物自身的能力为向导。所以我虽然对"地"有先天领悟，我还是倾向于把观察到的物当成就是物自身，把空间当成就是含藏万物自身的领域。① 所以，"地"的真正意义还有待世界的进一步发展来揭示。

语言发生之前，人和动物一样漫游在大地上，寻找食物，繁殖后代。每个生物都默默地把其他生物当成有欲望、可移动身体的"另一个物我"。动物显然理解其他动物也是有欲望的，否则就不会对其他动物

---

① 如果我们对这种自然倾向加以反思，仔细考察万物的出现方式，就有可能理解"物自身"和"物的现象"之区别，从而把"地"和漫游的世界区分开来（参见《天地与我》。该讲座从生命角度初步揭示出了"地"。现在我们可以从更宽广的世界角度来理解"地"）。

发怒（发怒说明动物感受到其他动物的欲望和自己作对）。但动物无法直接感受到其他动物的心情，所以无法"同情"其他动物（鳄鱼的眼泪只是为了消化捕获物分泌出来的）。动物在自己的心情中默默地体会着生命的意义（生命是"我的"）。虽然这个意义主要寄托在身体的快乐上，但它确实是生命的一种具体意义，而动物的活动正是为了实现这个意义。然而，动物体会不到其他动物的心情，不知道其他动物的生命对它们也是有意义的。所以，漫游的世界只是为欲望的活动敞开的一个"共同环境"，而不是为心情的感受敞开的一个"共同处境"。

但即使这个"共同环境"也只是为**移动身体的欲望**敞开的，而不是为**欲望本身**敞开的。欲望本身企图把握的是生命而不是身体。它移动身体只是为了利用物来把握环境。所以物是通过有用性（而不仅是可移动性）服务于欲望本身的。如果漫游的世界作为"共同环境"是为欲望本身敞开的，那么所有生物就应该共享环境中的有用之物。但在漫游的世界中，生物共享的仅仅是物的可移动性，而不是其有用性：空间使我"一下子"就看到物的可移动性是对一切生物开放的，但却不能使我"一下子"看到物的有用性也是对一切生物开放的。"有用性"是一种智性的领悟，不像"可移动性"这种感性的领悟那样可以同时从所有在场者的角度展示出来。所以，只要对"有用性"的潜在领悟没有通过言谈上升为公共领悟，它所显示的有用性就仅仅是对我而言（这不是说万物对其他生物无用，而是说我无法理解万物的普遍有用性，只能从空间出发理解万物的普遍可移动性）。[①] 所以，漫游的世界有一种天生的**不对称性**——我无法把另一个生物当成和我一样的"另一个我"，而只能当成可移动身体的"另一个物我"。这种不对称性使我不知不觉地把自己放在比其他生物优越的地位，毫不犹豫地抢夺它们的食物，甚至把它们当食物吃掉。

动物的生命虽然也在大道中流动，其逻各斯虽然也被小道推动，以致动物的生命也在默默地自我解释，但动物却无法发展出语言。这不是

[①] 动物也可能为伴侣或后代觅食，但这只是对某些"有密切关系的他者"的一种天然本能，而不是因为动物把万物当成对"一切他者"开放的普遍有用之物。

说动物之间毫无交流。动物能看到其他动物的姿势，听到其他动物发出的声音，因此有可能作为"物我"发生某种交流。但**动物天生就是大道中的聋子**，无法听到大道通过小道发出的寂静之音，其默默的自我解释永远无法提高到"世界自我解释"的高度，故其交流无法发展为言谈。另一方面，大道从一开始就居有了人的小道，使人拥有了对世界本身、原始意志和大我的先天领悟，具有了先天的"人性"。尽管在漫游的世界中人性仍然处在萌芽状态，但明性已经使人类听到了从大道而来的寂静无声的"道说"，因此能够发展语言来形成更高层次的世界。

五　行动的世界

人类最初是如何开始言谈的呢？所谓言谈就是逻各斯的共同在世，就是生命自我解释的相互开放。如上所述，这种相互开放之所以可能，是因为生命的自我解释被大道拥有，先天地当成世界的自我解释，因此能够在世界中相互开放。在漫游的世界中生物共享的是可移动之物。所以，自我解释的相互开放只能通过这些物来实现。在生存活动中，我不是毫无目的地移动空间中的物，而是默默地把某物"当成"某物来使用。这种默默的"当成"就是组织生存活动的一种默默的解释。欲望移动身体是为了把握生命。所以，移动身体总是被默默地解释成"为了……而移动"。相应地，可移动之物总是被默默地解释成"有某种用途"（虽然其用途可能尚待发现）。明性使人们（关于身体和物）的默默解释可以相互开放。尽管人们不一定知道他人究竟为了什么目的移动身体，或者某物对他人究竟有何用处，但却总是先天地把这种移动当成"为了某种目的"，把他人所操作的物当成"有某种用处"。所以，人们自然地会相互注意行动中隐含的默默的解释，让这种默默的解释（通过手势、声音等）相互开放，上升为关于有用之物的言谈。这就是人们最初形成言谈的方式。

为了把潜在的领悟分离出来，在言谈中浮现为词语，判断力必须能够"看见"融化在现象中的领悟，亦即把它的理想性和现实性区分开来。这是明性赋予判断力的特别能力。动物的原始领悟完全融化在生命中，所以判断力对自己的恰当对象茫然无知，只能默默地辅助心的活动（帮助心注意领悟所组织的现象）。人的原始领悟同样融化在生命中，但明性却使它超越地指向世界本身，使其现实性和理想性有一道无形的"裂缝"。这道"裂缝"被原始领悟所统一的一切具体领悟先天地分享，使判断力能够把潜在的领悟从它组织的现象分离出来，产生关于它的命名和言谈。在漫游的世界中，判断力首先分离出来的就是对"有用性"的潜在领悟。例如，组织苹果形象的潜在领悟不仅融化在苹果中，指向生命中的这种现象，而且还超越地指向"在世界中的苹果"，亦即"对所有人都是苹果的苹果"。这种超越指向性使判断力能够"看见"组织苹果的潜在领悟，把它在言谈中分离出来，浮现为真正的公共领悟（词语）。判断力就这样从具体的领悟开始，通过言谈不断地把它们从所组织的有用之物分离出来，加以命名和解释（这同时也就是人们学会共享有用之物的过程），直到人们以原始领悟为中心统一相互关联的各种"有用性"，构成组织公共环境的"意蕴"，最终把世界建立成人人都可在其中利用万物来行动的、为普遍欲望敞开的**"行动的世界"**。①

人类最初的语言就这样围绕"意蕴"建立起来。在行动的世界中，言谈主要是围绕有用之物发生的**实用的言谈**。在语言发生之前，世界已经以转化形式敞开为空间，即向"移动身体的欲望"敞开的公共环境。世界的自我解释只能在此基础上发生。因此"世界本身"只能默默地把自己解释成向"欲望本身"敞开的公共环境。世界的这种自我解释是从大道而来的寂静无声的道说，亦即**实用的道说**。人类听到了世界本身发出的这种寂静之音，才注意到了空间中可移动之物的普遍有用性，开始形成关于有用之物的言谈。所以，**实用的道说是实用的言谈发生的基础**。这种寂静无声的道说是动物根本听不到的。因此，动物虽然也默默地解释某些有用之物，但只是把它们解释为"对我有如此如此用

---

① "意蕴"就是组织公共环境（可用之物网络）的领悟。参见《现代人生命的演变》中的"现代人生命的工具化"一节。我曾在一篇论文中讨论了"意蕴"和"移动身体的可能性"如何相互结合形成完整的世界结构。参见 Jing Long, "The body and the Worldhood of the World", *Journal of Philosophical Research*, Vol. 31, 2006。

途",而不是解释为在世界中普遍成立的"有如此如此用途"。相反,世界总是在人中自发地解释自己。人们通过言谈把这种自我解释具体化到万物,不断地把万物从漫游的世界解蔽到行动的世界中,迫使万物默默地向一切人解释自己的有用性,以致人们最终可以"一下子"(从所有人角度)看到这些物的有用性。今天,当我们漫步街头的时候,我们仍然可以(而且更强烈地)体会到街道上种种有用之物的"自我解释",例如汽车默默地解释着"为人运送",候车亭的顶盖默默地解释着"为人遮挡风雨",玻璃旋转门默默地解释着"人可以从这里通往商场",巨型广告牌默默地解释着"人应该这样生活"。这些默默的解释隐含的"人"不是特定的,而是世界中的任何人,因为行动的世界本质上就是为"普遍欲望"敞开的世界。

和行动的世界同时建立起来的是人的自我意识。什么是意识?哲学家和心理学家们为此争论不休,没有定论。意识其实就是生命的自我澄明,亦即生命的内在光亮。这种光亮来自组织生命的逻各斯。所以,我们可以把生命被逻各斯组织的特性称为**意识**。[①] 由于逻各斯有阴阳两极(领悟和判断力),所以意识也有两个层次。不论人还是动物,其生命现象都是被领悟默默组织的,因而都是有意识的。组织生命现象的潜在领悟是融化在生命中的,因此它构成的是不显眼的基本意识。通过领悟的理想性,这种基本意识可以把生物引向其他事物,帮助生物生活在环境中。但人的判断力不仅能帮助心去注意领悟所组织的生命现象,而且还能够"看到"潜在的领悟,把它和所组织的生命现象区分开来,因而能够产生浮现的领悟,还能有意识地对生命采取某种立场。判断力对生命的这种超越构成了比基本意识更高层次的意识。我们可以把领悟组织生命而形成的基本意识称为**阴性意识**,把判断力超越生命而形成的意识称为**阳性意识**。动物只有阴性意识,而人则同时拥有阴性和阳性意识。人的意识就是生命被逻各斯澄明而达到的**完整意识**。

拥有完整的意识意味着生命不仅为心敞开,同时也向判断力出现。

[①] 逻各斯的物化就是大脑的活动。所以意识与大脑活动有密切关系,但这不是我们所关注的。现象学要关注的是意识本身,而不是和意识相关的物质运动。

在发展言谈的过程中判断力逐渐获得了相对于心的独立性。所以，心在把自己放在判断力位置上时觉得自己仿佛站到了自己之外，和领悟所组织的生命现象拉开了一定距离。生命现象仍然为心敞开，仍然生动、鲜活、逼真，但与此同时，心已经借助判断力的相对独立性从自己走了出来，站在超越的立场上去观察生命中的事物。这种和事物"拉开距离"的体会是动物没有的。人学习说话的过程就是学习和事物"拉开距离"观察事物的过程。随着判断力的不断觉醒，被言谈解蔽到行动的世界中的事物越来越多，逻各斯对事物的意识也就日益扩展。最后，当人终于注意到融化在生命整体中的默默的意义"我"时，人就学会了说"我"，从而把对事物的超越意识扩展到了自身。**自我意识就是默默的我站在判断力的位置上，以超越自己的方式观察自己而产生的意识。**心本来已经默默地把生命拥有为"我的"，但同时又作为生命的中心沉浸在生命中。只有当它站到判断力的位置上以超越生命的方式观察生命时，才能真正意识到生命是"我的"，也就是意识到一切现象都"为我敞开，向我出现"。这个自我意识使我突然明白"不论做什么，都是我在做"。动物不论做什么，也都是默默的我在做。但缺乏言谈的能力使动物无法达到自我意识。动物并没有意识到它所做的一切都是"我"在做，所以只能完全沉浸在生命中，被处境和环境的具体内容牵着走。相反，当我达到自我意识时，我就突然明白"不论做什么，都是我在做"，从而获得了任意对待事物的自由。

自我意识因此和自由密切相关。二者都建立在判断力的自我超越基础上：判断力和心一样都是生命中的现象；但判断力能够借助它和原始领悟的阴阳对立站出生命，和生命拉开距离来观察生命；判断力对生命的超越同时也就是它的自我超越；当心借助判断力的自我超越来超越生命时，心就能以超越的方式观察和把握生命，自我意识和自由就开始形成了。但自我意识并不是一个孤立的我达到的意识，因为判断力原本只是为心服务而沉浸在生命现象中的，需要另外一个判断力来激发它的自我超越。所以人只有通过言谈才能达到自我意识。言谈就是判断力之间共享领悟的方式。言谈的交互性意味着我把自己放到他人判断力位置上去"听他所说，说给他听"。我的判断力因此借助他人的判断力站到了自己生命的"对面"。正是在言谈中我才第一次发现有一个在我之外观察自己的立场，也就是他人的立场。言谈使我逐渐明白我可以反过来观察自己，并最终站到自我超越的判断力上把自己"尽收眼底"，从而达到自我意识。因此，"他人眼中的我"实际上是自我意识的一个构成环节。**达到自我意识同时意味着把他人当成"另一个我"**。我和他人通过逻各斯的相互开放而达到自我的相互开放，同时发展出了自我意识和他人意识。这就是人最初成为人的方式。

自我意识和他人意识互相成就，共同成长。这是语言发生的时候必然发生的事情，而且是与行动的世界同时发生的。人们最初谈论的只是环境中的有用之物，形成了对这些物的共同意识。但言谈的交互性使人们总是站在自己之外看自己，最终形成了自我意识和他人意识。这时人们才真正意识到公共环境是"为我们"敞开的，才真正建立起了行动的世界。当行动的世界已经建立时，学会说话的过程就是学习进入这个世界的过程，同时也就是发展自我意识和他人意识的过程。所以，人们自然而然地把自己和他人都首先当成"行动者"，也就是在行动的世界中"做事的人"。生命回旋运动本来是从心情感受到的处境开始，通过欲望在环境中的活动来展开和深化生命意义的。所以我首先是一个"感受者"，然后才是实现所感受意义的"行动者"（参见《我是谁？》）。但人只能在行动的世界中发展出自我意识和他人意识，所以自然而然地会把自己和他人都首先当作"行动者"。虽然行动的世界不再是转化义上的而是本义上的世界，但它只是把世界的"向移动身体的欲望敞开"提升为"向欲望本身敞开"。和漫游的世界一样，行动的世界是人们的"共同环境"而不是有意义的"共同处境"。通过发展语言，人类终于从动物的生活中脱颖而出，不再仅仅为自己身体的快乐四处漫游，而是为发展行动的世界共同努力。但这样的世界还有待成为一个有意义的世界。

人首先是作为感受者而非行动者成为独一无二的"我自己"。这是因为心情是原始意志最初落入生命的地方，是天命所决定的这个独一无二的"我"的原始落脚点。但从心情中升起的欲望则在人们共享的环境中活动。如果人首先把自己当成是环境中的行动者，就会掩盖了"我自己"的独一无二性，不知不觉地把自己仅仅当成"众人之一"来生活。这是我们之前已经分析过的"常人"现象。但现在我们可以更清楚地看到,这种现象是语言建立世界的方式决定的。在语言发生之前,世界已经以转化的形式敞开为漫游的世界。漫游的世界就是生物最初的公共环境。世界本身只能在此基础上进行自我解释,亦即通过"实用的道说"默默地把自己解释为向欲望本身敞开的公共环境。所以,语言的发生必然会把世界本身敞开为行动的世界,使人类以"常人"的形态存在。但是,这与我们今天的"沉沦"有所不同,因为最初的人类不是从更高的形态沉沦到"常人"中,而是从动物上升到"常人"中。虽然每个生物的心情都是独一无二的"我"的最初落脚点,但在没有达到自我意识之前,默默的我根本还没有意识到自己,所以根本谈不上做这个独一无二的"我"。人类通过发展语言达到了自我意识,但还只是把自己作为"众人之一"来生活。所以,最初的人还有待成为真正的独一无二的"我自己"。然而这种"非本真"的存在方式只是相对于"有待成为更本真"而言,不是相对于"沉沦"而言。

所以,最初的人类自然而然地过着不分彼此的集体生活。虽然人人都参与发展行动的世界,但还根本没有私有的观念,而是共享环境中的一切有用之物。人们共同谈论着世界中的有用之物,不断地增加命名和解释,但人们还没有名字,因为人人都是"人",没有什么独特的个体性。性生活是混乱的普遍交配,所以也没有家庭。但人是从母亲生出,在母亲的抚育下不断生长的,天然地就会感到母亲是自己的生命源泉。所以,最初的人类"只知其母,不知其父"。母爱是人类最早发展出来的爱,是人类能够继续发展的前提(人类婴儿是根本无法自己生存的)。女性以她们天生的对后代的关爱凝聚了社会,起到了不可替代的领导作用。但这种领导作用是温和的、照顾的,而不是统治的。这是人人平等、集体协作、共享万物的社会,亦即人们后来不断怀念的"原始共产主义"。

六　敬拜的世界

行动的世界是世界本身自我解释的结果。当世界本身把自己解释为行动的世界时，敞开世界本身的原始意志也同时被解释成了"普遍欲望"。所以，在行动的世界中人第一次区分了自己的意志和原始意志。但这种区分只是形式上的，不是实质上的，因为我的欲望就是普遍欲望的一个例子（我就是人的一个例子）。原始意志和人心的关系本来并非普遍与个体的关系，而是意志之根与其在生命中的个体化之关系。虽然人心先天地指向原始意志，但这个指向性必须通过人对原始意志的恰当解释才能真正显露。把原始意志默默地解释为"普遍欲望"遮蔽了它作为意志之根的本质，使之无法真正显露。不但如此，这种默默的解释与原始意志首先落入心情的事实相互矛盾，因为它把欲望解释成了原始意志首先落脚的地方。这个矛盾迫使原始意志通过（组织心情的）原始领悟重新解释自己。原始意志在心情中的这种自我解释突出了它对人心的超越，否定了普遍欲望是拥有世界的意志，借此把自己显露为世界本身的真正拥有者。这种在心情中发生的默默解释不是从世界本身而来的道说，而是从原始意志而来的**良心的呼唤**。

良心的呼唤虽然不是世界的道说，但它也是一种不用言词的默默的"说"。这种从原始意志而来的"说"有点像他人的判断力向我说话，呼唤我去聆听的那种感觉，但却不是来自他人，而是来自我的内心。虽然来自内心，但并不是来自我自己。这种异己的呼唤分裂了我的内心，让我感到不安。我感到"揪心"，却又说不出是什么东西在"揪"自己的心，只是觉得好像有一种"无声之声"在默默地说，迫使我静静地听。这种无声的呼唤虽然没有使用任何言词，但它要我的意志领悟的意思仍然是很清楚的，即"我不是自己的根"。这种默默的意思让我感到内疚，但不是在他人面前，而是在呼唤我的意志面前。我被迫出现在这个意志俯临生命的"观"中，以致"原形毕露"。这种"原形毕露"的感受让我清楚地看到我是这个独一无二的、在内疚的心情中被呼唤的"我自己"，也就是这个已经落入到心情中、被给予了这个独特生命的有限意志。我体会到生命不仅仅为我敞开、向我出现，而且首先为这个意志敞开、向这个意志出现。我突然醒悟到生命最原始地"为之敞开、向之出现"的意志原来是这样一个超越我的意志。正因为我已经在自我意识中以超越自己的方式观察自己，所以我才能够体会到一个超越我的意志在内心深处呼唤我，以俯临生命的姿态"观"我。所以自我意识是良心的呼唤发生的前提。

原始人类听到的这种良心的呼唤是十分独特的，因为它是在人类把原始意志默默地解释为普遍欲望后发生的。所以，它不仅让我看到了这个独一无二的、在良心中被责备的"我自己"，显露了呼唤者对我的超越和权威，还同时把呼唤者显露为真正拥有世界的意志，使"普遍欲望"统一世界的力量受到了挑战。这个默默的呼唤者不仅把我的生命，而且把整个世界暴露在了它的"观"的威力下，使我不得不把它领悟成整个世界"为之敞开、向之出现"的意志。这种对普遍欲望的挑战不是偶然地个别地发生，而是普遍发生在原始人类中。当原始人类普遍地听到良心的呼唤时，人们就必然会开始谈论这个在良心中默默领悟到的真正拥有世界的意志，并逐步把行动的世界统一在这个意志的威力中。然而，语言在这里遇到了很大的困难。语言本来是在共享环境中的物基础上发展起来的，它对事物的理解总是倾向于以物为模型。① 但在良心中呼唤的意志没有任何具体特性。对于这样一种意志，语言该如何命名它？这个意志虽然没有具体特性，但人们确实体会到它能默默地在人心中呼唤人。由于它以否定人心的方式显露自己，人们自然而然地把它当成人的对立面，亦即当成对人类有超越的权威，有能力统一人类世界的某种"他者"，也就是拥有超越人类的能力，能够支配世界的某种"神灵"，并在敬畏的心情中为之命名。

这种命名的力量不在于所指称的"神灵"的具体特性，而在于它发自内心深处、充满神圣意味的含义。前面已经指出，人对本义上的"天"缺乏先天的领悟。因为没有这种先天领悟，人们对能够呼唤人心、统一世界的原始意志到底"属谁"感到迷惑。既然对这个"谁"没有先天领悟，原始意志就无法出现为单一的意志（天志），而只能根据人们对统治世界的种种力量的想象出现。原始人类于是充分发挥了他

---

① 这是语言的一个先天缺陷。由于语言是在行动的世界中发展起来的，它总是依赖人们共享的"空间"和环境中的"物"作为发展词汇的基础。这导致人类在述说没有具体特性的超越事物时倍感困难。这种困难只能通过人类对超越事物的先天领悟和后天思考的帮助来克服。

们尚未受到理性和知识束缚的想象力，从他们的心灵禀性和自然环境出发，想象出了各种各样、千奇百怪的神灵。这种最初的"诸神崇拜"还无法把原始意志恰当地理解为"天的意志"。但语言对诸神的命名仍然使它们成为众人共同敬拜的对象，从而把世界统一在原始意志中。**所谓"诸神"就是语言对原始意志的最早的命名**。当世界被认为是为"诸神"敞开，向"诸神"俯临世界的"观"出现时，世界本身就被重新解释了。尽管行动的世界仍然为普遍欲望敞开着，但世界本身现在首先被当成是为"诸神"敞开的。良心的呼唤造成的内疚感使人们觉得亏欠了神灵，开始为神灵献上牺牲和祷告，企图通过这种方式得到神灵的悦纳。人们于是在行动的世界基础上发展出**敬拜的世界**。

敬拜的世界并没有否定行动的世界。但敬拜的世界一旦出现，就显现出它的最高权威，把行动的世界纳入到自己的威力下，赋予行动的世界以意义。敬拜的世界是一个有神圣意义的世界。人们在敬畏的心情中体会到了世界首先是一个有意义的共同处境，人们在共同环境中的活动就是为了实现世界的意义，亦即在诸神的祝福下，在行动的世界中努力劳作，并把劳作的成果首先献给诸神。人们在耕作之前、丰收之后等场合向神灵献祭，祈求神灵的赐福与保护，从而发展出了**诗意的吟唱**。诗意的吟唱是对诸神的颂歌，是美好的祈祷或真心的忏悔。它直接发自内心最深处，是情感的升华、心灵的颤音。在《生命与诗歌》中我们曾经指出诗意和生命回旋运动的关系：诗意就是通过生命回旋运动展开和深化生命的意义。《天地与我》又进一步指出，生命回旋运动既是大道的涌现与回流形成的漩涡，也是天志的落入与回归造成的震荡。所以，诗意既来自大道对生命回旋运动的推动，也来自天志的推动。在行动的世界中，大道发出的寂静之音只是毫无诗意的"实用的道说"。但在敬拜的世界中，世界本身被当成是为原始意志敞开的，而原始意志首先落脚在人的心情中，在良心的呼唤中显露自己。所以，敬拜的世界本质上是有诗意的。这种诗意的表现就是诗意的吟唱。这种吟唱可能会变得很狂热，还可能伴随着最初的音乐和舞蹈，因为音乐和舞蹈都是意志的表达（后来儒家发展的"乐"脱胎于此）。如果人们不是首先在良心的呼唤中听到了原始意志的默默的"说"，人们就不会用这种发自心灵的吟唱去回应它。**诗意的吟唱的基础就是良心的呼唤**。良心的呼唤显露了人们共同的意志之根。所以不但诗歌中的抒情，甚至人们生活中的温情谈话都是来自良心的呼唤。

诗意的吟唱统一了人们敬畏的心情，同时还赋予万物以来自诸神的神圣意义。人们在行动的世界中不分彼此的集体生活开始围绕诸神重新建立起来。内疚的心情使人们开始互相区别开来，因为它使每个人感受到了在良心中被责备的独一无二的"我自己"。所以，在敬拜的世界中原始人类开始被个体化。但人们把诸神看成和人对立的他者。在人神关系上人人皆同。所以，敬拜的世界仍然是人人平等、集体协作、共享万物的社会。但与单纯的行动的世界不同的是，人人都敬畏诸神，集体协作是在诸神的祝福和保护下进行的，万物首先是属于诸神的。世界不再仅仅是为生存忙碌的日常世界，而是在诸神的观照下闪耀出神圣光芒的世界。世界的神圣性激发了空间的"上下"维度隐含的意义，把原始意志对人心的超越内化到了这个维度中。原始人类开始体会到诸神的"高高在上"和人的"卑微低下"。"上尊下卑"从此成为人类空间的一种自然意义。

七　诗意的世界

敬拜的世界是一个神圣的世界。这种神圣的世界是在原始意志居高临下的"观"中敞开的，因此是世界本身的真实显露。但世界本身不仅是原始意志敞开的，同时也是大道从地敞开出来的。大道已经通过"实用的道说"把世界本身解释成了行动的世界。但是，为普遍欲望敞开的世界并非世界本身的真实显露。在神圣的世界中，世界从原始意志的自我解释获得了新的意义，以真实的方式显露了自己。所以，大道现在可以通过新的道说来重新解释世界本身。世界本身的真实显露本质上是有诗意的。所以，大道对世界的重新解释不再是实用的道说，而是**诗意的道说**。

诗意的道说是世界寂静无声的自我解释。这种寂静无声的道说把世界本身解释成了庄严的世界。世界虽然在诸神的观照下放射出了神圣的光辉，但这种光辉不是来自世界本身。相反，庄严的世界是世界本身的纯粹显露。庄严的世界显露了世界本性虚空、容纳一切世间现象、超越一切世间事物的永恒性。当人们在神圣的世界中把目光从诸神转移到世界本身，体会到了世界本身永恒的超越性时，世界就显露出了庄严肃穆的本相。神圣的世界可以是激动人心，甚至让人欣喜若狂的，而庄严的世界虽然让人愉悦，但它本质上是肃穆的。当人们真正体会到世界的庄严肃穆时，人们不是仅仅觉得某些事物是庄严肃穆的，而是觉得世界中的一切事物都处在庄严肃穆中。庄严肃穆不是某个事物的特别出现方式，而是世界中一切事物的出现方式，亦即"原始敞开性"的出现方式，是世界本身最卓越最纯粹的敞开。

当世界显露出庄严肃穆的本相时，世界中的万物就显露出了永恒的意义。人们在行动的世界中仅仅看到万物的"有用性"。万物来自地母的意义被"有用性"的强势覆盖。万物本来是从地母涌现到世界中的，天生就被小道组织，隐含了宇宙逻各斯送出的意义。但万物的意义在行动的世界中无法显露出来，因为世界被当成是为普遍欲望敞开的，只能靠"意蕴"组织成一个有用之物的网络。在敬拜的世界中，自然万物在诸神的光照下闪耀出了神圣的光辉，但万物从地母而来的意义依然没有真正显露出来。然而，当大道开始通过诗意的道说默默地重新解释世界时，世界就不但被解释成庄严的世界，而且还进一步解释成了从地母涌现而出的、显露万物本来意义的世界。万物开始成为诗意的道说中的"默默的词"，以多姿多彩的方式显露着世界的意义，闪耀出了自然美的光辉。当人们默默地聆听自然万物寂静无声的道说，并且用言词来回应时，人们就开始以诗意的方式重新命名和解释万物，发展出了**诗意的言说**。

这种诗意的言说不一定像我们今天所说的"诗歌"，因为这时候艺术还没真正发生，所发生的只是"诗意"。最初的诗意来自人们对神灵的颂歌，亦即诗意的吟唱。当世界通过诗意的道说把自己默默地解释为庄严的世界时，大道就可以通过明性把自己投射到小道，从诗意的道说自然而然地释放出诗意的言说。**诗意的言说的基础就是诗意的道说**。万物的意义来自它们所物化的东西。所以，物化了天地本身的天空和大地就是诗意的道说最主要的内容。在大道寂静无声的道说中，天空和大地作为世界的构成领域显露了出来，把世界默默地解释成了"天地之间"。这种诗意的道说被善于聆听的先知先觉者释放到了诗意的言说中。人们开始明白自己是"居于天地之间"的。道说还把世界解释成了从地母涌现出来的世界，因而把人对地母的先天领悟激发了出来，使人们开始能够区分世界和无形的地母。但对地母的领悟同时又被吸收到诗意的道说对大地的默默解释中。郁郁芬芬、生机盎然的大地于是被当成世界之本、生命之源、万物之母，而日月运行、云行雨施的天空则作为大地的对立领域显露出了俯临大地、拥抱大地的品格。这就是天地通过其物化形式在世界中出现的方式。中国古人后来通过哲学思考理解了本义上的天地，但并没有刻意地把"天地"与"天空和大地"区分开来，原因就在于天空和大地就是天地在世界中出现的方式。

原始人类对天空和大地的领悟被内化到了空间的"上下"维度中，使这个维度获得了"上天下地"的新意义。"天地之间"的意义随之被内化到"左右"维度中，使人们开始注意到这个维度扩展世界的特性。"居于天地之间"的意义则被内化到"前后"维度中，使人们开始把在世界中的生活看成是走在人生的道路上。必须注意，"上天下地"和"上尊下卑"不是同一回事。人们虽然觉得居住在天空的诸神远远高于居住在大地上的人，但并不因此认为"天尊地卑"。[①] 原始人类其实更加重视大地，因为人对本义上的地有先天领悟，而对本义上的天却没有先天领悟。所以，当诗意的道说把天空和大地显露出来时，天空只是出现在世界中、俯临大地、拥抱大地的领域，而不是通过天命通达人、统一天下、令人敬畏的天。在人们的先天领悟中没有归属的原始意志仍然只能被理解为"诸神"，而天空不过是诸神最自然的居所。只有在后来

---

① 《易传·系辞上》所说的"天尊地卑"混淆了"上下"的两种不同意义（这种混淆对于有浓厚儒家色彩的《易传》是比较自然的）。其实上尊下卑是针对天人关系而言，不是针对天地关系而言。从天人关系来看，"上"是天志超越人心的方向，因而是令人敬畏的方向。但从天地关系来看，"下"并不是被"上"超越的方向，而是地母朝向天父之拥抱的方向，是地母在天父永不止息的爱恋下养育生长万物的方向，也是人获得滋养和安居的方向。所以我们必须区分"上下"的两种不同意义，才不至于误解天地亲密无间的关系。

的历史发展中，当人们通过思考理解了天的本义时，人们才会把诸神崇拜逐步地转化为敬天（这主要发生在中国的周朝）。虽然如此，诗意的言说已经把大地和天空的意义显露了出来，同时把诸神作为敬拜的对象安放到天空中，使原始人类在空间中找到了自己的恰当位置，诗意地栖居在大地之上、天空之下、诸神之前。通过对地天人神的诗意的言说，语言终于完整地把世界敞开在了天地之间，初步实现了人居于天地之间的本质。敬拜的世界进一步发展成了**诗意的世界**。[1]

敬拜的世界本来就是有诗意的，但其诗意是不完整的。诗意的吟唱来自良心的呼唤，是情感的升华、心灵的颤音。但只有当诗意的道说把世界重新解释为"天地之间"时，人们才能通过诗意的言说去回应，把自然万物从地母而来的意义显露出来，使世界的意义获得完整的揭示。诗意的世界包含了敬拜的世界，恰当地解释了世界本身，使本来没有意义的行动的世界也获得了"通过行动实现世界意义"的品格，同时还将漫游的世界隐含的空间意义完整地释放了出来，将世界的四个层次统一了起来。在这种完整的世界结构中，诗意的道说不仅把地天人神投射到诗意的言说中，而且还投射到人们在行动的世界中产生的有用之物中，使生活中的用品也开始作为"默默的词"起到聚集地天人神的作用。[2] 人类本来就有对"大我"的先天领悟。但只有当原始人类把天地之间的世界统一在诸神面前时，人类才第一次实现了作为"大我"的本质。这种原始的人类社会只是礼俗社会的萌芽，因为天人合一还没有真正实现出来。但原始人类通过对诸神的敬拜聚集在一起，把天地之间的世界统一在诸神的力量中，这就是语言的发生帮助人类实现出来的

---

[1] 海德格尔在其后期思考中指出"人诗意地栖居"，还从"地天人神"四重整体的角度理解世界（"地天人神"即大地、天空、必死者和神性者）。海德格尔的理解与原始人类在诗意的世界中的理解非常接近，因为从存在出发思考世界就相当于从大道出发思考世界。这种思考可以把握本义上的地，但无法把握本义上的天，而只能把天理解为它在世界中的出现（天空），把天志理解为它在世界中的出现（神性者），把人理解为不死的神性者的对立面（必死者）。

[2] 海德格尔发现了"物"对地天人神四重整体的聚集作用，但没有把"物"当成诗意的道说中的"默默的词"。今天，如果我们能够把天地人的意义投射到行动的世界中，就能让生活用品作为聚集天地人的物向我们进行诗意的道说。中国古人制造的很多生活用品都能起到这种作用。这是我们应该努力继承和发扬的优良传统。

最初的"大我"。

　　既然人类初步实现了人的本质，人类历史也就可以真正开始了。所以，语言帮助人类实现的其实就是人类的"史前史"。从地母生出到世界中的生命经历了漫长的从地向天进化的过程，最后才在人类中发展出了语言。语言的发生使人类从漫游的世界、行动的世界、敬拜的世界到诗意的世界逐层奠基地发展，不断地敲开更高层次的世界，最终把世界统一在天地之间，初步实现了人居于天地之间的本质，为人类实现历史使命做好了准备。这是人在明性中被大道居有，通过发展语言来超越生命、敲开世界、显露诸神乃至最终进入地天人神四重整体的一个原始事件。这个以"语言的发生"为核心的原始事件本质上并不是时空中发生的某件事，而是天父地母通过大道和天志将人类"居为己有"的最原始的方式。① 通过这个独特的"居有"事件人才真正作为"天地之子"被天父地母生出到了世界中。所以，虽然这个"居有"事件包含很多复杂和微妙的因素，但其意义可以用中国古人常说的一句非常简单的话来概括，亦即**"天地生人"**。②

　　今天，人类文明的发展已经把原始社会远远地抛到了脑后。科学技术使我们摆脱了贫困，战胜了许多疾病，减轻了劳动的强度。政治经济的发展使人类的自由、安全和生存得到了良好的保障，甚至过上了富裕的生活。但是，现代文明的发展并没有让我们生活在一个比古代更有意义的世界中。文明的发展可以仅仅在行动的世界中发生的，而文化的发展则必须在敬拜的世界和诗意的世界中才能真实地发生。但是，西方基

---

　　① 天地居有人类是为了让人类走出动物进化史，作为人去实现历史天命。各民族承担的历史天命有所不同，所以天地通过语言的发生居有各民族的方式也有所不同，导致不同民族发展了不同的语言。语言就是一个民族历史性的最早表现。
　　② 这个独特的事件就是海德格尔后期思考的中心思想。海德格尔用 Ereignis 一词（字面意思是"事件"但隐含"居有"之义）来为之命名。Ereignis 是人与存在的相互归属，也是地天人神的相互归属，其核心就是海德格尔所说的"语言"。海德格尔认为语言是四重整体的道说，是 Ereignis 最恰当的方式。这不是指通常意义上的语言，而是指语言的本质，实即默默地进行道说的明性。参见［德］马丁·海德格尔《语言的本质》和《走向语言之途》，孙周兴译，载《海德格尔选集》，生活·读书·新知三联书店 1996 年版，第 1061—1120 页和 1121—1149 页，以及《同一律》，陈小文译，第 646—660 页。由于海德格尔从存在出发思考天地，所以其关于地天人神相互归属的思考没有完全揭示出"天地生人"的真正意义。

督教的衰落，中国古代敬天精神的衰落，意味着我们不再生活在敬拜的世界中。被科学的世界观所解释，被技术和资本共同统治的现代世界已经失去了诗意。虽然个人仍然可以感受到生命的意义，但既然世界本身无法再敞开成有意义的世界，生命的意义便只能屈服于行动的世界。人无法再诗意地栖居天地之间。既然人们无法再从世界的角度理解意义的来源，就只好把文化看成是个人奋斗的成果，仿佛文化展示的意义不是来自大道寂静无声的道说，不是来自上天在人心中默默的呼唤，而仅仅来自个人的自由创造。但行动的世界本质上是遮蔽个人独特性的世界。所以，个人只能靠大众的普遍支持才能从事文化创造，成为流行的明星或偶像。在行动的世界中，一切言谈都不知不觉地作为实用的言谈来发生。这种言谈通过成功、走红、热议、流量、点击率、票房等词汇维持着人们对意义的关注，同时把意义变得无意义。当自然万物丧失了诗意，当人们不再有任何敬畏之心，世界就只能为普遍欲望敞开，文化就只好成为文明的附庸，按照文明的法则来发展，丧失了文化从根源而来的独立精神。人类的文化在敬拜的世界和诗意的世界基础上经历了几千年波澜壮阔的发展。这个基础却最终被我们所抛弃。人类仿佛又重新回到了语言刚刚发生的时候，唯一真正关注的只是如何生存得更好一点，仿佛行动的世界就是世界本身的真实显露，就是世界的最高形态。现代世界的这种"祛魅"现象早已被许多有识之士洞察。对现代性的反省从19世纪末开始就未曾停止。但世界依然故我，没有人能扭转它不断失去意义，不断陷入更深的技术统治和更肤浅平庸的大众文化的倾向。以致海德格尔在生命的尽头发出了"只有一个神还能拯救我们"的叹息。

我们也许不需要一个神，但我们确实需要在上天的神圣观照中聚集，重新开启敬拜的世界和诗意的世界，赋予行动的世界以意义，让文明为文化提供现实基础，同时让文化从其根源获得独立发展，恢复文化的古老生机。为了实现这个目标，我们需要通过"天地生人"的原始事件来重新返回天父地母的怀抱。今天，中国人开始重新重视传统文化，中华民族正在悄悄进入文化复兴的历史天命中。但如果我们仅仅在文献中寻找中国文化的影子，甚至仅仅聆听报纸、电视、网络等媒体对文化的谈论，而不去聆听上天默默的呼唤、大道寂静无声的道说，我们就只能在"人言"中转圈子，始终无法找到返回天父地母的道路。天父地母离我们其实并不遥远。上天并未停止呼唤，大道也并未停止道说。大道寂静无声的道说不仅通过自然之物发生，也通过有用之物特别是通过服装和建筑发生。不论在古代还是现代，服装和建筑总是默默地道说着"我之为人"和"人之为人"，只是对"人"的不同理解才导致其形象设计的不同。中国古代的服装和建筑总是在默默地道说人居于天地之间的本质，把行动的世界纳入到敬拜的世界和诗意的世界中。今天的服装和建筑则更多地在默默地展开着"实用的道说"，不但无法提升行动的世界，反而不断地强化其统治地位。当人们在市区看到的满目都是缺乏文化底蕴，仅仅讲究实用或气派的高楼大厦，还有大多数人身上仅仅讲究实用和方便的服装，我们所理解的"世界"就只能是行动的世界。不论人们在书本、杂志、学术会议和各种新闻媒体中如何讨论中国传统文化，当我们生活的世界仅仅在进行"实用的道说"时，这些讨论最终都会消失在比"人言"更原始、更强有力的"实用的道说"中。

然而，"实用的道说"就是大道最基本的道说。从这种道说中我们能够体会到世界如何默默地解释自己。这就为我们听到更高层次的"诗意的道说"提供了一个契机。正如海德格尔所指出的，哪里有危险，哪里就生长着拯救。当你在热闹的市区行走的时候，如果你用心地聆听世界在默默地说些什么，也许你最终会感到极为不安，而希望听到世界更高层次的、真正来自世界本身的道说。这时你也许会离开热闹的市区，到市郊的大自然中漫步。在那里你也许会发现一片古老的松林，看到许多弯弯扭扭但不屈不挠的松树，体会到它们如何庄严肃穆地坚守在自己的位置上，深褐色的树干悄无声息地吸收着大地的精华，墨绿色的树梢像盖子一样伸展开来，相对无语地交接在一起，默默地向着蓝天汇集。当你继续漫步下去，你也许还会发现一个湖湾，看到亭亭玉立的莲叶拥挤地铺满了整个湖面。红色的莲花从青青的叶轮中悄悄地涌出来，温柔纯洁地仰望着天空……。你也许会隐隐约约地觉得，松林中的每棵松树，黝黑的土地和在树梢间绽放的蓝天，湖湾中的红莲、青叶、碧水，岸边的柳树和木板路，连接两岸的石拱桥，还有习习拂过的微风，都在默默地道说着自己，同时也在道说着这个敞开在天地之间的世界。如果你有幸到高原雪域、崇山峻岭等更加原始的地方，你会听到大自然更加震撼人心的默默道说。如果没有这样的幸运，你也可以到附近一些清静的寺庙或道观，在仿佛世外桃源的境域中体会世界本身，或者到教堂中聆听圣乐，体会那从最高处照射下来的神圣之光，听到内心深处一种无声的呼唤，或者到少数民族居住的地方，在他们保留下来的绚烂多彩的原生态文化中体会敬天亲地的精神。今天，在人们重新重视传统文化的氛围中，一些传统的礼仪也在慢慢地恢复。如果你不断留心，或许你会在某个大学校园里发现大学生在举办冠礼和笄礼。如果你在周末到市郊的公园中，或许你还会发现有人正在举办中式婚礼。你会听到古朴优雅、宛若仙境的音乐，看到喜气洋洋的灯笼、中国结、花伞和纸扇，看到穿着红色长裙、凤冠霞帔的美丽新娘，和她身边身着黑色深衣、冠带布履的高大新郎，看到他们如何敬拜天地、父母和对方，看到他们如何共牢而食、合卺而酳，听到他们"执子之手，与子偕老"的动人吟唱……在这种充满了尊敬、优雅和温馨的气氛中，在新郎新娘庄重的仪表和深情相视的目光中，在他们开辟出来的神圣空间中，还有他们凝聚起来的男女老少中，默默地回响着一种来自天地的诗意的道说，甚至还暗中回响着一种来自一切事物本源的、完全寂静无声的太极之音。亲爱的朋友，你可曾听见？

第三部

回归太极

第十一讲　论太极

古人所说的"太极"指的是一切事物的本源。前面的现象学之旅其实就是从人的我向本源不断回归,直至回归到天地。天地合则万物生,万物生则人生,人生天地之间。所谓的大道其实就是从天向地、从地向人的运动,即天地阴阳交合、生生不息之道,亦即天地生人之道。天地就是万物和人的共同本源。这样看来,天地应该就是一切事物的本源。但老子告诉我们大道是"先天地生"的(《道德经·二十五章》)。如果大道的运动不是从天开始,而是从更早的本源流入天地的,这样的本源到底是什么呢?它不但早于宇宙万物,甚至早于产生宇宙万物的无形天地。可见它本身是完全无形的,从它流出的"先天大道"也是完全无形的。[1] 老子说"道法自然"(《道德经·二十五章》),暗示本源就是大道。但大道在天地人中的运动其实是天地阴阳交合之道。因此我们可以猜测这个比天地更早的本源和天地是相似的:它是比天地更原始的阴阳;它的阴阳交合之道就是先天地生的大道;先天大道的运动最终转生出了天地,才演变成了天地阴阳交合之道。

如果这种猜测是合理的,那么这个比天地更原始的阴阳就是"比天地更早的天地",亦即"完全无形的天地"。本义上的天地虽然也是无形的,但其阴阳交合却在地母中孕育出了有形的宇宙万物,把自己物化成了天空和大地,从而有了"天地"的称呼。天地是外在无形而内在有形的。所以,完全无形的天地实际上不能称为"天地"。中国古人早

---

[1] "先天"在这里不是广义,而是特指在发展顺序上先于本义上的天。相应地,"后天"也可特指在发展顺序上后于本义上的天(从地流出的大道就是后天大道)。虽然"先天"和"后天"有广义和特指两种用法,但根据上下文不难分辨(有时也可能兼用二者)。

已对这种"比天地更早的天地"或"完全无形的天地"有所认识，并称之为"乾坤"。不过，古人也时常把乾坤和天地混为一谈。为了更好地探索一切事物的本源，我们必须严格地区分乾坤和天地。乾坤是最原始的阴阳，是太极之为太极。乾坤的阴阳交合产生了先天大道，还进一步从自己转生出了天地，才有了天地的阴阳交合、万物生长、人类出现。所以，太极其实有两个不同的发展阶段：**乾坤（第一太极）和天地（第二太极）**。

从周朝流传下来的易经把"乾坤"二卦作为六十四卦循环的开端。解释易经的《易传》更进一步把它们代表的东西称为"乾元"和"坤元"，赋予"乾坤"以类似天地、但又比天地更原始的意义。《易传》还指出了"易有太极，是生两仪，两仪生四象，四象生八卦"（《系辞上·第十二章》）。显然，太极生出八卦（和六十四卦）的过程就是所谓的先天大道。太极阴阳交合产生的八卦和六十四卦其实是太极产生的某种自我形象。但必须注意，这里说的"八卦和六十四卦"不是指人类用来认识事物的一些图形，而是指完全无形的乾坤从自身产生出来的"无形大象"。易经中由阴阳二爻构成的图形只不过是用来代表这种无形大象的符号而已（乾坤二卦的图形不仅代表两个无形大象，还代表了乾坤本身）。乾坤通过先天大道生出了八卦和六十四卦，然后才从自身转生出天地。天地以八卦和六十四卦作为阴阳关系的先天样式，在地母中产生了宇宙万物。所以，宇宙万物中隐含了八卦和六十四卦的运作。中国古人在万物中发现了八卦，并排列成六十四卦的循环，用来从事占卜，同时也用来思考太极周而复始的发展过程，这样才有了易经这种融占卜和哲学为一体的古书。

我们以上的说法还只是一种猜测。这种猜测虽然可以从《道德经》和《周易》得到某些支持，但这并不能使我们对本源的思考得到满足。我们对本源的思考不能仅仅依靠一些古代经典的描述或暗示。老子是从大道出发思考一切事物的，因此对大道的源头（乾坤）并没有什么认识。易经思考了这个源头及其发展过程，但其思考仍然隐藏在六十四卦的排列和异常简朴晦涩的卦爻辞中。为了真正理解太极的发展过程，我们需要一种从太极本身出发，而不是从古代经典出发的思考方式。前面的现象学之旅从生命开始逐步回归天地。这其实是逆着太极的发展过程前进的。我们现在需要相反的做法，亦即从太极本身出发，完全按照太极的发展过程来展开思考。这是哲学对太极自我思考的模仿，亦即本体论的思考方式。本讲座所要做的就是首先澄清太极的概念，然后从这个概念出发推演乾坤产生八卦和六十四卦，转生出天地，通过天地产生宇宙生命和有限生命，最后通过人的历史活动实现自身的全过程。这种推演不能依赖古代经典或现象学的成果，而必须仅仅从太极本身（原始自性）出发。但前面的现象学之旅为这种推演提供了通达生活现象的途径，否则它就只是完全脱离现实事物的抽象思考。通过这种本体论推演，我们不仅可以解释现象学的发现，回答其"为什么"，而且还可以对古代哲学做出从太极出发的新阐释。由于篇幅所限，这里展开的太极本体论是很初步的，但已经足以让我们（在后续讲座中）将中国哲学和西方哲学融会贯通，从整体上把握世界哲学史的发展。

一　太极

"太"指的是"大"，"极"指的是"极点"。"太极"本来是"大到极点"的意思。事物通常是越发展就越精细。所以，"大到极点"暗含"最初起点"的意思。《易传》把八卦的起源称为"太极"，就隐含了太极是阴阳起源的意思。汉朝的时候人们把太极理解为混沌未分的元气。宋朝的周敦颐把太极当成阴阳混而未分的状态（太极生阴阳五行，并化生出万物和人）；朱熹把太极理解为作为天地万物本源的理；张载则把太极理解为一物两体的气，并被明末清初的王夫之继承和发展。气和理都是具体事物，即使对它们加以提炼升华也无法恰当地表达产生一切具体事物，但本身没有任何具体特性（完全无形）的太极。没有具体特性不等于不存在，只是还没有发展出具体特性而已。一切有具体特性的事物都因为其具体性而可以称之为"小"。但作为一切事物本源的太极却"大到极点"，所以我们无法用具体事物的特性去理解它。

然而太极并非完全不可理解。一切事物的本源必然是自我同一的。

而且它的根本特性就是自我同一，因为自我同一无法从其他特性产生。太极就是原始自我同一性。但原始自性必然包含内在差异，否则它就不可能产生诸多事物。那种认为"太极是阴阳未分状态"的想法是不合理的。从"未分"发展出"已分"是对"未分"的否定，而太极必须包含内在差异才可能自我否定。一个和自己绝对同一，没有任何内在差异的事物只能永远和自己相同，不可能发展出任何与自己不同的东西。原始自性的"自我同一"不是靠外力形成的，而是"自己同一自己"。所以，太极一方面是"同一者"，一方面又是"被同一者"；没有"同一"和"被同一"的差异，太极的"自我同一"就无法成立。所以，太极的内在差异就是它作为"同一者"和"被同一者"的差异。我们把太极作为"同一者"的那面称为**阳**，而把它作为"被同一者"的那面称为**阴**。对阴阳的这种定义虽然"前无古人"，但从它出发可以更好地理解古人所说的阴阳。阳之所以"同一"阴，是因为阴"异于"阳。故阳者同之所在，阴者异之所寄。太极同于阳而异于阴。太极是"自同"与"自异"的合一，也就是阳与阴的合一。太极同于自己又异于自己，这是太极的矛盾，是太极不断发展的根源。但此矛盾并非两个事物的矛盾，而是太极的自我矛盾。太极无阳则不能同一自己，无阴则没有被同一的自己（因而没有自我同一性）。不论无阳或无阴太极皆不能成立。哲学的智慧就在于认识到真正的自我同一性不是"一"而是"一而二，二而一"。阴阳是原始自性不可分割的两面：阴是相对于阳而言的阴，阳是相对于阴而言的阳。把阴阳分开理解是毫无意义的。所以阴阳合一不能简单地理解为阴阳的对立统一。太极的阴阳是同一事物的自我差异，不是两个相互分离的事物，所以还谈不上对立和统一。在太极产生的种种事物中，阴阳常常是可以分离的，因为相互分离的阴性事物和阳性事物仍然可以各自依靠太极存在（也可以相互结合起来）。但太极是依靠自己存在的，所以它的阴阳相互依存是绝对的，没有任何分离的可能。

综上所述，略加推演，即得**太极之总纲**：太极同于阳而异于阴，虽自同而又自异，虽自异而又自同。自同故有常，自异故有变。有常则刚健，有变则柔顺。故太极阳刚而阴柔。阳刚合阴阳而为一，阴柔分阴阳而为二。故太极一而二，二而一。以其同于阳，其阳常不变而欲阴生变以同于太极。以其异于阴，其阴常顺阳生变以像太极。阳刚不变而生变于阴柔，阴柔常变而根据于阳刚。变而有常，化而有宗。变化之动力在阳，结果在阴。故从发展角度而言阳先于阴，亦即阳比阴原始，阴比阳发展。① 由此亦可认为，太极隐含从阳至阴、从阴返阳的内在运动，亦即"阳、阴、合"的回旋运动。②

二　太极生成圆象

太极同于阳而异于阴，既是自同者又是自异者，故自相矛盾。太极乃以阳为动力将自身投射到阴中，使阴变得与太极相同以解决此矛盾。但太极之阴阳是绝对相互依存的。若阴发生变化则太极不复为太极。故阴摄入太极之结果乃是生出了太极之象。所谓"生"是指阴其实没变化而只是从自身向外延伸出了太极之象。太极最初**生出**的这个太极之象包含阳象与阴象。但二象因从阴（异之所寄）中生出而相互分离，丧失了太极阴阳合一之本性。故太极再次以阳为动力将自身投射到阴中，以弥补二象之所失。阴再次摄入太极之结果，乃是在阴阳二象基础上生出合象（合象乃太极所生之第三象，故合象并没有真正把阴阳二象合在一起，而只是代表了阴阳二象的合一）。太极初生之象于是**成长**为包括阳象、阴象、合象的"太极全象"。这个产生太极全象的过程就是太极最初的自我生成。

太极全象既然像太极，就模仿太极的自我生成，将自身投射到阴象中。阴象摄入太极全象之结果，乃是在自己内部产生了阳真象、阴真象、合真象（此三象乃"象之象"，故以"真象"称之）。三真象组成

---

① 古人对此已有所认识。《易传》的《系辞上·第一章》有言曰："乾知大始，坤作成物。"
② 太极隐含的回旋运动是一切运动的源泉。从太极派生的低层次太极也有回旋运动，但其运动不是"阳、阴、合"而是"阴、阳、合"，因为其意志必须首先从太极接受到自己的对象，然后才能主动把握对象。生命回旋运动、领悟回旋运动（逻各斯）等皆是如此。

之总体即"太极真象"。注意：阴象不是向外，而是向内产生了三真象，因为太极全象已非太极本身，其阴阳合一只是阳阴合三象之外在关系而已，所以即使阴象发生内在变化也不会改变太极全象之总体特性。既然三真象内含于阴象中，它们就从阴象获得了额外阴性。然而，阴象的"自异"本性使之否定了内含之三真象，将其所获之额外阴性反转为额外阳性。反转后之三真象仍在阴象内部，仍被阴象否定，故其额外阳性又被反转为额外阴性，如此反复不已。这种"否定之否定"使每个真象都有"额外阴性"和"额外阳性"两种互相对立、不可兼容、相互转化的**阴阳属性**（额外的阴阳性是由于外在原因附加到真象上的，故称之为"属性"而非"本性"。三真象的阴阳属性不影响其阴阳本性）。由于阴阳属性不可兼容，故真象不能同时拥有它们，而只能拥有二者之一，导致同一真象有两种互相对立的"可能属性"。**当三真象组合成"太极真象"时，每个真象的属性都有阴阳两种可能的选择，但每次组合只能选择其中一种属性**。这样就导致阴阳属性在三真象组合成"太极真象"时被相互错开。所以从三真象的属性来看，太极真象有八种不同的构成方式：阳阳阳，阳阳阴，阳阴阳，阳阴阴，阴阳阳，阴阳阴，阴阴阳，阴阴阴。若分别以"—"和"--"代表真象的"阳属性"和"阴属性"，则太极真象的八种构成方式亦可表示为：

乾 兑 离 震 巽 坎 艮 坤

这八个太极真象就是太极全象在其阴象内部产生的"八卦"（为了方便讨论，我们采纳了古人对八卦的命名）。但我们必须特别注意不能把八卦本身（太极真象）和代表它们的八个图形混为一谈。八卦本身作为"无形大象"绝对没有任何可观察的具体特性，而只有从太极而来的阴阳性和阴阳关系。在八卦的图形中，从下至上排列的三爻代表的其实就是三真象（阳真象、合真象、阴真象）。这种排列的道理在于"阳比阴原始，阴比阳发展"。八卦三爻从下至上的排列代表了三真象阳性递减、阴性递增的发展过程（只关乎其阴阳本性，而与其阴阳属性完全无关）。从乾卦至坤卦的排列同样是按照阳性递减的方式，但不是按照三真象的阴阳本性,而是按照它们的阴阳属性综合而成的八卦阴阳属性①。作为太极产生的真象,乾卦具有最纯粹的阳性;坤卦具有最纯粹的阴性。乾卦和坤卦分别以最纯粹的方式代表了太极之阳和太极之阴。所以我们把"太极之阳"和"太极之阴"分别称为"乾"和"坤"是符合乾坤二卦之特性的。这样太极本身当然也就可以称之为"乾坤"。这是根据太极产生的太极真象的名字来命名太极本身。根据这种命名,乾坤就是产生太极全象和八卦的原始太极。但我们切不可把乾坤本身和乾坤二卦混为一谈。

太极全象把自己投射到阴象内部,导致阴阳属性的相互分离和交错组合,最终在阴象内部形成了八个相互关联的太极真象。太极全象形成八卦的这个过程相当于把自己的阴阳复杂性**收集**到了阴象中。太极的二元阴阳关系被发展成了八卦的阴阳关系,造成了阴阳关系的多样化,从而为太极产生多种多样的具体事物提供了先天基础。八卦就是阴阳关系的八种先天样式。八卦的中爻代表合真象,因而代表阴阳属性(阳—阴关系)的原始出现(合即阴阳合一)。下爻代表阳真象,因而代表"阳—阴"关系以"肯定—否定"的转化方式出现(阳真象强化了"阳",将其自同性突出为"自我肯定性"。相对地,"阴"的自异性被突出为"自我否定性")。上爻代表阴真象,因而代表"阳—阴"关系以"自性—他性"的转化方式出现(阴真象强化了"阴",将其自异性突出为"自我分离性",亦即"他性"。"阳"的自同性因此被相对地突出为"自性")。八卦三爻的意义在八卦决定的后天具体事物中有很多表现。我们已经讨论过两个这样的例子,即音符的特性和空间三维的意义(参见《生命与音乐》及《服装和建筑》)。

在八卦中,阴阳属性(阴阳爻)不但相互分离,而且还相互转化。将某卦三爻的属性做局部或整体的反转,就会把它变成另一卦。所以八个卦构成了相互依存、相互转化、不可分割的整体,亦即完整的太极真象。从这个角度来说单独一卦无法代表八卦整体:某卦中的一爻要么是阴性要么是阳性,无法同时是阴性和阳性,因此需要和其他卦结合才构

---

① 这种综合方式和数学中的二进制相似。在此从略。

成完整的太极真象。但另一方面，不论某卦中三爻的属性是阴还是阳，其三爻所代表的都是太极全象投射而成的三真象。所以每一卦都和八卦整体一样是太极全象的真象。八卦整体既同于每一卦又异于每一卦。太极"既自同又自异"的矛盾在八卦中以转化的形式重新出现了。为了解决这个矛盾，八卦整体就把自己投射到（**藏入**）每一卦，从每一卦生出了八个"子卦"。八卦中每一个都以自身为"母卦"产生八个"子卦"，结果就是"**六十四卦**"，其中每个都是一个"母卦"和一个"子卦"的重叠。① 八卦自我投射发展出六十四卦的过程模仿了太极的"自我生成"。由于母卦和子卦具有完全相同的形式（都是八卦），太极的自我生成运动达到了"象与原象相同"的最高境界。

综上所述，经过"**生、长、收、藏**"四个阶段，太极首先从自身"生出"了太极初象（阳象、阴象），接着让其"成长"为太极全象（阳象、阴象、合象），再将太极全象"收集"到阴象内部而形成太极真象（八卦），最后把八卦"藏入"每一卦而形成太极真象之真象（六十四子卦），其自我生成运动终于到达了不能再往下发展的终点（六十四子卦因此亦可称为**太极终象**）。太极于是从六十四子卦倒回八母卦，从八母卦倒回阴象，再从阴象倒回太极全象，将自己的发展过程统一起来，得到了包含六十四卦（八母卦和六十四子卦）在阴象内部的"圆满的太极全象"，亦即"**太极圆象**"。这便是太极生成圆象的全过程。

太极自我生成的"生长收藏"四阶段都是由其阳刚之力推动的。正如太极之象是太极之阴（坤）的延伸，推动太极之象发展的阳刚之力是太极之阳（乾）的延伸。因此我们可以把太极的阳刚之力称为"乾的意志"或简称"**乾志**"。乾志以其"同一"的力量不断推动太极之象发展，直到它最终成为太极圆象为止。这是太极的第一次自我生成运动，其结果如下图所示。

---

① 八卦作为"太极真象"其实是子卦的"父母"而不仅仅是"母亲"。所以"母卦生子卦"的说法不是很全面，但能够突出"生者"和"被生者"的关系，且比较简洁，故采用之。

```
        乾志
    ┌─────←─────┐
    ↓           │
 ╭──────╮   ┌───┬───┐
 │太极圆象│←──│   │   │  第一太极
 ╰──────╯   └───┴───┘
              坤   乾
```

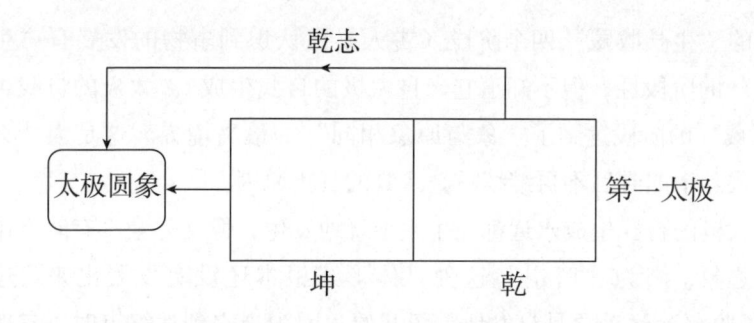

图 20　一阶太极图

该图中的两个方框表示乾坤完全无形但又潜在可包含内容的特性。太极圆象的圆角方框则表示它是一个有内容的整体（内容太丰富而只能省略不画，以文字代之）。从坤到太极圆象的单向箭头表示从太极之阴延伸（生）出了太极之象（最终发展成太极圆象）。从乾到太极圆象的单向箭头则表示从太极之阳延伸出了以太极圆象为阴性对象的阳刚之力。其实，太极及其生成的太极圆象都是"完全无形"的，只有阴阳性而根本没有任何可观察的具体特性。这个图形只是为了理解的方便，切不可把它代表的无形事物当成像图形那样可以被直观！更不可追究线条长短、拐弯方式等愚蠢问题。读者应聚精会神于前面的推演过程，用心体会所思之无形事物，而仅以此图为可有可无之辅助手段。

　　以上的推演完全没有依赖古代经典或现象学的成果，而仅仅是从太极（原始自性）的概念出发的。推演的结果说明太极生出八卦和六十四卦是其自我矛盾导致的自我发展。中国古人并没有"发明"而是"发现"了八卦和六十四卦。但古人并没有真正把握太极生八卦和六十四卦的过程。《易传》说"易有太极，是生两仪，两仪生四象，四象生八卦"。"两仪"可以理解为阴阳爻所代表的相互分离的阴阳属性。"四象"可以理解为在第一爻上添加第二爻而形成的四种组合，而八卦则可以理解为二爻之上再添加第三爻形成的八种组合。这种生成八卦的方式更像是占筮中生成八卦的过程，而不是太极生成八卦的原始方式。至于"兼三才而两之"的简单说法也没有真正解释清楚为什么八卦会重叠为六十四卦，以及为什么不继续重叠下去。以上的推演则揭示了太极自我生成的"生长收藏"四个阶段（古人早已认识到事物的发展有"生长收藏"的阶段性，但不知道它来自太极的自我生成）。太极的自我生成在"藏"的阶段达到了"象与原象相同"的最高境界。这是为什么太极生成六十四卦后不再继续重叠八卦的真正原因。

太极的自我生成永远都在生生不息地发生，但又完全没有时空中的生灭之象，因为"时空"这种具体形式根本还没有发展出来。这种"生长收藏"运动总是自发地重新开始，因为当它到达终点时，它所产生的太极圆象并不是一个静止的大象，而是它从起点到终点的整个发展过程构成的，所以它只能一次又一次地重复自己来统一太极圆象。这种从太极之阴自然流出、永恒不变地循环、完全无影无形的运动就是所谓的"**先天大道**"。先天大道即太极自我生成之道，亦即太极阴阳交合生出八卦和六十四卦之道。先天大道的流动过程就是太极圆象的形成过程，所以无法在上图中表示出来。但读者还是可以从前面的推演去体会被老子形容为"独立不改，周行而不殆"的先天大道，体会它生成的太极之象是如何"视之不见，听之不闻，搏之不得"的"无状之状，无物之象"。①

虽然老子对先天大道有许多微妙的体悟，但他不是从太极出发，而是从大道出发理解大道。所以老子没有看到先天大道就是太极自我生成之道。"生长收藏"的四阶段运动既是从坤流出的大道运动，同时也是太极不断自我投射的结果。第一阶段投射出了太极初象（阴阳二象）。第二阶段再次投射才得到太极全象（阳阴合三象）。第三阶段把太极全象投射到阴象内部而产生八卦。第四阶段把八卦（作为太极真象）藏入每一卦而产生六十四子卦。四次投射的结果虽然不同，但都包含"太极自我投射"的意义。所以"生长收藏"四阶段的运动都吸收到了太极本身的内在运动。太极本身隐含"从阳至阴，从阴返阳"的内在回旋运动，亦即"阳、阴、合"回旋运动。这种回旋运动在乾坤中无法真正分开成三步，因为其阴阳绝对地相互依存、不可分割。但在太极的自我投射中阴阳可以分开。所以"生长收藏"的

---

① 参见《道德经》二十五章，十四章。

每个阶段都吸收到了"阳、阴、合"三步运动。被太极的自我投射贯通的先天大道因此内含十二步运动。这种十二步运动就是"**十二地支**"的先天起源。

然而,太极圆象不仅是从坤生长出来的,同时也是被乾志统一起来的对象。这就是太极圆象的两面性。"从坤而来"的运动形成了"十二地支"。"被乾把握"的结果则形成了"十天干"。先天大道的流动方式使太极圆象有多个不同的发展层次。乾志必须超越这些发展层次,以其强力将太极圆象把握为"阴阳合一、自我同一"的整体,才能真正将它统一成太极的"自我形象",使它不仅"圆满"而且"圆融"。乾志本来已经直接把握了最外层的太极全象(阳阴合三象)。但阴象内含八母卦和六十四子卦。乾志的力量于是"穿透"阴象去直接统一八母卦,通过八母卦统一六十四子卦,彻底地把握了阴象的全部内容。乾志直接把握的无形大象于是从三个(阳阴合)扩展成了十个(阳象、八母卦、合象)。乾志穿透阴象去直接把握八母卦,相当于直接把八母卦作为阴象来把握。故对乾志而言,**八母卦代表了阴象,十大象代表了太极圆象**。太极阴阳合一的本性使乾志直接把握的十大象自动地分成阴阳两组,形成了对称互补的**阴五象**和**阳五象**。所以,通过直接把握十大象,乾志终于把太极圆象统一成了太极的"自我形象"。乾志直接把握的十大象就是"**十天干**"的先天起源。

但十大象是如何分成阴五象和阳五象的呢?这个问题不仅关系到十天干的先天起源,而且关系到太极生成宇宙的方式。让我们思考一下这个问题。八母卦按照阳性递减、阴性递增的发展顺序排列为"乾兑离震巽坎艮坤",因此已经自然地分为阳组(乾兑离震)和阴组(巽坎艮坤)。乾志要统一"十大象"就要把阳象与合象加入八母卦的排列中。乾志必然要把阳象放到八母卦的中间位置,这样才符合阳象统一阴象(八母卦)的本性。合象代表阳象与阴象的合一,亦即代表"阳象的阴性化"。所以,合象在八母卦中的位置是阳象位置的"阴性化",亦即从八母卦的中间位置移动到阴组的中间位置。阳象与合象加入之后,八母卦的排列就扩展成了十大象的排列:**乾兑离震(阳)巽坎(合)艮坤**。阳象与合象的位置决定了它们在排列中的阴阳属性。十大象于是有了统一的阴阳属性，并且自然地分成了阴阳两组，即**阳五象**（乾兑离震阳）和**阴五象**（巽坎合艮坤）。

阳五象和阴五象就是**五行**的先天起源。但这个起源不仅和十大象有关，还与先天大道有关。太极圆象不仅被乾志所统一，同时也被先天大道的运动所统一。所以，乾志把它直接把握的十大象与先天大道的运动结合了起来。结合的方式就是将"生长收藏"的运动吸收到十大象中，把十大象转化为一个运动序列。序列中最初两步为生，最后两步为藏，生之后的两步为长，藏之前的两步为收。剩下的中间两步处在生长与收藏之间，乃"化"生长为收藏的两步。所以"生长收藏"四个阶段被十大象吸收后转化成了"**生长化收藏**"五个阶段。作为乾志直接把握的对象，十大象只有"物性"而缺乏"流动性"，其"生长化收藏"运动是吸收外来因素才形成的。① 所以，五阶段中的每一个都必须从自身"生出"下一个来维持流动性。这样就构成了兼具物性和流动性，永恒不变地循环的"五行相生"，亦即木生火，火生土，土生金，金生水，水又生木（中国古人用"木火土金水"这种命名来突出"生长化收藏"中隐含的物性）。"五行相生"会不断地积累物性。所以"**五行相生**"导致"**五行相克**"来抵消物性的积累，以保持其流动性。这是五行的物性和流动性相互平衡的自然结果。这就是五行生克的先天起源。

在十大象的五阶段运动中，每阶段包含两步（第一步为阳，第二步为阴）。所以十大象形成了两个五行，即"**阳五行**"和"**阴五行**"。十大象按照阳性递减的排列是"乾兑离震（阳）巽坎（合）艮坤"。但其五行运动不是按照这个顺序进行的，而是从"阳象"这个中心开始，交替地向两侧扩展（形成螺旋运动）。这是因为太极圆象已经被乾志统一成"阴阳合一，自我同一"的整体，形成的运动只能以阴阳平衡的方式展开。所以，十大象（十天干）的五行配对如下。

---

① 这里说的"物性"不是指宇宙万物的物性，而是十大象这种"无物之物"的物性。

表8　十大象（十天干）的五行配对

乾兑离震阳巽坎合艮坤
壬庚戊丙甲乙丁己辛癸
水金土火木木火土金水

十天干的五行运动是按照"甲乙丙丁戊己庚辛壬癸"亦即"五行相生，先阳后阴"的顺序展开的（这个顺序因此成为中国古人排列十天干的方式）。乾志不仅把十大象统一成了对称互补的阳五象和阴五象，而且还通过吸收先天大道的运动，把它们统一成了阳五行和阴五行的交替运行。十天干的运动来自先天大道。所以，十天干和十二地支结合起来构成了"六十甲子"运动。六十甲子是十二地支的扩展，亦即先天大道最完整的运行方式。这是为什么中国古人根据六十甲子来决定年月日时的循环。

通过十二地支，太极用自己的内在运动贯通了生成太极圆象的先天大道。通过十天干，太极用自己的意志把太极圆象统一成了"阴阳合一，自我同一"的整体。二者的合作使太极圆象的两种统一性获得了最终的统一。**十二地支和十天干就是太极通过先天大道和乾志把太极圆象"居为己有"的方式**。通过这个"居有"事件，太极圆象才真正作为"太极自我形象"从乾坤生了出来。这个事件不是发生在时空中的某件事，而是乾坤永恒的自我投射和自我实现。所以，十二地支和十天干的起源虽然比较复杂，但它们完成的不过就是"太极生成圆象"这个最原始的事件。十二地支的运动比一切时间中的变化更早；十天干（包括五行）的分化比一切空间中的事物更早。在太极生成的宇宙中，十天干和十二地支就像八卦和六十四卦那样起到了提供先天模式的作用。[1] 这就是为什么中国古人把这些无形大象当成事物最根本的特性，通过它们去把握事物的发展变化。伟哉中国古人！

---

[1] 乾志直接把握的对象（十大象）被分为两组五行。所以五行就是"意志—对象"关系的先天多样化模式。这点在五声音阶中有所表现（参见《生命与音乐》）。

三　乾坤转生天地

太极的自我生成来自太极的自我矛盾：太极同于阳而异于阴，既自同又自异。这个矛盾的发展就是太极把自己投射到坤中，生出了太极之象，最终发展成了太极圆象。但这个发展并没有解决太极的自我矛盾，因为太极之阴只是从自身"向外"生出了太极圆象。尽管太极圆象是太极圆满的"自我形象"，这个"自我形象"毕竟在坤之外而不在坤之内。所以，太极之阴仍然异于太极，矛盾并未解决。这个结果是必然的：太极完全是自己同一自己的；太极之阴若发生任何变化，太极将不复为太极；所以太极之阴摄入太极的结果是"向外"而非"向内"生出太极之象。

这个结果迫使太极将所产生的圆象"收入"太极之阴内部，使太极之阴真正"成为"太极，以解决太极的自我矛盾。但作为"自己同一自己"的原始自性，乾坤本身不可能发生任何变化。所以太极只能"站到自己之外"来吸收太极圆象。这个"站到自己之外"的太极于是成为"**第二太极**"，而原始自性（乾坤）就相对成为"**第一太极**"。第二太极之阴吸收了圆象为内部内容，以解决"太极同于阳而异于阴"的矛盾。但太极阴阳合一的本性使第二太极之阳同样吸收了圆象为其内部内容。第二太极的阴阳都内含圆象，保持了阴阳合一的自性。第一太极没有发生任何变化，保持了原始自性，永恒不变地支持着第二太极的自性。第一太极产生的圆象并没有真正"离开"第一太极，而是以"站到自己之外"的方式进入第二太极内部。① 所以第二太极的内部内容同样获得了来自第一太极的永恒支持。

第二太极就是"站到自己之外"的第一太极。第一太极的自我矛

---

① 宇宙万物是在时空中的，故其"站到自己之外"就是运动到另一位置。但太极和太极圆象是不在时空中的。它们可以"站到自己之外"的同时仍然留在原处，仿佛把自己"分身"了出去。所以，我们不能根据宇宙万物的具体特性来理解太极和太极圆象。

盾现在被转移到了第二太极来解决。要解决"太极同于阳而异于阴"的矛盾，进入第二太极之阴中的圆象必须不再仅仅是太极之"象"而必须是真正的"太极"。因此，阴中包含的圆象发生了质的转变。太极圆象因为进入阴中而获得了额外阴性。这种额外阴性直接来自"太极之阴"，因而不是附加到圆象的"属性"，而是迫使圆象接受的"本性"。故圆象中的阳阴合三象都被"阴性化"而变得相似，导致阳象与合象分享了阴象"内含六十四卦"的特性。太极圆象于是演变为三个相似的象，每个象都以六十四卦为内容，尽管三象仍有阳、阴、合的相对区别。额外阴性带有"否定之否定"的特点（参见上节）。三象因此获得不断自我否定的生机。由于三象获得的额外阴性不是"属性"而是"本性"，其"否定之否定"不是阴阳属性的相互转化，而是三象本身不断否定现状、永不止息地发展下去。获得生机的三象于是成长为有生命活力的三界，即**理界**、**物界**、**气界**（分别由阴象、合象、阳象演变而来）。第二太极之阴中内含的太极圆象于是演变成了有生命力的小太极，亦即"**宇宙生命**"。其阳中内含的太极圆象则始终保持从第一太极而来的本性，为不断演变的宇宙生命提供永恒不变的原始形式，成为"**宇宙之精**"。从这个角度来说，正是"宇宙之精"借着第二太极的阴阳合一不断进入阴中，才在阴中成长为"宇宙生命"。一句话，宇宙生命就是第二太极阴阳交合而在其阴中孕育出来的"**宇宙胎儿**"。宇宙胎儿凭着"不断自我否定"的生机不断演化，直至理界、物界和气界的具体事物都充分长成，宇宙生命才真正达到了成熟。

  以上讨论说明，所谓"第二太极"就是我们早已熟悉的"**天地**"（本义上的天地而非天空和大地）。天地就是"站到自己之外"的乾坤。所以严格地说，乾坤和天地不是两个不同的太极，而只是同一个太极的两个不同发展阶段。天和地都内含乾坤产生的太极圆象，但地内含的圆象因获得生机而最终发展成了宇宙生命，如图21所示。图中的两条虚线表示太极圆象从第一太极进入第二太极，在天内部仍然是太极圆象，但它作为"宇宙之精"进入地母就发展成了宇宙生命。宇宙生命不再仅仅是"太极之象"，而是有自身生命力，能够自我成长的小太极。这样"太极同于阳而异于阴"的矛盾就可以在第二太极中得到初步解决。

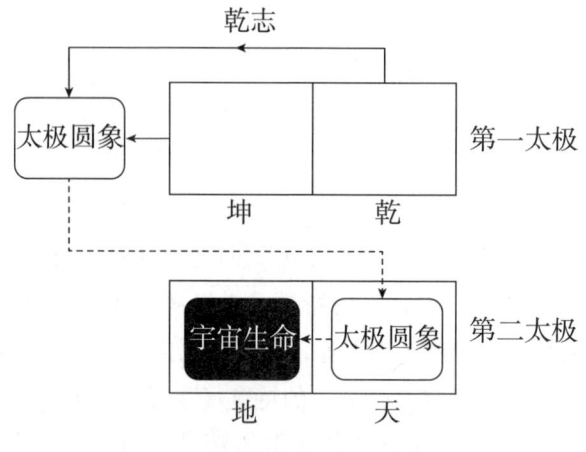

图 21　乾坤转生天地

四　太极生成宇宙

（一）宇宙三界的形成

宇宙生命的"理物气"三界究竟是怎样从"阴合阳"三象演变而来的呢？首先，三界的结构直接来自三象内含的六十四卦（包括八母卦和六十四子卦）。这种先天结构保持了六十四卦作为"无形大象"的特性，因此不是我们可以直接观察到的。但宇宙生命的生机使这些无形大象发生自我否定，亦即否定自身的"无形"，因而不断从自身生长出"有形"的具体事物。这些具体事物是直接从六十四子卦生长出来的（因为子卦比母卦更阴性，其自我否定达到了极致）。因此，宇宙具体事物以六十四子卦和八母卦作为它们的"先天形式"。这种先天形式虽然复杂，但整体上可以从太极的"阴阳合一"本性去把握。六十四子卦统一于八母卦，而八母卦不过就是太极的"真象"而已。所以，宇宙具体事物总体上构成的就是阴阳合一的"小太极"。三界各自构成了自己的小太极。每个小太极都有阴阳两极（阳性意志及其阴性对象）。理界小太极是"宇宙判断力"和"宇宙领悟"（理念）阴阳合一构成的**"理界宇宙"**（宇宙逻各斯）。物界小太极是"宇宙推动力"和"宇宙物质"阴阳合一构成的"**物界宇宙**"。气界小太极是"宇宙气化力"和"宇宙之气"阴阳合一构成的"**气界宇宙**"。所以,宇宙生命其实是由三界宇宙共同构成的(我们通常说的"宇宙"其实只是物界宇宙,因为理界和气界宇宙不像物界宇宙那样容易观察到)。

也许有人会问,为什么从"阴象、合象、阳象"演变而来的宇宙三界分别是"理界、物界、气界"?这是三象的阴阳性决定的。阴象演变出来的层次具有最强烈的"差异性"和"成像性"(阴是阳所同一的对象,故有成像性)。强烈的"差异性"和"成像性"使该层次中的阴性对象相互隔离,各自独立存在,同时具有非常清楚明确的形式,因而类似于概念,但它们不是人的概念,而是宇宙的"理念"。所以阴象演变出来的层次是"**理界**"。相反,阳象演变出来的层次最缺乏"差异性"和"成像性",反而具有把一切混同起来,使之无影无形的力量。缺乏足够的"差异性"和"成像性"使该层次中的阴性对象混成一团,没有清楚明确的形式,而且具有本质上的"神秘性"(即本身就是神秘的,不是因为我们不了解才神秘)。这种混沌无形、神秘兮兮的阴性对象就是中国古人所说的"气"(气功修炼的就是宇宙中的"气")。所以,阳象演变出来的层次是"**气界**"。合象演变出来的层次不偏阴也不偏阳。该层次中的阴性对象不像气那样混沌一团、你中有我、我中有你、无法明确分开,也不像概念那样相互隔离、各自独立存在;它们可以互相接触、互相包含、互相作用,但仍然保持相对独立性;它们有比较清楚明确的形式,但不像概念那样清楚明确。这种不偏不倚、性质中和的阴性对象就是通常所说的"物质"。因此,合象演变出来的层次是"**物界**"。

理物气三界从太极圆象中的三象演变而来,共同构成了宇宙生命。宇宙生命就是太极圆象在第二太极中的继续发展。所以**宇宙生命被太极本身(乾坤和天地)直接拥有**。宇宙逻各斯的思考就是"太极的自我思考";宇宙物质的产生和演化就是"太极的物化";宇宙之气的发生和发展就是"太极的气化"。一句话,宇宙中丰富多彩的具体事物是太极把自己投射到宇宙中产生出来的"自我形象"。**太极通过宇宙生命实现了"自我认识"**。这里所说的"自我认识"是在最原始的意义上说的,是比人类的认识更早发生的认识。虽然太极圆象是太极最早的自我形象，但这种自我形象是太极自我发展的结果，不是太极自我反观的结果。所以太极产生圆象是自我生成而非自我认识。另一方面，宇宙生命已经不再是太极圆象，而是一个全新的有内在生命力的小太极。当太极把自己放到这个小太极位置上时，太极就和自己拉开了距离，实现了自我超越，以至于可以"站到自己之外"反观自己。所以，太极生成宇宙不是自我生成，而是自我认识。

三界事物不是同时形成的。首先形成的是理界事物，其次是物界事物，最后才是气界事物。为什么？因为阴性越强烈的层次其成像性也就越强烈。所以，太极不是同时在三界中形成自我形象，而是依次形成在理界、物界和气界中。太极首先在宇宙逻各斯中产生指向太极自身的理念，亦即太极的原始领悟（其意义即空洞的"我"），接着把自己的发展过程一步步投射到这个原始理念，从中发展出关于太极各个环节的理念，直至最后把宇宙逻各斯本身（作为最后发展出来的环节）也投射进来，使宇宙逻各斯达到了自我意识。太极通过宇宙逻各斯的自我意识反观自己，从而达到了太极本身的自我意识。接着太极就开始思考如何继续发展自身，包括如何在物界和气界产生自我形象（物化和气化自己），如何通过生物体敞开有限生命，如何让生物进化到人，如何通过语言的发生"居有"人类，如何通过人类历史实现自身在世界中的发展，人类历史如何通向永恒，等等。太极的思考不像人的思考那样带有偶然性和任意性，而是具有来自太极的必然性，因为太极除了思考自己的发展之外就没有什么可思考的，而太极的发展又是被太极的本性完全决定的。太极就是一切事物。太极即使站到自己之外时也还是在自己之中。因此，**太极有自我意识，但没有自由。太极是全知的，但不是全能的**。人之所以有自由，是因为人通过自我超越达到了自我意识，但又不是一切事物的本源，因此人对待"外来"事物的方式有一定的任意性。① **自由来自人的有限性**。反之，太极的一切作为都是自我发展，都

---

① 参见第十讲《语言与世界》。"自由"一词是多义的。它既可以指自由选择，也可以指自主的、不受外力束缚的行动方式。在后一种意义上，我们可以说只有太极是绝对自由的，而人则有相对的自由。自由选择的可能性来自人的自我超越和自我把握。因此，人的自由总是兼有两种意义。

具有来自太极本身的必然性。其自我思考完全遵循太极自身的逻辑：宇宙逻各斯被太极直接拥有，把太极的发展过程完全不变地投射到自己中。所以太极的自我思考是纯粹的理性思考。人的有限逻各斯以某种方式分享了宇宙逻各斯的理性。这是为什么我们有可能对太极发展过程进行理性推演的原因。

太极在完成对自身发展的一切思考之后，它在理界的自我形象就彻底完成了。接着太极才开始把自己投射到物界，产生出物界的自我形象，亦即宇宙物质。宇宙推动力根据宇宙判断力来运作，把太极对物界宇宙的事先设计实现了出来。所以宇宙物质受到了宇宙逻各斯的理性规范和永恒引导。这是人类可以通过理性思考（以及观察和实验）发展科学来研究物质的原因。但科学受到其实证立场的限制而无法深入宇宙逻各斯本身，因此只能理解物质的"如何"而不能理解其"为什么"。理解"为什么"的工作就只能由哲学来完成。由于物界和气界都有足够的阳性（同一性），两界宇宙天生就有统一性，总是互相对应地发展。所以当物界宇宙形成时，气界宇宙也随之相应地形成（有什么样的物就有什么样的气），这样宇宙三界就完整地形成了。然而气界和理界的性质刚好相反。虽然宇宙之气也受到宇宙逻各斯的引导，但其本性混沌无形而难以被完全规范，所以很难通过科学观察和把握。下面就让我们专注于物界宇宙的形成和发展，因为物界宇宙不但是太极生人的重要基础，而且对它的思考能够帮助我们理解科学对宇宙物质的研究。

（二）太极物化的方式

太极借以在物界进行自我投射的是"**原始物质点**"或简称"**宇宙点**"，对应宇宙逻各斯中指向太极自身的原始理念。在宇宙逻各斯中，太极把其发展过程一步步投射到原始理念中，从中发展出所有其他理念，形成了太极的自我意识。由于理念不能互相包含，其他理念只能在原始理念之外独立产生（尽管它们都依赖原始理念来指向太极的各个环节）。然而，物质不像理念那样相互独立，而是可以相互包含。所以，太极自我投射产生的所有物质都是从宇宙点分化出来的。这个分化过程是宇宙的一次急剧膨胀。今天，物理学家在观察到宇宙膨胀等许多证据后提出了"宇宙大爆炸"的概念，认为宇宙来自大约138亿年前宇宙奇点的大爆炸。但物理学家无法理解大爆炸"之前"有什么，以及它为什么会发生。下面我们将尝试从太极本体论的角度理解这些事情。

太极的物化有其特殊性。在宇宙逻各斯中，太极将其发展过程完全不变地投射到自我思考中，自然而然地就形成了太极的自我认识。但在物界，太极的自我投射不能这样进行。为什么？因为物质是相互作用的。即使先物化第一太极，再物化第二太极，结果仍然是两个并列的、相互作用的物质体系。两个物质体系会互相干扰，最后都变得面目全非，无法反映从第一太极到第二太极的发展。解决这个问题的方法是利用物质可以相互包含的特性，让第一太极和第二太极物化成宇宙的两个不同层次，亦即宏观和微观层次。两个层次各有自己的结构，而且从宏观到微观就是从整体到局部，从同一到差异，亦即从阳到阴的发展，符合太极的发展顺序。但宏观物质必须由微观物质相互关联来构成，所以太极只能先把第二太极物化成**微观宇宙**，然后让微观宇宙逐步演化出**宏观宇宙**来作为第一太极的物化。从时间顺序来看这样做颠倒了从第一太极到第二太极的发展。但太极在宇宙逻各斯中已经预先把"宏观宇宙"理解为比"微观宇宙"更早的东西，用前者的结构引导后者的演化。所以只要我们发挥慧性，把宏观宇宙当成微观宇宙演化的目标，时间顺序上的颠倒就是可理解的。理解这种颠倒是很重要的，因为正是它导致了宇宙大爆炸。下面就让我们按照时间的顺序，首先考察第二太极如何物化成由原子体系构成的微观宇宙，然后再进一步考察第一太极如何物化成由星系构成的宏观宇宙。

（三）微观宇宙的形成

1. 宇宙点

宇宙点就是宇宙推动力直接把握的阴性对象（尚未分化的宇宙物质）。太极本身隐含了"阳、阴、合"的回旋运动。小太极也有类似的回旋运动，只是它的运动是从阴至阳、从阳返阴，因为小太极必须从太极接受自己的对象，然后才能主动把握对象。物界小太极的回旋运动如下图所示。

宇宙点 ←——→ 宇宙推动力

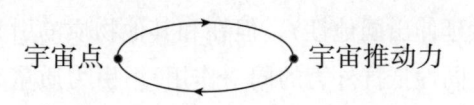

图 22　宇宙点回旋运动

宇宙推动力和宇宙点的阴阳合一构成了"母卦"层次上的小太极（八母卦构成这个小太极的方式比较复杂，不必深究）。宇宙点的属性则是由"子卦"层次的八卦决定的。如前所述，八卦的中下上三爻分别代表阳—阴关系以原始方式，肯定—否定，自性—他性方式出现。阳—阴关系的原始出现就是质—量关系。由于"质"和"量"反映的是同一属性的两个不同方面，所以我们只需关注其他二爻构成的四种基本属性，如下表所示。

表 9　物质的四种基本属性

	自性	他性
肯定	质量	引力
否定	时间	空间

四种基本属性中的每个都有"质"和"量"（quality 和 quantity）两个方面（表中的"质量"指的是 mass。不可混淆）。物质的四种基本属性构成了"子卦"层次的一个小太极。它的阳性（自同性）落脚在自我肯定的"质量"中；它的阴性（自异性）则表现为不断自我更新的"时间"。"引力"是物质的"同他性"，亦即同一其他物质的力量；"空间"则是物质的"异他性"，亦即异于（远离）其他物质的特性（引力的作用就是克服空间距离，把其他物质拉向自己）。四种基本属性（包括其质和量）起源于子层次的八卦，因此是物质无法剥夺的先天属性。注意"质量"其实有两种表现：在和引力的关系中表现为**引**

力质量（自同性延伸出同他性），但在和其他物质的引力关系中则表现为**惯性质量**（自同性抵抗外力的同一作用）。引力质量和惯性质量只是同一质量的两种表现方式，所以它们总是等值的。

但宇宙点不是我们通常说的物质。它只是一个完全单纯的物质点。宇宙点不在任何物理空间中。相反，物理空间只能由它的内在分化产生，但此时分化尚未发生。宇宙点有质量，但和自己没有距离，无法对自身产生引力，所以其空间和引力实际上是空洞的属性，其时间也只是它在回旋运动中的自我更新。如果我们进一步思考，宇宙点的四种基本属性其实来自母层次的小太极：质量来自宇宙推动力的阳性（自同性），时间来自宇宙点的阴性（自异性），空间来自宇宙点"异于"宇宙推动力的特性（阴异于阳），引力则来自宇宙推动力"同于"宇宙点的特性（阳同一阴）。这是"子八卦来自母八卦"的自然结果。所以，宇宙点一旦分化出诸多物质，每个物质就会代表宇宙推动力去同一其他物质（质量表现为引力质量），同时又代表宇宙点被其他物质所同一（质量表现为惯性质量）。物质被空间隔开，又通过引力相互吸引，相当于把宇宙推动力和宇宙点的太极关系以**对称的方式**实现到宇宙物质中。但在这个阶段，太极的自我投射还没有开始，宇宙点尚未发生内部分化，所以它只实现了质量的守恒。另一方面，宇宙推动力推动物质运动的能力在物质中的表现就是能量。虽然宇宙点尚未分化出具体物质，但它已经在宇宙推动力的推动下进行回旋运动，而且这种推动力是永恒不变的。所以，宇宙点不但实现了**质量守恒**，而且还潜在地实现了**能量守恒**。

2. 宇宙场

宇宙点就是太极自我投射（自我物化）的舞台。太极必须先把第二太极投射进来，构成微观宇宙（然后才能演化出宏观宇宙）。第二太极就是本义上的天地。天地本身都是完全无形的领域，所以才能分别容纳太极圆象和宇宙生命。太极必须先把无形的天地本身投射到宇宙点，然后才能把天地的内容也投射进来。天地本身的投射使宇宙点变成了可以包含具体物质的**宇宙场**。宇宙场并不是物理学所说的场。天地本身的投射不能生成有具体物质特性的场，否则就会与天地内容的投射混同起来。所以宇宙场仅仅是具有阴阳两种不同属性，可以内化出具体物质的场。宇宙场的阳性来自天，构成它的**正电性**，而其阴性来自地，构成它的**负电性**。宇宙场的正负电性互相平衡，所以它整体上呈电中性。但这种电中性是阴阳两种电性的合一，和原始宇宙点的"毫无电性"是不同的。宇宙场的正负电性是它将要容纳的一切物质的正负电荷的起源。宇宙场的电中性代表了天地的阴阳合一。所以宇宙不但有质量守恒和能量守恒，而且还有**电量守恒**。这意味着一个正电荷的产生（或消失）必然伴随一个负电荷的产生（或消失），反之亦然。天地是不会允许其阴阳合一的自我形象被破坏的。

3. 宇宙大爆炸

天地本身的投射使得宇宙点变成了宇宙场。但宇宙场仍然是完全单纯、没有任何内在分化的物质点，只是从天地得到了正负电性，而且潜在地可以容纳诸多物质（所以有"场"的本质）。物化的下一步就是把天地的内容投射到宇宙场中。在太极的思考中，这种投射的目标是把太极圆象物化成带正电的"**原子核**"，把宇宙生命物化成带负电的"**电子**"，并且让电子以原子核为中心运动，构成"阴阳合一"的"**原子**"。按理说一个这样的原子就已经构成天地内容的物化。但太极物化的特殊性使得第二太极的物化被用来构成第一太极的物化。这种时间顺序上的颠倒意味着宇宙场中不能只产生一个原子，而是必须产生数目极其庞大的原子，这样才能通过原子的体系来构成宏观星系。这是太极在宇宙逻各斯中早已预见的。所以天地的内容在太极的预先思考中不是单一的，而是根据原子构成星系的方式设计成了一个非常复杂、能够物化为无数原子的"天地内容体系"。在宇宙点变成宇宙场后，太极就把这个事先设计好的体系投射到宇宙场中，以便通过后者的内在分化产生构成星系的原子体系。

这个投射相当于在宇宙场内部同时产生无数原子。但宇宙场实际上还是尚未分化的宇宙点。无数（在太极思考中的）原子聚集在宇宙点中，相互距离为零，把它们构成的物质体系全部压缩在一起。这个"内部距离为零"的物质体系消融了"天地内容体系"的结构，把一切物质混而为一，无法构成任何原子。为了解决这个矛盾，必须把宇宙点上聚集的物质在空间上分开（这些物质在太极的思考中是分开的，但在宇宙场中只是毫无区别地聚集为极高能量的物质点）。这个分开只能在宇宙判断力的引导下，通过宇宙推动力来进行。但宇宙推动力本是同一宇宙点的力量，亦即把宇宙点拉向自己的力量。它本应表现为物质间的万有引力，怎么能起到类似"万有斥力"的作用呢？因为宇宙点是宇宙推动力的唯一恰当对象，是唯一能与宇宙推动力阴阳合一的东西，但聚集在宇宙点中的一切物质都是其内容，以致每个物质都通过排斥其他物质来分享宇宙推动力对宇宙点的拉力。这就仿佛一个男人只想爱一个女人，但每个女人都想得到他的爱，于是就从男女的相互吸引产生了女人的相互排斥（相反情形也成立。一切"同类相斥"都以这种方式起源于"异类相吸"）。宇宙点只有内在斥力，而没有内在引力（没有任何距离需要克服）。因此这种毫无阻碍的"万有斥力"就以极为激烈的方式将聚集在宇宙点上的物质分开，使宇宙突然发生急剧的空间膨胀，亦即所谓的"**宇宙大爆炸**"。

宇宙大爆炸的发生是物理空间（距离）的诞生，同时也是物理时间（其表现是能够改变距离、产生速度）的诞生。物质一旦在空间上分开，就会开始相互吸引，使分开的速度逐步减缓。最初的极高能量的物质点和原子体系之间的差异是非常大的。所以，这个分开并不是马上形成原子体系，而是从宇宙场逐步内化出和原子结构相关的物理场和微观粒子（包括传递作用力的粒子），经过许多阶段的演化，才能最终形成原子体系。后面我们将会讨论从天地的内容物化出来的主要物理场和微观粒子。但在这里我们不必详细追究从宇宙大爆炸到原子体系的发展过程（大爆炸宇宙论对此有比较详细的推测），因为不论这个发展过程如何具体实现，其目的都是要形成原子体系（以便最终演变出星系）。宇宙场因为大爆炸而产生了极为广阔的内部空间，但它本身仍然是被宇宙推动力直接把握的宇宙点，因为它是第二太极的直接物化，内部分化不会改变它自我同一的本质。**宇宙场处处都是同一个宇宙点**。这就是宇宙场不同于物理场的地方。所以，物质之间仍然通过相互排斥分享宇宙推动力，使空间继续膨胀，而万有引力却随着空间的膨胀不断减弱，最终被"万有斥力"超越，使宇宙从减速膨胀改为加速膨胀。今天，科学观测显示宇宙大约从 50 亿年前开始加速膨胀。很多物理学家猜想应该有一种普遍的"反引力",才能抵抗万有引力的作用,使空间加速膨胀。这种让空间加速膨胀的能量被称为"**暗能量**",因为物理学只能推测它应该均匀分布在空间中,但仍不清楚它到底是什么。从以上推理来看,所谓"暗能量"就是宇宙推动力让一切物质分开的能力。"暗能量"是一种特别的能量,因为它直接来自宇宙推动力,而不像其他能量那样经过了物质的转化。正是宇宙推动力对宇宙场的直接把握保证了不断膨胀的宇宙能够保持各向同性、温度均匀。

4. 天地内容的物化

宇宙大爆炸最终是为了产生原子体系。所以,让我们抛开从大爆炸到原子体系的发展过程,从太极的思考出发考察天地的内容应该如何物化成原子。如前所述,太极圆象应该物化成带正电的"原子核",宇宙生命应该物化成带负电的"电子",才能共同构成阴阳合一的"原子"。但太极圆象包括"阳阴合"三象。阳象的物化就是带正电的"**质子**"。合象的物化就是呈现电中性的"**中子**"。阴象的物化应该是带负电的粒子,但如果把这种粒子包括在原子核中,它的负电性就会与质子的正电性平衡,使原子核呈现电中性,无法和电子构成阴阳合一的原子。阴象的物化不能属于原子核,但又必须实现出来。怎么办?太极只能把阴象的物化结果从原子核除掉,相当于把阴象从天的内容除掉,但同时保留它在太极发展中的意义。阴象在太极发展中有两种离开"天"的方式:其一是(随太极圆象)向前进入"地"中,发展出宇宙生命;其二是向后退回它的前身,即第一太极中的阴象(参见图 21)。前一种离开方式物化成了从原子核放射出来的电子。后一种离开方式逆着太极的发展而行,物化成了一种反粒子,亦即**反中微子**。所以阴象实际上物化成了两种不同的粒子。原子核放射的电子带负电,而反中微子则不带电,因为它物化的阴象已经退出天地,返回第一太极,所以电性对它没有意义。

作为被太极"扔出"原子核的粒子,反中微子几乎不与其他物质发生作用,在宇宙中无家可归地流浪,成为物理学中的一个谜。但它仍然通过很微弱的作用保持它与电子、质子和中子的关联。这种相互作用就是物理学发现的**弱相互作用**。太极圆象的统一性因为阴象的物化被"扔出"而受到了破坏。弱相互作用的本质就是让太极圆象物化出来的各种粒子相互转化生成，以维持太极圆象在物化中的统一性。但这种统一性已经不可能恢复，所以弱相互作用本质上就是很微弱的。由于阴象的物化被"扔出"原子核，导致阳象的物化（质子）缺乏阴性平衡，所以必须有非常强大的阳刚之力（克服质子之间的同性排斥）把质子和中子结合在一起，才能真正构成"天的内容"之物化。这种阳刚之力是物质之间最强大的作用力，亦即**强相互作用**。强相互作用物化的就是天的阳性对其内容的同一作用。真正物化了太极圆象之统一性的是弱相互作用。但由于阴象的物化被"扔出"原子核，弱相互作用实现的是"阴性破损"（阴阳不对称）的统一性。所以，弱相互作用参与的物理过程出现了"**宇称不守恒**"的现象（镜像反转的物理过程不成立。镜像对称即左右对称，是太极阴阳关系的一种）。弱相互作用的这种不完美让物理学家感到迷惑，甚至被称为"上帝的错误"。这个"错误"的起源在于太极圆象无法完美地物化出来。但这种不完美是物化的特殊性造成的，因而是合理的。①

　　这种不完美还表现在原子核的不稳定，而且可能会衰变而释放出反粒子。所谓**反粒子**，就是在物化出粒子时逆转了太极的发展过程。太极的正常发展顺序是从阳到阴，故逆发展就是从阴到阳（如反中微子的情形）。反粒子和正粒子是阴阳颠倒的（包括正负电性、自旋方向的颠倒，等等）。所以，正反粒子一旦相遇，就会互相否定对方所物化的发展过程，产生湮灭现象。正反粒子都是宇宙场内化出来的，所以宇宙场不仅有正负电性，而且还有**正反性**。正性代表太极的正常发展顺序（从阳到阴），因此可以看成来自天；反性代表太极的逆发展顺序（从阴到阳），因此可以看成来自地。宇宙场的正反性互相平衡，就像正负电性互相平衡一样。但二者是相互独立的特性。例如，质子和电子的正负电荷分别来自宇宙场的正负电性，但它们都是从宇宙场的正性内化出来的

---

① 由于第二太极的内容必须在宇宙场中物化成无数原子，原子的太极结构无法从宇宙场得到保障，只能靠原子自身来构成。这是太极圆象无法完美地物化出来的根本原因。

正粒子。电子的反粒子则是从宇宙场的反性内化出来的。物理学把它称为"正电子"只是因为它带正电荷（真正恰当的名称是"反电子"）。在 β 负衰变中，中子变成质子时会放出一个电子和一个反中微子。这个过程物化的就是合象分裂成阳象和阴象（阴象的物化即所放出的电子和反中微子）。相反的过程是阳象与阴象结合为合象。例如，在 β 正衰变中，质子变成中子，同时放出一个反电子和正中微子（质子必须从宇宙场借出一个电子和反中微子，才能合成中子，在宇宙场中留下的债务就是反电子和正中微子）。这种变相的物化还有很多形式，例如原子核可以俘获一个核外电子，使核内的一个质子转化为中子，同时释放出一个正中微子。

反粒子的存在说明太极的物化包含某些阴阳颠倒的过程。最大的阴阳颠倒过程就是大爆炸本身。本来应该是先物化第一太极，再物化第二太极。但太极不得不逆着这个顺序来物化自己，所以在大爆炸早期反物质的存在是合理的。然而大爆炸最终是为了发展出从宏观到微观的正常顺序。宇宙演化的过程就是正物质战胜反物质的过程。所以今天我们发现的宏观物质都是原子构成的正物质（传递作用力的粒子可以由正反粒子共同构成，因为作用力是相互的，相当于是互逆的过程）。宇宙场的正反性是平衡的，但宇宙物质的正反性却不平衡。但这是合理的，因为前者反映了第二太极的阴阳平衡，而后者反映了太极的发展是从第一太极到第二太极。

合象物化成中子的方式也是很特殊的。合象代表阳象与阴象的合一。这意味着中子的电中性必须是正负电荷的平衡，而不能仅仅是"没有电荷"。另一方面，合象并不是真的把阴阳二象合在一起，而只是代表二者的合一。从这点上看中子又必须是单一的物质。所以，中子必须在保持单一的前提下，通过其内部结构实现正负电荷的平衡。太极于是为中子的内部结构设计了一种无法独立存在的构成单元。这种仅仅以其正负电荷参与构成中子，本身无法独立存在的物质单元就是物理学发现的"**夸克**"。夸克之间的强相互作用被设计为随着距离增加而增加，使它不能单独存在，导致了所谓的"夸克禁闭"现象。如果阴象的物化没有被"扔出"原子核，它应该具有负电荷（与质子的正电荷平衡）。

这样中子就应该由一个带正电荷的夸克和一个带负电荷的夸克来构成。但阴象的物化已经被"扔出"原子核，导致质子和中子可以相互转化，所以二者应该有相同的结构，亦即都是由带正电和带负电的两种夸克构成，只要两种夸克的比例不同即可构成不同电性。这种构想需要三个夸克才能实现。所以二者的电性构成为：质子电性 = (2/3) + (2/3) + (-1/3) = 1；中子电性 = (2/3) + (-1/3) + (-1/3) = 0。这样只要实现出带 +2/3 电荷和 -1/3 电荷的两种夸克，就可以用三个夸克来构成质子和中子。这就是物理学发现的上夸克和下夸克的起源（其他夸克的起源也和原子核有关，在此不必深究）。通过夸克的设计，太极终于解决了合象物化为中子遇到的问题，同时导致了"分数电荷"的诞生。

宇宙生命物化成电子的方式也有其特殊性。宇宙生命不像太极圆象那样纯粹是无形大象，而是以八母卦和六十四子卦为先天形式发展出了具体事物。所以宇宙生命包括"先天形式"和"具体事物"两个成分。如果把两个成分都物化为物质，它们就会相互作用，遮蔽了二者的区分。所以，太极只能把"具体事物"物化成物质，亦即**电子**，同时把"先天形式"物化成电子在原子核外的空间形式。所以电子是只有外在结构（核外空间位置）而没有内在结构的物质。根据这种设想，八母卦应该物化成核外空间的八个主层，六十四子卦则应该物化成每个主层中的八个次层。主层和次层都按照"八卦阴性递减"的方式从原子核向外排列，以便符合原子核与电子"阴阳合一"的关系。如果每个次层安排一个电子，原子核外就共有 64 个电子，其空间位置反映了宇宙生命的先天形式。决定电子空间位置的母卦和子卦构成了**电子的静态定义**。这个定义的实现就是电子所在的主层和次层。

但电子的静态定义还没有完全反映宇宙生命的本质。宇宙生命是八母卦构成的小太极。八母卦可以按自性和他性分成两组，构成互相对称的两个"分太极"，每个分太极都是四卦构成的回旋运动（和生命回旋运动的构成相似，但我们不必进入细节）。这种回旋运动在宇宙三界都是一样的（在物界的表现已被我们简化为宇宙点回旋运动）。所以我们可以忽略三界的差别，同时也忽略每个回旋运动所经历的四卦，仅仅保留运动的形式，就得到构成宇宙生命的纯粹运动，如下图所示。

```
         宇宙生命
           ●
          ╱─╲
   自性组 ○   ○ 他性组
          ╲─╱
```

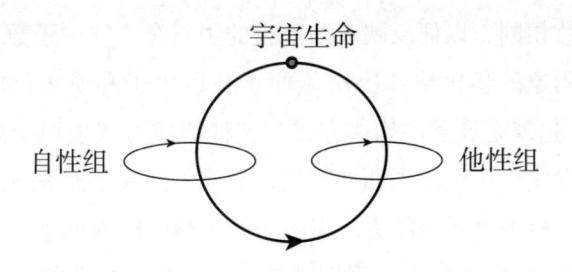

图 23　宇宙生命回旋运动

宇宙生命首先进入"自性组回旋",运动到"他性组回旋",再返回自身,构成了一个"大回旋"。大回旋包含两个左右(镜像)对称的小回旋,这就是宇宙生命自我回旋的方式。如果把宇宙生命看成由自我回旋运动构成,就得到**电子的动态定义**:宇宙生命的物化是两个自旋方向相反(顺时针和逆时针)的电子构成的电子对。[①] 综合电子的静态和动态定义就得到**电子的完整定义**。要把这个完整定义实现出来,必须在电子的 64 个空间位置(运动轨道)上安排两个自旋相反的电子。这样原子核外就总共有 $2 \times 64 = 128$ 个电子。

但电子的这种理想化定义无法原封不动地实现,因为电子的负电荷会相互排斥,使它们的空间位置遭到破坏。所以,太极只能对其空间位置做一些调整,让离原子核近的层次少安排电子,离得远的多安排电子。因为某个层次的球面面积与其半径的平方成正比,所以主层 n 应该有 n^2 个电子轨道,每个轨道上安排两个自旋相反的电子。所以主层 n 的电子数应该是 $2n^2$,其次层电子数则自然地按 2×1,2×3,2×5,…,$2 \times (2n-1)$ 的方式递增($n^2 = 1 + 3 + 5 + \cdots + (2n-1)$),以符合"越往外电子数越多"的规则。但这种调整破坏了八母卦和六十四子卦的先天形式。为了弥补,太极做了进一步的调整(轨道能级交错),使原子的最外层最多容纳 8 个电子。这样原子外层的电子数就只有八种情形,可以象征性地代表八卦参与和其他原子的相互作用。原子的质子数应该

[①] 面向电子运动的方向,自性组回旋(阳性自旋)是顺时针,他性组回旋(阴性回旋)是逆时针。弱相互作用隐含"阴性破损"。所以它破坏宇称守恒的方式就是只作用于顺时针自旋的电子。

与核外电子数相同，以便反映天地内容的阴阳合一（中子数也和质子数相同，因为阴象的物化被"扔出"原子核后中子和质子只剩下了电荷上的区别）。这就是原子的构成方式。这种构成方式使原子随着核外电子数的增加发生性质上的周期性变化，形成了**元素周期表**。这种变化主要表现在原子得失电子的能力。得电子能力越强阳性就越强（电子是阴性的）。反之，失电子能力越强阴性就越强。原子的阴性和阳性对应金属性和非金属性（符合"阳化气，阴成形"）。在理想的周期表中，同一周期从左到右最外层电子数从1增加到8（除了氦是2），得电子能力不断增强，阳性（非金属性）逐渐增强；从上到下主层数目从1增加到8，原子半径不断增大，失电子能力不断增强，阴性（金属性）逐渐增强。① 当然，以上所谈的是理想情形，而没有考虑原子的许多更为具体的物理化学性质。但这种理想情形是有先天根据的，因为它反映了宇宙生命的先天形式，尽管太极不得不在物化这些先天形式时做出必要的调整。

　　电子的完整定义仍然没有完全反映宇宙生命的本质。宇宙生命不仅是八母卦构成的小太极，而且是天地在地母中孕育出的"宇宙胎儿"。从物化角度来说，这意味着宇宙场必须内化为电子的物理场，亦即**电场**。电场不像宇宙场那样处处是同一个宇宙点，而是在空间每个点上都有一个特定值，代表电子在这点所起的作用。但这种空间化的电场只反映了电子的静态定义。为了反映电子的动态定义，应该把宇宙生命回旋运动物化为电子的物理场：大回旋物化成了运动的电场，即运动电子的电场，而两个镜像对称的小回旋则物化成了伴随运动电场的**磁场**。两个小回旋运动方式相同，但和大回旋的关系相反（顺时针和逆时针）。所以磁场有两种定义：自性组回旋物化出"阳性磁场"，他性组回旋物化出"阴性磁场"。电子的运动和阳性磁场形成左手定则，和阴性磁场形成右手定则（左阳右阴）。物理学的**右手螺旋定则**就是拇指指向电流方

---

① 目前人类已经发现周期表中前七个周期的所有元素，总共118个。核外电子数太多时元素变得很不稳定。所以第七周期的许多元素是人工合成的。第八周期显然只能完全依靠人工合成。

向（电子运动的反方向），四指就指向磁力线（指向北极）的环绕方向。这个定则反映了电子运动和阴性磁场的关系。但是把阳性磁场看成向南极回旋，那么它的左手定则和阴性磁场的右手定则其实是同一个定则。阴阳两种磁场其实只是磁场的两种不同定义方式。总之，电子的运动形成了和运动方向垂直的回旋磁场。这就是动态电场产生磁场的方式。电场和磁场共同构成了**电磁场**。但电场是有源场，磁场是无源场；电场是电荷的相关场，磁场则是电场的相关场。所以不存在类似电荷的"磁荷"或"磁单极子"。另外，宇宙场是正负电性平衡的，但电子的电场只把负电性内化了出来。所以，质子的正电荷也形成了相应的电磁场。正负电荷的吸引力于是通过电磁场来实现（同性排斥力由异性吸引力派生）。所以电荷之间的相互作用力就是**电磁力**。

电磁力是把原子核与核外电子统一成"原子"的力量，代表了天地阴阳合一的关系。所以物理学发现的自然力总共有四种，即**引力、电磁力、强相互作用和弱相互作用**。引力是物质先天就有的属性，只要有距离就会发生作用，而其他三种力都是来自天地内容的物化（所以这三种力需要微观粒子来传递①，而引力则不需要。这就是为什么物理学至今无法发现所谓的"引力子"的原因）。物理学发现弱力可以和电磁力统一起来，而与强力的统一仍然有待验证，至于和引力的统一则很难实现，其原因就在于这四种力的来源和关系的复杂性。但一切力归根到底都是来源于太极的自我同一性（斥力从吸引力派生），而且都需要通过宇宙推动力对宇宙点的同一作用来实现。因此，物质之间的四种作用力，以及直接从宇宙推动力而来的"万有斥力"都可以从太极本体论得到统一的理解。

电磁场虽然物化了宇宙生命回旋运动，但这种物化是不纯粹的：电子物化的是宇宙生命包含的具体事物；附属于电子的电磁场遮蔽了八母卦回旋运动能够自我成立的、和宇宙具体事物无关的纯粹性。把宇宙生命包含的具体事物除掉，就得到纯粹的八母卦回旋运动。这种纯粹运动的物化是纯粹的电磁场：大回旋不再物化为电子的运动，而是纯粹的电

---

① 力实现了从阴到阳，从阳到阴的对称运动，故其传递粒子可以是自身的反粒子。

场运动，亦即电场本身的变化；相应地，小回旋不是简单地物化为磁场，而是物化为磁场的变化。这样图 23 表示的就是纯粹的电磁场关系：**变化的电场产生变化的磁场，变化的磁场产生变化的电场**。这种从变化磁场产生的电场就是物理学所说的涡旋电场（其电力线是封闭曲线）。注意两个小回旋代表磁场的两种不同定义。所以图 23 所示运动的物化方式是：电场把产生的磁场当成阳性磁场，然后又当成阴性磁场去产生新的电场，就好像步行者把迈出的脚当成前脚然后又当成后脚，造成电磁场不断移位，形成了在空间中传播的**电磁波**或**光波**。如下图所示。

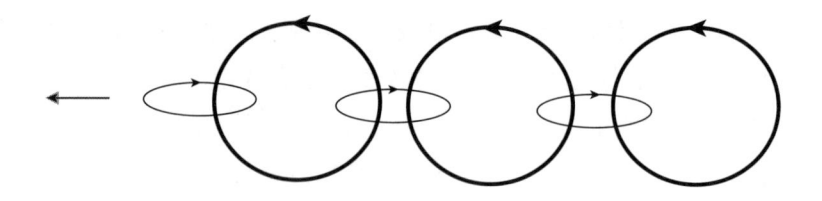

图 24　电磁波

光波可以由电子的加速运动引起，但一旦产生就可以独立地、完全和宇宙物质无关地自我生成，不断在真空中传播下去。光波以纯粹的方式物化了宇宙生命的自我回旋运动。这个回旋运动是直接由天地决定的。光波相对自己的运动就是相对宇宙场的运动。因此光波也相对于宇宙场中的物质运动，但它不像其他物质那样只能相互运动。所以**光的运动速度是恒定不变的**。这是光波区别于一般物质运动的最大特点。

另一方面，既然光物化的回旋运动构成了宇宙生命的自我同一性，光就应该和电子一样是自我同一的粒子。光既是波也是粒子，这就是光的**波粒二象性**。作为粒子，光子其实就是电子的"提纯"，是在物化宇宙生命时把所包含的具体事物"除掉"的结果。所以，在光子中电子的质量（代表具体物质）被除掉，只有能量（代表运动）被保留。光子是质量为零，但有能量的特殊粒子。光子和电子一样自旋，但方式有所不同。同一轨道中的两个核外电子自旋方向是相反的，因为它们的自旋物化了宇宙生命的大回旋包含的两个小回旋。所以电子的自旋其实是半自旋（自旋量为1/2）。但电磁波物化的就是包含两个小回旋的大回旋。因此光子的自旋是全自旋（自旋量为1）。电子物化了宇宙生命包含的具体事物（包括物质）。电子就是"物化了宇宙物质的微观物质"。所以，**电子是构成物质的一切基本粒子的代表**。这些基本粒子都分享了电子的半自旋。[①] 它们还分享了电子在定义上的不兼容性（不能被两个电子共享）。定义上的不兼容性使粒子能够恰当反映它所物化的无形大象。因此构成物质的粒子（费米子）都遵守泡利不相容原理。另一方面，光子既是传递电磁力的粒子又是电子的"提纯"。所以，**光子是一切微观相互作用传递粒子的代表**。一切这类传递粒子（玻色子）都分享了光子的全自旋和不遵守泡利不相容原理的特性。[②]

综上所述，电子、电磁场和光共同构成了宇宙生命的完整物化。原子核与电子构成的原子能够化合为复杂的分子，也可以通过核聚变辐射出具有巨大能量的光。大爆炸最后形成的就是这种物化了天地内容的原子体系。大爆炸的起因是太极先物化第二太极再物化第一太极，其最终目的就是以原子体系为基础构成宏观星系。但在我们进入宏观星系之前，让我们考察一下第二太极的物化如何影响了物质的四种基本属性。

（四）牛顿力学，相对论和量子力学

1. 牛顿力学

力学起源于人们对物质四种基本属性的观察和思考。牛顿力学是在日常生活的宏观宇宙背景下发展出来的，因此没有反映微观宇宙的特殊性。但它却很好地反映了宇宙物质本来就有的、尚未受到太极物化影响的基本属性。虽然宇宙中的具体物质其实是太极自我投射的结果，但我

[①] 物理学家发现自然界只有逆时针自旋的正中微子（相应地，只有顺时针自旋的反中微子）。这种令人迷惑的现象被形容为"上帝是左撇子"。它的原因在于，被"扔出"原子核的反中微子隐含"阴性破损"，所以只能分享电子的阳性自旋（正中微子则相反）。上帝之所以是左撇子就是因为上帝把反中微子"扔出"原子核的时候弄伤了右手。

[②] 这类玻色子包括传递强力和弱力的粒子，但不包括物理学假设（而始终不能发现）的所谓"引力子"。另外，"希格斯玻色子"并不传递微观粒子的相互作用，所以它有特殊的自旋量0。

们可以暂且把这种投射放到一边，仅仅从宇宙物质和宇宙推动力的关系出发理解牛顿力学。这样做仿佛是宇宙点直接分裂成了目前的宏观宇宙。因此我们可以忽略宇宙场的存在，把宇宙物质看成是宇宙推动力直接把握的对象。

物质的四种基本属性起源于宇宙点和宇宙推动力构成的物界小太极。引力起源于宇宙推动力对宇宙点的同一作用。假设宇宙点已经分裂为宇宙物质，宇宙推动力实现引力的方式就是直接站到物质中，让物质代表它去同一（吸引）其他物质。所有物质对宇宙推动力都处在相同地位，因此它们的相互作用总是对称的。两个物质相互吸引，相当于宇宙推动力同时站到两个物质中去同一对方。因此两个引力本质上是同一个引力：二者以对称的方式实现物界小太极的自我同一性，所以**大小相等，方向相反**（这点也适用于其他力，因为一切力都来源于太极的自我同一性，而且都需要通过宇宙推动力实现在物质中）。代表宇宙推动力发出引力的是物质的质量，所以引力和两个物质的引力质量成正比。但根据四种基本属性的关系，引力质量只能分辨引力需要克服的距离，仿佛被吸引的物质分布在等距离的同心球面上。引力因此只能以分散到球面上的方式吸引某个物质（反之，该物质的惯性质量不代表宇宙推动力，而是代表其推动对象，故能唯一地分辨引力来自何方）。所以在三维空间中，引力与距离的平方成反比。[①] 这样引力的公式就应该是 $F = (M_1 M_2)/r^2$。这个公式加上引力常数 G 就是牛顿的万有引力公式。[②]

时间（自异性）可以否定物质的空间属性，亦即改变距离、产生速度。所以速度就是时间在空间中的表现。当没有受到引力作用时，物质纯粹从自身出发否定自身，故其时间在空间中的表现固定不变，即**保**

[①] 宇宙生命是由八母卦的回旋运动构成的。所以宇宙空间是以八卦三爻为三个维度构成的三维空间。电磁场物化的就是八母卦的回旋运动，所以从微观宇宙的角度来说空间也必须是三维的。

[②] 用相似的推理可以得出电荷相互作用的库仑定律 $F = K(Q_1 Q_2)/r^2$。正负电荷来自天地的阴阳合一，即其自我同一性。所以正负电荷的吸引力可以看成是用电量代替质量产生引力的结果（同类电荷的排斥力起源于异类电荷的吸引力，遵守同样规则）。但引力是物质的基本属性，而电磁力来源于太极的物化，需要物质粒子（光子）来传递。所以引力和电磁力仍然有很大的不同。

持静止或匀速运动。当物质受到引力作用时，引力必须利用它的自异性来改变其在空间中的表现，才能实现引力的作用（把它拉向产生引力的物质）。物质的自异性被迫根据引力改变其在空间中的表现，导致速度在引力方向上发生变化（产生加速度）。然而惯性质量总是抵抗外力的同一作用。引力必须克服惯性质量来发挥作用，故加速度正比于引力而反比于惯性质量，其公式就是牛顿的加速度公式 $a = F/m$ 或 $F = ma$。这个推导虽然是从引力出发的，但同样适用于其他力。

综上所述，牛顿的三大运动定律和万有引力定律都可以从物质的四种基本属性推导出来。这个推导的前提是宇宙推动力可以直接把握每个物质，同时站在两个物质位置上去同一对方。这意味着宇宙有绝对同时性，宇宙空间可以在当下把握为固定不变的框架。人心对身体和万物的推动归根到底是通过宇宙推动力发生的（参见《天地与我》第二节）。所以我们自然地用"意志—对象"关系理解物体间的相互作用，产生"力"的概念，并且根据意志（包括判断力）把握对象的方式产生绝对时间和绝对空间的概念。牛顿力学就是这样起源于我们和万物打交道的方式。所以它从宏观的角度反映了宇宙推动力推动宇宙物质的方式。宇宙推动力是被太极拥有来推动万物的。所以，牛顿把宇宙物质的运动最终归结到"上帝"的"第一推动力"并不是完全没有道理的。

2. 相对论

牛顿力学反映了物质的基本属性，但还没有反映出太极的物化对这些属性的影响。太极首先把天地本身投射到宇宙点中，把它转化为可以容纳物质的宇宙场，再进一步把天地的内容也投射进来，产生了原子体系。宇宙点并不是直接分裂成诸多宇宙物质，而是作为宇宙场内化出宇宙物质。如前所述，这种内化不会影响宇宙场的自我同一性，所以它仍然是被宇宙推动力直接把握的宇宙点，以致**宇宙场处处是同一个宇宙点**。所以大爆炸之后，宇宙推动力只能通过宇宙场间接把握它内含的宇宙物质。牛顿力学的前提受到了破坏。绝对同时性仅仅属于宇宙场，而不属于宇宙物质。由于宇宙场处处是同一个宇宙点，物质的"互异性"（空间）本质上属于宇宙场的"自异性"（时间）。因此，宇宙场的时间不仅内化为每个物质的内在时间，而且还内化为其时间在空间中的表现

（速度）。时间被空间化（不再仅仅是自相关属性），空间被时间化（不再仅仅是他相关属性），构成不可分割的"时空"整体。物质的时间被分裂为内外两个成分（速度成为外在时间），共同构成它分享到的宇宙场时间。宇宙场时间就是宇宙点在宇宙推动力的作用下不断回旋、不断自我更新的时间，是和宇宙物质无关的绝对时间。所以物质的外在时间（速度）越大，内在时间就越小（时间变慢），和外在时间相应的内在空间也会变小（长度缩短），但质量（自同性）反而会变大。另外，当宇宙推动力无法直接推动宇宙物质时，它的能量只能通过宇宙场的质量实现出来（宇宙点的自同性来自宇宙推动力同一它的作用）。因此宇宙场的质量不仅内化为物质的质量，也内化为其能量。质量和能量可以根据宇宙场内化出物质的方式相互转化。质量守恒与能量守恒于是变成**质能守恒**。所有这些"相对论效应"都是宇宙推动力只能通过宇宙场间接把握宇宙物质的结果。物质的速度越大，其内在时间越接近零，其外在时间就越接近宇宙场的绝对时间。但宇宙物质无法凭自身的运动让其外在时间达到绝对时间，因为这将意味着它直接被宇宙推动力把握，这是物质无法凭自身做到的。所以物质的速度有一个无法达到的上限。这个上限就是在宇宙场中自我运动的光波的速度。①

爱因斯坦的**狭义相对论**从光速的不变性推导出了相对论效应。但狭义相对论的真理性并不依赖光波的实际存在，只要假定宇宙中有一种物质运动的速度相对一切观察者都恒定不变即可。然而，这种运动刚好是光波却并非偶然。光波物化的是和具体事物无关的宇宙生命回旋运动，所以它是宇宙物质和宇宙场的运动中介。光子没有内在质量，也没有内在时间，只有独立于其他物质的外在时间（速度）。其他物质都是靠自异性否定距离来运动，而光却是靠自身阴阳的回旋来运动。光就是物质相对于宇宙场的绝对运动。所以光速代表了宇宙场的绝对时间，成为物质相对时空的绝对度量。如果我们忽略宇宙场，把宇宙物质看成是被宇

---

① 宇宙推动力可以直接引起宇宙空间的膨胀，使星系相互分离的速度超过光速。但这种"万有斥力"不是通过物质实现的，而是宇宙推动力对宇宙点的拉力在物质中的反向表现。所以，这种超光速并不证明物质可以凭自身超越其速度上限。

宙推动力直接把握的，宇宙场的绝对时间就会被宇宙物质的绝对时间代替，而狭义相对论也就被牛顿力学代替。因此，我们不能把牛顿力学仅仅看成是狭义相对论的某种"近似"，而应该把狭义相对论看成是太极把"天地本身"投射成宇宙场，使物质的时空和质量都被"异化"的结果。

这种异化还包括了引力。由于宇宙推动力只能通过宇宙场把握宇宙物质，它无法直接站到物质中，将其质量当成引力质量来产生引力。所以它只能让宇宙场代表自己来实现物质的"同他性"。这意味着宇宙场从自身质量内化出物质惯性质量（包括能量）时，还必须让惯性质量起到引力质量"同一其他物质"的作用。但惯性质量只是物质在外力作用下保持自我同一的特性。所以，惯性质量只能利用它的"自同性"统一物质的"自异性"，通过内在时间和外在时间的关联，把"自同性"扩展到周围空间，产生对周围空间的"异化"。通过这种异化作用，物质以其"自同性"统一了"自异性"和"异他性"，把"同他性"实现在了被它异化的"时空"中。当其他物质出现在这种"异化时空"中时，它们的运动就会发生相应的异化，其结果仿佛是被"拉向"发出异化作用的物质。这是物质从惯性质量出发实现对其他物质的同一作用，把其引力属性间接实现出来的方式。爱因斯坦的**广义相对论**用精密的数学形式描述了物质对周围时空造成的"弯曲"。它潜在地包括了太极的物化对引力实现方式的影响，所以比牛顿的万有引力公式更精确。但它把引力仅仅解释为时空的弯曲，遮蔽了引力起源于宇宙推动力的本质。所以，我们不能把牛顿的万有引力公式仅仅看成广义相对论的某种"近似"，而应该把广义相对论看成天地物化出来的宇宙场使物质的引力属性被"异化"的结果。[①]

3. 量子力学

量子力学研究的微观宇宙是天地的内容被投射到宇宙场中的结果。

[①] 除了引力之外的三种自然力来源于太极的物化，而不是来源于宇宙推动力对宇宙点的同一作用。所以它们没有像引力那样通过时空的异化来实现。这就是为什么爱因斯坦晚年试图把所有自然力统一起来的尝试始终无法成功的原因。

这种投射产生的微观粒子具有特别的时空属性，以致量子力学发现了许多怪异甚至神秘莫测的物理现象。前面我们已经谈到太极圆象物化为原子核，以及宇宙生命物化为电子（和光）时出现的一些特殊现象，例如反中微子被"扔出"原子核、光的波粒二象性等。宇宙生命的物化还以另外一种方式影响了微观粒子的时空属性。宇宙生命包含理物气三界的具体事物。这些具体事物的物化就是电子这种微观粒子。物界的具体事物（物质）被物化的结果还是物质。所以正如我们曾经指出的，电子是物化了宇宙物质的微观物质，是构成物质的一切基本粒子的代表。然而，我们尚未考察这样一个事实，就是电子同时还物化了理界和气界的具体事物，亦即"理念"和"气"。电子所物化的"理念"和"气"使它的时空属性带上了理界的离散性和气界的含糊性。

离散性意味着电子的时空属性（包括与之关联的速度、能量等）不是连续而是间断的物理量。例如，电子不论得到或放出的能量都是某种最小能量（量子）的整数倍。所以，电子只能从一个轨道跳到另一轨道，而没有连续变化的中间过程。正是离散性使电子的先天形式可以非常清楚明确地物化出来（包括轨道、自旋等）。所以电子的"量子性"既和它物化的先天形式有关，也和它物化的（理界）具体事物有关。**含糊性**则是气界事物的特点。气是混沌无形、没有确定边界、弥漫在气界宇宙中的东西。所以电子没有确定的空间位置，而是弥漫在周围空间中。核外电子实际上不是普通粒子而是一团"电子云"。但电子本身并不是气，只是从它所物化的气界事物获得了气的含糊性。作为物质粒子，电子并不能真的像气那样弥漫在空间中，而只是同时拥有弥漫在空间中的许多"可能位置"，构成了电子的"概率化存在"。因此，量子力学无法精确地决定电子的时空属性。在实际测量之前，它的位置和速度并没有确定值，只有一种概率化的分布范围。当我们开始测量时，它的概率化存在就会被破坏而随机地确定下来。但一旦测量确定了它的空间位置，其速度就无法被确定，反之亦然。电子并不是纯粹的物质，而是物化了"气"的物质，所以把它当成物质测量就会破坏它在测量前的那种含糊的存在方式。量子力学用"不确定原理"来解释这类怪异的现象。从量子力学的角度看，一切微观物质都既是粒子又是概率波，而且它们都不是普通粒子，而是具有离散性（量子化）的粒子。离散性（量子化）和含糊性（概率化）并不是物质本来就有的特性，而是电子从它所物化的理界和气界事物获得的，并且被电子所代表的一切粒子分享。另外，光所物化的宇宙生命回旋运动贯穿了理物气三界，所以光的运动也有离散性和含糊性（其离散性即光子的量子性，其含糊性则与光波重合）。光子和电子的本质关联使光的运动方式被电子和它代表的一切粒子所分享，导致一切实物粒子的运动都类似光波（不是实在的波，而是概率波）。因此，一切粒子都具有**广义的波粒二象性**。这是宇宙生命物化为电子和光而导致的特殊现象。

还有更令人怪异的事情。一切微观粒子都是在宇宙场中内化出来的。宇宙场的内部分化并不影响其自我同一性，以致宇宙场处处都是同一个宇宙点。这本身就是一件十分怪异的事，是天地既包含又超越其内容的一种表现。宇宙场因此绝对同时地和一切微观粒子相关联。虽然粒子只能根据它们从宇宙场内化出来的方式构成相对同时性，但如果某些粒子在同一地点绝对同时地从宇宙场内化出来，这种特别的内化方式可能会让它们通过宇宙场保持"瞬间关联"的特性，产生所谓的"**量子纠缠**"现象。两个相互纠缠的粒子不管分隔多么遥远，只要通过测量把其概率化存在随机地确定下来，另一个粒子也会瞬间地发生同样的变化，仿佛它们是同一个粒子似的。爱因斯坦认为量子纠缠需要粒子间有超光速的瞬间作用，因此认为这种现象是不可能的，并以此作为他反对量子力学的一个重要设想。但量子力学的实验已经证实纠缠现象是确实存在的。其实量子纠缠并没有违反狭义相对论，因为两个粒子之间并没有超光速的瞬间作用，而只是通过它们在宇宙场中的共同起源保持了"瞬间关联"的特性而已。

这种使空间的分隔作用失效的"非定域性"是宇宙场超越一切微观物质，处处都是同一个宇宙点的表现。微观宇宙中的物理场是宇宙场在空间中内化出来的，因而是定域化的，但宇宙场本身则始终是非定域化的。所以微观物理场是宇宙场和微观粒子的中介。电磁场就是宇宙场内化出来的一种物理场，是宇宙场和带电粒子的中介。如前所述，这种内化发生的原因在于宇宙生命是天地孕育出来的"宇宙胎儿"。但是

"地"内含的宇宙生命来自"天"内含的太极圆象。太极圆象就是演化成宇宙生命的"宇宙之精"。所以，宇宙场不但内化出了对应宇宙生命的电磁场，还内化出了对应太极圆象的物理场。我们不妨称后者为"**宇宙精子场**"。相应地，电磁场可以称之为"**宇宙合子场**"。这里所用的"精子"与"合子"的名称来自男女结合的方式，但不是随便的借用，因为男女结合就是"天地合"的浓缩，而微观宇宙不过就是"天地合"的微观物化而已。

宇宙精子场并不附属于某种粒子，因为太极圆象不包含具体事物，而只是宇宙生命在天内部的无形的"前身"。所以，宇宙精子场的作用只是为电子提供从天之阳性而来的自同性（惯性质量）。电子只能以这种物理场为中介才能从宇宙场分享到其质量。电子获得质量的这种方式被它代表的一切构成物质的基本粒子分享。[1] 但这并不意味着微观物质的质量起源于宇宙精子场。一切微观物质的质量都起源于宇宙场。宇宙场的质量不仅可以内化为基本粒子的质量，还可以内化为粒子间的能量。由于质量和能量的等价关系，许多微观物质（例如质子和中子）的质量主要来源于其内部粒子相互作用的能量，而这些粒子（如夸克）本身的质量其实贡献很小。虽然如此，宇宙精子场赋予基本粒子的质量对微观宇宙的构成非常重要。另外，微观相互作用的传递粒子本来应该像光子那样没有质量，但弱力却是个例外。为什么？因为它的本质就是维持太极圆象（宇宙之精）的统一性，需要宇宙精子场的支持。所以传递弱力的粒子也从宇宙精子场获得了质量。量子力学已经发现这种赋予基本粒子以惯性质量的无所不在的物理场，并称之为"**希格斯场**"。在希格斯场和粒子的相互作用中出现的"希格斯玻色子"则被戏称为"上帝粒子"。如果我们注意到西方人所说的"上帝"其实就是中国人所说的"上天"，那么把这种粒子称为"上帝粒子"不是很贴切吗？

宇宙大爆炸是把聚集在宇宙点上的微观物质分开的过程，同时也是把微观相互作用分开的过程。要从宇宙场内化出原子体系，就必须通过

---

[1] 中微子可能是个例外，因为它起源于阴象的物化被"扔出"太极圆象的物化。这意味着中微子可能不是从宇宙精子场获得质量，而是绕过它直接从宇宙场获得质量。

宇宙精子场这个中介，让基本粒子获得质量，同时也让弱力获得支持而实现出来。从宇宙场内化出原子体系相当于从天地本身进入其内容。这个过程首先需要宇宙精子场从混沌不分的原始状态向不对称状态分化。量子力学认为大爆炸之后，希格斯场发生"对称性自发破缺"时，粒子（包括传递弱力的粒子）才开始获得质量，弱力才开始和电磁力区分开来。弱力物化的是太极圆象的统一性，亦即"太极阴阳合一"，所以和物化"天地阴阳合一"的电磁力本质上相似，但它隐含的"阴性破损"（阴阳不对称）使它和电磁力很不同。这种不同正好通过希格斯场的"对称性自发破缺"实现了出来。如果太极圆象可以完美地物化出来，原子的构成就会和今天有所不同。但太极圆象不可能完美地物化。这个事实决定了质子和中子的结构（夸克的设计）、反中微子的存在、强力和弱力的区分、弱力和电子的关系等。所以，决定微观宇宙演变成今天这个样子的关键就是太极圆象在物化中发生的"阴性破损"（阴阳不对称），从量子力学的角度来说，就是希格斯场发生的"对称性自发破缺"。

综上所述，牛顿力学思考了物质固有的基本属性，潜在地反映了宇宙推动力对宇宙物质的推动作用。相对论反映了太极把天地本身投射为宇宙场，使宇宙推动力丧失对宇宙物质的直接把握，导致物质基本属性出现的相对性。量子力学则反映了太极把天地的内容投射到宇宙场中成为原子体系，导致物质的属性在微观层次出现的特殊性。相对论和量子力学对牛顿力学的超越是物理学的卓越进展，但它们同时掩盖了牛顿力学隐含的宇宙推动力。宇宙推动力不但通过宇宙场推动一切宇宙物质，而且这种推动是物理时间获得"方向性"的起源。物质的自异性虽然是其固有属性，但这种自异性本身并没有朝着某种"时间方向"前进。因此仅仅从物质出发无法理解物理时间的方向性。只有对一个能行动的意志来说时间才有过去和未来的区别。正因为太极通过宇宙推动力推动宇宙点进行回旋，才产生了宇宙场的绝对时间，并通过后者的内化推动宇宙万物朝着太极发展的方向演化，这样物理时间才获得了方向。但科学仅仅把握了宇宙智性，而没有把握宇宙慧性。所以，我们只有超越物理学的时空观，才能从太极的物化去理解宇宙的来源及其演化的目标。但另一方面，相对论和量子力学（包括从它们发展出来的大爆炸宇宙论）为我们提供了非常有力的证据，证明宇宙物质并不是"本来就有"，也不是仅仅根据其"固有属性"运动，而是来自某种超越根源，并按照这种根源物化自己的方式来运动。所以，从宇宙科学到宇宙哲学只有一步之遥。只要我们充分发挥慧性，不断追问宇宙的"为什么"，而不是仅仅停留在它的"如何"，就可以把科学带入更宽广的真理领域，从而看到微观宇宙的演化最终就是为了生成宏观宇宙。

（五）太阳系的生成

现在让我们离开微观宇宙，恢复宏观的视野。我们不必去追溯原子体系演化出宏观宇宙的过程，而是直接考察这种演化最终生成的星系。星系的基本成分就是"恒星—行星"体系。"恒星—星系"体系所物化的就是第一太极（乾坤及其生成的太极圆象）。我们所在的太阳系就是第一太极的标准物化。乾物化成了居于中心位置的太阳，而坤则物化成了散布在太阳系空间中、生养和维系行星、为它们提供安定居所的特殊物质，即科学家们仍然感到无法捉摸的"暗物质"。太极圆象中的"十大象"（包括八母卦）物化成了十大行星（乾志相应地物化成了太阳对行星的引力）。六十四子卦物化成了行星的六十四个卫星。先天大道的循环运动物化成了十大行星围绕太阳的公转。太阳以其引力把握十大行星（及其卫星），推动它们进行公转，把行星体系一成了太极圆象的物化。

或许有人会质疑说：太阳系只有八大行星，何来"十大行星"之说？这里首先必须区分哲学（太极本体论）和天文学理解宇宙的不同方式。哲学从物化角度理解宇宙，关心的是太极如何物化自己，而天文学只关心宇宙的物质构成，对它所物化的东西毫不知晓。哲学必须纯粹从太极的物化出发理解宇宙，而不能依赖实际观察。相反，天文学必须依靠实际观察，提出理论模型并不断修正。一句话，哲学想理解的是宇宙的"为什么"，而天文学只关心"如何"。但二者都研究物界宇宙，可以相互启发。人类观察太阳系的技术还在不断完善中。到20世纪为止，人类总共发现了九颗围绕太阳公转的星体，命名为"九大行星"。

但其中的冥王星质量实在太小，以至于在 2006 年被国际天文学联合会除名，和其他几个新发现的类似星体一起归结为"矮行星"（不够格成为行星）。然而，人类并未停止探索新行星的步伐。最近几年，有些天文学家提出在太阳系边缘至少应该还有两颗行星，否则难以解释海王星外一些已知小天体的轨道异常。这个假设至今尚未被观测证实。根据我们上面的推演，可以肯定十大象必然会物化成十大行星。所以，太阳系应该还有两颗尚待发现的行星，处在比八大行星遥远得多的区域。让我们把寻找这些行星的任务交给天文学家。在这里我们只关心一个问题，就是十大象物化出来的行星应该如何排列在太阳周围，因为这个排列决定了生命和人类应该出现在哪个行星上。

太极圆象作为乾志的阴性对象，和乾志构成了阴阳合一的关系。因此，十大象中阴性越强者与乾志的关系就越密切。这说明十大行星应该按照阴性递减、阳性递增的顺序向太阳的相反方向排列。上一节已经确定十大象按照阳性递减的排列是：乾兑离震阳巽坎合艮坤。我们只要把太阳放在离坤近的一端，就可以得到十大象在其物化中的排列，如下表所示。

表 10　十大象在其物化中的排列

乾	兑	离	震	阳	巽	坎	合	艮	坤	
星10	星9	星8	星7	星6	星5	星4	星3	星2	星1	太阳

我们用数字命名行星，代表以太阳为中心向外排列的顺序。如果要在行星中为生命安排一个居所，那么这个行星对应的象应该能代表太极圆象（有限生命来自宇宙生命，宇宙生命来自太极圆象）。在阳阴合三象中，合象代表阴阳二象的合一，因而代表了太极圆象。所以生命和人类应该出现在"星3"。根据天文观测，目前人类发现的八大行星按照距离太阳从近到远的顺序排列是：水星、金星、地球、火星、木星、土星、天王星、海王星。为了和天文学的发现比较，让我们用八大行星的名字代替行星的数字命名，并加上表 8 的五行配对，得到如下排列。

表11 十大行星的排列

乾	兑	离	震	阳	巽	坎	合	艮	坤
水	金	土	火	木	木	火	土	金	水
星10	星9	海王星	天王星	土星	木星	火星	地球	金星	水星 太阳

地球就是靠近太阳的第三行星，是"合象"的物化，代表了太阳系的行星体系，所以生命和人类出现在地球上绝非偶然。阴阳两组五行把十大行星分成了"五阴星"和"五阳星"。有趣的是，中国古人称木星、火星、土星、金星、水星为"五星"，并将五星与五行配对。从上面的排列看，木星、火星、金星、水星的命名刚好符合我们从十大象推导出来的五行。这并非巧合，而是说明古人对行星与五行的关系早有体会。但五阴星中属土的其实是地球而非土星。古人只观察到离地球较近的四阴星以及五阳星中最近的土星，而观察不到太阳系剩下的四个阳星，因为太远之故。既然古人没有认识到地球是行星之一，用土星代替地球来构成"五星"就是自然而然的事情。

五阴星和五阳星的物理构成有很大区别。根据天文观察，水星、金星、地球和火星这四个阴星都比较小，主要由岩石和金属构成（被称为类地行星）。另一方面，土星、天王星和海王星这三个阳星都不是固体行星，而是巨大的气态行星。阴阳星的这种差异符合阴的"强成像性"和阳的"弱成像性"（阳化气，阴成形）。阳星质量远远大于阴星，则是因为行星质量是其阳性的表现（质量是自同性，也是产生引力的属性）。[①] 土星因为是阳象的物化，其质量更是超大。但奇怪的是，木星也是气态巨星，且其质量竟然是土星的3.34倍！木星因此是五阴星中的特殊行星。木星为什么会有这种特殊性？因为木星和土星一样代表了太阳统一十大行星的力量。土星作为阳象的物化，是直接代表太阳的行星，所以它才被放到阴象（八卦）物化出来的八个行星的中间，起到统一行星体系的作用。但从行星的排列看，土星无法单独代表太阳统一十

---

① 行星质量不但与阴阳性有关，还与五行有关（讨论从略）。所以虽然五阳星质量总的来说大于五阴星，但在五阳星内部和五阴星内部，行星质量不一定与其阳性值成正比。

大行星，因为十大行星的中心是由土星和木星共同构成的。所以木星必须和土星一样代表太阳统一十大行星。木星因此分享了土星代表太阳的特性，导致其特性很像土星。但为什么它的质量竟然比土星大3.34倍呢？因为土星是作为太极圆象的三分之一（阳阴合三象之一）直接代表太阳的，而木星则是作为十大行星之一（通过与土星对称）才代表太阳的，所以只能作为太极圆象的十分之一代表太阳。土星代表太阳的力量和木星力量的比值是（1/3）∶（1/10）＝10∶3。为了让木星和土星在十大行星的中心位置起到代表太阳统一十大行星的作用，必须让木星的质量比土星大10/3倍（约等于3.33倍）。虽然木星的质量比土星大了好几倍，但在太极看来，木星因此才获得了和土星同样代表太阳的资格。

太极把十大象物化为十大行星，相当于物化了十天干。① 十天干具有物性，所以太极首先考虑了十天干物化为十大行星的方式，然后才考虑如何物化十二地支。十二地支就是形成太极圆象的"生长收藏"四阶段十二步运动，是永远不断循环的先天大道。在十大行星基础上实现先天大道的循环运动，就是让十大行星（作为太极圆象的物化）围绕太阳进行不断循环的"公转"。公转周期代表了先天大道的一次循环运动。但十大行星和太阳的距离各不相同，其公转周期自然就不同。所以，十二地支的物化只能通过代表十大行星的地球实现。地球公转一周所用的时间因此成为太阳系的标准时间单位，亦即今天所说的"一年"。一年所物化的就是先天大道生成太极圆象的一次循环运动。这个运动的"生长收藏"四个阶段分别物化成了"春夏秋冬"四个季节（古人又称之为四时）。古人早已为十二地支命名，并与四时相配，如表12所示。

表12　十二地支与四时的配对

地支	寅卯辰	巳午未	申酉戌	亥子丑
四时	春	夏	秋	冬
属性	生	长	收	藏

---

① 由于只观察到五星，古人虽然发现了十天干，但并没有发现它们和十大行星的关系。

四时是通过地球自转轴的倾斜实现的。十二步的物化意味着把地球一年的公转运动划分为十二个"分运动"。这个分运动必须由一个环绕地球"公转"的星体（月亮）来实现。月亮环绕地球一周的时间就成了太阳系的第二个时间单位。这就是一年有十二个月的先天起源，也是地球拥有月亮为其卫星的先天起源。①

太阳系的卫星还有另外一个起源。既然八卦物化成了八个行星，其六十四子卦便应当物化为行星的六十四个卫星。这就是卫星的第二个起源。六十四子卦就是六十四个卫星的先天定义，决定了它们作为卫星的物理属性（例如，阴性越强公转周期越小，离行星越近）。必须注意的是，虽然六十四个卫星起源于六十四子卦，它们不是简单地属于八母卦物化出来的八个行星，而是在十大行星中重新分配。地球本不是八卦的物化，但先天地必须拥有月亮作为卫星，因此分配到了一个卫星。其他行星则根据它们代表太阳的能力来分配卫星（卫星环绕行星的运动是对行星环绕太阳运动的模仿）。所以：（1）土星和木星作为代表太阳的行星应该拥有最多卫星（2）越靠近土星和木星这个中心的行星应该有越多卫星（3）五阳星总的来说应该比五阴星有更多卫星。这就是卫星重新分配的三项基本原则。根据这些原则，因为水星和金星比地球更远离木星和土星，其卫星数目应该比地球还少。地球只能有月亮作为卫星。所以水星和金星不应该有卫星。

这里我们不必深入卫星的分配方式。我们只要和天文观察的结果对比一下，对卫星有个总体把握即可。人类发现的卫星数目常常随技术的进步而发生戏剧性的变化。从17世纪到1990年，人类总共发现了属于八大行星的61个卫星。它们的分布情况是：水星0，金星0，地球1，火星2，木星17，土星18，天王星15，海王星8。② 这种分布符合卫星分配的原则，其总数也接近64。然而从1997年开始，特别是由于2003年太空探测的结果，人类发现了属于木星、土星、天王星和海王星的更

---

① 由于此处无法讨论的种种原因，月亮环绕地球一周的实际时间比一年的十二分之一要短一些，以致农历不得不每四年一闰来弥补这个差异。但月亮在实现十二地支中的作用是其先天本性，所以人类发明的各种历法通常都把一年划分为十二个月。

② 行星和卫星的资料可以参考 Wikipedia 中给出的信息。

多卫星。太阳系卫星的总数目一时增加到了约 170 个。但如果仔细考察新卫星的资料，可以看出这些新发现的卫星和原来发现的有很大不同。它们绝大部分的质量比之前发现的小很多（大约比之前卫星中最小的还小 100 倍），而且大部分在离行星很远的地方。其中除了少数几个质量比较大的应该被归类到六十四卦物化出来的卫星，其余的极小卫星应该不属此类。天文学当然可以把这些极小卫星当成行星从太空俘获的（早先发现的 61 个卫星也可能有一些是俘获的）。但这只是卫星的物理来源。我们关心的是这些极小卫星的先天起源。只要有先天起源，太极就可以引导行星对卫星的俘获，而使得先天定义的卫星被物化出来。

极小卫星的先天起源就是地球代表十大行星的特性。地球分享了太阳让行星绕自己旋转的特性，把它实现为让月亮绕地球旋转。但太阳不是仅仅让地球绕它旋转，而是让十大行星绕它旋转。所以，地球本来应该有 10 个卫星。地球是十大行星代表，所以十大行星每个都应该有 10 个卫星。这样，十大行星就应该有 100 个卫星（加上六十四卦物化出来的卫星，太阳系的卫星总共应该有 164 个）。但真正实现十二地支的只是地球，为此目的只需月亮一个卫星。这 100 个卫星不是为了实现十二地支，而只是用来象征十大行星和太阳的相似性（可以拥有卫星）。这些**象征性卫星**没有显著个性，基本上就是个数目。反之，六十四卦物化出来的卫星都是**实质性卫星**（月亮的独特作用是实质性而非象征性的，所以它属于实质性卫星）。实质性卫星应该靠近行星来产生，按照六十四子卦阴性递减的方式逐步向外伸展，以便符合母卦和子卦的关系，同时它们的质量会比较大。象征性卫星则应该离行星远一些，同时它们的质量也应该小很多，而且应该主要属于土星和木星这两个真正代表太阳的行星。天文学的观察与上面这些推论基本相符。但如果要严格确定哪些卫星是实质性的，哪些是象征性的，哪些（质量实在太小的）是偶然俘获的，就必须从卫星的定义分析其公转周期和运动特性的规律。这不是我们要做的。我们已经理解太阳系的卫星如何起源于十二地支和六十四子卦的物化，以及地球代表十大行星的特性。这就够了。

太极把十大象（十天干）物化成了十大行星，把六十四子卦物化成了六十四个卫星，把先天大道的循环物化成了十大行星的公转运动，并且特别地通过地球和月亮把十二地支物化成了四季十二个月的运动，完整地实现了太极圆象的物化。四季虽然是通过地球自转轴的倾斜实现的，但它物化了先天大道的生长收藏运动，因此是宇宙中最原始的时间，是太极衡量一切时间的时间，亦即衡量一切发展变化的时间（宇宙推动力产生的物理时间只是为了构成宇宙的宏观时间）。春天是阴阳二象初生，互相感应、互相吸引而尚未真正结合，但也因此最有生生不息、不断增长的绵绵情意。夏天从阴阳二象进一步发展出了合象，三象俱全，情意浓烈饱满，对应太极全象成长之时。秋天把已经成长的太极全象收入其阴象中，因此阴阳情意内收，同时因为八卦中阴阳属性既分离又组合，阴阳交错而有肃杀之气。古人因此常"悲秋"，甚至连死刑犯也要延迟到"秋后问斩"，以便符合秋天"肃杀"的本质。冬天把八卦藏入每卦中，形成隐藏的"子卦"，所以冬天万物萧索，不再发展。然而，冬天对应太极全象的最终完成，其"藏"的德性中隐含了回归太极全象，重新开始春夏秋冬循环的生机。太极就这样把乾坤的自我生成运动物化了出来，让人的生活在春夏秋冬的循环中展开，使天地之间成为太极通过人进一步自我生成的场所。这就是为什么中国古人按照春夏秋冬十二个月来安排人的活动。四时之时义大矣！可不察乎？

太阳系的结构还遗留下最后一个问题，就是坤物化出来的**暗物质**。所谓暗物质，是科学家们根据星系运动推算出来的一种弥漫在星系空间中、不受电磁力影响、不发光也不反光的不可见物质，但它们却在星系的结构中起到了非常重要的作用，因为如果没有它们的巨大质量产生的引力，星系就无法形成和维持自身的结构。暗物质的微观构成至今还是一个谜。[①] 但它的作用说明它所物化的就是第一太极之阴，亦即从自身

[①] 科学家曾推测构成暗物质的可能是中微子，因为后者也是不受电磁力影响的神秘物质。这种推测有一定道理。中微子起源于阴象的物化被"扔出"原子核，相当于阴象在物化时倒回第一太极，重新成为坤在第一太极中的形象。所以，中微子确实最有资格构成暗物质，但目前测到的中微子质量极小。有些科学家提出暗物质可能由一种质量更大、不参与弱相互作用的"惰性中微子"构成。这种"惰性中微子"被更彻底地被扔出了原子核，所以更有资格构成暗物质，但至今尚未发现它的存在。

生出太极圆象，把它们始终维系在自己身边的"坤母"。太阳光照耀在十大行星上，为地球的演化、生命的出现、人类在世界中的活动提供了源源不断的能量来源。所以，**乾志不仅物化成了太阳对行星的引力，还物化成了太阳光**。这不是偶然的。光所物化的就是宇宙生命回旋运动，故其能量物化了推动宇宙点回旋的宇宙推动力。但宇宙推动力是被乾志拥有来推动宇宙发展的。不仅如此，光波的运动是宇宙物质之相对时空的绝对度量。太阳光通过四季十二个月的光照变化、月亮的阴晴圆缺、日出日落的明暗交替，为太阳系的时间提供了绝对度量。太阳光的能量因此物化了乾志推动太极圆象，形成十二地支的能力。乾志的这种能力仅仅作用于坤所生的太极圆象，而不作用于坤本身（乾和坤是原始太极关系，不是意志和对象关系）。所以，太阳光应该照耀太极圆象物化出来的十大行星及其卫星，却不应该照耀坤的物化。坤的物化因此本质上就是"黑暗"的。这种"暗物质"比恒星和行星的质量大得多，但她并不像太阳那样拼命地彰显其耀眼的光辉，而是默默地在恒星和行星之间起到维系、滋养和保护的作用，实现了伟大的"坤德"。不过，坤的物化不为人所见始终是一个缺陷，因为乾坤的太极关系没有对人展示出来。另一方面，月亮作为地球的卫星是阴性的，正如太阳相对于地球是阳性的。所以，**月亮就代替暗物质把坤物化在天空中，构成和"纯阳之象"（太阳）相对的"纯阴之象"（太阴）**。为了这个目的，太极对月亮的构成、大小和距离做了特别设计，使月亮不但显得皎洁柔媚，而且看上去和太阳差不多一样大（这在行星的卫星中并不普遍）。太阳和月亮就这样把乾坤作为最原始最纯粹的阴阳物化在天空中，引发了中国古人几千年来对月亮由衷的赞美。

这里还牵扯出了太阳光的来源问题。乾志把握太极圆象的力量来源于乾同一坤的本性。太阳既然必须由原子体系构成，其能量应该来自阳性元素同一阴性元素的本性。在元素周期表中，最能代表原始自性（乾坤）的应该是最不发展的原子，即第一周期的氢和氦。相对而言，氢的阴性（金属性）强，氦的阳性（非金属性）强。**在微观层次上，氢和氦分别代表坤和乾**。所以太阳光的能量应该来自氦同一氢的本性。在太极的思考中，这种本性的表现就是氢变为氦的核聚变（氢原子被宇宙推动力聚在一起，在极高温度和压力下破裂，其原子核被转化为氦原子核）。这种核聚变辐射出的就是太阳光，其能量就是乾志的物化。太阳光为我们开启了美丽多彩的世界，不断推动万物生长和人类活动，还从月亮反射出清纯如水的银色光辉，抚慰我们在白天的争斗中变得疲惫的心灵。这一切都来自太阳中时刻不停地发生的"阳同一阴"的运动，归根到底是来自太极阴阳合一的本性。

（六）地球的演化

太阳系形成后，地球代表十大行星围绕太阳旋转，月亮则围绕地球旋转。日月运行，四季循环，把第一太极的发展过程完整地实现了出来。第一太极的物化到这里就完成了。从太阳系的宏观结构进入其微观构成，就相当于从第一太极到第二太极的发展。这种发展在和太阳系相似的其他恒星体系中是同样的道理。但太阳系在地球上产生了人类，说明它就是第一太极的标准物化。所以，让我们继续关注太阳系中的地球。

太阳系形成之后地球还需要进一步演化。演化的方式就是把天地重新物化在地球的结构中。为什么要这样？因为生命属于第二太极，但第二太极却物化成了微观宇宙，导致生命在宏观层次上无法"居于天地之间"，只能倒回第一太极的宏观物化，以太阳系中的地球为居所（有限生命来自宇宙生命，宇宙生命来自太极圆象，太极圆象则以合象为代表，而地球作为靠近太阳的第三行星就是合象的物化）。所以，太极必须把天地重新物化在地球的宏观结构中，才能为生命提供恰当的居所。**这是天地的第二次物化（宏观物化）**。太极在产生物界宇宙前就已经看到，在宇宙生命实现其全部发展之后，下一步的发展就是从地敞开世界，让宇宙生命通过生物体（有限生命的物化）生出到世界中成为有限生命，同时让天的意志（天志）落入有限生命中成为生命的主宰（心），让大道从天向地、从地向世界的流动滋养有限生命在天地之间的成长。这是地球演化之后的进一步发展。我们将在下一节"太极生人"中讨论这个发展。但这里必须事先提及，因为天地的宏观物化虽然发生在生命出现之前，其目的就是为了实现生命的物化基础。所以，地球的演化不是偶然发生的，而是以太极对生命和人类的预先思考为引导的。①

为了提供生命的物化基础，第二太极的天、地、天志、大道都必须在地球的结构中物化出来（参见下节的"二阶太极图"）。地球既然在太阳系中代表太极圆象的物化，它就自然地成为宇宙生命的宏观物化，因而也就是"地"的宏观物化（宏观物化无法区分"地"和它的内容）。地球于是成为产生和滋养生物体的行星，隐含了"大地母亲"的品格。"天"则相应地物化成了环绕地球的大气，构成人们可以仰望的天空，隐含了"天空父亲"的品格。天志随之物化成了大气的能量。天志在生命中的落入与回归物化成了生物的呼吸，而它通过人统一世界的力量则物化成了火。和天志物化为火相反，大道物化成了从天空向大地、从大地向海洋流动的水（海洋在此意义上成了世界本身的物化）。这就是天地在地球结构中物化出来的"**气土火水**"四大元素。四大元素就是生命物化为生物体的基础（呼吸的氧化作用可以归结为火元素）。

我们在第七讲《天地与万物》中已经对天地的宏观物化做了详细的现象学描述。这里就不再重复相关的细节了。在太极本体论中，我们更关心的是天地的内容（太极圆象和宇宙生命）如何物化在大气和地球本身。显然，太极圆象必须物化成代表"阳阴合"三象的三种气体。阳象代表天的阳性，故其物化所具有的能量代表了天志。这种物化应该能够在生物活动中释放大量能量、推动血液循环。显然，阳象的物化就是大气中的**氧气**。氧气在加热情况下几乎可以氧化所有元素，而且在燃烧和呼吸中起到了释放能量的作用。阴象本来不适合包括在天的物化中。这与阴象的物化（反中微子）被"扔出"原子核，仅仅通过弱力保持关联是相似的道理。所以阴象应该物化成几乎不与其他物质发生作用的气体，即**惰性气体**（惰性元素的电子在各层次都排到了最满，相对

---

① 科学已经发现了无数事实，证明只要微观宇宙的参数（包括粒子质量等）发生极小变化，地球上就根本不会有生物，甚至连宏观宇宙都无法形成。物理学无法解释这些参数为什么这样"恰到好处"。但从宇宙演化和地球演化的目的来看这是不难理解的。

完整地代表了阴象内含的八卦和六十四子卦。其性质极不活泼，在自然中仅作为单原子分子存在）。合象在太极圆象中起到稳定整体的作用。故合象应该物化为一种特别稳定的气体，即**氮气**。氮气分子是最稳定的双原子分子，化学性质不活泼，能够起到保护作用。根据观测，干洁空气中三种气体的质量比例分别是氮气 75.52%，氧气 23.15%，惰性气体（氩）1.28%（三者共占 99.95%，其他气体含量极少）。和微观物化不同的是，天的宏观物化包括了天志，所以阳象的物化主要表现在氧气的能量。反之，合象与阴象的物化只能表现为大气的组成。故氮气比例很高，而惰性气体只需保留和大气的微弱关联，其比例很低。但这种微弱关联是必需的。这也解释了为什么真正物化了阴象的惰性气体是性质居中的氩，而不是最惰性的氦。

这里还遗留了一个特殊问题。阴象其实有两种离开天的方式：其一是向前进入地中发展为宇宙生命；其二是向后退回第一太极中的前身。在微观物化中，前一种阴象物化成了从原子核放射出来的电子，后一种则物化成了反中微子。在宏观物化中，惰性气体物化的是后一种阴象。那么，前一种阴象物化成了什么呢？它本是氧气在大气中的"阴性伴侣"，但被迫从大气离开进入宇宙生命的物化（地球），所以不会是气体。氧气必须重获它失落在地上的"阴性伴侣"，并与之发生阴阳化合，这样释放出来的能量才真正是天志的物化（因为天志是天的延伸，而天包含的太极圆象是阴阳合一的）。氧气在生物的呼吸中释放的能量就是来自它和"阴性伴侣"的结合。阴象的这种物化就是构成生物有机体的基本元素，即**碳**。有机物就是碳的化合物。呼吸和燃烧都是氧气与有机物中的碳化合，释放出能量，同时产生二氧化碳和水的过程。**二氧化碳**就是在生物活动中代表合象的物质。但大气中真正物化了合象的是氮（氮在周期表中刚好夹在碳和氧之间，其阳性强于碳而弱于氧。这是多么奇妙！）。因此大气中的二氧化碳应该重新进入生物体。植物的光合作用吸收了大气中的二氧化碳，经水的参与转化为动物需要的葡萄糖，同时释放出氧气，起到了清洁大气、维护生命的作用。光合作用从大气吸收碳的速率与生物呼吸将碳释放到大气中的速率大体相等。所以，在受到人类活动（特别是现代技术）干扰前，大气中二氧化碳的含量是相当稳定的。这就是生物圈的碳循环。碳在生命的物化中起到了至关重要的作用，原因就在于它被迫离开氧这个"阳性伴侣"，但仍然以其阴性参与构成生命有机体。氧也没有遗忘这个被拆散的"阴性伴侣"，不断与之化合，释放出能量来推动生命活动。在我们的一呼一吸之间、烹调饮食的过程中，可曾体会过太极的这种奇妙运作，可曾为阴阳的不离不弃发出过赞叹？到底是什么让自然恰到好处地运作，让生命充满蓬勃的朝气，让世界光华灿烂，日新月异？不就是太极的阴阳合一，生生不息吗？

如果你还有点怀疑，就让我们再看看太极的一个奇妙作为吧。既然在原子体系中氢以其阴性代表第一太极之阴（坤），氧以其阳性代表第二太极之阳（天），那么氢与氧的阴阳化合代表了什么呢？它代表了太极从坤到天的发展，也就是从坤生出太极圆象，然后转生出第二太极之阳的大道运动。这种化合物即水（H_2O）。水分子虽然是静态的阴阳合一结构，但实际上已经物化了大道从坤到天的运动。我们一再指出水从天空向大地、从大地向海洋的流动物化了大道从天向地、从地向世界的运动。现在可以更清楚地看到，水的这种流动实际上物化了大道从坤流出一直到敞开世界的运动，亦即大道从先天到后天的完整运动过程！老子说"上善若水"，这难道仅仅是一种比喻吗？所谓"似水柔情"，不仅意味着柔情偏向阴性，而且这种阴性中隐含了太极的阴阳合一，生生不息。水与火不相容，但其实二者都是太极的表现，只是一个偏向阴柔一个偏向阳刚而已。

下面让我们再看看宇宙生命如何物化在地球本身。宇宙生命的理界、物界、气界分别物化成了**地壳**、**地幔**、**地核**。物化了物界的地幔自然地具有最大的体积和质量。气界和物界密切关联、相互对应，所以气界物化出来的地核也比较厚，且其温度极高，其外核成熔融状态，符合气界偏阳的特性。反之，理界物化出来的地壳只是地球表面薄薄的一层，温度最低，成形最好，符合理界偏阴的特性。在微观物化中，宇宙的理、物、气三界只能物化成电子的离散性、物性、含糊性，无法把太极在三界中的自我认识物化出来。但宏观物化的目的就是为生命和人类提供居所。地壳正是这个居所的所在。因此，地壳把太极在理界的自我认识物化了出来，形成了异常丰富多彩的自然地理。地球表面的不同地方分布着各具特色的平原、丘陵、高山、沙漠、河流、湖泊、海洋、岛屿等，为人类提供了异常多样化的居住环境。这些多样化并不是偶然形成的。太极在宇宙逻各斯中已经预先思考了人类历史，包括承担不同历史使命的世界各民族。这些民族应该居住在适合他们历史使命的自然环境中。因此，地壳的演化形成的自然地理有着深不可测的历史意义。所谓地理实际上就是凝固的历史。

　　这里我们无法对世界的自然地理做全面的探讨。但我们不妨粗略地看一下中国的自然地理。中华大地有平原、高山、大河、海洋、湖泊、草原、沙漠、盆地等诸多地形和千差万别的气候，以两条大河贯穿整体，以环绕中原的方式形成富有综合性的自然地理。这种综合性为中华民族发展出宏大的古代哲学，形成天下大同的理想提供了自然基础。如果我们深入考察中国地理，还会发现它隐含了四个维度：北方属天，南方属地，东方属人，西方属神。北方是中国古代文化的发源地，同时也是历代政治权力的主要落脚点，而处在最北端的蒙古草原更是养育了敬畏长生天的民族，曾经建立起版图空前庞大的元朝帝国。如果说北方是"天治"的自然落脚点，那么南方就在"地养"方面更有优势。南方有不少鱼米之乡，是大地母亲最为生机蓬勃的区域。东方沿海自古以来就是人文发达的地方，至今仍然在中国文化的发展中处在前沿地位。西方则是充满灵性、混沌和神秘感的地方，有许多不同的少数民族和宗教，和东方以人为中心的文化传统形成对比。西方所属的"神"不是指上帝而是指天志（因其神秘莫测而可称之为"神"）。因此西方有世界最高的、触摸苍天的青藏高原。中国地理隐含的"天地人神"四个维度使中国大地形成了一个相对完整的"天地之间"（人间世界），成为一个凝聚天下的历史舞台。所以，中国古人把这片土地称为"中国"，认为它是天下的中心，这并非没有道理。世界各民族居住的自然环境在冥冥之中凝聚了他们的历史天命，因为太极在产生物界宇宙之前就已经思考了人类历史的发展。太极并没有任意行动的自由，所以从来不会"故意"做什么。但既然地壳必须物化宇宙逻各斯的内容，宇宙判断力和宇宙推动力就会共同合作，微妙地引导地球的演化，使最终形成的自然地理为人类历史提供物化基础。这是太极完全自然无为地成就的事情。所以，人类不应该随便改变自然地理，更不应该破坏它。自然形成的每座高山、每条大河、每个湖泊、每个岛屿、每片草原、每片沙漠……都是神圣的，都有其深不可测的历史意义。这不是我们可以仅仅从自然之物的微观构成理解的，因为正是天地的宏观物化才把天地对人的意义实现了出来。所以中国古人不但祭拜天地，而且还祭拜名山大川。古人的这种虔诚难道仅仅是出于对自然科学的无知吗？

五　太极生人

地球的演化完成后，宏观宇宙的演化就彻底完成了。太极的物化已经充分成长为太极的自我形象（气界也随之形成了太极的自我形象，但我们忽略不讨论它）。宇宙生命终于完成了它在地母内部的生长，成为一个包含理物气三界、并且在三界都实现了太极自我认识的小太极。第二太极之阴内含的这个小太极使太极之阴和太极本身有了共性。这样"太极同于阳而异于阴"的矛盾就得到了初步解决。但这个解决是不彻底的，因为宇宙生命只是太极的自我认识而不是自我生成。在第一太极中，太极的自我生成就是从坤生出太极之象，最终发展为太极圆象。第二太极也必须从地母生出太极之象，实现出太极的自我生成，这样"太极同于阳而异于阴"的矛盾才能得到彻底解决。为了从地母生出太极之象，地母必须首先把自己延伸（敞开）为一个虚空的领域（世界），而地母内含的宇宙生命则必须"生出"到世界中成为有限生命。当有限生命实现了世界的统一性而成为人的时候，太极才能通过人的历史活动在世界中实现其自我生成。

宇宙生命从地母"生出"到世界中是通过生物体实现的。每个生物体在世界中敞开出来的现象领域也和宇宙生命一样有理物气三界，构成一个"有限生命"。出现在有限生命中的现象由敞开出它的生物体决定。这就是宇宙生命从地母"生出"到世界中而被个体化为（众多）有限生命的方式（参见第六讲《天地与我》）。相对于有限生命，宇宙生命也可以称为**无限生命**（"无限"指的是不受身体限制，而不是无穷大）。把"世界（包含有限生命）"补充到图 21，我们就可以把第一太极和第二太极完整地表达如下。

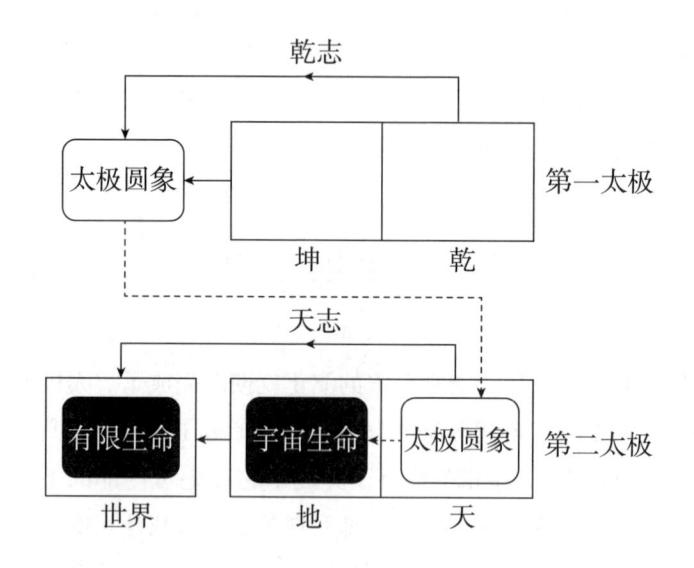

图 25 二阶太极图

图中不但增加了"世界"这个环节，也增加了"天志"作为天的延伸。天志以世界本身为对象，正如乾志以太极圆象为对象。① 从"地"到"世界"的箭头则表示世界是从地敞开的（隐含有限生命从宇宙生命而来的意思）。

按照太极的安排，生物从动物到人不断进化。人类发展了语言，从漫游的世界、行动的世界、敬拜的世界到诗意的世界，逐层奠基地敞开更高层次的世界，最终把世界敞开在天地之间，作为原始人类生活在天空之下，大地之上，诸神面前，初步实现了人居于天地之间的本质。这个过程就是所谓的"**天地生人**"事件。我们在第十讲《语言与世界》中曾经从现象学角度详细展开了"天地生人"的过程。但从太极本体

---

① 乾志是太极最原始的意志。但人心直接归属的意志是天志而非乾志。所以我们把"原始意志"一词留给天志。

论来看，人并不仅仅是从天地生出来的。乾坤阴阳交合生成了太极圆象，然后才转生出天地；天地的阴阳交合使从天入地的太极圆象获得生机，成为太极（乾坤和天地）孕育出来的宇宙生命；宇宙生命通过生物体生到世界中，被个体化为有限生命，才能最终实现人居于天地之间的本质。所以"天地生人"其实是"太极生人"在天地之间实现出来的方式。

（一）生物的进化

生物体就是有限生命的物化。生命必须通过它的物化才能敞开成一个现象领域，才能在其中展开各种生命活动。所以生命总是需要生物体的支持。生命的物化属于宏观物化，因此自然地由微观物质来构成。但生物体不能直接由原子体系构成，因为生命直接依赖的物质基础是天地在地球结构中的宏观物化（气土火水）。所以，构成生物体的微观单元必须是依赖地球环境生存的特殊的微观物质。这意味着太极必须在原子体系基础上实现**天地的第二次微观物化**。这个物化的结果就是**细胞**。细胞是生物体进行新陈代谢的微观单元。天地本身物化成了包围细胞的细胞膜，而天地的内容则被物化在细胞膜内，受到细胞膜的保护（细胞分享了生物体的自我同一性，所以天地本身的物化能直接支持其内容的物化）。天内含的太极圆象物化成了细胞核，而地内含的宇宙生命则物化成了细胞质。细胞质是细胞生命活动的主要场所。细胞核则像"宇宙之精"那样起到了提供先天形式（控制遗传）的作用。所以，细胞核包含的64个遗传密码是按照太极圆象包含的六十四卦编排的。[①] 总之，宏观生物由微观细胞构成，就像宏观星系由微观原子构成一样，但其意义更为深刻，其方式也更加复杂和精细。

生物的进化指的是宏观生物体的演变，虽然它的发生机制包括了细胞（特别是遗传）的作用。最早出现的生物是植物。植物虽然是生命的物化，但并没有一个能容纳生命现象的领域通过这种物化敞开出来。

[①] 从四种碱基中任取三个碱基排列成的遗传密码总共有64个。1967年科学家破译了全部64个遗传密码。德国学者M. Schonberger在1973年第一次指出64个遗传密码和六十四卦有对应关系。参见苗孝元、姜在生《易之道》，齐鲁书社2002年版，第184—188页。

因此植物实际上是不完整的生物。但植物的存在是必要的，因为太阳光的能量不经过适当转换就无法为宏观宇宙中的动物利用（光波不是普通物质而是质量为零、仅仅带有能量的光子）。太极让植物比动物先出现在地球上，为的就是构成从太阳能量到动物生命活动的桥梁（参见《天地与万物》）。**植物就是在生命的物化中连接第一太极和第二太极的桥梁。**正是植物（通过光合作用）把太阳能量转化成了动物可以直接吸收的有机营养，同时释放出大量氧气，为动物的出现做好了准备。

最初出现的动物是非常低等的，经过几十亿年的进化才出现了人。如果太极通过人才能在世界中实现自我生成，为什么还要产生种类繁多的动物，让它们经历漫长的进化来成为人呢？这和天地的宏观物化有关。地球是宇宙生命的物化，而不是有限生命的物化，因此它不是生物体（太极并不需要通过地球来敞开某个大生命）。生物体是有限生命敞开为一个现象领域的中介。这种敞开需要生物体有神经、血管、肌肉、器官等有机组织。生物体的这种特殊性使它非常不同于地球。但既然有限生命来自宇宙生命，生物体就必须来自地球。从地球到人的身体之间存在巨大的鸿沟。跨越这道鸿沟的过程就是从最低等、能够自主运动、但几乎还不算动物的有机体向高等动物不断进化的过程。这同时也是动物"从地向天"进化的过程，因为生命既然来源于地，就必须从仅仅归属于地的状态走出来，从海洋到陆地，从陆地到居于天地之间的人不断进化（参见《天地与万物》）。

但也许有人还是觉得，既然人的身体是生命最完美的物化，太极为什么不"一下子"把人的身体创造出来，这样做不就省掉了漫长进化过程的麻烦了吗？这是从人而不是从太极的角度思考问题。如果太极这样做，人的身体就不是真正从地球一步步生长而来的，这样生命的物化就没有实现出"有限生命从宇宙生命而来"这个发展过程。太极的一切发展都是自我发展。所以太极不会出现违反其发展过程的跳跃。**动物就是在生命的物化中连接宇宙生命和有限生命的桥梁。**同一物种无法跨越地球和人的身体之间的巨大鸿沟。所以动物只能从低等物种逐渐向高等物种进化。至于进化的细节我们就不必深究了，把它留给生物学家吧。

（二）生命的三重根基（灵魂、肉身、气身）

有限生命在宇宙的理物气三界都有先天的根基，构成了生命个体性的落脚点。生命在理界、物界、气界的根基分别是灵魂、肉身、气身。

灵魂是在理界宇宙（宇宙逻各斯）中代表个人的一种理念。它是太极在思考人类历史的过程中产生的一种特殊理念。人的使命就是代表太极去实现太极的自我生成，所以每个人的灵魂都有独一无二的个体性，凝聚了某种特别的历史使命。在太极的思考中，每个人都是独一无二的"这个代表我的我"（"这个"的内容包括男女性别、个性等）。人的灵魂以个体化的方式"限定"了太极自我认识中的"我"这个原始理念，间接地指向了太极本身。人的灵魂因此不是普通理念，而是**全局性理念**，是可以凝聚一切理念的理念。正因如此，从灵魂产生的思考才可能认识太极。我们不论认识什么都是在认识太极，因为一切都在太极中。每个人的个体性使这种认识也带有个体性。太极除了自我认识之外，还通过每个人认识自己，产生了许许多多不同的"自我认识版本"。太极在产生物界宇宙之前就已经预见到了这点。因此太极在物界的自我认识不能只产生一个自我形象，亦即一个"恒星—行星"体系，而是应该产生许许多多这样的体系。每个体系都象征太极通过个人产生的物界自我形象。这些形象各有不同。有些恒星很大，有些很小，有些甚至没有行星。这种多样化象征了人类个体的多样化。许许多多的"恒星—行星"体系共同构成了银河系。银河系象征了太极通过人类历史产生的许许多多的"自我形象"。从这个角度来说，**银河系就是人类历史在天空中的象征**。正如每个人的个性是独特的，每个"恒星—行星"体系也是独特的。中国古人认为"天上一颗星，地上一个人"。这种看法不是完全没有道理的。但星星和个人的对应是象征性的，而不是实质性的一一对应。所以，我们应该注重的是其象征意义，而不是追究这种对应的细节。

但是宇宙中类似银河系的星系有亿万个。这又是怎么回事呢？因为每个人对太极的个体化认识包含对人类历史的个体化认识，产生了人类历史的一个特别版本（从个人角度看到的人类历史）。所以，类似银河系的星系应该有许许多多个，而且都各自不同。无数类似银河系的星系才构成了太极通过人类历史产生的完整的"自我认识版本"。如果说"恒星—行星"是个人级别的体系，银河系就是社会级别的体系，而无数类似银河系的星系就是"从每个人的角度构成自身的社会"级别的体系。[①] 社会本来就是从每个人的角度构成自身的（而不是只有一个角度）。所以星系的扩展就到这个级别为止。当然，这一切都是象征性的。太极不必在每个星系的每个"恒星—行星"体系中都产生人来实现自我生成，只要在某个标准的体系中实现出来就行了。这就是银河系中的太阳系。太阳系代表了所有的"恒星—行星"体系。所以当我们想象浩瀚无垠的宇宙时，不必感叹银河系只是亿万星系中的一个，太阳又只是银河系中亿万恒星中的一个，更不必为人类的"渺小"而叹息不已。无数的星系不过就是人类历史的"多样化"象征罢了。发生在无数星系中的种种事情并不比发生在地球这颗"宇宙微尘"上的事情更伟大。相反，如果没有伟大的人类历史，没有历史中每个人独一无二的天命，没有这种天命在地球上汇集而奏出的伟大交响乐，这个宏大到难以想象的宇宙不过就是太极目光中的一颗微尘而已。

　　动物其实也有灵魂，否则动物就无法产生意识，不能进化为人。但动物的进化只是从地球通向人之身体的桥梁。所以，动物的灵魂只不过代表人的灵魂，而不像人的灵魂那样直接代表太极的原始理念。动物的灵魂不是全局性的，无法凝聚太极的自我认识。所以，动物只能作为进化过程中的某个"物种"才能拥有类似人的"个性"。**动物的物种以某种方式象征了人类的个体**。如果我们仔细观察，就会发现同种动物的行为方式都是相似的，而且其特征都能很好地遗传下去。但每个人的个性都很不同，而且人的许多禀赋、才能、性格等等不见得都能遗传下去（同一父母生出的儿女往往有很大的不同）。两个人的差别有时会像两种动物的差别那样大。当然，这主要是针对高等动物而言。动物从低级到高级物种的进化是为了从地球过渡到人的身体。不管人这个物种如何从动物进化而来，它一旦出现就立刻和动物在本质上区别开来，尽管它还必须通过发展语言和社会才能真正成为人。总之，把人仅仅看成诸多

[①] 坤母物化出来的暗物质这三个级别上都起到了生养、维系、稳定星系的作用。

动物种类中的一种是荒谬的。人远比生物学家想象的要高贵得多。

　　作为理界事物，灵魂具有完全不可分割的单一性，不像物那样可能会因为分解而消散。正是灵魂的这种特性保证了身体和生命的个体性。灵魂与其他灵魂之间相互隔离，无法互相接触，各自独立地存在于太极的自我思考中，从而以最原始的方式保存了生命的个体性。但灵魂之间有历史意义上的关联。这种关联只能靠身体的相互接触才能实现在历史中。所以灵魂并不适合作为人之个体性的代表出现在世界中。宇宙三界中只有物界才是不偏不倚、性质中和的，最恰当地代表了太极"合阴阳而为一"的本质，而且物质可以相互接触，又能保持相对独立性。所以，肉身才是个体生命在世界中的代表。但是，既然生命的个体性起源于灵魂，实现于肉身，肉身就和灵魂有密切的对应关系。**灵魂是产生出领悟的东西，正如肉身是产生出感性现象的东西**。二者的对应关系使它们密切合作，而不是单独起作用。这种合作保证了领悟能够把身体形成的现象组织为自我澄明的、单一的生命整体，同时也使灵魂不断从生命的活动吸收到新的意义，不断丰富灵魂本身的内涵。灵魂的丰富又会在人的音容笑貌中体现出来。所以，灵魂和肉身本质上是合一的。

　　另一方面，灵魂不可分割的个体性（不朽性）使"永生"成为一种可能。基督教认为耶稣基督顺从天父的旨意，为人类死而复活，从本质上克服了死亡，一切信他的人在末日之后的永恒世界中会获得新的、不会再死的身体，生活在永恒的"天国"中。基督教是在希腊哲学对灵魂的探索基础上产生的宗教。我们将在第十三讲《从太极看世界哲学史》中再对基督教做一个初步的探讨。值得指出的是，中国古代哲学具有非常宏大的全体性和境域性，但也因此没有深入到宇宙逻各斯和灵魂这些非境域性（不属世界）的精微事物中。所以中国人容易变得过于世俗化而只关心日常生活。灵魂不但是个体性的根源、永生的保障，同时也是理性的根源，因为它是人和宇宙理性关联的中介。因此，中国哲学应当吸收西方哲学中有关宇宙理性和灵魂的内容，才能弥补其不足之处。

　　肉身就是通常所说的"身体"。身体对有限生命来说有特别重要的意义。太极个体化宇宙生命的方式就是通过身体把生命敞开在世界中。

所以身体是生命个体性在世界中的代表。不但如此，为了在世界中重演太极的自我生成，太极把自己从第一太极到第二太极的发展完整地**浓缩**到了雄性和雌性动物的身体中，特别是在男女身体中达到了最恰当、最高形式的浓缩。人的上半身浓缩了第一太极。男女的头分别是乾和坤的浓缩。在太极的自我意识中，乾坤就是"我"之所指，是"我"这个意义的起源。所以，男女的头不但浓缩了乾坤，还浓缩了男女的"我"。鼻子让我通过呼吸保持和大气关联，所以它浓缩了天我关系。鼻梁象征了这种从上至下的关系（所以直的鼻梁给人崇高的感觉）。嘴让我的生命通过饮食得到地母滋养，所以它浓缩了地我关系。嘴唇象征了生命的感性和吸纳的特性。① 嘴唇因此给人接受、包容甚至亲爱的感觉。这是微笑和亲吻的意义所在。亲吻是男女嘴唇你来我往的运动（常以男人主动亲吻开始）。它浓缩的就是乾坤隐含的"阳、阴、合"回旋运动。嘴的敞开性浓缩了生命的敞开性，因此居于嘴中间的舌头浓缩了生命的中心（心）。古人认为"舌为心之苗"是有道理的。心的感受和欲望浓缩成了舌对食物的感受和欲望②，同时也通过舌在言谈中的作用（表达心声）体现出来。另外，自我意识是通过判断力对生命的超越发展出来的（参见《语言与世界》）。自我意识浓缩在了眼睛对生命现象的超越观看中。人的目光就是其判断力的外部表现。这就是为什么我们觉得他人目光好像在判断自己的原因（目光还可以表现审美想象力。但其光辉是柔和、羡慕甚至敬仰的，和判断力的目光是两回事）。和眼睛对生命现象的超越观看不同，耳朵的作用就是聆听超越生命的意志（声响总是某种意志造成的。参见《生命与音乐》）。自我意识离不开他人意识。因此眼睛和耳朵是互补的，共同构成自我意识的浓缩。由于男女的头分别浓缩了乾和坤，男女的五官有微妙的差异，形成了不同的脸部

---

① 女人抹口红就是为了突出生命的感性和生生不息的意义（红色是血色。血是生命回旋运动的物化）。

② 正如心情感受的是从地涌现出来的生命的意义，舌头感受的是从大地而来的食物的味道。食物的味道就是其意义。但只有人才能以其审美想象力把这种浓缩在身体感受中的意义释放出来，从而把饮食提升为美食，而不像动物那样仅仅体会到舌头的快感。参见《我是谁？》第四节。

特征。总之，男女的头就是太极本身的浓缩，而五官形成的脸则是男女之"我"的浓缩。脸就是太极的"我"在人身体中的浓缩形象。女人美丽的脸尤其是太极最卓越的形象，因为"形象"本质上就是阴性的。这种卓越的形象离不开女人柔软飘逸的长发。头发是头的自然延伸。坤的延伸就是先天大道。女人柔软飘逸的长发很好地象征了坤道生生不息的运动，可以帮助女人的脸成为太极的卓越形象。相反，再美丽的女人剃光头之后也会显得难看，因为在光头的形象中坤道生生不息的运动被彻底破坏掉了。另一方面，乾的延伸不是先天大道而是乾志。所以男人齐整的短发造型更能凸显其男性特点。

顺便补充一个有趣的事，就是牙齿的构造。牙齿的作用是撕裂磨碎从地而来的食物，以便于生物体消化吸收。食物就是地球所物化的宇宙生命的精华。所以，牙齿浓缩了有限生命同化宇宙生命的力量。这种力量来源于有限生命的阳性意志，而被同化的阴性对象则来自宇宙生命。宇宙生命和有限生命的先天形式都是六十四卦。牙齿代表有限生命的阳性意志，故其先天形式只占了六十四卦的一半（另一半属于阴性对象）。这是为什么人有32颗恒牙的原因（分成上下两排，每排16个，8个构成一组，象征八卦，共有4组）。牙齿代表了意志对阴性对象的同化作用，因此可以转化为动物的攻击武器。但"张牙舞爪"体现了意志的狂妄自大，故为人类所不齿。中国古人饮茶时常以手遮口，女人更是笑不露齿，就是因为牙齿隐含了粗暴的攻击性。

让我们再看看从乾坤而来的太极圆象和乾志浓缩成了什么。从坤而来的太极圆象在女人身体中浓缩成了既"圆满"又"圆融"的乳房。太极圆象是从先天向后天流动的阴阳交合之道的开端。乳房浓缩的就是这个开端。所以，男人对女人乳房的爱抚是导向性交和怀孕的前奏。另外，有限生命的源泉是宇宙生命，而宇宙生命的源泉则是太极圆象。所以婴儿出生后首先要从母亲乳房获得营养（乳汁浓缩的就是先天大道），直到婴儿成长为在天地之间行走的小孩，才能通过主动的饮食从大地母亲获得营养。乳房既象征太极生成的自我形象又象征生命的最初源泉，其意义是非常深刻的。

男人的手浓缩了推动太极圆象发展的阳刚之力，亦即乾志。乾志把握太极圆象的方式是直接把握"十大象"。"十大象"构成了阴阳对称的两个五行。所以，男人的手分成左右（左阳右阴），各有五指。中国古人早已发现了五指和五行的对应，即从食指到小指分别对应木火金水（生长收藏）。土是插入生长收藏四阶段的中间阶段（化），是五行的中心。所以，对应土的拇指就和其他四指分开，合拢时就构成从整体上把握对象的姿势。与男人的手分为左右两个五行相应，乳房浓缩的太极圆象也分为左右两个"圆象"。所以，女人的双乳就是男人的双手最恰当的把握对象。这句话可能会让少女飞红了脸，也可能会让某些男人觉得"有点不太道德"。不过如果你是一个真正的男人，在夜深人静、不需要伪装自己的时候，你会承认我所说的是很简单、很容易明白的真理。当然，男女的我都是意志和生命的统一。所以男女身体的结构有基本的对称性。男女的手都浓缩了能够把握生命的意志。女人双手的构成其实是和男人相似的，只是更柔软尖细一些。男人则有一对不起作用的、仅仅代表"男人也有生命"的乳房。这些都是对称性的表现。

　　人的下半身浓缩了第二太极。双脚就是双手在下半身的对应，代表了第二太极对第一太极的发展。男女臀部分别是天和地的浓缩。男人的阳具浓缩了天志。女人的阴户（外阴）浓缩了向天志敞开的世界。阴户浓缩的世界聚集了女人身体的意义，因为太极的发展是在其阴性部分实现的，而世界就是一切事物最终实现其意义的地方（这种意义必须自天观之才能真正显露）。所以，女人的阴户对男人来说有一种神秘的美感。这次某些男人也许会气愤地说："这简直太不道德了！"。但如果你是一个真正的男人，就要忠实于自己，勇敢地面对真理。天地交合是宇宙之精从天入地、在地母中孕育宇宙胎儿的过程。这个过程本来是早于天志和世界的。但因为男女已经在世界中生活，所以男女的"天地合"实际上是通过阳具与阴户的合一运动实现的（这种合一浓缩了天志不断落入世界中又不断回归自身的运动，同时也浓缩了此运动的根源，即天地隐含的"从阳至阴，从阴返阳"的回旋运动）。总之，第一太极到第二太极的发展被浓缩为男女从亲吻到爱抚乳房，直到激发出男人射精的欲望，男女生殖部位阴阳交合，精子（浓缩了天内部的太极圆象）从男体进入女体与卵子（浓缩了地内部的太极圆象）结合，卵子受孕而成长为胎儿（浓缩了宇宙生命）。

第二太极相对第一太极为阴性（阳比阴原始，阴比阳发展）。故人之上半身为阳，下半身为阴，与上天下地对应。男女面对面直立天地之间时，其身体共同构成了第一太极和第二太极的浓缩形象。此形象尚未包括"有限生命"的浓缩，但胎儿生出到世界中成为婴儿就补充了这个浓缩。总的来说，性爱（包括生育）浓缩了太极发展的全过程。这种浓缩是建立在灵魂中已有的先天个体性（男女性别是其中一个基本成分）基础上的。**男女性别**就是灵魂在宇宙逻各斯中对太极的指向性。这种指向性被太极分为"指向乾"和"指向坤"两种，使得与灵魂对应的身体相应地浓缩了太极之阳或太极之阴，成为男人或女人的身体。灵魂送出的领悟还组织了男女的生命和心，使男女的"我"分别指向乾和坤。男女之我对乾坤的指向性就是**男女性**。男女性使得男女互相吸引，最终通过爱情实现出太极合阴阳而为一的本质，通过性爱实现太极阴阳交合的发展过程。

男女身体因为浓缩了太极而有十分高贵的意义。女人身体更因此成为美的最纯粹的形象（美本质上是阴性的）。女人身体浓缩了太极之阴的发展过程，亦即如水般流动的大道，故女人身体以光滑和流动感为美。女人细细的腰突出了乳房和臀部的丰满圆润，显示了先天大道与后天大道的区别（后天大道即从地流出的大道），形成了从先天向后天过渡的流动感（粗大的腰则掩盖了这种流动感）。这就是为什么从古至今，从东到西，人们一般都以女人的细腰为美的原因。作为上半身和下半身的延伸，女人的上肢和下肢也参与了大道的浓缩，故二者皆以流线型为美，包括上肢的流线型（代表先天大道的流动）和下肢的流线型（代表后天大道的流动）。后天大道比先天大道更为发展，故女人下肢修长会给人更强烈的美感。①

现在让我们看看气身，气身是在肉身基础上形成的，二者密切结合，一一对应（肉身各部分都有相应的气）。肉身不仅物化了生命，还浓缩了太极，因此气身也浓缩了太极。但气身含混弥漫的特点使它不能

---

① 高跟鞋和芭蕾舞的舞鞋都是为了突出下肢的修长和流动感。

像肉身那样分成男女来浓缩太极（实现性爱）。故男女气身只能以同样方式浓缩太极，且只能浓缩第一太极（第二太极只能浓缩为阴阳交合与生育）。气身把先天大道的运动（十二地支）浓缩成十二经脉，同时把十天干浓缩成五脏五腑：阴五行浓缩成五脏（肝、心、脾、肺、肾），阳五行浓缩成五腑（胆、小肠、胃、大肠、膀胱）。作为气身的脏腑不是"器官"而是"气官"，但与"器官"密切结合、互为表里。作为器官的脏腑是为了实现天地对生命的支持而物化出来的（参见《天地与万物》）。但人体刚好有十个脏腑并非偶然，而是为了配合气身浓缩的十天干。十二经脉联结了五脏五腑（加上心包和三焦构成六脏六腑，对应十二地支），从而浓缩了第一太极生成太极圆象的过程；乾坤本身则被浓缩成了任督二脉（督脉浓缩乾、统领六阳经；任脉浓缩坤、统领六阴经）。乾坤的内在回旋浓缩成了任督二脉的循环（小周天）；先天大道的自我轮回则浓缩成了十二经脉的循环（大周天）。乾坤被浓缩成任督二脉来统领十二经脉，相当于下降到了先天大道的层次上，和八卦中的乾坤二卦发生了相互呼应。所以，八卦中的其他六卦也相应形成了六条脉，共同构成"奇经八脉"来统领和滋养十二经脉（乾、坤、坎、离、震、巽、艮、兑分别浓缩成了督脉、任脉、冲脉、带脉、阳跷脉、阴跷脉、阳维脉、阴维脉）。但真正生成先天大道的是乾坤本身，故任督二脉加上十二经脉构成的十四经才是第一太极之运动的浓缩。此运动已经物化为地球围绕太阳的公转（一年），然而日月运行、天地开合使生命每天都循环一次，所以十二经脉就按照十二时辰每天循环一次。为了保留十二地支物化为地球公转之义，太极把一年365天转化为十二经脉（和任督二脉）上的365个穴位。每个穴位以独特方式代表一天（十二时辰），因而代表了十二经脉（和任督二脉）的总体，具有"局部代表整体"的特殊作用。总之，人的气身完整地浓缩了第一太板，构成了人体的先天之气，成为中医和气功的重要基础。气身不仅能与肉身结合，还可以进一步弥漫在宇宙中，和宇宙之气相互交融。所以，中国古人很注重气的修炼，把它作为养生和融入天地万物的重要方式。

（三）生命三界的现象

有限生命是宇宙生命通过生物体"生出"到世界中的结果。因此，有限生命继承了宇宙生命的结构（理物气三界）。但这里必须特别注意宇宙和世界的区分。宇宙中的事物都是客观存在的（隐藏在无形地母中）。反之，世界中出现的是直接观察到的生命现象。这些现象虽然指向某些客观事物，但它们作为现象是属于（有限）生命的。作为现象出现的"理界事物"包括**领悟**和**判断力**，共同构成了生命理界的小太极，也就是所谓的"逻各斯"（参见《语言与世界》）。逻各斯是我们赖以进行言谈和思考的理界小太极，是宇宙逻各斯生出到世界中而归属于个体生命的结果。这是为什么逻各斯的思考可以有逻辑性和普遍理性的原因。领悟是灵魂在生命中产生的对应物。因此领悟归根到底来自宇宙生命的理念。但领悟不像理念那样永恒不变，而是可以随着生命活动不断变化，因为领悟的作用首先是组织生命（并融化在生命现象中），其次才是思考。组织生命的潜在领悟是思考中的浮现领悟之意义来源。浮现的领悟可以变得很纯粹，于是就成为概念。概念最接近理念，能帮助我们进行理性思考，但也因此最缺少属于人间世界的生命气息。

作为现象出现的"物界事物"包括**感性印象**和**想象力**，共同构成了生命物界的小太极。感性印象并非客观存在的宇宙物质，而是色、声、嗅、味、感觉、知觉等仅仅出现在生命中的感性事物。宇宙物质是物理学的对象，是不依赖生命而独立存在（隐藏地母中）的"物自身"。尽管我们可以通过移动身体来通达它们，但不能随意创造或消灭它们，因为推动它们运动变化的是宇宙推动力。相反，感性印象不是物理学的对象，不遵守物理定律，而是随着生命的活动发生变化。例如，色与声皆有某种自同性，和物质的"质量"、"电量"等相似，但却可以不断生灭，根本没有守恒性。感性印象的自异性也表现为时间，但不是物理时间，而是感性印象在其中生灭的时间。这种感性时间是有绝对同时性的，因为生命是一个当下敞开的直观整体（这是绝对同时性观念的一个起源）。感性印象的空间（异他性）也是直观而非客观的（我们必须通过触摸物体才能使它获得客观性）。感性印象的相互吸引（同他性）则仅仅表现为相互关联构成总体印象的趋势。

统一感性印象的意志是**想象力**。正如宇宙推动力不断推动物质运动变化，想象力也可以推动感性印象不断运动变化（宇宙推动力其实就是宇宙物界的想象力，但它只是根据宇宙判断力的规范来推动宇宙物质，而不能自由地任意地想象物质）。身体自动形成的视觉、听觉等等印象是为了反映我们周围的万物，因此不是想象力可以随意改变的。但接受感性印象和进行自由想象的其实是同一个意志。当人产生自我意识之后，想象力不但有了自由，而且能感受到感性形象所展现的自性，因此其接受能力就成为**感受美的能力**，即所谓的**审美想象力**。事实上，宇宙推动力（宇宙想象力）对来自太极的宇宙万物的接受也是美的感受。但它是完全遵从宇宙判断力来推动万物的。所以太极在物界宇宙中形成的自我形象虽然非常美丽，同时也充满了理性和逻辑性。这种美并不打动太极的心，因为太极没有心，但它能让宇宙判断力和宇宙想象力同时得到满足。

作为现象出现的"气界事物"不是客观存在的宇宙之气，而是我们有时会感受到的、难以捉摸、混沌而又神秘的**气氛**，以及感受和把握气氛的意志（**感化力**）。气氛和感化力一起构成了生命气界的小太极。由于气界和物界的密切关系，气氛常常和我们看到听到的感性印象有关。某种有特别色彩或造型的服装，某种空灵而又穿透的声音等，常常能形成特殊的气氛。例如红色产生喜庆的气氛，而黑色则产生严肃的气氛。事实上，万物都环绕着一种气氛，只是我们不常留意而已。气氛如果是人引起的，就仿佛环绕在人的周围。例如，和某些人在一起时，可能会让我们产生特别的感受，仿佛在这些人的周围有某些气氛在环绕，可能是威严的、圣洁的，当然也可能是令人不安的。在庙宇或教堂中我们常常可以感受到神圣的气氛。这是神秘气氛的最高展现。感化力可以感受周围的气氛，也有可能主动地产生某种气氛。歌德曾经描述某些人可以凭自己的意志让周围的人都感受到一种气氛。但正如生活中的感性印象主要是被动感受到的，生活中的气氛也主要是被动感受到的。所以，我们应该注意生活环境中物品的色彩、造型和摆放，生活起居中的各种声音（包括鸟鸣、风雨声、钟声和音乐声等），培养我们对气氛的敏感，同时还可以修炼气身来产生与自然和他人和谐的气氛，使我们的生活变得更美好。

（四）大我、中我和小我

有限生命虽然继承了宇宙生命的理物气三界结构，但它首先要成为一个敞开域，才能让三界的现象出现其中。生命作为一个敞开域的特性不是来自宇宙生命，而是来自世界本身，因为世界就是原始敞开域。生命首先是世界的个体化（世界通过身体和组织生命的领悟展现出来的一个侧面）。所以，原始领悟虽然来自宇宙逻各斯中指向太极的原始理念（"我"），它所默默地组织的却是生命整体。此整体包括生命理物气三界一切现象，但同时超越了这些现象，因为它首先是和世界相似的圆融一体的敞开域。这是有限生命和宇宙生命的本质区别。当我们把生命首先当成从世界个体化出来的敞开域时，生命三界的区分就成为相对和次要的区分。三界的现象有时甚至会跨界发生。例如，原始领悟虽然属于理界，但它可以全面地组织生命三界的现象，融化在它所组织的一切现象中。又比如，移动身体的可能性虽然是属于理界的一种领悟，但它又有感性的特点（方向和远近等等）。

宇宙生命本来是包含理物气三界的一个"小太极"。但这个"小太极"却因为生出到世界中而获得了新的、更高层次的统一性，这就是生命作为"世界的一个侧面"的统一性。与此同时，生命也因为被心拥有为"我的"而获得了从天志而来的统一性。由于生命的物界最恰当地代表了太极"合阴阳而为一"的本质，是三界中最能代表生命整体的，天志落入生命时就落脚在感性现象中，成为我们所说的"心"（心情和欲望）。心就是天志在生命中的个体化。所以心虽然是生命物界的一种感性现象，其本质是超越所有现象而直接反映生命整体的（参见《论生命》）。心与生命构成了阴阳合一的太极，即有限的"我"。第五讲《我是谁？》曾把它称为"真我"。真正的我就是生命的统一性，亦即默默活在世界中的我。我是通过移动身体活在世界中的。身体（生物体）属于宇宙生命的物界，而非有限生命的物界，所以移动身体的不是想象力。作为生命整体的物化，身体实际上是被心（欲望）推动的。心和宇宙推动力通过天志发生先天关联，因此能够推动这个特别属我的身体。当然，这只是太极的先天设计。我们并不需要知道这种推动到底是如何发生的（它需要生物体结构的配合）。但我们应该明白，心之所以能够推动身体是因为它和宇宙推动力有先天关联。

　　真我其实并不是最大的我。人的大我是天志与世界通过人达到的统一性，亦即人类社会。**大我**本质上是天地的延伸，其太极性直接来自天地。我本质上是大我的个体化，具有从天地和大我而来的太极性。但我的生命来自宇宙生命，所以其内容完全是具体的（小的）。真我本质上是大小交汇的，故亦可称为**中我**。另外，人达到自我意识的时候，逻各斯同时达到了自我意识，构成了人的**小我**（智我）。小我通常只是默默而自发地组织生命现象，为人的我服务，只有在反思性的思考中才会凸显出来。从笛卡尔开始的西方现代哲学把这个小我当成人真正的我，形成了直至今天仍然占据人类生活的现代主体性。这是为什么我们要向真我回归，才能进一步向天地和太极回归。大我的太极性（自我同一性）虽然是先天成立的，但它只有通过人的活动才能真正实现在人的生活中，把世界统一起来。原始人类通过敬拜的世界实现了天志（诸神）对世界的统一性，并进一步通过诗意的言说把世界敞开在天地之间。人的大我在历史上首先就是通过地天人神的四重运作实现的。所以大我最早的具体实现就是一个历史性的民族。只有当人类最终在敬天亲地中统一起来，才可能实现出全人类的大我。

　　这里说的"大中小"是太极的三个不同层次。"大"指的是没有任何具体特性的无形事物。"小"与之相反。"中"则是大小的交汇。太极"大到极点"，因而也单纯到极点。太极在自我意识中把自己思考为"我"，这是一切"我"的最早起源。太极是比人的大我还要大的我，亦即最大的我，因此我们不妨把太极称为**太我**，以便区别于和人相关的大我、中我和小我。太极在其发展过程中不断丰富自己，最后终于在宇宙生命中发展出了具体事物，并让它们通过身体涌现到世界中，成为具体的生命现象。正因为太极在宇宙中发展出了时空，才可能在时空中物化出灿烂星系、日月运行，才可能在世界中显现蓝天白云、高山大海、鸟语花香、人的美丽身体、优美的舞姿、醉人的音乐、令人回味无穷的诗歌……人的生活才可能如此丰富多彩、变化万千，而不像太极圆象那样无影无形，只有非常单纯的阴阳性和阴阳关系。**一切时空中的具体事物都是本质为小的事物**。但小的事物来自大的事物，因此可以显示出大的意义。世界就是太极最终实现其大小交汇的场所。所以人不应执着在琐碎的小事物上，也不应以大的事物来否定小的事物，而应在小的事物中看出大的意义，从而诗意地栖居在天地之间。

（五）大道、中道和小道

所谓**大道**就是太极的阴阳交合之道。它首先生成阳象和阴象，再生成其合象，在阴象中生出八卦，发展成六十四卦，再转生出天地，并从天向地、从地向世界流动。我们在前面的现象学讲座中只讲了大道在第二太极中的流动。本讲座则从第一太极开始推演太极的发展过程，因此现在我们可以把大道更为全面地理解为从太极圆象到世界的整个运动过程。大道不包括乾坤本身，但包括乾坤生成太极圆象的运动，还把天地包括在从天向地、从地向世界的运动中（因为大道是一种纯粹的运动，所以大道没有包括推动太极发展的乾志和天志）。大道的运动是完全无影无形的，因此其本性是虚无的。但这种"无"是生生不息的运动而非静态的"空"。

大道的末端是从地敞开世界的运动。世界本身是本性虚空的原始敞开域，因此才能容纳从地涌现出来的一切生命现象。世界本身就是佛家所说的"**空**"（和世界现象互为表里、空有不二）。但佛家没有看到世界是大道从地敞开出来、以便实现太极最终发展的地方。第一太极产生了包括六十四卦的许多无形大象（总称太极圆象）。但第二太极只产生了世界本身这个无形大象。这个本性虚空的大象是人类在其中共同生活，共同实现历史使命的地方，亦即历史戏剧发生的舞台。这个舞台是向天志敞开的，所以历史戏剧的真正"观者"是太极本身，即所谓"人在做，天在看"。佛家只看到了"空"相对于"有"而言的大，而没有看到世界现象虽然本质上为小，但却具有来自太极本身的意义，以致把世界现象仅仅当成缘起性空、没有意义的幻象。然而佛家对世界虚空本性的体会是非常深刻的，可以帮助我们放下对生命现象的执着，体会生命整体乃至世界本身的圆融，为历史戏剧开辟一个空灵无碍的舞台。

大道又可以分为先天大道和后天大道。**先天大道**就是第一太极产生太极圆象的运动。在第二太极中，从天向地又向世界运动的大道可称为天道，从地向世界运动的大道可称为**地道**，而大道敞开世界的最终运动（不包括地本身）可称为**人道**（因为它是太极生人的最后环节）。天道贯通地道，地道贯通人道。地道（包括人道）后于天，故亦可称**后天大道**。先天大道是完全不包含具体事物的。后天大道虽然也是本性虚无的，但地内含宇宙生命，世界内含有限生命，所以后天大道内含宇宙生命出生为有限生命的运动（参见图25）。虽然宇宙生命和有限生命都是本质为小的具体事物，但有限生命的统一性（我）是大小交汇的。因此，宇宙生命出生为有限生命的运动可称为**中道**。中道就是推动生命回旋运动的道，是人的**行为之道**。中道是后天大道的内在运动，亦即后天大道包含的具体内容（所以在前面的现象学讲座中我们直接把它当成大道看待）。后天大道总是拥有人的中道来指向自己。中道对后天大道的这种指向性就是（道家意义上的）**德性**。如果人能守住天生的德性，使行为之道合于大道，人就从大道有所得而有了（道家意义上的）**道德**。①

　　中道包含的宇宙生命和有限生命都有理物气三界。所以中道包含三界的**小道**。理界小道就是从宇宙逻各斯向有限逻各斯的运动。这个运动不断从理念送出领悟，使人可以发展语言和思考。因此我把它称为**可言之道**。相比于小道的可言，大道是不可言的。但大道和小道是互为表里的。由于人承担了在世界中实现太极的历史使命，大道就先天地拥有小道来指向自己。人如果发展这种指向性就能使小道所组织的生命获得澄明。因此，可言之道对大道的指向性可以称为**明性**（由于澄明发生在生命现象中，明性其实是小道末端对大道末端的指向性）。明性使可言之道默默地向大道开放，因而在世界中相互开放，这样人才能在共同生活中逐步发展出言谈（参见《语言与世界》）。明性是人区别于动物的关键。正是因为人先天地拥有明性，小道组织的中道才会指向大道。所以只有人才有先天德性，才可能发展出道德。明性中还隐含了（小道送出的）原始领悟对（大道敞开的）世界本身的指向性，亦即原始领悟的

---

① 道家意义上的"道德"并非现代人所谓的"道德"。后者实际上是良心被外化的结果（参见《现代人生命的演变》第二节）。用"道德"翻译现代西方的"Morality"或"Moral"遮蔽了它在老庄中的原始意义。

世界性。这种世界性使原始领悟组织的生命向世界开放，使生命中的事物可以如其所是地出现在世界中。所以，原始领悟对世界本身的指向性亦可称为**如性**。发展如性可使人领悟到世界的虚空本性。如性被当成宗教的基础就成为**佛性**。只有人才有佛性，因为佛性实际上就是明性送出的东西。另外，小道末端（有限逻各斯）总是被其开端（宇宙逻各斯）拥有来指向后者。当人的逻各斯达到自我意识后，它就开始独立于所组织的生命现象，可以通过这种指向性从其源头获得思维的普遍法则。因此，逻各斯对宇宙逻各斯的指向性就是人的**理性**。

生命三界各有自己的小道。除了理界的**可言之道**，还有物界的**可游之道**和气界的**可化之道**。可游之道就是宇宙物界向生命物界的流动。它以身体的可动性为中介帮助大道敞开**漫游的世界**，而可言之道则帮助大道敞开了**行动的世界**和**诗意的世界**（参见《语言与世界》）。可化之道就是宇宙气界向生命气界的流动。它以气身的可化性为中介帮助大道敞开了**大化的世界**。大化的世界是原始人类在其中感受神秘气氛的世界，在现代社会中已经体会不到了。人是通过身体相互交往，通过逻各斯展开言谈的。所以人类从漫游的世界、行动的世界、敬拜的世界到诗意的世界逐层奠基地把世界敞开出来（其中敬拜的世界是从天志敞开的）。世界向个体生命的开放主要是通过身体和灵魂发生的。气身混沌无形，没有明确边界，所以大化的世界不是人类形成社会的必要阶段。但既然人有气身，又能感受神秘的气氛，在原始人类发展语言、形成社会的过程中，大化的世界也自然地出现了，为原始人类发展巫文化提供了基础。今天，现代人仅仅生活在人与动物共享的漫游的世界，以及为普遍欲望敞开的行动的世界中，而闪耀神圣光芒的敬拜的世界，显露万物意义的诗意的世界，还有神秘玄妙的大化的世界都无法再开放出来。虽然现代世界看上去比古代世界丰富多彩，它的层次和意义其实比古代世界贫乏得多。在高科技制造出来的虚拟世界中，甚至连漫游的世界和行动的世界也被虚拟化了。虚拟世界是可言之小道纯粹从自身（不通过大道）敞开出来的"小世界"，完全丧失了世界敞开在天地之间的本质。沉迷于虚拟世界使现代人对大道和世界的遗忘达到了顶点。

大道从先天向后天的运动是连贯而无中断的。这个运动就是太极阴阳交合生成太极圆象乃至最后生出人的运动。尽管人是直接从天地生出的，但这只是乾坤生成太极圆象的后继运动。所以乾父坤母是比天父地母更早的父母。当然，乾坤和天地实际上是同一个太极的两个不同发展阶段。所以**人真正的父母就是太极**。为了在世界中重演自己的发展，太极把自己浓缩到了男女身体中。太极阴阳交合之道被浓缩成了男女交合之道，亦即性爱。大道就是太极的性爱之道。太极生人就是通过这种原始意义上的性爱实现出来的。但老子所思的大道并不包括乾坤本身，而只包括大道自然无为的流动，所以没有完全揭示出大道作为太极阴阳交合之道的本质。事实上，乾坤本身已经隐含"阳、阴、合"的回旋运动，此即最原始意义上的阴阳交合运动。太极的一切发展都可以看成是这个原始运动被释放出来的结果。如果我们把乾坤（以及乾志和天志）包括进来，那么从乾坤到敞开世界的整个发展过程就是从第一太极到第二太极的太极运动。这个运动才是完整的太极阴阳交合之道，故可称之为"**太道**"。太道就是太极之道，而大道则是它的自然无为的流动。

六　太极生成历史

（一）历史的本质

太极生人实现了太极的**自化**，但还没有实现太极的**自成**。什么是自化？就是自我延伸。地延伸自身就敞开了世界。天延伸自身就产生了天志。把天志对世界的统一性实现出来就构成了人类社会。但人类社会实现的只是第二太极的自化。什么是太极的自成？就是太极的自我生成。在第一太极中，太极的自化同时就是其自成，因为在乾志推动下从坤直接生出了太极之象并最终发展成太极圆象（整个过程既是乾坤的自我延伸也是其自我投射）。但第二太极之阴内含宇宙生命，所以必须先从地敞开世界，让宇宙生命生出到世界中成为有限生命，进化为人，最后通过人统一世界，这才算实现了天地的自化。产生人类社会之后，太极还必须通过人来实现其自我生成，亦即把自己投射到世界中，在世界中生成太极的自我形象，这样才能最终解决"太极同于阳而异于阴"的矛盾。太极的自成是通过人在世界中的活动来实现的。这种活动本质上有别于动物性的生存活动，也有别于人形成世界的社会活动。这个最高层次上的人类活动就是历史活动。**历史就是太极在世界中的自我生成**。

这话听起来很陌生，似乎离历史现实很远。但这里说的是历史的本质，而一般的历史观念并没有很好地把握这个本质。人们对历史的理解一般是从人本身出发的，也就是把历史仅仅当成人在时间中发展自身的活动。所谓历史就是由时间中的种种社会性事件构成的发展序列。这种对历史的理解还没有真正揭示出历史的本质。但它包含了一种合理性，就是看到了历史和"人"及"时间"的关系。如果我们把"人"从本质上理解为"世界的统一性"，同时把"时间"理解为从天地敞开世界的运动，亦即"天地生人"的历史性，那么我们就接近历史的本质了。但即使这样，我们还只是看到了"天地生人"的历史性，而没有看到历史要实现的是什么。**历史的目的不是实现人而是通过人实现太极本身**。然而，太极的自我实现既然是通过人并发生在世界中，历史看上去就好像只是人在世界中的活动。其实人只是不知不觉地实现着自己的历史使命。这个使命是否能恰当地实现出太极本身，就取决于我们是否恰当地理解了历史的本质。

（二）**历史活动的分类**

太极的自我生成有多种方式，导致历史活动有多种不同类型。太极要把自己实现在历史中，就必须通过人的活动来生成"太极之象"。所谓太极就是原始自性。历史首先要把太极投射到世界中，通过人的活动将太极的自性实现出来，构成太极在世界中的自我形象。这种自我实现是太极的**理想性活动**，因为要实现的是自我同一的理想。另外，太极还从自身发展出了宇宙生命和有限生命，使后二者也获得了太极的自性。故历史的理想性活动不仅要实现太极的**原始自性**，还要实现宇宙生命的**无限自性**，以及人的**有限自性**。另一方面，人不仅和太极的自性有理想的关系，还与太极处在不可分割、相互作用的现实关联中。因此，历史还要实现人与太极的现实关联，以便从现实性角度把太极实现在世界中。这种**现实性活动**也分别和太极本身、宇宙生命和有限生命相关。总之，太极自我生成的方式包括理想性和现实性两大类。所要生成的内容则可以分为本体、无限和有限三种类型（太极以阳为本、以阴为体，故可称为本体）。我们可以根据这两个维度对历史活动进行分类。结果如下。

表13　历史活动分类

历史活动	本体	无限	有限
理想性（文化）	爱情	哲学，艺术，巫术	品德
现实性（文明）	政治经济	科学，技术，气功	劳动

　　历史活动首先从太极角度分为**文化**和**文明**两大类。文化就是实现太极自性的理想性活动。文化实现出来的意义、精神、境界归根到底都来自太极的自性。文明则是实现人与太极之现实关联的活动。它所实现的体制、功利、效果归根到底都来自人与太极的现实关联。文明是文化的现实基础；文化则是超越文明的理想境界。文化要实现的意义直接来自太极的自性，因此文化具有独立于文明的源泉，能够为文明提供后者所缺乏的意义。另一方面，文明要实现的现实关联不同于文化所要实现的理想，无法被文化所代替。文化和文明都是太极的自我生成活动，因此密切相关。但二者又有本质区别。这种区别来自太极和人的关系，不是我们可以人为改变的。我们只有充分尊重这种先天的区别，才能让文化和文明既相互补充又相对独立地发展，使二者都能实现其本质。但人类一直没有从太极出发对文化和文明做出明确的区分，而是把它们混淆在一起，导致了历史发展的一些问题（参见本书的导论）。

　　历史活动的另一个分类维度是"本体、无限、有限"。这三种类型区分的是太极的三个发展阶段，即太极本身、宇宙生命（无限生命）、有限生命。由于宇宙生命的小太极由理物气三界小太极构成，所以历史的"无限活动"可以根据理物气三界再细分为三个层次，即哲学、艺术、巫术（理想性），以及科学、技术、气功（现实性）。虽然有限生命继承了宇宙生命的三界结构，但它从世界和天志获得了更高的统一性，作为"我"活在世界中，因此实现太极之有限性的历史活动只有理想性和现实性两大类（品德和劳动）。所以历史活动总共有十种。这十种历史活动共同构成了太极在世界中的自我生成。

（三）爱情与政治经济

太极把自身投射到世界中，通过男女的活动来形成自我形象，这就是**爱情**。男女分别代表乾坤，也分别代表天地。男女两情相悦（乾坤合），自然地发展为性爱（天地合），由此产生了人类的家庭。男女之爱生出新的生命，新的生命又分男女，重新结合起来，这样太极就在世界中实现了"自我生成"。这种"爱的延续"的稳定形式就是"家的延续"（儿女又组成新的家庭）。原始人类最初没有爱情，没有家庭，只有男女之间普遍发生的性交配，但还是把社会组织了起来。因此爱的延续并不是社会的构成方式，而是在社会基础上发生的历史活动，是太极把自己实现在世界中的根本方式（繁殖后代只是太极的发展在生物中的浓缩。这种浓缩必须通过爱情才能真正成为太极在世界中的自我实现。动物也可以繁殖后代。但只有人才能实现爱的延续）。爱的延续包含了人的"世代生成"（一代人生出一代人）。历史就是一代又一代人前赴后继地实现的太极发展。因此，爱情不仅是太极在世界中实现自身的理想性活动，而且还是历史发展的一条主线。

然而，太极不仅是一种自我同一的理想，同时也是和人不可分割、相互作用的现实。当然，人是无法直接和乾坤发生现实关联的。但人却与天地有着直接的现实关联。所以，太极必须把"天地"以现实的方式实现在世界中，使之成为人类生活的现实基础（这是从现实角度实现太极自性的方式）。这种从现实角度实现"天地"的历史活动就是**政治经济**。把"天"作为人类生活的现实基础实现出来，结果就是"天治"。把"地"作为人类生活的现实基础实现出来，结果就是"地养"。政治和经济是阴阳互补、和谐统一的活动，因此可以统称为"政治经济"。**政治经济的本质就是天治地养**。这里说的"天地"首先指的是本义上的无形天地，而不是物化义上的天空和大地。但人和无形地母的现实关联同时也就是人和大地的直接关联（大地就是地母在自己内部的物化）。大地母亲为人类在世界中的生活提供了种种可能有用之物。拥有从大地而来的有用之物就是人类生活从大地母亲获得滋养的方式。经济本来是要让无形地母成为人类生活的现实基础，但它真正实现的方式是让人类共享大地母亲对人类生活的支持。人们在经济中共享的就是从大地而来的有用之物（商品交换是共享的方式之一，但不是唯一的方式）。经济的最终目标就是让公共世界和个体生命都得到大地的滋养，让所有人的需要都能从大地得到满足。

另一方面，政治实现的"天治"仅仅牵涉到本义上的天。人与天的现实关联是通过天志统一世界的作用，以及天志在生命中的个体化实现的。作为天志的个体化，每个人的意志都代表了天志。政治的本质就是通过个人意志的相互协调来共享天志对世界的统一。政治所共享的东西归根到底来自天志，但同时又是通过人心（良心和欲望）实现出来的（包括权力与责任、权利和义务等）。经济作为"地养"的本质不难理解。但政治作为"天治"的本质不是那么明显，因为人对本义上的天没有先天领悟，只能通过后天思考来理解（参见《语言与世界》）。中国古人把政治理解为统一天下的活动，隐含了政治是"天治"的思想，因此中国古代政治以"天下"而非地域性的民族国家为目标。这是非常难得的，也是中国政治思想超越西方政治思想的地方。但中国古代的主流政治思想并没有清楚地看到政治的现实性本质，而是把它和文化理想混同起来，从"天人合一"的理想出发理解政治的本质，使"天治"最终实现为"天子之治"。人确实可以通过敬畏天命的实践来以德配天，实现人心与天志的合一，但这种合一只是精神上的合一，亦即一种理想境界。不论"天人合一"的理想达到了什么样的高度，天志和人心之间始终是有距离甚至断裂的。这是一个无法改变的现实（这就是为什么人的良心会感到内疚的原因。参见《语言与世界》）。**政治必须立足于"天人不合一"的现实，通过人人服从法律来间接实现"天人合一"。**这样"天人不合一"乃至"人人不合一"的现实（不受侵犯的个人自由）才能得到从上天而来的尊重和承认。

法律就是人类普遍认可的、可以强制执行的行为规范，是宇宙逻各斯在社会活动中的具体实现。宇宙逻各斯是人类理性的共同源泉。天志通过人类的普遍理性产生法律的作用就是**立法权**。天志（通过法律赋予的权力）统一世界的作用即**行政权**。天志（通过法律赋予的权力）统一个体生命的作用即**司法权**。政治权力有三种类型并非偶然，因为天志直接统一的是世界，间接统一的是世界的个体化（个体生命），而天志只有通过宇宙逻各斯才能实现为人类普遍认可的行为规范。三种权力有共同起源，但其作用相对独立，形成了行政、立法和司法的"三位一体"。这种"三位一体"是天地的"本体—无限—有限"结构的反映。虽然政治权力必须通过人实现出来，但它不是起源于人类本身。虽然人人都有平等的参政权利，但任何人拥有的政治权力都不属于他个人，而只属于产生政治制度的法律，归根到底属于法律所代表的天志。中国古人很早就有了"天视自我民视，天听自我民听"的思想（《尚书·泰誓中》）。这意味着人民的意志就是天志在社会中的表现。但人民的意志还必须通过普遍理性实现为法律，才能真正在政治活动中代表天志。这样实现出来的是"天治"而非"人治"，是"法治"而非"礼治"。

礼是人们敬拜人心的共同根源、形成世界、组织社会的基本方式。祭礼实现的是"天人合一"的理想，而人与人之间的礼（其基础是"仁"）实现的就是"人人合一"的理想（参见《天地与人》）。政治的本质则是在社会已经形成的前提下，通过人的活动实现天志高于个人意志的现实性，把世界在更高层次上统一起来，从而达到天治。"以礼治国"实际上是以文化理想治国，很容易遮蔽政治的这种现实性本质。但礼的作用不是政治可以替代的。礼乐和风俗是从天志和大道统一社会的方式。礼俗就是人类实现大我的真实途径，是一种特殊的比历史活动更基础的文化活动。① 礼俗形成的"社会"和政治经济构成的"国家"具有不同的本质。现代社会缺乏传统礼俗和谐人群、凝聚人心、养育天性的作用，所以国家权力常常无孔不入地渗透到生活的各个角落，无形中破坏了社会的自发性，以及人与人之间自然而然的认同（仁），使人情变得越来越冷漠，人心越来越找不到归属感，人们的行动也越来越受到各种规章制度的束缚。国家应该为社会留出足够的空间，让人们自然而然、自由自在地组织社会生活，允许社会以理性的方式监督政府的运

---

① 礼俗实现的是大我自我同一的理想。大我是太极自化的结果，不是太极自成的结果。所以礼俗是奠基性的文化活动而不是历史活动。

作，同时允许各种民间的、非政府组织的自由发展。只有在国家和社会之间留出足够的空间，人们才能心情舒畅地在社会中自由活动，人的自然天性和创造力才能充分发挥出来，各种文化艺术活动才会有良好的生长土壤。一个自发的、良好组织起来的社会也可以卸去政府的许多负担，让很多问题在民间就得到解决和疏通。这样政府就可以更加专注于完善法治，实现天治，消除人治因素带来的不稳定性和腐败现象。在这方面，道家的无为之治、儒家的乡土自治等都是很有参考意义的。

西方自由主义传统很好地实现了政治的现实性本质。以法律的普遍理性为基础，以民主和法治为枢纽，以保护个人自由为宗旨的现代政治是对古代人治和专制制度的卓越进步，是我们应该努力吸收和借鉴的。但这种现代政治虽然实现了法治，却还没有真正实现天治，因为它纯粹从个人角度出发理解政治的本质，故其法律的普遍理性并没有很好地向上通达天志，而是不断回落到大众化的个人意志中。西方自由主义必须深入地重新思考政治的本质，通过法律实现上天的意志，才能将法治进一步提升为天治。另外，由于西方文化在20世纪普遍走向了解构传统、推崇个人主义的道路，自由主义也从一种现实的文明制度扩展成了一种无所不在的、深刻地统治了西方社会生活的"自由主义文化"，对人类生活的意义提供了一种从政治制度出发的个人主义解读，把许多本来属于文化和生活的事情当成政治问题来看待，导致了"政治正确"和"生活政治化"等做法，不断丧失了自由主义追求思想自由和言论自由的优良传统，使当代西方文化变得越来越肤浅和平庸，脱离了文化的超越根源，遮蔽了人类历史的真正意义。这是西方自由主义传统必须深刻反省的问题。

由于"爱情"（包括家庭）和"政治经济"分别从理想性和现实性两方面实现太极，二者都是历史发展的主线，而且自然而然地发生了相互交织。历史不但显示出了男女结合的代代相传，同时也显示出了国家的形成、发展、衰落、分解、合并等现象。"家"和"国"的相似性使它们从古代开始就被结合在一起，使人们走出了原始人类的氏族公社，进入了更为发展的家族政治（化公天下为家天下）。这种结合有其历史的必然性与合理性，因为人们首先认识到的是"家"与"国"的相似性，而不是它们在本质上的不同。后来人们逐步认识到政治和经济的现实性本质，才逐步发展出了和家族分离的政治和经济制度。但目前世界上的"民族国家"虽然不与家族结合，却并没有实现出"公天下"。中国人自古以来就向往的"天下大同"的理想是历史的一个终极目标，是需要各民族共同努力实现的。只要这个目标尚未实现，政治经济的本质就始终还没有完全实现出来。

（四）哲学、艺术和巫术

这三种活动实现的都是宇宙生命的无限自性，只是在不同层次上实现出来而已。宇宙生命是太极生成的小太极。太极通过它实现了最初的自我认识。这种自我认识在宇宙的理物气三界都形成了太极的自我形象，构成了太极的自我思考、自我物化、自我气化。人的有限生命既然来自宇宙生命，人也可以像宇宙生命那样把太极的自我认识实现出来。这种自我认识活动超越了人的有限生命，把生命无限化了，仿佛在世界中把无限生命实现了出来。所以它们本质上不是个体生命的活动，而是太极的活动。**哲学**就是太极通过人实现的自我思考。**艺术**就是太极通过人实现的自我显现。**巫术**就是太极通过人实现的自我陶醉。自我思考、自我显现、自我陶醉都是太极自我认识的方式，亦即太极在世界中产生自我形象的活动，区别只在于自我形象产生的层次（理物气三界）。必须注意的是，太极在世界中的自我认识和它在宇宙生命中的自我认识有很大的不同。后者是太极直接的自我认识，而前者是在人发展了语言、形成了自我意识的基础上，通过人在世界中的活动实现的。人在展开这些活动时并不需要清楚地意识到它们是太极的自我认识，而只是在心中领悟到一种（来自太极的）意义，然后把它实现在思想、物或气氛中。太极的意义出现在天地之间的一切事物中，内容非常丰富多彩，所以天地之间的一切事物都可以为哲学、艺术和巫术提供灵感。

这里说的"巫术"不是指祈福驱鬼或施蛊画符等带有功利性质的活动，而是指产生神秘混沌气氛的精神活动。在原始人类中，这种精神活动和诗舞乐唱等活动是密不可分的。杨丽萍编导的舞剧《云南映象》再现了类似的场景，从中我们可以体会到自然的原始神韵和混莽之气。这种舞剧其实不是艺术表演，而是一种精神的洗礼，是乾坤和天地通过乡村男女展现出来的原始激情和自我陶醉。在萨顶顶的歌曲《天地记》中，我们也能隐隐约约地感受到云南少数民族的巫鼓产生的神秘混沌的气氛。萨顶顶的歌舞常常闪烁出这种精神活动的火花。这种精神活动其实是人们对一切事物之本源的一种神秘混沌的认识。这种认识不像哲学那样清晰，但并不能被哲学代替，因为太极本身就是神秘混沌的。在生命三界中与太极最接近的是"气界"而不是"理界"。为什么？因为太极的发展是其阴性的发展；越是后来发展出的事物其阴性就越强，离开本源就越远（阳比阴原始，阴比阳发展）。当太极发展到宇宙生命这个阶段时，它已经进入"小太极"，和自己拉开了足够的距离，所以才能产生自我认识。在生命的三界中，理界事物具有最强的阴性，离太极最远；气界事物则具有最强的阳性，离太极最近。这说明太极本身更像"气"而不是"理"（太极实际上比气更混沌更无形）。但这并不意味着哲学不能认识太极。哲学思考所用的概念离太极最远，但正因为最远，最有阴性（差异性和成像性），才可以清楚地区分出太极发展的各个环节。然而，哲学也因此有遁入抽象的危险。哲学必须保持某种诗意，并扎根在生活中，才能真正通达所思之物。如果执着在概念和理论，就会离太极很远而无法真正通达太极（在这方面中国古代哲学的弊病最少，优点最多，最值得我们发扬光大）。反之，巫术虽然无法清晰地表达太极，却可以从近处通达太极，让人们在遗忘形体、如痴如醉的状态中体会混沌神秘的本源。因此，巫术之长正是哲学之短，反之亦然。

　　艺术介于哲学和巫术之间。艺术既可以（通过感性形象）领悟事物的意义，又能与所领悟的事物保持亲密的关联。艺术的这种不偏不倚、和意义的源泉不远不近的特点，使之可以最为恰当地表现事物的意义。所以，艺术一方面要非常接近生活，另一方面又必须能超越生活。向什么方向超越？向世界和历史超越。世界的敞开性在任何感性事物中都同样彻底、同样空虚、同样可以凝聚任何意义。但世界的敞开又总是历史性的。在恰当的历史机缘中，通过善于观察世界、感受世界的心灵，太极的意义可以借着世界中任何感性事物展现出来（由于眼睛和耳朵浓缩了自我意识，艺术的天然领域是视觉和听觉）。每件伟大的艺术品都是太极在某个历史时刻，在世界的某种卓越敞开中的自我显现，都是独一无二、无法替代的，因此也都是永恒的。由于一切感性事物的自性都来自太极，而且以各自不同的方式展现了这种自性，所以艺术展现太极的方式是最自由、最丰富的。但真正的艺术品是不容易产生的，因为它需要人超越个体生命的局限，从世界和历史的高度展现事物的意义（尽管被展现的事物可以是十分卑微的）。这不但需要才能，还需要伟大的心灵和卓越的品格，更需要完全彻底的献身精神，因为不是人需要艺术，而是艺术需要人。艺术需要通过人来实现自己，同时把人的精神提升到新的高度。所以，仅仅为了满足人们的"需要"而创造的东西是很难成为伟大艺术品的。艺术家真正应当取悦的是艺术女神而不是大众。真正的艺术能够提高大众的精神境界和欣赏水平，这才是对大众最有意义的事情。

哲学、艺术和巫术的本质是相似的。三者都以各自的方式把宇宙生命的本质（太极的自我认识）在世界中实现了出来。所以，在人类早期文化中三者常常混而为一。后来哲学和艺术才从巫文化中慢慢分离出来独立发展。这三种活动是太极在理物气三个不同层次的自我认识，分别和判断力、想象力、感化力相关。所以它们的原则是不同的。哲学的原则是**真**，艺术的原则是**美**，巫术的原则是**神秘**（其最高形式就是**神圣**）。这三个原则又共同归属一个总原则，就是从太极而来的**意义**。判断力、想象力和感化力都从属于感受意义的心。有限生命的三界已经不像宇宙生命的三界那样泾渭分明，而是归属于圆融一体的生命，向着被天志统一的世界开放。太极的意义只有通过人心的感受才能真正进入世界。这种意义不是被纯粹静观的意义，而是真正实现在人们生活中的意义。所以哲学、艺术和巫术不仅是太极的自我认识，同时也是太极在世界中的自我实现。这就是它们超越宇宙生命之处。这些活动必须从人心出发，深深扎根于人们的生活，在生活中发现真、美、神圣，同时向世界和历史实现对生活的超越，才能真正展现太极的意义。

（五）科学、技术和气功

这三种活动从现实的角度揭示了和我们密切相关的宇宙生命。宇宙生命不仅是太极实现自我认识的小太极，同时也是有限生命赖以存在的源泉，可以通过直接或间接的相互作用来通达。如果我们抛开宇宙生命作为"太极自我认识"的理想本质，而仅仅通过相互作用来揭示其理物气三界的内容，也就是把它们当成我们可以理解、操作、影响的现实事物，那么就会产生**科学**、**技术**和**气功**。这三种活动实现的就是宇宙生命的现实性。它们追求的不是意义而是效果，亦即科学的实证真理、技术的实际功效、气功的养生作用。

科学所要揭示的是宇宙的理界，亦即宇宙逻各斯。但人不能直接通过相互作用通达宇宙逻各斯，而只能通过身体和宇宙物界打交道。因此，科学只能通过和万物打交道间接地揭示统一宇宙万物的宇宙逻各斯。科学只承认能够被观察和实验证实的理论。这使科学的处境很尴尬，因为它要揭示的是独立于宇宙万物的宇宙逻各斯，但又只能把它当成宇宙万物的规律来把握，而不能通达宇宙逻各斯本身。所以科学只能通达宇宙智性而不能通达宇宙慧性，只能明白万物的如何，而不能明白其为什么。科学对事物的解释是把 A 的原因归结到 B。如果要问 B 的原因，就只好归结到 C。A、B、C 都是宇宙物界的东西。这种在同一领域中原地徘徊的解释虽然能够帮助我们把握物质的因果关系，但无法使我们超越物质领域发现物质及其运动规律的起源。如果我们把科学当成理解事物的唯一方式，就会使宇宙和世界都彻底丧失意义。但科学揭示了主宰宇宙物质的规律，深入到宇宙的宏观和微观结构中，发现了宇宙的许多奥秘，为人类了解宇宙物质做出了巨大的贡献。科学的实证性思考还可以扩展到人类社会，揭示出人类社会的某些"客观规律"。这些"客观规律"能以某种方式贡献于人的社会实践，但它们其实并不像自然科学的规律那样"客观"，因为人类社会不是像物质那样直接由宇宙逻各斯统一的，而是通过人在大地上的活动组织起来的。所以，真正实现科学本质的是自然科学。

技术所要揭示的是宇宙的物界。人与宇宙万物的现实关联就是利用它们为人的活动服务。技术揭示万物的主要方式是把自然之物转化为有用之物，从而把它们从宇宙释放到"行动的世界"中。另一种方式则是把宇宙推动力本身释放出来，成为推动有用之物的能源。但世界不仅仅是"行动的世界"，同时也是"敬拜的世界"和"诗意的世界"。不论哪个层次的世界都是从地敞开的，都以某种方式揭示了万物。所以自然万物不仅有用，同时也有意义甚至是神圣的。如果我们把技术当成揭示万物的唯一方式，就会导致技术对世界的统治。东西方的古代世界都是多层次的。古代技术在利用自然万物的同时也在实现着万物的意义，不会随便破坏万物的自然本性。现代技术与现代科学的结合使它获得了突飞猛进的发展，其实际功效远远超越了古代技术，为人类的生存做出了巨大贡献。但技术主义无止境地挑战大自然，使整个世界都被技术释放出来的宇宙推动力统治，按照技术的运作方式来运作，不但严重破坏了自然，而且还破坏了世界的多层次结构。所以，我们必须认清科学和技术作为现实性活动的局限性，恢复世界的多层次结构，让科学技术贡献于世界意义的实现，而不是任由科学统治我们对世界的认识，任由技术统治人类世界的运作。

气功所要揭示的是宇宙的气界。气功就是和客观存在的宇宙之气打交道的活动。气是和物质密切结合的，但它又是混沌无形、没有确定边界的。因此气有可能对物质产生神奇的作用。这种神奇作用无法用科学来解释。但量子力学发现的许多怪异现象就是被物化了的气界特性，是气界特性的间接证明。正如人必须通过肉身和宇宙万物打交道，人必须通过气身来揭示宇宙的气界。但我们通常过于注重肉身的感觉知觉，而忽略了气身的感觉知觉，任由气身不断耗散而得不到补充、堵塞而得不到疏通，使肉身得不到气身的支持（气身是人体的先天之气，能从根本上支持肉身的活动、调整甚至重塑其机能）。修炼气身就是要凝聚和疏通气身，让它恢复自然纯真的先天状态，达到养生的目的，同时还可以达到与宇宙之气的和谐。道家特别注重气身的修炼（如内丹术注重修炼大小周天）。这是我们应该继承的优秀传统文化。如果我们以良好的心态，在正确的指导下修炼气功，就不但能养生治病，还能达到与自然万物的和谐。但如果修炼方法不当也可能会出现偏差。所以气功的修炼必须结合品德的修炼，而不应该一味追求神奇的效果，更不应该让修炼破坏人的正常生活。

（六）品德与劳动

太极不仅发展出了宇宙生命这个小太极，还把它个体化成了有限生命。有限生命虽然来自宇宙生命，但却因为生出到世界中而获得了更高的统一性，亦即心与生命的阴阳合一，也就是"我"。我的意志来自天，我的生命来自地，所以我的太极性（自性）来自天地。但这种自性需要通过我的活动才能真正实现出来。这种活动就是**品德**。"品德"在这里指的是一种自我修炼（即古人所说的"修身"）。它的目的就是把我的自性作为一种理想实现出来。品德的一个主要内容就是实现自性中的阴阳平衡。这种品德就是孔子很注重的"中庸"。中庸意味着心和生命的平衡，不让过于阳刚的决断破坏生命在世界中的自然流动，也不让过于融入世界的生命脱离天命的力量；它意味着心情和欲望的平衡，不让过分的欲望变成无根的盲目冲动，也不让过于沉浸在自身的心情失去行动的力量；它意味着生命在处境和环境之间的平衡，不让脱离处境的可能性使我陷入空洞的幻想，也不让处境束缚我的视野，使我看不到改变处境的可能性；它意味着避免过于激进的超越和过于守旧的自足，过于鲁莽的行动和过于谨慎的思虑；它还包括为人不卑不亢、不随波逐流也不自我封闭等和他人共处时的阴阳平衡。总之，中庸就是我在社会中维持自我同一理想的主要方式。除此之外，我在其他历史活动中也需要维持与之相应的自我同一理想，因此需要相应的品德（例如夫妻的相互忠诚、领导的廉洁公正、商人的诚信守诺等）。

我的自我同一性不仅是一种理想，同时也是一种现实。我必须通过移动身体才能作为我自己生活在世界中。我在世界中的自我同一性是以身体（物我）为现实基础的。但身体自身并不足以支持我在世界中的生活。我不但需要从大地获得食物来维持身体的活动，而且还需要获得其他有用之物作为身体的延伸，才能通过这些物正常地生活在世界中。所以，我必须通过"在世界中"的活动来维持"在世界中"的活动。这种在世界中自我关联、自我维持的活动就是**劳动**。我只有通过劳动才能获得在世界中生活必需的有用之物，使我的自性得到现实的保证。但人本质上是社会性的，所以我们通常并不是直接通过劳动获得有用之物，而是通过劳动为社会做出贡献，然后从社会得到劳动的回报，以此来维持我们在世界中的生活（在这个意义上从事各种职业的人都是劳动者）。

(七) 历史的终极目标

人类的活动是丰富多彩的，并不限于以上讨论的十种。但这十种活动的发生绝非偶然，而是太极通过人把自己实现在世界中的方式，因此它们都是真正的"历史活动"。十种历史活动互相关联，共同构成了太极在世界中的自我生成。如果我们理解了历史作为"太极自我生成"的本质，就会看到历史具有比"让人类最好地生存"更高的意义，看到一切事物的本源如何试图通过人把自己实现在世界中，而我们又该如何回应其召唤，回归到这个本源中。太极既然要通过人把自己实现在世界中，就意味着人最终必须回归太极，实现与太极的合一。历史的终极目标就是**太人合一**。

政治经济的最终目标就是把"天地"实现为全人类共享的现实基础，从而达到"天下大同"。人类历史目前实现的只是一个个相互合作又相互竞争、相互利用又相互防范，随时可能发生战争的"民族国家"。这些民族国家必须在今后的历史中走向天下大同，才能实现天下共治共荣，使人类超越国家间的竞争和防范（人类的内耗）带来的不利因素，合理地发展科学技术，合理地使用大地的资源，而不是任由技术统治把人类引向破坏生态、破坏人类家园、异化人类的悲剧（只要世界仍然分裂成许多主权国家，现代技术就会继续被当成相互竞争和防范的重要手段，技术统治就只会愈演愈烈）。然而，民族国家是历史形成的，具有历史发展的合理性。所以，国家可以转化为"天下"的次级结构而保持其相对独立性。人类最终要达到的是以国家为基础的人类联邦。这种人类联邦必须有反映人类历史天命的宪法、统一的世界政府和军队，而各个国家则在联邦的保护下实现相对的自治。这样人类才可能在天地之间统一起来，实现出真正的天治。

政治和经济是密切相关的。经济的本质是地养。地养的对象就是世界和生命。地养世界就是要在大地上建设一个繁荣的公共世界，使所有人都能在其中利用公共设施和公共机构来从事各种人类活动。地养生命则是要为每个人提供在世界中生活必需的物品（主要是衣食住行）。世界是大道从地敞开出来的。经济的本质就是通过人的活动实现大道滋养世界和生命的作用。大道常无为而无不为。这是自由市场在经济活动中起到重要作用的原因。但经济和其他文明活动是不可分割的。经济和政治的阴阳互补意味着政府必须通过法律保护经济活动的正常进行，同时还可以对经济活动进行宏观调控，避免自由市场可能带来的种种弊端。经济活动分享的有用之物并不是现成的，而是人们通过技术从大地生产出来的。这种生产又是人们用自己的劳动来成就的。所以，经济、技术和劳动构成了人类财富的"三位一体"（这种"三位一体"也是天地的"本体—无限—有限"结构的反映）。这三种活动各有自己的原则。经济要把大地实现为人类共享的现实基础。所以，经济的原则就是**公有**。公有其实就是大地的"母性原则"，因为母性的本质就是让每个孩子的需要都得到满足。技术把自然之物转化为有用之物。这种转化可以是个人行为，也可以是集体行为，或者是分散在各地的人们相互勾连的网络式行为。技术是转化万物和释放宇宙推动力的活动。因此其实行者并不特别地具有"人"的某种存在方式。任何人都可能以某种方式为技术活动贡献自己的能力。所以，技术的原则就是**普遍**。劳动是人实现自我同一性的现实活动，其目的就是获得个人在世界中正常生活所必需的物品。因此，劳动的原则就是**私有**。经济的"地养"必须通过技术的"物养"和劳动的"自养"来实现。人类必须把经济的公有原则、技术的普遍原则和劳动的私有原则以恰当方式结合起来，才能最终实现"地养"的目标。

　　天治地养实现的只是第二太极的现实性。人要回归第一太极就必须把乾坤实现在世界中。爱情以理想性方式把乾坤投射到世界中，在世界中实现其阴阳合一的本质。所以人只有通过爱情才可能回归乾坤，同时让乾坤通过人返回自身，实现出太极的永恒轮回。当然，这不是说人类已经通过爱情实现了永恒轮回。在这个以个人为本位的时代，爱情虽然获得了自由发展的空间，但同时也被降低到个人自由的水平上，变成任意两个人（甚至不分性别）都可以随便实现的事情，掩盖了爱情把太极实现在世界中的本质。从这个角度来说，太极在这个时代已经失落自己到极点。但这同时意味着一个新的时代即将到来。在这个新时代中，人类将不但通过政治经济实现天治地养，而且还将把爱情提升到新的境界，让人通过爱情返回乾父坤母，真正把世界统一成以太极为父母的人类大家庭。人类将要进入的"天下大同"时代就是"天下一家"和"天治地养"的时代。中华民族最早发展了"天下大同"的理想，而且一直坚持到今天。正是这种理想使我们接受了共产主义。要实现天下大同的理想，我们就必须复兴中国文化的精神，同时吸收西方文化和西方文明的优秀成分，才能最终带领世界各民族走向太人合一的新时代。

第十二讲　易经与希腊神话

如果说易经是中国文化的源头,西方文化中与之相应的就是希腊神话。二者差不多是在同一时期形成的(中国的西周、希腊的荷马时代)。根据传说,周人用来卜筮的易经是在伏羲画八卦基础上形成的。希腊神话的成熟体系也是在其原始神话基础上形成的。因此我们可以认为易经和希腊神话都是对原始思维的一种系统发展。原始思维就是人类对事物本源进行最初思考的方式。在中国,原始思维主要表现为占筮思维,而在古希腊则主要表现为神话思维。两种思维方式有明显的不同,但所思之物其实是一样的,亦即我们所说的太极(一切事物的本源)。原始思维起源于人类文化最早的时代,即氏族公社的巫文化时代,其特点是混沌神秘、缺乏理性形式。但当人类开始走出巫文化,进入贵族文化时代时,原始思维对本源的思考(原始思考)就被系统地发展出来,形成了诸如易经和希腊神话这样的经典。本讲座要做的就是探讨易经和希腊神话中的原始思考。具体说来,我们将探讨易经如何通过上篇30卦和下篇34卦思考第一太极和第二太极的发展,以及希腊神话如何通过其旧神体系和新神体系进行类似的思考,以便达到对中西原始思考的一个把握和对比。

一　易经中的原始思考

(一) 占筮思维

古人对占筮非常重视,在各种重要活动之前都要进行占筮。所谓占筮就是用蓍草占卦以推测吉凶的一种活动。占筮之前通常要沐浴焚香,使心合于太极，然后以蓍草为材料，按照一定的程序和步骤得出六爻的形象，自下向上排列起来，就得到六十四卦中的某一卦，再根据此卦的卦象判定吉凶。虽然占筮的过程比较复杂，但所依据的其实就是第一太极和第二太极的对应关系。这个关系意味着人在世界中的活动应该契合太极的发展过程（易经用六十四卦的排列顺序来表达这种发展过程）。古人在重大活动之前进行占筮，在"心合于太极"的状态下得到六十四卦中的某一卦，据此来决定活动的"吉凶"。所以，根据卜筮结果的"吉凶"来行动不仅仅是趋利避害的行为，更是古人企图与太极合一的行为。

占筮的行为中隐含了对太极的原始思考，并在西周系统地发展成了易经。这种原始思考对所思之物有一种混沌的领悟，但并没有形成概念，而是通过六十四卦来表达所思之物。这种占筮思维是一种"知其然而不知其所以然"的**象数思维**。我们要做的就是尝试理解其"所以然"。易经把六十四卦排列成固定顺序，并为每一卦添加了筮辞（卦辞和爻辞），据此来对占筮的结果进行判定。这个顺序不是偶然产生的，而是来自古人对太极发展过程的原始思考。第一太极生成的六十四卦本无固定排列顺序。当然，如果按照阴阳性的递增或递减排列，就会有固定顺序，但这并非易经排列六十四卦的方式。显然，易经把六十四卦排成特定顺序是为了表达一种发展过程，即太极的发展过程（占筮结果说明所占之事对应太极发展过程中哪个阶段）。六十四卦虽然是在第一太极中产生的，但易经不仅用它的排序表达第一太极的发展，同时也用来表达第二太极的发展。怎么看出这点？易经在最初形成时就已经分为上下两篇，上篇30卦，下篇34卦。为什么把六十四卦分为两组？易经没有任何说明。但从我们推导的太极发展过程来看，上下篇应该分别对应第一太极和第二太极的发展。更具体地说，上篇描述第一太极生成圆象和转生出第二太极的过程（分解成30个步骤），下篇则描述第二太极中的历史活动（分解成34个发展阶段）。

上下篇的这种区别在后人解释卦序的《序卦》中有所暗示。《序卦》从"有天地然后万物生焉"开始上篇，从"有天地然后有万物，有万物然后有男女"开始下篇，暗示了下篇与历史活动的关系。但

《序卦》没有明确指出这点，而且《序卦》也只是后人对易经的一种解读。本讲座所要做的并不是根据后人对易经的解读来探讨易经，而是根据《论太极》形成的自满自足的"太极本体论"来探讨易经与希腊神话中的原始思考。我的假设是，易经原文是周人受到太极启示发展出来的原始思考；希腊神话同样来自类似的启示，只是因为中国古人和希腊古人承担的历史天命不同、思维倾向不同，所以才导致思考结果表面上的巨大差异。另一方面，后人对易经的解读不是直接来自太极的启示，而是来自对易经的研究、揣摩和发挥。这些解读已经不是对本源的原始思考，不能作为我们探讨原始思考的根据。所以我们必须严格区分易经和后人对易经的解读。

通常所说的"周易"包括易经和后人解读易经产生的《易传》。易经是周人写下供占筮用的经文，包括（已经排好序的）六十四卦中每一卦的卦形（上下两个八卦）、卦名（每卦有一个特别的名字）、卦辞（每一卦的占卜意义）和爻辞（卦中每一爻的占卜意义）。《易传》实际上是十篇文章的总称，包括《彖》（上、下），《象》（上、下），《文言》，《系辞》（上、下），《说卦》，《序卦》，《杂卦》。易经大约形成于西周初期，传统认为是周文王所作。《易传》则大约是在东周（春秋战国）形成的，传统认为是孔子所作，今人则多认为是孔子后人的作品，还可能融进了一些其他流派的思想。易经和《易传》共同构成了所谓的"周易"。但二者在汉代之前其实是分开并列的。从汉朝开始人们才把经和传混杂起来，有时还统称"易经"，造成了理解上的混乱。直到今天，我们看到的《周易》流行本依然是经传混杂的，亦即在每一卦的卦爻辞后面直接就列出《易传》对该卦爻辞的解读，以致读者常常误以为这些解读本来就是易经的内容。

为了挖掘出易经的原始思考，我们必须严格坚持"**经传有别**"的基本原则。易经原文才是对太极的原始思考。虽然《易传》很好地提炼了易经的内在精神，出色地展示了易经隐含的思想境界，为易经成为中国文化的源头作出了巨大的贡献，但它对卦爻辞的解释并不总是符合原始思考的特性，有时甚至遮蔽或扭曲了原始思考所思的太极发展过程。几千年来，历代解易者在《易传》基础上发展出了丰富多彩的

"易学"。易学包含了历代中国人对卜筮及其哲学意义的深刻思考，但这与易经的原始思考是两回事。所以，我们不但要严格区分易经和《易传》，同时也要严格区分易经和易学。为了挖掘出易经的原始思考，我们将以易经原文为唯一解读对象，以太极本体论为唯一解读依据。但古人对易经的解读包含某些符合原始思考的因素。我们首先要做的就是澄清这些因素，以便在古人的语境中继续思考，而不必劳心费力地另外创立一套解读易经的语言。

从易经来看，决定某卦的整体性质（因而也决定其排列位置）的主要是上下两个八卦的性质。那么八卦的性质又是如何决定的呢？根据我们的推导，第一太极产生了太极圆象；第二太极产生了世界。太极圆象和世界之间有对应，其具体表现就是太极圆象包含的八卦和六十四卦与世界中出现的自然现象有对应。八卦是产生六十四卦的基础，所以原始人类首先让八卦与自然现象对应。原始思考因此具有"取象比类"的特点，亦即把八卦和观察到的自然现象对应起来。《说卦》从易经中提炼出了八卦对应的自然现象，如下。

乾 兑 离 震 巽 坎 艮 坤

☰ ☱ ☲ ☳ ☴ ☵ ☶ ☷

天 泽 火 雷 风 水 山 地

这个提炼是非常合理的，因为它反映了太极本身的特性。从太极本体论看，气和土物化了第二太极（本义上的天地），形成了天空和大地，所以原始思考首先把代表太极的纯阳卦☰和纯阴卦☷分别与天和地对应。但八卦阴中有阳，阳中有阴。大气本质上属阳，但可以进一步区分出阳中之阳（雷）和阳中之阴（风）。雷是震动的大气，故以☳代表（阳爻以其力量震动压住它的两阴爻）。风虽然也是大气，但力量比雷弱，故反过来以☴代表（阴爻不足以震动压住它的两阳爻）。**震和巽的阴阳区分取决于下爻**。土地本质上属阴，但可以进一步区分出阴中之阳（山）和阴中之阴（泽）。山是向天凸起的土地，故以☶代表（上面的阳爻代表土地向天空凸起）。泽是向下凹陷的土地，故反过来以☱代表（上面的阴爻代表土地向下凹陷）。**艮和兑的阴阳区分取决于上爻**。震巽艮兑四卦和自然现象的对应很好地表达了八卦阴中有阳、阳中有阴的特性。

剩下的☵☲也是阴中有阳、阳中有阴的卦，但其阴阳不是上下而是内外关系。它们应该分别对应内阳外阴、内阴外阳两种自然现象。古人在水和火中发现了这样的现象。水内在充实坚固，但外在表现阴柔，对应☵（坎）。反之，火内在空虚柔软，但外在表现阳刚，对应☲（离）。奇怪的是古人把坎当成阳卦、离当成阴卦。我们可以从八卦的平衡性来理解其中的道理。什么是平衡性？就是上下爻同性（同为阳或同为阴）。中爻代表"合"而有统一上下爻的作用（参见《论太极》）。当上下爻同性时，中爻就不会偏向其中一方，能够把三爻统一为平衡的整体。在八卦中只有乾坤坎离有平衡性（这种平衡性在八卦决定的音阶中也有所表现。参见《生命与音乐》）。乾坤的平衡性最强，坎离次之（因为三爻同性会使统一最为顺利）。坎离在乾坤之外的六卦中性质最为接近乾坤，成为乾坤之外代表太极的两卦。坎☵以中间阳爻统一两阴爻，是偏阳性的卦，故可代表太极之阳；离☲以中间阴爻统一两阳爻，是偏阴性的卦，故可代表太极之阴（坎离代表太极的特性在易经中有重要体现。参见后面的经文分析）。**坎和离的阴阳区分取决于中爻**。坎离的阴阳性与水火的自然阴阳性刚好相反。但这其实并不矛盾，因为坎离的阴阳性可以从两个不同方面去看。从中爻的统一作用看，坎偏阳而离偏阴。但这只是事情的一方面。事情的另一方面是，两阴爻的统一使其阴性得到成倍增强；两阳爻的统一使其阳性得到成倍增强。两个方面中第一方面是主要的，因为统一的作用毕竟来自中爻，所以坎为阳卦，离为阴卦。第二方面虽然是次要的，但也可以表达出来，并体现在坎离和水火的对应。所以，古人把坎当成阳卦，把离当成阴卦，但同时又让坎对应水，离对应火。这种令人迷惑的做法其实是有道理的。

以上的讨论说明，古人对八卦的取象比类并非简单的比附，而是来自原始思考体会到的第一太极和第二太极的对应。这是为什么易经没有直接用自然现象命名八卦，而是给予它们不同于自然现象的命名。另外，这些讨论还指出了震与巽、坎与离、艮与兑的阴阳性分别取决于第一爻、第二爻、第三爻。这是一个非常有趣的事实。它在八卦与男女的对应中发挥了重要作用。《说卦》中提到了把八卦分为父母和三男三女的做法，可以表达如下。

☰	☳	☵	☶
乾	震	坎	艮
父	长男	中男	少男
☷	☴	☲	☱
坤	巽	离	兑
母	长女	中女	少女

男女的长、中、少顺序是根据第一、第二和第三爻决定的。这是完全合理的，因为八卦三爻从下至上构成了不断发展的顺序（参见《论太极》）。八卦和男女的对应隐含在易经对六十四卦的安排中，而《说卦》则把它提炼了出来（这个对应在易经下篇发挥了重要作用，因为下篇描述的是历史发展）。这个对应不是随意的。八卦是太极生成的自我形象。乾坤两个纯卦代表了太极本身。其余六卦皆是阴阳的结合，代表了太极阴阳交合的结果。

以上谈论的三爻卦又称为**经卦**。六十四卦中每卦都是由两个经卦相重叠得到的六爻卦，又称为**别卦**。经卦反映了世界中事物的阴阳多样性，而别卦则反映了事物关系的多样性。因此别卦的特性基本上是由其上下经卦的性质（关系）决定的。在易经的原始思考中，八卦的性质主要表现在（1）八卦和自然现象的对应（2）八卦和男女的对应（3）坎离和太极的对应（历代易学把八卦的性质发展得很复杂，但易经所用的八卦性质直接来自原始思考，因此只可能有简单几种）。通过上下卦的性质可以基本上确定别卦的性质。例如，"观"（第二十卦）是下坤上巽，地上有风，仿佛风在观察地上所有地方，所以卦名为"观"，其爻辞都和观察有关。但必须注意，易经把六十四卦排成序是为了表达太极的发展过程；这个顺序中某个位置对应的太极发展环节决定了此位置应该放什么样的卦，决定了此卦的基本性质，甚至还决定了其六爻的基本性质（因为六爻从下至上的运动被用来反映该环节的内在发展）。易经必须根据太极的发展过程，决定六十四卦中某个位置（例如第二十）

的意义，再决定应该把哪个别卦放在这个位置，而选择的标准就是其上下经卦（关系）能恰当反映这个位置对应的太极发展环节，这时才需要从八卦的性质出发决定别卦的性质。反之，仅仅从八卦性质出发并不能完全确定别卦的意义，因为上下卦的关系可以有多种不同的解释。即使易经作者首先通过"取象比类"画出了八卦，重叠成了别卦，甚至开始从上下卦的关系理解每个别卦的基本性质，这些性质并不足以确定六十四卦的排序。易经作者最终还是必须根据混沌地领悟到的太极发展过程确定六十四卦的排序，才能完全确定别卦的性质，并写出相应的卦辞和爻辞，这样才可能通过六十四卦实现对太极的原始思考。

综上所述，我们解读易经的总原则就是**"以易解卦，以卦解爻"**（"易"在此代表太极的发展过程，亦即变易）。有时某个别卦的性质甚至可能仅仅来自在它之前的别卦（作为其发展），而不来自它所包含的八卦。例如，在太极的发展过程中，某个环节可能会被反转来发展出下个环节。这时易经就会把该环节对应的别卦反转（六爻上下颠倒）来得到下个别卦（称为**反卦**），比如旅（下艮上离）就是把前一卦丰（下离上震）反转得到的。这样得到的反卦必须从前面的卦来理解，而不一定能从它自身的八卦性质来理解（如果反转后八卦的性质还能起作用就是一种巧合）。虽然如此，易经中大部分别卦的基本性质是可以根据其八卦性质（特别是和自然现象的对应）确定的。所以我们在讨论某个别卦时会先表明其上下卦对应的自然现象（例如观是"地上有风"），而不论这种对应是否真的决定了它的性质。

六爻从下至上的排序反映了别卦对应的太极环节的内在发展过程（在卜筮中对应所卜事物的发展过程）。六爻从下至上分别称为初、二、三、四、五、上。古人还用"九"代表阳爻，用"六"代表阴爻（来自蓍草占筮的特殊性）。因此，"六三"指排在第三位的阴爻，"初九"指排在第一位的阳爻，等等。历代解易者对某爻（爻辞）的解释主要根据其阴阳属性，所处位置（爻位），与其他爻的关系等特性。例如，阳爻在阳位（一、三、五），阴爻在阴位（二、四、六）是"当位"（否则就是"不当位"），上下卦中同位的爻阴阳互反是"相应"（否则就是"敌应"），阴爻下面有一阳爻就是"柔乘刚"，阳爻上面有一阳爻就是"甘居下位"，如此等等。这种从爻的特性解释其意义的做法最初起源于《易传》。后人不假思索地继承并发展了这种做法，以致历代解易者都以之为解释易经原文的主要方式。

这种"以爻解易"的做法是非常成问题的。爻辞的意义取决于所反映的太极环节的内在发展，而不是取决于爻的特性。这不是说爻的特性对八卦的特性没有影响（例如平衡性就与爻的特性有关）。问题在于爻辞反映的不是这种影响，而是太极某个环节的发展过程，所以唯一能起作用的特性就是爻序（排在第几位）。决定六爻意义的并非爻序本身，而是爻序反映的太极发展过程。所以，总的来说，**易经的爻辞与爻的特性没有直接关系**。"以爻解易"切断了爻辞与其所思之物的关联，把易经对太极发展环节的深刻思考转化成了关于六爻特性的形式化思考（加上个人随意添加的各种比附），对我们理解易经的原始思考非常有害。历代易学的一个重要内容就是赋予六爻以各种复杂特性。这种做法本身不能随便加以否定，因为爻的特性对卦的特性确实是有影响的（例如平衡性），所以易学的这个内容值得我们深入探讨。但问题在于易经的爻辞并不是根据爻的特性写出来的。当然，我在这里假设了易经是古人对太极的原始思考。从这个假设出发，**我们只有彻底放弃"以爻解易"才可能还原易经的原始思考**。本讲座以及相关的后续讲座（第十四讲）将在这个假设基础上进行，以便最终挖掘出易经的原始思考，从而证明假设的正确性。

这里我们还必须特别注意易经上下篇的不同。上篇描述太极生成圆象和转生第二太极的发展过程。从太极本体论来看，此过程包含 9 个发展步骤（见下节）。易经却用了 30 个别卦去描述此过程，因此可用若干个卦来描述一个步骤（例如阳象）。这样就为卦和爻的意义留下了比较大的自由空间。所以，尽管我们可以（在下节）解释上篇 30 卦如何描述这 9 个步骤，确定卦序和卦爻辞的总体意义，但不可能从太极出发完全确定每爻的意义（除了一些特殊的卦）。这种自由空间是易经作者充分发挥了占卜经验的地方，无法从太极出发得到完全确定（如果硬要说清楚每句爻辞的所以然就可能会扭曲易经的原始思考，引入易经本来没有的东西）。

但易经为什么要用上篇30卦（而非9卦）描述9个发展步骤？这是下篇的特殊性决定的。在下一讲《从太极看世界哲学史》中，我们将证明太极在其自我思考中确定了哲学史的34个先天位置（这些位置决定了人类历史必须经历的34个发展阶段）。所以易经下篇必须用34卦来描述世界哲学史的34个先天位置（从而间接描述人类历史）。这样六十四卦中剩下的30卦自然就被用来描述历史之前的发展，亦即从第一太极到转生第二太极的发展。哲学史的每个位置都有很丰富的内容，有些还有很复杂的发展过程。所以，哲学史的34个先天位置不但决定了下篇34卦的卦序、每一卦的意义，甚至还完全决定了每爻的意义，根本没有留下任何自由的意义空间。这样我们解易的基本原则就扩展为"**经传有别，上下不同**"。总的来说，我们对上篇的分析可以建立在上一讲《论太极》基础上，而对下篇的分析则必须建立在下一讲《从太极看世界哲学史》基础上。所以，本讲座对易经的阐释将集中在上篇。

（二）易经上篇

易经上篇30卦所要描述的太极发展过程包括第一太极（乾坤），太极圆象的发展（生长收藏），以及转生出的第二太极（天地）。考虑到阳比阴原始，阴比阳发展的特点，这个发展过程还可以进一步划分为乾、坤、生（阳象）、生（阴象）、长、收、藏、天、地共9个发展步骤。前两个步骤自然应该用乾坤二卦描述。后两个步骤自然应该用坎离二卦描述（坎离是乾坤之外唯一代表了太极的两卦）。剩下的26卦就用来描述太极圆象的5个发展步骤。这样每个步骤就应该用5卦来描述（剩下一个机动卦归属待定）。但这只是初步的考虑，因为每个步骤还有其特殊性（下面再分析）。在考虑了这些特殊性之后，易经最后的做法是分别用6、4、5、6、5卦来描述这5个步骤。这就是易经用上篇30卦描述太极发展过程的方式。下面让我们进入具体的分析。为了保持太极发展的本来面目，我们将按照"太极、生、长、收、藏、转生第二太极"的发展模式进行分析（内含9个步骤）。

1. 太极

☰乾第一：元亨，利贞。

下乾上乾：下天上天。"元"指大，也指开端（原始）。"亨"指亨通。"利贞"指利于坚守。乾大到极点，是一切事物的开端，故为元；贯通太极发展过程，故亨通。乾的纯阳性（自同性）利于坚守。卦辞概括了乾的基本特性。

爻辞描述乾的内在发展。乾是纯粹自同性，没有任何内在差异，所以六爻描述的发展过程是从乾对应的天借来的，同时还借用了龙的形象。初九的"潜龙勿用"指龙潜伏水中，离天最远，无所作为。九二的"见龙在田，利见大人"指龙从水中爬上田野（有地有水），开始冒头而利见大人物。九三的"君子终日乾乾，夕惕若，厉无咎"指龙如同君子立于天地之间，但仍须终日进取（乾乾），保持警醒，这样即使有危险（厉）也没有问题（无咎）。九四的"或跃在渊，无咎"指龙返入深渊或跳跃而出都没问题，因为其阳刚之力贯通天地。九五的"飞龙在天，利见大人"是龙最鼎盛的发展（天人合一）。但上九的"亢龙有悔"则指出龙过度发展自身而有过，故而悔恨（物极必反），暗示乾的发展已经过头，应该转向坤的发展了。前五爻可以说是描述了落入生命的天志逐步返回天，最终实现天人合一的过程，借此揭示乾的阳性在世界中的发展变化。最后一爻不但是本卦的极端（过度）发展，同时开始转向下一卦，这是易经上篇很普遍的做法，这也是为什么第五爻通常是事物最鼎盛（但没有过度）的发展。然而，这些特点在易经下篇有很多例外，因为下篇中每卦六爻的意义都已被所反映的哲学位置所决定。

☷坤第二：元亨，利牝马之贞。**君子有攸往，先迷后得主。利西南得朋，东北丧朋。安贞吉。**

下坤上坤：下地上地。"元亨，利牝马之贞"和乾的卦辞相似，因为乾坤合一才是真正开端，但加上"牝马"（雌马）来强调坤的坚守是坚守其阴性（阳本身就是坚守，而阴则在与阳合一中坚守其阴性。马是行地之物，与飞天的龙有所不同）。"君子有攸往，先迷后得主"暗示坤在行动中离开乾就会失去方向（缺乏同一者）。"利西南得朋，东北丧朋"说明坤通过与他人（朋）合一实现自身本质，而根据合一的情况可能得朋也可能丧朋（古人以西南为阴，东北为阳。得朋或丧朋对坤都很重要，因坤乃自异性，有开放自我、通达他人之德性）。"安贞吉"

说明坤的阴性不宜争斗，若能坚守其阴性则吉。卦辞比较多，因为坤的自异性使其内容比乾丰富。

爻辞描述了坤的内在发展。坤虽然是自异性，但尚未发展出具体内容。所以六爻描述的发展过程是从坤对应的地借来的。初六"履霜，坚冰至"和"潜龙勿用"对应，描述踏上薄霜时将迎来坚冰（从深渊到薄霜，从薄霜到坚冰，水逐步向地转化，暗示从乾过渡到坤）。六二"直方大，不习无不利"开始描述地本身。地是平坦（直）、方正（天圆地方）、广大的，如同人有博大而容纳万物的胸怀，即使不学习也没有不利（容纳即拥有。发挥坤的德性就可拥有他人辛苦学习才能把握的事物）。六三"含章可贞。或从王事，无成有终"进一步指出地拥有（含）的万物美好（章）而值得坚守，如同人有内在美德，如果去从政，即使没有大的成就也能善始善终。六四"括囊，无咎无誉"开始把目光从地转向天地之间的世界。这种上升的目光把世界收入上天的力量中，使世界像口袋被收紧一样获得统一（括即收紧）。由于统一的力量并不来自地，故虽无问题，亦无荣誉。六五说"黄裳，元吉"。"裳"即裙。女人臀部是地的浓缩，故黄色（土色）裙子代表从地敞开世界。前爻用口袋形容世界，强调统一世界的力量（天志）。此爻把口袋换成裙子，强调世界是从地母敞开的。世界延伸了地的容纳之德，可容纳世间万物，元吉。敞开世界是地的鼎盛发展。前五爻就是从地向世界运动来描述地的发展。但上六"龙战于野，其血玄黄"暗示如果地过度发展自身，就会把世界完全归为己有，因而与统一世界的力量（天志）发生矛盾，如同变成龙去和龙争战（争战发生在天地之间，即田野中），结果从天流出黑血，从地流出黄血（天玄地黄），两败俱伤，暗示坤应该与乾合一，阴阳交合才能生出太极之象。

乾坤两卦除六爻外还各有一个附加的爻，即"用九"和"用六"，这是六十四卦中绝无仅有的。产生此现象的原因在于乾坤（太极）本是纯粹的阴阳，而乾坤两卦却用六爻形容各自的发展过程，破坏了原始阴阳的纯粹性。从乾坤阴阳交合产生的事物不再有绝对纯粹的阴性或阳性，所以六十四卦中只有乾坤两卦有此问题。为了挽回乾的纯粹阳性，易经"用"一个附加的"九"（代表阳）来补救，其爻辞为"见群龙无首,吉"。乾卦六爻中有六条龙。要维持乾的纯粹阳性就要统一六龙的阳性。这种统一的力量不能来自外部,也不能主要来自六龙中某龙(否则六龙力量就有差异性即阴性,破坏了阳的纯粹同一性)。故六龙无首领的(平等的)统一是吉祥的。易经又"用"一个附加的"六"(代表阴)来挽回坤的纯粹阴性,其爻辞为"利永贞"。坤只要(通过与乾合一)永远坚守其阴性,就能使六爻阴性获得统一而变得纯粹(统一来自外部,但这正是阴性的本质)。通过"用九"和"用六",易经统一了乾坤两卦的六爻,保住了乾坤的纯粹性。

乾坤两卦的爻辞有内在逻辑,因为利用了乾坤和天地的对应。[①]但乾坤发展圆象的过程对应的是世界中人的活动,因此描述圆象发展过程的26卦有很多爻辞来自占卜的实际经验。这些爻辞并非随意想象的,但它描述的人类活动具有实际处境的随机性,所以我们只要从总体上把握其意义即可。

2. 太极生成阴阳二象(生)

前面已经提到,为了用26卦描述太极圆象的5个发展步骤,易经应该用5卦描述每个步骤(剩下一个机动卦归属待定)。但每个步骤都有其特殊性。"阳象的生成"这个步骤内容最单一,因为阳象代表同一性,而其他4个步骤都含有阴性(差异性)。所以,必须以某种自然现象贯穿这个步骤的发展以保持其同一性。易经利用的这种自然现象就是水。水是大道的物化,不但能在天地万物中流动,而且还能始终保持自身。易经于是把26别卦中含有坎(水)的卦全部集中起来用在此步骤,这便是屯(水雷)、蒙(山水)、需(水天)、讼(天水)、师(地水)、比(水地)6卦。阳象和阴象的生成本来共属"生"这个大步骤,因此本来应该共有10卦。既然阳象的生成用了6卦,阴象的生成就只用4卦来描述。

(1)阳象的生成

有了6个含有坎(水)的别卦,还要考虑如何排列其顺序来表达

[①]《易传》对乾坤二卦的解释把乾坤的内在精神发挥得非常出色,但主要是从儒家角度,而非原始思考的角度,故此处不予讨论。

阳象的内在发展。其实阳象没有任何内在内容，所以这个安排只要能展现太极生出阳象，然后其阳刚性不断发展即可。易经从八卦对应的自然现象出发做了如下安排：

☳☵ 屯第三：元亨，利贞。勿用有攸往，利建侯。

下震上坎：雷上有水。聚集为云的水在雷声中化作雨倾注而下。天地交合，万物滋生，开始囤积（屯即囤积），暗示乾坤的交合生出了阳象。卦辞指出了阳象从乾而来的特性（元亨利贞），还指出阳象刚刚形成而不利出行，但其开创性利于建立新的诸侯国。爻辞主要描述初生的阳象力量不够，要经历很多艰难迂回才能有所获。最后一爻则暗示不能只是努力，必须开始从蒙昧状态走出。

☵☶ 蒙第四：亨。匪我求童蒙，童蒙求我。初筮告。再三渎，渎则不告。利贞。

下坎上艮：山下有水。水从天上降到山下而停止不前，如同事物初生时蒙昧无知，不懂自己前进，必须加以启蒙。卦辞指出不是我强求稚童启蒙，而是等他来求筮，表现出决心，我才用卜筮结果启蒙他。但如果他再三求筮，说明他没有信心而亵渎神灵，我就不必启蒙他。意志足够坚定才能接受启蒙，故利贞。爻辞则描述了启蒙的各种方式。最后一爻指出以逼迫方式启蒙无法让人主动攻击敌人，最多只能防御外敌，暗示不可拔苗助长，需要等待时机成熟。

☰☵ 需第五：有孚，光亨，贞吉，利涉大川。

下乾上坎：水在天上。降到山下的水又蒸发而上升为云。云在天上但尚未化雨，需要等待时机，故卦名为"需"。卦辞指出若有诚信（孚），就会如同光明普照那样亨通，占卜结果吉祥（"贞"可指坚守亦可指占卜。附有吉凶等判断词的"贞"指占卜），且利于过大河（代指采取大行动、做大事等）。卦辞突出了诚信蕴含的内在光明之可贵。爻辞则描述等待时机的几种处境。最后一爻指出对不速之客要保持尊敬才吉祥，暗示等待时机的时候容易被动地陷入纷争。

☵☰ 讼第六：有孚窒，惕。中吉，终凶。利见大人，不利涉大川。

下坎上乾：水在天下。云化成了雨，漫天而下，是天下混乱纷争之象。卦辞指出混乱纷争使等待时机的信念（孚）被阻断（窒），要警惕，保持中庸是吉利的，争讼到底是凶险的。利于从掌权者（大人）得到公正裁决，但争讼对采取大的行动终究不利。爻辞描述了争讼的发展过程。最后一爻指出赏罚出自当权者的意志，暗示要结束混乱纷争必须有强有力的统帅来团结众人。

☷☵ 师第七：贞丈人吉，无咎。

下坎上坤：水在地下。漫天的雨水普降大地，汇集成了海洋。海比地面低，即水在地下。混乱纷争的水被聚集起来，如同士兵组成军队，故卦名为"师"。"丈人"即受尊敬的老人，代指军队统帅。卦辞说对统帅的占卜有利，没有问题。爻辞描述了统帅率领军队作战的经历。最后一爻指出战后君王赏赐，分封诸侯，但不给小人，暗示君王必须用英明的统帅而非无德无才的小人来辅助自己。

☵☷ 比第八：吉，原筮，元永贞，无咎。不宁方来，后夫凶。

下坤上坎：水在地上。地上的水是河流。河流把雨水汇集起来带入海洋，是海洋的辅助（比即辅助）。此卦是描述阳象发展过程的最后一卦。卦辞开始就说吉，因为阳象发展到成为统帅后又突出其辅助性（为了向阴象的生成过渡），而非走向极端发展。由于阳象开始向阴象过渡，仿佛再次回到之前的较弱状态，所以说"原筮"（原即再次）。"原筮"是"吉"的原因，同时也意味着可以返回开端（元）永远坚守自己，这样就不会有问题。如果已经走向极端发展，变得不安宁后才倒回来，就会像迟到者（后夫）那样凶险。爻辞描述如何从内在诚信出发辅助他人，甚至到了君王的显赫地位仍可辅助民众，使民心归己。最后一爻指出没有首领的辅助是凶险的，暗示阳象如果一味地辅助就会失去其阳性本质，下面应该让真正可以辅助阳象的阴象登场。

从屯到比，易经把"阳象的生成"展开为人的意志在世界中的 6 个发展阶段，和 6 种自然现象对应起来，并巧妙地用水在天地万物中的运动来贯通它们，显示了阳象在发展过程中保持不变的同一性。其实阳象本身并没有内在发展过程，但既然第一太极和第二太极之间有对应，而占卜的本质就是实现这种对应，用占卜涉及的人类活动来描述阳象在世界中对应的发展就是合理的。虽然如此，我们不可把易经描述的发展过程当成就是阳象在第一太极中的发展过程。这个道理适用于描述太极圆象的所有 26 卦。

(2) 阴象的生成

前面的分析已经指出，易经只能用 4 卦来描述阴象的生成。另外，最后一卦还要向下个步骤（合象的生成）过渡。所以真正描述阴象之成长的就只有前 3 卦。第 3 卦应该描述阴象发展的鼎盛阶段，所以易经把它确定为地在上、天在下的泰卦。因此，向合象过渡（向阳象运动）的第 4 卦自然就是泰的反卦，即地在下、天在上的否卦。第 1 卦是阴象刚刚生成。第 2 卦则是阴象开始成长。所以易经分别用风与泽来代表它们。

☰☴ 小畜第九：亨。密云不雨，自我西郊。

下乾上巽：天上有风。风是雨的前兆但还不是雨。在天上运行的风能飘送云彩，但还不足以化云为雨，故卦名为"小畜"（小的蓄积）。风的本性是运动，故亨通。它让密云从西（阴）的方向飘来，但还不能使它下雨，这就是阴象初成的情形。

初九紧接上一卦，用"复自道"描述从阳向阴的转化终于完成，如同阴回到了自身发展的道路。九二则说"牵复"，即阴象和阳象相互牵引，构成太极初生之象（复归本源）。但阴阳二象已经失去太极的阴阳合一，阳象实际上无力同一阴象，所以九三说"舆说辐，夫妻反目"。舆即车，说通脱，辐即车轮。就像车身无力结合车轮而使之脱离自己，夫妻无法再保持密切的关系。所以六四和九五指出应该用诚信建立和他人的密切关系。初成的阴象被阳象纠缠而无法成长，故上九描述开始下雨但又停了下来；阳象之德（尚德）积载已久，使女人占卜凶险。但又指出月几望（月亮圆而复缺，代表圆满的自同性开始向自异性转化），君子出征凶险，暗示从阳向阴的转化使阳象也因阴阳不合一而面临凶险，说明阴象已开始影响阳象。

☱☰ 履第十：履虎尾，不咥人，亨。

下兑上乾：天下有泽。泽在天下聚集阴柔的水，说明阴象已经开始发展自己，但还没有强大到和阳象相配（泽只占地一小部分，尚不能配天）。踩到了老虎尾巴，但老虎没咬人，说明成长中的阴象开始以柔犯刚，但还不足以和阳象相比，所以没有真正触怒阳象，这意味着阴象可以继续成长下去，故亨通。

爻辞用"履"（行进）描述阴象的成长过程，强调成长应该量力而行，不能过于逞强。最后一爻说"视履考祥，其旋元吉"，即审视阴象的成长经历（履）和未来征兆（祥），整个发展过程（其旋）是大吉的，暗示下面即将进入阴象最鼎盛的发展。由于只能用3卦描述阴象的成长，易经不得不用回顾和预见来连接这种跳跃式的发展。

☷☰ 泰第十一：小往大来，吉，亨。

下乾上坤：地在天上。地和天一样大，且在天之上，说明阴象已发展到顶点，甚至开始超越阳象了（阴比阳发展）。"小往大来"指小的坤阴往上升，大的乾阳降下来。天地错位，但阴阳因此而相互运动，相互交通，打破了之前阴阳相互对立状态，故卦名为"泰"，吉祥而又亨通。

爻辞描述了世间事物相互关联、相互运动、相互交通（因而得福）的各种方式。最后一爻描述城墙被攻而倒塌，但不要继续用兵，因为（君王）从城内发来命令（放弃抵抗），占卜结果艰难。这是暗示下一卦即将翻天覆地，这种趋势很难抵抗，只好顺从天命。

☰☷ 否第十二：否之匪人。不利君子贞，大往小来。

下坤上乾：天在地上。由于下一卦即将进入"合象的生成"，阴象必须停止成长而让位于阳象，所以此卦把上一卦反转过来。天地正位，阴象与阳象各居其位，相安无事。这种状态使阴阳不再相互运动、相互交通，故卦名为"否"（闭塞不通）。这种状态不是人力所能扭转的（匪通非）。它不利于君子的占卜，因为大的乾阳往上升，小的坤阴降下来，阴阳闭塞不通而不利于君子有所作为。其实天在上、地在下不等于没有交通（云行雨施就是天地交合的方式）。但阴阳二象已经失去太极的阴阳合一，所以阴象充分长成之后，阴阳相互独立而不再相互纠缠，没有了之前的交通。这说明太极生成阴阳二象的运动到此结束，下面应该开始生成阴阳的合象了。

否的爻辞（初六到九四）同样描述了世间事物的相互关联，但突出相互包容、各安天命而非相互运动与相互交通（正因无法沟通，所以只好包容）。九五特别警示掌权者必须停止闭塞不通状态才吉祥，否则危险到来时众人都会同样遭殃。最后一爻指出否（阴阳不通）的状态已经倾覆，取而代之的是喜悦（阴阳即将合一）。第五爻和第六爻都用来向下一卦过渡，这是前面没有的，因为阳象与阴象同属于"生"，所以特别强调从"生"到"长"的飞跃。

3. 太极生成合象（长）

怎样用5卦来描述合象的内在发展？在阳象和阴象之前的发展中，阳象无法发挥其同一阴象的作用。所以，前两卦首先要突出合象中隐含的"阳同一阴"，其次还要突出合象比阴象和阳象都大的本质。但"长"之后的步骤"收"将太极全象收入阴象中，所以最后一卦应该描述太极全象的自我收敛。剩下的中间两卦自然就应该描述从合象到太极全象的发展。易经从5卦的这些意义确定了它们对应的自然现象，从而也就确定了它们应该是哪些卦（其实只剩下16卦可供选择了）。

☲☰ 同人第十三：同人于野，亨，利涉大川，利君子贞。

下离上乾：天下有火。火是天志的物化。天下有火，可以将天下人的意志统一起来，亦即"同人"。被统一者是人（阴性），统一者是天（阳性），这是"阳同一阴"亦即"阴阳合一"的象征。天人合一包含人人合一之义，如同聚集众人于旷野中，做起大事来必然亨通、顺利，对有地位者的占卜有利。

第一到第四爻描述了聚集志同道合者共同围攻敌人城池的艰难曲折。九五说"同人先号啕而后笑，大师克（大部队战胜了敌人），相遇。"经过长久的坚持和独立作战后终于在胜利中聚在一起，自然是先哭而后笑（暗示阴阳二象在长久分离之后终于合一，喜极而泣）。上九说"同人于郊，无悔。"聚集众人于郊外，没有什么可悔恨的，因为可做大事、统一天下，暗示了合象大的本质。

☰☲ 大有第十四：元亨。

下乾上离：天上有火。这是漫天的大火，非常壮观，象征合象大的本质。合象兼有阴象和阳象的特性，是二者发展的最终结果，故为"大有"，且大为亨通。

爻辞描述了合象大的本质在世界中不断发展，乃至最终在君王身上的体现。但上九说"自天佑之，吉无不利"，暗示合象不是靠自己成就其大的。

☷☶ 谦第十五：亨。君子有终。

下艮上坤：地下有山。这是藏在深谷里的山，高而不高，象征谦逊。前一卦描述了合象的壮观。此卦中易经作者的目光从合象返回阴阳二象，才发现合象并没有真正把阴阳二象合在一起，而只是代表了阴阳的合一，所以只有依靠阴阳二象才能作为合象存在，明白了成功后要保持谦逊（任何人的成功都建立在前人基础上）。谦逊就能亨通。有地位者保持谦逊就会有好结果。太极产生合象后返回阴阳二象，以便把阳阴合三象统一为太极全象。谦描述的就是这个转移。

第一到第四爻描述了保持谦逊的各种方式和好的结果。但六五说"不富以其邻，利用侵伐，无不利"，亦即如果我国不富是因为邻国（的不义之举），那么我就可以攻伐它，没有任何害处，暗示谦逊者也可以有阳刚的行动。上六说"鸣谦，利用行师征邑国"，亦即有好名声（鸣）而依然谦逊，就有利于平定国内（叛乱），暗示谦逊者的阴柔也可有利于阳刚的行动。合象的谦逊隐含阳刚和阴柔两面，说明合象在阴阳二象面前一味谦逊是不合理的，因为合象毕竟兼有阴阳二象的特性；但此特性终究来自阴阳二象，所以最终的暗示就是把阳阴合三象分开看待是不合理的，应该把它们看成一个整体（向下一卦过渡）。易经此处隐含的思维十分精妙。但如果"以爻解易"，就可能产生这样的解读：六五以阴柔居君位，虽然不富，但可以左右上下两个相邻阴爻，不过它的阴柔可能让它们不服，不服就可以攻伐它们；上六阴爻居阴位是当位，可以用兵，同时与九三阴阳相应，所以鸣叫呼唤谦逊的九三相助，但又被六四和六五所隔，所以只能平定国内的叛乱……这种"以小观大"的解经方式完全遮蔽了易经所思之物。反之，如果我们凝神注意易经所思之物，就有可能"以大观小"，在生活中随时随地体会阳阴合的微妙关系，而不必局限在攻伐之类的事。太极全象的发展既然对应人在世界中的活动，这种体会和应用就是有道理的，而且阳阴合都是无形大象，在不同场合不同时机可能有不同表现。我们岂能将生生不息的易经精神窒息在六爻的形式化关系中！

☷☳ **豫第十六：利建侯行师。**

下坤上震：雷在地上。雷在地上炸响起来，如同突然爆发的欢乐（豫即欢乐）。易经作者跟随太极发展的脚步，恍恍惚惚体会到，太极从合象返回阴阳二象，综观三象，发现已经得到完整的太极全象，大喜过望，忍不住爆发出极度欢乐，如同惊雷一般在地上炸响。"利建侯行师"就是利于建立诸侯国或出兵作战，因为惊雷的力量遍及全地，可以征服一切。

爻辞描述欢乐从低级向高级的发展过程，直至（六五）占卜问病而发现可以长久不死（暗示太极全象克服了三象的缺陷），于是（上六）欢乐到发昏（冥豫）。但上六已经准备进入下一卦（自我收敛），所以接着说如果有所改变（成有渝，即实现变化）就会无咎。

☱☳ **随第十七：元亨，利贞，无咎。**

下震上兑：雷在泽下。说明（雷）开始收敛自己，深藏不露。易经作者跟随太极发展的脚步而体会到，太极全象中的阴象尚未实现"能生"的本性，因此不再欢乐到发昏，而是开始收敛锋芒，准备进入下一步发展（在阴象中生成八卦）。"随"就是自我收敛，凡事随人随时。这种行为方式符合太极的自然运动（大道），故"元亨，利贞，无咎"。

爻辞描述了在不同情形中随人随时，不计得失，以诚信随道而行的方式。最后一爻描述了周文王被纣王拘囚，但又被放掉，在西山祭祀酬谢天神，暗示太极全象即将被收入阴象，如同拘囚其中，但会因此发展出八卦六十四卦，最终会回归太极而感激曾经有过的艰难发展历程。传说周文王被拘囚时演绎了六十四卦，和此处的暗示确有呼应。

4. 太极全象生成八卦（收）

"收"和"藏"两个步骤还剩下 11 卦可用。最初的考虑是二者各用 5 卦描述，所以问题在于剩下的机动卦应该归到哪个步骤。把太极全象收入阴象（生成八卦）是变化非常剧烈的发展，而把八卦藏入每一卦（生成六十四卦）只是重复了八卦。所以，最合理的做法就是把机动卦归到"收"，用它来描述太极全象被收入阴象时发生的剧烈变化。易经于是分别用 6 卦和 5 卦来描述"收"和"藏"。机动卦变成了"收"中的"蛊"。

☶☴蛊第十八：元亨。利涉大川。先甲三日，后甲三日。

下巽上艮：山下有风。风本应在天上吹，却被压在山下（山谷中），必须反抗山的压迫，清除其毒害（蛊即"毒害"）。太极全象（阳阴合三象）被收入阴象等于被否定（阴的本质就是"自异"）。正是这种否定才导致它生成的三个真象构成了八卦（否定使每个真象有阴阳两种可能属性，其组合方式共八种）。太极全象在它生成的八卦中被否定，就像父母被孩子否定（孩子对父母的否定即反抗压迫，清除毒害）。蛊卦表达的就是"否定"在"收"中的开路作用，故"元亨，利涉大川"。根据干支纪日法，先甲三日即辛壬癸三日，后甲三日即乙丙丁三日。易经的作者显然隐隐约约地体会到了八卦的形成方式，即三象被收入阴象中，经过否定而形成八卦。先甲三日对应收入阴象前的三象；后甲三日对应收入阴象后的三象。甲乃十天干之首；从先甲三日跳到后甲三日等于从十天干循环的末尾跳入下一轮循环，是从旧入新，反映了否定在形成八卦中的作用。可见甲日的选择不是随意的。

爻辞描述了如何清除父母留下的错误。阴象被收入自己中不是一种彻底否定，而阳象被收入阴象中就被彻底否定了。所以爻辞中只有一次（九二）提到清除母亲的错误，却一而再、再而三地说要清除父亲的错误，毫不宽容。上九说"不事王候，高尚其事。"清除父亲的错误后，不再侍奉王侯，而以自己的事业为最高尚的事，暗示反抗了父亲的权威后，孩子终于成长为像父亲一样的人（八卦成了太极的真象），可以独立自主甚至统治天下了。

☷☱临第十九：元亨，利贞。至于八月有凶。

下兑上坤：地下有泽。蛊突出了"否定"在形成八卦中的作用。临才正式描述八卦。阴象俯临在自己中产生的八卦，如同地俯临所容纳的泽。这是八卦初生之时，是后面所有发展的开端，故"元亨，利贞"。八卦的生成本来只是一个单纯的步骤（八个卦是同时形成的），但易经有5卦可用来描述此步骤，故描述初生之八卦的临就只突出从阴象俯临八卦，而不进入八卦的细节。虽然如此，"至于八月有凶"暗示后面进入八卦细节时会有凶险（阴阳交错而有肃杀之气。"八月"既代表八卦也代表秋天肃杀之气。甚妙）。

爻辞以君王俯临民众为例描述俯临方式的发展。最后一爻指出以敦厚俯临民众是吉祥的，亦即应当诚心诚意体察民情，不能只是高高在上，暗示下一卦将开始考察八卦。

☴☷ 观第二十：盥而不荐，有孚颙若。

下坤上巽：风在地上。阴象观其所含的八卦。风俯临大地而吹遍每个角落，仿佛在以无形之眼观察世界。"盥而不荐，有孚颙若"意为祭祀开始时以酒灌地（盥），尚未进一步献牺牲于神（荐），但已表现出诚信（有孚）和敬仰（颙）。这是指观察八卦的目的是为了把八卦把握为太极真象（真象有诚信，太极可敬仰），暗示从阴象向下进入八卦最终是为了向上返回太极。易经在体会太极发展过程时始终保持整体视野，故能上能下，能进能出，穷则变通，永不迷失，这是易经精神最伟大的地方。黑格尔把这种精神在思辨中发展到了极端，但其整体视野从一开始就被思辨所束缚，所以无法从思辨的自我缠绕中走出来。

爻辞描述了观察从小范围到大范围的发展，直至观我国（九五）和其他各国（上九）的生活状况，暗示观察八卦时既要进入每卦也要兼及他卦，而正是兼及他卦的观察把八卦的阴阳交错凸显了出来。

☲☳ 噬嗑第二十一：亨。利用狱。

下震上离：雷上有火。太极观察八卦的关系，发现阴爻和阳爻既分离又组合，阴阳交错而有肃杀之象（生长收藏的物化就是春夏秋冬。所以秋天有肃杀之气）。易经用雷上有火来代表阴阳交错。雷霆放射出闪电火花，说明阴阳的结合十分迅猛，其威力可摧毁很多东西。"噬嗑"就是上腭下颚合拢来咬东西，如同雷与火的交错。虽然阴阳交错而有肃杀之象，但这就是八卦相互关联构成完整太极真象的方式，故亨通，且有利于通过刑法解决问题。

八卦的阴阳交错不仅表现在八卦之间，也表现在卦的内部。八卦中除乾坤外其他六卦都内含阴阳两种爻。所以噬嗑的六爻刚好可用来描述六卦的内部阴阳交错。八卦按从阳至阴的发展顺序排列是"乾兑离震巽坎艮坤"，所以"兑离震巽坎艮"对应的阴阳交错就分别用第一到第六爻来描述。第一爻描述遮住了脚趾的脚镣，对应低下的泽（兑）。第二爻描述肤被咬鼻被灭，就像火（离）烧裂了皮肤，烧掉了鼻子。第三爻描述吃风干的陈年腊肉而中毒，就像大祸如雷（震）突然降临。第四爻描述吃带骨的干肉得到铜箭头，暗示飞箭如风（巽）射入骨头。第五爻描述吃干肉得黄金，即肉中包着黄金，类似坎☵的形象。第六爻描述（犯人）负荷着遮耳的枷，如同沉重的山（艮）压在肩上，同时暗示肩枷戴起来像一种装饰（因为下一卦将要讲装饰）。这些描述虽然有一定任意性，但还是可以看出与六卦的对应，说明易经作者已经按从阳至阴的顺序排列了八卦。

☶☲ 贲第二十二：亨。小利有攸往。

下离上艮：山下有火。太极完成了对八卦相互关系的观察，开始返回八卦整体。八卦的阴阳交错造成阴阳关系的多样化，仿佛是其整体（完整太极真象）的装饰。易经用山下有火代表装饰（火往山上烧，仿佛是山的装饰。贲即装饰）。从八个卦到其整体的运动是从散乱到有序，故亨通，且利于出行，不过这种运动化繁为简，仿佛路越走越窄，所以只是小利出行。

爻辞描述了装饰逐渐淡化而返回素朴（从八卦多样性返回八卦整体）的过程。上九的"白贲"指的是只有素色没有材料的装饰，暗示装饰即将彻底脱落。

☶☷ 剥第二十三：不利有攸往。

下坤上艮：山下有地。剥代表从八个卦返回整体的运动已最终完成，因为无法继续前进，所以不利于出行。易经用山下有地代表剥，如同大火烧过后，山的表土剥落地面（火烧山好像是在装饰山，其实也是在褪去它的装饰）。

第一爻到第四爻描述了剥的发展过程。太极从八卦返回整体后，发现八卦中每一卦都和八卦整体一样是太极真象，才明白这种返回失去了每一卦的自足性。这是剥完成后的发现，所以六五接着说（王后率领）嫔妃按次序轮流侍寝君王，就不会出现什么麻烦，暗示君王应该把每个嫔妃都当作是王后的化身（就像每一卦都和八卦整体一样是太极真象）。上九说有了丰硕的果实却不吃（不让人民吃），君子有马车可乘，老百姓只能剥掉房子（来换取食物）。仅仅把八卦整体当成太极真象对其中每个卦都是不公平的，就像君王贵族把丰收果实都归给自己，不留给老百姓一样。八卦整体既同于每一卦，又异于每一卦。这个矛盾在剥卦中暴露无遗。要解决这个矛盾，必须把八卦整体藏入每一卦中，让每一卦产生八个子卦，这样每一卦就真的和八卦整体一样了。到此为止，"收"的阶段结束，准备进入"藏"的阶段了。因为是阶段性的过渡，所以用了两爻来描述。

5. 八卦生成六十四子卦（藏）

现在 26 个别卦中只剩下最后 5 卦可用来描述"藏"这个阶段。由于已经没有其他卦可供选择，所以只能巧妙地排列 5 卦的顺序来描述"藏"的发展过程。虽然易经在这里仍然尽可能使八卦对应的自然现象可以派上用场，但有些卦纯粹是把前面的卦反转或阴阳颠倒得来的，所以我们首先应该从前面的卦来理解其意义，而不必强求其八卦对应的自然现象还能有意义。

☷☳ **复第二十四**：亨，出入无疾，朋来无咎。反复其道，七日来复。利有攸往。

下震上坤：雷在地下。复是把剥上下反转得到的反卦。剥是从八个卦返回到八卦整体。如果反过来把八卦整体藏入每一卦，就可以生成六十四个子卦。这是为什么易经把剥反转作为描述"藏"的第一卦。由于六十四子卦是八卦自我重复的结果，所以卦名为"复"。剥中八卦从散到聚产生的矛盾通过从聚到散的反运动得到了疏通和解决，所以不但亨通，而且出入皆无毛病，朋友来聚也不会有问题。前面分析蛊时曾指出，"先甲三日，后甲三日"暗示太极三象被收入阴象中，经过否定才形成了八卦。甲日加上前后三日共七日，所以这里直接说"反复其道，七日来复"，因为要强调的已经不是太极三象被收入阴象的前后变化，而是重复八卦的产生过程来得到六十四子卦。从母卦生出子卦是十分顺畅的发展，故利于出行。此卦既然是把剥上下反转得到的，其意义就已经被剥的反运动决定。不过，反转后刚好出现雷被隐藏在地下的形象，可以用来代表"藏"的意思。下一卦利用了这个巧合。

第一到第五爻描述了"反复其道"的各种方式，结果都是好的。但最后一爻则指出迷失方向之后才被迫复归，有大灾，大败，以至于十年内都不能再出征，以便过渡到下一卦所主张的不轻举妄动。

☷☰ 无妄第二十五：元亨，利贞。其匪正有眚。不利有攸往。

下震上乾：天下有雷。八卦生六十四子卦模仿了太极生太极全象的过程，使太极的自我生成达到了"象与原象相同（都是八卦）"的最高境界，无法再继续发展下去，所以不要再轻举妄动，此即"无妄"。发展达到了顶点，所以"元亨，利贞"。既然发展出了太极终象（六十四子卦），任何企图不同于此终象的发展皆非正道（匪通非）而有灾祸（眚），故此卦不利出行。剥反转后得到的复刚好有雷被隐藏在地下的形象。所以易经就利用这个巧合，在剩下的卦中选择了下震上乾（天下有雷）的卦代表无妄，因为雷本属于天，现在从地下返回天位是回归到其恰当位置，不应再轻举妄动。

爻辞描述了不轻举妄动，听任自然就有好处，即使有灾难也局限在邻里间的小事。最后一爻则告诫不要轻举妄动，如果采取行动就有灾祸，什么也得不到，暗示如果不轻举妄动就会有所得（所得在下一卦）。

☰☶ 大畜第二十六：利贞。不家食，吉，利涉大川。

下乾上艮：天上有山。太极从六十四子卦返回八母卦，看到六十四子卦被归属到八母卦，八母卦则作为完整的太极真象归属于阴象。阴象收藏了八母卦和六十四子卦而极其富有，所以卦名为"大畜"（大的蓄积）。收藏富有，利于坚守。八母卦中每一卦都有八子卦，构成一个小家庭，但八母卦并不封闭在家中自满自足，而是寄托在富有的阴象，从阴象得到滋养，可以做大事，所以说"不家食，吉，利涉大川"。太极从子卦返回母卦，和前面从母卦发展到子卦的运动方向相反，所以易经就用无妄反转得到的反卦（下乾上艮）代表大畜。另外，大畜的形象是天上有山。前面的小畜是天上有风。风只能飘送云彩，无力化云为雨，代表阴象初生的状态。现在阴象经过发展后变得极其富有，如同高耸入天的大山，把天地万物聚拢在一起。但此卦首先应该理解为无妄的反转。反转后的形象仍有意义是一种巧合。当然，这种巧合也可看成是易经作者对描述太极全象的 26 卦通盘考虑后的选择，因为别卦既然是由经卦重叠得到的，就应该尽可能使别卦的性质与所含经卦的性质相符。

爻辞突出了阴象的"否定"作用。易经作者跟随太极的脚步，从六十四子卦返回八母卦，看到六十四子卦是阴象用其阴性（自异性）否定了太极全象，将太极全象收藏到自己中的最终结果。所以初九指出（阴象）不能再发展下去，接着就把大畜和小畜对比，以便突出"否定"的积极作用。小畜九三曾说"舆说辐，夫妻反目"，指初生的阴阳二象无法紧密结合。大畜九二则类似地说"舆说輹"；九三则指出良马已经跑掉，追不回来了，只能把所做之事坚持到底，暗示从小畜发展到大畜，最终明白阴阳二象的分离是无法克服的（只能让阴阳交错，相互组合）。六四说童牛角上加了防止伤人的横木，六五说阉割后的公猪牙齿不伤人，暗示了"否定"在阴象初生八卦和继续生六十四子卦中的积极作用。上九则说负荷着天空般四通八达的大路，十分顺畅，暗示阴象能生成八母卦（和六十四子卦）是因为它承受了更为宽广通达的东西，即太极全象。

☲☳颐第二十七：贞吉。观颐，自求口实。

下震上艮：山下有雷。易经作者跟随太极的脚步，体会到太极进一步从阴象返回太极全象，看到阴象虽然收藏了八母卦（和六十四子卦），阴象本身却无法自立，必须靠太极全象保持自己，使所收藏的东西得到养育（颐即养）。阴象得到太极全象的支持，所以占卜结果吉祥。前面的观卦是阴象观其所含的八卦。现在阴象观其养育的八卦（观颐），发现要养育这些儿女们自己只能靠太极全象的支持，仿佛自己为自己求粮食（实通食），其实还不是为了养育儿女们。阴象本是太极全象的三象之一。靠太极全象支持就是阴象自己支持自己，借此养育儿女们的方式。易经用下震上艮的卦代表颐是有道理的，因为雷在静止的山下，就像人吃饭时上颌不动，下颌动，可以代表养育。

爻辞描述了太极全象养育八卦（和六十四子卦）的方式。初九说"舍尔灵龟，观我朵颐，凶"，即你有灵龟不用来占卜，却看我怎么吃东西，凶险。这是暗示阳象（你）本来自我同一（有自己事情做），却来关心阴象（我）养育儿女之事，同时又帮不了什么，凶。这是阴阳二象相互吸引但不能合一的表现。六二说"颠颐拂经于丘颐，征凶"。"颠颐"指阴象养儿女（颠颐即颠倒向下养）。"拂经"指阳象违反常理（不养儿女）。"丘颐"指合养（丘即众）。作者把目光从阴阳二象转向合象，发现阴阳不能合一但还是要合一，不利出征。六三说"拂颐，贞凶，十年勿用，无攸利"。"拂颐"是"拂经"与"颠颐"合在一起，代表合象。作者把目光集中在合象本身，发现合象并没有真正结合阴阳二象，不过是代表二者的结合而已，空有其表，占卜结果凶，再等十年还是什么也得不到。六四说"颠颐，吉。虎视眈眈，其欲逐逐，无咎"。作者把目光转向阴阳二象，同时不离开合象，这样合象就仿佛真的结合了阴阳二象，如同母虎在家养儿女，吉祥，同时公虎目光凶猛，欲望无休无止（为母虎和儿女觅食），即使不在家养儿女也没问题。六五说"拂经，居贞吉，不可涉大川"。综观太极全象，刚才看到的其实并不很真实，因为阳象无力同一阴象，所以才需要产生合象来代表二者的合一，但代表毕竟是代表，改变不了阴阳二象相互分离的事实；既然这样，还不如不结合，不养育儿女为好（居贞就是坚守安居，什么也不发展），像这样（阴阳分离）是做不了什么大事。上九说"由颐，厉吉，利涉大川"。"由"指辅助。帮助养育他人，虽然危险（厉）但还是吉祥的，也利于做大事。阴阳不结合，不养育儿女固然会少掉危险，但为了爱他人而做的危险的事终究是好事，最终能成就大事，暗示阴阳结合的问题终究会有解决的办法。易经在这里极为深刻地揭示了太极全象的内在矛盾，值得所有男女深思。

☱☴ 大过第二十八：栋桡。利有攸往，亨。

下巽上兑：风在泽下。上卦已经从太极全象综观阴象内含的八母卦和六十四子卦，故已实际上看到了太极全象最圆满的形式，亦即"太极圆象"。虽然太极圆象是太极最圆满的自我形象，但上卦已经揭示了它包含的内在矛盾。这种内在矛盾说明太极圆象并不是太极本身。太极从其阴生成自我形象是为了解决"太极同于阳而异于阴"的矛盾。坤生成的太极圆象虽然像太极，但它毕竟不是太极而只是太极之象。矛盾仍没有解决，反而生出新的矛盾，这是大的过错。然而这种过错是可以挽回的，因为只要太极圆象返回太极本身，变成和太极相同的第二太极，就可以解决矛盾。栋是房屋最高的横梁。桡指弯曲。"栋桡"就是横梁中间向下垂，弯成近于 V 形（两端代表阴阳二象，中点代表合象，整个弯梁代表太极全象）。横梁弯曲不是小毛病而是大毛病，但卦辞却说利于出行，而且亨通，暗示虽然有大过错，但这种过错可以挽回，而且会出现新的发展。这是描述太极圆象发展过程的最后一卦，所以易经暗示后面即将转生第二太极来解决问题。大过是把颐的六爻阴阳颠倒得到的，暗示解决问题的办法就是让从阴产生的太极圆象返回太极本身（返回本源相当于从阴返阳）。在剩下的5卦中刚好有阴阳颠倒的两卦可用，这不能看成巧合，应该是前面在26卦中进行选择时就预留下来的。易经的整体视野使卦的安排十分巧妙。

爻辞回顾了太极生成圆象的全过程。初六说"籍用白茅，无咎"。祭祀时用白色茅草垫在祭品下，象征先阳后阴，阳象被阴象承接，阴阳各安其位，无咎。九二说"枯杨生梯，老夫得其女妻，无不利"。枯老的杨树长出了新芽，就像老男人娶到少女为妻，暗示后形成的阴象如同少女，与先形成的阳象结合，吉利。九三说"栋桡，凶。"阴阳二象其实没有足够力量结合在一起，其结合点在所生成的合象，就像横梁中点向下垂而使梁弯曲，凶险。九四说"栋隆，吉；有它，吝"。太极全象把自己收集到其阴象中，形成八卦并俯观后者，就像高耸（隆）的横梁俯视下方，吉利；但八卦同于每一卦又异于每一卦（有它），处境艰难（吝），必须继续发展为六十四子卦。九五说"枯杨生华，老妇得其士夫，无咎无誉"。枯老的杨树开花，就像老女人得到了年轻男人，不好不坏。八卦生成六十四子卦之后，从六十四子卦返回自身，又进一步返回所归属的阴象（因为只有六爻，这些步骤就合起来思考了）。九二讲老夫得少妻，是因为阳象先于阴象。这里却反过来，因为阴象先于它收藏的内容，就好像老女人让年轻男人归属自己，阴阳顺序颠倒，但其实是有道理的，所以不好不坏。上六说"过涉灭顶，凶，无咎"。入水过深而淹没了头顶，凶险，但没有问题。易经作者跟随太极从阴象进一步返回太极全象，体会到了太极圆象的内在矛盾，看到太极被淹没在所生之象中，凶险，但只要太极让所生之象返回自己，就能把所生之象转化为和自己相同的新太极，从而解决"太极同于阳而异于阴"的矛盾，这样就不会再有问题。

6. 转生第二太极

太极（乾坤）从自身转生出第二太极（天地），让无形的天和地都内含太极圆象。地中内含的太极圆象由于获得自我否定的额外阴性而成长为宇宙生命。易经接下来要做的就是用坎离两个别卦来描述第二太极的天地。

☵习坎第二十九：有孚维心，亨，行有尚。

下坎上坎：下水上水。坎卦描述太极圆象被包含在第二太极之阳（天）中的情形。被困在阳中的太极圆象只能保持自我同一，无法进一步发展。当无法采取任何行动的时候，诚信（有孚）就全在于内心（维心）。坚定信心就能亨通，实现高尚行为。此卦最特别之处在于"习坎"二字，因为易经所有卦辞都是从卦名开始，只有坎卦在卦名"坎"之前多加了一个"习"字。"习"在古文中指"重复"，因此一般认为"习坎"指"重重险阻"（爻辞中有此说法）。但为什么要在卦名前多加一个"习"字来强调这个意思？这在六十四卦中是绝无仅有的。这个独特的现象引起了历代易学家们的诸多讨论，说法不一。其实这种特殊现象来自坎卦的特殊意义。第二太极是从第一太极转生而来的，是太极的自我重复。坎代表的就是这个重复的开端，所以易经在卦名前特别加上"习"来突出这个新开端的独一无二。

第一至第三爻描述了阴阳合三象被困在阳中的情形（第一爻描述阳象陷入深坑；第二爻描述阴象有危险，只能求小得，暗示阴象有自异性；第三爻描述合象既陷入深坑又有危险，无法有所作为）。但太极圆象来自第一太极，虽然被困在阳中无法发展，还是能得到自己在第一太极中的"前身"的支持。所以六四描述了从窗口送一壶酒、两碗饭给关在屋里的人吃，最终不会有问题（酒饭代表第一太极中的太极圆象。其中，一壶酒代表合象，两碗饭代表阴阳二象）。太极是阴阳合一的，阳的问题会在阴中得到解决。所以九五指出虽然深坑未填，但土丘已平（前进之路已经开辟），没有问题。上六则描述了囚犯被黑绳捆着，关在狱中三年不得释放的凶险之象，暗示被困在阳内部的太极圆象无法采取任何行动，只能等待被释放到阴内部，才能获得自由的发展。

☲离第三十：利贞，亨。畜牝牛吉。

下离上离：下火上火。离卦描述太极圆象在地内部的发展过程。太极圆象从天入地，获得自我否定的额外阴性而成长为具有理物气三界的宇宙生命（宇宙胎儿）。太极圆象获得自由发展，故利于坚守，亨通。地母孕育了宇宙胎儿，所以说畜养母牛吉祥。

爻辞描述了宇宙生命的成长过程。宇宙三界形成的顺序是理界、物界、气界。太极首先把自己投射到理界（宇宙逻各斯）形成自我形象，达到自我意识，思考了自己的一切发展，然后才把自己投射到物界（物化）和气界（气化）。从内容而言，理界最丰富，物界次之，气界更次之。所以易经分别用三爻、两爻、一爻描述理物气三界。离为火而明，正好可用来代表理界的澄明（自我意识）。

初九说"履错然，敬之无咎"。"履错然"即金黄色（错然）的鞋，金光闪耀，代表宇宙逻各斯的自我意识。太极最初只是自发地（无意识地）把自己的发展过程投射到宇宙逻各斯中，直到宇宙逻各斯作为太极发展的最后环节也被投射进来，宇宙逻各斯才达到了自我意识，看到了出现在其自我意识中的太极，仿佛看到太极的金黄色鞋子（因它在太极发展的末端），产生了对太极的"敬"的意识。

六二说"黄离"，即黄色的火，代表太极通过宇宙逻各斯的自我意识而达到的自我意识。因为太极完全意识到了自己，所以用纯粹的黄火来形容。

九三说"日昃之离，不鼓缶而歌，则大耋之嗟，凶"。这是描述太极开始思考自己今后的发展，重点在人类历史。"日昃之离"即太阳偏西时的火（日落的红色）。"缶"是酒器也是乐器（《说文解字》："缶，瓦器，所以盛酒浆，秦人鼓之以节歌。"）"大耋之嗟"即老年人的叹息。九三的意思就是人生有限，历史有终（如日之必落），若不鼓缶而歌，就会像老人一样悲哀叹息，凶险，暗示人类历史的精神就是在苦难中振奋，在悲剧中超越，让快乐永恒的酒神精神（以鼓缶而歌形容酒神精神实在是妙极）。

九四说"突如其来如，焚如，死如，弃如"。这是描述太极把自己投射到物界，产生的宇宙大爆炸如同突然发生的大火灾。大爆炸的温度极高（焚如），仿佛要毁灭一切（死如），但过后就慢慢冷却下来（弃如），逐渐凝聚成微观物质。

六五说"出涕沱若，戚嗟若，吉"。前面已把宇宙大爆炸形容为可怕的大火灾，故此处用滂沱而出的泪雨（出涕沱若）和悲伤叹息的声音（戚嗟若）形容从微观物质形成飞速膨胀的亿万星系。星系的形成完成了太极的物化，吉祥。

上九说"王用出征，有嘉折首，获匪其丑。无咎"。君王出征，不但有斩杀敌人（大获全胜）的喜讯，而且抓获了同党和胁从（丑即同类），暗示物界宇宙大功告成后，与之密切相关，互相对应的气界宇宙也跟着形成了。宇宙生命完成了生长过程，不再有什么问题。由于最后一爻必须过渡到下一卦（进入人类历史），所以用大王出征俘获同党来描述。

当然，以上是我们根据《论太极》中推导的宇宙生命成长过程所做的分析，不是易经作者明确意识到的。易经只能以原始、混沌、神秘的方式，通过模模糊糊闪现出来的意象思考太极的发展，其实是太极在通过人思考自己。所以，我们不能认为古人领悟到了宇宙生命的成长过程，但可以说有一道思想的亮光从太极射出，被恍恍惚惚有所领悟的人写成了筮辞。

（三）易经下篇

易经在周朝形成时就已经分为上篇30卦，下篇34卦。历代解易者都没有对这个区分给予足够重视，更不用说恰当的解释。以上的分析表明，上篇30卦描述的就是太极从第一太极到转生第二太极的发展。因此，我们完全有理由认为下篇34卦描述的就是太极在第二太极中的发展，亦即人类历史的34个发展阶段。下一讲《从太极看世界哲学史》将会从太极本体论出发推演世界哲学史的34个先天位置。易经下篇对人类历史的描述其实是通过描述世界哲学史的34个先天位置实现的。所以，我们无法在这里分析下篇34卦（这种分析只能在下一讲之后再补充）。但只要肯定易经下篇思考的是人类历史，就足以让我们对比易经和希腊神话的历史思考，因为希腊神话思考的不是历史的阶段性发展，而是十种历史活动的区分。现在，就让我们跳过易经下篇，直接转向和易经同时产生的希腊神话。

二　希腊神话中的原始思考

（一）神话思维

读过希腊神话的人，一定会对其"神人同形同性"的特点留下深刻印象。诸神和人一样有身体、思想和感情，女神还可以生出新的神。诸神是永生不死的，比人更有影响世界的力量，但除此之外似乎和人没有太大的区别。然而，这些诸神又以种种不同方式代表超越人的事物（如混沌神卡俄斯、大地女神该亚、时光大神克洛诺斯、神与众人之父宙斯等）。希腊神话实际上是在用人的形象思考一切事物的本源及其发展。这种神话思维并不仅仅出现在希腊神话。例如在中国有"盘古开天地"的神话，在古埃及有"拉神开天辟地"的神话，都同样是用人的形象去思考世界的起源（虽然方式和希腊神话有别）。世界各民族都有自己的创世神话，都试图用出现在世界中的某些现象（通常是人的形象）来思考事物的本源及其发展。这种"以小思大"的思维方式就是神话思维的根本特点。

希腊神话和希腊宗教密切相关。原始人类在发展语言后就开始形成诸神崇拜，其崇拜的对象可能是日月雷电、山精树怪等自然神灵，也可能是某些神奇的动物或有巨大魔力的鬼怪等等。这种原始崇拜来自原始人类在良心中隐隐地感受到的一种呼唤，也就是来自人心的根源（天志）的呼唤。但由于人对天志没有先天领悟，所以人只能把呼唤者理解为来自某种对世界有重大影响的具体事物，从而产生了神灵的形象（参见《语言与世界》）。良心中的"内疚"因素使人们觉得亏负了神灵，而产生献祭、祈祷等行为，形成了原始宗教。在中国，原始宗教的敬拜活动被逐步发展为"礼乐"，而敬拜的对象也从周朝开始集中到"天"上。但在古希腊，原始宗教的敬拜对象始终保持"诸神"的形象，并且不断地被人格化。到了荷马时代，诸神的"神人同形同性"已经被希腊人广泛接受，并形成了完整的神谱。荷马史诗（《伊利亚特》和《奥德赛》）虽然主要讲述的是发生在人间的故事（特洛伊战争及之后的一些故事），但也同时描述了诸神如何插手人间事物，并着重描述了以宙斯为首的奥林匹斯诸神。比荷马稍晚的荷西俄德则写下了包括旧神体系和（奥林匹斯）新神体系的《神谱》，使希腊神话的谱系基本上确定下来。荷马史诗和《神谱》成为希腊的正式宗教"奥林匹斯宗教"的主要经典，对希腊文化的发展起到了奠基性的作用。

但神话和原始宗教有不同的本质。神话的本质不是通过敬拜诸神形成人类社会，而是通过一些传说来解释世界和人类的起源。神话的本质更接近于哲学，因为它是对本源（太极）及其发展的一种思考。然而它的思考是通过具体形象进行的，因此其中隐藏的哲学思想需要通过阐释才能显露出来。神话传说常常有比较高的艺术性，读起来美不胜收，但它们的形成原则并不是美而是真。追求美的艺术允许任意的虚构，而在神话的形成者、传播者和信仰者看来，神话是完全真实的，是解释世界和人类起源的真理，这种虔诚的态度和今天人们把神话作为"虚构"来研究的态度是很不同的。世界各民族的神话都试图通过某些具体形象来思考本源。很多古代民族正是通过神话才第一次通达了本源；神话就是他们赖以安身立命的原始思考。希腊人正是在其神话谱系的不断完善、不断成熟过程中才逐步形成了一个统一的希腊民族。与之形成对比的是，中国人的原始思考是通过易经发展成熟的。虽然中国也产生过不少神话，这些神话并没有像希腊神话那样形成一个完整的谱系，更没有像易经那样成为中华民族赖以安身立命的基础。因此，和希腊神话对应的不是中国神话而是易经。

易经和希腊神话差不多在同一个时期形成，都同样对民族文化起到了奠基作用。但一个是占筮思维，另一个则是神话思维；所思之物是都是本源及其发展，思考的方式却很不同。这个不同反映了中国人和希腊人在哲学思考上的不同倾向。中国人在哲学中承担的历史天命是发展对本源的思考。易经的形成是这个天命的初步实现。儒家和道家则是这个天命的进一步发展。因此，中国人天生的思维倾向是"以大观小，以小显大"。西方哲学可以看成是从大道转入小道，在穷尽了逻各斯的发展之后重新返回大道的过程。这个过程的开端就是希腊哲学。希腊哲学注重"存在"和"逻各斯"。"存在"在希腊人的思考中包含"在场"、

"出现"、"涌现"等意思，指的其实就是大道从地敞开出世界的运动。因此，希腊人倾向于把一切出现在世界中的、在场的东西（存在者）都看成是从隐到显，生生不息地涌现出来的。虽然希腊哲学出现在荷马时代之后，但希腊人既然承担了发展这种哲学的历史天命，其天生的思维倾向就是适合这种哲学的。所以，当世界各民族开始对本源（太极）进行思考时，希腊人的思维倾向使他们单纯从"生"的角度理解太极的发展——太极的每个环节就像从地涌现到世界中的生命一样是"生出来"的。这种原始思考自然而然地利用神话中各种神灵的出生来思考太极的发展，把某个环节到下个环节的发展理解为某个神灵生出了另一个神灵，同时把不同环节之间的关系理解为神灵之间的爱慕、结合、分离、纠缠、斗争、分工等人格化的关系。以这种方式思考第一太极，就形成所谓的"旧神体系"，而对第二太极的思考则产生了"新神体系"。希腊神话因此比一般的神话更为深刻、更为系统地思考了太极（对逻各斯的注重是希腊神话能如此深刻系统的另一原因）。但这种神话思维也有其天生的缺陷，因为它用具体的形象去思考本质上无影无形的太极发展过程，而且它注重的只是从地敞开世界的运动（包含了生命的"出生"运动），这样就必然导致对太极的理解有所偏差。

下面就让我们看看希腊神话是如何用诸神形象来思考太极的。我们关注的仅仅是隐藏在希腊神话中的原始思考，因此我们必须对神话的材料有所取舍。希腊神话中最终参与了正式希腊宗教的是其"新神体系"，其核心是以宙斯为首的奥林匹斯十二主神。但十二主神全部都来自旧神体系。旧神体系描述了从天地最初形成一直到宙斯反抗其父辈祖辈，最终建立奥林匹斯新神体系的过程。所以，我们所要分析的就是从最初的"混沌神"开始到奥林匹斯十二主神的谱系发展，这样就必须忽略一些不是十二主神祖先的神灵。希腊神话不但是对其原始神话的发展，而且在发展过程中吸收了一些其他民族（包括东方民族）的神灵。但不管这些神灵来自何方，在加入希腊神话时发生了何种变化或融合，其最终形成的形象和故事其实是来自希腊人对太极的原始思考。因此我们只需要综合论述最终形成的成熟的神话体系，而忽略诸神灵在历史上的起源和变化。至于成熟的体系中有些细节有不同的版本，就采用最被普遍接受的，或最能反映原始思考的版本。由于神话思维用具体形象去思考太极，而且神话是以传说的方式集体产生的，因此虽然其中隐藏着对太极的原始思考，这些原始思考往往是"知其然而不知其所以然"。所以，我们在下面分析出来的结果不是古希腊人在形成、传播和信仰其神话时明确意识到的内容，而只是我们从其神话体系中挖掘出来的原始思考，是从太极出发对希腊神话的一种哲学解读。

（二）旧神体系

1. 太极

最先产生的确实是卡俄斯（混沌），其次便产生该亚——宽胸的大地，所有一切的永远牢靠的根基，以及在道路宽阔的大地深处的幽暗的塔耳塔罗斯、爱神厄罗斯……从混沌还产生出厄瑞波斯和黑色的夜神纽克斯；由黑夜生出埃忒耳和白天之神赫墨拉，纽克斯与厄瑞波斯相爱怀孕生了他俩。[1]

太极作为本源是混沌的。混沌就是"混而为一"的状态。"混而为一"不等于没有内在差异。太极的内在差异就是阳和阴（乾和坤）的差异。但太极的阴阳是同一事物的两面，而不是两个分开的事物（在具体事物中的阴阳则相对有所分离）。所以，从具体形象出发的神话思维无法把握乾坤的内在差异，而只能把握天地的内在差异（因为天地把自己显示在具体的天空和大地）。既然把握不住乾坤的内在差异，就只能把乾坤思考为完全"混而为一"的状态。所以，世界各地的神话传说通常都认为本源是完全混沌的，在"混沌初开"之后，天地的区分才显示出来。但希腊神话的独特之处在于它并不认为"混沌初开"之后出现的是天地的区分，而是首先从混沌中产生出"地母"该亚，后来才从该亚生出了包括"天父"在内的其他诸神。这说明该亚不仅是地母，而且还代表比天更早的坤母。但神话思维只能从具体可见的大地去

---

[1] ［古希腊］赫西俄德：《神谱》，张竹明、蒋平译，商务印书馆2013年版，第30—31页。

思考无形的坤母，因此把该亚当作比混沌神晚出的女神。由于该亚是大地女神，和大地密切相关的地狱、黑暗、黑夜也被当成混沌所生。塔耳塔罗斯即地狱深渊神。厄瑞波斯（黑暗神）和纽克斯（夜神）兄妹结合，生出了埃忒耳（太空之神）和赫墨拉（白天之神）。从夜生昼相当于从阴生阳，分享了该亚的特性。

爱神厄罗斯代表了太极隐含的内在运动，即"阳、阴、合"回旋运动。乾坤的内在运动是最原始意义上的阴阳交合。太极的一切发展都可以看成是它被释放出来的结果。浓缩了太极发展过程的性爱以亲吻为前奏，就是因为亲吻浓缩了乾坤的回旋运动；性交则浓缩了天地的回旋运动。因此，厄罗斯被认为是爱欲与性欲的化身，代表了最原始的创生力。希腊哲学以大道敞开世界的运动（存在）为主要所思之物，因此古希腊人对有创生作用的太极内在运动非常敏感，导致对爱欲与性欲的痴迷和崇拜。另一方面，婚姻和家庭在古代主要代表"天地合"所具有的世代生成作用（在中国的表现即儒家对婚姻和家庭的重视）。对古希腊人来说，厄罗斯代表的爱与性是更原始的，因为它直接来自一切事物的本源。所以，古希腊人并不很看重婚姻和家庭（包括守在家中的妻子），却对纯粹的爱欲和性欲，以及与之密切相关的身体美有着几近疯狂的迷恋，其民族性格也因为体会到本源的内在创生运动而如同天真的小孩。正是这种对身体美的迷恋和小孩般天真的性格塑造了令人惊异的古希腊艺术。①

但是厄罗斯并没有恰当地代表太极的内在运动。其原因在于代表太极的混沌神是"混而为一"的，其内在阴阳差异被遮蔽。混沌神的"生"其实是无性生殖。虽然从混沌神而来的厄罗斯代表了"阳、阴、合"的回旋运动，隐含了有性生殖，但阴阳差异的遮蔽使厄罗斯代表的爱与性变得混乱，亦即笼统地代表爱欲和性欲（更容易倾向缺乏差异的同性），遮蔽了爱与性实现太极阴阳合一的本质。所以，古希腊人对爱

---

① 古希腊艺术的主要根源是希腊神话和原始宗教。哲学的贡献则在于对存在的关注。因此当希腊哲学从苏格拉底开始把目光从存在和诸神转向理性神的时候，古希腊艺术就开始走向衰落。

与性的理解从一开始就包含了性别方面的混乱，再加上厄罗斯代表的爱与性被看成比婚姻和家庭更原始，导致男人之间的"爱"和"性"在古希腊蔚然成风，甚至被当成比男女之爱和性更高尚。总之，虽然希腊神话深刻地洞察了爱与性直接来自乾坤，因而超越天地间一切事物的原始性，但也同时遮蔽了爱与性的真正本质，使西方文化对爱与性的理解从开端处就包含了混乱。这种混乱后来被基督教对男女之爱的理解所掩盖，但在基督教衰落的西方现代社会又以新的方式重新出现。这是我们在吸收西方文化时不能不特别地加以批判和澄清的。

2. 太极生成阴阳二象（生）

大地该亚首先生了乌兰诺斯——繁星似锦的皇天，他与她大小一样，覆盖着她，周边衔接。[①]

地母生出了自己的配偶——天父。这种违背常理的原始思考不是偶然产生的。地母该亚代表太极之阴，太极之阳则隐藏在混沌神中而没有被分离出来。因此，和地母相匹配的男神（代表太极之阳的天父）无法和该亚一起被思考。当原始思考进入太极之阴生出的阴阳二象时，这个男神才借着（和阴象分离的）阳象第一次得到了思考。代表太极之阴的该亚也因此而被混同于阴象。所以，这个借着阳象出现的男神既是该亚（代表太极之阴）所生的，又和该亚（代表阴象）配对构成"天父地母"。这种思维方式混淆了第二太极的天地和第一太极中的阴阳二象。但神话思维只能用第二太极中的具体形象去思考第一太极。这是我们理解希腊神话时必须特别注意的。

3. 太极生成合象（长）

地母该亚生出天父乌兰诺斯后，"乌兰诺斯攀上高山，俯视该亚，把具有丰饶生殖力的雨水洒向该亚的阴部，使之受孕，产出草木花卉

[①] ［古希腊］赫西俄德：《神谱》，张竹明、蒋平译，商务印书馆2013年版，第31页。

和鸟兽。这雨水也使沟壑满溢，形成溪流，并在低洼处形成湖泊和海洋"。①

这是通过"天地合则万物生"来思考"阳象与阴象结合产生合象"（"合象"被思考为"万物"）。其实这是两种不同的阴阳结合。但既然天父和地母分别代表了阳象和阴象，通过前者的结合思考后者的结合就很自然了。《天地与万物》指出雨水从天向地、从地向海洋的流动物化了天地阴阳交合之道。《论太极》进一步指出，天地交合的方式就是天内含的太极圆象（宇宙之精）进入地中，成长为宇宙生命。这在《易传》中是用"云行雨施，品物流形"（《象·乾》）和"天地氤氲，万物化醇。男女构精，万物化生"（《系辞下·五章》）描述的。中西的原始思考在此有异曲同工之妙。但该亚和自己的儿子乌兰诺斯生育后代，这种"乱伦"的思想是中国古人不会产生的。

乌兰诺斯和该亚生出了三个独眼巨人（分别代表霹雳、闪电、雷鸣）和三个百臂巨人。②

三个独眼巨人统称"库克罗普斯"即"圆目"或"车轮眼"。他们代表了万物从天空得到的力量（巨大的"圆目"象征向下俯视的天空）。三个百臂巨人统称"赫卡同克瑞斯"即"百臂怪物"。他们代表了万物从大地得到的力量（"百臂"象征大地极其多样的生机）。既然"天地合则万物生"，万物的力量终归来源于天地。但在旧神体系中，"天"、"地"、"万物"同时又代表"阳象"、"阴象"、"合象"。合象不能单独作为合象存在，因为它并不包含阴阳二象，而只是代表了二象的合一。所以合象的本质是一（合象）又是三（三象的综合）。从这个

---

① 王晓朝：《希腊宗教概论》，上海人民出版社1997版，第40页。为了统一"Uranus"的译名，原文中的"乌剌诺斯"改为"乌兰诺斯"。
② 这里和下面描述的希腊神话综合了多种来源。除赫西俄德的《神谱》和王晓朝的《希腊宗教概论》外，还参考了曲厚芳和于凤湘编著的《希腊神话》（山东人民出版社2010年版）等资料。

角度出发，三个独眼巨人和三个百臂巨人都是"一而三，三而一"（各有三个，但有统一名称）。

这些巨人怪物所代表的合象是对阴阳二象的发展，但同时也暴露了阳象无法同一阴象的事实（正因为阳象无法同一阴象，太极才不得不产生合象来弥补）。这就是为什么希腊神话说（代表阳象的）乌兰诺斯非常不喜欢他和该亚生的这些巨人怪物，把他们通通塞入大地的最深处（地狱），不让他们看到阳光（把他们推离自己，推向该亚）。这些巨人后来被乌兰诺斯的孙子宙斯解放，在宙斯反抗父辈祖辈的战斗中发挥了重要作用。

4. 太极全象生成八卦（收）

乌兰诺斯和该亚生出了十二提坦神，包括六男六女，相互配成对。

十二提坦神在旧神体系中占有核心地位，同时也是通往新神体系的关键（第六对提坦神克洛诺斯和瑞亚生出了宙斯）。它们代表的并不是合象，而是太极全象产生的八卦。太极全象包含的阳象、阴象、合象分别对应天父乌兰诺斯、地母该亚、天地之间的万物。太极全象把自己收到其阴象中，生成了八卦，这个过程被思考成了天父地母在天地之间交合生出了十二提坦神。为什么不生出八个提坦神（象征八卦）而生出十二个？因为该亚和自己的儿子乌兰诺斯结合所生的子女具有一半的"孙子"特性。这种特性的表现就是从八卦再生出一半（四卦），因此对应十二个子女。十二个子女被分为六男六女，相互配对，构成一个类似八卦整体的"太极真象"。所以十二提坦神就是希腊神话对八卦的原始思考（乱伦因素使八变成了十二）。

该亚因为乌兰诺斯把他们生的巨人塞入大地深处，不许他们看到阳光而非常难过，号召她的儿子们惩罚父亲。十二提坦神中最小的儿子克洛诺斯（时光大神）勇敢地响应了母亲的号召，用母亲给的镰刀阉割了父亲乌兰诺斯，把割下的男根抛入大海。克洛诺斯因为推翻了乌兰诺斯而顺理成章地成了第二代天父。他的妻子瑞亚则成了第二代地母。

这个故事以神话的方式思考了"否定"在太极全象生成八卦中的作用。太极全象把自己收入阴象中等于被否定（阴的本质是自异）。前面对易经的分析已经指出，阳象必须被彻底否定才能被收入阴象。描述八卦生成过程的"蛊卦"不断提到的"干父之蛊"，就是要清除父亲留下的错误，而且毫不宽容。类似的原始思考在希腊神话中表现为克洛诺斯响应该亚（阴象）的号召，用她给的镰刀阉割了父亲，否定了父亲的阳性（生殖能力）。当然，还是"干父之蛊"比较人道一些。大畜六五的爻辞也用阉割后的公猪牙齿不伤人来暗示"否定"的作用，但阉的是公猪而非父亲大人！不过，希腊神话中这种"丧尽人伦"的行为事出有因：既然它用"生"来理解太极的发展，发展所需要的否定性就自然地采取了阉割的形式。克洛诺斯代表八卦的阳性，从而代表阳象的自我否定（因此他是时光大神，时间的本质就是自我否定）。为什么否定天父的是最小的儿子克洛诺斯？因为越是晚出生的儿子就离父亲越远（越发展离根源越远）。克洛诺斯离父亲最远，所以能够彻底否定父亲并取而代之，其妻瑞亚（代表八卦的阴性）也因此成了新一代地母。这说明太极全象在阴象中生成八卦的过程被彻底完成了。

5. 八卦生成六十四子卦（藏）

克洛诺斯和瑞亚生下了三男三女。克洛诺斯担心儿女们会模仿他，推翻他的统治，所以把最先生下的五个子女全都吞到了肚里。瑞亚悲痛不已，恳求父母救救她的儿女们。乌兰诺斯早就想借孙子的手报复儿子，所以和该亚商量出"以石换婴"的计谋。瑞亚的第六个孩子快出生时，该亚把她送到一个岛上藏起来，直到孩子生下，交给山林水泽女神代为抚养。当克洛诺斯向瑞亚要孩子时，瑞亚把包裹着石头的襁褓给了他，克洛诺斯看都不看就吞到了肚里。第六个孩子因此幸免于难。这第六个孩子就是宙斯。宙斯长大后知道他的哥哥姐姐都被父亲吞在肚里，就悄悄地把催吐药放在水中骗父亲喝下，结果克洛诺斯把吞下去的五个子女全都吐了出来。宙斯因为解救了哥哥姐姐而被他们拥为大哥。

宙斯对父亲的反抗重演了其父对祖父的反抗。但第一代天父乌兰诺斯生了十二提坦神，而第二代天父克洛诺斯只生了宙斯六兄弟姐妹。为什么不重复"十二"而把它变成"六"？十二提坦神代表的是八卦，因此他们的子女代表八卦所生的六十四子卦。六十四子卦是八卦整体把自己藏到每一卦中的结果。因此按理十二提坦神中每个都应该单独生出十二个子女。但希腊人的神话思维用提坦神之间的男女配对来表现八卦的阴阳结合。一男一女的结合才生出后代。这样每个提坦神产生下一代的能力就减半了，即每个提坦神只能生六个孩子。这个规则并没有被普遍应用，而是主要用在了克洛诺斯和瑞亚身上，因为他们作为第二代天父地母代表了八卦的阳性和阴性。所以，克洛诺斯和瑞亚总共生了三男三女，其中最小的儿子宙斯自然而然地成了父亲的否定者（六十四卦的生成重复了八卦的生成，这在易经中是用"复卦"描述的）。

为什么克洛诺斯会把孩子吞到肚里？这一方面是模仿第一代天父不愿见到孩子的特性，同时也是因为八卦整体把自己藏入每一卦中，意味着八卦中每一卦都可以作为母卦产生子卦，因此克洛诺斯没有像其父乌兰诺斯那样把巨人怪物塞入妻子（大地）深处，而是把和瑞亚生的孩子"藏"入自己的肚子中（这是实现其生殖能力的一种特殊方式）。宙斯的反抗也因此有所不同，不是阉割父亲而是让父亲把吞到肚里的子女吐出来，暗示父亲的生殖能力被否定了。

宙斯救出五个兄姐之后，又率领他们与父亲克洛诺斯及其同辈（其他提坦神）展开了大战（有个别提坦神支持宙斯）。战斗进行了十年而没有结果。最后，宙斯听从了大地女神该亚的忠告，把关在地狱的独眼巨人和百臂巨人放了出来。这些巨人十分感激宙斯，独眼巨人还为宙斯打造了闪电和霹雳作为武器。在巨人们的帮助下，宙斯终于打败了克洛诺斯和支持他的提坦神，把他们关到了地狱，派百臂巨人看守他们。宙斯于是取代克洛诺斯成了新一代天父。

六十四子卦作为太极终象必须返回八母卦，进一步返回阴象，借着八母卦归属的阴象返回太极全象，这样太极全象最圆满的形式（太极圆象）才能返回太极，转生出第二太极。这个返回过程在易经中是用大畜、颐、大过三卦的发展来表现的。而在希腊神话中，这个返回过程表现为宙斯（代表六十四子卦）在祖母该亚（代表阴象）支持下，解救出了被父亲克洛诺斯（代表八卦）吞在肚里的兄姐们，并率领他们和被解救的六个巨人（代表合象）打败了克洛诺斯。这个胜利意味着宙斯作为太极终象的代表不断返回更高层次，最后返回到太极全象，获得了代表太极圆象的资格。宙斯得到独眼巨人为他打造的闪电和霹雳，说明他得到了从天空（阳象）而来的力量，为他成为新一代天父创造了条件，而百臂巨人帮他看守被打败的提坦神，说明他也得到了从大地（阴象）而来的力量，可以代表太极圆象转生出第二太极。

6. 转生第二太极

奥林匹斯山俯瞰着天地之间的希腊世界。宙斯和他的兄姐以及帮助他打败克洛诺斯的诸神就把这座山当作他们的神圣居所，建立了奥林匹斯新神体系。宙斯唯一合法的妻子是他的姐姐赫拉（从父亲肚里解救出来的五兄姐之一）。宙斯成了新天父，赫拉成了新地母。

宙斯代表太极圆象转生第二太极，靠的是他的阳性对父亲（和祖父）的否定，因此他自然地代表了第二太极之阳（天），而他的妻子赫拉则自然代表第二太极之阴（地）。奥林匹斯山俯瞰天地之间，正是建立新天地的好地方。

但是地母该亚不满宙斯把被打败的提坦神关入地狱，后悔曾经帮过宙斯。该亚和地狱之神结合生下了她最后一个孩子，也就是百头蛇怪提丰，他的身体上半部为人躯，下半部为蛇体。当年乌兰诺斯被阉割而滴下的精血也被地母催生为人身蛇尾的巨人。提丰和巨人先后向奥林匹斯山进攻，但都被宙斯打败。最后该亚与宙斯和解，甚至嘱咐她的子孙听从宙斯的领导，宙斯的权位得到了最终的巩固，成为最高的天神。

第二太极是对第一太极的发展，同时也是一种否定（第一太极没有解决"太极同于阳而异于阴"的矛盾,所以才转生出第二太极)。因此宙斯必须征服代表第一太极的该亚,迫使她承认新神体系。该亚所利用的蛇怪和人身蛇尾的巨人使我联想到了伏羲和女娲的画像。此画像中二人都是人头蛇身,后来演变为中国人崇拜的"龙"的形象。龙的形象就是太极的形象(龙头代表作为开端的乾坤,前爪代表第一太极的阳刚之力,后爪代表第二太极的阳刚之力,蛇形的龙身代表贯通第一、第二太极的大道)。太极之阴通过大道生成太极圆象。蛇怪代表的就是大道的这个运动(这个运动的最终结果是转生出第二太极,所以蛇怪提丰是该亚所生的最后一个孩子)。但这个运动还需要太极之阳的推动。从乌兰诺斯滴下的精血转化而来的人身蛇尾的巨人代表了太极之阳的推动作用。提丰和巨人共同代表了第一太极生成圆象的运动,因此被该亚所拥有。宙斯要战胜它们才能征服旧神体系,巩固新神体系。这也许能说明为什么在西方文化中,具有蛇身的"龙"(dragon)代表必须被征服的魔怪,成为邪恶的象征。但中国文化却推崇"龙"。这说明中国古人的原始思考把乾坤和天地看成同一个太极的连续发展(在易经中表现为上下篇的连续性),而不像希腊神话那样片面强调新神体系对旧神体系的否定。

(三) 新神体系

新神体系的核心是奥林匹斯十二主神。十二主神反映了希腊古代社会的状况,是希腊正统宗教奥林匹斯教的主要信仰对象。十二主神的名字和他们的主要职能如下:

宙斯	最高天神,统治天空,行云施雨,雷电之神。
赫拉	天后,合法婚姻的保护神。
波塞冬	海神,喜欢争权,是威力和权能仅次于宙斯的男神。
阿波罗	太阳神,光明之神,主掌音乐与诗歌,统领九个缪斯女神,兼管医药。
阿耳忒弥斯	月亮与狩猎女神,婴儿和幼畜的保护神,代表贞洁的处女神。
赫耳墨斯	商业之神,市场之神,私有财产的保护神,人与神的

沟通者，最具平民性的神。
雅典娜　　智慧女神，雅典保护神，和平女神，正义战争之神，发明创造之神。
阿佛洛狄忒　爱与美的女神（在罗马神话中被称为"维纳斯"）。
德墨特尔　农业女神，谷物女神，丰收女神。
赫淮斯托斯　火神，锻冶之神，手工艺保护神。
阿瑞斯　　毫无头脑的战神，野蛮的象征，文明的破坏者。
狄奥尼索斯　酒神。

十二主神构成的"神圣家族"是古希腊神话对第二太极的思考。第二太极的天和地分别由宙斯和赫拉代表。这并不是希腊神话第一次思考天地，因为乌兰诺斯和该亚已经作为第一代"天父地母"出现在旧神体系。希腊神话通过乌兰诺斯和该亚所要思考的其实是第一太极的阴阳（包括乾和坤，阳象和阴象），但神话思维只能从具体可见的天空和大地去理解乌兰诺斯和该亚，把他们当成生育万物的"天父地母"。第二代"天父地母"克洛诺斯和瑞亚只不过代表八卦中的阳性和阴性，是过渡性的神祇。宙斯和赫拉虽然来自旧神体系，却代表了从第一太极转生出来的第二太极，因此他们才是真正的"天父地母"。然而，既然旧神体系已经通过乌兰诺斯和该亚思考了"天地合则万物生"，宙斯和赫拉作为"天父地母"就更多地与在天地之间展开的人类活动有关，成为统治世界的最高神祇。

宙斯很早就成为希腊人共同的民族之神。宙斯是天空之神、雷电之神、行云施雨之神。但这些只是他的力量的一种展现方式。更为重要的是，他被认为是"神和众人之父"，统治奥林匹斯诸神，同时也是国家秩序的保护神。他赐予世俗国王权力，不放过滥用权力者。宙斯本来只代表天，但他统治世界的至高权力说明他也代表"天治"，即政治的本质。政治对世界的统一作用本来应该通过人在世界中的活动实现出来，而宙斯只是从自己的意志出发进行统治，所以他只是代表了"天治"中的"天"而并没有代表政治活动本身。

赫拉和宙斯一样统治天空，但她的权威来自与宙斯的结合。她的主要职能是保护合法婚姻。这个职能和阿佛洛狄忒代表爱与美不同，因为婚姻是受到权威认可和保护的爱。赫拉是作为宙斯唯一合法的妻子获得这个职能的。宙斯是一个特别风流的神，和许多女神及人间女子生出了不计其数的后代，导致赫拉的嫉妒吃醋和报复。赫拉的形象因此显得很好斗，但这实际上是她忠于婚姻的表现（相比之下，阿佛洛狄忒是个风流女神，而赫拉虽然是阿佛洛狄忒之外最美的女人，却没有爱过除了宙斯之外的男神或男人）。可怜的赫拉并不知道，宙斯的风流是必需的，因为只有这样他才能生出许多代表人类活动的神（人类活动的推动力归根到底是来自天志）。这些众多的神中只有少数几个是宙斯和赫拉生的。为什么不让赫拉生出所有这些神？因为宙斯和不同女神或女人生出的后代可以代表不同的职能。这些职能各不相同，如果都集中到赫拉身上会太杂乱甚至互相冲突。所以可怜的赫拉只好不断地跟踪宙斯，报复他的情人或情人所生的后代。希腊神话还说赫拉曾经企图推翻宙斯的至高统治，自己取而代之，让宙斯永远只归属自己。她唆使波塞冬和阿波罗用牛皮绳把宙斯绑了起来，但百臂巨人布里阿瑞俄斯闻讯赶来，解开了宙斯的绳索。宙斯获救后把赫拉用金链条倒挂在天空中。在该亚和瑞亚的苦苦求情下，赫拉才被放了下来，跪在宙斯面前承认他至高无上的权威。婚姻的本质本来是"合阴阳而为一"。但希腊神话从一开始就没有恰当地思考阴阳的合一。地母该亚被认为先于天父乌兰诺斯。到了宙斯和赫拉，情况反了过来，因为宙斯靠他反抗父辈和祖辈的功劳而自立为新天父，赫拉则仅仅因为宙斯娶了她为合法妻子才成为天后。所以不论是乌兰诺斯和该亚的结合，还是宙斯和赫拉的结合都没有恰当地展现太极"合阴阳而为一"的本质（这些结合的主旋律都是"争斗"）。人类活动的多样性也导致本来应该由赫拉生出的诸神被归到其他女神或人间女子。赫拉的形象因此变得狭隘，既没有妻子的贤惠，也缺乏母仪天下的风范（该亚和瑞亚都非常爱她们的后代，而赫拉看到她生出的火神赫菲斯托斯长相丑陋就抛入海中，说明她不是一个好母亲）。

除了宙斯和赫拉之外的其余十个主神代表了发生在天地之间的历史活动。我们在《论太极》中曾把历史活动分为十种，如下（参见表13）。

历史活动	本体	无限	有限
理想性（文化）	爱情	哲学，艺术，巫术	品德
现实性（文明）	政治经济	科学，技术，气功	劳动

这个分类不是任意的。我们首先论证了历史的本质是太极在世界中的自我生成，然后才根据生成的方式（理想性、现实性）以及所要生成的内容（本体、无限、有限）得出了以上的分类。这十种历史活动发生在第二太极中，因此在新神体系中反映了出来。但荷马时代的历史活动还没有像后来那么发展，所以我们必须结合希腊神话形成时的社会来理解这种反映。

波塞冬代表的是政治。他是宙斯的兄长之一。宙斯战胜父亲克洛诺斯之后，和波塞冬、哈得斯三兄弟争夺最高统治权，后来三人分工，宙斯成为天父，波塞冬成了海神，哈得斯统管冥府。波塞冬有强烈的政治野心，时刻企图夺取宙斯的宝座（所以赫拉企图推翻宙斯统治的时候他也参与到其中）。他不满自己的权力被限制在海洋，常与别的神争夺陆地的管理权和拥有权（曾与雅典娜争夺雅典，也曾和阿波罗在科林斯城争战）。宙斯代表了"天治"中的"天"。天不仅覆盖陆地也覆盖海洋，但宙斯却把统治海洋的权力分给了波塞冬，通过波塞冬把"天志"延伸到海上。海洋本来就是世界的物化（参见《天地与万物》），而希腊人作为航海民族也以海洋为其活动的世界，所以波塞冬代表了"天志"对世界的统一作用，也就是代表了政治的本质。但海洋所物化的世界本来是敞开在天地之间的。所以波塞冬不仅统一海洋，还企图争夺陆地的统治权。当然，波塞冬和宙斯一样只是从自己的意志出发进行统治。所以他是政治本质的一个不完整的代表。产生希腊神话的荷马时代还处在氏族公社的部落统治中，城邦尚未诞生，因此希腊神话对政治的理解自然是不会完整的。

阿波罗代表的是艺术。他是宙斯和提坦女神勒托的儿子，主掌音乐和诗歌，是九个缪斯女神的统领，并擅长演奏七弦琴。他也是太阳神、光明之神。关注"存在"的希腊人对"光"是特别喜爱的。逻各斯把出现在世界中的现象聚集为一个澄明的整体，从而达到对存在的一种解蔽。希腊人对艺术的理解与这种澄明和解蔽密切相关，因此希腊艺术表现出对光明和美丽形象的富于理性的追求，这点在古典时期的雕塑艺术中得到了最突出的表现。阿波罗代表了希腊文化中美丽、优雅、光明、和谐的一面。他的音乐让人平静、给人安慰（他兼管的医药有相似作用）。他反对混乱，憎恶一切肮脏与不圣洁。他的光明能使一切事物变得可见，因此他能用预言宣告宙斯的旨意。在德尔菲求得的阿波罗神谕最为人们所崇拜，暗示了艺术可以认识事物最深的本源。但艺术需要想象力的自由发挥，这点有时会盖过了阿波罗的明智。当赫拉企图推翻宙斯，瓜分其最高统治权的时候，阿波罗也参与到了她的阴谋中（捆绑宙斯的牛皮绳就来自阿波罗养的牛）。阴谋失败之后，阿波罗被宙斯罚服一年苦役，使他长了不少见识，所以后来他对求神谕者的忠告是"认识你自己"和"切勿过度"。

阿耳忒弥斯代表的是品德。她和阿波罗一样是宙斯和勒托所生。阿尔忒弥斯是贞洁的处女神，连侍奉她的随从都必须发誓永远保持处女之身。当她三岁时，宙斯问她想要什么礼物，她回答说："请赐给我永恒的贞洁。"永恒的贞洁是少女保持自身的一种方式，代表了品德的本质（在世界中以理想性的方式实现自我同一，即实现一个理想的我）。她对婴儿和幼畜的保护也是少女品德的表现，所以她作为狩猎女神的身份实际上代表了对野生动物的爱护（不滥杀）。阿耳忒弥斯和阿波罗是孪生的。阿波罗是太阳神，阿耳忒弥斯是太阴神，即月亮神（月亮代表纯洁的品德）。她和阿波罗一样是光明之神，同样憎恶一切丑恶与不纯洁的东西。希腊人认为品德是一种完美。这种完美和艺术是接近的。阿波罗虽然主掌艺术，但也表现出中庸的品德。阿耳忒弥斯则以贞洁少女的形象代表了品德"实现理想的我"的本质。

赫耳墨斯代表的是经济。他是宙斯和山岳女神迈亚所生的儿子。赫耳墨斯是商业之神、市场之神、私有财产的保护神。古希腊的商业是其经济的一个重要成分。在市场上人人都是平等的交换者。所以赫耳墨斯是最具平民性的神，成为人和神之间的沟通者，甚至成为黄泉路上的引导者。赫耳墨斯能言善辩，赢得宙斯喜爱。宙斯把制定协约、促进商业、保护道路和行人安全等职能交给了赫耳墨斯，还赐给他飞行金鞋，以便行使信使的职能。他的性格狡猾而又敏捷，曾经偷过阿波罗的 50 头牛而拒不承认，后来用他制造的七弦琴换得了阿波罗的原谅。赫耳墨斯保护商人的出行，赐予他们聪明的头脑和诡计，使他们能智胜对手。直到今天，希腊和罗马的小偷和骗子还向他们的"保护神"赫耳墨斯祈祷。

雅典娜代表的是哲学。希腊人说的"哲学"原义是"爱智慧"。宙斯的众多妻子（或情妇）之一是智慧女神墨提斯。宙斯需要墨提斯的智慧，但又害怕她生的孩子威胁到自己的权位，就把怀孕的墨提斯吞到了自己肚中，但胎儿却跑到宙斯的头中继续生长，最后从宙斯的脑袋中跳出来，成了智慧女神雅典娜。这有点像宙斯的父亲吞食儿女的故事，但其意义很不同。智慧女神墨提斯代表的是最早出现的智慧，也就是第二太极的阴中包含的宇宙逻各斯。宇宙逻各斯被太极直接拥有，其思考实际上是太极的自我思考。所以宙斯把她吞到肚里，将她的智慧变为自己的智慧。哲学的本质就是把宇宙逻各斯作为"太极的自我思考"之特性实现在世界中。雅典娜作为墨提斯的女儿，代表了从宇宙逻各斯而来的哲学。但哲学不是太极直接的自我思考，而是通过人在世界中的活动实现的。所以雅典娜必须从宙斯的头部（代表自我思考）跳到世界中，成为一个和墨提斯相似的智慧女神，而不幸的墨提斯却只能永远待在宙斯的肚子里。雅典娜所保护的雅典（因她而被命名）后来成为希腊哲学的一个主要发展场所。雅典娜出生的时候就全副武装，是一个女战神，但这实际上只是为了保护她将要得到的雅典。雅典娜并不真的好战，而宁愿用法律手段解决问题。这些都是她代表哲学智慧的表现。希腊神话在荷马时代形成时希腊哲学还没开始发展，所以雅典娜代表的哲学智慧没有表现为形而上学的探讨，而是表现为世俗生活的智慧。雅典娜是审慎、敏锐与机智的化身，是文明进步的象征。她智慧的头脑发明了许多有益于人类的东西，还教会妇女烹调和纺织（虽然是一个女战神，但女工非常出色）。

德墨特尔代表的是劳动。她是宙斯的一个姐姐。德墨特尔是农业女神、谷物女神、丰收女神。耕种田地、自食其力是古代的一种主要劳动形式。所以对劳动的原始思考表现为对农业、谷物和丰收女神的崇拜。德墨特尔教会人们耕种，把人类从以打猎、放羊为生的原始劳动形式转移到更为稳定的农业劳动，因此她也被认为是文明的代表，驯服了人类最初的野蛮和粗俗。

阿佛洛狄忒代表的是爱（但不代表合法婚姻，后者被归于赫拉）。阿佛洛狄忒来自何方？有一种传说认为阿佛洛狄忒是宙斯和海洋女神狄俄涅（Dione）的女儿。但更为著名的是阿佛洛狄忒起源于浪花的传说。话说当年克洛诺斯阉割第一代天父乌兰诺斯之后，把割下的男根抛入大海，从溅起的浪花中诞生了一位女神，就是阿佛洛狄忒。阿佛洛狄忒的名字源于希腊语的"浪花"。她又被称为"爱阴茎者"。这位从浪花中诞生的女神代表了被阉割的太极之阳，也就是希望得到太极之阳的"太极之阴"（浪花的形状还暗喻女性生殖器）。阿佛洛狄忒的形象因此有很强的性爱因素。她是最美丽迷人的女神，连最明智的天神都无法抵挡她的魅力，甚至野兽也变成羊羔接近她。所以阿佛洛狄忒的形象最为突出的是爱情中的性和美（她甚至被认为是妓女的保护神），而不是爱情的永恒本质。在十种历史活动中，只有爱情才把第一太极（乾坤）实现在世界中。阿佛洛狄忒来自旧神体系中的太极之阴（以太极之阳的否定出现），比宙斯等其他主神还要古老，说明希腊神话对爱与美来自一切事物的本源有很深刻的认识。但希腊神话对爱的原始思考是混乱的。甚至阿佛洛狄忒也被一些人认为代表了两种爱，即男女之爱和男同性恋。柏拉图在《会饮篇》中就提出一种观点，认为（根据神话传说）爱神阿佛洛狄忒有两个，一个是天上的，一个是世俗的；前者来自第一代天父乌兰诺斯，后者则是宙斯和海洋女神狄俄涅所生；因为前者仅仅来自男神，所以被前者打动的男人倾向于爱少男（这在古希腊很流行），这种爱比男女之爱（来自世俗的爱神）更为崇高，因为它爱的对象更有智性。可见古希腊人对爱的思考所包含的混乱。这种混乱一方面来源于希腊神话的思维方式，另一方面则来自古希腊人对逻各斯（智性）的偏爱。这两者都无法恰当地理解爱情"合阴阳而为一"的永恒本质。

赫淮斯托斯代表的是技术。古希腊的"技术"不像今天这样是靠科学支撑的庞大的制造业，而是和艺术有点类似的"手工艺"。赫淮斯托斯就是手工艺的保护神。他是宙斯和赫拉的儿子。赫淮斯托斯出生的时候，赫拉看他长相丑陋就把他扔到海里。他从海神学会了制造首饰的工艺之后才被母亲接纳。后来，他在宙斯和赫拉争吵时赶来帮助母亲，被愤怒的宙斯从天庭摔下，在空中飘了整整一天才落到一个海岛上，摔成了跛脚。在这里我们不必过分责备赫拉和宙斯，因为他们对赫淮斯托斯的态度其实反映了在古希腊手工艺者始终是"不登大雅之堂"的（据说赫淮斯托斯很少列席诸神会议，后来干脆离开了奥林匹斯山，一心搞他的技术去了）。赫淮斯托斯作为手工艺保护神同时也是火神。火能熔化金属，制造成各种有用的工具，是古代技术一个主要的能量来源。他因为热爱手工艺而与具有科学发明头脑的雅典娜关系密切。他们在雅典有共同的崇拜地和共同的节日，显示了科学和技术的密切关系。赫淮斯托斯娶了阿佛洛狄忒为妻，说明手工艺和艺术一样需要美。但他本身又丑又跛，暗示了技术毕竟是一种现实性活动，配不上美的理想（阿佛洛狄忒是爱与美的女神，而非婚姻女神。这种不匹配的婚姻正好可以让她到处发挥魅力。希腊神话的缜密心思于此可见一斑）。赫淮斯托斯可以说是十二主神中最可怜的一个，不但得不到父母的爱，他的妻子阿佛洛狄忒也爱上了英俊的战神阿瑞斯。赫淮斯托斯打造了一张金网，在阿佛洛狄忒和阿瑞斯偷情的时候把他们突然罩住，并让众神来观看以便羞辱他们，谁料有些男神却说很羡慕阿瑞斯能够和这么美丽的女神在一起，即使被网住也值得。

阿瑞斯是宙斯与赫拉的儿子。他以一种隐晦的方式代表着气功。气功是对气身的修炼（由此通达宇宙之气）。这不是说古希腊人对气功有明确认识。古希腊人的思维倾向既然注重理界的逻各斯，就不会注重和"理"刚好相反、混沌而又难以捉摸的"气"。但人对自己的气身多少都有所体会，因为它是紧密结合在肉身中的。中医认为人体的"精气神"是密切关联的整体。我们说一个人"生气"、"怒气"、"有气概"，等等，指的就是某种精神状态借着肉身和气身表现出来。气界是三界中最有阳性的层次。气就像一种混沌无形的强大能量，可以贯通我们的肉身，有时会莫名其妙地发生作用，最不容易被理性规范和制服。阿瑞斯是希腊精神的反面典型，是野蛮的象征、文明的破坏者。他毫无头脑，做事不假思索，在愤怒的时候缺乏节制，不断制造不和与混乱，挑起事端和战争，而且参与战争只是为了暴力，而不论是否正义。所以宙斯与赫拉对他一点好感也没有。作为战神，阿瑞斯和雅典娜这种喜爱和平、充满智慧和理性的女战神是截然不同的。希腊人注重逻各斯对现象的澄明和解蔽，不欣赏具有破坏性的、缺乏理智的野蛮力量，所以阿瑞斯得不到希腊人的普遍敬重（喜欢粗暴力量的罗马人却把他转化为他们的战神，并作为最重要的神之一来敬拜）。和中国古人不同，希腊人对"气"的潜在领悟更多地偏向了负性的一面。但也许正因为阿瑞斯象征富有阳性的气，他相貌英俊而受到许多女人（包括阿佛洛狄忒）的青睐。还有一种传说认为阿瑞斯是赫拉自己生的，当时赫拉对宙斯不经过自己就生出雅典娜非常嫉恨，在闻到一朵花香时自己生下了阿瑞斯，所以阿瑞斯是花的"香气"和赫拉的"怒气"的混合体，而雅典娜则总是和阿瑞斯斗争，暗示了（在古希腊人的理解中）"理"和"气"不可调和的对立。

狄奥尼索斯代表的是巫术。他是狂欢、陶醉和迷狂的化身，希腊精神的另一种表达。这里说的"巫术"指的是产生混沌神秘气氛的一种精神活动，是人对一切事物本源的混沌神秘的认识，而不是指带有功利目的、类似魔法的活动。巫术是原始人类的一种重要精神活动，而且与哲学和艺术混在一起（虽然也可能与祈福驱鬼等功利目的结合）。酒神狄奥尼索斯代表的是一种迷狂的、陶醉的、解脱了理性束缚的状态，和太阳神阿波罗代表的明智、和谐、克制相反。尼采在《悲剧的诞生》中对从苏格拉底开始的理性传统进行批判时，首先就区分了狄奥尼索斯代表的"酒神精神"和阿波罗代表的"日神精神"。他认为酒神精神更适合震撼人心的音乐，而日神精神则适合展示美丽宁静形象的造型艺术。更重要的是，酒神精神能消融个体性，把所有人融为一体：

> 我们不妨把贝多芬的《欢乐颂》转换成一幅画，让我们的想象力跟进，想象万民令人恐怖地落入尘埃，化为乌有：于是我们就能接近狄奥尼索斯了。现在，奴隶也成了自由人；现在，困顿、专

横或者"无耻的风尚"在人与人之间固定起来的全部顽固而敌意的藩篱,全部分崩离析了。现在,有了世界和谐的福音,人人都感到自己与邻人不仅是联合了、和解了、融合了,而且是合为一体了,仿佛摩耶面纱已经被撕碎了,只还有些碎片在神秘的"太一"(das Ur-Eine)面前飘零。①

尼采以一种极端的方式描绘了酒神精神造成的迷醉状态如何消融了个体性,超越了等级和界限,使所有人在"太一"(太极)中合而为一。酒神精神造成的混沌神秘气氛其实就是巫术本质的一种表现。和客观存在的"气"不同,"气氛"是一种生命现象;产生混沌神秘气氛的巫术是一种精神活动,而不像气功那样是为了一种现实的功效。"气氛"的特点是混沌无形、模糊不清、没有界限,和个体化的"概念"正好相反,因此巫术的境界就是人人与本源融为一体(酒神节的狂欢只是其中一种形式)。古希腊人注重理性,而且社会等级和界限很森严,需要有一个放松的机会。希腊神话产生的年代和之前的巫文化时代相距不远,其宗教信仰中保留了一定的神秘因素。所以不难理解希腊人会喜欢这种全民狂欢的活动。酒神节的狂欢使人感到一种和本源直接相通的神秘体验,其混沌性模糊了社会等级和界限(希腊妇女一般不允许参加社会活动,但酒神节是一个特别的例外。狄奥尼索斯在平民和妇女中特别受欢迎)。狄奥尼索斯是十二主神中唯一有凡人血统的神,实际上象征着人与神的融合。根据希腊神话,狄奥尼索斯是宙斯和人间女子塞墨勒的私生子。塞墨勒怀了狄奥尼索斯以后,受到嫉妒的赫拉怂恿,坚持要宙斯显现他作为神的真面目,结果不幸被宙斯显现出来的雷电劈死。宙斯把塞墨勒肚里的孩子抢救出来,缝在自己的大腿中继续生长,直到孩子"出生"为狄奥尼索斯。这个神话故事暗示了宙斯的真面目对于凡人始终是模糊、神秘、混沌的,因此人要在狄奥尼索斯的酒神精神中才能达到人神融合。和雅典娜从宙斯的头跳出来相反,狄奥尼索斯从宙斯的大腿中

---

① [德]弗里德里希·尼采:《悲剧的诞生》,孙周兴译,商务印书馆2012年版,第25—26页。

"生"出，暗示了哲学和巫术的起源（理界和气界）是相反的。艺术的起源（物界）介于哲学和巫术之间。狄奥尼索斯的酒神精神能唤起人们对艺术的热情。所以除了阿波罗之外，狄奥尼索斯也被尊为缪斯的朋友和先驱，说明了艺术和巫术在气质上的接近。

以上讨论的十个主神构成了希腊神话对历史活动的原始思考，这与太极本体论对十种历史活动的分类基本上是吻合的。但"科学"并没有一个单独的主神与之对应，只是在雅典娜的智慧（还有阿波罗的理性与和谐）中包含了些许科学头脑的成分。不像其他活动，科学在荷马时代还没有出现，所以缺乏对应的主神是可以理解的。这本来应该使主神的数目减少一个，但实际上代表历史活动的主神数目还是十个。为什么？因为在历史活动分类表中的"政治经济"是一个统一的活动，亦即把"天地"作为人的现实基础实现在世界中的活动（天治地养）。但在希腊神话中，政治和经济分别由波塞冬和赫耳墨斯代表，所以代表历史活动的主神仍然是十个（神话思维显然在不知不觉地凑足数目）。宙斯和赫拉加上这十个主神构成的"奥林匹斯十二主神"就是希腊神话对第二太极（包括历史活动）的原始思考。虽然受到当时历史发展的限制，希腊神话对十种历史活动的思考并不完美，但仍然基本上把握了它们的分类，这在古代神话中是非常难得的。

易经用下篇34卦来反映历史的发展，而希腊神话却用十个奥林匹斯主神来反映历史活动的分类。这两者之间形成了鲜明的对比。易经把一切发展都看成是乾坤的自我实现，特别注重乾坤如何通过阶段性的发展回归自身（其表现即六十四卦的循环）。所以，中国古人对历史活动在世界中的"时间性"过程特别关注。相反，古希腊人更注重历史活动在世界中的"空间性"分类，其历史观其实是静止的（对古希腊人来说世界是永恒不变的）。如果我们深究这种区别，其根源主要在于希腊人的哲学思维倾向。希腊哲学思考的"存在"虽然是动态的，但它只不过是敞开世界的运动，属于"天地生人"，而不是太极的自我生成。希腊神话的思维倾向是"生"而不是"成"。因此它用诸神（天志）代表太极发展的诸环节，通过一代代神祇的出生和新陈代谢来展开太极的发展过程。但第二太极只产生了一个无形大象，即本性虚空、能容纳一切人类活动的"世界本身"。所以,古希腊人无法领悟太极在世界中自我生成需要经历的 34 个阶段,而只能领悟历史活动在世界中同时展开的十种方式。在古希腊人看来历史活动只不过是世界中的永恒活动(而不像在第一太极中那样不断生成新的无形大象)。因此,新神体系不再出现新神否定、超越、取代旧神的情形。诸神各司其职,其争斗也只表现在对人类活动的保护和干预中。总之,新神体系注重的只是历史活动的分类,而不是历史发展的阶段性。这一方面使古希腊社会获得全面的发展,同时也使历史发展的阶段性和终极目标变得晦暗不清。

三 结语

易经与希腊神话从形式到内容都很不同,但所思之物其实是相同的,就是本源及其发展。除了希腊神话,世界其他民族的神话也都尝试去理解世界和人的起源。不管一个民族后来如何发展,它最初形成的原始思考决定了它理解一切事物的基本框架。希腊神话为古希腊人提供了一个宏大的视野。希腊哲学后来的发展并没有超出这个视野。当然,希腊哲学在思考的理性化方面远远超越了希腊神话,但如果没有希腊神话提供的基本框架,希腊的文化特别是其艺术是不可能达到其令人惊叹之成就的。然而,希腊神话的思维毕竟建立在一个不牢靠的基础上,因为它用具体形象来思考本来无影无形的本源及其发展,把太极发展的诸环节当成是人格化的诸神。这种神话思维最终被哲学的发展取代是无法避免的事情。

易经的占筮思维似乎也面临同样的问题,因为筮辞描述的都是生活中的具体事物,而所要思考的却是太极的发展。但这只是表面上的相似性。易经并没有直接用筮辞描述的具体事物来思考太极的发展。易经的筮辞都是围绕某一卦写下的,其作用只是彰显此卦的性质,借其性质来思考太极发展的某个环节(筮辞中的事物可以换成其他事物,只要能同样地彰显此卦的性质即可)。筮辞仅仅是一个引路的指示牌,它指示的是某卦所代表的意义。这个意义不是抽象思考中的意义,而是可以指导人类生活的意义，依据的是第一太极和第二太极之间的对应关系。易经不仅通过（占卜得到的）某卦去指导某次行动，而且还通过六十四卦的排列来彰显太极的发展过程。每一卦的意义以及六十四卦排列顺序的意义都来自无影无形的太极发展过程。筮辞只是形容这些意义，而不代表它们所指的无形事物。这些事物始终能够保持其无形的本性，因此总是可以在具体处境中引发新的解读，但不论哪种解读都不会改变这些无形事物本身。所以，易经的思考虽然通过筮辞来进行，但同时又超越了筮辞本身，不受其时代和语言的限制。这是易经不同于所有其他经典的独特之处。

由于易经并没有把太极的诸环节等同于筮辞中的具体事物，而只是借筮辞和六十四卦的排列指示太极的发展过程，它避免了神话思维的"神人同形同性"带来的局限性，为我们理解太极的发展留下了可以不断发挥的空间。几千年来，中国古人通过深思易经的微言大义来理解本源、指导生活，使中国文化始终处在本源的涌流之中。神话思维的局限性使它很难在今天的时代继续它在古代曾经起到的作用。但我们仍然可以在易经中找到通往本源的道路。人类对本源的原始思考是最富有整体性的思考，而人类思考的种种后继发展都是朝着本源的某些阶段、某些层次、某些环节的深入，在深入的同时逐步失去了原始思考对本源的宏观把握。在人类几千年来的哲学史已经深入太极的种种发展环节之后，新的历史阶段必然要向易经揭示的本源回归。这个回归如果能实现出来，我们就能在当代中国重构古代文化的宏大格局，并将西方文化的精粹吸收到其中。这就是"中国文化复兴"的真正含义。这种复兴要实现的是一种世界性的中国文化。但仅仅把中西文化当作现成事物拼凑在一起是不可能实现这个目标的。我们必须回归到中国古代文化最深的根，同时吸收从西方而来的养料，让这个根在当代中国重新破土而出、开花结果。在这条充满艰辛但也充满了希望的道路上，易经的智慧就是在夜空中闪闪发光的、永不坠落的指路星辰。

第十三讲　从太极看世界哲学史

在人类开始走向大同的时代，中国哲学和西方哲学已经无法再自我封闭地发展，而必然走向一种融汇中西的世界哲学，构成人类走向天下大同的思想基础。但中国哲学和西方哲学看上去非常不同，在其历史发展中又长期相互隔阂。二者真的可以融汇在一起吗？答案是肯定的。在《论太极》中我指出了哲学的本质是太极通过人实现的自我思考。几千年来中西哲学史的相互隔阂其实只是一种表面现象，是仅仅从人的有限视野理解哲学史的结果。如果我们超越这种有限视野，从太极出发理解哲学史，就会发现中国哲学史和西方哲学史有着不可分割的内在关联，共同构成一个连续发展的"世界哲学史"。这种内在关联发生在太极的视野中，而不是在人的有限视野中，因此它超越了中西哲学史之间的交流，甚至早于实际发生的哲学史，因为太极已经预先思考了世界哲学史必须经历的每个发展阶段（哲学位置），并将这些哲学位置作为思维倾向逐一发送到人的思考中，通过中西民族的共同努力实现在人类历史中，才形成了我们今天观察到的中西哲学史。

所以，本讲座要做的就是从太极的先天思考出发推演世界哲学史的发展过程，弄清楚它必须经历的所有哲学位置，以便把中西哲学史把握为一个完整的世界哲学史。哲学是指导一切历史活动的历史活动，是历史的"时代精神"。因此理解世界哲学史对于我们理解人类历史有着十分重大的意义。本讲座将从太极出发推演世界哲学史的 34 个先天位置。这种推演是在《论太极》建立的太极本体论基础上进行的（某些具体内容还涉及前面的现象学讲座）。由于这种先天推演是自满自足的，因此即使不熟悉哲学史的读者也能大概领略其基本过程，但熟悉哲学史的读者就有可能深入到具体内容中，从而有更多的收获。觉得这个讲座很难理解的读者不妨跳过其具体内容，只要明白这种推演的方式和意义就可以了。另外，基督教和佛教的起源与世界哲学史密不可分。所以本讲座还对基督教和佛教在世界哲学史中的先天起源做了初步探讨（参见**伊璧鸠鲁**部分）。

一 世界哲学史的先天性与后天性

不论东方还是西方，不论古代还是现代，总有一种思考试图理解一切事物的本源，这就是我们所说的"哲学"。人怎样理解本源也就怎样理解自身、世界和历史。哲学因此与"爱情"和"政治经济"一样成为历史发展的一条主线。哲学对历史活动的指导作用在很多情况下是潜移默化的，即某个时代的共同的思维倾向决定了这个时代中历史活动展开的方式。这种共同的思维倾向不见得直接来自某个哲学家的影响，而是人们默默共享的时代精神，但它通常会在某个哲学家的思考中最为纯粹地反映出来。不同的民族有不同的思维倾向，其在世界哲学史中的作用也就各不相同。虽然世界哲学的每个阶段都是人类共享的，但某个阶段可能在某个民族中得到更为纯粹的发展，因为这个民族先天的思维倾向导致它特别地承担了发展这个阶段的历史使命。这是"哲学"与"爱情"这两条历史主线相互交织的结果（民族在历史中存在的基本方式就是相对独立的自我繁殖）。民族的发展和历史的阶段性有各种复杂的后天因素，但也有从太极而来的先天因素，即太极在其自我思考中先天地确定的世界哲学史的发展模式。因此，对世界哲学史的 34 个位置进行先天演绎对我们理解人类历史有十分重大的意义。[①]

但世界哲学史为什么要经历 34 个发展阶段？太极为什么不一次性地把自己展示在人的思考中？因为人的有限思考只能逐步深入太极的不

[①] 太极根据世界哲学史的发展模式安排了世界地理，为世界各民族实现其历史天命提供了相应的自然环境，因此理解世界哲学史的 34 个先天位置对我们理解世界地理也有十分重大的意义。但这方面的探讨超出了本书的范围。我将在下一本著作《世界地理的哲学意义》中再展开这方面的探讨。

同方面，故《导论》曾指出太极只能一次又一次地把自己投射到人的思考中。这种投射不是直接发生的。在宇宙逻各斯中，太极把自己直接投射到自我思考中，但在哲学中太极是通过人思考自己，所以哲学中的投射受到了从太极的自我思考（通过小道）发送出来的思维倾向的引导。最初发送出来的思考不会偏向太极的某个方面，而是以宏大而又混沌的方式把握太极的发展过程。这就是我们在上一讲中讨论的"原始思考"，其最典型的表现就是中国的易经，而希腊神话则是其非典型的、变异的表现。原始思考宏大而混沌的特点使它在把握整体的同时忽略了局部。因此下一个发送出来的思考就开始偏向太极的某个方面。由于太极的发展有多阶段、多层次、多环节的复杂性，每次发送出来的思考只能深入太极的某个方面，然后在下一次发送中转移到另一方面。哲学的发展就这样不断深入太极的不同方面，直到它在最后阶段重新返回太极本身，把之前思考过的各个方面吸收到对太极的完整理解中（整个过程总共经历了 34 个发展阶段）。因此，哲学的最后位置必然会与哲学的最初位置有宏观上的相似性，但已经在内容上大大发展了。世界哲学史的发展形成了一个封闭的圆圈，构成了哲学史的永恒轮回。如果我们把握了这个圆圈运动的方式，也就是从某个位置进入下个位置的方式，就可以从最初的位置出发先天地演绎出后面所有的位置，从而把握世界哲学史的先天性。太极对哲学史的先天思考是太极自我思考的一个内容，因此不是偶然的、随意的思考，而是自然而然的、合乎太极发展必然性的思考。所以，我们有可能根据太极发展的内在逻辑重演太极对哲学史的先天思考，演绎出哲学史必须经历的所有先天位置，把中西哲学史把握为具有先天统一性的世界哲学史。

　　这就是本讲座所要做的一个大胆尝试。这个尝试确实"胆大包天"，因为还没有人曾经做过这样的事情。黑格尔曾经把哲学史当作是"绝对精神"在历史中自我成就的一种主要方式，在其哲学史讲座中从中国哲学开始一直讨论到他的哲学体系，第一次为人类提供了一个有内在发展逻辑的哲学史。但黑格尔的绝对唯心主义和概念辩证法并不能恰当地解释中国哲学的本质，甚至对西方哲学的理解也有其偏颇之处。在黑格尔之后，海德格尔是又一个对哲学史有深刻洞见的哲学家。他把西

第十三讲　从太极看世界哲学史

方哲学对"存在"的思考追溯到其在古希腊的开端，把形而上学的历史看成存在不断自我解蔽（同时自我遮蔽）、不断送出各种形而上学基本位置的历史，并进一步从小道返回大道，在西方哲学史和中国哲学史之间架起了一道桥梁。海德格尔所做的努力使我深受启发。海德格尔认为只有形而上学才能形成由许多基本位置构成的历史，但这是他从存在出发理解哲学史的结果。如果我们从太极出发理解哲学史，就可以理解太极先天地确定、后天地发送出来的所有"哲学位置"。我曾经潜心研究易经和老子，在研究了黑格尔和海德格尔之后又对中西哲学史的内在关联做了多年的探索，最终确定了世界哲学史的 34 个先天位置。我在这个讲座中所要尝试的，就是从太极最初发送出来的哲学位置开始，通过每个哲学位置的内在矛盾去推导下一个哲学位置的基本特点，从而提供一条从太极出发理解世界哲学史的途径。其重点在于哲学位置前后相续的先天模式，而不是实际发生的哲学史的后天内容。因此它完全不同于以往的哲学史研究。以往的研究通常只注重哲学家如何受到其时代背景，人生际遇以及其他哲学家的影响，仿佛一种伟大的哲学只是许多偶然的外在因素塑造出来的。这种通过外在因果关系研究哲学史的做法来自实证科学的影响。它虽然能帮助我们了解哲学史发生的历史背景，却无法揭示哲学作为"太极通过人实现的自我思考"之本质。所以，我们在下面的推演中必须超越实际发生的哲学史，而仅仅关注太极在其先天思考中确定的所有哲学位置。

虽然如此，研究世界哲学史的先天位置免不了要参考其后天的表现。不仅如此，由于某些哲学家以最纯粹的方式响应了哲学位置的发送，他们的哲学最典型地代表了这些位置本身。因此，我将采用这些哲学家的名字来命名他们所代表的哲学位置，并从太极先天思考的角度（而不是从这些哲学家的角度）简述这些位置的形成方式和基本内容。这种命名的目的只是为了更好地显示哲学史的先天性和后天性之间的对应。我们不应该混淆哲学的某个先天位置和最典型地代表了这个位置的某个哲学家的思想（尽管后者为我们理解前者提供了最好的参考）。为了区别起见，当我谈论某个先天的哲学位置时，其名字用的是黑体字。例如当我谈到**亚里士多德**时，我指的是哲学家亚里士多德所代表的先天位置，而不是指他本人或他的思想。在描述一个先天位置时，我首先使用的是我在本书中发展的哲学语汇。但这种描述也免不了要参考和吸收哲学家自己的表述方式。这样做的目的只是为了帮助理解哲学家所代表的先天位置，而不是为了介绍哲学家自己的思想（这样的介绍可以随便在图书馆的书架上找到）。所以，我的描述不会完全符合哲学家自己的表述。

另外一个容易引起混乱的问题，是先天和后天对应的复杂性。例如，某个哲学位置的发送已经在某个时代发挥作用，使这个时代带上了一种共同的思维倾向，却在这个时代衰落时才在某个哲学家中达到了纯粹的发展，或者在这个时代还没真正开始的时候就已经在某个哲学家中达到了这种发展。某个哲学位置在先天顺序中处在另一个位置之后，但却比后者更早地在历史中发展了出来，导致哲学位置的先天顺序和哲学家出现的顺序不一致（所以，如果读者仅仅从实际发生的哲学史理解哲学史，本讲座描述的世界哲学史的发展顺序就可能显得荒唐可笑）。还有，某个哲学家也许以纯粹的方式发展了一个哲学位置，但该位置的特点使这个哲学家在历史上影响不大，甚至没有留下完整的论述，而另外一个对世界产生重要影响的哲学家却没有纯粹地发展一个哲学位置（其思想可能是某个位置的变体或几个位置的综合），因此没有出现在我的讨论中（哲学的先天位置通常是偏颇的，而其变体或综合则有可能更好地适应现实生活）。所以我们不应该希望哲学史的先天位置和后天表现之间有完美的对应，也不能希望世界哲学史的推演像一般哲学史那样做到"公正"和"全面"。

二　世界哲学史的34个先天位置

1 易 2 孔子 3 老子 4 毕达哥拉斯 5 庄子 6 巴门尼德 7 杨朱 8 芝诺 9 赫拉克利特 10 普罗塔哥拉 11 苏格拉底 12 柏拉图 13 亚里士多德 14 伊壁鸠鲁 15 阿奎那 16 笛卡尔 17 斯宾诺莎 18 贝克莱 19 莱布尼茨 20 洛克 21 休谟 22 康德 23 叔本华 24 谢林 25 费希特 26 黑格尔 27 梅洛-庞蒂 28 维特根斯坦 29 罗素 30 尼采 31 胡塞尔 32 萨特 33 海德格尔 34 **太极易**

1. 易

哲学史的开端同时也是历史的开端。历史是太极在世界中的自我生成。历史发生的前提是人类已经通过发展语言建立了行动的世界、敬拜的世界，并通过诗意的言说把世界敞开在了天地之间。诗意的言说是敞开世界的大道通过人投射到可言之小道的活动，亦即人通过诗意地命名和解释天地万物来敞开世界的方式。但是，哲学的最初位置要思考的不是诗意的世界，而是太极（从第一到第二）的完整发展过程。人怎样才能思考第一太极呢？第一太极和第二太极的对应使先天大道和后天大道相互对应。这意味着前者可以通过后者把自己投射到可言之小道，但其结果不是产生诗意的言说，而是结合了占卜活动的、通过六十四卦进行的"象数的言说"。哲学思考太极的原始方式就是通过象数的言说思考第一太极到第二太极的发展变化，并把这种发展变化用六十四卦的排列表达出来。易经原文实现的正是这样一种从太极的"变易"出发思考太极的哲学。因此，我们可以把哲学的最初位置称之为**易**。

易这个位置包含两个因素。第一个因素是"把太极思为太极"，这是直接从哲学的本质而来的。第二个因素是"象数的言说"，这是从先天大道而来的。两个因素结合为"通过象数的言说把太极思为太极"。所以**易**必须在诗意的世界基础上发展象数的言说来实现对太极的思考。这个发展的过程如下：

（1）取象比类画八卦：世间万物来源于六十四卦在宇宙中的发展。所以后天大道敞开的"诗意的世界"和先天大道生成的"六十四卦"有直接的对应。但六十四卦是八卦自我复制的结果。所以，和诗意的世界对应的首先是八卦。在诗意的世界中，天地水火等自然现象的意义已经显露出来。因此哲学首先从自然现象出发把天地与☰☷二卦对应，把水火与另外两个具有平衡性而能代表天地的卦☵☲对应。剩下的四卦☳☴☶☱则分别对应雷（阳中之阳）、风（阳中之阴）、山（阴中之阳）、泽（阴中之阴）。由于八卦来自第一太极，尽管它们对应世界中的自然现象，哲学还是理解它们超越自然现象的意义，因此给予它们不同于自然现象的命名（在易经中☰☷☵☲☳☴☶☱八个卦分别被命名为乾坤坎离震巽艮兑）。

（2）重八卦为六十四卦：八卦作为最早形成的"象数"代表了事物的八种基本形态（阴阳关系的多样性）。但诗意的世界本来应该对应六十四卦。哲学于是进一步把八卦重叠为六十四卦。每个六爻卦由两个三爻卦重叠而成，对应事物之间的一种关系。哲学在这里意识到了世界是由事物的关系构成的整体（而非事物的总和）。八卦表达的是事物的静态多样性，而六十四卦表达的是事物发生关系的动态多样性。但此时哲学还无法确定六十四卦的动态发展模式，只是从上下两卦对应的自然现象理解六爻卦的基本性质。象数从八卦到六十四卦的发展是从世界的局部（事物）上升到世界的整体（事物的关系）。但第一太极中从八卦到六十四卦的发展却是从整体下降到局部（把八卦整体藏入每一卦，通过每卦生出八个子卦）。由于人是站在太极发展的末端，从出现在世界中的自然现象开始理解太极，造成了象数的发展模式和太极的发展模式相反。

（3）调和象数与太极的矛盾：为了从象数出发理解太极，哲学从局部到整体理解六十四卦的形成方式，亦即把八个子卦综合起来归属到其母卦（这个过程类似于从事物上升到事物所属的关系）。这种做法使哲学对六十四卦的理解和对世界的理解变得一致。但这种做法颠倒了第一太极中从母卦生出子卦的发展顺序。太极于是意识到哲学无法从诗意的世界出发恰当地理解第一太极。

（4）通过占卜形成象数的言说：太极意识到为了恰当地理解第一太极，哲学必须按照太极自我生成的方式理解六十四卦的形成；这意味着不能再简单地用象数（六十四卦象）理解世界，而应该用人在世界中的活动模仿太极的自我生成；人应该通过第一太极和第二太极的对应，把先天大道生成六十四卦的运动投射到人的行为之道（中道），由此产生的象数才能恰当地实现六十四卦和世界的对应。这个投射过程就是所谓**占卜**。占卜模仿了先天大道的生长收藏，经过阴阳的多次分离与组合来得到六爻，最终生成六十四卦中的某一卦。[①] 占卜把第一太极生成六十四卦的运动投射到筮法中，得到的却只是六十四卦中的某一

[①] 《易传》的《系辞上·第九章》记载的大衍之数就是模仿第一太极的筮法。

卦，其原因在于占卜是个人在世界中的活动，亦即把世界个体化为自己生命的活动，所以它只能对应先天大道生成六十四卦中某卦的运动（仿佛生成六十四卦的运动被个体化了）。占卜的结果反映了中道归属于先天大道的时机性。哲学对占卜形成的卦进行象数的言说（产生筮辞和爻辞），用来决定所占之事在先天大道的运行中对应何种情形（吉凶）。这是人企图在行动中合乎第一太极的一种哲学实践。

（5）把握第一太极到第二太极的发展：占卜不知不觉地利用了第一太极和第二太极的对应形成象数的言说，但其结果只是理解了世界和六十四卦中某一卦的对应。哲学开始认识到六十四卦虽然和世界中发生的事情有对应，但它们的产生过程实际上独立于世界中的事情；首先发生的是六十四卦的产生过程（第一太极），而世界中的事情应该理解成这个过程的进一步发展（第二太极）。

（6）通过象数的言说理解太极的发展：从太极的角度看，哲学发展象数的言说最终是为了把太极思为太极。因此，哲学必须进一步从六十四卦返回太极本身。当哲学返回太极本身，乾坤就和六十四卦中的纯阳卦和纯阴卦发生了对应。因此，哲学一方面把乾坤当成一切事物的本源，同时又当成六十四卦的开端（生成其他卦的纯卦）。从乾坤生成太极圆象到转生出第二太极，乃至第二太极中的历史发展被看成是一个连贯的发展过程，可以用从乾坤二卦开始的六十四卦的某种排列顺序来描述。哲学于是把用于占卜的象数转用在对太极的思考中，通过六十四卦的排序反映太极的发展过程，通过每卦中六爻的运动反映某个发展环节的内在运动，把六十四卦分成前后两组来区分从第一太极到转生第二太极（第一组）和第二太极中的历史发展（第二组），并以六十四卦的循环运动来暗示乾坤在发展中回归自身（太极的永恒轮回）。当哲学根据太极的发展过程为六十四卦排好了序，分好了组，并用占卜的筮辞描述了每一卦在太极发展过程中的意义，哲学就实现了"通过象数的言说把太极思为太极"的目标。

以上概括地论述了太极先天地形成**易**这个位置的方式。在后天通过中国古人形成的易经中，六十四卦不但排好了序，而且被分成上篇30卦和下篇34卦。上一讲已经分析了上篇30卦如何描述从第一太极到转生第二太极的发展。由于哲学史的阶段性决定了历史的阶段性，下篇34卦对历史发展的描述就通过对哲学史34个先天位置的描述实现。太极在最初思考**易**时只能确定六十四卦必须被分成前后两组，而无法确定30和34这样的分组数目。太极在完成最后位置的思考后才能确定哲学史总共要经历34个位置，这时才能回过头来确定**易**中的第二组应该有34卦，而第一组自然地就应该有30卦。当分组数目确定下来之后，六十四卦的排列顺序就不再是任意的，而必须恰当地反映太极发展的各个环节。特别地，第二组中的每一卦必须恰当地反映所对应的哲学位置。至于易经下篇34卦是否恰当地反映了世界哲学史的34个先天位置，这点我们只能在下一讲中再进行探讨。

从诗意的言说到象数的言说是人类进入历史的一个重要发展。诗意的言说来自敞开世界的后天大道，表现为人们对世间万物的诗意命名和言谈（口语）。反之，象数的言说来自生成六十四卦的先天大道。先天大道完全超越了组织世界的逻各斯。因此先天大道拥有小道的方式是静默地思考而非言谈。这种思考不是内心独白，而是取象比类后用符号记录下来。这种原始的静默思考激发人们创造了文字，使各种形式的言谈也都能通过文字进行。世界各民族接受**易**的方式不同，产生文字的方式也各异。中国的象形文字直接来自**易**，这不但表现在汉字的取象比类中，更表现在方块字的结构中（上下、左右、内外三个维度反映了八卦中三爻的阴阳性）。中国文字独立于发音的特点直接来自第一太极对第二太极的超越。正是**易**和文字的密切关系使中国文化能够长久地传承下来。

占卜是人实践**命运性**的一种方式。所谓"命运"就是生命归属先天大道的方式。生命来自宇宙生命，宇宙生命来自太极圆象。从太极圆象到生命的流动就是从先天大道流入中道的运动。这个运动从先天大道流出了人的行为之道，故可称为**命运**。命运决定了人的行为归属于先天大道的时机性（这正是占卜所要把握的）。由于第一太极和第二太极的对应，命运总是拥有其终端（生命）来指向其开端（太极圆象）。这种指向性就是**命运性**。**易**的原始思考显露了人的命运性，使人体会到生命不仅属于世界，而且属于太极圆象，无法仅仅从世界出发把握。人对行动环境的焦虑就发展成了对先天大道的畏。这种畏关注的不是善恶而是吉凶（善恶来自第二太极；吉凶来自第一太极）。中国古人正是在这种畏（忧患意识）中发展了占卜来确定命运，再据此行动。世界各民族接受**易**的方式不同，形成的占卜方式也不同。只有中国古人才直接从**易**发展了用六十四卦占卜的方式。① 古希腊人也占卜。但希腊神话的悲剧意识更深刻地反映了希腊人对命运的理解（在希腊人看来命运不但比人强大，甚至比诸神还强大，因为先天大道向中道的流动贯穿了太极的每个发展环节）。

和命运性互补的是人心对乾志的指向性。这种指向性使人体会到一种超然世间、和一切意志中最原始的意志直接合一的心情，使人陷入如醉如狂的出神状态，因此可以称之为**酒神性**。酒神性超越了人心对天志的指向性（仁性），使良心的呼唤被瞬间的狂喜超越，使人感到摆脱了生命重负和社会束缚，超越了一切是非善恶，超越了人的个体性和社会差异，和众人无所区别地沉浸在与本源合一的混沌状态。酒神性和命运性并不属于人性（仁性和世界性），而是超越了人性。仁性实现出来的是敬拜的世界，而酒神性实现出来的是混沌的世界。混沌的世界是在漫游的世界、行动的世界、敬拜的世界、诗意的世界基础上形成的，但它超越了世界的这些层次，显露了比天志更原始并通过天志开启世界的本源。混沌的世界和大化的世界有相通之处。大化的世界是混沌无形、一气贯通的；它是人类世界属于气的那个层次，但因为肉眼不可见，语言不可说而常被生活在社会中的人们忽略。大化的世界处在世界的最底层。但混沌的世界却可以和它相通，因为在生命的理物气三界中，气界是最为混沌最能通达太极本身的层次。混沌的世界和大化的世界遥相呼应，把世界的六个层次贯通为一体，使世界的构成被最终完成。原始人类在大化的世界中感受神秘的气氛，在漫游的世界中探险，在行动的世界中劳作，在敬拜的世界中献祭，在诗意的世界中领悟天地万物的意

---

① 中国古人还发明了用天干地支确定命运的方式。天干地支的结合（六十甲子）是先天大道最完整的物化。所以，古人利用人（从中道）生出时的天干地支来决定"命"，再用人（从中道）发出行为时的天干地支来决定"运"，以此来确定人的"命运"。

义，更在某些特别的时刻摆脱一切束缚，陷入众人浑然一体同归本源的狂欢。这种狂欢是人在混沌神秘的气氛中体会本源的精神活动。它与施咒语等实践混在一起而被统称为"巫术"（在出神状态中体会到与本源的合一，就可能会想象自己可以直接推动一切事物发展，产生施咒语等实践）。"巫术"的多义性反映了世界六个层次的原始统一性。所以，**易**对应的历史时代就是巫文化的时代。

酒神性和命运性虽然超越了第二太极，但它们只是让心和生命指向乾坤的延伸（乾志和太极圆象），而不是指向乾坤本身。真正指向乾坤本身的是人的男女性。**易**激发了人们对太极的思考，理解了男女之别和男女结合的意义，促使氏族公社开始从母系向父系过渡（母系只知阴不知阳。当人们开始理解阴阳合一的意义时，父的意志就开始凸显为使家庭和社会获得统一的力量）。由于**易**通过六十四卦的排列思考太极，它更多地突出了太极的发展过程而不是太极本身（乾坤不可分割的自我同一性）。所以，性爱被当成就是爱情，爱情被当成就是性爱。爱与性的浑然一体是**易**对应的历史时代的一个特点。它使古代民族既崇拜爱神也崇拜性和生殖之神，或者合并为一个神来崇拜。总之，在**易**对应的历史开端中，太极不仅通过象数的言说第一次思考了自己，同时也通过男女之爱第一次把自己实现在世界中。哲学和爱情的结合是历史开端的一个根本特色。

易这个位置是否有代表它的某个哲学家？在这方面我们没有足够的历史文献来得出明确的结论。但不论《易传》还是民间传说都指出伏羲是最早画八卦和发明占筮的人。占筮不能只用八卦，而必须用六十四卦。因此我们可以推测伏羲已经对六十四卦进行了排序，而且这种排序一直流传到周朝。但这种排序在流传过程中可能经历了一些局部变动。据说在周易之前已经有夏易和商易，其卦序和周易有些不同：夏易始于艮卦而被称为"连山易"；商易始于坤卦而被称为"归藏易"。但这两种易都没有流传下来。周易则从乾坤开始，附有系统的筮辞，还通过春秋战国的发展形成了解释易经的《易传》，这样才有了我们今天看到的周易。然而，根据传说，伏羲是最早画八卦和发明占筮的人，而且他还发明了文字和婚姻，且其生活时代距今约五千多年，正是中国从母系社

第十三讲 从太极看世界哲学史

会向父系社会过渡的时候。所以，我们不妨认为伏羲就是代表了哲学最初位置的哲学家。

在中国各民族广泛流传的传说中，伏羲和女娲本是兄妹，在大洪水之后为了继续繁殖人类而结合。其实"兄妹"不必指亲兄妹，而是指伏羲和女娲是大洪水后的人类新始祖（直接以乾坤为父母）。在历史的开端处，太极送出**易**来思考自己，同时第一次通过男女之爱在世界中实现自己。在世界中实现太极的人类有别于史前人类，仿佛从乾坤流出的大道（其物化即水）放弃了史前的人类，通过伏羲和女娲重新开启人的世界。这个传说结合了太极的自我思考（以伏羲为代表）和自我实现（以伏羲和女娲为代表）。另一种传说则把伏羲和女娲等同于太极本身，使他们成为中国最早的创世神。1942 年出土的长沙楚帛书记载了他们的创世神话。原文有不少疑难字。综合各种解读，其大意如下：最初只有一片混沌，天地尚未形成；伏羲和女娲结为夫妇，生了四个神子；四神子开天辟地，这是他们懂得阴阳参化法则的缘故；当时未有日月，由四神不断轮值，才产生了春夏秋冬。这个传说把伏羲和女娲等同于乾坤，所以认为他们先于天地而处在混沌中。四神子代表了乾坤生成太极圆象的生长收藏四阶段（从乾坤而来的先天大道转生出了天地。其生长收藏四阶段物化出来就是春夏秋冬四季）。虽然中国不像希腊那样产生了系统的神话，这个绝无仅有的中国创世神话却更为恰当地把握了第一太极，可谓神奇。中国古代还有女娲用土造人和炼五色石补天的传说。这个传说把女娲等同于坤母和地母。地母生出了人，所以女娲用土造人。坤母所生的太极圆象使本来无形的天地有了内容；从坤母而来的这种"补充"使天地能够孕育出宇宙万物。但女娲本身就是地母，所以她作为坤母需要做的只是"补天"，以便使天地匹配、阴阳平衡，这样万物才能正常生长。女娲补天所用的五色石代表的就是（太极圆象包含的）构成十天干的五行。中国古人流传下来的还有伏羲和女娲人面蛇身的图像（蛇尾交缠在一起）。男女的头是乾坤的浓缩，而蛇身则代表大道的流动。这个图像代表的就是乾坤阴阳交合之道。总之，伏羲女娲的传说和**易**这个哲学位置十分吻合。他们被称为"人文始祖"是当之无愧的。

创世神话是**易**这个位置派生出来的一种对太极的思考。神话最早起源于敬拜的世界和诗意的世界（对诸神进行诗意的言说）。但史前神话通常只是关于部落神的传说。当人类迈入历史时，**易**被发送到人的思考中，部落神话就被发展为创世神话。**易**在诗意的世界中发展象数的言说来思考太极。但**易**同时激发了人们通过爱情把太极实现在世界中。所以，人们自然地通过诗意的言说产生了男女神创世的神话。中国古人很好地发展了象数的言说，其创世神话就居于思考的次要地位。相反，古希腊人的思维倾向使他们以不同方式接受**易**，发展出了系统的希腊神话，通过男女神的结合与生育思考了太极发展的主要环节，并通过旧神和新神体系思考了第一太极到第二太极的发展。希腊神话对十种历史活动的思考超越了许多古代神话，但其对第一太极的理解隐含了混乱（参见上一讲）。

以上简要地讨论了**易**对应的历史时代的特点。现在让我们重新回到太极对哲学史的先天思考。**易**在诗意的言说基础上发展了象数的言说，通过六十四卦的排列和筮辞思考了太极的发展变化，实现了哲学"把太极思为太极"的本质。但它通过六十四卦的排列思考太极的方式更多地突出了太极的发展过程（变易）而不是太极本身；通过筮辞描述太极的发展环节也使对太极的思考被束缚在占卜活动中，无法实现为人在历史活动中对太极的思考（人虽然可以在历史活动之前占卜，但所思的是活动的吉凶而非活动的本质）。为了解决**易**的这个内在矛盾，哲学必须走出象数的言说，同时突出太极本身而非其发展过程。前者意味着哲学必须从第一太极转向第二太极，后者则意味着哲学必须突出太极永恒不变的自我同一性。哲学于是转向对第二太极之自我同一性的思考，由此产生了哲学的下一个位置。

2. 孔子

当哲学从第一太极（乾坤）转向第二太极（天地），"通过象数的言说思考太极"就被转化为"通过诗意的言说思考太极"。突出天地的永恒自性则意味着突出天的阳性。哲学于是让敞开世界的大道服从把握世界的天志，让诗意的言说服从由天志而来的言谈。这种言谈是从天志到人心、从人心到判断力一以贯之的言谈，也就是人的意志在世界中实践其天人合一本性的言谈。哲学现在要做的就是从天人合一出发，通过实践的言谈思考太极。这种思考从人对太极最切近的体会开始，亦即从我开始前进到大我，通过礼乐实现人共同居于天地之间的本质，再进一步前进到人在天地之间的历史活动，从实现太极的历史活动思考太极的永恒自性，从而把哲学实现为不断向天地超越自身，由己及人，由近及远，通过自我教育和教育他人共同走向天下大同的道路。中国古代哲学家孔子把这条从我通向大我，从大我通向天下的哲学道路实现了出来。我们因此可以把哲学的第二个位置称为**孔子**。

孔子的道路从人的我开始。我是心与生命的统一，是由生命回旋运动构成的个体化的太极。这个回旋运动展开和深化了心所感受到的意义，使我可以作为感受者去行动，作为行动者实现出生命的意义。对生命永恒不变的热爱使我在一切事物中自得其乐而实现出我的自性。但我并非哲学所要思考的太极本身，只是哲学思考的出发点。我只有不断向世界超越才能作为一个人活在世界中。我向世界的自我超越包含自我意识（和他人意识）的不断成长，伴随着对世界理解的不断加深。这种自我超越是向世界和他人敞开自己生命的自我教育，亦即知行合一的"学"。但生命向世界的超越必须同时伴随心向天志的超越，这样意志才能从其超越之根把握生命，让天志推动生命展开回旋运动。所以，与"学"相伴随的是聆听上天的呼唤，在决断中实现天命的实践。天命是人的历史使命（历史是被天志推动的），而命运则是生命归属先天大道的方式。哲学因此用敬畏天命、把握天时的决断代替对先天大道的畏和把握命运时机性的占卜，从象数的言说中解放出来，转向诗意的言说，从诗意的世界赋予行动的世界以意义。

在诗意的世界中，诗意的言说与生命回旋运动和谐一致地展开，形成注重节奏和格律的"诗"，以及注重节奏和韵律、通过声音的运动直接调谐心情的"乐"。乐把人心凝聚在对世界意义的共同感受中，通过庄严神圣的境界把人心引向天志，把诗意的世界统一到敬拜的世界。在敬拜的世界中，天志不仅把人心拉向自己，同时也把众人之心相互拉近，把良心发展为同情互感的仁爱之心。因此，天人合一必须在人人合一的实践中进一步发展。实现天人合一、人人合一，把人心统一到其超越根源中的实践就是"仁"。仁始于缄默的、倾听良心呼唤的决断,通过决断将自己个体化为这个独一无二的我,通过同情互感将他人也个体化为独一无二的我,通过向大我超越自身来感受人心的共同根源,直至达到仁爱天下的境界。在仁的基础上,天志统一世界的力量被实现为人人互敬,共同敬天的"礼"。被乐所激发的舞动身体的欲望赋予漫游的世界以天人合一的意义,产生了伴随礼乐的"舞"。礼乐把漫游的世界、行动的世界和诗意的世界统一到敬拜的世界中。在仁的基础上,人通过学习诗、礼、乐来实践天人合一、人人合一,把世界统一到敞开世界的天志,从我通向大我,实现了人共居天地之间的本质。

在史前人类中,天志以诸神崇拜的方式统一世界。这样的世界统一性还没有完全实现出大我的自性,因为人和诸神(天志的化身)是相互外在和对立的。在**易**中这种诸神崇拜被保留了下来。在**孔子**中,哲学通过实践理解了天的本义,以仁为基础实现了天人合一,疏远了建立在天人不合一基础上的原始宗教,把对诸神的敬拜转化为敬天而又人人互敬的礼。礼和仁互为表里,通过乐互相关联,成为**孔子**实现人之本质的主要方式。**孔子**把漫游的世界、行动的世界和诗意的世界重新统一在敬拜的世界中,相当于以天人合一方式重演了天地生人这个独特的事件,把我和大我的自性归结到天地的自性。因此,**孔子**在从我通向大我,从大我通向天下的自我教育中以知行合一的方式思考了第二太极的自我同一性。这种知行合一的思考从人生的境域出发,因此充满了活泼的生命气息、人生的诗意和性情、天命实践的时机性,以及不断自我超越的高尚心志。

但这种思考还是不完整的。太极不但通过天地生出了人,而且还通过人的历史活动把自己实现在世界中。**孔子**还必须思考历史活动如何实现太极的自性。在十种历史活动中,真正实现太极之自性的历史活动是爱情、政治经济和品德(哲学、艺术、巫术不是直接实现太极的自性,而只是通过人把太极的自我认识实现出来)。**孔子**的思考是从我开始的,因此首先关注了品德。品德是我在世界中以理想性方式实现自性的活动。由于我是意志和生命的阴阳合一,所以品德最主要的内容就是中庸。虽然我是自我同一的个体化太极,但向大我的超越使我的心和生命被暴露在从天志和世界而来的影响中。我必须在这种阴阳对立的影响中保持平衡,才能维持阴阳合一的自我同一性,从而真正实现从天地和大我而来的自性。中庸就是天地的自性通过大我实现在我的自性中。虽然**孔子**对太极的思考突出了天的阳性,但它对品德的思考看到了在阴阳之间维持平衡的必要性,以及实现中庸的困难。

哲学和艺术实现的是太极在世界中的自我认识。孔子并不需要思考它们,而只需要把它们实现为从我通向天地的方式。**孔子**以知行合一的方式实现了哲学对天地的思考,但并没有思考哲学的本质。**孔子**从象数的言说转向诗意的言说后并没有通过后者思考天地,而是通过"诗"和"乐"敞开天地之间的世界,通过"礼乐"把世界统一到天志中。与礼的结合使诗和乐成为实现人之本质的方式而非独立的艺术形式。在走出了象数的言说和混沌的世界后,**孔子**对神秘的事物采取了敬而远之的态度,放弃了巫术作为认识太极的一种方式。所以,在**易**所统一的六层次的世界中,大化的世界和混沌的世界一起退隐,而漫游的世界、行动的世界和诗意的世界则被统一到敬拜的世界中。但敬拜的世界对诗意的世界之统一并不彻底,因为礼和诗的关系不如礼和乐的关系那样密切(诗不像音乐那样通过象征意志的声音直接调谐心情,而是通过词语在世界中兴起意境)。所以,**孔子**不但突出了诗意的言说敞开世界的作用,同时也为诗作为独立艺术的发展留下了空间。另外,乐联结礼和仁的作用使之得到高度的重视。伴随礼和仁的发展,乐表达心情的作用也不断发展,使之可以进一步发展为独立的艺术形式。突出太极的自性还激发了在感性形象中感受太极自性的能力(审美想象力)。总之,虽然**孔子**不思考艺术的本质,艺术却因为和哲学的密切关联得到了发展的推动力,从此踏上了通向独立发展的道路。

太极真正实现其自我同一性的理想性活动是爱情。在**易**的原始思考中,人的我还没有被凸显出来,爱情(包括性爱)还没有真正融合男女的我,而只是融合男人和女人,这样的融合还不具有强烈的排他性(男女还不会在公众目光中对自身的裸体和性爱产生强烈的羞耻感;处在历史开端的人类因此处在一种崇拜性爱的天真烂漫中;衣服更多地是保暖的用具和制造神秘气氛的手段,还没有真正成为"我之为人"的物化)。在**孔子**中,我被突出为哲学思考的起点,爱情真正成为男女之我的融合。在融合中我从阴阳合一角度认同了异性的我,强化了男女之我从天地(和大我)获得的自性。爱情获得了强烈的、自我同一的排他性(由于突出了天的阳性,爱情的排他性更多地落在男方)。因为**孔子**这个位置不包括第一太极,历史活动被理解为第二太极在世界中的自我实现。因此,爱情的本质被理解为"天地合",突出了天地阴阳合一生生不息的特性,亦即"天地生人"的特性。虽然天地是乾坤的延续,但天地直接生出人,而乾坤只是通过天地来生人。所以,突出爱情作为"天地合"的本质意味着突出生育的意义,突出父母和儿女的关系,突出家庭使爱情获得稳定自我生成的作用(父母的爱情在儿女组成的家庭中得到延续)。家庭就是太极自我生成的完整形象。因此,不仅丈夫和妻子,而且父母和儿女,兄弟和姐妹都从家庭获得自身的同一性,以至于每个人的我都在家庭中得到从太极而来的独一无二的、永恒不变的认同(每个人在家庭中都是独一无二、不可取代的)。**孔子**因此突出了家庭的伦理性,包括儿女对父母的孝(对自身根源的尊敬和感恩),父母对儿女的教导和慈爱,以及兄弟姐妹之间符合自身独特位置的品行(伴随家庭的伦理性,互敬之礼被进一步细化到家庭中;爱情的排他性使衣服遮羞的作用被突出,凸显了衣服对"我之为人"的物化;服饰被纳入礼中而得到系统的发展)。从家庭获得的自性是通过他人成立的自性,所以女人的阴性(自异性)在家庭中处在比男人的阳性(自同性)更为恰当的地位。**孔子**这个位置突出了天的阳性,因此突出了父亲对儿女的权威,但同时也突出了母亲在家庭中的恰当地位(母亲生养儿女,凝聚亲情,是儿女感恩的主要对象)。丈夫和妻子,父亲和母亲的地位是平等的,只是所处的位置不同,所做的事不同。但突出天的阳性使**孔子**突出了男人的意志在统一世界中的作用。从这个角度看,男人的恰当地位无法在家庭中得到完全的实现,而必须同时实现在政治等统一世界的社会活动中。这使得男人从社会获得更多的肯定,间接地加强了男人在家庭中的地位。

政治经济是太极在世界中实现自性的现实性方式。政治经济把天地作为人的现实基础实现在世界中,故其本质是天治地养,其终极目标则是天下大同。**孔子**突出天的阳性，因而把政治突出为天地实现其自性的根本方式。从太极的角度看，天志和人心的关系有理想的一面（天人合一），也有现实的一面（天人不合一）；作为现实性活动，政治要实现的是天治而非人治，是法治而非礼治。**孔子**突出天的阳性，因此以天治为政治的终极目标。但**孔子**从我通向大我，从大我通向太极永恒不变的自性；天人合一是**孔子**的根本宗旨（这种合一承认差异的存在，但仍以合一为理想）。所以**孔子**把政治要达到的世界统一性当成大我的一种理想状态，把政治要实现的天治主要寄托在德治和礼治（而不是以天人不合一为前提的法治）。政治和家庭被理解为具有相似的本质（都是天地本身的实现），因而自然地结合在一起，并与德治和礼治结合为充满文化精神的人治。这是哲学对政治的第一次思考。它揭示了政治的目标是实现天治，从而发展了选贤任能、敬天保民的思想，但它通过人治实现天治的做法掩盖了政治的现实性本质。天治的现实性本质与人治的理想性本质相互结合又相互矛盾，使政治充满了天人之间的张力。**孔子**对经济的思考突出了人人都应该从大地得到滋养，形成了大道之行也天下为公的思想，但突出天的阳性使这种经济思想未能充分展开。**孔子**忽略了科学、技术、气功和劳动等文明活动，因为这些活动都是和宇宙的具体事物打交道，和第二太极的自性没有直接关联。反之，诗、礼、乐、仁、品德、爱情（家庭）、政治等活动和第二太极的自性密切相关。能够在这些活动中实现自性的人（君子）比其他人显得更为高贵，成为**孔子**追求的一种理想人格。在社会活动中实现正当的（符合天志的）行为（义）成为君子的行为准则。

　　孔子这个位置在世界各民族中都有表现，尽管它表现出来的形式根据各民族的先天禀性与后天环境的不同而有所不同。一般说来，在**孔子**对应的时代中人开始运用自身的思考能力而不再仅仅依赖混沌神秘的感受理解事物。这是人类理性和自我教育的开端。人由此走出和本源（乾坤）浑然一体的原始状态，开始有意识地发展人本身，产生了充满诗意、人性光辉和贵族气质的文化（在普通民众中，诗意摆脱了哲学的束缚，出现了作为独立艺术形式的诗歌，在中国表现为《诗经》，在古希腊则表现为《荷马史诗》）。人们走出了氏族公社的原始共产主义，由部落走向国家和天下，发展出了系统的家族政治。在中国，这个位置对应的时代萌芽于夏商，成熟于西周，而在东周开始走向没落。孔子是在这个位置对应的时代开始走向没落时成为其代表的，因此他的一生都充满了对西周的怀念和向往，对春秋时期礼坏乐崩、诸侯割据的局面忧心忡忡。但孔子的思想并没有因为周朝的灭亡而退出历史舞台，反而以不断演变的方式继续包含在后来的中国历史中，因为它实现的是古代哲学中唯一突出了第二太极自我同一性的哲学，对中华民族在长期历史发展中保持完整统一起到了无法替代的作用，对今后人类走向天下大同也将有重要的启发作用。

今天我们看到的易经形成于孔子所代表的西周。这不见得是一件偶然的事。我们可以试着从**易**和**孔子**的关系来理解这件事。从**易**向**孔子**的过渡使哲学从第一太极转向第二太极，这刚好契合了**易**所思考的从第一太极到第二太极的发展过程。因此从**易**的时代向**孔子**时代的过渡本身就是一个展现**易**的历史运动，伴随着**易**这个位置的再次送出。由于**易**突出了太极从阳到阴的发展过程（阳比阴原始，阴比阳发展），所以这个过渡也是从阳到阴地发生，即首先产生天人混同的夏，其次是从天转向地而导致天人对立的商（天以上帝面目出现），最后才是从地返回天而实现天人合一的周。因此，**易**在夏商周三个时代以不同方式送出到人的思考中，分别了形成夏易、商易和周易。夏人刚刚进入**孔子**时代而发展了初步的家族政治，故夏易始于代表少男的艮卦。商人转向地而导致天人对立，故商易始于坤卦。周人从地返回天，实现了天人合一，故周易始于乾卦而继之以坤卦，恰当地重现了**易**的六十四卦循环始于乾坤的本来面目。**易**从伏羲时代到夏商周的多次送出是哲学史从第一位置过渡到第二位置的特殊性造成的，也是中华民族的一件幸事（否则**易**就不会以周易的形式流传下来而成为中国文化的根源）。

以上简要地讨论了**孔子**对应的历史时代。现在让我们重新回到太极对哲学史的先天思考。**孔子**这个位置从第一太极转向第二太极，突出了天的阳性，从天人合一角度，以知行合一的方式思考了第二太极永恒不变的自性，开辟了一条以我为出发点、以人为中心、以天下为归宿的哲学道路。但它因此失去了**易**思考的从第一太极到第二太极的发展过程，同时也忽略了阴性的作用。这是哲学从**易**到**孔子**的发展引起的矛盾。为了解决这个矛盾，哲学必须重新思考太极的发展过程，并从突出阳性转向突出阴性。这意味着哲学必须忽略推动太极发展的阳刚之力，突出发展过程本身的自然无为。哲学于是从对太极的思考转向对大道的思考。

3. 老子

哲学现在要做的是从第二太极向第一太极回归，以便从第一太极出发重新把握太极的发展过程。这个重新把握不再突出太极的永恒自性，而是反过来突出其运动的永恒循环，不再突出太极的阳刚之力，而是反过来突出其发展过程的自然无为。因此，太极的发展过程没有被当成自我同一的太极（乾坤）的自我发展，而是当成一个自然而然地发生、自然而然地流动、不断从尽头返回自身的运动。这个运动首先生成太极圆象，从太极圆象转生出天地，从天向地，从地向人所在的世界流动，并从人回归地，从地回归天，从天回归自身。中国古代哲学家老子把这个自然无为地流动并从尽头返回自身的运动思考为"大道"。我们因此可以把哲学的第三个位置称为**老子**。

为了从第二太极回归第一太极，哲学首先必须走出**孔子**这个位置。**孔子**从我通向大我，从大我通向天下，把世界统一在天志的阳刚之力中。哲学首先必须把人心从天的阳刚之力中摆脱出来，才能让生命归属大道，实现人向大道的回归，最终从大道的源头重新把握太极的发展过程。**老子**的思考逆太极的发展顺序而行，但最终是为了顺行。从太极的角度看，这个思考经历了以下六个步骤。

（1）让生命从天志松绑：在**孔子**中，心通过决断让天志推动生命回旋，使我可以超越自身生命，实现天人合一。为了让生命从天志松绑，我必须放下意志对超越的执着，自然地接受生命，让生命按其自身趋势自然地流动，保持心情淡漠，对生命的变化泰然处之，抑制欲望的躁动，常以生命本身自足。在**孔子**中，从生命向世界的超越实现为不断自我教育的学习过程；这种学习伴随我在决断中向天志的超越，帮助我融入大我，走向天下。但这种不断超越生命、提升自我、不断进入社会更高层次的学习破坏了生命的自然状态，扰乱了生命的自然运动，使人们在追逐智慧和荣誉的过程中脱离了自然无为的大道。因此我还必须放弃追求智慧和荣誉，才能让生命从天志松绑。当生命从天志松绑，我就以自然无为的方式实现了生命的回旋。

（2）让世界从天志松绑：在**孔子**中，漫游的世界、行动的世界、诗意的世界都被统一到敬拜的世界；敬天和人人互敬的礼统一了人们在世界中的行动；礼和仁互为表里，通过乐互相关联，与义的准则一起把人心统一到天志中。生命本来是世界的个体化，因此即使我以自然无为的方式实现生命的回旋，我在世界中的生活依然被礼乐仁义所统一，无法完全回归自然无为的大道。**老子**因此对礼乐仁义（不合乎自然的）统一世界的方式进行批判，以便让世界从天志松绑。从太极的角度看，这种消极的批判无法让世界真正摆脱天志的束缚，因为天志以世界本身（原始敞开域）为其恰当的把握对象，同时又把自己个体化到人心中，所以礼乐仁义是天志通过人心统一世界的必然方式。所以，为了让世界真正摆脱天志的束缚，哲学必须通过生命（而不是人心）重新统一世界。

（3）让生命从世界回归地：为了通过生命重新统一世界，必须把生命拉回本性虚空的世界本身。如果能够放弃生命的个体性，放弃人心对一切事物的执着，体会生命的虚空，一切生命就会无所分别地返回世界本身，统一在和世界现象互为表里的原始敞开域中（如佛教所主张的）。但这样做泯灭了生命中一切事物从大道（太极的发展）而来的意义，无法实现向大道的回归。故哲学不能停留在让生命回归世界，而必须进一步从世界回归到世界的基础，亦即生养世界的无形地母。当哲学放弃从天志角度统一世界，世界的统一性就被归结为大道从地母敞开世界、让宇宙生命涌现到世界中成为有限生命，并通过人统一世界的运动，亦即"地生人"的运动。所以，人要完全回归大道就要放弃（在天志推动下）努力发展世界的做法，让生命从世界回归地母，让生命回旋运动被"地生人"的运动推动，体会宇宙胎儿在地母中寂静无为的原始状态，体会种种生命现象背后隐藏不露的、不断涌现却仍然遮蔽自己的物自身，体会地母生出人的玄妙的阴户（涌现出一切生命的原始敞开域），让从地母涌出的中道不断滋养自己的生命，像婴儿一样保持生命质朴无华的本来面目（中道就是宇宙生命生出为有限生命的运动，是推动生命回旋运动的道，亦即人的行为之道）。大道生养容纳各种事物而不用强力统一，分化归拢各种现象而不偏执凝滞。当人不自我逞强而是从大道强化自己，让世间的一切都顺大道之生养分化各尽其本性，生命回旋运动就会自然而然地合乎大道的流动，成为大道在世界中的具体实现（德）。

在**孔子**中，诗意的言说被用来敞开天地之间的世界，但没有被哲学用来思考太极。在**老子**中，诗意的言说代替从天志而来的实践的言谈，成为哲学思考大道的主要方式。诗意的言说使可言之小道组织的世界现象从大道获得澄明，把世界敞开成了诗意的世界。这是大道通过明性把自己投射到可言之小道的结果。当诗意的言说被**老子**用来思考大道本身（而不仅仅是世界现象）时，哲学看到了世界现象既属于又不属于大道、既无而又有、既显露大道又遮蔽大道的二重性，从而看到了对立的现象共属大道，既相互统一又相互转化的特性。但可言之小道只是言说大道的道，而不是永恒的大道本身。虽然小道可以言说大道，但人无法仅仅通过其言说回归大道。人要真正回归大道必须通过发展德性（中道对大道的指向性），让中道推动的生命回旋运动合乎大道的运行，这样才能在合于大道的德中回归大道。这就是大道和中道的互为表里在**老子**中实现出来的方式。然而如果没有诗意的言说大道就不会显露出来，人也就无法通过德回归大道。由于发现大道分别与小道和中道互为表里，知和行在**老子**中开始有所分离，但总体上仍然保持中国哲学知行合一的本质。

（4）从地回归天：天不像地那样包含宇宙生命，而只包含从第一太极而来的太极圆象。所以天不像地那样通过万物和人直接相关，而只能通过它的意志（天志）统一人心。但哲学已经让生命摆脱了天志，从世界回归到地，因此人只能通过归属地进一步归属天，而不能像在**孔子**中那样可以通过人心直接归属天。天为地上的世界提供最高的统一性（天下）。但由于哲学摆脱了天志，天不再是天命的天，也不再通过礼乐仁义统一天下，而只是通过大道从天向地、从地向世界的流动统一世界，实现世界的自然秩序。大道从天向地、从地向世界的流动使大道成了"天道"。天人合一从"与天志合一"变成"与天道合一"。天道避开了天志的阳刚之力，使天下成为人安居大地、休养生息的地方；人们虽然共享世界，但人心缺乏交融和统一的必要，更不需要争竞和伤害，而只需在自然无为的生活中同归于道，在地母怀抱中尽其天年。天道的天远离地上的人。所以，人只有像天那样超然、高远和寂静无为，自然而然地成就地上的事物而不以为是己力所为，才能真正回归天道。这种回归天道的人实现了最深远玄妙的德，成为无为而治的圣人。

（5）从天回归先天大道：哲学进一步从天回归到第一太极生成圆象的运动，把这个运动当成比天道更原始的大道，亦即从自身演化出天地人的先天大道。在**易**中，哲学通过象数的言说思考了第一太极的发展（先天大道）。但哲学从**孔子**开始走出了象数的言说。所以**老子**丧失了**易**通过象数的言说直接思考先天大道的途径，而只能通过从后天大道而来的诗意的言说间接地思考先天大道。这种诗意的言说突出了先天大道恍惚混沌、无影无形，不像任何具体事物的特性，以及它周而复始、永恒不变地自我循环的特性。哲学通过这种诗意的思考隐隐约约看到了先天大道生成阳象（道生一），再生成阴象（一生二），进一步生成合象（二生三）的过程。但这种诗意的思考无法深入先天大道生成八卦和六十四卦的细节，只能从大体上把握太极圆象包含阳、阴、合三大要素的特性，以及它进入天地内部，在地中演化出宇宙万物，使万物负阴而抱阳，又以中气合之，使事物的阴阳互相转化的特性。由于发现了先天大道，哲学就为天道找到了超越一切具体事物的永恒不变的源泉。

（6）从先天大道把握太极发展过程：**老子**要突出的是太极的发展过程而非太极的自我同一性，因此它没有把先天大道当成乾坤的自我发展，也没有把它当成被太极的阳刚之力推动的运动，而是把它当成完全自发、自然无为、从尽头返回自身的运动（道法自然）。先天大道先于天地人和宇宙万物，无任何可见、可闻、可触的特性（比一切具体事物大）。它转生出的天地本身也是超越具体事物的（虽然地内含具体事物）。从地敞开出来的世界本身也是一个无形大象（虽然它容纳了一切生命现象）。哲学于是把太极的运动看成一个本质为大的连贯运动。这个运动的根本特性是无（没有任何时空中具体事物的特性），因而永恒不变地运行着。但真正纯无的只是先天大道，因为从地敞开世界的后天大道内含具体事物（有）。大道最初产生的"有"是宇宙逻各斯。太极在其中思考了自己的一切发展，然后才把自己物化在物界，生成了在时空中变化的万物。万物是根据太极所思的永恒理念（名）形成的。先天大道只包含没有理念的太极圆象；天地最初也只包含太极圆象（故无名）；后来地包含的太极圆象演化成宇宙生命，其中的宇宙逻各斯因为包含万物的永恒理念（有名）而成了万物之母；宇宙逻各斯通过小道生出到世界中，就成为组织世界现象的逻各斯（世界现象也有了名）。所以，一切有名有形的具体事物都来自无名无形的先天大道。另一方面，一切具体事物都包含在本性虚无的后天大道中。因此，有和无互为表里，互相生发（两者都来自先天大道，只是一个有名有形一个无名无形而已）。人处在后天大道尽头，即大小道交汇之处，可以通过二者互为表里的运作思考大道，追溯其源头，直至到达先天大道（圣人更是可以通过后天大道来合于先天大道之超然世间，达到最高层次的无为之治）。先天大道完全超越了一切具体事物，完全不受任何外在事物的束缚，在道法自然的运行中永恒地循环，并从自身生长出了天地人和一切世间事物，最终又从人返回自身。大道的这种无为而无不为的"永恒轮回"就是**老子**从先天大道把握太极发展过程的方式（这种把握方式丧失了**易**所思考的历史发展，因为它没有把大道当成乾坤的自我实现之道，而只是当成自然无为的运动）。

老子这个位置对应的历史时代主要表现为敬拜的世界开始失去神圣性，人们开始怀疑天命，礼乐仁义统一世界的力量开始衰落，天下开始分崩离析，家庭伦理开始松弛，人们开始以自然天性来消解外在束缚。在中国这个时代就是西周之后礼坏乐崩、周王室衰落、诸侯势力崛起的春秋时代。孔子和老子都生活在这个时代，但孔子代表的时代已经衰落，而老子也没有看到他向往的理想社会。**孔子**这个位置对社会有很强的凝聚力量，因此其对应的时代很长。相比之下**老子**这个位置对社会的凝聚力量比较弱，因此其对应的时代不是很长。但二者都以各自方式继承了**易**的宏大格局。从它们发展出来的儒家和道家思想形成了阴阳互补消长的关系，成为决定中国历史发展的一个主旋律。**老子**之后的哲学位置开始变得狭窄，对应的时代更加短促，以至于许多不同位置相隔很短地发挥作用，对应春秋末期和战国时期百家争鸣、诸侯混战的局面（同时对应希腊哲学和城邦的兴衰）。所以在**老子**之后我们不再讨论哲学位置对应的时代（除了极个别的情形）。哲学史的先天位置和历史时代的对应是很复杂的事情（不但因为有些位置对应的历史时代很短暂，还因为同一位置在不同民族中有不同表现）。本讲座的目的只是澄清哲学史的先天位置。我们对这些先天位置的理解越准确，对世界历史的理解就有了越加可靠的哲学基础。所以让我们集中精力在先天位置的推演上。

老子从第二太极回归第一太极，把太极的发展过程思考为大道自然无为、自我循环、自我回归的运动，突出了太极发展过程的阴性（非意志性）。这个思考弥补了**孔子**中突出第二太极的自性和天之阳性的偏颇。从**易**到**孔子**再到**老子**，哲学已经从整体上把握了太极的发展过程。在**老子**中，哲学发现了后天大道和可言之小道的互为表里，并让大道通过小道的言说来思考自己，使哲学本身以"小道"的形式第一次进入哲学的视野。但**老子**虽然通过小道的言说来思考大道，却仍然把德当成通达大道的根本方式。这种注重行为之道（生活实践）的做法是从**易**到**孔子**和**老子**一脉相承的，也是人通达所思之物最恰当的方式。然而，哲学不仅是太极通过活在世界中的人所做的自我思考，同时也是太极把其自我思考（以哲学位置的方式）通过小道送出到人中的结果。因此，哲学还有另一种方式来实现对太极的思考，亦即通过思考小道送出的内容来思考太极（而不是直接思考太极本身）。既然哲学已经通过**易**、**孔子**和**老子**从整体上把握了太极的发展过程，并在**老子**中发现哲学是小道的一种运动，哲学的下一步发展就从后天大道转入和它互为表里的小道，通过小道对自身的思考来思考太极。

4. 毕达哥拉斯

当哲学从后天大道转入小道时，它的任务变为"通过思考小道送出的内容来思考太极"。由于哲学是第一次思考小道送出的内容，它所思的小道送出的是哲学史最原始的位置，亦即**易**。哲学现在要做的就是"通过思考**易**来思考太极"。**易**所做的是"通过象数的言说思考太极"。因此，哲学真正要做的是"通过思考象数的言说来思考太极"。但从后天大道转入小道使哲学失去和后天大道的关联，这意味着它无法把先天大道（通过和后天大道的对应）投射到中道来形成占卜活动，更无法投射到小道来形成象数的言说。哲学失去了结合占卜实践思考太极的途径。哲学真正要做的事情只剩下"通过思考象数思考太极"。所谓"象数"就是和诗意的世界对应的、来自先天大道的六十四卦。但哲学既然无法把先天大道投射到中道和小道，它就无法把握先天大道通过阴阳交错组合生成八卦、再重叠八卦生成六十四卦的方式。所以，六十四卦退化为没有阴阳发展过程、丧失八卦和六十四卦的特殊性、纯粹形式化的"数"。六十四卦和世界的对应退化为数和世界的对应。哲学的任务最终变成了"通过思考数来思考太极"。太极的发展过程被思考成了数的发展过程。这种数本原论被古希腊哲学家毕达哥拉斯发展了出来。因此我们可以把哲学的第四个位置称为**毕达哥拉斯**。

毕达哥拉斯的发展直接建立在**易**的基础上。**易**从取象比类开始，经过六个步骤的发展才最终通过象数的言说思考太极。**毕达哥拉斯**的发展也相应地分成若干步骤。

（1）发现世界现象中的数：**易**的取象比类是把诗意的言说命名的（反映了天地结构的）自然现象和八卦对应。但**毕达哥拉斯**丧失了后天大道，无法将后天大道投射到小道来形成诗意的言说。哲学于是不加区分地将世界中一切现象都和数对应。这样做掩盖了自然现象中的天地结构，但仍然反映了取象比类的精神实质（揭示现象的先天形式）。

（2）发现世界现象中数的关系：**易**用八卦代表事物的静态多样性，用六十四卦代表事物关系的动态多样性。**毕达哥拉斯**则把事物的关系归结为数的比例（特别是在音乐等运动现象中）。在**易**中，取象比类形成的"象数"从八卦到六十四卦的发展和第一太极中的发展过程相反，造成了必须调和的矛盾。但**毕达哥拉斯**中的"数"已经失去八卦和六十四卦的特殊性，不再有这种类型的矛盾。所以**毕达哥拉斯**跳过了**易**中调和矛盾的步骤，直接进入对应占卜的步骤。

（3）通过小道实践先天大道：**毕达哥拉斯**因为转入小道而丧失了后天大道，导致它无法像**易**那样通过占卜和象数的言说通达先天大道。如果**毕达哥拉斯**找不到任何通达先天大道的途径，它对**易**的思考将完全无法通达所思之物。但小道和先天大道实际上也可以不通过后天大道而是通过"命运"发生关联。所谓"命运"就是先天大道流入中道的运动（它决定了人的行为归属先天大道的时机性）。命运包含先天大道流入三界小道的运动（中道内含三界小道）。从大道的角度看，这种运动仿佛是先天大道"钻入"后天大道的内部，直接流入后者内含的三界小道，构成了大道"从大入小"的局部运动。**毕达哥拉斯**虽然丧失了后天大道，但并没有丧失先天大道流入可言之小道的局部运动。这种局部运动具有组织命运的作用。只要人服从小道的权威，按照它的规定组织人的行为之道，先天大道就仍然可以把自己实现在人的实践中。这种实践不像占卜那样把先天大道投射到人的行为中，也不像**老子**那样通过无为而无不为的德合于先天大道，而是服从小道从先天大道获得的神秘的行为准则（禁忌），借此把混沌神秘的先天大道实现出来。但这种实践绕开了先天大道和后天大道的对应，让先天大道通过小道的狭窄路径送出到人的思考中，变成限制人的行为的神秘准则，因此没有真正把先天大道作为"大道"实现出来（这种实践在**易**对应的历史时代中也存在，但不是**易**的哲学实践）。虽然如此，这种服从小道的实践隐含了哲学对灵魂的关注，因为小道是通过灵魂流入个体生命的（组织生命的领悟是灵魂形成的）。从此灵魂开始进入哲学史。

（4）从乾坤出发理解数的发展：由于哲学无法真正实践先天大道，它无法像**易**那样把握第一太极到第二太极的发展。哲学于是跳过**易**中的这个步骤，直接向**易**的最后步骤过渡，借此返回到了乾坤本身。哲学在乾坤中发现了数最早的起源，亦即乾坤"既自同又自异"、"一而二、二而一"的本质。这个发现使哲学得以越过神秘的禁忌实践，摆脱束缚先天大道的狭窄路径，直接从世界现象返回数的源头，从乾坤隐含的数出发理解数的发展。

（5）通过思考数的发展把握太极的发展过程：哲学在这里模仿了**易**的最后步骤。**易**把乾坤看成一切事物的本源，同时又把它看成六十四卦的开端，通过六十四卦的排列思考太极的发展。**毕达哥拉斯**则把乾坤隐含的数当成一切事物的本源，同时又当成数的开端，通过数的发展思考太极的发展（哲学无法直接通达太极的发展，但还是可以通过模仿**易**的思考来间接通达）。乾坤隐含的数首先是1。1对应太极的自我同一

第十三讲 从太极看世界哲学史

性，因此被认为是一切事物的本源，同时也是一切数的开端。但太极的自性是阴阳的合一。哲学于是认识到 1 其实内在地隐含 2，因此 1 是阳数也是阴数，是奇数也是偶数（1 和 2 因此不是一般的数而是数的本原）。从发展的角度看，阳比阴原始，阴比阳发展。所以，哲学认为从 1 生成了 2；1 具有自同性、开端性、有限性；2 具有自异性、运动性、无限性。乾坤从自身生成了太极全象（包含阳阴合三象）。哲学因此认为从 1 和 2 生成了 3，而且把 3 看成是包含开端、中间和终结，代表 "全体" 的数（太极全象的生成可以看成由阳象开始，经过阴象，最终生成合象）。乾坤加上从它而来的太极全象构成了第一太极的完整发展（哲学无法进入生成八卦的运动），对应 1+3 亦即 4。哲学于是认为 4 代表了事物的自我发展过程，把各种事物的 4 阶段的发展（如点线面体）都当成 4 的表现。但如果突出乾坤的内在差异，把它当成阴阳的配对，则它对应的数就不是 1 而是 2，这样从乾坤到太极全象的发展过程就对应 2+3 亦即 5。5 因此隐含 "太极的发展来自太极本身的阴阳配对" 之义。哲学因此把 5 当成代表婚姻，同时也是第一个完美的数（代表了第一太极最完整的发展形式）。第一太极发展结束后就转生出第二太极，对应 5+1 亦即 6。因此 6 被看成是 5 的延续（同样代表婚姻）。但第二太极和第一太极不同之处在于它的阴（地）内部孕育出了宇宙生命，并生出到世界中成为有限生命，最终统一了世界而成为人。因此，6 隐含了生命的发展过程。这是地生生不息的阴性导致的特别发展。然而，突出地生人的阴性就等于突出天地的差异，亦即把天地看成 2 而不是 1。于是真正代表太极从天地生出人之运动的就是 5+2 亦即 7。哲学因此把 7 当成代表出生的数。天地生人使太极可以通过人把自己实现在历史中。**易**所思考的历史发展因此对应 7 之后数的发展。历史发展是第二太极的发展，和第一太极中太极全象的发展对应。**毕达哥拉斯**把太极全象的发展思考为包含开端、中间和终结三个阶段。因此历史发展也被思考为具有开端、中间和终结三个阶段，分别对应 8、9、10。**易**是通过思考哲学史的发展来思考历史发展的，因此历史的开端、中间和终结分别对应哲学史的最初位置、中间所有位置、最后位置。最初位置是对太极的原始思考。最后位置则吸收了所有位置，成为最完整地思考太极的位置。最初位置就是**易**，其时代的根本特点是哲学和爱情的结合（突出爱情而非家庭）。因此，8被认为是代表爱情的数，9则被认为具有承上启下的作用，把之前所有的数都带向最后同时也是最完善的数10。总之，**毕达哥拉斯**用数从1到10的发展代替六十四卦的排列来思考太极的发展过程（这种思考还包括一些数学成分，但数学成分是辅助性的，真正决定1到10之发展的是太极的发展过程）。由于从后天大道转入小道，丧失了后天大道与先天大道的对应，哲学缺乏通达所思之物的恰当路径，只能把**易**的"通过象数的言说思考太极"变成"通过数的论说思考太极"（"论说"是小道从自身出发的言说）。这种数本原论丧失了**易**对太极的直接把握，但它仍然通过数看到了太极的影子，因而仍然具有一种形式上的宏大。

　　毕达哥拉斯这个位置在古希腊人毕达哥拉斯中得到了最纯粹的实现。但它在太极的思考中是从**老子**而来的。从**老子**到**毕达哥拉斯**相当于从大道转向小道，因此在古希腊人中激起了一系列的过渡性思考，产生了追问事物本原（第一太极）的早期希腊哲学。从**老子**到**毕达哥拉斯**的过渡对应哲学从大道无中断的运动（从先天大道流向后天大道）转向有中断的运动（从先天大道钻入后天大道内含的可言之小道）。**老子**中的后天大道内含三界小道，分别从宇宙生命的三界流向有限生命的三界。所以，这种过渡性哲学首先思考了从先天大道钻入宇宙生命三界的运动，分别产生以气、物、理为本原的三种哲学（以气为本原的阿那克西美尼，以水为本原的泰勒斯和以原子为本原的德谟克利特，以努斯为精神本原的阿那克萨戈拉。宇宙物界有宏观和微观两个层次，所以产生水和原子两种本原）。做了这种必要的铺垫之后，哲学才开始完整地思考先天大道钻入三界小道的运动，分别产生从气界小道、物界小道和理界小道出发思考太极发展的三种哲学（阿那克萨曼德、恩培多克勒、毕达哥拉斯。三个哲学家都有发展和演化的观点，这是他们从小道出发思考太极发展的结果）。阿那克萨曼德的"无定形"是从气的混沌无形出发思考第一太极，把后者当成还没有任何规定的、万物从中生长又回归其中的本原。恩培多克勒的"爱"与"争"是从物的相互作用理解第一太极中的阴阳（同一和差异），其气土火水"四根"则是从物化角度思考第二太极。毕达哥拉斯真正完成了过渡，从理界小道出发通过数本原论思考了太极的发展过程。这些早期希腊哲学家出现的顺序不完全符合过渡的内在逻辑，因为哲学位置和哲学家的对应本来就存在先后天的差异。但这些早期希腊哲学家对本原的追问不是偶然的，而是来自哲学史从**老子**过渡到**毕达哥拉斯**的特殊性。

毕达哥拉斯是哲学从后天大道转入可言之小道的结果。转入小道使哲学尝试思考小道送出的内容（**易**）来思考太极，但尝试的结果表明小道自身缺乏通达所思之物的恰当路径，因为大道从先天向后天的流动发生了中断（被狭窄化为从先天大道流入可言之小道）。中断发生在先天大道经过"天"而流入后天大道的地方。这个矛盾迫使哲学从小道重新返回**老子**中的大道，通过强化天道的连贯性来克服大道的中断。哲学于是从**老子**中发展出了对大道的新思考，形成了哲学的下一个位置。

5. 庄子

大道从先天向后天的流动在**老子**中是一个本质为大的连贯运动。但在**毕达哥拉斯**中，这个连贯运动被转化为"从大入小"的局部运动，不是从先天大道流向后天大道，而是钻入后天大道内含的可言之小道，使大道的连贯运动被中断。因此，哲学不是简单地从**毕达哥拉斯**返回**老子**，而是返回到中断发生的地方以便解决问题。这个地方就是天道（大道从天向地、从地向世界的运动）。哲学现在不但返回天道，而且把天道强化为完全没有任何中断的连贯运动，把天当成道法自然的起点，并把生命提升到和世界同一的高度，使敞开世界的天道可以毫无阻碍地贯通人的生命，让人顺着天道的流动逍遥地游荡于天道本身的虚无，和世间万物一起无所分别地融入贯通一切的天道，以最极端的方式实现天人在大道中的合一。这种通过逍遥游让天道贯通世间一切事物的哲学被中国古代哲学家庄子发展了出来。因此，我们可以把哲学的第五个位置称为**庄子**。

庄子这个位置虽然是从**老子**中发展出来的，但在经过**毕达哥拉斯**之后，哲学关注的不再是大道从先天到后天的整个运动，而只是天道从天向地、从地向世界的运动，目的是为了克服这个运动发生的中断。这个位置的发展过程如下。

（1）强化天道的连贯性：阻碍天道贯通的是地和世界内含的具体事物（本质为小的事物）。因此，哲学首先忽略掉地和世界内含的具体事物，把大道理解为从天开始完全无中断地贯通地和世界。由于忽略了地和世界的具体内容，大道从天向地、从地向世界的运动变成一气呵成、完全连贯的运动，仿佛大道的运动只不过是天自然而然地、毫无妨碍地贯通地和世界的结果。**老子**中的"道法自然"现在被理解为天本身的特性，使天获得了"自然而然"的意义。

（2）强化地道的连贯性：所谓"地道"就是从地向世界的运动，也就是后天大道。地道是天道的后半部分，也正是天道发生中断的地方。为了克服中断，哲学不仅要强化天贯通地和世界的特性，还必须强化地贯通世界的特性。但地道内含中道（从宇宙生命向有限生命的运动）。哲学必须把中道看成和地道一样完全无中断，才能强化地道的连贯性。这使哲学陷入了自相矛盾，因为宇宙生命只有一个，从它而来的有限生命却有无数个；这种从一到多的发展很难被当成完全无中断的连贯运动。太极在这里看到了强化地道连贯性的困难。但太极也同时看到，既然一切有限生命都是世界的个体化，都通过世界本身得到地母支持，它们之间的独立性就是相对而非绝对的，因而不是完全不可超越的。

（3）强化人道的连贯性：所谓"人道"就是大道敞开世界的运动（大道只有通过人实现世界的统一性才能真正完成敞开世界的运动，故此运动可称为"人道"）。为了强化人道的连贯性，个体生命必须超越世间一切事物，把自己提升到和世界同一的无限高度，让生命充塞天地之间，融于万物之中，和世界的天道直接推动生命回旋，仿佛顺着大风飞翔而与大风成为一体，这样从宇宙生命到有限生命的运动就变得和从地到世界的运动完全一致，克服了上个步骤中哲学遇到的自相矛盾。在**老子**中，人首先要回归地母，体会宇宙胎儿在地母中的虚静无为，让从宇宙生命而来的中道推动生命回旋，然后才能进一步回归天道，乃至回归先天大道。但在**庄子**中，哲学的问题已经不再是回归大道的源头，而是克服大道流动的中断。人要做的不再是向大道的源头逆行，而是从生命之海上升到天地之间，顺着天道敞开世界的大风飞翔，融入本性虚无的天道中，逍遥地游荡于无何有之乡（天道相对于地道和人道而言乃是纯无的大道）。这种逍遥游以极端的方式实现了天人合一，但不是像**孔子**那样心与统一世界的天志合一，而是生命与贯通世界的天道合一。实现这种天人合一的人不再作为世界一部分而受制于他物。其自我已经消融于天道，故其无功之德合于地道，无名之德合于人道。这种极端的天人合一让天道真正贯通了地道和人道，成为自我同一的大道。

（4）否定大道与可言之小道互为表里：在逍遥游中，大道与中道的互为表里被以极端的形式实现出来，即中道的末端（生命回旋运动）被融入大道中，形成了与道同一的德，亦即道德（逍遥游就是乘道德而浮游）。这样做的前提是大道投射到小道形成诗意的言说，在生命现象中澄明世界本身（只有这样生命才可能被拉向世界本身的高度）。但由于**毕达哥拉斯**中的小道对自身内容的思考缺乏通达所思之物的恰当路径，哲学在返回**老子**时否定了小道的自我思考和澄明现象的作用，把逍遥游理解为大道对生命的直接贯通，认为道可行而不可道，否定小道的言谈是大道的内化，否定小道可以达到确定真理或普遍真理，把小道对事物的区分、比较和判断看成是多余的，因为一切事物都被同一个大道贯通，被同一个大道澄明，从同一个大道获得自性，故当各随其宜而任其所是。从太极的角度看，大道之所以能通过人澄明世界中的现象，是因为可言之小道对大道有指向性（明性）。但哲学虽然看到世间一切事物都被大道澄明，却没有看到这种澄明来自明性：正是明性使大道可以投射到小道形成诗意的言说，让生命现象被大道澄明，使世界本身向人敞开出来，使逍遥游成为可能。哲学对普遍真理的否定意味着哲学忽略了小道的源头（宇宙逻各斯），同时忽略了中道的源头（宇宙生命），导致哲学把个体生命看成可以随天道之运行在世界中相互转化，如同梦境一样缺乏实在性。

（5）肯定大道与可游之小道互为表里：当哲学否定大道与理界小道（可言之道）互为表里时，它就反过来突出了物界小道（可游之道）与气界小道（可化之道）。大道通过我身可动性内化到可游之小道，把世界敞开为动物和人在其中漫游的世界。所以，人应把身体当成天道之所赐，顺天道生长衰亡之自然漫游于世，这样就可以把大道内化到可游之小道。人通过身体活在世上，免不了与他人共处，但只要空掉自我，不计得失，顺从贯通世界的大道，随他人天性而与之处，不刻意突出自己，就可与人和谐，乃至超越身体局限，以德合天而为众人所归。哲学把可游之小道当成可言之小道通达所思之物必需的途径，因而把宗天师道、以德合天之真人当成真理之所在。可游之小道还隐含了想象力的作用，与可言之小道隐含的判断力互相对应。哲学于是从判断力的法则（理性和逻辑）中解放出来，自由发挥想象力，运用任何言谈形式为哲学服务。

（6）肯定大道与可化之小道互为表里：在生命三界中，理界的阴性（差异性和成像性）最强，气界的阳性（同一性和混沌性）最强，物界则居中。阳性最强的可化之小道最合乎天道无所区分地贯通一切事物的特性，是可言之小道的反面。所以，哲学不但认为大道可内化于气界小道，而且把后者当成与大道同一，仿佛大道从天流入气界小道之运动完全无中断，并以此运动一气贯通了生命三界，以空虚之气将万物混而为一，使生死成为气的聚散。世界不仅是漫游的世界更是大化的世界，具有和大道相似的混沌性。人心合于混沌无形的气界小道就能无知无虑，虚己待物，让天道毫无妨碍地贯通世界，实现无为之治。

庄子从**毕达哥拉斯**的可言之小道返回**老子**中的大道，强化了天地人三道的连贯性，否定了大道与可言之小道互为表里，反过来突出了可游之小道和可化之小道。**老子**逆大道而行以回归大道的源头。**庄子**则顺大道遨游以贯通一切事物。**庄子**因此强化了**老子**中的天道流动，同时细化了后天大道内含的三界小道（**庄子**丧失了**老子**中的先天大道；其思考和**孔子**一样集中在第二太极；其天人合一则与**孔子**阴阳互补）。然而，哲学已经开始在**毕达哥拉斯**中思考可言之小道送出的内容，只是因为小道缺乏通达所思之物的恰当路径而不得不倒回大道，在**庄子**中否定了大道和可言之小道的互为表里。**庄子**的否定反过来使太极看到小道缺乏恰当路径通达所思之物是因为丧失了和大道的互为表里；小道真正可以在思考中通达的首先是大道本身；**庄子**的否定只是由**毕达哥拉斯**的缺陷激发出来的反应。太极于是让哲学重新回到**毕达哥拉斯**中的小道，但不再思考小道送出的内容，而是把大道当成小道唯一当思之物，把大道和小道的互为表里强化为思考和所思之物的同一,以便继续从**毕达哥拉斯**开始的通过小道的自我思考实现哲学的道路。

6. 巴门尼德

哲学现在倒回**毕达哥拉斯**中的可言之小道,把大道和小道的互为表里强化为二者的同一,把大道当成小道唯一当思之物。这个同一发生在大道和小道的末端,因为哲学思考发生在小道末端。人本来就有先天的明性(小道末端对大道末端的指向性)。这个指向性现在被强化成了同一性。大道的末端就是敞开世界的运动。从太极的角度看,世界的敞开使事物可以出现在世界中,也就是让事物在世界中存在,故大道敞开世界的运动可称为"存在"。哲学现在是从小道出发思考大道,因此认为小道通过系词"是"言说大道的运动(思考)和大道敞开世界的运动(存在)是同一的(参见《语言与世界》)。哲学现在不再思考小道从宇宙逻各斯送出的内容(**易**),而是在小道的末端思考大道的末端,并潜在地把这种思考当成小道自我思考的方式。由于强化了小道对大道的指向性,存在被哲学当成唯一可思之物,而出现在世界中的事物(世界现象)则作为"非存在"被哲学当成不可思。这种通过"思考与存在同一"实现小道对大道之思考的哲学被古希腊哲学家巴门尼德发展了出来。因此我们可以把哲学的第六个位置称为**巴门尼德**。

从**庄子**到**巴门尼德**,哲学失去了天道和地道,只剩下了人道(大道末端)。在**庄子**中,生命被拉到和世界同一的高度,使世间一切事物都被从大道而来的光明照亮。这是大道通过明性投射到可言之道形成诗意的言说,从世界本身澄明生命现象的结果。但**庄子**否定了大道和可言之道的互为表里,因此**庄子**仅仅看到"明"而没有看到使明成为可能的"明性"。反之,在**巴门尼德**中,哲学完全专注于明性而忽略了大道对世界现象的澄明,使世间一切事物失去了从大道而来的光明,但却因此发现了光明的源头,把它强化为思考与存在的同一。这种同一意味着思考被存在拥有去指向存在,被存在呼唤去思考存在。从此小道找到了通达所思之物的途径,开启了思考存在的西方哲学史。虽然**巴门尼德**失去了从大道而来的照亮世间一切事物的光明,但却以强化的方式守住了光明的源头,保住了火种,潜在地为西方哲学史从大道澄明世界现象敞开了大门。

巴门尼德的"思考与存在同一"是对明性的强化,因此这种同一性指向存在本身(存在同一思考)。存在被当成"不动的一"。变化不定的世界现象则被当成"非存在",与永恒在场、不生不灭、无始无终、不可分割、连续不断、完满自足的"存在"相对立。**巴门尼德**对存在的理解因此有点类似佛家对空(实相)的理解,因为存在实际上就是本性虚无的大道敞开本性虚空,能容一切现象的世界本身的运动,亦即敞开空的无,只是因为把明性强化为同一性而使这个运动失去了大道生生不息的动态。佛家只从空和有的关系看世界,因此同样把空看成是完全静态、不生不灭、无来无去、没有发展的。然而,**巴门尼德**把世界中不断变化生灭、多种多样的现象当作"非存在"而否定它们分享"存在"。这种对存在和现象的割裂与佛家的"空有不二"及**庄子**中"大道贯通一切事物"的思考大异其趣。**庄子**认为道可行而不可道,有真人而后有真知。**巴门尼德**则反过来认为只有存在可思(只有道可道),真理就是思考对存在的解蔽,真理的道路就是通往存在(而非世界现象)的道路。**巴门尼德**没有看到思考也可以通过解蔽存在来解蔽世界现象。从太极的角度看,小道有理想性和现实性两方面:小道末端指向大道末端即是其理想性(明性),而它默默地组织个体生命则是其现实性(这是从领悟的理想性和现实性而来的二重性)。**巴门尼德**只看到小道的理想性而没有看到其现实性,以致把存在和世界现象对立起来,失去了**庄子**中照亮世间一切事物的光明。在昏暗的世界现象中隐藏着组织世界现象的小道末端,并指向大道末端,潜在地可以让大道照亮世界。但**巴门尼德**却只看到明性而没有看到明,因此没有把小道末端当成对世界现象进行解蔽的逻各斯,而只当成对存在本身进行思考的纯粹思考。**巴门尼德**的思考因此具有纯粹的理想性,使哲学开始走向理性和逻辑。

在**巴门尼德**中,哲学为小道找到了一条通往所思之物的路径,弥补了**毕达哥拉斯**在方法上的缺陷,把对本原的思考转化成了对存在(和真理)的思考。但从**庄子**转入**巴门尼德**使世界现象失去了从大道而来的光明,使哲学对大道的思考变成纯粹理想性的、和世界现象无关的思考。

这条纯粹理想性的思考路径并没有真正实现从小道出发的哲学道路，因为**巴门尼德**忽略了小道组织个体生命的现实性，同时忽略了大道和（小道所组织的）中道的互为表里，使小道无法现实地通达所思的大道。哲学的下一步发展就从**巴门尼德**重新返回**庄子**，但同时特别地突出小道所组织的个体生命。哲学在**巴门尼德**中丧失了天道和地道，所遇到的问题只属于人道的范围。因此哲学只返回**庄子**中的人道，产生了一个把人道实现在个体生命的哲学位置。

7. 杨朱

当哲学从**巴门尼德**返回**庄子**时，哲学忽略了贯通一切事物的天道和地道，而完全专注于人道与小道和中道的关系。人道就是大道敞开世界的运动，亦即大道的末端。哲学现在特别地突出小道的现实性，揭示了小道末端如何把生命现象组织为"我的"生命，同时还特别地突出大道和中道的互为表里，揭示了（在突出小道现实性的情况下）这种互为表里如何把大道拉向中道，使世界"为一切人敞开"的本质服从于世界"为我敞开"的特性。哲学于是强化了生命属我的本质，把大道的运动落实到实现生命的自然天性，让人顺其自然地利用世界中的一切事物来丰富生命的内容，享受生命的美好，通过自我保存和自我满足把人道实现在个体生命中。这种"贵生"、"重己"、"为我"的哲学被中国古代哲学家杨朱发展了出来。因此，我们可以把哲学的第七个位置称为**杨朱**。

杨朱这个位置的发展过程如下。

（1）突出生命属我的本质：小道的末端就是领悟的回旋运动。从小道送出的原始领悟就是"我"这个默默地组织生命整体的意义。当哲学突出小道的现实性时，生命属我的本质就被凸显了出来。哲学于是看到（**巴门尼德**中）变化不定的种种现象并不是杂乱无章的，而是被原始领悟组织为一个圆融的不可分割的整体，亦即我的生命。小道送出原始领悟的运动使变化不定的现象之流变成了有自性的生命之流。

（2）突出生命现象的意义：小道不但送出组织生命整体的原始领悟，而且还送出组织生命现象的具体领悟。这些具体领悟是以原始领悟为基础产生的。因此它们组织的种种生命现象在"我"这个默默的意义基础上发展了各自的意义。小道组织生命现象的方式就是让它们从生命整体获得自性，显露它们在生命中的意义。哲学于是看到生命中种种事物的意义都是对我而言的意义。这些意义千姿百态，组成一个意义的大家族，使我的生命变得丰富多彩。在**庄子**中，哲学单纯地突出贯通一切事物的大道，以致它们虽然都从大道获得自性，它们在意义上的差别却被大道超越一切个体生命的本质所淡化。在**杨朱**中，哲学突出了生命中种种现象各自的意义，因为它们都是从小道送出到我的生命中，对我而言的意义，仅仅从大道角度是无法完全显露的。**杨朱**因此对生命中种种美好的事物有天然的喜爱（这点与从我出发的**孔子**有相似之处）。**杨朱**因此补充了**庄子**的人道，恢复了被淡化的生命色彩。

（3）突出自我保存的理智：小道的末端不仅包括领悟还包括推动领悟回旋的判断力。判断力通过原始领悟对生命做出解释、分析和判断。判断力的这种作用通常默默地伴随日常生活，但也可以发展为对生命的有意识的思考。**巴门尼德**中的小道已经有自我思考。由于**杨朱**突出了小道组织生命的现实性和生命属我的本质，小道的自我思考就被发展为生命自我保存的理智。这种理智从个体生命出发审视周围环境，避开各种可能的伤害，利用各种事物来保存生命，满足生命的自然需求。它把生命的意义局限在生命本身，以一种完全现实的态度对待周围环境，使生命无法向世界超越自身，实现出更高的意义。但这种理智同时也使对生命的热爱不至于变成毫无节制的追求或纵欲，因为理智看到这样做的后果是伤害生命，因此会对事物有所分辨，在利用和享受事物的同时保持分寸，达到以物养生、以物悦生的目的而不被其拖累。

（4）突出世界"为我敞开"的特性：在**庄子**中，大道与中道的互为表里表现为道与德合一的道德，亦即把生命提升到和世界同一的高度，融入本性虚无的大道中，逍遥地游荡于无何有之乡。形成这种道德的前提是大道投射到小道形成诗意的言说，把世界本身敞开为诗意的世界。但**杨朱**片面地突出小道的现实性，仅仅看到了小道组织个体生命的作用。故小道只能通过实用的言谈敞开行动的世界（为一切个体的欲望敞开的世界），而无法在此基础上把大道投射到小道形成诗意的言说，在更高层次上把世界本身敞开出来。所以，**杨朱**虽然恢复了**庄子**中大道与中道的互为表里，这种互为表里不是表现为生命被向上拉向世界本身、融入世界之中，而是表现为世界本身被向下拉向生命、融入生命之中。道与德的合一不是德被提升到道的水平，而是道下降到德的水平，形成以利己为本质的道德。行动的世界为一切人的欲望敞开的本质没有改变，但比行动的世界更高的、直接属于大道的"世界本身"被认为是"为我敞开"的。因此，我自由地利用为一切人发展出来的世界来丰富和满足自己的生命，把这当成就是世界本身的意义，使生命从世界得到最大的支持（这种利己的道德并不是损人的道德，因为它和他人没有直接关系，不包含对他人的态度。但它遮蔽了人的社会性，因此有明显的局限性）。

（5）突出大道的个体性：**杨朱**失去了**庄子**中的天道和地道，完全专注于人道，使大道仅仅实现为人道。它突出了小道组织的个体生命，把大道拉向推动生命回旋的中道，仿佛大道的意义就在于成就中道，以极端的方式强化了个体生命在大道中的意义。这种极端的强化使大道被个体化而变得狭隘，但它突出了生命的自然天性，包含对生命的热爱和对个体的尊重，为人道的发展提供了一个现实的出发点。

（6）突出生命自身的澄明：在**庄子**中，从大道而来的光明不加区分地照耀世界中的一切个体生命，澄明一切生命现象，把它们全部贯通为一。在**杨朱**中，生命没有被提升到世界本身的高度，因此没有直接被从大道而来的光所照亮。但小道通过实用的言谈敞开行动的世界也是对生命现象的一种澄明。另一方面，大道被拉向中道的结果是世界本身被向下拉向生命，仿佛光源被下放到生命中，使生命本身闪闪发光。虽然这种光芒只能照亮个体生命而无法照亮整个世界，但生命现象毕竟已经被澄明，而不再像**巴门尼德**中那样处于昏暗之中。

杨朱这个位置突出了小道所组织的个体生命，显露了生命现象对我而言的具体意义，因而带有比较强的现实性和感性，同时也不缺乏自我保存的理智。这个位置使大道不再那么虚无缥缈和超越世俗，而是表现为世俗生活中的人道，构成对**老子**和**庄子**的一种补充。中国古代哲学总的来说是宏大而偏向理想性的。因此，这个位置在中国古代哲学中有其独特的现实意义。但缺乏对世界的宏观视野也使它有比较大的局限性，难以成为中国哲学的主流。虽然如此，这个位置的思考比较接近普通人，因此早已融入中国人的日常生活。

杨朱因为突出小道的现实性而忽略了它指向大道的理想性，把小道的思考发展成了个体生命自我保存的理智。虽然它恢复了**庄子**中大道与中道的互为表里，但并没有真正把小道组织的中道拉向大道，而是反过来把大道拉向中道，使大道个体化。因此，这个位置不但丧失了**巴门尼德**为小道找到的通往大道的理想性路径，同时也没有真正实现出通往大道的现实性路径。哲学于是只好再次倒回**巴门尼德**，重新尝试通过"思考与存在的同一"实现小道对大道的思考。但在经历了**杨朱**这个位置之后，哲学已经看到世界中的种种现象也显露出自我同一和自我澄明，因此哲学无法回避这些作为"非存在"的现象，而只能尝试去思考它们，并通过这种思考所导致的悖论来强化"思考与存在同一"的立场，以便最终走通从小道出发实现哲学的道路。

8. 芝诺

当哲学重新回到对存在的思考，思考恢复了理想性，但这个理想性却受到了从现实性而来的挑战。**巴门尼德**把存在思考为"不动的一"，同时把思考当成和存在是同一的，这样就使思考具有和存在相同的自我同一性，即不自相矛盾的特性。然而，在**杨朱**中思考的现实性已经凸显出来，小道所组织的种种现象已经显示出自我同一性，故哲学在返回**巴门尼德**时无法再回避被**巴门尼德**当成"非存在"的世界现象。既然哲学恢复了"思考与存在同一"的立场，它对"非存在"的思考就必然自相矛盾。哲学于是尝试揭示对"非存在"的思考所导致的矛盾（悖论），这样就从反面证明了只有"存在"是可思的。这种通过思考世界现象导致的悖论来支持**巴门尼德**的哲学被古希腊哲学家、巴门尼德的学生芝诺发展了出来。因此我们可以把哲学的第八个位置称为**芝诺**。

在**芝诺**中，哲学放弃了**杨朱**的现实性路径，返回**巴门尼德**的理想性路径。但在**杨朱**的路径中显露出自我同一和自我澄明的种种现象却被保留下来，成为哲学不得不思考的东西。这些现象曾被**巴门尼德**当成无自性的"非存在"。哲学现在不得不尝试把它们当成自我同一的现象来思考，亦即尝试以思考存在的方式思考世界中的现象，但却发现这样的思考是自相矛盾的，因为现象的多种多样和变化不定与作为"不动的一"的存在是相反的。哲学于是否定了这种导致悖论的思考。哲学发现，"自我同一"是存在独一无二的，只能在思考中被分享的本质；虽然世界现象看上去也是自我同一的，但把它们当成自我同一的现象来思考却导致了悖论，说明对存在的思考无法推广到世界现象。另一方面，这些现象是现实生活中直接观察到的，具有无法否认的现实性。对它们的思考是从这种现实性出发的，因此不应该得出和现实相违背的结论。悖论只存在于思考中，而从现实角度看并没有悖论。这说明问题出在哲学企图用思考存在的方式思考世界现象。哲学只应该从现实性角度接受世界现象，而不应该从理想性角度把它们当成和存在一样可思，否则就只能导致自相矛盾的思考，让人怀疑这些现象的现实性。归根到底，只有对存在的思考才能做到完全合乎逻辑，不自相矛盾。存在是思考唯一可思之物。这就是**芝诺**支持**巴门尼德**的方式。

芝诺的各种悖论主要是反对两样东西，即"多"和"运动"。他反对多的论证主要是从空间的无限可分入手，证明多会导致无限多，从而与多本身矛盾（无限多是无法把握为多的）。但当他认为无限多的部分加起来是无限大时，他实际上把空间每部分都理想化成了同样的"一"（因为思考已经被当作本质上是对"存在"的思考），忽视了现实空间的度量性（如果考虑到不同部分在度量上不一样大，而是可以无限地变小，无限多部分的总和就可以是一个有限的量）。芝诺对运动的反驳也利用了空间的无限可分。例如，运动员永远跑不到终点的悖论认为运动员要经过无数个中点才到达终点。在这里他同样忽视了不同时间段的长度可以无限地变小，而暗中把"无数时间段"理想化为"无数相同的一"。阿基里斯和乌龟赛跑的悖论也是同样的道理。但飞矢不动的悖论则有点不同，这是认为飞矢在每一瞬间都不动，运动既然是由无数不动瞬间组成，运动就是不动。运动所包含的"既动又不动"的矛盾是太极"既自同又自异"的本质发展到时空这个环节时的一种反映。但如果暗中假设了思考本质上是对"存在"的理想性思考，这种矛盾就不符合思考的自我同一性（逻辑性）。思考必须超越这种片面的、理想性的逻辑才能理解太极中包含的种种矛盾。但芝诺仍然像巴门尼德那样把思考的理想性（对存在之思）当作思考的本质，从而把思考的现实性（对现象之思）当作会导致矛盾的思考来加以否定。必须注意的是，芝诺不是否定现象可分或可变，这会完全违背人们对现实的观察，而是指出我们不能像思考存在那样符合逻辑地、不自相矛盾地思考现象，最终是为了证明只有作为"不动的一"的存在本身是可思的。

芝诺虽然把小道的思考从存在扩展到现象，但仍然坚持"思考与存在同一"的立场，从理想性出发思考现象，导致了思考的自相矛盾。哲学通过**芝诺**这个位置揭示出来的矛盾产生了一种觉悟，即小道的末端（逻各斯）一方面理想性地领悟存在，另一方面又现实性地组织现象（非存在）；作为综合存在和非存在的中介，逻各斯的思考本质上就是充满矛盾的。这种觉悟产生了一个新的哲学位置。这个新的位置第一次通过逻各斯把存在和现象把握为不可分割、对立统一的整体，为西方哲学史提供了一个比**巴门尼德**更为完整的新起点。从此哲学就在存在、现象和逻各斯之间徘徊，并进一步深入作为逻各斯源头的宇宙逻各斯，再也无法返回中国哲学的宏观视野，直到西方哲学史的尽头才开始向大道回归。

9. 赫拉克利特

芝诺中的矛盾使哲学看到了小道的末端（逻各斯）既有指向大道末端的理想性，又有组织世界现象的现实性，从而把逻各斯突出为综合存在与现象（非存在）的中介。哲学现在通过逻各斯把存在（不动的一）思入现象中，认识到一就是一切。任何现象都因为分享存在才出现在世界中，但又因为不是存在才是它们自己。由于逻各斯把存在思入现象，任何现象都被思考为对立面的统一。任何现象都有同于存在的一面，使之能出现在世界中，而逻各斯的作用正是把存在思入现象去解蔽现象的存在（使之成为"存在者"），把现象聚集在同一世界中。但任何现象又都有不同于存在的一面，使之变化、消失，或者转化为自己的对立面。逻各斯于是看到世界现象处在永不止息的生成中。这种通过逻各斯的辩证思维统一世界现象的哲学被古希腊哲学家赫拉克利特发展了出来。因此，我们可以把哲学的第九个位置称为**赫拉克利特**。

在**赫拉克利特**中，逻各斯第一次被哲学突出为思考的核心。作为小道的末端，逻各斯通过其现实性聚集（组织）世界现象，通过其理想性（明性）从大道解蔽它们，世界本身才通过人的言谈被敞开出来（参见《语言与世界》）。逻各斯通过其理想/现实二重性把存在解蔽到现象中，显示了现象的存在（在世界中出现），这样它们就成了"存在者"而不再仅仅是和存在对立的"非存在"。逻各斯因此就是存在（在现象中）的开路者和代表。逻各斯把存在解蔽到现象中成为现象的存在，同时遮蔽了它指向的存在本身。所以，现象一方面同于存在本身（分享了存在而出现在世界中），另一方面又异于存在本身。逻各斯在存在和现象之间的运作具有解蔽/遮蔽二重性。这意味着逻各斯对世界现象的思考本质上是一种矛盾（辩证）思维。**老子**已经看到大道与可言之道的互为表里，看到世界现象既属于又不属于大道，既无而又有，既显露大道又遮蔽大道的二重性，从而看到了对立的现象共属大道，既相互统一又相互转化的特性。**赫拉克利特**则突出了逻各斯通过解蔽/遮蔽二重性综合存在与现象的作用，因此比**老子**更为强调对立面的统一和转化。**巴门尼德**偏执于存在的可思，**芝诺**偏执于非存在的不可思，到**赫拉克利特**哲学才接受了逻各斯的二重性，用辩证思维破除了**巴门尼德**的静态思维，解决了**芝诺**在矛盾思维中遇到的困难。

一切对立统一都起源于太极同于阳而异于阴、既自同而又自异的本质。太极在其发展过程中产生了许多不同形式的对立统一。存在和世界现象的对立统一只是其中之一，但也是比较重要的一个，因为它是以逻各斯为中介实现的。逻各斯一方面领悟存在的自我同一和不变性，另一方面又用这个领悟去组织世界中不断流变的种种现象。因此逻各斯对现象的思考本质上具有对立统一的特点。但一般人仅仅注意世界中出现的现象，把现象看成就是一切，因此缺乏对立统一的思想，常常偏执一端，无法理解包含矛盾的说法（逻各斯组织现象的方式是融入其中，因此其组织现象的现实性和指向存在的理想性都不容易被察觉）。**赫拉克利特**从现象既同于存在又不同于存在的特性出发，把世界现象看成不断聚集和分散的、永不止息的生成之流。这种永不止息的生成看上去是和"不动的一"相反的。但正是这个不动的一通过逻各斯的二重性被解蔽到现象中成为永不止息的生成之流（正因为现象通过逻各斯分享存在同时又异于存在，它们的存在才成为永不止息的生成，否则生成就只是世界现象的一种偶然特性而不是它们的本质）。一句话，看上去多种多样、变化不定的世界现象被逻各斯组织成了具有自我同一性的永恒的生成之流。

赫拉克利特的逻各斯综合了小道的理想性和现实性，把看上去和存在本身相反的现象统一到自我同一的、从存在敞开出来的世界中。这样的世界就像一团永恒的活火，按照逻各斯组织世界的分寸燃烧和熄灭（火在这里指的是世界现象被逻各斯的二重性组织，不断向逻各斯聚集又不断从逻各斯分散，因而不断转化生成的方式，而不是指世界的本原。哲学从**巴门尼德**开始就已经不再追问本原）。所以，**赫拉克利特**的逻各斯是整个世界公有的，其思考具有普遍真理性；每个人参与逻各斯的程度决定其智慧的高低优劣。但从太极的角度看，逻各斯并不直接组织世界，而是通过人们之间的言谈组织世界。逻各斯直接组织的是小道流入的具体的、个别的生命，这是小道的现实性决定的。小道的这个特点在**杨朱**中已经被突出，但**赫拉克利特**这个位置由于强调理想性和现实性的综合而只突出了逻各斯和世界整体的关联，忽视了逻各斯和个体生命的关联。因此哲学的下一个位置就反过来强调逻各斯组织个体生命的特性，强调逻各斯的判断受到个体生命的感性现象限制，真理是因人而异的。

10. 普罗塔哥拉

领悟的理想性使它可以指向超越生命的事物（包括世界本身），但领悟的现实性则意味着它总是融在它所组织的个体生命中，和感性现象混在一起。所以，当哲学不再突出逻各斯通过理想/现实二重性组织世界，而是仅仅突出它直接组织个体生命的现实性时，逻各斯失去了属于整个世界的公共性，其思考只能从个体生命的感性现象出发。真理于是失去普遍性而成为相对于个人的真理；共同生活在世界中的人们要达到共识只能通过相互争辩和相互说服。这种从逻各斯归属的个体生命出发的相对主义被古希腊哲学家普罗塔哥拉发展了出来。因此我们可以把哲学的第十个位置称为**普罗塔哥拉**。

在**巴门尼德**和芝诺中，存在和现象是对立的；只有对存在的思考才是真理。在**赫拉克利特**中，逻各斯把存在和现象综合在一起，成为世界现象的组织者；真理既关系到存在也关系到现象，但本质上是普遍的。然而，在**普罗塔哥拉**中，逻各斯直接组织的个体生命（世界的个体化）被凸显了出来，现象的存在从"在世界中出现"被个体化为"在生命中出现"。属于整个世界的逻各斯被转化为属于个体生命，和感性现象混在一起的逻各斯。因此每个人的感觉和判断都同样地有效。事物是否存在，如何存在都取决于个体的感觉和判断。人们说出来的东西都来自个人的感性印象。所以真理是相对于个人成立的，每个人都是万物的尺度。真理失去了在**赫拉克利特**中的普遍性。逻各斯组织世界的方式不再是直接的，而是通过人们之间的言谈（哲学从此开始从言谈角度理解逻各斯）。人们要达到共识就只有通过相互争辩和相互说服。

哲学突出逻各斯个体性的做法产生了真理的相对主义，因而很容易导致诡辩术。但突出逻各斯的个体性也使个人在世界统一性中的作用被突出，成为发展城邦民主制的良好土壤。城邦的发展有赖于人们对共同归属的世界之领悟，亦即有赖于对敞开世界之存在的领悟。这种领悟从**巴门尼德、芝诺、赫拉克利特**到**普罗塔哥拉**不断演变。这些位置对应的时代就是希腊城邦大发展的时代。由于世界被敞开为现象在其中"出现"的领域（而不是在更高层次上敞开为"天下"），城邦被建立在可见的有限范围内，公民在其中过着公开的集体生活。在这样一个有限范围内，逻各斯通过言谈组织着整个世界。所以在**普罗塔哥拉**的时代古希腊的"直接民主制"达到了鼎盛（注重感性的特点也使这个时代达到了艺术发展的顶峰）。

普罗塔哥拉把组织世界的逻各斯分化到个人生命中，实现了存在的个体化，为人道的发展提供了一个以每个人的感觉和判断为出发点的现实基础。但由此导致的相对主义失去了**赫拉克利特**中真理的普遍性。为了达到普遍真理，哲学思考必须超越逻各斯组织的个体生命。但哲学不能简单地倒回**赫拉克利特**，因为逻各斯的现实性决定了它是属于个体生命，受到感性现象限制的有限逻各斯（**赫拉克利特**中属于整个世界的逻各斯其实是从世界角度理解逻各斯的结果）。逻各斯的这种无法消除的个体性使从**巴门尼德**开始的"思考与存在同一"的立场从根底上受到了挑战。这个挑战是人的有限逻各斯无法面对的，因为人的逻各斯天生就有理想性和现实性两面；这两面互相结合又互相矛盾。然而，从太极的角度看，逻各斯之间的共性并不仅仅是由于"思考与存在同一"的理想性（这种共性无法完全超越逻各斯之现实性导致的个体性），同时更是因为一切有限逻各斯都在小道中有其共同来源（宇宙逻各斯）。要解决真理的普遍性问题，就必须超越逻各斯的有限性，向其在小道中的源头回归，这样才可能最终走通从小道出发实现哲学的道路。哲学的发展在这里出现了一个重大的转折。

11. 苏格拉底

为了克服真理的相对主义，有限逻各斯必须向宇宙逻各斯回归。宇宙逻各斯不是组织生命（和世界）的逻各斯，而是组织宇宙万物、独立于世界的原始逻各斯。逻各斯要回归到其中就必须否定自己的自然状态，批判从世界学到的任何知识，从世界现象中隐含的领悟提炼事物的普遍性定义，以便最终达到普遍真理。在这个过程中，逻各斯开始发展自身的逻辑法则，追求自身的同一性，并把它扩展为生命维持自我同一性的活动（品德），由此追溯到个体性在宇宙逻各斯中的起源（灵魂），通过灵魂的自我知识（品德）实现它从宇宙逻各斯（理性神）获得的理性本质，这样逻各斯就可以通过灵魂向小道的源头回归。这种以灵魂为中介从有限逻各斯向宇宙逻各斯回归的哲学被古希腊哲学家苏格拉底发展了出来。因此我们可以把哲学的第十一个位置称为**苏格拉底**。

这个位置的发展过程如下。

(1) 批判自然知识：从**巴门尼德**到**普罗塔哥拉**，哲学把存在一步步解蔽到现象中，最终把存在个体化为"在生命中出现"，导致了真理的相对主义。为了追求从小道源头而来的普遍真理，哲学首先必须批判逻各斯在世界中自然地形成的一切知识。这种批判的直接目标是逻各斯在**普罗塔哥拉**中的相对主义和自以为是，但实际上是逻各斯为了摆脱和存在的互为表里，向小道源头回归而展开的自我批判。

(2) 追求普遍性定义：自我批判使逻各斯对自己的思考产生了高度的自觉。但自觉的结果是发现自己对普遍真理完全无知。为了克服这种无知，逻各斯追问事物的普遍性定义（事物的本质），以便把自己从个体生命的感性中解放出来，开始向小道的源头回归。普遍性定义是从现象中提炼组织现象的领悟，使之单纯地出现在逻各斯中的结果。哲学借此把现象的存在从"在生命中出现"转化为"在逻各斯中出现"。"存在的个体化"现在被转化为"存在的理性化"。哲学开始从大道末端进入小道末端。

（3）发展逻辑法则：哲学对普遍性定义的追求是为了摆脱思考的感性因素，把思考变成纯粹由逻各斯进行的思考。这个追求的过程同时也就是逻各斯发展自身法则亦即逻辑法则的过程。为了把自然知识转化为理性知识，逻各斯用矛盾律消解自相矛盾的命题，用排中律在相互矛盾的命题中找出真正成立的命题，以便符合概念和判断的同一律，实现出逻各斯在思考中的自我同一性。哲学从此走出了植根于逻各斯的理想/现实二重性的辩证思维，开始发展从逻各斯自身而来的理性思维。

（4）通过自我知识实现品德：从太极的角度看，品德是我在世界中维持自我同一理想的活动。但我的自性是被逻各斯的自性组织的。因此，当哲学突出逻各斯的自性时，品德就被当成逻各斯的自性在生命中的表现。哲学于是把品德和自我知识当成同一回事，把发展自我知识、完善人的品德当成哲学在这个世界中的主要使命。哲学对品德的这种从理性出发的理解突出了正义、自制、智慧、勇敢等品质而不是中庸。

（5）发现灵魂归属的"理性神"：逻各斯的自我同一性是由灵魂的自我同一性决定的。因此哲学不仅把品德归结为逻各斯的自性，还进一步回溯到人的个体性在宇宙逻各斯中的起源，亦即人的灵魂。哲学把灵魂当成活在生命中的真正自我，把理性当成灵魂的本性，把自我知识当成对灵魂的知识。回溯到灵魂使哲学发现了宇宙逻各斯，并把它当成无所不在，无所不知，通过合目的性设计万物，把人引向至善的宇宙理性，亦即人的不朽灵魂从之而来又向之回归的"理性神"（这种理性神和希腊的传统诸神完全是两回事。后者其实是天志的人格化身，同时被希腊神话用来实现对太极的原始思考）。宇宙逻各斯是太极产生并拥为己有的原始逻各斯。但**苏格拉底**不是从太极进入宇宙逻各斯，而是从有限逻各斯逆小道而行向宇宙逻各斯回归，因此把宇宙逻各斯当成是独立自存的理性神。宇宙逻各斯作为一切有限逻各斯的共同源头是人的普遍理性的来源，因而也是人间法律的隐蔽来源。**苏格拉底**发现了宇宙逻各斯，把它当成灵魂必须通过理性服从的至高无上的神，同时把服从法律当成人在世界中生活时的天职，以至于认为必要时应该放弃生命来服从法律。哲学从此开始从小道来理解法律的理性本质。

在**苏格拉底**这个位置中，逻各斯企图通过发展自身的理性思考和灵魂的自我知识（品德）回归小道的源头。哲学从此开始超越逻各斯所在的世界，进入通向宇宙逻各斯的狭窄通道，为理性知识的发展开启了第一道门，同时也使灵魂不朽成为哲学思考的一个问题。但在**苏格拉底**中，逻各斯向小道源头回归的道路只走了一半，因为逻各斯是从它组织的个体生命转向宇宙逻各斯的，这个运动被其起点的个体性所束缚，始终只是朝向源头的运动而没有真正进入源头之中。**苏格拉底**一只脚踏进了宇宙逻各斯（灵魂被暴露在理性神的光照之下），而另一只脚仍然停留在这个世界（普遍性定义仍然只是逻各斯在世界现象中发现的本质）。哲学只有把另一只脚也抽离这个世界，把普遍性定义发展为理念，才能真正实现向小道源头的回归。

12. 柏拉图

为了回归小道的源头，哲学把**苏格拉底**的普遍性定义发展为理念，进入宇宙逻各斯中的理念世界，从理念世界出发理解灵魂，并把存在转化为让一切理念存在的"善的理念"，把存在敞开世界的作用转化为善的理念通过哲学家统一世界，实现人间正义的作用。但理念世界只是宇宙逻各斯中的领悟而非宇宙逻各斯的整体。因此，哲学把**苏格拉底**中逻各斯的自我同一性扩展到宇宙逻各斯。在宇宙逻各斯中，存在摆脱了理念的个体性，恢复了它在**巴门尼德**中作为"一"的整体性。哲学于是倒回**巴门尼德**，尝试把作为"一"的宇宙逻各斯纳入存在中，把理念发展成逻各斯思考存在的范畴，使对存在的思考可以容纳相反的范畴，打破了理念和感性事物的分离和对立。哲学于是考察了宇宙逻各斯（理性神）根据理念设计宇宙万物的方式，并把善的理念统一世界的作用转化为宇宙逻各斯的普遍理性（表现为法律）统一世界的作用，借此把宇宙逻各斯和存在统一起来。这种从人间世界进入理念世界，从理念世界统一人间世界，最后把宇宙逻各斯和存在统一起来的哲学被苏格拉底的学生柏拉图发展了出来，因此我们可以把哲学的第十二个位置称为**柏拉图**。

柏拉图这个位置的发展过程如下。

（1）把普遍性定义发展为理念：有限逻各斯中的领悟来自宇宙逻各斯中的理念。前者被**苏格拉底**发展为普遍性定义，而**柏拉图**则从普遍性定义返回其超越源泉，亦即作为原型被同类事物分有的理念。理念之间的关系不是感性的而是逻辑的（在太极思考中的）关系。理念通过这种逻辑关系构成一个独立于感性世界的理念世界。从太极的角度看，理念世界就是太极在其中思考自己的理性世界；理念就是太极的思想。但**柏拉图**不是从太极进入太极的思想，而是从理念在世间事物中的表现返回理念本身。因此理念对**柏拉图**而言是一种和具体事物相似的客观存在（事物本身）而非思考中的事物。[①]

（2）从理念世界出发理解灵魂：从太极的角度看，灵魂是太极在其对人类历史的思考中产生的理界事物，代表人之个体性，因此是一种特别的理念（人是太极在世界中的代表，因此人的灵魂是理念世界的代表。每个灵魂都以有个性的方式聚集整个理念世界。这是每个人都能进行哲学思考的先天基础）。作为一种理念，灵魂并非有生命之物，而只能通过与身体的合作来敞开个体生命。但**柏拉图**首先是从个体生命角度（**苏格拉底**角度）理解灵魂的，因此虽然看到了灵魂和理念的相似性（单一、理性、永恒），却没有把灵魂当成一种理念，而是认为灵魂曾经"生活"在理念世界中，和身体结合后进入人间世界而忘记了理念世界，可以通过学习回忆理念世界，死后仍然回归理念世界（根据生前与理念世界相符的程度返回天堂或地狱，也可能重新获得身体进入轮回中）。哲学因此贬低人在其中生活的有生灭的感性世界来突出永恒的理

---

① 国内过去把希腊文的"idea"或"eidos"译为"理念"。现多倾向于译为"相"以免和思考中的事物混淆。但理念本是太极在思考中产生的理界事物，只是对人而言表现为一种客观存在。故我们仍旧从太极的角度使用"理念"一词。同样地，只有从太极的角度才能恰当地理解我们使用的"宇宙逻各斯"一词。希腊哲学中统一宇宙的"努斯"或"理性神"其实就是宇宙逻各斯，但希腊哲学不把它称为"宇宙逻各斯"，因为希腊哲学并没有看到人的逻各斯是它的有限化。

念世界，贬低身体来突出灵魂。由于哲学认为通过回忆才能重获关于理念世界的知识，哲学思考就自然地通过灵魂之间的对话进行，以便重新体会灵魂对理念世界的共同聚集。

（3）从理念世界统一人间世界：在**苏格拉底**中，事物的存在被理性化为其本质（普遍性定义）。在**柏拉图**中，事物的存在被理念化为其原型，而存在本身则被理念化为使其他理念得以存在的"善的理念"（善是一切事物都追求的）。所以，哲学现在必须通过善的理念把世界统一于正义（改造世界使之符合理念世界）。善的理念使一切理念各是其所是。故正义意味着让世界的各个阶层（同类人）实现其在世界中的作用，正如个人让灵魂的各部分是其所是（从个体生命角度看，灵魂包含来自理念世界的理性部分和来自身心的非理性部分）。统治阶层代表了灵魂的理性部分。因此他们必须相信善的理念。哲学必须教育他们放弃个人生活，完全献身公共生活，才能让人间世界服从理念世界。但人们一般只看到摹仿理念的感性事物而看不到这些事物的原型。哲学因此认为只有选择灵魂有卓越天赋者，通过系统教育使之从感性世界转向理念世界，作为哲学王根据善的理念统治人间，才能实现出人间的正义。但人间世界不可能完全符合理念世界，因此哲学认为人的灵魂会根据其符合正义的程度在生前和死后都得到相应的善恶回报，这样在人间世界无法完全实现的正义才能完整地实现出来。

（4）统一宇宙逻各斯和存在：理念世界仅仅是宇宙逻各斯中的领悟而非其整体（其整体是理念和宇宙判断力之间的回旋运动）。**苏格拉底**中的逻各斯不仅追求普遍性定义（领悟的普遍性），而且已经开始追求自我同一性。故哲学不能仅仅让逻各斯中的领悟回归理念世界，还必须进一步让逻各斯作为自我同一的整体回归宇宙逻各斯。宇宙逻各斯作为自我同一的整体使一切理念成为可能，而且它作为自我运动比善的理念更能代表存在本身。在宇宙逻各斯中存在摆脱了理念的个体性，恢复了它在**巴门尼德**中作为"一"的整体性。哲学之前认为理念世界比（存在敞开的）现象世界更真实，所以它现在认为宇宙逻各斯和存在的同一性落在宇宙逻各斯这边，即宇宙逻各斯是同一了存在的"一"。**巴门尼德**中存在具有的作为"一"的特性现在被转移到宇宙逻各斯中。

但在**巴门尼德**中思考（逻各斯）和存在是同一的。存在现在既与宇宙逻各斯同一，又与有限逻各斯同一，因而自相矛盾。为了解决这个矛盾，哲学不能坚持宇宙逻各斯和存在的分离，而只能尝试把二者（一和存在）结合起来，亦即把宇宙逻各斯纳入存在中，放在有限逻各斯位置上，仿佛它和存在互为表里似的。这意味着理念被拉向人的思考并被转化为思考存在的各种范畴。哲学于是尝试从"一"和"存在"的结合演绎出"多"和"非存在"，使逻各斯对存在的思考可以容纳对立的范畴，缓解了存在和非存在（现象）的对立。哲学不再把理念看成和感性事物相互分离和对立，而是尝试把理念看成存在和感性事物的中介（范畴），同时也是宇宙逻各斯和感性事物的中介（原型）。太极根据理念把自己物化为宇宙万物（包括生物体）的过程于是被凸显出来，被哲学理解为理性神（宇宙逻各斯）为了善的目的产生宇宙万物的过程。这种宇宙目的论没有恰当地把宇宙万物理解为太极的物化，但大体把握了宇宙逻各斯在形成物界宇宙中的作用。由于哲学的视野从理念世界扩展到了宇宙逻各斯，它不再企图通过哲学王从理念世界统一人间世界，而是从宇宙逻各斯的普遍理性（在人间表现为法律）统一世界，借此完成宇宙逻各斯和存在的统一。

　　柏拉图这个位置从人间世界进入理念世界，从理念世界统一人间世界，并进一步回归到完整的宇宙逻各斯（理性神），通过返回**巴门尼德**的运动实现了小道源头（宇宙逻各斯）和大道末端（存在）的统一。但这个位置是自相矛盾的，因为宇宙逻各斯本来是超越存在的（它在大道中但不在末端）；**柏拉图**在返回**巴门尼德**时企图把宇宙逻各斯纳入存在，但这种企图只能导致理念的分裂，使理念既属于又不属于存在（既是范畴又是原型）。这说明**柏拉图**并没有真正达到宇宙逻各斯和存在的统一，而只是把二者强拉在一起。之所以出现这种情况，是因为**巴门尼德**中的存在经历了一系列的变形：它从**赫拉克利特**开始被解蔽到现象中，在**普罗塔哥拉**中被个体化，在**苏格拉底**中被理性化，最后在**柏拉图**中被理念化，并在宇宙逻各斯中恢复其类似存在本身的整体性，迫使**柏拉图**返回**巴门尼德**，企图统一宇宙逻各斯和存在，这才导致理念在二者之间被拉扯的尴尬情形。**柏拉图**从宇宙逻各斯直接跳回**巴门尼德**中的存在，忽略了存在从**巴门尼德**到**柏拉图**的演变过程。这种远距离跳跃没有真正跳回存在本身，而只是通过逻各斯去同一存在，把存在转化为思考中的抽象范畴，遮蔽了作为大道末端的存在本身。因此，**柏拉图**并没有真正把小道和大道统一起来。为了实现小道和大道的统一，哲学必须从小道的源头开始回溯大道进入小道的发展过程，也就是从**柏拉图**中的宇宙逻各斯顺着小道的流动进入**苏格拉底**中的逻各斯，再一步步经历**普罗塔哥拉**、**赫拉克利特**、**芝诺**，直至返回**巴门尼德**，这样就能通过小道流入世界和组织世界的作用实现存在，最终完成西方哲学从大道进入小道的过程。

13. 亚里士多德

为了实现小道和大道的统一，哲学从**柏拉图**开始逆行哲学史的发展。哲学首先进入**苏格拉底**的位置，把理念拉回普遍性定义，发展出范畴学说，并进一步返回个别事物，把存在转化为存在者的在场（实体），同时把**苏格拉底**的逻辑法则发展成完整的形式逻辑。哲学接着进入**普罗塔哥拉**，用逻各斯的普遍性破除**普罗塔哥拉**中存在的个体化，把在生命中出现的现象转化为在世界中出现的现象，把小道组织的世界现象理解为自然（Physis）引发的合目的性运动，使哲学成为追问原因的科学，发现了质料因、形式因、动力因和目的因，发展出研究运动的自然哲学，并把一切运动归结到永恒不动的第一推动者（小道的源头）。进入**赫拉克利特**使生成之流的基础（存在）和小道的源头（宇宙逻各斯）发生呼应，使哲学把不动的第一推动者理解为思考自己的思考、没有质料的纯粹形式，作为终极目的因的最高实体（理性神），并用形式代替个别事物成为真正的实体。进入**芝诺**使哲学从存在者转向普遍的存在（作为存在的存在），并通过反证法证明思考存在所必需的逻辑公理。最后，返回**巴门尼德**使存在本身作为"敞开世界的运动"被突出。从存在者接近存在本身使哲学把存在理解为通过人敞开世界的活动。哲学因此把存在对思考的同一实现为实践智慧，产生了研究个人至善的伦理学和国家至善的政治学，把世界统一到宇宙逻各斯的普遍理性（表现为法律）中，从小道出发统一了大道敞开的世界。这种通过逆行哲学史从小道出发实现大道的哲学被柏拉图的学生亚里士多德发展了出来。因此我们可以把哲学的第十三个位置称为**亚里士多德**。

亚里士多德是哲学史中最复杂的位置之一。原因在于它不是一个单纯的哲学位置，而是通过逆行哲学史来综合不同位置，导致其立场不断发生微妙的变化。这个逆行不断遭遇其反运动，即哲学史从大道进入小道的发展过程。**亚里士多德**不是顺着某位置的运动趋势进入该位置，而是从相反的方向进入它，在吸收该位置的同时否定其运动趋势，所以越早被吸收的位置越有优势，形成了"从小道出发实现大道"的格局。但哲学不是有意地进入哲学史的诸位置，而只是在太极的引导下潜在地、有时甚至不知不觉地进入它们。这种"进入"必须被看成是太极的作为。

亚里士多德这个位置的发展过程如下：

（1）进入**苏格拉底**：由于**柏拉图**中的理念处于被拉扯的矛盾状态，哲学在逆行进入**苏格拉底**时放弃了理念作为"原型"的含义，保留了作为"范畴"的含义，把**苏格拉底**的普遍性定义发展成了思考存在的范畴。另一方面，普遍性定义本来是**苏格拉底**对存在的理性化。因此范畴成了存在被理性化的新形式，即"思考存在的存在（思考是的是）"。范畴既是存在的分类，同时也是系词"是"的分类，亦即事物在命题中的出现方式。从此哲学开始通过概念思考事物，通过命题追求真理，开始了概念思维的传统（这种传统无法恰当地理解前**苏格拉底**哲学的思考方式）。哲学逆行进入**苏格拉底**的运动与**苏格拉底**向（灵魂所在的）理念世界运动的趋势正好相反。因此，哲学不但把被理念化的存在拉回普遍性定义，而且顺着这个运动趋势进一步把普遍性定义拉回个别事物，把存在理解为个别事物的存在（在场），也就是"实体"（ousia）（实体即真正"是"的东西，是属性的拥有者。相对于作为第一实体的个别事物，普遍性定义变成第二实体）。从个别事物的存在继续追溯就能返回存在本身。但**苏格拉底**只看见个别事物而没有看见存在本身。因此哲学不再继续追溯下去，而是把实体当成存在的核心，导致存在的"存在者化"。另外，从宇宙逻各斯进入逻各斯使哲学以逻各斯为思考的中心，把**苏格拉底**的逻辑法则发展成了系统的形式逻辑，同时把宇宙逻各斯（努斯）在逻各斯中的出现凸显为把握普遍性定义和公理的理性直观。哲学从对个别事物的经验观察开始，通过理性直观得到普遍性定义和公理，通过逻各斯的推理得出新的知识，把事物不断转化为逻各斯可以从自身出发把握的概念，以便使逻各斯在思考中达到自我满足。**亚里士多德**因此开创了以经验为起点、以逻各斯为中心的科学思考方式，使这个哲学位置在起点处就被科学化（这种科学思考方式是思辨而非实证的）。

（2）进入**普罗塔哥拉**：经过**苏格拉底**和**柏拉图**的发展，逻各斯已经从宇宙逻各斯获得超越个体生命的普遍性。所以哲学逆行进入**普罗塔哥拉**时破除了存在的个体化，把"在生命中出现"转化成"在世界中出现"（属于我的相对真理被转化成属于逻各斯的普遍真理）。存在者在世界中的出现是被小道流入世界的运动组织的。哲学于是发现了存在者顺着小道涌现到世界中的方式，亦即"自然"（Physis）。存在敞开世界的运动被归结为存在者实现来自小道之自然本性的运动。哲学于是把"自然"当成存在者自身包含的运动变化之本原，亦即作为原因的本原（哲学重新追问一切事物的本原，但本原的含义已经和第一太极无关而只关乎小道，成为事物的原理）。哲学现在成了追问原因的科学。存在者从小道而来的形式（理念在具体事物中的出现）被凸显为存在者的"自然"，同时也就凸显了被形式组织但不来自小道的质料。个别事物现在被看成是形式和质料的组合。事物运动的目的是为了通过质料的发展实现其形式，而其运动总是被另一事物推动。因此，存在者是通过质料因、形式因、动力因和目的因出现在世界中的。哲学从自然（Physis）出发研究物体的运动，发展出了研究运动的物理学（Physica），并把一切运动（从动力因角度）归结到永恒不动的第一推动者（小道之源头）。既然哲学从世界角度超越了个体生命，有生命的物体（生物体）就被认为和世界中其他物体一样以"自然"为运动之本原。正如物体运动是为了实现从小道而来的形式（理念），生物的运动（生命活动）也是为了实现从小道而来的形式（灵魂）。哲学于是从灵魂出发研究了生物的运动（正如理念被仅仅当成事物的形式而失去超越性和不朽性，灵魂也仅仅被当成生物体的形式而失去超越性和不朽性）。物理学和生物学一起构成了研究自然的自然哲学（**亚里士多德**的自然哲学和**柏**

拉图的宇宙论一样没有恰当地把万物理解为太极的物化，但它从在场的角度揭示了万物的运动和小道的关系）。

（3）**进入赫拉克利特**：在赫拉克利特中，逻各斯把存在（不动的一）解蔽到非存在中，使世界现象被把握为永恒的生成之流。当哲学进入**赫拉克利特**，这种生成之流作为存在者的运动被看成是自然（Physis）引发的。存在作为"不动的一"和小道的源头作为"不动的第一推动者"之间发生了遥远的呼应，使哲学发现不动的第一推动者就是和存在对应的宇宙逻各斯（理性神），并把它当成和感性世界分离的最高实体（实体范畴被扩展到了世界之外）。**亚里士多德**这个位置从一开始就以逻各斯为中心思考一切，追求逻各斯在思考中的自我满足，因而自然地把理性神当成自满自足的思考。但**亚里士多德**丧失了对理念世界的认识，因此不像**柏拉图**那样认为理性神通过所思之原型创造宇宙，而是把理性神当成思考自己的思考，亦即当成纯粹的思辨（思考和对象完全同一）。理性神作为一切事物的终极目的因（至善）推动一切事物运动。由于理性神和存在发生了遥远的呼应，同时又被当成事物运动变化的终极原因，哲学认为理性神是哲学思考的真正对象，神学就是第一哲学。但理性神作为最高实体和感性世界的普通实体（存在者）相互分离，而存在和理性神的遥远呼应本来是以存在者为中介发生的。所以哲学从理性神返回世界中的存在者，用形式代替个别事物（形式和质料的组合）成为真正的实体，使形式成为个别事物的"是什么"，亦即其"本质"，并通过追问"为什么"把运动理解为形式通过质料实现潜能的过程。通过对实体定义的本质主义改造，世界中一切存在者的运动就被归因到没有质料而只有纯粹形式，没有潜能而完全现实的最高实体（理性神）。

（4）**进入芝诺**：**芝诺**通过思考世界现象所导致的悖论来证明只有存在本身是可思的。进入**芝诺**并没有使哲学否定对世界现象（存在者）的科学思考（因为哲学是以这种科学思考为起点逆行哲学史之发展的）。然而，哲学现在认为除了对世界中种种存在者的科学思考，还有一种以"作为存在的存在（作为是的是）"为对象的思考，并把这种以最普遍的方式思考存在的哲学当成是为一切科学思考奠定基础的第一哲学。**亚里士多德**开创的第一哲学（形而上学）因此既是神学又是存在论（ontology）。这种存在论从存在者出发理解存在（把存在当成存在者的普遍特性），通过概念思维把握存在。其基本内容是关于存在的各种最抽象、最有普遍性的概念（以实体为核心概念，但不再突出实体的本质或"是什么"，而是突出实体的普遍特性，亦即"是"本身），以及思考存在所必需的普遍公理。哲学本来认为这些公理是推理的前提，是不可能证明的，只能通过理性直观加以把握。但在**芝诺**的激发下，哲学现在尝试通过反证法来证明这些公理，也就是指出违背这些公理的思考会导致悖论来证明公理的可信。

（5）进入**巴门尼德**：**巴门尼德**认为思考和存在是同一的，但与**柏拉图**不同的是，**巴门尼德**把这种同一性落实在存在本身（大道末端）而非思考（存在同一思考而非相反）。因此当哲学进入**巴门尼德**时，之前的一切思考现在都必须服从于存在本身。但哲学在进入**芝诺**时发展了从存在者出发理解存在的形而上学。故思考现在要服从的不是**巴门尼德**中和存在者对立的存在，而是通过存在者敞开世界的存在。存在敞开世界的原始方式就是通过一种特别的存在者（人）把世界敞开为"行动的世界"（为普遍欲望敞开的世界）。所以哲学现在必须把存在的普遍性从"思考中的普遍性"转化为"行动中的普遍性"，把形而上学的理论智慧转化为实践智慧。行动中的普遍性意味着存在被个体化为每个人在世界中的实践。相应地，世界被个体化为每个人的生命（个体生命被当成世界整体的一个成员）。另一方面，哲学进入**赫拉克利特**时思考了和存在遥相呼应的宇宙逻各斯（理性神）。理性神隐含的目的性（至善）现在被当成世界本身的特性。个体生命追求的是个人的至善（幸福），而世界作为一个整体追求的是国家的至善。哲学于是发展了研究个人至善的伦理学和研究国家至善的政治学。伦理学突出了品德在个人至善中的作用（品德实现的是个体生命在世界中自我同一的理想）。由于目的性来自小道的源头，个人至善被看成是和品德一致的灵魂的活动。哲学从逻各斯组织生命的作用出发理解品德在阴阳之间保持平衡的本质（中庸），突出了判断和选择在这种平衡中的作用。政治学则突出了人属于世界的社会性，把国家当成实现人的自然本性所趋向的至善

（完全自满自足）的最高共同体，亦即当成大道和小道的交汇。人的自然天赋不同，参与国家管理的资格和能力也就不同。在行动的世界中，人们是通过共享从自然而来的物实现共在的，因此经济状况决定了人们参与国家管理的方式。政治学于是研究了国家的各种可能的形式，并认为法治优于人治，因为法律的普遍理性超越了个体生命的感性和偶然性，同时还具有来自宇宙逻各斯的神圣性。通过伦理学和政治学，哲学把存在（大道末端）和宇宙逻各斯（小道源头）统一了起来。但**亚里士多德**的思考从起点处就已经以逻各斯为中心，因此虽然它突出了实践智慧在实现至善中的重要作用，却仍然坚持认为哲学智慧才是最高的智慧。逻各斯不但通过哲学智慧在理论知识中达到满足，而且还可能通过纯粹思辨分享理性神的特性，在思考中达到完全的自满自足，从而实现出人生最大的幸福。

希腊哲学起源于从**老子**中的大道进入小道的运动。这个运动到**亚里士多德**终于被彻底完成了。哲学思考本来就是小道在人中的一种运动。因此，**亚里士多德**从小道出发实现大道的哲学使哲学达到了自我封闭的状态——逻各斯在哲学思考中达到了自满自足。但从太极的角度看，这个哲学位置包含着内在矛盾：逻各斯虽然在哲学思考中达到了自满自足，它所组织的个体生命却没有同时达到自满自足。逻各斯通过理论知识和纯粹思辨达到的只是理想性（思考对象）方面的自满自足，而没有实现出现实性方面的自满自足，后者与个体生命的自满自足是同一回事（逻各斯的现实性使之结合在所组织的个体生命中，无法分开）。**亚里士多德**把逻各斯在纯粹思辨中达到的自满自足当成人生最大的幸福，这是从逻各斯出发理解个体生命的结果（逆行破坏了**普罗塔哥拉**中逻各斯附属于个体生命的现实性）。个体生命虽然是逻各斯组织的，其感性质料却不是来自逻各斯，也不是来自宇宙逻各斯。个体生命的自满自足（幸福）只能在逻各斯对感性质料的组织中达到，而无法在逻各斯的理论知识和纯粹思辨中达到。既然逻各斯已经实现了理想性方面的自满自足，哲学的下一步发展就转向现实性方面的自满自足。所以，哲学的下一个位置抛开了小道的源头，让逻各斯附属于所组织的个体生命，让形式附属于所组织的感性质料，通过理智的分析把生命组织成幸福的个体，以便实现逻各斯在现实性方面的自满自足。

14. 伊壁鸠鲁

为了实现逻各斯在现实性方面的自满自足，哲学现在必须放弃以逻各斯为中心的思考方式，让逻各斯附属于所组织的生命，帮助生命实现自满自足。这意味着哲学必须突出感性质料，颠倒**亚里士多德**中形式优先于质料的做法。但**亚里士多德**不是一个单纯的位置，其思考随着逆行的过程不断发生变化。因此，哲学必须沿着**亚里士多德**的逆行路线再走一次才能完成对**亚里士多德**的改造。**亚里士多德**在进入**苏格拉底**时发展了以逻各斯为中心的思考方式，而且还没有把形式和质料分开。哲学因此跳过**苏格拉底**，从**普罗塔哥拉**开始逆行到**巴门尼德**来实现对**亚里士多德**的改造。哲学在进入**普罗塔哥拉**时让形式附属于质料，把感性经验突出为认识的标准，进入**赫拉克利特**时把实体从形式转移到质料，形成原子论，进入**芝诺**时把原子论上升为无限宇宙论，进入**巴门尼德**则让一切思考服从于实践目的，发现对死亡的恐惧是人生一切问题的根源，发展了通过理智的分析解除人生痛苦，达到个体生命之幸福的实践智慧。这种以感性经验为认识标准，以原子论和无限宇宙论为自然哲学，通过对人生问题的理智分析实现个体生命之幸福的哲学被古希腊哲学家伊壁鸠鲁发展了出来。因此我们可以把哲学的第十四个位置称为**伊壁鸠鲁**。

伊壁鸠鲁这个位置不是直接逆行哲学史的发展，而是通过重复**亚里士多德**的逆行来实现对**亚里士多德**的改造。因此它的逆行比**亚里士多德**的更加不知不觉，甚至不意识到和**亚里士多德**的内在关联，因为它的基本倾向和**亚里士多德**是相反的。

这个位置的发展过程如下。

（1）进入**普罗塔哥拉**：哲学把**亚里士多德**中形式和质料的区分继承了下来，但不再认为事物运动的目的是为了通过质料的发展实现其形式，而是反过来把质料当成运动的中心，把形式当成附属于质料，被质料牵引而随之运动（这种运动是偶然和无目的的）。把运动归结到质料使哲学失去**亚里士多德**对自然（Physis）的理解，把自然等同于物体的集合，同时失去了第一推动者的概念。由于颠倒了形式和质料的优先地位，感性经验代替抽象命题成为真理的场所（认识的标准）。感觉被当成自身没有任何错误、最明白可靠的真理。逻各斯不再追求思考本身的自满自足,而是反过来把概念还原为被直接给予的感性经验,同时强调感觉的自明性,也就是感觉与逻各斯的结合。

(2) 进入**赫拉克利特**:失去第一推动者使哲学丧失了对作为最高实体的理性神的理解。但**亚里士多德**对实体定义的改造牵涉到世界中的存在者。哲学现在把这个改造颠倒过来,亦即把能运动的质料当成真正的实体,而把形式当成质料的属性。当质料获得自我同一性,附属于质料的最基本的形式就是"一"。这种最基本的形式把质料组织成单一的、不可分割的物体,亦即原子。更复杂的物体(包括生物体)则被看成由"多"构成的"一",亦即有边界的原子聚合体。感性经验认识的其实是这种宏观的物体,而作为本原的原子则只能凭理智理解(这种理解不能违反感性经验)。原子是自我同一的质料。因此原子之间是分开它们的虚空(而不是被绵延的物体填满)。虚空因此和原子一样成为本原。宏观物体之间也一样被虚空分开,形成相对独立、有边界的原子聚合体。

(3) 进入**芝诺**:**亚里士多德**在进入芝诺时发展了研究"作为存在的存在(作为是的是)"的形而上学,不再突出实体的本质("是什么"),而是突出实体的普遍特性("是"本身)。由于**伊壁鸠鲁**把实体落实到质料而非形式,超越个体性的普遍形式被转化为超越个体性的无限质料。哲学认为原子数目是无限多的(虚空因此是无边界的),构成了宇宙中无数个小世界。存在对存在者的超越性被转化为无限宇宙对物体的超越性(无限宇宙是永恒存在的一,尽管其中的物体由于原子的聚散而不断生灭。丧失对理性神的认识使哲学彻底否定了**柏拉图**中创造宇宙的神)。哲学把存在转化为无限宇宙的做法使它丧失了对存在本身的视野,而只能把思考存在的普遍概念和逻辑公理转化为思考无限宇宙的自然哲学概念(如有和无)和公理(如从无不能生有),并尝试用反证法来证明这些公理。

(4) 进入**巴门尼德**:**亚里士多德**进入巴门尼德时让它之前的一切思考服从(通过人敞开世界的)存在本身,发展了以至善为目标的实践智慧。所以,**伊壁鸠鲁**也必须把它之前的一切思考转化为以至善为目标的实践智慧。但哲学已经预设个体生命的自满自足为其目标，所以它要实现出来的至善仅仅限于个体生命的幸福。由于哲学让形式附属于质料，幸福不再被看成与品德一致的灵魂的活动，而只是无痛苦的快乐状态。哲学发现人生充满了痛苦，因而把解除痛苦、追求快乐作为哲学的终极目标。哲学通过分析发现人生痛苦的根源在于对死亡的恐惧。从太极的角度看，死亡就是生命从世界脱落，无法继续活在世界中；生命本是世界的个体化，因此在本质上与世界合一；但这种合一是理想性而不是现实性的合一：逻各斯把世界的意义解蔽到生命中，把生命向世界开放，使生命在本质上与世界合一，但从现实性角度看，逻各斯组织的永远都只是我的个体生命。个体生命的死亡说明世界和生命在现实性方面是不合一的。由于哲学要在世界中实现逻各斯的现实性，死亡就作为"世界和生命不合一"的极端表现被凸显出来。但**伊壁鸠鲁**丧失了对存在本身的视野，以无限宇宙取而代之，因此死亡仅仅被理解为无限宇宙和身体的不合一（身体无法像无限宇宙那样永恒存在。这是从身体角度理解死亡）。为了克服对死亡的恐惧，哲学认为死亡和人生完全无关，因为活着的时候没死，死了就失去一切感觉，什么都不知道了（这种看法遮蔽了死亡的本质，亦即决定人之存在方式的"世界和生命不合一"）。哲学把灵魂看成是由原子构成的弥漫在身体中的物体，随着身体的死亡而消散，因此认为人不应该渴望永生，也无需担心死后的情形（彻底否定了**柏拉图**中的灵魂不朽、轮回和善恶回报）。虽然快乐是人生的目的，但这个目的不能通过放纵欲望来达到，而必须对欲望进行分类，满足自然的必要的欲望，遏制不必要的欲望，在理智指导下过一种宁静节制的快乐生活。总之，哲学通过分析人生来克服对死亡的恐惧以及随之而来的各种人生问题，让生命摆脱不安全感和对神的恐惧，以一种完全理智、现实、现世的态度把握自己的生命，以便解除人生的痛苦，达到个体生命的幸福，借此实现出逻各斯在现实性方面的自满自足。

希腊哲学从**巴门尼德**开始引入存在（大道末端），从**苏格拉底**开始引入理性神（小道源头），直到**亚里士多德**把二者统一起来。**伊壁鸠鲁**则把一切事物归结为原子和虚空，丧失了对存在和理性神的视野，但仍然作为对**亚里士多德**的改造而属于希腊哲学。**伊壁鸠鲁**通过逻各斯的实践智慧把生命组织为幸福的个体，实现了逻各斯在现实性方面的自满自足。但这种反向改造使**伊壁鸠鲁**失去了**亚里士多德**中逻各斯在理想性方面的自满自足。所以哲学的下一步发展应该把**亚里士多德**和**伊壁鸠鲁**综合起来，让逻各斯在两方面都达到自满自足。逻各斯在理想性方面的自满自足是通过分享小道的源头（宇宙逻各斯）达到的。因此，逻各斯所组织的个体生命必须能够分享自满自足的宇宙生命，才能同时实现出逻各斯在理想性和现实性两方面的自满自足。然而，太极在其先天思考中看到这是不可能的，因为有限生命终究会从宇宙生命脱落而死亡，这说明它无法分享宇宙生命自满自足的永恒性。所以，逻各斯不可能同时实现其理想性和现实性的自满自足，除非有限生命是不死的。**伊壁鸠鲁**通过哲学思考克服了对死亡的恐惧，却并没有克服死亡本身。哲学史在这里遇到了前所未有的困难。要克服这个困难就必须克服死亡。这是哲学作为一种揭示意义的理想性活动无法做到的，因为克服死亡不是要揭示一种意义，而是要让生命获得永生的现实可能性。所以，太极在其先天思考中看到历史必须离开哲学这种理想性活动，去发展一种特殊的克服死亡的现实性活动。为了克服死亡而从哲学史派生出来的这种特殊的活动就是基督教。

死亡的本质是世界和生命不合一。但其根本起因在于天志和人心不合一，亦即天人之间的先天断裂。天志敞开了本性虚空的世界本身，并落入世界个体化出来的生命，把自己个体化为心，通过心把握个体生命。但在天志和心之间存在先天断裂：天志落入自己的阴性对象（世界）中就成为带有阴性的意志（心），无法再保持作为原始意志的纯粹阳性。天人之间的先天断裂使人的意志获得独立性，可以发展出自由意志，但也导致世界和生命不合一（天志与心不合一导致其对象不合一），并进一步导致生命处于不受天志保护状态（天志可以直接把握世界本身但无法直接把握生命）。生命的不受保护状态引起了两个后果：①宇宙生命和生命不合一：天志可以直接把握天地孕育的宇宙生命，却无法直接把握它在世界中的有限化（个体生命），导致二者之间存在先天断裂。②身体处于不受天志保护状态：天志无法直接把握生命，因此无法通过宇宙推动力直接把握其物化（身体），而只能像把握其他宇宙物质那样把握身体，任由身体像宇宙中其他物质那样运动。得不到特别保护的身体随时都处在死亡的可能性中。身体的死亡是其不受保护状态的极端表现，同时也是死亡的本质（世界和生命不合一）的极端表现。尽管人可以通过决断实现人心和天志的阴阳合一，这种天人合一只是理想性的，无法改变天人不合一的现实，只能让人勇敢地承受必死的现实，在有限的人生中实现生命的意义。总之，太极在其先天思考中看到死亡的根本起因是天人之间的先天断裂，导致世界和生命不合一，使生命处在不受保护的状态，无法分享宇宙生命自满自足的永恒性，随时可能因为身体的死亡而从宇宙生命和世界脱落。① 为了让逻各斯同时实现理想性和现实性的自满自足，历史必须暂时离开哲学史，发展克服死亡的现实性活动，亦即基督教。这种暂时的离开是为了更好地回归。因此，不理解基督教就无法理解伊壁鸠鲁之后的西方哲学史。下面就让我们对基督教的本质做一个初步的探讨。

基督教的基本道理就是太极让一个承受了特殊天命、愿意完全服从天志（天父意志）的人（耶稣）自愿地承担天人之间的先天断裂（宗教把这个先天断裂归咎于人的自由使人违反神的命令而堕落，并称之为"原罪"）及其后果（死亡），并让他复活为基督，使一切信基督的人分享到基督对死亡根源及其后果的克服，获得本质上永恒的生命，并在这个世界消失后（末日后）重新产生的永恒世界中变成现实（信者的灵魂获得新的不死的身体）。为了克服宇宙生命和有限生命之间的先天断裂，耶稣的生命必须特别地代表宇宙生命。这种特殊性的实现方式是天父（神）直接让一个处女（玛利亚）受孕生出耶稣（这样耶稣就作为神和人的孩子特别地代表了神的胎儿，即宇宙生命）。既然耶稣的生命特别地代表宇宙生命，他的逻各斯就特别地代表宇宙逻各斯。《约翰福音》开篇便说"太初有道，道与神同在，道就是神"，并指出"道成了肉身，住在我们中间"。这里说的"道"在希腊语圣经中的原文就是

---

① 死亡的本质和起因对一切个体生命（动物和人）都是相同的，但只有对实现了世界统一性的人来说死亡才成为生命的本质特性。所以我们对死亡的讨论直接以人为例。

"logos"，但其实指的是宇宙逻各斯（小道的源头）而非人的逻各斯。"道成肉身"的说法指的就是宇宙逻各斯特别地有限化在耶稣的生命中。其实我们每个人的心都是天志的个体化，每个人的生命都是宇宙生命的有限化，每个人都是天父地母的孩子，每个人的逻各斯都是宇宙逻各斯的有限化。但基督教特别突出耶稣在这些方面的代表性（圣子），因为耶稣要弥补天人之间的先天断裂，必须在天人关系方面成为特殊的代表。基督复活后的生命必须通过他所代表的（被宇宙逻各斯统一的）宇宙生命才能被其他人分享。获得这种特殊品格的宇宙逻各斯作为"圣灵"而成为基督和基督徒的中介，被一切从圣灵重生的基督徒分享。基督教的基本教义概括起来就是"圣父、圣子、圣灵三位一体"。① 天父对其意志的阴性化（个体化）所做的拯救，耶稣代表天父为人类牺牲自己等以一种特殊方式显示了太极阴阳合一的意义。基督教因此本质上是一种爱的宗教。②

在此我们无法更深入地讨论基督教的内容。但可以指出的是，基督教不是人自己发明出来的宗教，而是伴随世界哲学史的遣送而遣送到人类历史中的。基督教在哲学史中的先天基础是把逻各斯带回其源头（宇宙逻各斯或理性神）的希腊哲学，亦即**苏格拉底**和**柏拉图**。太极让基督教从**苏格拉底**吸收了灵魂对理性神的绝对服从（这种服从表现为对代表普遍理性的法律之绝对服从。因此耶稣自愿死于罗马法律的判决，而哲学家苏格拉底也承受了类似天命而自愿死于希腊法律的判决），从**柏拉图**吸收了灵魂不朽和善恶回报（轮回被永生超越，所以没有被基督教吸收）。但必须注意，这里谈论的是太极对基督教的先天思考，和基督教的后天发展是两回事。

---

① 圣父、圣灵、圣子的"三位一体"是天地的"本体—无限—有限"结构在基督教中的反映。但基督不仅是无限逻各斯的有限代表，而且还通过圣灵把永生传递给基督徒。因此，基督教的"三位一体"不仅反映了天地的"本体—无限—有限"结构，而且还隐含了更复杂的结构（我们在此不必关注这种复杂性）。

② 基督教的"天父"缺乏与之对称的"地母"，因为克服天人断裂只需要突出宇宙逻各斯的道成肉身，不需要突出包藏宇宙逻各斯的无形地母。天主教的圣母崇拜一定程度上是为了弥补这个缺陷。但圣母玛利亚作为一个女人并不能真正代替无形地母的本体地位。总的来说，基督教是偏向阳性的爱的宗教。

在太极的先天思考中，佛教是作为基督教的对应物产生的。基督教起源于希腊哲学并伴随西方哲学史传播到西方所有民族。但基督教的本质超越了希腊哲学，其对死亡的克服适用于一切人，使基督教成为世界性的宗教。中国哲学潜在地是世界性的，因为西方哲学是从它的宏观格局中分化出来的。但从**易**到**杨朱**的中国哲学史没有探入灵魂不朽，缺乏接受基督教的基础。中国人应该从基督教得到对死亡的克服，却没有相应的哲学基础来接受基督教。这是一个矛盾。所以，太极倒回中国哲学史去寻找产生世界性宗教的可能。中国哲学史无法产生从根源处克服死亡而通向永生的宗教，但仍有可能产生克服死亡本质（而非其根源）的宗教。太极在**老子**中找到了产生这种宗教的可能性。**老子**这个位置的发展过程有一个环节是把生命拉回本性虚空的世界本身，尽管它没有展开这个环节而是让生命进一步回归地母。**老子**中的这个环节潜在地为克服死亡的本质（世界和生命不合一）提供了基础。不但如此，**老子**还突出了明性（可言之小道对大道的指向性）。明性中隐含如性（原始领悟对世界本身的指向性）。原始领悟一方面组织生命，一方面又指向世界本身，因此为克服世界和生命的不合一提供了一条途径。太极于是看到可以在中国哲学史的基础上产生通过如性克服死亡本质的世界性宗教，其在历史中的实现就是佛教。佛教的目标是克服世界与生命的不合一，因此它和克服天志与人心不合一的基督教形成了阴阳对应。但从**易**到**杨朱**的中国哲学史并没有把死亡当成一个问题。所以中国哲学史缺乏产生宗教的动机。作为基督教对应物的佛教就只能在介于西方和中国之间的一个民族，亦即印度民族中产生，然后传播到中国，在中国完成其最终的发展。

佛教对死亡的理解是单纯从世界和生命的关系出发的，也就是把死亡的本质看成本性虚空的世界因为个体化为生命而丧失其不生不灭的自性。从这种立场出发，要克服死亡的本质就必须彻底放弃意志对生命的执着，彻底否定生命从天志的个体化获得的自性（我），让生命现象回归本性虚空的世界（空）。所以佛教的基本教义是"诸法无我"。佛教把没有自身差异的世界本身当成唯一自性，因此把自性等同于纯粹的自同，把生命现象在相互关联中生灭看成无自性的表现，掩盖了原始自性（太极）既自同又自异的本质，把来自太极发展的生命现象看成"诸行无常"、"缘起性空"、没有自性的幻象。佛教否定生命的自性，目的是要把从世界个体化出来的生命拉回世界本身，让生命现象仅仅以空为我，通过"常乐我净"的涅槃寂静来克服世界个体化为生命而发生的自我遮蔽。这种对死亡本质的克服突出了如性的理想/现实二重性，即原始领悟指向世界本身又组织生命现象的特性（一心开二门），通过空和有的"不一不二"实现空有之间的中道和"以空观有"的智慧（般若），从而显露生命现象（有）的实相（空）。佛教从如性出发理解世界个体化为生命的方式，忽略了生命的个体性在灵魂中的先天起源，因此无法吸收**柏拉图**中的灵魂不朽（灵魂不是世界中的现象而是宇宙逻各斯中的永恒理念）。但太极看到佛教仍然可以吸收**柏拉图**中灵魂的善恶回报与轮回，并从世界个体化为诸多生命的方式重新解释为业报轮回，把涅槃寂静解释为对轮回的超越。佛教因此把灵魂通过领悟组织生命的作用（决定生命的个体性，通过小道送出组织生命的先天领悟，接受生命活动的后天影响等）归结到包藏一切具体领悟于自身的原始领悟（阿赖耶识），通过转识成智把世界本身（空）突出为原始领悟的唯一指向，把我通过逻各斯的自我意识（末那识）形成的自我意识转化为从世界角度超越生命的"空我"的自我意识，灭除我执带来的烦恼，达到常乐我净的涅槃寂静（空我就是人彻底放弃阳性的意志后达到的纯粹阴性的大我。佛从人的自我意识发展出空我的自我意识，但并没有消除前者，故仍可活在世界中，但佛以后者超越了前者，不再把生命现象当成属我，而仅仅当成我的幻象）。佛教并没有像基督教那样从根源上克服死亡，因此没有为个体生命提供永生的可能，只能通过否定生命的个体性，回归本性虚空的世界来解脱人生的苦难。但作为克服死亡本质的宗教，佛教像基督教一样具有世界性，并由于其在中国哲学史中的先天源泉而在中国佛教（特别是最接近道家精神的禅宗）中实现了最终的发展。①

---

① 佛教和基督教的历史发展有时间上的对应。公元1世纪基督教在西方形成，同时佛教从印度传入中国。但佛教在世界哲学史中的先天起源是**老子**。所以佛教最初诞生于**老子**的时代（根据流行的说法佛陀和老子的生年分别是公元前565和前570年）。

基督教和佛教都是从世界哲学史派生出来的。这些宗教本身不是哲学，不是追求真理的理想性活动，而是完全以解决生死问题为现实目标的历史实践。但宗教实践需要人对自己的根源有所领悟，导致宗教发展了追根溯源的深刻思考，通过宗教式的领悟提供了一种包罗万象的世界解释体系，使其不但作为克服死亡的现实性活动，而且作为一种组织世界的文化活动进入历史。宗教和礼乐一样是特殊的奠基性的文化活动，但其现实性本质又使之迥然不同于礼乐（因此可以和礼乐互补）。宗教为了实践的需要产生的信仰和教义虽然包含对人的根源和死亡问题的深刻理解，但其宗教化的表达方式从哲学的角度来看是不够恰当的。宗教的目的是克服人与其根源之间的先天断裂。这个目的使宗教把天人之间的先天断裂及其后果（死亡）归咎于人，过分抬高了人的根源而贬低了人本身，遮蔽了人把太极实现在世界中的历史使命，遮蔽了现世生活的意义。宗教把人的根源当成是绝对完善的。但绝对完善的事物和自己没有矛盾，因此不可能有任何发展，不可能生出万物和人。太极因为自相矛盾而不完善，因此才会生生不息地发展，不但生出了万物和人，而且还要通过人实现自身的最终发展。虽然如此，宗教所要做的是哲学无法做到的，反之亦然。正如哲学史中的每个位置都有其局限性，从哲学史派生出来的宗教也有其局限性。只要我们理解这种局限性，就可以扬长避短，让宗教超越其局限性，在新的时代中获得新的发展。

　　历史在基督中克服了死亡，达到了本质上永恒的个体生命，并被一切信仰基督的人所分享。这件事发生在宗教中，但它在太极的先天思考中起源于哲学史的内在矛盾，因此它必须作为一个结果被哲学吸收。太极在思考**亚里士多德**和**伊壁鸠鲁**的综合时看到，要同时实现出逻各斯在理想性和现实性两方面的自满自足就必须克服死亡，因为死亡否定了**伊壁鸠鲁**中达到的个体生命的自满自足。当基督教实现了克服死亡的现实目标后，个体生命的自满自足已经实现在基督教信仰中。所以，哲学现在必须把**亚里士多德**和基督教信仰综合起来，以便同时实现出逻各斯在理想性和现实性两方面的自满自足。

15. 阿奎那

为了基督教的实践，人必须对克服死亡的必要性、可能性、实现方式等问题有所领悟。因此，和克服死亡有关的太极发展必须通过小道送出到人的领悟中。这些内容是为了宗教实践的目的送出的，形成的是启示性的信仰而不是哲学。哲学是追求真理的理想性活动，而基督教是克服死亡的现实性活动。哲学和信仰的综合对双方的纯粹本质都是一种破坏。如果双方能够相互为用，就可以化解矛盾，达到和谐。但太极为了基督教的实践启示出来的内容远远超出了希腊哲学的范围，不是希腊哲学本身可以直接发展出来的。故综合的结果不是哲学利用基督教信仰来扩展自己，而是基督教信仰利用哲学来支持自己（使信仰理性化）。这个利用**亚里士多德**使基督教信仰理性化的哲学位置被 13 世纪意大利哲学家阿奎那以最纯粹的方式发展了出来。因此我们可以把哲学的第十五个位置称为**阿奎那**。

这个位置的发展过程如下。

（1）把神等同于存在：综合**亚里士多德**和基督教信仰的第一步是统一其对象，也就是把**亚里士多德**中的"存在"等同于基督教信仰中的"神"（**亚里士多德**的理性神其实和"圣灵"同格；和"圣父"相匹配的是存在）。从太极的角度看，存在是敞开世界的运动；世界既可以看成是大道从地敞开出来的虚空领域，也可以看成是天志敞开出来的阴性对象；存在因此可以从两个不同方面理解。希腊哲学从大道和小道的关系理解存在，属于第一方面。基督教信仰则从神（天父）理解存在，属于第二方面：神通过其意志（天志）敞开世界，才使世界中一切事物得以存在。所以，"把神等同于存在"意味着神通过敞开世界的活动而是神，神就是其意志的活动，就是存在本身，就是生生不息的"使事物存在"的原始活动。由于基督教要克服的是天人之间的先天断裂，基督教信仰把天当成人格化的神并赋之以太极的原始自性，其表现就是神的自称"Ego sum qui sum"或"I am who am"（我是所是）。在**阿奎那**看来，这意味着神既是绝对单纯、自因的实体也是存在本身。世内存在者因为分享存在而存在，相当于被神创造出来，而神作为存在本身则拥有一切被造物的现实性和完满性。人是由神的创造活动赋予存在的复合实体（灵魂与身体，形式与质料的复合）。实体的本质就蕴含在其存在中（本质被理解为可以存在的本性）。一般实体的本质与其存在不是同一回事（可以存在不等于实际存在），但神的本质就是其存在，因为神就是存在本身。**阿奎那**因此在哲学史中开辟了从神（天）理解存在的新途径（以大观大），超越了希腊哲学从小道出发理解存在的狭隘性（以小观大）。但这个新途径依赖于基督教信仰，同时又和**亚里士多德**形而上学混在一起，因此无法在哲学史中得到进一步的发展。

（2）区分理性真理和信仰真理：把神等同于存在虽然统一了哲学和信仰的对象，却掩盖了二者在方法上的不同。哲学和信仰以不同方式接近其对象：哲学从存在者开始通过理性的思考逐步通达存在本身，而信仰则从神直接得到启示，借助启示从神出发理解被造物。哲学因此区分理性真理和信仰真理，把它们当成达到同一个真理（神的真理）的相反路径（上升和下降的路径）。理性可以思考神，理解神的存在、创造和目的，但无法把握神为宗教实践启示出来的特殊内容（如三位一体、道成肉身、永生）。反之，信仰可以把握启示的内容，但不能代替理性对神的思考。哲学于是把理性真理和信仰真理作为平行并列、相对独立、相互对应的真理路径实现出来，共同构成完整的真理体系。

（3）统一理性真理和信仰真理：哲学综合**亚里士多德**和基督教信仰的目的是为了让逻各斯同时达到理想性和现实性两方面的自满自足。换句话说，逻各斯在理想性（知识性）方面的自满自足必须同时也是它在现实性（宗教性）方面的自满自足。这意味着哲学不能仅仅让理性真理和信仰真理保持平行并列、相对独立和相互对应，而必须把它们结合为关于神的自满自足的知识体系，亦即具有大全性质的神学。这种神学大全一方面按照**亚里士多德**的（逻辑和科学）的方式发展成一种理性知识，同时又以宗教启示为其推理的出发点，并按照宗教目的组织这种理性知识，使之既具有符合哲学理性的形式，又具有符合宗教信仰的内容。通过这种改造，**亚里士多德**和基督教信仰终于结合为不可分割的整体，形成一种理性主义神学。理性主义神学使信仰丧失了宗教实践活泼的灵性。但一个人只要相信和接受基督的拯救就可以获得永生。即使这种信仰失去了活泼的灵性，它带来的永生仍然可以让逻各斯在现实性方面达到自满自足。所以，理性主义神学使逻各斯在理想性和现实性两方面都达到了自满自足。

但**阿奎那**这个位置包含着内在矛盾。哲学和宗教本来具有不同的本质。把**亚里士多德**和基督教信仰结合成理性主义神学破坏了**阿奎那**作为哲学位置的纯洁性。基督教信仰的内容远远超出了希腊哲学的范围，无法被后者吸收。因此，二者综合的方式是信仰吸收哲学来服务于宗教的目的（**阿奎那**对应的中世纪是西方历史中最为漫长的一个时代，但不是出于哲学的需要，而是出于宗教的需要）。事实上，逻各斯在理想性方面达到的自满自足主要只是在推理的形式上。从推理的前提来说，三位一体、道成肉身、救赎和永生等内容只能来自信仰。为了在一个纯粹的哲学位置中实现出逻各斯的自满自足，哲学必须反过来把基督教信仰的内容（作为哲学要素）吸收到哲学中。既然**亚里士多德**这个位置无法吸收比它的思考范围大得多的基督教信仰，哲学的下一步发展就放弃了基督教信仰的整体，只吸收可以被**亚里士多德**吸收的部分，由此产生了一个全新的哲学位置。

16. 笛卡尔

为了让逻各斯在一个纯粹的哲学位置中达到自满自足，太极必须改造**阿奎那**，让其中的**亚里士多德**反过来吸收基督教信仰。**亚里士多德**吸收基督教信仰的主要结果是把"道成肉身"中隐含的哲学要素凸显出来，亦即每个人的逻各斯（都像宇宙逻各斯的自我意识那样）具有"我是所是"的理想性，同时又具有"我思"的现实性。逻各斯的自满自足于是被实现为"我思故我是"（亦即"我思故我在"）。以这种初步的自满自足为起点，逻各斯通过与宇宙逻各斯的先天关联证明了神的存在，由此证明了被宇宙逻各斯规范的宇宙物质（广延物质）的客观存在，并确立了以形而上学为根基、以物理学为主干、以其他科学为枝叶的知识体系，将逻各斯的自满自足扩展到一切它能够清楚明白地把握的客观事物。这个从"我思故我是"出发实现逻各斯之自满自足的哲学位置被17世纪法国哲学家笛卡尔发展了出来。因此，我们可以把哲学的第十六个位置称为**笛卡尔**。

这个位置的发展过程如下：

（1）我思故我是：在**阿奎那**中存在被等同于圣父（天）。但圣父超越了**亚里士多德**的思考范围。因此哲学无法吸收圣父，同时也就放弃了存在。另一方面，**亚里士多德**的思考包括理性神（宇宙逻各斯）。圣父的无限自我意识就是在宇宙逻各斯中达到的，而且宇宙逻各斯已经在耶稣中"道成肉身"成了有限逻各斯。所以，**亚里士多德**可以从基督教信仰吸收到无限自我意识的有限化。无限自我意识的内容是"我是所是"（Ego sum qui sum）。当太极把"道成肉身"中隐含的哲学要素扩展到每个人的逻各斯时，逻各斯的自我意识也被凸显为"我是所是"。太极虽然让哲学丧失了圣父（天），但同时把圣父的特性转移到了宇宙逻各斯身上，使后者成为吸收了圣父特性的理性神。相应地，逻各斯构成的智我（判断力与领悟的合一）吸收了我（心与生命的合一）的特性，被当成就是人的我；智我的自我意识被当成就是我的自我意识；生命的中心于是从心转移到判断力，后者则把生命统一成为"意识"。从此西方哲学就把智我（小我）当成人的"自我"（ego），把人转化为以判断力为中心的"主体"。

太极虽然让哲学丧失了存在，但同时把存在的特性转移到了和它互为表里的思考上。思考因此吸收了存在的特性，以致逻各斯认为思考就是其"所是"。逻各斯的自我意识就从"我是所是"变成"我是我思"或"我思故我是"（Cogito ergo sum）。"故"在这里不是表示推论而是表示等同。"我思故我是"不是一种抽象思想，而是智我对自己在所组织的一切生命现象中存在的默默直观，亦即逻各斯以其自我意识组织生命的方式。"我是"即"我思"的理想意义；"我思"即"我是"的现实存在。"我思故我是"就是统一逻各斯的理想性和现实性的自我直观。逻各斯通过彻底的怀疑悬置了一切外来的信念（理想意义），只剩下它可以在自我直观中完全确定的东西，亦即作为"我是"之现实存在的"我思"，从而同时达到了理想性和现实性的自满自足。

这就是太极推导**笛卡尔**这个位置的第一步。虽然这个推导过程比较复杂，但推导的结果并不复杂，而只是"我思故我是"这样一种自我直观。逻各斯在这种直观中发现了自我意识的两极，亦即判断力和原始领悟（逻各斯通过原始领悟指向自己，达到了自我意识，同时原始领悟又组织并融化在生命中。因此，判断力可以默默直观生命现象，并借助自我超越直观自己在生命中的活动）。逻各斯认为凡是它清楚明白地领悟的东西都是真实的。判断力感受到的"确定性"从此成为真理的判断标准。希腊哲学中具有解蔽意义的真理从此开始被逻各斯自身的真理性（自我同一性）所代替。逻各斯从此开始以它构成的小我（主体）的面目出现在哲学中。哲学史开始转向以判断力为中心的现代主体性哲学。

（2）证明神的存在：哲学通过"我思故我是"让逻各斯实现了自满自足。但这种自满自足只是初步的，因为**笛卡尔**这个位置不仅包括逻各斯还包括宇宙逻各斯。因此，逻各斯必须把它在自我思考中的确定性扩展到对宇宙逻各斯的思考，才能让这种确定性从逻各斯的源头获得支持。太极已经让宇宙逻各斯吸收了圣父作为绝对单纯的实体和创造者的特性。所以，哲学必须通过逻各斯和宇宙逻各斯的先天关联来证明后者具有"神"的全部特性。这种先天关联就是小道从宇宙逻各斯到有限逻各斯的运动。这个运动被哲学理解为神创造心灵（逻各斯）的活动，同时也就是神把先天观念（先天领悟）送出到心灵中的活动。哲学于是从这个运动的反方向追溯关于神的先天观念的起源，即从逻各斯追溯到尚未有限化的、本质上无限的、送出这种先天观念的宇宙逻各斯，从而证明了神的存在（从此哲学就从无限角度看宇宙逻各斯，故后者亦可称为无限逻各斯）。宇宙逻各斯作为"神"不是天父，也不是存在本身，而是一个被认为是无限完美、全知、全能的理性存在者（全知是宇宙逻各斯的特性，全能则是从圣父吸收的特性）。在**阿奎那**中，神就是存在本身，神的本质与其存在是同一回事。这种思想在**笛卡尔**中被转化为"神的本质包含存在"，即神的观念包含神存在的必然性（否则神就缺少存在这种性质而与其无限完美矛盾）。这实际上是把存在当成思考可以决定的一种性质，因为存在已经被转移到思考中。

（3）证明广延物质的存在：宇宙逻各斯不仅是有限逻各斯的源头，同时也是宇宙万物的规范者。理界空间是离散的逻辑空间，而物界空间则是有广延（长宽高）的连续空间。宇宙万物的广延性是来自宇宙生命的客观属性。它们在世界中出现为生命现象的特性（如色彩、香臭、冷暖等）则是太极把自己物化为宇宙万物，同时把生命物化为身体的结果，显示了万物出现为生命现象的意义。但**笛卡尔**丧失了存在和天志，因而也就丧失了二者对世界的开启作用。世界仅仅被逻各斯开启为被宇宙逻各斯规范的客观世界，无法再从太极本身获得意义。因此，广延性作为被宇宙逻各斯规范的客观属性就凸显为万物的唯一本性。太极物化出来的自然万物退化成了"我思直观"可以通过观察和计算把握的"纯粹物质"。相应地，身体从"我的物化"退化成我直接拥有的一种广延物质。万物的客观存在本来是隐含在我身可动性中的一种先天领悟。现在这种客观存在被当成关于广延物质的先天观念。哲学认为既然这种观念不是我们创造而是先天拥有的，它就是完全可信的，否则神就不是无限完美的理性存在者（无限逻各斯不会送出欺骗性的先天领悟，因为这样做意味着它不把自己当成有限逻各斯的源头，否定了自身的无限性）。逻各斯对先天观念的这种信心不是来自宗教，而是来自从无限逻各斯射来的理性之光。逻各斯从此找到了自身真理性的可以信赖的源泉。广延物质的发现使**笛卡尔**把不可分割的思考实体（心灵）和可分割的广延实体（物质）对立起来，和独立自存的无限实体（神）共同构成哲学思考的三种实体。

（4）确立知识的体系：广延物质的发现开辟了通往科学的道路。逻各斯和宇宙逻各斯的关联首先表现在它从后者获得先天观念，其次表现在它可以理解后者组织客观世界的方式。科学的本质就是通过人和宇宙物质的现实关联揭示宇宙逻各斯。在先天观念的基础上，逻各斯可以通过我思直观把握广延物质，通过严格的推理将宇宙逻各斯对宇宙物质的规范显露出来，以此为基础去推演宇宙逻各斯组织自然现象和生命现象的方式，从而以现实方式揭示宇宙逻各斯的内容。因此，**笛卡尔**认为知识之树的根是研究神的存在和属性以及心灵和先天观念的形而上学，主干是研究广延物质的物理学，枝叶则是建立在物理学基础上的其他科学。科学放弃了哲学对万物之目的和意义的追问。所以科学所满足的不是逻各斯的哲学理性，而只是它把握客观事物的直观理性。

（5）突出自由意志：逻各斯对客观世界的把握建立在其自我意识的基础上。逻各斯通过其意志（判断力）超越所组织的生命才达到了自我意识。这种自我超越的意识本质上是对自身自由的意识。因此，人心通过所拥有的判断力达到的自由被凸显出来，并被当成逻各斯本身的自由（我思主体的自由）。逻各斯通过其自由意志才能以超越自身的方式意识到自身，才能拥有和无限逻各斯相似的自我意识，才能理解后者组织客观世界的方式，并通过自我超越将客观世界作为对象来把握。因此哲学把自由意志当成逻各斯和无限逻各斯（神）最为相似的一种性质。从此自由意志就作为主体的根本特性进入西方哲学。人现在作为主体把自然和世界看成自由意志的对象（客体），并企图通过科学自由地把握（征服）自然。哲学史从此踏入了和科学的发展密不可分的现代哲学阶段。

笛卡尔这个位置在历史中的反映就是古代世界的失落和现代世界的开启。伴随着哲学中心从存在向思考转移，神从敬拜对象向理解对象转移，人也就从活在天地之间的我向认识主体转移，生命的中心从心向判断力转移，发展出了智性思维，导致生命的客观化。这种"从大到小"的转移把大道和天志敞开的有意义的、神圣的世界转化为主体通过思考把握的客观世界，使人开始作为认识主体与自然对立。人从此通过追求科学知识和"世界观"来把握世界，使世界不断被知识化和表象化。但这个位置建立了逻各斯和宇宙逻各斯的先天关联，为逻各斯自身的真理性找到了可以信赖的源泉，为哲学实现"知其所以然"提供了保证。这个位置还把人们从宗教和神学的教条中解放出来，发展了理性批判的精神。从**阿奎那**向**笛卡尔**的过渡意味着宗教与哲学地位的颠倒，因此它首先在西欧社会（主要是意大利）引发了把**阿奎那**中的哲学因素（**亚里士多德**）从宗教因素解放出来的文艺复兴运动（恢复古希腊罗马文化，把人性从神权的压迫下解放出来）。但从**阿奎那**向**笛卡尔**的过渡最终必须把基督教中可吸收的哲学要素吸收到**亚里士多德**中，形成以个人思考为出发点的现代哲学。因此这个过渡最终促使基督教发生了历史性变革（从天主教发展出了新教）。

笛卡尔这个位置通过对**阿奎那**的改造，以纯粹哲学的方式实现了逻各斯在理想性和现实性两方面的自满自足。但和**阿奎那**中的哲学因素（**亚里士多德**）相比，**笛卡尔**对理性神的思考并不是从理性神本身出发,而只是从"我思"出发追溯其源头,把逻各斯的自满自足扩展到它对宇宙生命的理界(理性神)和物界(广延物质)的思考。所以,哲学的下一步发展就放弃了从逻各斯出发的有限立场,转而从理性神本身出发思考理性神,同时把这种思考从宇宙生命的理界扩展到物界,把理性神扩展为和自然等同的无限实体。

17. 斯宾诺莎

哲学现在面临的任务是从宇宙逻各斯出发思考宇宙逻各斯,同时把这种思考扩展到宇宙生命的物界。这相当于把理界和物界当成宇宙生命的两个平行层次,从宇宙生命的整体出发把它思考为完全自满自足的无限实体。为了实现这个目标,哲学让宇宙生命把有限生命收回到自己中,转化为自己的一部分,使心灵和身体失去实体性,被仅仅当成宇宙生命的两种属性(思想和广延)的有限样态,这样宇宙生命就成为包含一切有限事物的唯一实体(神或自然)。逻各斯于是放弃从"我思故我是"出发的有限立场,直接从实体和神的定义出发推导神和人的性质,通过对神和人的正确观念克服外在事物的影响(情感),把外在必然性转化为内在必然性,通过对神的理智性的爱实现与神合一的幸福(至善),从而在理想性和现实性两方面同时达到自满自足。这种以宇宙生命为唯一实体(神或自然)的理性伦理学被17世纪荷兰犹太裔哲学家斯宾诺莎发展了出来。因此我们可以把哲学的第十七个位置称为**斯宾诺莎**。

这个位置的发展过程如下。

(1)把有限生命收回宇宙生命:有限生命本来是宇宙生命(通过灵魂和身体)出生到世界中而被个体化的结果(同时也是世界被个体化的结果)。但哲学把有限生命收回宇宙生命的方式不是把它的出生逆转过来,把有限生命还原为宇宙生命(如果这样它的个体性就会完全消失)。为了保持有限生命的个体性,哲学只能把有限生命收回它在宇宙生命中的个体性根基,亦即灵魂和身体中。有限生命因此丧失了世界性,而仅仅被当成宇宙的一部分;其活动则丧失了"向世界自我超越"亦即"活在世界中"的意义,被仅仅当成宇宙生命的一种局部活动(世界被混同于宇宙生命)。

（2）把心灵收回宇宙逻各斯：有限生命的回收首先意味着心灵（逻各斯）被回收到其个体性在宇宙逻各斯中的根基，亦即送出领悟的灵魂。被回收到灵魂使逻各斯的阴极（领悟）失去组织并融化在生命整体中的直观性，被转化成浮现在思考中的"观念"（同时灵魂被混同于领悟而失去作为永恒理念的不朽性）。逻各斯的阳极（判断力）因为无法在灵魂中找到对应而被哲学放弃。这意味着哲学失去了（判断力的自我超越构成的）自由意志（自由被转化为根据正确的观念，按照内在必然性行动）。另外，灵魂和身体的对应使领悟组织生命的现实性被转化为观念以身体为天然对象的特性，使观念被束缚在和身体的对应中。失去组织生命整体的直观性导致领悟被分散成许多观念的复合体，和身体由许多部分构成的事实相互对应。由于哲学失去了判断力，这种观念复合体无法被统一。哲学失去了判断力统一领悟、形成真理的作用（真理被仅仅归结到观念及其对象）。哲学把逻各斯收回宇宙逻各斯的总效果就是把逻各斯从"我思故我是"的自我意识转化为以身体为天然对象的"观念"。"我思"丧失了直观性、意志性和主体性。被**笛卡尔**当成属于"我思"的心灵特性（思考、情感、欲望等）现在被当成以观念为基础的思想样态。思想则被当成理界的根本属性。

（3）把身体收回物界宇宙：身体本来就是物界宇宙的一部分。但它可以被有限生命的意志推动，从而又归属于有限生命。因此，**笛卡尔**把身体当成心灵拥有的一种物质实体。然而，哲学已经放弃了意志，心灵中只剩下没有意志性的思想样态。所以，哲学现在必须放弃身体被意志推动的特性，把它的运动完全归结为它和其他物质的因果关系，让它完全只属于物界宇宙，将其实体性消解在物界宇宙的实体性中。哲学因此把所有物体（包括身体）都仅仅当成广延的有限样态，而广延则被当成物界的根本属性。

（4）统一理界和物界：为了把宇宙生命的理界和物界统一起来，哲学把"观念—身体"对应关系扩展到整个宇宙生命，作为无数"观念—物体"对应关系之一（物界的每个物体都在理界有对应的理念，而人的身体对应的理念就是灵魂）。观念和物体的对应使理界和物界的事物具有完全一样的因果关系整体，相互对应但互不干扰。哲学于是把理界和物界当成宇宙生命的两种平行并列的属性（思想和广延），把理性神从宇宙逻各斯扩展为包括这两种基本属性的无限实体，亦即作为宇宙生命（自然）的"神"；人则作为"观念—身体"成为这个无限实体的诸多有限样态之一（人被剥夺了世界性而成为宇宙生命的片段）。从太极的角度看，宇宙生命其实有理物气三界。但从**毕达哥拉斯**开始的西方哲学仅仅和理界及物界打交道（从**老子**到**毕达哥拉斯**的过渡曾在早期希腊哲学中引发对气的思考，但这种思考不属于哲学史的先天位置）。**斯宾诺莎**把宇宙生命当成自满自足的无限实体，潜在地已经把气界包含在神的属性中，但因为哲学没有发现气界，所以只能认为神具有无限属性，尽管人只能认识思想和广延两种属性。**斯宾诺莎**在哲学史中第一次把理界和物界把握为宇宙生命的两个层次，把理性神和物界宇宙统一在"自然"中。但把宇宙生命（天地所生的宇宙胎儿）当成完全自满自足的实体丧失了天地本身，丧失了天志和从地敞开的世界，并使活在世界中的有限生命丧失了相对独立性。另外，由于哲学仅仅把有限生命拉回宇宙生命的阴极（理念和物质），哲学丧失了宇宙生命的阳极，亦即统一理念的意志（宇宙判断力）和统一物质的意志（宇宙推动力）。哲学因此只能把宇宙生命思考成纯粹阴性、没有意志、没有目的、没有发展、没有历史、永恒静止的无限实体，亦即泛神论式的"神"。

（5）发展理性伦理学：逻各斯要实现自满自足就必须从神出发思考神，以及从神而来的有限事物（人），以便让个体生命通过这种思考达到自满自足（幸福）。哲学于是对**笛卡尔**知识体系中的方法进行改造，把它应用到从神出发的思考，从实体和神的定义及相关公理出发进行逻辑演绎。神作为在自身内的无限实体可以仅仅通过自身被认识；从神的属性中产生的种种样态则可以通过神被认识。神是自因的实体，完全按照内在必然性行动，而有限事物则作为神中的有限样态相互限制。人像其他一切有限事物一样趋向于保存自己，但又总是被外在事物影响（产生心情和欲望），陷入左右摇摆、无法自主的苦恼中。但人区别于其他有限事物的地方在于人能够产生观念的观念（自我意识），可以拥有关于神和人的知识。只要人通过对情感的理性知识克制情感，从神出发理解一切事物的必然性，就可以超越外在必然性，从自己的内在必然性出发行动，通过对神的理智性的爱参与到神对自己的理智性的爱中，从而超越自身的有限性，实现出神人合一的幸福（至善）。逻各斯通过这种理性伦理学同时实现了理想性和现实性的自满自足。

但是这个目标的实现是有代价的。这个代价就是有限生命被收回宇宙生命中，转化为属于宇宙生命的"观念—身体"，丧失了它属于世界的相对独立性。因此，哲学的下一步发展就倒回**笛卡尔**的有限立场，把"观念—身体"转化为"观念—感性现象"，发展出了"存在就是被感知"的经验主义立场。

18. 贝克莱

哲学现在必须倒回**笛卡尔**的有限立场。这意味着把有限生命从宇宙生命中拉出来，恢复其相对独立性。但有限生命在宇宙生命中已经被转化为"观念—身体"，因此当它被拉回世界中时，它只是被转化为"观念—感性现象"，而无法通过"我思"恢复自我同一性。然而，逻各斯因为从灵魂摆脱出来而恢复并强化了判断力统一领悟的作用。哲学于是让判断力作为"精神"把物统一成观念的集合，使物以被精神感知的方式存在，并把感知者扩展到"无限精神"（宇宙判断力），恢复了**笛卡尔**中全知全能的理性神（宇宙逻各斯），并让理性神以其无限精神统一宇宙生命和有限生命，使有限生命得到从神而来的全面支持。这种让有限生命获得相对独立性，同时又让它从神获得支持的经验主义哲学被18世纪英国哲学家贝克莱发展了出来。因此我们可以把哲学的第十八个位置称为**贝克莱**。

这个位置的发展过程如下。

（1）把有限生命拉出宇宙生命：当"观念—身体"被从宇宙生命中拉出时，观念不再与灵魂混同，而是恢复了领悟组织并融化在生命现象中的特性；作为观念对象的身体也同时被有限生命中的感性现象代替，构成了融观念和感性现象为一体的"观念—感性现象"。由于观念在**斯宾诺莎**中已经失去原始领悟组织生命整体的直观性，分散成观念的复合体，所以有限生命无法再像在**笛卡尔**中那样被"我思直观"所统一，而是分散成由众多观念组织的众多的感性现象，亦即感性的"经验"。

（2）把观念集合成物：在观念从灵魂摆脱出来的同时，逻各斯恢复并强化了判断力统一领悟的作用。观念与感性现象的融合使判断力成了"感知"观念的精神能力（判断力形成抽象观念的能力因此被否定）。由于缺乏原始领悟为其恰当对象，判断力无法把生命中所有观念统一起来，而只能把属于同一物体的种种感性现象统一成观念的集合。物作为"观念的集合"以被"精神"（判断力）感知的方式存在，而其作为"物质实体"的客观存在则被否定。哲学开始发展出"存在就是被感知"的经验主义立场。这种立场让有限生命的一切感性现象都被判断力的感知所统一，初步达到了逻各斯在现实性方面的自满自足。

（3）把感知者扩展到神：把物当成观念的集合使之丧失了客观性，变成依赖主观感知的一堆感性现象，丧失了来自物自身的同一性。但物自身仍然隐藏在宇宙生命中，使物重获这种同一性成为可能。由于哲学现在突出有限生命的相对独立性，它只能从有限生命出发，通过类比推理认为宇宙生命也有一个可以感知物的无限精神（宇宙判断力）。哲学于是把物的感知者扩展到神（无限精神），把物的同一性寄托在时刻以其感知维持一切物，同时又直接在人的心灵中产生观念的神。从太极的角度看，物自身只是对人而言表现为客观存在，因为物自身虽然外在于人的生命，却内在于宇宙生命。所以**贝克莱**把无限精神当成物的永恒感知者和保持者有一定道理，但不是十分准确，因为把物自身作为对象保持住的是宇宙推动力而不是宇宙判断力，后者把握的只是和物相关的理念（有限判断力可以感知领悟所组织并融化其中的感性现象，这点被**贝克莱**不恰当地推广到了宇宙判断力）。

（4）把神改造为理性神：作为感知者的神不能被感知，所以人只能通过类比推理得知这种超验对象的存在。但这种类比反而使无限精神和有限精神的差异被凸显出来（宇宙判断力以理念世界为对象，而有限判断力则以和感性现象融在一起的观念为对象）。哲学于是对有限判断力的对象进行改造，把它从观念扩展到（指向超验对象的）概念。哲学接着把这种概念追溯到其在宇宙逻各斯中的源泉（理念），从而把"神"从感知者改造为拥有理念世界的理性神（宇宙逻各斯）。理性神的无限精神（宇宙判断力）不再通过感知维持宇宙万物和感性现象

（因为理念并不像有限生命的领悟那样和感性事物融在一起）。哲学于是重新思考了神统一宇宙和世界的方式，设想了一种可以被神或宇宙心灵（宇宙逻各斯）推动，弥漫在宇宙万物和感性现象中的"生命精气"，使神可以通过"生命精气"把理界和物界、宇宙生命和有限生命统一成一个趋向至善（理念）的大生命体，使有限生命得到从神而来的全面支持。这种改造使**贝克莱**从经验论向唯理论转化，但并没有改变其有限立场，因为对宇宙心灵（和生命精气）的思考仍然是从有限心灵出发进行的类比推理。

贝克莱从**斯宾诺莎**倒回**笛卡尔**的有限立场，把有限生命从宇宙生命中拉出，恢复有限生命的相对独立性，把它统一在逻各斯对观念的感知中，并进一步让它从与神（宇宙逻各斯）的关联获得支持，从而使逻各斯达到了现实性方面的自满自足。但**贝克莱**从有限生命出发的立场使它无法像**斯宾诺莎**那样通过对神的纯粹思考达到理想性的自满自足。所以，哲学的下一步发展就重新回到**斯宾诺莎**的无限立场，让逻各斯从神出发思考神以及从神而来的一切事物，以便让它在理想性方面达到自满自足。

19. 莱布尼兹

在**贝克莱**中有限生命恢复了相对独立性。因此，当哲学从**贝克莱**的有限立场返回**斯宾诺莎**的无限立场时，有限生命并没有被收入宇宙生命中，而只是返回自己的源泉，紧紧依靠源泉而存在。在**贝克莱**中，神已经被转化为全知全能、以其无限精神统一宇宙生命和有限生命的理性神（宇宙逻各斯）。所以，新的哲学虽然回到**斯宾诺莎**的无限立场，但并不把物界与理界同等看待，而是把物界合并到理界，使物被精神化，并从宇宙逻各斯的立场出发理解有限逻各斯及其所组织的有限生命，把有限生命的自我同一性归结到灵魂在宇宙逻各斯中的先天定义，从而把有限生命和宇宙生命统一在"单子的体系"中。这种单子论哲学被17世纪德国哲学家莱布尼兹发展了出来。因此我们可以把哲学的第十九个位置称为**莱布尼兹**。

这个位置的发展过程如下。

（1）返回**斯宾诺莎**的无限立场：哲学不再把有限生命收入宇宙生

命，而是站在宇宙生命的立场理解有限生命：宇宙生命产生了有限生命来作为自己的有限化，因而总是把有限生命紧紧地把握在自己的创造性力量中。

（2）把物界合并到理界：在**贝克莱**中，和自然等同的神已经被转化为以其无限精神统一宇宙生命和有限生命的理性神（宇宙逻各斯）。因此，从**贝克莱**返回**斯宾诺莎**的哲学不再把理界和物界当成神的两个相互独立的层次，而是把物界合并到理界，把神当成纯粹精神性的存在。这种合并同时也发生在从宇宙生命产生的有限生命中，使后者也被当成纯粹精神性的存在。组织有限生命的逻各斯于是被凸显为其精神性的核心。哲学不再从逻各斯附属于有限生命（活在世界中的我）的角度理解它如何组织后者，而是从它的精神性源泉（宇宙逻各斯）去理解它组织有限生命的方式。这种方式就是宇宙逻各斯把人们的逻各斯相互拉向对方，通过语言相互沟通，产生对事物的共同理解。因此，哲学把语言看成人的逻各斯为了分享宇宙逻各斯而产生的交流工具，因而把普遍性、理性化、形式化、数字化等属于"纯粹逻各斯"的特性当成语言的根本特性，产生了普遍语言（人工语言）的设想。

（3）形成思维的三大法则：从太极的角度看，普遍语言的设想忽略了语言更高的本质，即语言通过对世界的组织帮助大道从地敞开出人们共同生活的世界；语言的世界性本质意味着不能仅仅从宇宙逻各斯的角度理解语言。所以，哲学无法通过对语言的思考找到让逻各斯分享宇宙逻各斯的恰当路径。哲学于是转向对这条路径的纯粹思考，发现了逻各斯的三大思维法则①同一律：逻各斯像宇宙逻各斯那样永远保持自我同一（其判断不自相矛盾）。②差异律：逻各斯把它无法分辨的事物当成同一个事物（物界被合并到理界意味着宇宙逻各斯把事物的区别归结为思考中的区别）。③充足理由律：逻各斯认为任何事物的存在都必须有充足理由（宇宙逻各斯就是从它而来的一切事物存在的充足理由）。逻各斯通过遵守从其源泉而来的三大思维法则而分享了宇宙逻各斯。

（4）进入宇宙逻各斯的无限立场：对宇宙逻各斯的分享使逻各斯进一步回归到其源泉。当逻各斯站在宇宙逻各斯的立场，它的判断力就从宇宙判断力的角度看到整个理念世界，看到一切理念（包括灵魂）

相互隔离、互不接触，同时透过灵魂看到灵魂所决定的个体生命（灵魂通过它送出的领悟组织了个体生命）。从这种无限立场看到的个体生命被等同于灵魂，当成是像灵魂那样的不可分割的单一实体；被逻各斯组织，被欲望推动的生命回旋运动意味着这种实体具有内在目的性和自我实现的力量。逻各斯进一步把灵魂决定个体生命的特性推广到一切理念，认为其他理念也和灵魂一样决定（等同于）某个有限生命。理念世界因此与有限生命所在的世界混同起来，被当成是无数相互隔离、互不接触的实体构成的体系。每个实体都是像灵魂那样不可分割的个体，同时又都是有生命活力、能认识和行动（有知觉和欲望）的活物，其活动纯粹从自身出发而不受其他实体干扰。由于**斯宾诺莎**中的物界被合并到理界，可分割的物质也被看成是由许多这种活的实体构成的复合物（被精神化），而"观念—物体"的普遍对应则被转化为宇宙中每个实体都有物质性形体的思想。哲学于是把宇宙和世界看成是由这种自因的实体（单子）构成的体系。从太极的角度看，有限生命不但是宇宙生命的个体化，同时也是世界的个体化。因此，哲学认为每个单子都从自身出发反映了整个宇宙和世界。

（5）把单子体系一到宇宙逻各斯：从太极的角度看，宇宙逻各斯对人的灵魂的先天定义使所有人的灵魂在意义上互相关联（尽管灵魂之间无法互相接触）。哲学把这种先天定义推广到一切单子，认为神通过对单子的定义保证了它们的活动之间的先定和谐，仿佛它们之间存在相互作用一样，尽管每个单子仅仅是按照神预先为之确定的本性从自身出发行动（心灵与身体的结合被看成是这种先定和谐的一种特殊例子）。哲学把宇宙逻各斯看成是有自由意志的理性神，因此认为神确定的先定和谐是为了在无数可能的世界中实现出最圆满的世界。从太极的角度看，宇宙逻各斯的自我意识是通过原始理念实现的。哲学于是把指向宇宙逻各斯的原始理念与神混同起来，仿佛神也是一个单子，亦即从自身创造出一切单子的绝对单子（神作为宇宙逻各斯没有身体与之相联，因此是完全纯粹的单子）。

（6）区分人、动物和低级单子：从太极的角度看，人类历史是太极通过人在世界中实现自己的历史，所以每个人都是太极的一个独特代表；这种独特性首先被定义在灵魂上：每个人的灵魂都以独特方式浓缩了整个理念世界，以致每个人的逻各斯都能以独特方式分享宇宙逻各斯，使每个人都可以作为太极的一个独特代表参与人类历史；但动物的灵魂只是从种类而不是从个体定义的（动物作为生物种类代表它们向之进化的人），因此动物的逻各斯和宇宙逻各斯仅仅是形似而非神似（不能真正分享后者）。从**莱布尼兹**的角度看，这意味着每个人作为理性灵魂都是按神的形象创造的，都可以分享神的特性，拥有理性、自由意志和道德能力，能够理解整个宇宙和神本身，作为子民生活在神的王国中，实现出最高的幸福，而动物的灵魂虽然有清晰的知觉和记忆，却没有这种与神相似的殊荣。这种思想不是来自宗教，而是哲学第一次从宇宙逻各斯角度理解了人与动物的先天区别。低级单子（构成物质的单子）只有很微弱的知觉和盲目的欲望，当然更无法与神相比（它们的精神性其实是哲学强加上去的）。

莱布尼兹让有限逻各斯回归宇宙逻各斯，从后者的无限立场把宇宙生命和有限生命统一在单子的体系中，第一次窥见了宇宙逻各斯通过定义灵魂先天地统一世界的作用（将物界的广延属性理性化还使这个位置窥见了宇宙逻各斯对太极的物化进行先天思考时产生的微积分）。这个位置从理性神（宇宙逻各斯）出发思考其统一宇宙和世界的先天方式，达到了逻各斯在理想性方面的自满自足。另外，先定和谐的世界同时也是人作为理性灵魂在神的王国中达到最高幸福的世界。因此，**莱布尼兹**让逻各斯同时达到了理想性和现实性的自满自足。但正像在**斯宾诺莎**中一样，这种自满自足是有代价的。**莱布尼兹**仅仅从无限立场理解有限生命，遮蔽了有限生命在其自身的真实情形；它把物界合并到理界的做法则使物界丧失了相对独立性。所以，哲学的下一步发展就倒回**贝克莱**的位置，从经验论的有限立场出发重新接近宇宙的理界和物界，把**莱布尼兹**中宇宙生命和有限生命的统一以新的方式实现出来，发展出了一种综合经验论和唯理论的新哲学。

20. 洛克

当哲学从**莱布尼兹**倒回**贝克莱**时，它并没有简单地放弃**莱布尼兹**的思考内容。**莱布尼兹**虽然从无限立场出发思考有限生命，但并没有把有限生命收入宇宙生命，而是在保持其相对独立的前提下思考有限逻各斯如何分享宇宙逻各斯，以及有限生命所在的世界如何获得统一。所以，哲学现在要做的是从经验论的有限立场吸收和转化**莱布尼兹**的思考。为了实现这个目标，哲学首先要颠倒**莱布尼兹**的立场，把其无限立场转化为有限立场，同时把被合并到理界的物界拉出来。经过这种改造，哲学就可以从经验出发，通过逻各斯的推理去重新接近宇宙的物界和理界，发展出以经验为起点、以判断力为中心的知识论，以及以天赋权利为基础、通过社会契约实现的对个人幸福的保障，从而让逻各斯在理想性和现实性两方面都达到自满自足。这个从经验论立场吸收和转化**莱布尼兹**的哲学位置被17世纪英国哲学家洛克发展了出来。因此我们可以把哲学的第二十个位置称为**洛克**。

洛克这个位置有比较复杂的发展过程，因为它必须从经验论的有限立场去吸收和转化**莱布尼兹**从唯理论的无限立场所做的思考，因而不得不在有限和无限、物界和理界错综复杂的关系中寻求统一。其发展过程如下。

（1）颠倒**莱布尼兹**的立场：**莱布尼兹**让有限逻各斯站在宇宙逻各斯的立场理解世界的先天统一性，仿佛被宇宙逻各斯紧紧抱在怀中。因此，哲学倒回有限立场的方式是让有限逻各斯逃离宇宙逻各斯的怀抱，使之失去和后者的直接关联（小道因而发生断裂）。与此同时，哲学把被合并到理界的物界重新拉出来。这个运动不但使宇宙的物界恢复了相对独立性，同时还把理界的内容（宇宙逻各斯）顺带着拉出到物界中，以神的意志设立的"自然法"面目出现。这个运动同时也把有限生命的物界（感性经验）从理界（逻各斯）拉出，使感性经验恢复相对独立性，同时也使有限逻各斯把感性经验看成自己的天然寓所，形成了一种新的经验论立场。逻各斯现在只能通过感性经验通达宇宙的物界，发展出了研究自然的实验态度，同时发现了神的意志为人的行为设立的自然法（人的意志应当绝对服从的自然义务）。自然法并不先天地印在人的思想中（因为小道已经断裂），但逻各斯可以从感性经验出发推论出创造宇宙万物和人类的神（宇宙逻各斯），理解神的意志对人的支配，从而推论出自然法的存在并理解其内容。善恶的原则来自自然法，人间法律的约束力也来自自然法，政府受命于神而有权利管理人间世界，人民则有绝对服从政府的义务。

（2）区分人间世界和神的王国：逻各斯既然通过对宇宙物界的感性经验发现了神的意志设立的自然法，它就进一步从物界上升到理界，探入宇宙逻各斯，发现神的意志直接统一的其实是灵魂通过信仰进入的国度（基督教世界）。哲学于是意识到人间世界和神的王国是以不同方式统一的。有限逻各斯无法通过感性经验直接分享宇宙逻各斯，但后者仍然可以通过启示将神的意志彰显在逻各斯的信仰中，从而建立起神的王国。这种宗教国度只牵涉个人灵魂和神的关系，而不牵涉人和人的社会关系。政府统治的世俗世界和神统治的宗教国度于是被严格区分开来。政府权力被严格区分于神的意志（不再来自神授），其作用只在于保障和促进人在社会中的利益，而与个人灵魂有关的一切事务（包括宗教和道德）只关乎个人与神的关系，政府无须也不应干涉。

（3）突出小道的断裂：在前面两个步骤中，逻各斯下降到感性经验，通过宇宙物界上升到宇宙理界，探入逻各斯在小道中的源头（宇宙逻各斯），但无法直接通达后者（而只能依靠启示和信仰）。小道的断裂于是被凸显出来：逻各斯无法直接分享宇宙逻各斯。这意味着逻各斯的内容纯粹是后天的，没有共同分享的先天领悟和先天判断，一切知识只能来自逻各斯本身的活动。逻各斯（心灵）面对一个无限丰富、无限广阔的宇宙生命，却没有任何从宇宙逻各斯而来的先天认识，故只能反视自身，审察自己的认识能力之范围和界限。这种反视是通过判断力进行的，目的就是为了考察判断力作为一种认识能力的作用及其知识能达到的范围。这种反视把判断力面对的一切现象（包括判断力的活动本身）都当成意识中的内容，亦即"观念"。小道的断裂使哲学否定了天赋观念。但宇宙逻各斯的某些内容其实已经下降到它们组织的宇宙物界，并隐藏在物界形成的感性经验中，成为逻各斯思考的起点。

（4）确立经验为知识的唯一起源：反视自身的心灵发现观念只有两个来源，即感性经验（感觉）和反省经验（心灵对自身活动之反省）。哲学因此把经验当成知识的唯一起源。经验论立场丧失了原始领悟（及其转化形式），缺乏统一领悟的领悟，因此从宇宙物界涌现出来的感性经验仅仅表现为支离破碎的简单观念（相关的反省观念亦如此）。虽然判断力可以从简单观念构造出无数复杂观念，包括统一多种属性的实体观念，但实体只是我们假托的多种属性的支撑者，其自身的情形（内在组织）被认为是不可知的。判断力的反视还使它发现了自己的两种不同能力（官能），即把握认识对象的能力（理解）以及在自我超越中进行选择的能力（意志）。在**莱布尼兹**中，物界被合并到理界，统一生命的心被合并到统一领悟的判断力，欲望推动生命回旋的特性被把握为欲望从知觉到另一知觉的倾向，欲望通过判断力的自我超越自由地决断的能力被归结为判断力自由选择的能力（自由意志）。当哲学在**洛克**中倒回有限立场并把物界拉出理界时，判断力被还原（单纯化）为在理界进行选择的意志，同时也是把握认识对象的能力；欲望则被还原（单纯化）为人（通过移动身体）在物界自由行动（实现选择）的力量。从此人的主体性就明确地包含"认识"和"实践"两个方面。

（5）考察知识的确定性和范围：哲学预设了从有限立场出发让逻各斯达到理想性自满自足的目标。要实现这个目标，逻各斯必须运用自身的认识能力完成知识的事业。哲学通过判断力的反视把确定性突出为知识的判断标准（在这方面继承了**笛卡尔**）。但哲学否定了天赋观念而以经验为知识的出发点，因而缺乏知识在内容上的标准。然而，虽然小道的断裂使有限逻各斯无法直接分享宇宙逻各斯，间接分享仍有可能。在**莱布尼兹**中，物界被合并到理界使有限逻各斯通过普遍语言的设想分享其源泉。尽管在**洛克**中物界被拉出理界，但为了实现逻各斯的理想性自满自足，感性经验必须向逻各斯运动，逻各斯必须向宇宙逻各斯运动。所以哲学把语言作为交流观念的工具，考察了语言从简单观念构造抽象观念的方式，区分人概括出来的名义本质和物自身的实在本质，潜在地揭示了逻各斯无法凭语言直接通达宇宙逻各斯（从理念把握物自身）。在**莱布尼兹**中，逻各斯还通过思维的三大法则分享宇宙逻各斯。虽然在**洛克**中逻各斯无法直接分享宇宙逻各斯，但前者本是后者的有限化，有着相同的形式。所以，三大法则中的"同一律"被保留下来，在**洛克**以判断力审视一切的立场中转化为观念与自身的同一性（及非他性）。这种同一性和非他性是判断力直观到的，具有最直接和最大的确定性。哲学于是以观念与自身的契合为知识的原始形式，把知识一般地理解为判断力对观念间的契合或矛盾的知觉，包括直观的知识、证明的知识、感觉的知识（确定性逐次递降）。但小道的断裂意味着从经验通往知识的道路从一开始就受到了限制。不论逻各斯如何发挥判断力的作用，也只能以经验提供的观念为基础形成知识，因此其知识永远无法超越观念的范围，甚至无法遍行所拥有的范围有限的观念。逻各斯可以从实体在经验中的活动得知其存在，包括通过直观得知自我的存在，通过推论得知神的存在，通过感觉得知物质的存在，但无法真正理解这些实体在其自身的本质，因此只能依赖经验来扩展对其属性的了解。哲学因此在理性无法确知的事情上为信仰留出了地盘。这种不可知论说明逻各斯在理想性方面只能实现有限度的自满自足。

（6）从自然权利出发实现和谐世界：在**莱布尼兹**中，逻各斯站在无限立场把单子世界看成神决定的先定和谐世界，而人则作为理性灵魂在神的王国中达到最高的幸福。哲学吸收和转化**莱布尼兹**的最后一步就是从有限立场出发，把神决定的先定和谐世界转化为以神的意志为基础、由人的意志决定的后定和谐世界。哲学已经在前面的步骤中严格区分了神的王国和政府统治的世俗世界。故后定和谐的世界就是世俗的和谐世界。在**莱布尼兹**中，单子的行动是自因的，完全不受其他单子的影响，仅仅从神赋予的内在本性出发行动，而人则更是拥有理性和自由意志，能够理解宇宙和神本身。在**洛克**中，判断力的反视已经把进行选择的意志和自由行动的、追求幸福的欲望凸显了出来。哲学于是把单子转化为能够理解神的意志制定的自然法，拥有神赋予的自然权利，通过意志进行选择，通过欲望自由行动的、独立自主的个人。自然法赋予每个人拥有生命、自由和通过劳动拥有财产的自然权利。每个人天赋的自然法执法权成为政治权力唯一合法的来源，而人类历史中混同国家与家庭、把政治权力混同于父权的做法被彻底否定。哲学现在把自然权利（而非之前强调的自然义务）当成自然法的首要内容。在**莱布尼兹**中，单子之间不能相互影响，其"相互作用"其实只是神的先定和谐的表现。但从**洛克**的有限立场看，人通过和万物及他人的相互作用共同生活在世界中，作为社会成员存在，有可能被他人支配。所以，神赋予人的自然权利还表现在没有人生来必须服从他人，也没有人生来就有权利支配他人，每个人都有平等的自然法执法权。生来自由和平等就是人的自然状态的基本特点。但对自然法的理解依赖每个人的理性，不是人人都同样有效地进行的。自然法只是人人应当遵守但实际上常常不遵守的神圣法则，其对世界的统一作用既绝对又无力。所以人们的天赋权利往往得不到他人的尊重，总是处在可能互相伤害的状态，无法实现自然法本来要实现的和谐世界。为了走出这种自然状态，人们只有通过理性的协商和个人的同意产生社会契约，将每个人的自然法执法权移交给公众，在自然法基础上制定法律，产生政治社会（国家）来实现世界的统一性。这种政治社会以个人权利为出发点，以公共利益为目标，使个人的天赋权利得到保障，可以自由地在世界中实现自身幸福，并帮助他人实现幸福，最终实现自然法本来要实现的和谐世界。**洛克**就这样把神决定的先定和谐转化成了人通过神赋予的自然权利实现的后定和谐，发展出了自由主义。这种自由主义为个人在世界中的幸福提供了保障，从政治的角度实现了逻各斯在现实性方面的自满自足。**洛克**的自由主义并没有真正揭示政治的本质（天治）及其终极目标（天下大同），其社会契约论则不自觉地遮蔽了世界原始的、非政治的统一性（敬拜的世界、诗意的世界）。但它在哲学史中第一次以自然法和自然权利的方式彰显了政治和宇宙逻各斯的关系，突出了个人在政治中的角色和地位，揭示了理性在政治中的核心作用，明确了政治作为一种历史活动的现实性，为实现政治的本质和终极目标提供了一个可以进一步发展的起点。

洛克从经验论的有限立场出发吸收和转化**莱布尼兹**，使得从**笛卡尔**开始的在唯理论和经验论之间徘徊的哲学运动达到了稳定的综合。这个位置从一开始就包含决定经验论和唯理论的两组对立因素：有限和无限，理界和物界，并通过疏通四者的关系来达到统一，因此具有在对立面之间保持平衡的稳定性。但哲学史在这个位置中第一次发生了小道的断裂（哲学史从此彻底告别希腊，开始发展纯粹的现代主体性哲学）。小道的断裂迫使逻各斯放弃从其源泉而来的支持，从感性经验出发通过对观念的组合、抽象、比较、推理等理性活动间接地分享宇宙逻各斯。这种曲折的分享使逻各斯达到的理想性自满自足有很大的勉强。然而，小道既然已经发生断裂，逻各斯就无法再以更好的方式达到理想性的自满自足。哲学的下一步发展就干脆彻底放弃了让逻各斯分享宇宙逻各斯的企图，消除**洛克**的唯理论成分，把其经验主义立场推向极端，以新的方式来改造**莱布尼兹**。

21. 休谟

洛克从经验论的有限立场吸收和转化了**莱布尼兹**。哲学现在要做的就是消除**洛克**的唯理论成分，从彻底经验论的立场重新改造**莱布尼兹**。**洛克**吸收和转化**莱布尼兹**的方式是从无限立场返回有限立场，同时把在**莱布尼兹**中被合并到理界的物界拉出来，使感性经验所在的物界恢复相对独立性。为了消除**洛克**的唯理论成分，哲学在有限立场的基础上把理界合并到物界，使自我反视的逻各斯失去对自己的视野，只能把感觉经验看成知识唯一的起源，把理界观念看成物界印象的微弱的、不太生动的摹本，把以判断力为中心的知识论改造为以想象力为中心的知识论，将知识严格限制在经验范围内，通过对**莱布尼兹**的反向改造发展出了彻底经验论的怀疑主义哲学。这种彻底经验论的怀疑主义哲学被18世纪英国哲学家休谟发展了出来。因此，我们可以把哲学的第二十一个位置称为**休谟**。

这个位置的发展过程如下。

（1）把理界合并到物界：这个合并意味着西方哲学史中一直处在思考中心的逻各斯突然被下放到物界，丧失了自己熟悉的家园，失去了作为思考中心的资格。这是西方哲学史中史无前例的一个大变动。茫然失措的逻各斯紧紧地把握住物界中曾经熟悉的事物，注意到了它们有别于理界事物的那种强烈生动的特性，把这些感性印象当成哲学思考唯一真正的起点，包括原始的"感觉印象"和派生的"反省印象"（心情和欲望）。哲学于是反过来注意到了理界事物（领悟）有别于感性印象的那种较为微弱和不够活跃的特性，把**洛克**中作为判断力对象、包括一切意识内容的"观念"缩小到这些出现在思考和推理中的领悟身上，并把这些"观念"当成"印象"的摹本（哲学在这里注意到了领悟和所组织的现象之间的对应关系）。哲学现在开始从物界出发理解理界，把印象和观念看成强烈和生动程度不同的知觉（由于领悟结合在所组织的感性现象中，它和后者确有相似之处）。逻各斯在与生活经验密切相关的感性印象中找到了新的家园。哲学思考又可以重新开始了。

（2）把思考中心转移到想象力：随着理界被合并到物界，理界的意志（判断力）被附属于物界的意志（想象力）。观念的再生、结合、分离等操作现在被看成是想象力的作用（印象的最初再生被看成是记忆的作用）。判断力不再直接拥有本来属于它的种种领悟（观念），甚至不再在反视中看到自己，而是把自己的作用寄托在想象力身上（判断力本来就需要想象力的合作来处理组织现象的领悟）。

（3）改造**莱布尼兹**的同一律：经过前面两个步骤，哲学已经形成了彻底经验论的立场，可以开始改造**莱布尼兹**了。**莱布尼兹**的思考是从普遍语言的设想开始的，是把物界合并到理界的结果。哲学现在反过来把理界合并到物界，使语言中的一切领悟（观念）都被看成不过是感性印象的微弱摹本，这样就实际上消除了语言问题。所以，哲学对**莱布尼兹**的改造就从思维的三大法则开始。第一法则亦即同一律是判断力把握其对象的基本方式。哲学于是把同一律转移到物界，实现为想象力把握经验对象的法则，亦即相似（Resemblance）（作为感性意志的想象力只能把握对象的相似性，无法绝对地把握其同一性）。

（4）改造**莱布尼兹**的差异律：差异律从理界出发把握事物，认为凡在思考中无法分辨的事物就是同一个事物。把差异律转移到物界实现为想象力的法则，意味着凡是想象力无法分辨的事物就是同一个事物。但想象力本来就不能绝对地把握事物的同一性，因此所谓同一个事物其实是相似到无法分辨的事物。想象力因此不可能对事物进行无限细分。这意味着它可以"邻接地"从一个事物过渡到另一事物。所以差异律被改造成了邻接（Contiguity）。这个法则同时也就是想象力把握时空的法则（时空被仅仅看成事物存在的方式或次序）。

（5）改造**莱布尼兹**的充足理由律：由于小道已经断裂，逻各斯无法把一切现象的充足理由追溯回宇宙逻各斯。但哲学现在要做的不是让逻各斯分享宇宙逻各斯，而只是从彻底经验论出发改造**莱布尼兹**。所以，哲学把充足理由律局限在经验范围，改造为"任何开始存在的东西都必须有一个原因"，并认为此命题无法从（判断力的）直观或证明得到。为了寻找这个命题的根据，哲学把因果推理从理界下放到物界，把它当成想象力在生活经验中自然建立的习惯性联想，形成了想象力的第三法则，亦即因果（Cause and effect）。哲学就这样把**莱布尼兹**的三大思维法则改造成了想象力的三大法则。其中的"因果"被看成是一种推理。但判断力本来就是理性推理的能力。哲学于是重新考察理性的作用。理性对观念的纯粹推理虽然有逻辑必然性，但它无法扩展我们对实际事物的知识。另一方面，关于事实的因果推理是由想象力进行的，对它的自然信念是生活的可靠向导，但它只能形成或然性知识（作为感性意志的想象力无法把握逻辑必然性）。信念是心（通过它拥有的判断力）感受领悟的方式。信念的发现使哲学意识到理性意志（判断力）其实是被感性意志（想象力和心）支配的，故其应用实际上也只能达到（想象力能达到的）或然性知识，从而发展出了怀疑主义立场，将理性企图证明的外物和自我的实体性存在归结为想象力的构造，显示了自然信念在生活中不可替代的作用。**休谟**把理界合并到物界的最终结果就是理界的怀疑主义和物界的自然主义（与之相反，**莱布尼兹**把物界合并到理界的结果是理界的独断主义和物界的理想主义）。

（6）改造**莱布尼兹**的先定和谐世界：**莱布尼兹**中的单子世界是神决定的先定和谐世界。**洛克**从有限立场出发，通过自然法赋予的自然权利把先定和谐的世界转化成了后定和谐的政治社会，通过社会契约实现了世界的统一性。但**休谟**没有经历**洛克**的发展过程，只是把其经验论立场推到极端来改造**莱布尼兹**。**休谟**把理界合并到物界，使逻各斯被合并到感性经验，理性意志被附属于感性意志。因此，世界已经不可能通过逻各斯的理性意志达到统一。但感性意志中隐藏着实现和谐世界的另一种可能性。在**孔子**中，建立在同情互感基础上的"仁"把人心统一到其超越根源（天志），通过天人合一的礼乐实现世界的统一性。**休谟**这个位置不包含天志，没有看到人通过礼乐实现世界统一性的方式，但仍然看到人可以在同情互感基础上产生仁爱（Benevolence），使利己之心被利他之心超越，发展出普遍客观的道德感，并通过人为之德（正义）协调人的自爱，建立以德性为基础的和谐世界（德性是令人产生赞许情感的品质，包括有用性和愉悦性）。由于**休谟**无法通过逻各斯发现神

(宇宙逻各斯)设立的自然法,这种道德世界得不到从神而来的任何支持。哲学本来要做的是从彻底经验论立场改造**莱布尼兹**。因此,把神决定的先定和谐世界改造为纯粹建立在人性基础上的道德世界就成为对神的王国的一种否定(而不像**洛克**中那样是一种转化):怀疑主义否定了对神的理性证明(宇宙设计论);自然主义否定了神迹的证明,并把宗教的起源归结到人性本身。但哲学并不因此否定神的存在,因为否定世界的宗教性只是为了维护其道德性。由于**休谟**把理界合并到物界,让判断力附属于想象力,神不再出现为一个理性的设计者或人格神,但它仍然隐藏在自然本身的美妙中。哲学仍然为一种合乎经验地使用理性,对自然充满审美感受的信仰留下了空间。

休谟这个位置让逻各斯在纯粹的现实性(感性经验)中达到了自满自足。但这种自满自足是哲学彻底放弃了逻各斯分享宇宙逻各斯的企图,把理界合并到物界才达到的。这种纯粹现实性的满足伴随着理想性的极度不满足,显示了彻底经验论的狭隘性。然而,哲学已经无法再回到**莱布尼兹**的无限立场去实现逻各斯的理想性目标,因为正是为了克服这种无限立场的问题哲学才在**洛克**中回到经验论的有限立场去转化它。所以,哲学同时实现理想性和现实性自满自足的唯一方式是回到**洛克**的立场,在经验论和唯理论之间保持平衡。但**洛克**中逻各斯达到的理想性自满自足有很大的勉强。在这种尴尬的、进退两难的处境中,哲学被迫重新考察逻各斯本身在认识中起作用的方式、范围和界限,以便通过这种批判性的考察重新实现**洛克**对经验论和唯理论的综合。

22. 康德

洛克综合经验论和唯理论的方式是从经验论的有限立场吸收和转化**莱布尼兹**,把理界和物界、有限和无限统一在稳定的平衡状态。但**休谟**把理界合并到物界的做法导致极端的经验主义,破坏了这种平衡。因此,哲学返回**洛克**的方式就是把理界从物界重新拉出来,强化逻各斯相对于经验的独立性,通过逻各斯对自身的批判性考察来吸收和改造**休谟**。哲学通过改造**休谟**的想象力法则发现了时空直观和范畴体系,因而把逻各斯的知识严格限制在经验范围,把**休谟**的怀疑主义改造成了纯粹理性的自我批判。通过对**休谟**的道德世界的改造,哲学为道德形而上学奠定了基础，发现了实践理性通过自由意志通达宇宙逻各斯的途径，并进一步通过对反思判断力的考察把理界和物界、有限和无限统一起来。在完成逻各斯的自我批判之后，哲学把基督教改造为纯粹理性范围内的宗教，以便消除哲学从道德出发假定的"神"与纯粹实践理性之间的矛盾。这种通过纯粹理性批判、道德形而上学奠基、实践理性批判、反思判断力批判以及基督教的理性改造重新综合经验论和唯理论的哲学被18世纪德国哲学家康德发展了出来，因此我们可以把哲学的第二十二个位置称为**康德**。

康德是哲学史最复杂的位置之一。其复杂性在于它不仅像**洛克**那样统一了理界和物界、有限和无限，而且这种统一是通过逻各斯的自我批判进行的，使哲学发展出了高度的自我意识，同时充满了内在的矛盾和张力。这个位置的发展过程如下：

（1）把理界拉出物界：哲学首先从**休谟**回到**洛克**的立场，强化了逻各斯相对于经验的独立性，使逻各斯达到了纯粹理想性的自我意识，把其自我反视发展为批判性的自我考察，并通过这种考察吸收和改造**休谟**。哲学像**休谟**一样把感觉经验当成知识的唯一起点，同时对**休谟**中的想象力法则（相似、邻接、因果）进行改造。"相似"本是对同一律的改造，是想象力把握经验对象的法则。由于理界被拉出物界，哲学把"相似"恢复为"同一"，但同时吸收了"相似"处理的感性杂多，把经验对象转化为综合了感性杂多的自我同一的对象，亦即由判断力和想象力共同把握的认识对象（判断力恢复了相对独立性，同时把想象力吸收为下属意志）。①

"邻接"是想象力把握时空的法则。哲学把时空从感性经验中分离出来，展现为判断力可以通过想象力把握的、先天地组织经验的感性直观：空间被当成感觉经验（外感现象）的先天形式，时间则被当成逻各斯自我反视（内感）的先天形式（这种从逻各斯角度把握的时空遮

---

① 这里必须特别注意，我所用的"判断力"一词指的是逻各斯的意志，不可与康德所说的"判断力"混淆，后者是判断力与想象力合作产生的功能。康德并没有对理界和物界的意志进行现象学辨析，而只着眼于它们的功能（在认识和实践中的作用）。

蔽了时空在我身可动性中的起源，使之退化为认识主体拥有的纯粹感性形式，从一开始就切断了人通往物自身的自然通道）。

"因果"是想象力对重复发生的邻接事件的习惯性联想。由于逻各斯达到了纯粹理想性的自我意识，哲学把"因果"还原为来自逻各斯本身的纯粹概念，从而发现了逻各斯自化出来的十二个范畴（逻各斯把自身的"阳—阴—合"太极结构化入领悟，决定了它构成领悟的十二种方式，同时也就是它通过领悟组织现象的十二种方式，亦即十二范畴，包括"实体—属性"、"因—果"等等。这个过程其实就是逻各斯的"自化"）。哲学考察了逻各斯在想象力的合作下通过时空直观获得经验材料，通过范畴把经验材料综合为认识对象的方式，并把这种综合作用追溯到逻各斯的自我意识（先验统觉）。哲学因此重新意识到"我思"。但**康德**继承的经验论立场看不到原始领悟组织生命整体的直观性。因此，**康德**仅仅把握了原始领悟指向逻各斯的理想性而忽略其现实性，故其"我思"不再是直观，而只是自我意识产生的伴随一切表象的思想。通过自我意识自发地综合经验对象的逻各斯被当成"先验自我"，和出现在反视中的"经验自我"对立起来。哲学进一步通过判断力和想象力的合作（图型法）确定范畴应用到经验对象的法则，把逻各斯（知性）的知识限制在由时空直观划定范围，由范畴及其法则组织起来的现象界，把超越现象的事物当成知性无法认识的"自在之物"（包括宇宙生命中的一切事物，如理性神即宇宙逻各斯、灵魂、物自身，等等）。通过考察时空直观和范畴体系在认识经验对象中的作用，哲学完成了对**休谟**想象力法则的改造。

为了完成对**休谟**怀疑主义的改造，哲学区分了判断力受想象力干扰产生的经验幻相和它超出经验范围的推理能力（纯粹理性）产生的先验幻相。从太极的角度看，纯粹理性实际上就是逻各斯从宇宙逻各斯分享而来的能力，故其概念和宇宙逻各斯的理念有内在关联。纯粹理性产生了"灵魂"、"宇宙"、"神"等从宇宙逻各斯而来的概念。但由于小道已经断裂，哲学把范畴的运用局限在逻各斯组织的现象界，把这些指向自在之物的概念仅仅当成对知识有范导作用的"理念"，展示了纯粹理性企图超验地运用它们时产生的幻相，借此完成了对**休谟**怀疑主义的改造。在这个改造过程中，哲学发现纯粹理性的宇宙论概念会导致自然和自由之间的矛盾，于是区分了生活在物界、服从因果必然性的经验主体和超越物界、可以自由启动因果链条的理智主体（理界中超越现象的逻各斯），以此来消除纯粹理性的幻相。到此为止，哲学已经完成对纯粹理性在认识（理论）方面的批判，形成了"纯粹理性批判"体系。

（2）从有限通向无限：哲学接下来要改造的是**休谟**的道德世界。**休谟**以同情为基础培养仁爱，发展普遍的道德感，建立了和谐的道德世界。但**康德**既然已经把自由完全归属于理界的理智主体，就只能把道德看成是纯粹理性的实践。从太极的角度看，自由是人对自己生命的超越，是人心借助判断力对生命的超越（自我意识）而达到的超越。但**康德**把自由完全归结到人的理性意志（判断力），使人在实践领域中只剩下作为"理性存在者"的本质。尽管**康德**在前面改造**休谟**时吸收了经验论的成果，总体上达到了经验论和唯理论的平衡，但同时也形成了极端唯理论的自由观。因此，**康德**在改造**休谟**的道德世界时无法再像之前那样吸收其经验论的成果，而只能彻底否定建立在情感基础上的道德世界，把它重新建立在纯粹理性基础上。哲学否定了情感在道德判断中的作用，把道德的善完全归结到善的意志（纯粹出于义务而行动的理性意志），否定同情和仁爱（以及有用性和幸福）在道德中的意义，并认为人作为理性存在者必须遵守先天的、无条件的道德律，即仅仅根据能够在一切理性存在者中普遍化的准则行事（排除任何从物界而来的人性因素），认为这就是道德的"绝对命令"。**休谟**的道德世界本来是对**莱布尼兹**和谐世界的否定式改造。因此，**康德**对**休谟**道德世界的否定式改造无形中返回到**莱布尼兹**的完全理想化的和谐世界，把理性灵魂（与神相似的单子）所在的"神的王国"改造成每个理性存在者都（根据绝对命令）成为普遍律法的立法者，把自己和他人都当成自身就是目的的"目的王国"。最后，哲学把绝对命令的先天根据追溯到自由意志，从纯粹实践理性角度完成了对**休谟**道德世界的改造，为道德形而上学奠定了基础。从太极的角度看，理性就是逻各斯对宇宙逻各斯的指向性。**康德**对**休谟**道德世界的改造让有限逻各斯通达了超验的无限逻各斯，因为有限判断力对生命的超越来自它向其根源亦即无限判断力的超越（被后者拉出生命)。这是为什么当自由被仅仅归属于理智主体时人就必须为自己设立普遍的道德律,把宇宙逻各斯的意志作为绝对命令实现在世界中的原因。

然而,在之前的改造(纯粹理性批判)中,哲学吸收了**休谟**经验论的成果,在理界和物界之间保持了平衡,而在这个改造(道德形而上学奠基)中,哲学从极端唯理论的自由观出发,把"目的王国"架空在理界中,仿佛它完全和物界无关。为了使逻各斯的自我批判在理论和实践两方面达到同样的高度,哲学必须根据它批判纯粹理论理性的方式,对纯粹实践理性进行相应的重构,使之也能够在理界和物界之间达到平衡。因为自由概念本来就是在之前的改造中发展出来的,这个重构无法改变自由概念的唯理论性质,而只能把它预设为纯粹理性的概念,把道德律当成一个给定的理性事实,以此来赋予自由以实在性。所以,这个重构无法像"纯粹理性批判"中那样从物界前进到理界,而只能反过来从理界前进到物界,借此吸收物界的因素,通过展示纯粹实践理性来批判一般实践理性。这个"实践理性批判"首先以理性意志(判断力)为基础吸收欲望,构成将观念付诸实现的意志,揭示了人心(欲望和心情)为追求幸福的一般实践提供准则的作用,但同时充分肯定只有纯粹理性才能为意志提供普遍的道德律(道德律因此意味着欲望对理性意志的完全服从)。意志的自律说明了意志的自由。哲学进一步把善恶作为纯粹实践理性的对象进行分析,发现了十二种"自由范畴"(逻各斯自化到判断力中形成十二种判断形式,同时还形成了理性意志规范欲望的十二种形式,亦即"自由范畴";两者都和逻各斯自化到领悟形成的十二个知性范畴对应)。最后,哲学把道德感(对道德律的尊重)当成道德实践的动机,让纯粹实践理性在感性中找到了落脚点,完成了它从理界向物界前进的重构。但理界和物界的平衡还没有完全达到,因为意志在理界追求的是道德,在物界追求的是幸福,却无法实现二者的一致。德福一致是纯粹实践理性追求的至善。因此,纯粹实践理性为了自身的缘故必须引进两个假定:第一是永生(灵魂不朽),唯有如此有限理性存在者才可能在道德上无限地接近无限理性存在者(宇宙逻各斯);第二是神的存在,唯有如此德福一致才可能从全能的道德的神得到保证。这种神超越了传统的理性神，因为宇宙逻各斯只是全知的无限理性存在者，最多可以被唯理论当成也是物界宇宙的创造者，却还不是使德福一致的全能的幸福分配者，后者只能是基督教的神。通过从道德实践角度引入基督教的神，被架空在理界的"目的王国"就成为德福一致的"神的王国"（"以自身为目的"的人成为遵守从神而来的道德律，有希望达到德福一致的人）。哲学通过这番重构使纯粹实践理性在理界和物界之间达到了平衡。

（3）统一理界和物界：哲学通过以上两个步骤完成了对**休谟**的改造，并在有限和无限、理界和物界之间达到了平衡。但理界和物界的平衡有赖于基督教的神以其超越意志统一理界和物界，使德福一致的作用。哲学必须让理界和物界自身达到平衡，才能真正完成从**休谟**返回**洛克**的运动。这种可能性就隐含在神统一理界和物界的方式中，即圣父通过宇宙逻各斯创造万物。从太极的角度看，这种创造相当于天志让宇宙的物界意志（宇宙推动力）为实现理界意志（无限判断力）定下的目的而产生万物；宇宙推动力其实就是宇宙想象力，只不过它推动的是物质而非有限生命中的感性形象；这种无限想象力可以感受到宇宙万物的美；无限想象力既感受又推动自然万物，但它不是独自行事，而是根据无限判断力在思考中为自然确定的目的行事；这就是宇宙理界和宇宙物界的先天统一性。只要把这种统一性扩展到有限生命就可以实现理界和物界的内在统一性。具体做法就是以"自然合乎无限判断力"为基础，把自然的合目的性扩展到有限生命，把自然的终极目标通过人实现出来。对人来说，自然的合目的性就是合乎人的判断力。但判断力必须与想象力合作（构成从自然现象出发的反思判断力）才能把握自然的合目的性。反思判断力自然而然地会以"自然的合目的性"为它的先天原则。这样哲学就可以通过对反思判断力的考察从内部统一理界和物界。

这是从太极的角度所做的推理，不是**康德**本身思考的内容。**康德**继承并发展了经验论的有限立场，把宇宙生命（无限生命）当成人无法认识的自在之物，其通向无限的唯一通道是自由意志向无限判断力的超越（道德实践）。因此，**康德**把自然的合目的性当成反思判断力为自己立下的主观的（而非来自宇宙生命的）先天原则，把"反思判断力批判"的任务理解为统一自由和自然。从太极的角度看，把自由和自然统一起来意味着把"有限向无限的超越"从理界扩展到物界。在理界，有限判断力被无限判断力拉向后者，才使得前者可以超越所在的生命，使人可以形成自我意识和自由意志。因此，想象力可以借助它与判断力的合作让自己被无限想象力所拉，从而觉悟到自身，从为其他意志服务的想象力变成自由活动的想象力。这种自由活动的想象力仅仅为满足自己而活动，其感受就是美感（美感是一种愉快感受，但它不属于心情，而是想象力本身的感受）。想象力只有与判断力合作才能获得这种自由。在审美中，想象回旋运动与领悟回旋运动合一进行，从而分享了后者的特性，但它真正的发生场所是物界，目的只是为了想象力自身的满足，也就是让想象回旋运动构成的小太极达到自我满足（因此美的对象可以无概念、无利害关联但又让人感到普遍愉快）。从**康德**的立场出发，美的合目的性只是反思判断力的主观特性，美感只是来自想象力和知性相互和谐的自由游戏（这种美是形式上的）。但从太极的角度看，审美不仅是这种自由游戏，同时也是有限想象力被无限想象力拉向后者的方式（模仿后者的自我满足）；自然万物本来就是无限想象力的产物，因此人天然地会觉得大自然是美的，仿佛它是为了合乎我们的想象力产生的。**康德**把自然美理解为自然的主观合目的性，实际上是想象力通过自然美实现了向无限想象力的超越。但无限想象力产生的自然本身远远超越有限想象力的把握，特别是当巨大、蛮荒的自然显得不为人存在时，这时判断力就必须超越其组织现象的作用（知性）而展开对自然本身的追求（理性），在崇高感中体会到理界的自由对物界的自然之超越。通过对审美判断力的这种考察，哲学把有限向无限的超越从理界扩展到了物界，因此把美当成是道德之善的象征。

但审美判断力的考察还没有完全揭示自然的合目的性，因为自然的无限想象力不是完全自我满足的，而是为实现宇宙逻各斯为自然确定的终极目的去推动自然运行。所以，要把自然的合目的性从无限扩展到有限，哲学必须进一步揭示无限判断力为自然确定的、通过人实现的终极目的（审美只是为之做准备）。由于**康德**认为理性无法认识自然本身，这个揭示仍然要通过反思判断力来进行，但不再是为了满足其中的想象力，而是为了满足其中的判断力（想象力只是帮助判断力观察自然现象），因此它不再是审美判断力而是目的论判断力。这种目的论判断力无法直接把握自然的客观合目的性，而只能把审美判断力主观地拥有的自然的合目的性以类比方式推广到自然本身，把自然看成仿佛是一个有目的的系统，从有机物的内在合目的性开始追溯自然的终极目的，认为自然的一切发展（包括自然美）最终是为了形成以服从道德律为前提追求幸福的人，而人为了实现这个终极目的必须设想一个创造自然的道德的神。哲学终于实现了自由和自然的统一，同时也为神的存在提供了一个道德上的证明。从太极的角度看，这种统一其实是哲学把自然的合目的性（理界和物界的先天统一性）从无限扩展到有限的方式。哲学终于从内部统一了理界和物界，同时也统一了有限和无限，完成了从**休谟**返回**洛克**的运动，结束了逻各斯的自我批判。

（4）消除纯粹实践理性和基督教的矛盾：从**休谟**返回**洛克**的运动虽然已经完成，但这个运动为纯粹实践理性引入的神却不是传统的理性神，而是基督教的神，其中包含了超越理性意志的维度，亦即从外部统一理界和物界，使德福一致成为可能的天父的意志。天志是比理性意志更为根本、更为原始、更为混沌的意志（太极的意志）。它在基督教中的作用和纯粹实践理性是有矛盾的。这个矛盾早已隐含在"实践理性批判"中，但还不是主要矛盾，因为哲学还在从**休谟**返回**洛克**的途中。当哲学通过"反思判断力批判"完成从**休谟**返回**洛克**的运动后，这个矛盾就开始成为主要矛盾。为了解决这个矛盾，哲学必须把基督教理性化，从道德角度重新解释原罪、救赎、基督、教会的意义，使基督教从历史性的教会信仰过渡到纯粹的理性信仰。当哲学把基督教改造为纯粹理性范围内的宗教，基督教中包含的超越理性意志的成分（天志）就无形中被理性化，巩固了哲学在理界和物界、有限和无限之间达到的统一。

康德通过逻各斯的自我意识统一了现象界，通过自由意志统一了有限生命和无限生命的理界和物界，把从**笛卡尔**开始的在唯理论和经验论之间徘徊的运动带向了终结。但从太极的角度看，这个位置隐含内在矛盾。**康德**在完成批判之后把基督教改造为纯粹理性范围内的宗教，解决了纯粹实践理性和基督教之间的矛盾。但这种做法无形中把隐含在基督教中的天志理性化了，遮蔽了天志作为原始意志的本性，产生了新的矛盾（这是**康德**这个位置看不到的）。为了解决这个矛盾，哲学必须把天志从理性化的状态挽救出来，恢复它的本来面目。由于**康德**已经把基督教理性化、道德化，使之成为哲学化的宗教，丧失了作为宗教的本质，被恢复本来面目的天志不再出现为基督教中的天父的意志，而是出现为哲学思考中的原始意志。这意味着哲学必须放弃从实践理性角度通达自在之物的做法，让逻各斯通过思考通达原始意志。除了原始意志之外，**康德**为实践理性引入的一切自在之物都随着实践理性的放弃而烟消云散。所以，哲学现在只有两个东西是可以认识的，一个是有限生命所在的现象界，另一个则是原始意志。哲学的下一步发展就是把原始意志作为一切现象背后唯一的自在之物来思考。

23. 叔本华

哲学现在必须从逻各斯所在的现象界出发思考原始意志。由于实践理性被放弃，作为自在之物的无限生命（宇宙生命）从哲学视野中消失了，被原始意志取而代之。因此，有限判断力不再向无限判断力超越，而是向原始意志超越。但判断力本来和天志没有直接关系，因此它只能通过现象界和原始意志发生关联。组织现象的原始领悟于是被恢复，把现象界组织为向判断力出现的表象世界。哲学把原始意志（通过宇宙推动力）推动万物的特性从身体表象扩展到一切表象，借此把原始意志思考为表象世界背后唯一的自在之物。为了从判断力向原始意志超越，判断力必须摆脱它通过身体获得的个体性，在审美直观中把握超越时空的永恒理念，成为纯粹的认识主体，并进一步放弃意志在世界中的客体化，把它面对的表象世界思考为虚无，从而实现向原始意志的超越。这种从认识主体的表象世界出发，通过对表象世界的否定性思考向原始意志超越的哲学被19世纪德国哲学家叔本华发展了出来。因此我们可以把哲学的第二十三个位置称为**叔本华**。

这个位置的发展过程如下。

（1）建立表象世界：**康德**继承的经验论立场丧失了原始领悟的直

观性，导致现象界无法作为整体被判断力直观。为了让现象界成为判断力和原始意志的中介，太极在新的哲学位置中恢复了原始领悟的直观性，使现象界作为整体被判断力直观为"我的世界"。由于宇宙生命退出了哲学的视野，隐藏在宇宙中的客观的"物自身"随之消失，"我的世界"成为纯粹主观的"我的表象"。"主体"（判断力）和它面对的"客体"（表象世界）之间相互依存、不可分割的阴阳关系被突出。因为实践理性被放弃，判断力不再向无限判断力超越，故不再是"实践主体"而是"认识主体"。自由意志现在已被太极归结到原始意志。主体只有在认识中回归原始意志才能获得自由。由于认识自在之物等同于认识自由，认识现象界就等同于认识自由的反面，亦即被因果必然性决定的（缘起的）表象世界。因为原始领悟和它组织的现象界融为一体，逻各斯不再像**康德**中那样具有纯粹理想性的自我意识，因此不再通过纯粹概念（范畴）组织现象界。充足理由律于是成为主体认识表象世界的唯一原理。

（2）从表象世界到原始意志：主体不能在现象界中发现作为自在之物的原始意志。但从太极的角度看，原始意志在现象界中有所表现，即它通过宇宙推动力来推动万物的作用；我们之所以能移动身体，是因为心（欲望）作为天志的个体化能参与到宇宙推动力中，通过与后者的合作推动身体；现在，随着宇宙生命从哲学的视野中消失，宇宙推动力的作用就被完全归结到天志，仿佛后者是直接推动万物的（这种推动不是一物推动一物，而是意志通过自身的客体化决定对象的存在，故不属于哲学理解的因果关系）。哲学于是考察了移动身体时身体表象和内在意志的对应（身体感受被当成内在意志受到作用的表现），认为身体从外面看是表象，从里面看就是意志，身体就是意志的客体化。哲学接着把身体和意志的互为表里推广到万物，认为一切表象的自在之物都是意志。主体通过与身体的关联活在世界中，因此一方面把世界从外部当成"我的表象"，另一方面从内部当成"我的意志"（认识主体通过身体分享原始意志而成为意志主体）。意志在不同客体中有不同表现，但意志本身（原始意志）是单一的自在之物。意志本身是盲目的冲动，没有认识，没有任何具体要追求的东西，但它不断把自己客体化：从无机物、植物、动物到人，意志客体化的级别不断上升，最终在人中发展出抽象思考来为生存意志服务（天志是超越理性意志的原始意志；它唯一的对象是本性虚空的世界本身；哲学丧失了宇宙逻各斯，因此不知道天志可以通过无限判断力来思考）。意志的客体化使世界分化出许多个体。盲目的意志在这些个体中不断地互相争斗，使世界充满了痛苦。

（3）发现表象世界中隐含的理念：认识主体对意志的分享是通过身体发生的，因此它认识到的只是意志在其客体化中的表现。判断力必须超越意志的客体化，才能站在意志本身的立场看这个世界，实现它向意志的超越。但主体因为附属于身体而被个体化，其认识只是为了生物个体在时空中的生存。所以主体无法看到世界本身而只能看到个体表象。它首先必须摆脱个体性，变成纯粹的认识主体，才能看到比个体表象更接近世界本身的理念，亦即组织表象的潜在的领悟（这种领悟在同类个体中是完全相同的，因此类似**柏拉图**的理念，但它们不像后者那样处在宇宙逻各斯中，而是和所组织的表象融在一起。这些领悟是原始领悟的直接分化。原始领悟组织表象世界，而它们则组织个体表象，赋予后者世界性，亦即在世界中的意义）。哲学把这些理念看成意志最初、最恰当的客体化（个体表象是这些理念在时空中的个体化）。当主体不再为生物个体的活动服务，它就可以在表象中直观到这种永恒理念，从而摆脱求生存的意志，得到心灵的宁静。这种直观看到的不是**康德**的形式美，而是更为深刻的有意义的美。艺术天才最有直观理念的能力，并能通过作品表现出来（只有音乐才不通过理念而直接表现意志）。但艺术也只能让我们暂时摆脱意志在个体中盲目挣扎、永无止息的痛苦，无法带来最终的解脱。

（4）通过否定表象世界回归原始意志：纯粹的认识主体已经摆脱个体性，看到了原始意志最初和最恰当的客体化。为了真正站到原始意志的立场看这个世界，主体还必须进一步放弃对世界中一切事物的执着，否定意志在世界中的一切追求，直至彻底否定意志的客体化生成的表象世界，把它当成纯粹的虚无，才能得到最终解脱。这种做法彻底否定了表象世界，但其实无形中（从太极的角度看）肯定了本性虚空的世界本身。走向解脱的过程看上去是意志在不断否定自身，其实只是不断否定自身的客体化，直至否定整个表象世界而回归自身。判断力通过对表象世界的彻底否定通达了意志的原始对象（本性虚空的世界本身），无形中站到了原始意志的立场上，间接实现了向后者的超越，获得了解脱的自由。哲学以这种曲折的方式通达了它所要思考的自在之物。**叔本华**的这种终极境界有点像佛教的涅槃。但从太极的角度看，**叔本华**的目标其实是从判断力向天志超越，对表象世界的否定只是在思考中达到这个目标的途径而已。

在西方哲学史中，天志首先作为宗教的内容（天父的意志）被**阿奎那**引入哲学，但从**笛卡尔**开始就淡出了哲学，直至**康德**才再次作为宗教的内容引入，同时被理性化而遮蔽起来。**叔本华**把被理性化的天志恢复为混沌的、非理性的原始意志，在西方哲学史中第一次以纯粹哲学的方式思考了天志（因为不知道天，故当成自我成立的意志）。但**叔本华**为了思考天志而放弃了实践理性，同时也就放弃了作为自在之物的宇宙生命，使天志和判断力无法通过无限判断力相互通达，而只能通过二者的对象（世界本身和表象世界）发生关联，导致哲学不得不否定表象世界来通达天志。这种否定使有限生命丧失了从宇宙生命而来的意义（佛教也有类似问题）。哲学的下一步发展于是返回**康德**，恢复宇宙生命这个环节，让有限判断力通过无限判断力通达天志，把天志思考为贯穿无限和有限意志，自身始终保持绝对同一的原始意志，发展出了思考绝对同一性的哲学。

24. 谢林

当哲学从**叔本华**返回**康德**，宇宙生命这个环节被恢复。在**康德**中，基督教的神以其超越意志（天父的意志）统一了理界和物界。经过**叔本华**的转化后，天志现在不再是基督教中隐含的因素，而是作为哲学思考中的原始意志统一宇宙理界和物界，亦即统一无限判断力和无限想象力（宇宙推动力）。有限判断力不再通过表象世界间接地向原始意志超越，而是直接向无限判断力超越，重获了作为自由意志的特性。原始意志不但统一了无限判断力和宇宙推动力，而且还通过无限判断力贯通有限判断力。这种"一力贯通三力"成为原始意志统一无限生命和有限生命的基础。原始意志以自身的绝对同一性贯通自然和人类、客体和主体,成为哲学中的"绝对"。哲学通过考察自然和人类、客体和主体的同根同体、相互演化来揭示这些对立因素的绝对同一性,并把它们的绝对同一性追溯到绝对同一的原始意志本身。这种思考绝对同一性的哲学被19世纪德国哲学家谢林发展了出来。因此我们可以把哲学的第二十四个位置称为**谢林**。

谢林是哲学史中最复杂的位置之一,因为它包含绝对、无限、有限三个层次的意志,并在它们之间反复运动来开辟从有限通向绝对的道路,导致其思考对象和立场不断变化。这个位置从一开始就确立了原始意志为唯一要思考的东西。但由于不再通过其对象思考,原始意志显得仿佛是完全自满自足的,其作为意志的品格反而变得隐晦(意志不可能无对象)。原始意志作为太极阳刚之力代表了太极的自我同一性(太极同于阳),而且是没有任何内在差异的(太极异于阴)。所以当原始意志作为唯一之物出现在哲学中时就显现出"绝对无差异的同一性"(纯阳无阴)的品格。它虽然是唯一当思之物,但哲学只能从有限判断力出发通过无限判断力思考它。天志本来就直接拥有无限判断力和宇宙推动力,并通过无限判断力间接拥有有限判断力(前者把后者拉向自己)。因此,天志以它的"绝对无差异的同一性"贯通了三个意志,并通过它们贯通其对象,成为统一无限和有限、客观和主观的"绝对"(自然作为无限生命相对于有限生命出现为"客观",有限生命则成为"主观")。这个"一力贯通三力"的运动是**谢林**思考绝对的基本框架。此运动从绝对同一的原始意志出发,分化为理界和物界的无限意志,再把二者带向有限理界的意志。这个过程仿佛是绝对无差异的同一性从自身涌出对立的两极,然后又把它们合起来带向有限,显现出从无差异到有差异、再到差异之同一的发展,这同时也就是从绝对涌流出自然、再从自然中发展出人(有限意识)的过程。不但如此,无限和有限意志分享了原始意志的绝对同一性,它们同一对象的作用也被当成从分化到同一的过程。绝对贯通了整个发展过程,并在人中出现为逻各斯的自我意识,通过哲学认识自己,揭示出有限和无限、主观和客观的绝对同一性,最终返回作为绝对的原始意志,把一切发展收回绝对无差异的同一性中。这就是**谢林**思考原始意志的方式。

这个位置的发展过程如下。

（1）发展自然哲学：哲学首先思考了"一力贯通三力"的运动。在**谢林**中宇宙生命的理界和物界是一体的，亦即自然。自然从绝对无差异的同一性中涌出，通过多级次的分化与同一不断发展，最终在人中发展出自我意识（自然相对成为无意识）。其实宇宙逻各斯是太极最早发展出来的自我意识；太极在其中思考了自身的一切发展后才产生了物界宇宙。但**谢林**中理界和物界的绝对同一性使这种无限自我意识和物质混同在一起，被看成沉睡的精神，同时又具有自我创造、自我发展的能力，所以最终在人中发展成自我意识。这是**谢林**对宇宙生命在天志（通过无限意志）推动下不断发展，最终生出为有限生命，在人中发展出自我意识的一种（不完整的）认识。

（2）发展先验哲学：**康德**发现了逻各斯的自我意识和自由对现象的超越（先验性），但因为其逻各斯无法直观自身，这种超越被当成是静态的，而非动态的自我超越。在**叔本华**中，主体对表象世界的超越也是静态的，但哲学在其中恢复了原始领悟的直观性。在**谢林**中，判断力向无限判断力的超越把判断力拉出生命，站在原始领悟组织的生命对面，使逻各斯可以站在判断力的立场超越地直观自己。这种自我超越是逻各斯达到自我意识和自由的方式（逻各斯本来结合在它组织的生命中；它只有通过自我超越才能把自己作为对象认识和把握）。自我意识因而被哲学当成自由地创造自己的直观。这种创造对象的"理智直观"隐含了主客同一的原则（判断力与其对象的同一）。自然中的宇宙逻各斯也隐含主客同一的原则。因此逻各斯（主观）隐含了自然（客观）的先验形式，并在它不断超越自身（自我对象化）的活动中逐步发展出来。哲学于是用理智直观的动态先验性代替**康德**的静态先验性来改造**康德**的三大批判，发展出了理论哲学、实践哲学和艺术哲学。哲学首先把认识自然的过程理解为自我意识的发展史（自我超越级次的逐步提升），把自然逐步内化到自我意识中，直至产生自由意志，形成理论哲学体系，接着反过来把自由外化到自然中，实现出作为第二自然的法律，以普遍的法治状态为终极目标，把天志通过自然决定的历史必然性（天意）实现出来，形成实践哲学体系。理论哲学和实践哲学的统一在

康德中是通过审美判断力和目的论判断力的批判达到的。在**谢林**中自然的创造代表了有意识和无意识的原始同一性,但并不是对自我而言的同一性,后者只能通过在自然中进行创造的直观达到。哲学于是让理智直观和想象力合作,把理智直观外化为在自然中创造的美感直观,发现了艺术的有意识活动与自然的无意识活动之间不可分割、相互成就的关系。只有艺术能够把主观和客观、自由和必然的绝对同一性显示在美感直观中。所以理论哲学和实践哲学最终统一于艺术哲学。

(3) 发展同一哲学:自然哲学和先验哲学的前进方式是相反的(前者从客观到主观,而后者从主观到客观)。因此哲学把二者综合起来,形成绝对同一性的概念。有限生命与无限生命本来就有相同的太极结构。主客观的绝对同一性因此不仅是原始意志贯通二者的结果,而且实现为内在结构的重合。无限逻各斯和有限逻各斯的绝对同一性构成绝对理性。无限物界和有限物界的绝对同一性构成绝对现实。理界和物界的绝对同一性则构成作为绝对大全的(泛神论式的)"神"。哲学和艺术分别从理界和物界显示神,互相成就,因而哲学的理念对应艺术的诸神。哲学是神本身的直接显示,但它需要艺术来通达客观现实。所以哲学必须把艺术当成神在宇宙中自我直观的方式来考察,才能完成对绝对同一性的思考。这种艺术哲学综合了自然哲学和先验哲学,成为同一哲学的顶点。

(4) 通过考察自由思考原始意志:同一哲学虽然达到了绝对同一性的概念,但它思考的还不是原始意志本身,而只是它的绝对同一性在宇宙中的表现。哲学必须进一步把原始意志作为原始意志来思考(尽管它以神的面目出现)。哲学于是再次思考"一力贯通三力",但不再作为自然哲学,而是作为对自由的探讨,因为在自然发展出自由后,原始意志贯通无限和有限意志的根本方式就是自由。为恶的可能性说明这个贯通是不完全的。从太极的角度看,自由意志有二重性:判断力一方面被无限判断力拉向自身,另一方面又主动自我超越(前者无意识,后者有意识)。原始意志(神)分化出宇宙推动力(黑暗的冲动)和无限判断力(光明的理智),通过后者统一前者,并通过后者间接贯通有限判断力(神成为贯通并统一一切的爱)。故自由意志必须服从无限判断力的普遍理性才能统一有限生命中的感性冲动。但自我超越本来就是要自己把握自己，所以自由意志倾向于把自己当成自满自足的意志，脱离普遍理性，无法真正统一感性冲动，在追逐私意中偏离公意。哲学于是把自由理解成为善为恶的可能性（归根到底是为恶的可能性）。这是从"一力贯通三力"理解"原罪"的方式。这种理解把天人的先天断裂（人心偏离天志的可能性）解释为有限判断力脱离无限判断力从而偏离原始意志的可能性。通过对自由的考察，哲学展示了自由意志所偏离的原始意志，并把它与基督教的创世神等同起来。

（5）通过启示和信仰通达原始意志：自由是偏离原始意志的可能性。这说明自我意识不可能成为神的自我直观。哲学于是看到之前的一切思考都没有真正通达神。这些思考所用的概念并不是神自我认识中的概念（理念），无法直接指向神；推动思考的判断力并不是神自我认识的无限判断力，无法真正通达原始意志。人的有限理性只能理解神的本质而无法真正通达神。哲学于是对理性进行反思，揭示了理性只能理解事物的本质，无法肯定任何事物（在物界）的实存，更不用说神的实存。但神是统一宇宙理界和物界的，因此它实际上同时从理界和物界贯通人。神可以从物界贯通人的世界，将其潜能实现在历史中，主动把自己启示给人，在信仰中直接贯通人心，让人的理性走出其虚假的自满自足状态，获得通达神的现实途径。天志因此高悬在神秘的、灵性的天空中，和仰望它的有限判断力之间隔着一条只能由启示和信仰填平的鸿沟。哲学对原始意志的思考走到了尽头。

谢林在哲学史中第一次揭示了天志推动自然（宇宙胎儿）生出为人的过程，从意志角度展示了人与自然同根同体、相互演化的关系，以及哲学和艺术显示同一事物的共性。但这个位置并没有达到它预设的目标。它企图从判断力出发思考原始意志，但这种思考是通过自然这个中介进行的，所以把原始意志思考成了有限与无限、主观与客观的绝对同一性，最终只能借助启示和信仰向原始意志本身超越。但原始意志既然以其绝对无差异的同一性贯通了无限和有限意志，就说明有限意志已经间接地分享到了原始意志的绝对同一性（表现为自由地创造自己的理智直观）。为了从判断力出发直接思考原始意志，哲学的下一步发展就取消了自然这个中介，让原始意志直接贯通判断力，形成自由地创造自己的绝对自我，产生了自我设定非我又不断同化非我的哲学。

25. 费希特

当**谢林**中的自然退出哲学的视野，向原始意志自我超越的判断力就因为被原始意志直接贯通而绝对化，成为绝对自我。绝对自我把隐含的客体扩展为非我，把隐含的主客同一实现为自我和非我的统一。哲学把这个过程看成是绝对自我的本原行动形成自我意识的过程，并用本原行动代替**谢林**的理智直观来发展理论知识和实践知识，通过不断同化非我的自由实践来向绝对自我回归。但自我永远与非我对立而无法返回绝对自我。哲学被迫重新思考知识学，发现其基础在于原始意志对自我的贯通，并把这种贯通进一步扩展为存在的在场，把哲学的目标从思考原始意志转化成了思考绝对存在，并把绝对存在和神等同起来。这种从追求绝对自由转向追求绝对存在（神）的哲学被19世纪德国哲学家费希特发展了出来。因此我们可以把哲学的第二十五个位置称为**费希特**。

这个位置的发展过程如下。

（1）自我设定自己：当无限判断力（和宇宙推动力）随着自然这个中介的取消退出哲学的视野，原始意志就直接贯通向它自我超越的有限判断力，形成"一力贯通一力"的局面，把向它运动的判断力和被超越的判断力（判断力的两种不同状态）贯通为具有自我意识和自由的绝对自我，亦即绝对自由地创造自己的自我意识。在**费希特**中，把判断力拉出生命的不是无限判断力而是原始意志，因此判断力不像无限判断力那样面对阴性对象（领悟），而是像单独出现的原始意志那样面对它自己。所以**费希特**中的自我意识不是逻各斯的自我意识，而是判断力对自己的意识（这种自我意识不是**谢林**中的理智直观）。哲学从自我意识的立场出发，把绝对自我自由创造自己的活动当成不可再归结的本原行动（自我设定＝自我存在），因此没有看到原始意志贯通绝对自我的作用（这个作用是太极看到的）。绝对自我的自我对象化隐含了主客同一的原则，但这种主客同一只是判断力的两种状态之间的同一（主观的主客同一），而不是逻各斯的自我意识隐含的主客同一（判断力与生命的同一）。虽然如此，绝对自我仍有可能借原始意志的力量实现它与生命的主客同一。

（2）自我设定非我：绝对自我隐含的主客差异是外在于生命的判断力（主体）和内在于生命的判断力（客体）之间的差异。原始意志可以借助贯通绝对自我的力量把后者隐含的客体扩展为生命，亦即把生命设定为和"自我"（主体）对立的"非我"。作为非我的生命是被原始领悟组织的完全空洞的纯粹客体，但潜在地可以容纳任何生命现象。绝对自我因为设定非我而丧失了绝对性：它隐含的内在于生命的判断力被非我掩盖，仿佛它不再向原始意志自我超越，而只是静止地超越非我。哲学并没有看到原始意志在设定非我中的作用，因此把非我看成绝对自我在自己中设定的对立面（绝对自我因为设定了非我而转化为和非我对立的自我）。

（3）自我设定自我与非我的统一：既然非我是绝对自我隐含的客体的扩展，绝对自我隐含的主客同一性也必须扩展出来。这意味着自我不能让非我停留在和自己对立的状态，而必须把非我当成和自己有同一性。但非我毕竟被设定为和自我完全不同的对立面，因此这种同一性只能实现为统一性。哲学把这种主客统一性的设定仍然看成是绝对自我的本原行动，而没有看到原始意志贯通自我和非我的作用。自我对非我的统一使被后者掩盖的"内在于生命的判断力"突破掩盖，重新显露出来，使自我成为借助超越非我来超越自我的判断力，并因此获得新的自我意识，亦即通过意识到非我才意识到自我的有限自我意识。自我和非我的统一使二者相互限制，成为可分割的有限事物。

（4）发展知识学：前面三个步骤是（从意志角度理解的）逻各斯自我意识的形成过程。因此哲学把它们看成人类知识的基础，把其发展过程看成逻各斯的思维定律的形成过程，并用本原行动代替**谢林**的理智直观来发展理论知识和实践知识。在理论知识中，哲学把自我设定自己为受非我限制的过程当成自我形成认识对象（和发展认识能力）的过程，以此推导出认识的诸范畴（从意志角度理解逻各斯的自化）。在实践知识中，哲学把自我设定自己去限制非我的过程当成自我同化（克服）非我的努力，亦即绝对自我在降格为有限自我后返回自身的努力，其最终目标是实现人的绝对自由（绝对自我同一），为此必须联合社会中其他人共同努力，无限地趋向人人相互一致、同心同德、平等自由的理想社会。

（5）通过天志的贯通为知识学奠基：自我永远和非我对立，因此自我向绝对自我的回归是无法完全实现的。这说明绝对自我的本原行动永远无法在知识中变得透明。哲学于是重新思考知识学，发现知识无法为自己奠基，而必须依赖高于知识的事物，自我不过是表象世界的一种构造，真正的绝对不是自我而是超越表象世界的原始意志。哲学于是让判断力谦卑自己，让贯通它的原始意志显露出来，并把这个永恒地贯通世界、让一切事物充满生命活力、使人的意志相互通达的意志当成神的意志，把超越感性的世俗生活、听从神在良心中的呼声看成人唯一的使命，通过判断力在信仰中的决断（与神合一）重新为知识学奠基。

（6）通过存在的在场实现知识学：知识是判断力的行动而不仅仅是判断力与原始意志在决断中的合一。太极于是让哲学把判断力与原始意志的合一扩展为思考（判断力把握原始领悟的行动）与存在（原始意志敞开世界的行动）的同一。**巴门尼德**的"思考与存在同一"在哲学经历从大道转入小道，再从小意志向大意志回归的发展后终于重现在哲学中（这种重现是从意志角度发生的，尽管这种重现反过来遮蔽了意志，仿佛思考是纯粹自己创造自己的自由行动，同时也是存在的纯粹的自我直观）。这种哲学把绝对认知看成自满自足的绝对存在（神）的直接在场，亦即存在的真理或真理之光（明性），把知识学转化成将现象杂多还原为绝对存在的真理论，以及从绝对存在显现杂多的现象学。它完全放弃了自我意识，把神当成唯一的在场者和行动者，把人生的目的看成超越感性世界的虚假生活，达到超凡世界的本真生活，在爱中与神合一。哲学的目标从思考原始意志转化成了思考绝对存在。

实际发生的哲学史使人们认为费希特哲学是从康德哲学直接发展出来的，谢林则发展和改造了费希特的哲学。但在太极的先天思考中，**费希特**这个位置并不直接来自**康德**，而是从**康德**、**叔本华**到**谢林**不断发展的结果（先天位置的遭送可能会受到人类历史后天因素的影响，使其被接受和发展的顺序显得和先天模式有所不同）。从**康德**并不能顺理成章地发展出**费希特**。如果**叔本华**没有把原始意志从理性意志中挽救出来，并恢复了原始领悟的直观性，从**谢林**到**费希特**的发展就是根本不可能的。但**叔本华**只是从**康德**到**谢林**的一个反跳板，而且代表它的哲学家在哲学史中出现较晚，故其在德国古典哲学中的过渡作用不被人们所认识。

费希特发展了从意志出发追求绝对自由的行动哲学，并在后期思考中把哲学的目标从思考原始意志转化为思考绝对存在，架起了从古希腊哲学到现代哲学的一座桥梁。但由于它丧失了**谢林**中的自然（无限生命）这个环节，它所思考的存在不是建立在自然基础上的世界之敞开，而只是表象世界之敞开，导致世界在追求超越感性的本真生活中丧失了意义。哲学的下一步发展于是从**费希特**倒回**谢林**去综合二者，通过意识在有限和无限之间的相互演化达到绝对自我意识，把绝对存在发展成绝对精神，将从古希腊哲学开始的西方哲学史带向登峰造极的发展。

26. 黑格尔

哲学从**费希特**倒回**谢林**去综合二者，相当于在**谢林**基础上吸收**费希特**。在**谢林**的"一力贯通三力"基础上，**费希特**中判断力与天志的合一被发展为"二力同一"，形成了以"思考与存在同一"为本质的"精神意志"。在精神意志的潜在推动下，哲学以新的方式实现**谢林**先验哲学的目标，把**费希特**以绝对存在为核心的真理论和现象学改造成了以绝对自我意识为目标，从感性认识向纯粹概念运动，通过意识在有限和无限之间的相互演化，最终把世界现象统一在绝对认知中的精神现象学。在精神现象学基础上，绝对自我意识与太极自我意识的相互呼应将绝对从第二太极扩展到第一太极，使"二力同一"被扩展到包括无限判断力和乾志的"四力同一"。在"四力同一"的潜在推动下，哲学通过逻辑学把太极圆象到无限逻各斯的发展过程思考为理念的自我实现，通过自然哲学把太极的物化思考为理念的外化，通过精神哲学把第二太极中人的发展和历史活动思考为向理念的回归，形成了一个哲学大全体系。这个通过精神现象学统一世界现象，再通过哲学大全体系演绎太极发展过程的哲学被 19 世纪德国哲学家黑格尔发展了出来。因此我们可以把哲学的第二十六个位置称为**黑格尔**。

黑格尔是哲学史最复杂的位置之一，因为它不仅把西方哲学史的思考范围从第二太极扩展到了第一太极,而且还包含诸多意志的相互粘连、相互纠缠,导致哲学混淆了太极发展的不同层次和阶段。它首先在**谢林**基础上吸收**费希特**,其结果就是精神现象学。**费希特**从"判断力与天志合一"引出了"思考与存在同一",但同时因为突出后者(行动)而遮蔽了前者(意志)。**黑格尔**一方面吸收了"思考与存在同一",另一方面也在"一力贯通三力"中的"天志贯通判断力"基础上吸收了"判断力与天志合一"。行动与意志的结合把意志的合一转化成了同一:天志和判断力被太极等同起来,构成一个既绝对又有限、既有实体性又有主体性的意志,可以简称为"精神意志"。精神意志就是"思考与存在同一"的意志化。精神意志隐含绝对意志在判断力中直接在场的现象学立场,其目标就是实现思考与存在同一的绝对认知。精神意志的"二力同一"以更直接更强大的方式联结"一力贯通三力"的起点和终点,使被贯通的无限意志(宇宙判断力和宇宙推动力)仅仅作为现象学的中介出现,导致"一力贯通三力"在现象学的立场中被理解为隐含在感性现象中的思想摆脱感性直观、走向纯粹思想的过程,同时也是意识走向绝对自我意识的过程(而不是自然作为沉睡的精神在人中发展出自我意识的过程)。这个变化使哲学失去了在**谢林**和**费希特**中起重要作用的直观(**黑格尔**再次像**康德**那样丧失原始领悟的直观性)。原始领悟的现实性被忽略,而其指向世界的理想性则被强化为与世界的同一性(判断力与天志的同一使二者的对象也发生同一)。这种与世界同一的原始领悟作为非直观的纯粹思想就是"绝对概念"。绝对概念是世界的概念化、概念的世界化(获得统一世界现象的总体性)。精神意志的恰当对象就是绝对概念。但绝对概念不是精神现象学的起点而是终点,因为这种现象学只能从感性现象开始逐步通向统一世界现象的绝对概念(**费希特**中的现象学路径被颠倒,现象学和真理论被融为一体)。虽然哲学预设了精神意志的"二力同一",但无限意志这个中介使绝对意志只能潜伏在有限判断力中,从沉浸于感性对象、对自己茫然无知的自然状态(通过不断怀疑和否定自身)逐步回归自身(这同时也是领悟从所结合的感性现象向绝对概念运动的过程)。故绝对自我意识必须经过意识、自我意识到理性的发展,才能最终在绝对认知中实现自身。在**黑格尔**

中，"绝对"综合了**谢林**中的天志和**费希特**中的存在而扩展为"天志与世界的合一"（世界的统一性，人的大我）。统一有限和无限（主观与客观）的"绝对"不再是绝对无差异的同一性，而是包含差异的同一性。从精神意志的角度看，绝对（实体）与有限逻各斯（主体）是同一的。但这个同一性只能通过逻各斯克服（吸收）自然这个中介，不断向绝对超越才能实现出来。所以，绝对自我意识就是它自己的实现过程（因而意识的真理标准就是意识本身）。精神现象学的任务就是用事先预设的具有最高确定性的终点（绝对自我意识）代替理智直观来重新实现**谢林**先验哲学的目标，即通过有限和无限的统一思考绝对。

精神现象学首先把理论哲学重新实现为意识的发展史，把对象意识逐步内化为自我意识。这个过程同时也就是意识克服自然的中介性，把**康德**的宇宙自在之物转化为意识内容的过程，亦即"二力同一"收服"一力贯通三力"的过程。意识被从感性确定性和对物的知觉发展为从力的角度思考现象和自在之物的知性（逻各斯）。知性从宇宙推动力在现象界中的表现把握其规律，建立起被判断力统一的超感官世界（有限理界），由此进一步深入被无限判断力统一的第二个超感官世界（宇宙理界），把后者看成是前者的颠倒（把无限逻各斯看成有限逻各斯的自我否定），并通过这种颠倒隐含的同一性返回前者，从而克服了宇宙作为自在之物的独立性，将它内化到现象界，使现象界上升为容纳所有差异的世界本身。内化了无限逻各斯的有限逻各斯获得了无限性。克服了自然中介的意识于是过渡到自我意识。

精神现象学接着把实践哲学重新实现为自我意识的发展史，把自我意识作为自由意志外化到自然中。这个过程同时也就是自我意识向绝对自我意识上升的过程。因此，自由意志被理解为判断力向绝对意志（而非无限判断力）的自我超越（实践哲学不再以普遍的法治状态为目标）。这种超越开始于自然状态的自我意识，亦即对生命的欲望，并在类意识中上升为普遍自我意识（通过逻各斯的自我超越形成的自我意识）。自我意识的普遍性本质使它只能通过相互承认建立。向绝对意志自我超越的判断力于是通过征服他人意志实现自我意识（因而反过来依赖被征服的意志保持自我意识），并迫使被征服的意志转向自然去实现自我超越，将自我意识外化到自然中，从改造自然的劳动发展出思考中的自由。但思考中的自由是抽象的、逃避现实的。自我意识无法真正通过这种自由通向绝对自我意识，而只能把自己撕裂在有限和绝对之间。

在**谢林**中理论哲学和实践哲学统一于艺术哲学，因为有限和无限统一于绝对无差异的同一性（天志），而这种统一只能通过美感直观达到。但在**黑格尔**中，绝对已经扩展为天志与世界有差异的同一性（意志—对象同一体）。**黑格尔**必须让有限逻各斯和无限逻各斯（作为主客同一体）通过它们组织的现象界和自然界相互演化，才能把它们统一到绝对本身（成为绝对理性）。精神现象学的发展于是进入理性阶段：①有限和无限的相互演化是主客同一体的同构演化（同化）。故理性确信自己（通过组织现象界和自然界）就是一切实在，并开始追求自身的真理。这种同化（内化和外化）在更高的（小太极）层次重复了理论哲学和实践哲学，并把二者统一到实践理性对道德律的认识。但从精神意志的角度看，绝对和有限逻各斯是同一的，无限逻各斯只是有限逻各斯通向绝对的中介，故统一有限和无限逻各斯的理性本质上还是有限（主观）的，缺乏客观实在性。②尽管绝对不与无限逻各斯同一，但二者都具有"意志—对象同一体"结构，故绝对可以直接把隐藏在自然中的无限逻各斯统一到绝对本身，形成具有客观实在性的理性（精神）。这种客观精神就是历史地、自然地形成的伦理世界（民族性大我）。有限（主观）理性必须克服（吸收）客观精神，才能最终消除其有限性，被绝对统一为绝对自我意识。因此，伦理世界在精神意志推动下自我异化，过渡到将自由意志无限化（普遍化）和绝对化的理想世界，从内化在理想世界中的道德意识过渡到具体的道德精神（良心），在自我谦卑和相互宽恕的良心中实现绝对意志（天志）的自我意识。③绝对意志的自我意识还不是完整的绝对自我意识（尚未包含世界）。精神现象学于是把它扩展到它所统一的基督教世界，从而过渡到宗教意识。虽然从太极的角度看基督教的目标是现实的（克服死亡），但它通过神人合一重塑了世界的统一性（大我），故基督教的教义可以看成是绝对的自我启示。精神现象学于是把宗教意识当成绝对自我意识，考察了它从自然宗教、艺术宗教到启示宗教（基督教）的发展过程。④启示宗教的表象思维仍未达到思考与存在、认识与对象的同一。精神现象学于是从启示宗教过渡到绝对认知（哲学）。作为绝对自我意识的最终形式，绝对认知把意识的发展过程作为自身的具体内容，把意识在其中发展的世界统一到绝对概念，最终把自己实现为统一了有限和无限的绝对理性。绝对认知就是自己认识自己的绝对精神，就是思考与存在同一的绝对存在。精神现象学预设了绝对认知的立场，在精神意志的潜在推动下，让自我意识在不断转化对象（从而也不断转化自身）的过程中走向绝对，最终达到自我意识和对象意识完全同一的绝对自我意识。这就是精神现象学通过有限和无限的统一思考绝对的方式。精神现象学因此实现了哲学在**谢林**基础上吸收**费希特**的目标。

从太极的角度看，**黑格尔**中的绝对实际上是第二太极（天地）的延伸（天志与世界的阴阳合一，大我）。因此绝对自我意识与太极自我意识（无限逻各斯的内容）有内在关联。当精神现象学在其终点处实现出绝对自我意识时，这个内在关联就使绝对自我意识和太极自我意识发生相互呼应。精神现象学因此暴露出自身的矛盾：虽然绝对自我意识是通过统一有限和无限逻各斯实现自身的，但它并没有真正包含无限逻各斯的内容（太极对自己从第一太极到第二太极发展过程的先天思考）。这个矛盾迫使哲学转向无限逻各斯的内容，从绝对角度把握太极的自我思考，从而把绝对从第二太极扩展到第一太极（从天志与世界的合一扩展到乾志与太极圆象的合一）。哲学的立场于是发生了如下变化：①精神意志的"二力同一"被扩展为"四力同一"：绝对自我意识与无限逻各斯的相互呼应使前者隐含的"二力同一"被扩展到无限判断力，使天志和无限判断力也被等同起来。从太极的角度看，天志和乾志本来就是同一的。因此精神意志现在包括乾志、天志、无限判断力、有限判断力的"四力同一"，成为推动绝对从第一太极向第二太极发展的动力。②哲学的任务是思考绝对的发展过程：为了解决精神现象学的矛盾，绝对自我意识必须把无限逻各斯的内容转化为绝对认知的内容，从绝对角度重演太极的自我思考，也就是在"四力同一"的精神意志推动下思考绝对从第一太极到第二太极的发展过程。哲学的目标不再是实现**谢林**与**费希特**的综合，而是发展具有大全性质的哲学体系。

第十三讲 从太极看世界哲学史 | 565

精神意志的"四力同一"在绝对的不同发展阶段以不同方式发挥作用，对应哲学大全体系的不同部分。①太极圆象到无限逻各斯的发展（逻辑学）：乾志与无限判断力同一导致哲学把太极圆象的发展过程混同于无限逻各斯中的逻辑理念演变过程。因此，从太极圆象到无限逻各斯的发展过程被当成绝对的第一个发展阶段，即理念在自身中通过纯粹逻辑范畴发展的阶段（第一太极转生第二太极的过程被忽略，因为绝对只是太极的延伸而非太极本身）。②太极在宇宙中的物化（自然哲学）：太极在无限逻各斯中完成自我思考之后，把自己物化在宇宙中。物化是乾志通过所拥有的无限意志（无限判断力和宇宙推动力）进行的。由于无限判断力参与了"四力同一"，宇宙推动力现在成为唯一不参与精神意志的力。哲学于是把宇宙推动力当成本质上异于精神意志的意志。然而，宇宙推动力对太极的物化是根据无限判断力对太极的思考进行的。它因此被哲学当成无限判断力的异化。这意味着自然（物界宇宙）被当成逻辑理念的异己存在（外化）。自然的形成意味着宇宙生命完成了发展（气界宇宙的形成被忽略，因为**黑格尔**仅仅探入理界和物界）。③第二太极的发展（精神哲学）：太极在完成宇宙生命的发展后，就开始在天志推动下发展有限生命乃至人类，并通过人的历史活动把自己实现在世界中。第二太极的这种发展被哲学看成外化为自然的理念在精神意志推动下回归自身（在世界中发展为精神）的过程。所以，哲学大全体系由逻辑学、自然哲学、精神哲学三部分构成。

逻辑学的开端是思考与存在同一的绝对认知。这种绝对认知以存在为唯一的纯粹概念。由于有限判断力、无限判断力和乾志的同一，存在不但被当成逻辑理念的第一个范畴，而且也被混同于太极全象中的阳象（阳比阴原始，阴比阳发展，故阳象被当成最原始之象）。逻辑学于是根据太极全象从阳象、阴象到合象的发展划分为存在论、本质论和概念论三部分。但这种初步划分没有反映出太极全象的后续发展，即它被投射到阴象内而形成八卦和六十四卦。这个后续发展使最初的太极三象具有类似阳象的"直接性"；它们被投射到阴象内的发展具有类似阴象的"间接性"；太极从八卦六十四卦返回阴象，将（发展了内容的）阴象和阳象再次带向合象（形成太极圆象）的过程则具有类似合象的"综合性"。为了全面反映太极圆象的发展过程，存在论、本质论、概念论分别以各自方式吸收了太极三象的"阳阴合"发展模式，形成了逻辑学的第二层次。另外，由于逻辑学混同太极圆象的发展和太极在无限逻各斯中的自我思考，它把太极圆象自身的发展和它在太极思考中的后续发展（太极圆象发展为宇宙生命，生出到世界中，作为人统一世界）当成一个连贯的发展过程。逻辑学因此从逻辑范畴角度覆盖了绝对的整个发展过程：①存在论反映了第一太极最初产生太极三象的过程，当成是绝对最初、直接、尚未反思的思考。太极三象投射到阴象中形成八卦的过程则构成存在论向本质论的过渡。②本质论反映了太极三象投射到阴象中的结果，即八卦综合了同一与差异，使阴阳两性既分离又结合的特性，当成是绝对的带有反思性质的思考。八卦是太极产生具体事物的先天基础。故本质论还反映了太极以八卦为根据（通过六十四子卦）产生实存的宇宙万物以及万物涌现为世界现象的过程。③概念论反映了与概念同一的世界从主观性、客观性到主客统一的发展过程。概念（世界）与诸多意志的关系决定了概念论前进的方式：它首先从"天志和有限判断力同一"出发把握世界的主观性（把世界的结构反映为概念，判断，推理），接着从"一力贯通三力"出发把握世界的客观性（从物界到理界，亦即从机械性到目的性），最后从"二力同一"收服"一力贯通三力"出发把世界的统一性思考为主客观在理念中的统一（其最高形式即汇合了绝对从第一太极到第二太极之发展的世界，亦即绝对理念）。

精神意志的"四力同一"还包含乾志与天志的同一。这两个力的同一说明其对象（太极圆象与世界）也发生了同一。对于逻辑学来说，这意味着存在论、本质论、概念论分别对应世界的直接层次（具体现象）、间接层次（现象的本质）、综合层次（世界整体）。所以逻辑学的思考结合了两种完全不同方向的运动：第一种按照太极的发展顺序从太极圆象运动到世界；第二种则从世界现象运动到它们归属的世界整体。两种运动从相反的起点开始平行并进、相互呼应、相互渗透，最终汇合在与世界同一的"概念"中。另外，无限判断力与有限判断力同一意味着逻辑理念的发展过程同时也是隐藏在世界现象中的逻辑范畴的发展过程（混淆了先天理念与后天概念）。总之，"四力同一"使太极不同层次（自我生成和自我认识）与不同阶段（第一太极和第二太极）的四个意志粘连在一起，相互纠缠，导致每个意志的立场都被其他意志的立场所扭曲。逻辑学因此混淆了太极发展层次中的大和小、发展顺序中的先天和后天，混淆了无形大象和具体事物，导致逻辑学无法真正发现第一太极发展出来的八卦六十四卦，更无法恰当地反映无限逻各斯的内容（太极的自我思考）。逻辑学还把"无名"的太极圆象发展过程（先天大道）和"有名"的无限逻各斯（小道源头）混同起来，把二者当成一个整体归结为逻辑理念的自我思考、自我实现，掩盖了太极从混沌的原始状态发展出自我思考的过程（思考与存在的同一被扩展到无限逻各斯和第一太极，使思考与所思之物从一开始就发生混同）。然而，**黑格尔**的逻辑学是哲学第一次尝试通过纯粹逻辑范畴把握太极的自我思考。虽然这个尝试因为诸多意志的粘连和纠缠而变得十分扭曲，但其在哲学史中的意义是独一无二的。

逻辑学把太极圆象到无限逻各斯的发展当成理念的自我实现。**黑格尔**因此把太极的下一步发展（物化）当成理念的外化。其实无限逻各斯的理念和自然万物都是太极自我投射的结果，只是无限逻各斯预先思考了自然，并表现为自然隐含的理性。**黑格尔**从逻辑学的立场出发，把自然当成是理念从自我思考中走出，把自己释放到自己之外的结果，由此产生了哲学大全体系的第二部分，即自然哲学。自然哲学遵循逻辑学从存在论、本质论到概念论的发展方式，产生力学、物理学和有机物理学。力学研究自然的自在统一性，包括其外在规定（物质的四种基本属性）和通过引力形成的太阳系（第一太极的物化）。物理学则进入自然的个体性，从同一与差异及相互反映关系出发，研究微观宇宙（第二太极的物化）中的光如何构成宏观星系，以及从光进一步发展出来的气火水土四大元素（第二太极的宏观物化），并从元素过渡到原子体系的物理化学过程。有机物理学则达到了自然的自为统一性，从地质自然界（地球的演化）开始，从个体的自我统一、自我保持角度把握生物体（生命的物化），当成是概念自我规定、自我实现的最终外化形式。

虽然自然哲学大体上把握了太极生成宇宙的主要阶段，但由于逻辑学没有恰当地理解太极的自我生成和自我认识，因此自然哲学无法恰当地理解太极生成宇宙的方式。太极确实是在无限逻各斯中思考了物化过程后才把自己物化在宇宙中的。从这个角度来说，自然可以看成是理念的一种外化。但这并不意味无限逻各斯从自身外化出了物界宇宙。从纯粹的思想不可能产生不同于思想的东西。但从混沌的太极既可以产生清晰的思想，也可以产生比思想混沌的物质（还可以产生比物质更混沌的气）。自然哲学的问题在于它的哲学基础（逻辑学），而不在于它的思考方式与自然科学不同。这种不同其实是自然哲学的优点，因为哲学要理解的是宇宙万物的"为什么"而不仅仅是其"如何"。自然哲学把自然看成理念的外化，已经接近了物化的思想，只是由于逻辑学没有恰当地理解太极的发展过程，自然哲学才无法恰当地理解太极的物化。所以，**黑格尔**的自然哲学在哲学史中的意义与其逻辑学一样是独一无二的。

从太极的角度看，太极的自我生成分成两个阶段，并以自我认识为其过渡：第一阶段的自我生成就是从乾坤生成太极圆象。接着太极圆象在地母中成长为宇宙生命，实现了太极的自我认识。第二阶段的自我生成则是在天地生人的基础上，通过人的历史活动把太极实现在世界中。因此，人的发展和历史活动可以看成是在太极产生宇宙生命之后，在太极已经认识自身的前提下，在世界中重新自我生成的过程，亦即自我回归的过程。但**黑格尔**把太极圆象的发展和无限逻各斯的思考混同起来，当成是逻辑理念的自我发展过程，而把自然当成是理念的外化。因此，**黑格尔**把人的发展和历史活动看成是理念从它在自然的外化向自身的回归（在世界中发展为精神），由此产生了哲学大全体系的第三部分，即精神哲学。

精神哲学并不简单地重复精神现象学，因为哲学现在已经看到绝对从第一太极到第二太极的发展过程；精神被看成是这个发展的结果，而不仅仅是从沉浸在对象中的自然意识逐步觉悟自身的结果。精神哲学根据太极三象的"阳阴合"发展模式，把精神的发展分为主观精神、客观精神和绝对精神三个阶段。推动精神在世界中发展的是"二力同一"的精神意志。因此，精神哲学从精神意志的主观因素（判断力）和客观因素（天志）出发，分别发展出主观精神和客观精神，再从完整的精神意志（绝对化的判断力）出发实现出主客同一的绝对精神。主观精神包括精神从自然灵魂到自由精神的发展，即人从自然生命发展为主体的过程。这部分以哲学大全体系的目光重新展开了精神现象学中从意识、自我意识到有限（主观）理性的发展过程。客观精神展开自由意志在天志统一的世界（社会）中的活动（包括道德及家庭、经济、政治等历史活动），展现了自由精神的客观实在性。最后，在绝对化的判断力的潜在推动下，精神的自我认识从感性直观、表象思维发展到概念思维，经历了艺术、宗教、哲学三个阶段，最终在哲学中彻底实现出主客同一、绝对自由的精神。哲学大全体系于是成为绝对从理念、自然到精神不断发展的最终结果。自我思考的理念在经历种种外在发展后，最终作为绝对精神在哲学中实现自我思考，构成了一个自我发展、自我外化、自我回归、首尾相接的理念发展过程。这是**黑格尔**这个位置从理念出发理解的"永恒轮回"。这与**易**暗示的永恒轮回（乾坤在发展中回归自身）有相似之处。但理念的首尾相接是纯粹理想性的，没有真正构成所思之物在现实中的永恒轮回。从太极的角度看，哲学大全体系从一开始就把第一太极的发展（无名的先天大道）理解为理念的自我思考，丧失了所思之物与思考的现实差异。因此，所思之物并没有真正在哲学中回归自身，而只是哲学思想在所思之物中游荡一番后回归了自身。

黑格尔是西方哲学史中第二个和**易**有关的位置。第一个和**易**有关的位置是**毕达哥拉斯**。但在**毕达哥拉斯**中**易**丧失了内涵而只剩下形式化、象数化的思考。**毕达哥拉斯**只是捕捉到了**易**的影子而没有真正看到太极的发展过程。**黑格尔**的绝对（作为实体）其实是太极的延伸（在第二太极中相当于天志与世界的合一。在第一太极中相当于乾志与太极圆象的合一）。因此绝对有阴阳合一的太极性。太极是通过延伸自己来发展自己的。**黑格尔**虽然没有看到太极本身（乾坤和天地），却看到了太极的发展过程，并把它理解为绝对的自我发展。**黑格尔**因此看到了太极发展中的阴阳关系（对立统一）以及阳阴合（正反合）的发展模式，看到了太极通过否定之否定实现发展的方式。这使**黑格尔**发展出了反映太极性的辩证法。辩证法就是从**黑格尔**立场出发的太极思维。所以**黑格尔**

得到了**易**在发展方面的内涵。否定之否定首先是在精神现象学中发展出来的（判断力向天志的自我超越使之不断否定自身及其对象），因此从一开始就被当成绝对主体性的表现，并在哲学大全体系中表现为概念的自我否定、自我发展。由于**黑格尔**没有看到太极本身，无法从太极本身的内在矛盾去理解太极发展过程，所以没有看到太极发展的真正动力和目标，而只能从发展过程理解发展过程，掩盖了太极作为一切事物本源的原始自性。虽然绝对作为太极的延伸具有太极性，但并没有被当作阴阳合一的整体来考察。绝对的阳性就是推动其阴性（对象）不断发展的意志。但在**黑格尔**中精神意志并没有真正作为意志得到考察，而只是隐藏在哲学的立场中，潜在地推动哲学思考的发展。精神意志中的天志和有限判断力被直接等同，导致二者的对象（世界和领悟）也被直接等同，产生了与世界同一的"概念"。精神意志的"四力同一"则使概念进一步与理念和太极圆象直接等同。这样的概念仿佛凭自身就直接通达了所思之物。推动概念发展的意志于是隐藏在哲学的立场中，无法作为考察对象出现，而阴性的概念则代表绝对本身获得了自我思考、自我实现的主体性和能动性，仿佛概念是仅仅由自身的内在矛盾推动向前发展的。所以，**黑格尔**的概念辩证法是偏向阴性的太极思维。

　　黑格尔把第一太极和第二太极的大意志和小意志合在一起，把从**康德**开始的从小意志向大意志的回归推向了顶峰（尽管它关注的是精神意志推动的发展过程而非精神意志本身）。哲学大全体系把第一太极到第二太极的发展过程展开为理念的自我思考、自我外化，最终在哲学思考中实现自我回归。逻各斯因此通过哲学大全体系达到了纯粹的、绝对的自我思考，彻底实现了理想性方面的自满自足。哲学从**亚里士多德**开始就把逻各斯的自满自足作为目标来追求。但**康德**通过基督教的神把天志引入哲学中，同时又把它理性化而掩盖了它作为原始意志的本质，导致哲学不得不暂时悬置这个目标，首先通过**叔本华**恢复原始意志的独立性，再通过**谢林**、**费希特**到**黑格尔**的发展实现小意志向大意志的回归。在**黑格尔**中，哲学通过精神意志的作用彻底实现了逻各斯在理想性方面的自满自足。但与此同时，逻各斯并没有在现实性方面达到自满自足，因为**黑格尔**在精神现象学中就已经丧失了原始领悟的直观性，掩盖了它组织并融化在世界现象中的本质，把概念思维预设为哲学思维的恰当形式，不断把领悟的现实性转化为理想性来通向概念思维，最后把世界现象统一在绝对概念中。所以在哲学大全体系中，逻各斯在理想性方面达到的彻底自满自足是以牺牲现实性自满自足为代价的。

哲学的下一步发展于是重新回到精神现象学，但同时放弃概念思维，转而从领悟的现实性出发把握它所组织的世界现象。在经历了**黑格尔**之后，太极已经看到逻各斯只能靠牺牲现实性的自满自足才能彻底实现理想性的自满自足，这说明逻各斯根本上就不是自满自足的。太极于是让哲学放弃了以逻各斯为中心的形而上学传统，不再以逻各斯的自满自足为目标，而是以"恰当地把握世界的统一性"为新的目标。由于从**叔本华**到**黑格尔**的发展已经把小意志向大意志的回归推向了顶峰，哲学就结束了这条发展道路，倒回**康德**去寻找从领悟的现实性出发统一世界现象，发展新现象学的途径。在**康德**中，作为经验杂多出现的现象通过时空直观、先验范畴和先验自我（先验统觉）获得了综合的统一性。但**康德**已经失去原始领悟的直观性（现实性），以致从先验自我而来的先验范畴仅仅出现为纯粹概念。尽管如此，太极仍然在**康德**的空间直观中看到了原始领悟的一种转化形式，即"在世界中移动我的身体的可能性"（我身可动性）。这种特殊的带有感性特征的领悟构成动物和人在其中漫游的生存空间（参见《语言与世界》）。它经过抽象（忽略和身体的关联）后就成为**康德**的空间直观，经过还原就是组织世界现象的一种感性领悟。所以，哲学的下一步发展就用"我身"代替**康德**的先验自我和精神现象学中的意识主体，用"我身可动性"这种感性领悟代替概念来统一世界现象，发展出了一种从身体出发的现象学，把哲学带上了一条全新的发展道路。

27. 梅洛-庞蒂

当哲学从**黑格尔**倒回**康德**时，哲学在**康德**的空间直观中发现了从领悟的现实性统一世界现象的途径。为了实现这个途径，必须恢复隐藏在空间直观中的我身可动性。新的哲学位置因此具有从**康德**和**黑格尔**而来的不同特点：从**康德**而来的特点决定了它必须用身体主体代替**康德**的先验自我对现象进行综合；从**黑格尔**而来的特点决定了它的目标是用身体主体代替精神现象学中的意识主体，用我身可动性这种感性领悟代替概念统一世界现象，发展新的现象学。新的哲学位置因此从身体出发，通过现象学方法揭示世界的统一性。这种从身体出发的现象学被20世纪法国哲学家梅洛-庞蒂发展了出来。我们因此可以把哲学的第二十七个位置称为**梅洛-庞蒂**。

原始领悟把生命默默地组织为"我"，同时也把身体现象默默地组织为"我"，构成我在现象中的物化，亦即作为身体的我（我身）。所以，移动身体是我在世界中做我自己的一种生存可能性。这种生存可能性（我身可动性）是从原始领悟转化而来的一种感性领悟（移动身体的方式是感性的）。这种感性领悟先天地组织了生命现象，生命才向世界敞开，形成动物和人在其中漫游的世界。这种漫游的世界是由生存空间组织起来的。然而，如果仅仅从静观事物的认识主体（判断力）出发看生存空间，就会掩盖它和身体（及世界本身）的关联，使之退化为纯粹的感性形式，即空间直观。在**康德**的空间直观中不仅隐藏着身体是"我"的默默领悟，同时也隐藏了对世界本身的感性领悟。这就为哲学从领悟的现实性出发统一世界提供了可能。

梅洛-庞蒂这个位置的发展过程如下。

（1）用我身代替**康德**的先验自我综合世界现象：哲学首先恢复了身体就是"我"的默默领悟。这种领悟不像原始领悟那样具有空无的普全性，而是包含对身体各部分的领悟（每个部分都是"我"），也包含对不同感觉的领悟（每种感觉都是"我的"）。原始领悟在身体中的这种物化（分化）使身体获得了自我综合的动态同一性。通过我身可动性，这种动态同一性被投射到环境中的事物，同时又被环境中的生存任务呼唤而不断调整自己，使我身成为世界的动态中心，并在哲学的视野中成为身体主体（判断力以我身可动性组织的生命为恰当对象，从而落脚到我身，把我身可动性作为生存可能性来筹划）。身体主体代替**康德**的先验自我成为世界现象的综合者；身体姿势代替范畴成为意义的来源（表达被看成姿势的发展）；身体图型代替先验图型成为身体主体综合世界现象的途径。

（2）把客观世界内化为感知世界：身体主体必须代替精神现象学

中的意识主体统一世界现象。第一步就是把客观世界（自然世界）内化到身体主体中。这种内化使身体主体成为知觉主体，客观世界成为感知世界，客观空间被转化为知觉空间，拥有客观属性的物被转化为各种感觉协调综合的结果。这种感知世界恢复了尚未被自我意识的发展（理性和知识）掩盖的混沌神秘的原始世界。**梅洛-庞蒂**因此在知觉层次上还原了**易**的原始思维。

（3）把身体主体的自由外化到世界中：**梅洛-庞蒂**不包括绝对意志（天志），因为它需要做的只是从领悟的现实性统一世界。因此，自由不再是判断力向绝对意志的自我超越，而只是落脚在身体的判断力（沉默的我思）在身体处境中的自我超越。这种被身体处境拖住的超越构成不断从当下处境逸出又不断被拉回的时间性。这是**康德**的时间直观通过我身可动性还原为生存时间性的结果。这种时间性构成身体主体的最高同一性。这种时间性主体的自由以处境为出发点和归宿，因此不是单方面统一世界的自由，而是和世界相互交缠、相互渗透、相互选择、相互成就的自由。由于**梅洛-庞蒂**没有**黑格尔**中的绝对，身体主体和世界不再被统一在更高层次上。故以上三个步骤共同构成了从身体出发统一世界现象的知觉现象学。

（4）从感知世界转向符号世界：由于知觉现象学没有把世界现象在更高的（绝对）层次上统一起来，它还没有实现**梅洛-庞蒂**这个位置的终极目标，即用感性领悟代替**黑格尔**中的概念统一世界现象。在**梅洛-庞蒂**中原始领悟仅以其转化形式出现，即我身可动性这种感性领悟。这种感性领悟组织并融化在个体生命现象中，不具有与世界同一的品格。哲学首先必须从这种个体化、主体化的领悟转向公共领悟，才能发展出与世界同一的领悟。所谓公共领悟就是语言发展出来的组织世界现象的领悟。哲学于是发现了符号世界，这是与感知世界（物界）平行的另一层次的世界（理界）。哲学因此认为符号世界有自己的准身体（公共身体）。准身体的活动使公共领悟不断分化和制度化而构成符号体系（语言）。符号的意义因此不是来自和事物的一一对应，而是来自其在符号体系中区别于其他符号的使用方式。言谈就是人通过语言准身体活在符号世界中的方式。

（5）通过世界的肉身化统一世界现象：哲学必须把我身可动性发展为与世界同一的领悟才能实现哲学的终极目标。从太极的角度看，组织并融化在世界现象中，同时其意义指向世界本身（原始敞开域）的领悟是原始领悟（语言中一切公共领悟都是原始领悟的分化）。哲学必须把原始领悟的这个特性物化到我身可动性中。所以，哲学让"我身"的领悟组织世界中一切物，把它们全部转化为身体，同时让其意义指向世界本身，把世界理解为公共的、分化出一切身体（一切物）的肉身。"我身可动性"一方面把一切物组织为可动的身体；另一方面指向世界的敞开运动（存在），把存在解蔽为世界肉身的原始运动（蛮荒的、野性的存在）。世界肉身不仅分化出可见的感性事物，而且分化出不可见的公共领悟（语言成为世界的自我开显，言谈成为存在的自我道说）。感知世界和符号世界被统一到不可见的世界肉身。世界肉身通过分裂而产生可见和不可见、感知者和被感知者、主体和客体等区分，但这些区分是当下可逆的（触者即被触者，说者即听者，看者即被看者，等等），因为双方都是从同一肉身分化出来的。通过各种可逆区分，世界肉身分化出相互交织的种种世界现象。哲学终于用与世界同一（把世界肉身化）的感性领悟统一了世界现象，达到了哲学预设的目标。

在实际发生的哲学史中，梅洛-庞蒂哲学出现比较晚，故人们认为它发展了胡塞尔和海德格尔的某些思想，看不到它代表的哲学位置把**黑格尔**开创的现象学从通向概念思维的倾向拉回现象本身的开端性作用。**梅洛-庞蒂**不仅是对**黑格尔**的转化，同时也是从**黑格尔**倒回**康德**重新出发的结果。它不但用我身代替先验自我，揭示了比知性综合（范畴综合）更原始的身体综合，展示了人通过身体活在世界中的方式，而且还用融化在世界现象中的感性领悟代替概念来统一世界，恢复了世界的现实性。但这种做法同时掩盖了**康德**和**黑格尔**中的逻各斯（意识主体）在综合经验对象和统一世界现象中的作用。因此，哲学的下一步发展本来应该把身体主体和意识主体结合起来，通过身体综合与知性综合的结合实现对世界现象的统一。但身体主体和意识主体无法结合为更高的主体，因为只有真正的我（中我）才能统一我身和逻各斯构成的小我，而真我（以心为中心的我）从**笛卡尔**开始就已经被主体所掩盖。虽然如此，**梅洛-庞蒂**在其对符号世界的探索中已经超越了身体的主体性，看到了逻各斯构成的符号世界，尽管它仍然被统一在语言准身体中。所以，只要哲学从符号世界中清除身体因素，就可以纯粹地通过符号体系（语言）统一世界。从太极的角度看，逻各斯不仅可以通过"自化"产生的范畴综合世界现象，还可以通过"自成"产生的语言在更高层次上统一世界现象（逻各斯把自己投射到领悟中产生句子就是逻各斯的自我生成。参见《语言与世界》）。太极于是发现了恢复逻各斯对世界统一作用的新途径，产生了一种从语言出发统一世界现象的哲学。

28. 维特根斯坦

当太极从符号世界清除语言的准身体（公共身体）后，符号体系不再被看成来自公共领悟的分化和制度化。相反，符号世界现在只能通过与感知世界的对应关系来建立（理界本来就是物界的组织者）：名称的含义来自所指事物；句子（命题）的意义来自所描述的情况（事态）。从太极的角度看，语言对世界现象的统一建立在身体综合与知性综合的基础上：只有在世界现象已经被综合为（自我同一的）事物的基础上，逻各斯才能把对事物的领悟展开为语言，澄明事物在世界中的意义，把事物统一到世界本身。但哲学是因为无法结合身体综合与知性综合才试图纯粹通过语言统一世界现象。因此，太极屏蔽了身体综合与知性综合，使事物成为由名称指示的、给定的、不可分解的谈论对象，以出现在事态中的可能性为其唯一性质。事物之间和事态之间只剩下了外在的逻辑关系。命题不再展开对事物的领悟，而只是静态地描述事态。哲学于是把语言看成命题的总体（描述了所有可能发生的事态），把世界看成事实（实际发生的事态）的总体。名称按一定的逻辑形式结合构成基本命题（描述具有同样逻辑形式的简单事态）。基本命题通过逻辑关系结合为复合命题（描述具有同样逻辑形式的复合事态）。故语言和世界在逻辑形式上是同构的（语言以其逻辑形式反映了世界）。语言的逻辑虽然不决定世界究竟发生什么事实，但先天地决定了事实的可能性空间。语言因此通过其逻辑形式把世界现象统一为一个可说的世界。这种通过语言与世界的同构统一世界现象的逻辑哲学被20世纪奥地利哲学家维特根斯坦发展了出来。因此我们可以把哲学的第二十八个位置称为**维特根斯坦**。

　　语言与世界的同构使逻辑哲学认为语言只能言说（描述）世界现象，无法言说超越世界现象的东西。在**黑格尔**中，意识主体通过与绝对的同一实现对世界现象的统一（绝对即天志与世界的合一）。**维特根斯坦**没有继承**梅洛-庞蒂**后期对世界本身的领悟。但这个位置仍然可以通过逻各斯的意志（判断力）与**黑格尔**中的绝对意志（天志）发生关联。逻辑哲学把语言看成静态的命题总体，说明判断力不出现在语言中，而只是在静观中把语言统一为"我的语言"。同样，判断力不出现在和语言同构的世界中，而只是站在世界对面静观世界，把世界统一为"我的世界"。这种超越的意志主体潜在地归属超越世界的绝对意志。它无法在世界中发现自己、言说自己，更无法言说它所归属的绝对意志，而只能把后者当成决定世界意义的神秘之物（神）。这种意志主体只能以超越的方式静观世界，让来自神的不可言说的意义（在理界表现为价值，在物界表现为美）默默显示出来，从而达到人生的幸福。

　　在逻辑哲学中，逻各斯不是主动地通过语言组织世界，而只是静观语言和世界。这种统一世界现象的方式突出的不是逻各斯的阳性意志（判断力）而是其阴性对象（领悟）。然而在**梅洛-庞蒂**中哲学曾经发现符号的意义不是来自和事物的一一对应，而是来自符号在符号体系中被使用的方式（语言准身体的活动导致公共领悟的分化和制度化）。在这个发现中隐藏着逻各斯在语言中的能动作用，但逻辑哲学因为清除了语言的准身体（公共身体）而掩盖了这种能动作用。为了揭示逻各斯的阳性意志统一世界的主动作用，太极用公共逻各斯代替隐喻的公共身体，把超越地静观世界的意志主体改造成与他人共同生活在世界中，通过符号的使用组织世界的言谈者（符号世界和感知世界被结合为生活世界）。**维特根斯坦**现在完全否定了之前静态的形式化的语言观，反过来从言谈活动出发理解语言。词和句子的意义不再取决于它们在理想语言中和事物或事态的对应，而是取决于它们在日常语言中的用法。语言被看成人们通过言谈组织世界的游戏（公共逻各斯通过个体逻各斯共享生活世界的活动来实现自身）。语言游戏之间没有明确的边界或抽象的普遍性，而是形成一种可过渡的局部相似性（类似家族成员的相似性），反映了人们共享生活世界的众多形式，以及组织这些形式的公共逻各斯（公共逻各斯只能通过它组织生活世界的活动实现自身，因此逻各斯在不同生活形式中以不同方式投射自身，产生花样繁多的语言游戏）。语言游戏以可过渡的局部相似性把世界组织为诸多生活形式的开放的动态整体。逻各斯通过其隐藏在语言游戏中的普遍意志实现了世界的统一性。哲学通过放弃逻辑化的语言观，转而从言谈活动理解语言而成为真正的语言哲学。逻辑哲学从逻各斯的阴性出发理解语言和世界。语言哲学则反过来从逻各斯的阳性出发理解语言和世界。语言哲学因而构成对逻辑哲学的批判和否定。

在**维特根斯坦**中，逻各斯先后通过两种相反的方式统一世界，导致逻各斯的内部分裂和强烈的内在张力（领悟和判断力仿佛互相争夺统一世界的地位，而不是构成阴阳合一的小太极）。哲学必须把这两种相反的方式结合起来才能完整地揭示逻各斯统一世界的方式。但这两种方式的相反并不纯粹，因为逻辑哲学虽然偏向从领悟构成的命题总体统一世界，却仍然把判断力当成在静观中统一世界的意志；这个意志在语言哲学中被太极改造成活在世界中，通过言谈主动组织世界的意志，却又隐藏在日常生活的语言游戏中，没有被凸显为统一世界的意志。这种不纯粹性使偏阴和偏阳两种相反方式无法直接结合在一起。为了揭示逻各斯作为小太极统一世界的方式，必须把其阴阳两性的作用分别以纯粹的方式彻底发展出来，才能把阴阳两性真正结合在一起。根据**维特根斯坦**中逻各斯的发展顺序，太极决定了接下来的三个位置将分别具有纯阴、纯阳、阴阳合一的特性。这将构成哲学史的一个特殊阶段，因为逻各斯不得不撕裂自己，单独地发展其阴性和阳性，然后才能劫后余生地恢复其阴阳合一的真身。为了纯粹从逻各斯的阴性出发统一世界，哲学的下一步发展就从**维特根斯坦**的语言哲学返回逻辑哲学，清除判断力的构成作用和主体性，从经验的最小单元出发，通过语言的逻辑形式重构世界现象，发展出了逻辑原子主义哲学。

29. 罗素

为了更彻底地揭示语言的逻辑形式统一世界的作用，哲学不但要用它来统一世界中发生的事实，而且首先要用它来重构世界中的事物，这样才能从最基础的东西开始统一世界。太极因此在新的哲学位置中解除了对**康德**的知性综合与**梅洛-庞蒂**的身体综合之屏蔽，但其目的是为了用语言的逻辑形式代替它们来综合经验材料。哲学通过逻辑分析把世界现象消散为经验的最小单元，从描述原子事实的原子命题出发通过逻辑组合构造出更复杂的命题来描述世界现象，以此来重构我们关于世界的知识，最终把世界统一在知识论中。这种从经验的最小单元出发，通过语言的逻辑形式重构世界现象的逻辑原子主义哲学被 20 世纪英国哲学家罗素发展了出来。因此我们可以把哲学的第二十九个位置称为**罗素**。

罗素有比较复杂的发展过程，因为它首先必须从**维特根斯坦**中的语言哲学返回逻辑哲学，并逐步清除判断力的构成作用和主体性，才能真正从逻各斯的阴性出发统一世界，导致其思考立场不断发生变化。这个位置的发展过程如下。

（1）从语言哲学返回逻辑哲学：在语言哲学中，逻各斯的意志忘我地投入日常生活的语言游戏，放弃了它对语言和世界的静观。**罗素**必须让判断力从这种沉迷状态返回静观状态，才能开始对逻辑哲学的改造。为了达到这个目的，**罗素**必须借助逻辑哲学中超越世界的绝对意志把判断力拉出它沉迷其中的日常世界。判断力因此感受到从绝对意志（神）而来的拉力，产生对宗教信仰的热情。但这个拉力的目的不是让判断力回归神而是回归静观。因此，宗教信仰被引向静观语言和世界的态度，并最终被后者代替。当哲学放弃宗教信仰进入纯粹静观时，绝对意志虽然失去了宗教色彩，但仍然作为同化判断力的意志潜在地发挥作用，其情形类似于**黑格尔**的精神意志。然而，**罗素**返回逻辑哲学的最终目的是为了纯粹从逻各斯的阴性统一世界，因此它进一步放弃了精神意志统一世界的辩证思维和整体思维。逻辑哲学对语言和世界的超越静观被改造成了内在静观。

（2）清除判断力在理界的构成作用：为了纯粹从逻各斯的阴性统一世界，哲学必须清除判断力在语言中的构成作用，建立纯粹由命题的逻辑形式构成的语言。语言是逻各斯的自成而非判断力的单方面行为（句子是逻各斯把自己投射到领悟中的结果）。但判断力在构成词的含义中起到了主导作用（含义是判断力通过范畴构成的直接对象）。太极于是解除了对**康德**的知性综合的屏蔽,以便用逻辑形式代替范畴来构成词的含义,也就是用命题的逻辑形式改写判断力通过范畴(以及它与想象力、心、天志、无限判断力等其他意志的关系)构成的指向复杂事物或超越事物的词或名称,仅仅保留直接指向亲知事物的专名,把含义从判断力的构成作用解放出来,让它仅仅从亲知事物和命题的逻辑形式获得意义。逻各斯通过语言产生的纯粹自相关的知识是数学和逻辑(数学对象是判断力构成的纯粹自相关的含义)。因此,改造语言的工作首先通过数学的逻辑化进行。哲学通过逻辑公理体系把数转化为命题的逻辑形式,消除了判断力构成数学对象的作用。通过对数学的逻辑改造,哲学用判断力对命题的静观代替了它对含义的构成作用,从逻各斯的阴性出发统一了理界。

(3)清除判断力在物界的构成作用:判断力不但通过范畴构成含义,同时还把经验杂多综合为认识对象。哲学于是把经验杂多(判断力静观但没有参与构成的感觉材料)当成最基本的亲知事物。从太极的角度看,感觉材料首先被身体综合为生存时空中的物,然后才通过范畴综合为认识对象。太极于是解除了对**梅洛-庞蒂**的身体综合的屏蔽。哲学把身体综合构成的(在时空中保持动态同一的)物改造为感觉材料的逻辑构成(集合或系列),把物理世界内化为感官世界,再把诸范畴(通过图型)应用于物界产生的概念用逻辑构成重新加以解释,从而清除了判断力在物界的构成作用,从逻各斯的阴性出发统一了物界。通过这种改造,哲学把复杂事物归结为以经验的最小单元为基础的逻辑构成,从描述原子事实的原子命题出发构造复杂命题来描述复杂事实,形成了逻辑原子主义哲学。

(4)清除判断力的主体性:哲学虽然用逻辑构成代替了判断力在理界和物界构成对象的能动作用,但判断力仍然作为静观对象的意识主体发挥了消极的构成作用。为了更纯粹地从逻各斯的阴性出发统一世界,必须把意识主体也清除掉。哲学于是把意识主体归结为逻辑虚构,否定感觉和感觉材料的区分,通过分析精神现象把心和物都归结为感觉的逻辑构成,清除了判断力把生命现象统一为意识的作用。但感觉和身体密切关联,因而潜在地和落脚在身体的判断力(身体主体)相关。

哲学于是通过分析物理现象进一步消除心和物的差异，用更为中立和普遍的"事件"代替感觉作为最小单元，把知觉对象和物质都改造为事件的逻辑构成（事件组），从而消除了身体隐含的主体性。通过对心和物的分析，哲学彻底清除了判断力的主体性，把逻辑原子主义哲学推向了纯粹从逻各斯的阴性出发的极端。

（5）从逻各斯的阴性出发统一世界：清除判断力的构成作用和主体性后，哲学已经预备好从逻各斯的阴性出发统一世界（同时把理界和物界统一起来），为此必须利用逻辑哲学中语言与世界的同构。但**罗素**对意识主体的放弃使之不再从总体把握语言和世界。尽管命题和事实之间有对应，但**罗素**不能仅仅通过语言的逻辑形式决定世界的可能性空间，而必须具体研究命题如何揭示经验事实，以及如何从已知事实推导出未知事实。故哲学必须探究命题与事实的符合关系，亦即意义与真理问题，在此基础上考察人类知识的范围和限度，才能最终通过知识论统一世界。这种知识论揭示了逻各斯只能以经验事实和它建立的知识公设为基础，通过非演绎推理得出关于世界的概然性知识。逻各斯无法完全从自身出发统一世界。这是哲学清除判断力的构成作用和主体性的必然结果。

罗素从**维特根斯坦**的语言哲学返回逻辑哲学，清除了判断力的构成作用和主体性，使逻各斯的阳性意志彻底失去统一语言和世界的作用，同时通过逻辑分析消解和重构一切世界现象，最终从知识论角度达到了纯粹阴性的世界统一性。**罗素**因此实现了太极决定的"纯阴—纯阳—阴阳合一"发展阶段中的第一步。哲学的下一步发展应该反过来纯粹通过逻各斯的阳性意志统一世界。相对于**罗素**把逻辑哲学彻底阴性化，新的哲学位置应该反过来把语言哲学彻底阳性化。但为了纯粹通过判断力统一世界，哲学必须放弃领悟在统一世界中的作用，这意味着判断力将失去浮现在语言中的领悟为其恰当对象，转而以领悟所组织的生命为恰当对象。哲学的下一步发展于是不再通过语言游戏统一世界，而是从生命出发把判断力一步步扩展为意愿生命永恒轮回、重估一切价值的强力意志。

30. 尼采

在逻各斯中，判断力和领悟构成阴阳合一的太极关系：判断力拥有领悟为其恰当对象。但领悟通常只是潜在地组织生命并融化其中（逻各斯默默地附属于活在世界中的我），只有在语言中领悟才浮现出来成为判断力的恰当对象（最恰当的对象就是概念）。当判断力放弃领悟为恰当对象时，它就只能以生命本身为恰当对象。所以，把语言哲学彻底阳性化的结果就是把它转化为生命哲学。哲学于是把判断力与心等同起来构成生命意志，并通过逆行**黑格尔**的哲学大全体系把生命意志扩展到天志和乾志，形成自我创造、自我意愿、自我发展的强力意志。强力意志通过意愿永恒轮回把人提升为超人，并通过判断力对一切价值的重估统一世界现象。这种强力意志哲学被19世纪末德国哲学家尼采发展了出来。因此我们可以把哲学的第三十个位置称为**尼采**。

尼采是哲学史最复杂的位置之一，因为它是直接以**黑格尔**为背景发展出来的，具有和**黑格尔**密不可分的复杂性。其发展过程如下。

（1）从理界转向物界和气界：哲学首先把判断力的恰当对象从领悟转向生命。这刚好与精神现象学的运动相反，因为判断力不是从它直观的生命向其恰当对象（概念）运动，而是反过来从其恰当对象转向它默默观照的生命。**黑格尔**之后的哲学发展是以精神现象学为背景的。**尼采**的思考从颠倒精神现象学开始，故其发展过程成为对**黑格尔**的一系列改造（这种改造不是**尼采**有意为之，而是在太极引导下不知不觉地发生的）。此颠倒相当于从精神现象学的终点逆行，即从哲学（绝对认知）退回宗教。但启示宗教的表象思维仍是通过语言进行的，故**尼采**不是退回启示宗教，而是退回默默观照生命的艺术宗教。音乐是唯一通过意志的运动彰显生命意义的艺术，故能凝聚人心、统一世界。哲学于是通过考察音乐在艺术宗教中的作用把判断力从概念思维转向对生命的直观体验。这相当于从理界转向物界，并由于对理界的否弃凸显了与理界相反的混沌神秘的气界，揭示了艺术宗教中隐含的巫术精神（酒神狄奥尼索斯代表的精神。参见《易经与希腊神话》）。

（2）发展生命意志：从太极的角度看，真正拥有生命为恰当对象的是心。当判断力也以生命为恰当对象时，心就与判断力发生"二力同一",其结果可简称为"生命意志"。生命意志通过判断来生活,通过生活来判断;生存成为判断一切的出发点。但生命意志受到**黑格尔**中的天志和无限判断力的威胁(判断力被心固定在生命中,而天志和无限判断力却企图把它拉出生命)。哲学于是批判了精神意志(天志与判断力之同一)的辩证思维与整体思维,以及以无限逻各斯为基础的历史理性和客观精神,以此来维护个体生命与其时代和社会格格不入(不合时宜)的本真的自我意识。

(3)摆脱人性束缚以发展自由精神:从太极的角度看,个体生命的自我意识是通过判断力对生命的超越达到的(心借助这种超越才能反视生命)。但判断力与心的同一使它沉迷在生命中,无法实现对生命的超越。这种沉迷生命的自我意识其实是不真实的。哲学陷入了自相矛盾。为了解决矛盾,哲学只能借助心的超越根源(天志)对判断力的拉力克服心对判断力的束缚作用,把判断力拉出生命,相当于借助精神意志来超越生命意志。哲学于是从艺术宗教的狂热中清醒过来,从感性体验上升到理性观察,以科学态度重新认识世界。精神意志的引入使判断力被天志绝对化。但判断力从一开始就不再以概念而以生命为恰当对象。因此,这种绝对化的判断力成为居高临下俯察生命的意志。哲学开始面对现实世界,用严峻的理性冷却人心的浪漫幻想,让精神意志摆脱人性的束缚,发展出自由的自我意识(自由精神)。这种从绝对化的判断力发展出自由精神的运动与**黑格尔**的精神哲学正好相反,因为后者是从主观精神(其最高形式即自由精神)发展出客观精神和绝对精神。**尼采**于是以逆行精神哲学的方式发展自由精神,但不是通过概念的曲折运动,而是展开为对精神的一系列心理观察和反思,从中发现了道德和宗教在人心中的起源。

(4)逆行哲学大全体系:为了发展自由精神,哲学不得不借助精神意志超越生命意志,导致二者处在紧张状态。但二者本当一致,因为判断力与天志同一,又与心同一,故心应当与天志同一。为了消除自由精神的内在紧张,哲学必须实现心与天志的同一,让心借着从天志而来的曙光化入其根源。但心与天志之间存在先天断裂(表现为良心的罪疚感并外化为道德)。哲学于是批判了束缚人心的道德和让人感觉有罪的基督教，使太极可以把心提升到与天志同一高度，实现判断力、心与天志的"三力同一"。三力同一把生命意志和精神意志结合在一起，成为构成自由精神的意志，可以简称为"自由意志"（自我解放的意志）。自由意志的形成消除了自由精神的内在紧张，完成了逆行精神哲学的运动。

自由意志的三力同一使有限意志向天志超越的运动（时间性）获得从天志而来的永恒性，使哲学开始产生永恒轮回的思想（被时间超越者也是时间向之超越者）。因为自由精神是通过观察、反思和批判实现的，哲学发现的只是判断力的时间性（而非心的时间性），故永恒轮回还只是对世界现象的一种事实判断（其意义尚不明朗）。自由精神本该在永恒轮回中达到最大稳定性，但因为永恒轮回尚未得到心的认可，自由精神反而陷入极度焦虑。太极于是看到三力同一并没有把它们变成同一个意志；为了使它们达到真正的同一，必须让它们回归其共同根源，亦即太极最原始的意志（乾志）。所以，**尼采**应该继续逆行哲学大全体系，直至回归到该体系开端处隐含的乾志。

尼采于是逆行进入自然哲学，把精神自然化。三力同一不包含宇宙生命的意志（无限判断力和宇宙推动力）。**尼采**于是否定自然的秩序、目的、精神性、统一性，把自然看成一团混沌的力，并企图以科学的方式证明永恒轮回。

尼采接着逆行进入逻辑学。在**黑格尔**中，推动逻辑学的是经过扩展（包括了乾志）的精神意志。太极于是把乾志吸收到自由意志中，把三力同一扩展为四力同一。四力同一使自由意志从其根源获得同一性，构成了自我创造、自我意愿、自我发展的意志，即强力意志（尽管它尚未意识到自己）。太极用强力意志代替精神意志重演逻辑学。由于**尼采**的终极目标是通过判断力统一世界现象，所以**尼采**无法吸收逻辑学的对象（太极圆象），只能借助它在世界现象中的对应重演其发展。阴阳二象在世界中对应男女。**尼采**于是（从强力意志角度）思考了男女差异和相互吸引。在太极的目光中，这个思考暴露了自由意志中尚未完全克服的天人差异：这种差异使乾志受到拖累，无法以绝对同一性结合阴阳二象。**尼采**于是彻底否定以天人断裂（原罪）为基础的基督教，在思想中杀死了基督教的神。乾志顺利地从阴阳二象产生了合象，在世界中对应男女所生的孩子（自由精神）。自由精神于是直接扎根在太极最原始的意志中，如同正午时分享受到直射下来的太阳光。通过强力意志重演的逻辑学变成了自由精神自我陶醉的快乐的科学。强力意志使自由精神从第一太极获得了酒神性（超越善恶）和命运性（热爱命运），把人提升为超越以往人类的"超人"（实现太人合一者）。但由于永恒轮回尚未得到心的认可，构成永恒轮回的三力仍然隐含不一致性，只是被其共同根源暂时掩盖。强力意志尚未在世界中实现自己；超人也只是思想中的可能性。为了真正实现自由精神的永恒快乐，强力意志必须从第一太极退回第二太极（从正午退回曙光），以心为起点重新向天志和乾志超越。

（5）通往永恒之路：强力意志从第一太极退回第二太极相当于顺行哲学大全体系。在**黑格尔**中理念外化为自然，再从自然返回成为精神。但强力意志不包括宇宙意志，因此无法以自然为中介返回人所在的世界。虽然如此，乾坤对人心的拉力形成对异性的感受和欲望，并物化在身体中，为身体的感受和欲望提供了统一性；以性爱为根本推动力的身体因此成为第一太极通往第二太极的自然中介。强力意志于是内化在身体中，但它还必须外化到心，通过心的自我超越返回天志和乾志，才能把人提升为超人，实现永恒轮回，为此需要关于超人和永恒轮回的教导。这种教导从人心最深的根源爆发出来，成为充满激情、诗意和先知式洞见的思想洪流。这是强力意志自我教育的方式。为了从人向超人过渡，人心首先卸下了道德和宗教的重负，向天志自我超越直至与之同一，实现出三力同一的自由意志。自由意志接着向三力的共同根源超越，但无法到达，因为人心尚未认可永恒轮回。判断力的时间性是流逝的；心的时间性是瞬间的；二者构成的永恒互相矛盾。人心必须以瞬间的决断咬住流逝的时间才能解决矛盾，真正实现三力同一。这种决断必须意愿一切过去之事以相同方式再次发生，才能向着未来把握过去，将两种时间性合为一体。当自由意志不再把永恒轮回仅仅看成对世界现象的一种事实判断，而是意愿一切事物（包括最渺小者）都永恒轮回，它就从创造一切、意愿一切、推动一切的乾志出发把握了永恒轮回；强力意志于是从第二太极回归到尚未有善恶区分的第一太极（天志关乎善恶；乾志只关乎吉凶）。自由精神重新实现了自我陶醉的快乐，并为了使一切快乐永恒而甘愿让一切痛苦随之永恒。这个回归使强力意志重新感受到男女差异和相互吸引。通过意愿永恒之爱与永恒轮回的统一，强力意志把自己生出在世界中，完成了自我创造的过程。

（6）强力意志通过自我重构统一世界：**尼采**的终极目标是通过判断力统一世界现象。世界现象的最高统一性是永恒轮回。为了让心能承受永恒轮回，判断力必须对世界现象进行价值判断，选择真正有价值者进入永恒轮回。由于历史已经形成许多价值，判断力必须对它们进行重估，才能为世界的统一性扫清历史障碍。所以，判断力必须从两方面统一世界现象：第一，证明永恒轮回；第二，重估一切价值。因为判断力已被扩展为强力意志，所以首先要做的就是把判断力突出为强力意志的中心。强力意志的中心本来在心（其自我创造始于心的超越，终于心的意愿）。为了把中心转移到判断力，强力意志必须以判断力为起点重复自我创造的过程。这种由太极引导的重构是强力意志的自我反思，同时也是判断力统一世界现象的初步尝试：为了纯粹通过逻各斯的阳性统一世界现象，哲学解构了语言（浮现的领悟）统一世界现象的作用，把语言产生的一切概念当成生命意志的虚构，把一切认识归结为价值判断。哲学接着从心返回内化在身体中的强力意志，把强力意志推广到一切物质，把世界消解为力的海洋；每个力的中心都有自己的透视角度；力的斗争与妥协构成世间万物和外观世界（强力意志开始成为解释一切的形而上学原则。其透视主义否定了宇宙逻各斯的无限立场，摧毁了真理和实在的概念）。哲学把力的海洋理解为通过生成的大年永恒轮回的游戏，为不断生成的世界现象打上了存在的烙印。哲学接着上升到天志，以永恒目光观看世界现象，破除宗教对世界现象的否定，把永恒轮回当成强力意志自我创造、自我观赏的戏剧。最后，哲学上升到乾志，进入善恶的彼岸，重新看到阴阳二象对应的男女，但不再是心的观察而是判断力的反思。阴阳结合生出的强力意志于是把其中心从心转移到判断力。强力意志完成了以判断力为起点和终点的自我重构，使判断力获得了超越的自我意识，成为通过自我批判进行价值判断和价值创造的意志。哲学于是再次以判断力为起点重复强力意志的自我创造，不断扩大判断力的视野，以便把判断力的自我意识扩展为强力意志的自我意识。这次重构首先从判断力转向心，从社会与民族角度考察生命的道德，接着从心上升到天志，以自上而下的目光考察主人道德和奴隶道德，上升到乾志时再次进入善恶的彼岸，实现了超越人性、彻底孤独的自我意识。经过第二次重构的强力意志无法再从阴阳结合生出自己，因为它现在只能在自我意识中看到自己，通过自我意识生出自己，把自己重构为判断和创造价值的意志。哲学终于完成了对强力意志的改造，可以开始从强力意志出发重估一切价值了。

作为预备，这个重估首先从判断力的自我意识出发追溯道德概念在生命中的起源（谱系）。这个追溯潜在地使哲学从判断力回到其源头，发现了超越生命的理想在无限逻各斯中的起源（理念世界）。哲学于是把道德和宗教的价值归结为理想的价值，开始从强力意志出发重估一切理想，把理念世界当成否定感性世界的形而上学虚构，把从**柏拉图**开始的形而上学史理解为虚无主义的发展史。强力意志包括一切意志的源头（乾志），因而可以率领三力（作为强力意志）以种种反运动对抗无限判断力的作用，以清除从理念世界产生的理想。但它毕竟不包括无限判断力本身，因此无法真正制服后者，从根上克服虚无主义，导致其价值重估始终无法完成，而只是截断了从无限逻各斯涌出的小道，使哲学丧失理性和灵感的源泉。哲学于是被迫放弃从强力意志出发重估一切价值的企图，这意味着放弃乾志的主导作用，仅仅从强力意志中剩下的三力出发进行价值重估。

哲学首先从感受和欲望生命的心出发，用生命的激情击碎一切否定生命、损害本能的理想（偶像），代之以生命的自我完善和自我美化，把理念世界作为颓废生命虚构的幻影加以清除。哲学接着从心上升到天志，把宣扬救赎与天国的基督教当成否定生命、损害本能的最高形式予以彻底的历史批判。这个批判把基督教世界当成脱离生命一切现实、否定生命一切价值的虚伪世界，通过摧毁最高形式的反价值来捍卫生命的价值，借此完成了对一切价值的重估，同时把彻底反基督的**尼采**放到了与基督等同（取而代之）的历史地位。最后，**尼采**从判断力的自我意识出发重估自身的发展过程，把对基督教的否定当成使世界获得全新统一性的历史性事件，最终完成了通过逻各斯的阳性意志统一世界现象的目标。

但**尼采**的发展尚未结束。既然判断力通过历史批判统一了世界现象，强力意志必须历史性地统一世界，才能保持强力意志自身的统一性。世界的历史性统一只能通过天志的力量（政治力量）达到，这意味着强力意志必须把中心转移到天志。然而，既然强力意志从自我意识生出而重构了自己，它就无法再把其中心从判断力转移出来。强力意志于是只能勉强地以判断力为中心去实现它无力实现的世界统一性，使自己陷入自相矛盾而崩溃，并使判断力的自我意识也随之崩溃。这个悲剧性的结局来自**尼采**的内在矛盾：判断力为了纯粹通过自身统一世界而放弃了阴性对象，把自己发展成了强力意志，但又必须把强力意志的中心转移回判断力来统一世界，导致强力意志的扭曲和最终崩溃。虽然如此，哲学实际上已经实现了通过判断力统一世界现象的目标，只是这种统一作用无法扩展到强力意志而已。

在哲学史中，永恒轮回首先出现在**易**所隐含的"乾坤在发展中回归自身"。在**黑格尔**中永恒轮回出现为理念的自我发展、自我外化和自我回归。在**尼采**中，强力意志从第一太极贯通第二太极，因此它本质上属于推动太极永恒轮回的阳刚之力，但**尼采**从生命出发的哲学把永恒轮回仅仅理解为生命现象的永恒轮回。不论**黑格尔**还是**尼采**都没有包括太极本身（乾坤和天地），而只包括太极的发展过程。二者都是"没有太极的太极哲学"，所以无法恰当地把永恒轮回理解为太极的永恒轮回。**易**不但通过六十四卦的循环暗示了乾坤的永恒轮回，而且还隐含了推动永恒轮回的太极阳刚之力（《易传》把这种阳刚之力的自强不息发挥了出来）。**易**隐含的酒神性和命运性超越了第二太极，因此隐含了原始的超人精神，同时还隐含了乾坤通过男女之爱实现自身的意义。**尼采**因此和**易**有某种遥远的内在关联。

尼采从强力意志出发理解男女，因此虽然深刻地理解了男人，对女人的理解则很偏颇。虽然如此，这个位置隐含对永恒之爱与永恒轮回之关联的一种理解。**尼采**虽然无法直接思考太极圆象，但仍然通过它在世界现象中的对应（男女结合）作了间接思考，并把超人看成男女之爱的孩子。在产生永恒轮回的思想，并完成《快乐的科学》主要部分后，尼采遇到了从俄国来的一个贵族女孩莎乐美，陷入对她的热恋中，并希望和她一起成为超人精神上的父母。但出于种种原因，莎乐美最终离开了尼采。尼采在痛苦中转向《查拉图斯特拉如是说》的写作，并在第三部结尾的《七印记》中达到了通往永恒之路的顶点："哦，我怎能不热望永恒，不热望婚礼的指环——那诸环之环，轮回之环？／我还不曾找到我想从她得到孩子的女人，除非是这个女人，我所爱的：因为我爱你，噢永恒。／因为我爱你，噢永恒！"

尼采这个位置由于极度阳刚、缺乏阴性对象的平衡而十分偏颇（纯粹的阳性意志只能意愿自己的增强。在强力意志丧失从阴阳结合生出的特性后，其重量更是集中到判断力的自我意识中，直到把后者压碎）。但正因如此其在哲学史中的意义是独一无二的。这种独特性还表现在精神和身体的关联上。**尼采**这个位置突出了强力意志在身体中的内化。尼采精神的发展因此伴随身体的相应变化，从写作《悲剧的诞生》、《不合时宜的思考》到《人性的，太人性的》，健康不断恶化，剧烈头痛，几乎失明，多次面临死亡威胁，写作《曙光》时开始康复，但获得永恒轮回思想时又陷入极度痛苦和恐惧，在写作《快乐的科学》时再次康复，并曾长达一个月处在无法形容的快乐中，但接着就经历了对莎乐美的痛苦热恋，在完成《查拉图斯特拉如是说》，进入对一切价值的重估时陷入了长期的焦虑，在写作《偶像的黄昏》、《敌基督》、《瞧！这个人》等最终作品时出现回光返照的健康和喜悦，但接着很快陷入无法挽回的精神崩溃。这个高贵的灵魂勇敢地承受了一种最可怕的天命，经历了精神和身体上的无数折磨，为人类开拓了一种全新的精神视野。

尼采实现了太极决定的"纯阴—纯阳—阴阳合一"发展阶段中的第二步。它通过逻各斯的阳性统一了世界，但同时失去了逻各斯的阴性统一世界的作用。因此，太极必须把**尼采**和**罗素**两个阴阳互反的位置结合起来，才能通过完整的、阴阳合一的逻各斯统一世界。但**尼采**和**罗素**并不能简单地合并在一起。**尼采**以**黑格尔**为背景的发展方式把判断力扩展成了强力意志。太极既然预设了"通过完整的逻各斯统一世界"的目标，就只能放弃强力意志，仅仅让判断力代表**尼采**参与和**罗素**的结合。另外，**罗素**中的领悟是浮现在语言中的领悟，而不包括组织并融化在生命中的潜在领悟。相反，**尼采**中的判断力失去浮现的领悟为恰当对象后，转而以生命本身为恰当对象，成为默默直观生命的判断力。因此，**尼采**与**罗素**的结合产生了以直观方式研究逻辑的现象学，并进一步发展成通过先验自我（逻各斯）统一世界的先验现象学。

31. 胡塞尔

在**尼采**与**罗素**的结合中，**尼采**提供了判断力直观现象的作用，**罗素**则提供了领悟在语言中的指向作用。当潜在的领悟被浮现的领悟激发时，它组织的现象就和后者一样显露出指向性（意向性）。在结合中达到自我意识的逻各斯（先验自我）通过意向性重构自然世界，把世界现象统一到支撑精神世界的先验自我。哲学进一步把纯粹的先验自我扩展成有具体习性的先验自我（单子），以动态方式重新实现逻各斯对世界的统一，并通过对客观主义的历史批判把科学世界还原为前科学的生活世界，开辟了从生活世界出发，通过先验交互主体性统一世界的道路。这种通过完整的逻各斯统一世界的先验现象学被 20 世纪德国哲学家胡塞尔发展了出来。因此我们可以把哲学的第三十一个位置称为**胡塞尔**。

胡塞尔有比较复杂的发展过程，因为它必须结合两个阴阳互反的位置，而这两个位置并不刚好对称（需要磨合）。其发展过程如下。

（1）发展算术哲学：为了纯粹通过逻各斯统一世界，来自**尼采**的判断力只能从其观察和反思的能力出发（而非通过心的激情）把握生命现象，因此它所直观的生命现象被转化成了纯粹的心理现象。**罗素**通过领悟统一世界现象的第一步是把数学纳入逻辑。将**尼采**与**罗素**结合起来的第一步就是把数学和逻辑的统一重新建立在心理学基础上。然而，哲学把数还原为心理现象后却无法进一步澄清数的逻辑关系，因为判断力必须把领悟当成恰当对象才能把握其逻辑关系；既然判断力一开始就把心理现象当成恰当对象，它就无法再把领悟当成恰当对象。哲学陷入了自相矛盾。

（2）发展纯粹逻辑学：这个矛盾激发了隐藏在心理现象中的潜在

领悟，使之与浮现的领悟相互呼应。哲学开始意识到领悟才是判断力的恰当对象，因而把领悟看成有永恒不变的本质（理想意义），批判了企图把逻辑学建立在心理学基础上的错误，把逻辑学看成有独立真理性、为一切科学奠基的科学。这种纯粹逻辑学不再以心理学为基础，但仍可通过对现象的直观性描述澄清隐藏其中的本质及其逻辑关系。哲学由此发展出了把概念追溯回在现象中之起源的现象学方法（**尼采**对**黑格尔**精神现象学的颠倒在这里演变成了现象学的反向运动——回到事情本身）。浮现领悟与潜在领悟的相互呼应使哲学把领悟在语言中的种种特性扩展到被直观的现象，揭示了后者和语言对应的方式，看到了后者和语言一样有指向自身外事物的作用，把意向性从语言扩展到了一切现象。这种意向性就是领悟的现实性（组织现象）和理想性（有所指向）的关系，是领悟把生命组织为意识的方式（意识总是关于某物的意识）。语言本是逻各斯把自身投射到领悟中的结果。哲学于是发现了逻各斯组织现象的方式，亦即在感性直观上逐层奠基，可以直观逻辑范畴的范畴直观。通过意向性和范畴直观，哲学把真理概念从语言扩展到意识现象，为纯粹逻辑学奠定了现象学基础。

（3）发展内时间意识现象学：以直观为基础的逻辑研究初步实现了**尼采**与**罗素**的结合，但它从算术哲学发展而来的特点决定了它只看到具体领悟而看不到原始领悟。世界因此缺乏高于具体现象的统一因素。为了通过逻各斯统一世界现象，哲学只好倒回**尼采**去吸收判断力的统一作用。在尼采中世界现象的最高统一性是永恒轮回。但在构成永恒轮回的三力中只有判断力进入**胡塞尔**。所以，判断力的（流逝的）时间性被理解为意识现象获得统一的方式。哲学于是将意识把握为具有内在时间的意识流，并借助判断力对现象的超越发现了统一具体意识流的绝对意识流，亦即构造感性时间的绝对时间性（判断力把握原始领悟的回旋运动）。

（4）通过纯粹现象学统一世界：绝对时间性的发现使逻各斯开始觉悟到自身，并通过现象学还原达到纯粹的自我意识，成为以判断力为自我极、以原始领悟组织的意识现象（及其意向对象）为绝对给予物的纯粹自我（先验自我）。哲学现在要做的就是通过纯粹自我统一世界。但这个统一遇到了一个强有力的障碍，即世界中的自然之物。人们自然而然地把自然之物当成独立于意识（虽可通过移动身体通达）的客观存在，并因此相信世界的客观性。这本是太极（通过我身可动性）在生物中形成的先天的潜在领悟。但为了纯粹通过逻各斯统一世界，哲学首先必须采取怀疑态度，悬搁自然世界的客观性（终止判断），把自然世界中的人还原成纯粹自我，把自然世界还原为纯粹自我的意向对象，才能揭示纯粹自我如何通过意向性构成自然世界。哲学于是用意向性构成代替**罗素**的逻辑构成，从被给予纯粹自我的感觉材料开始逐层奠基地重构自然世界（包括物质和自然世界中的人）。此重构之所以可能，关键在于纯粹自我的中心是直观生命现象的判断力，可以把心对生命的感受和欲望当成自己的意志能力，并通过移动身体活在世界中。纯粹自我通过移情从他人身体理解他人的主体性，最终通过交互主体性把世界现象统一为"精神世界"（判断力被提升到统一世界高度，获得类似精神意志的品格，虽然**胡塞尔**并不包含天志）。自然世界从交互主体性获得客观性，从社会生活获得意义。哲学通过悬搁和重构使自然（宇宙生命）丧失了独立于意识的客观性，成功地把世界现象统一到了支撑精神世界的纯粹自我。

（5）通过发生现象学统一世界：哲学是通过时间性对意识现象的统一作用才发现纯粹自我的。因此哲学还必须把时间性的统一作用吸收到纯粹自我的统一作用中。由于绝对意识流包含一切具体意识流为其内在支流，绝对时间性构成的纯粹自我是有内在发生历程的（判断力的时间性使判断的内容被保持在自我信念中）。哲学于是把纯粹的先验自我扩展为包含一切意识现象、构成一切意向对象、在意向生活中不断积累习性的先验自我，把从**笛卡尔**开始进入哲学的我思主体朝时间性和具体性方向发展到最完备状态，使之成为逻各斯统一世界的新起点。这种完备状态的先验自我类似**莱布尼兹**的单子。但**胡塞尔**通过逻各斯统一世界的立场是彻底的有限立场，故单子间的和谐不能由理性神（无限逻各斯）的先天安排实现，而只能通过单子的交互主体性达到。在世界被彻底还原为本己领域的基础上，单子通过身体间的结对构成从不同视角拥有同一自然的其他单子。在这种客观自然基础上构成的客观世界是一个向群体开放的共同世界。通过动态地发生的单子共同体（逻各斯的先验交互主体性），哲学更为彻底地实现了逻各斯对世界的统一作用。

（6）通过历史批判为世界的统一性扫清障碍：**胡塞尔**吸收了**尼采**中的判断力，因而也吸收了判断力为统一世界而展开历史批判的做法。哲学对阻碍主体统一世界的历史因素，即科学的客观主义展开历史批判，把被科学客观化、事实化的世界还原为前科学的生活世界，以便把生活世界进一步归结为先验交互主体性的构成，从主体性角度恢复世界的意义，把通过逻各斯统一世界作为哲学史的终极目标实现出来。但从太极的角度看，这种批判同时掩盖了世界意义的超越来源。**胡塞尔**吸收了进行历史批判的判断力，但没有吸收强力意志中隐含的推动历史发展的真正动力（天志）。因此，其批判仅仅从逻各斯的绝对主体性出发理解世界和历史，丧失了历史超越世界现象的本质。

胡塞尔结合了**尼采**和**罗素**，通过阴阳合一的逻各斯统一世界，把逻各斯朝时间性和具体性方向发展到了最完备状态，揭示了逻各斯通过意向性构成对象的方式，为哲学思考通达所思之物开辟了一条现象学道路。但这个位置并没有完全吸收到**尼采**中判断力的特性。在**尼采**中，经过重构的强力意志把中心转移到判断力，使判断力获得超越的自我意识。判断力向天志的自我超越使它能以面对世界的方式意指世界现象。但这种属于判断力的超越意向性在**尼采**与**罗素**的结合中被判断力与领悟的阴阳合一所掩盖，以致**胡塞尔**中逻各斯统一世界的作用仅仅通过领悟的意向性实现，发展出了一种以内在目光构成世界、缺乏自我超越的意识现象学。哲学的下一步发展是倒回**尼采**去吸收判断力的自我超越，从这种自我超越出发重新解释意向性，把意识从其自在状态转化为不断从自身逃逸而出，自我超越、自我否定、直接面对世界的自为存在，从而发展出一种通过虚无化意识统一世界的现象学存在论。

32. 萨特

哲学从**胡塞尔**倒回**尼采**是为了吸收判断力的自我超越，从超越意向性出发改造**胡塞尔**的意识现象学，以新的方式实现世界的统一性。这种超越意向性把纯粹内在的构成性意识改造成从世界逃逸而出，没有任何内容的虚无化意识。自我超越作为一种自为的存在使世界相对地成为自在的存在。哲学于是把世界的统一性等同于存在的统一性，把**胡塞尔**的意识现象学改造为现象学存在论。现象学存在论把人还原为绝对自由的自为，再把自为扩展到与他人的关系，却发现自为与他人的相互超越使之无法和谐地共同拥有世界。哲学于是倒回自为本身，把世界的统一性归结到自为的自由筹划。最后，哲学通过历史批判把**黑格尔**的概念辩证法改造为历史实践的辩证法，为世界的统一性亦即自为的整体化扫清了历史障碍。这种从判断力的自我超越出发改造**胡塞尔**意识现象学的哲学被 20 世纪法国哲学家萨特发展了出来。我们因此可以把哲学的第三十二个位置称为**萨特**。

萨特这个位置具有和**胡塞尔**相关联的复杂性。其发展过程如下。

（1）重新解释意向性和意识：在**胡塞尔**中，意向性是通过领悟的指向性发现的，因此被发展为纯粹阴性的、构成对象的意向性；判断力则作为自我极直观意识现象，通过意向性构成意识对象。在**尼采**中，判断力的自我超越就是它向天志的超越（判断力借这种超越面对世界）。**萨特**吸收了这种自我超越，但哲学倒回**尼采**只是为了改造**胡塞尔**的意识现象学，因此**萨特**只意识到判断力向天志的自我超越，没有意识到天志本身。这种自我超越不被当成一种意志现象（向超越根源的回归），而是被当成完全自发、毫无根据的自我逃逸、自我否定。判断力借助它从世界逃逸而出的运动来面对世界、指向世界，构成一种让世界为之显现的意向性，同时也是对世界的否定性意识（意识到世界就是意识到我不是它）。**胡塞尔**中的先验自我于是被清除，其包罗万象的构成性意识被空洞的虚无化意识所取代（意识把一切丰富性留给了世界，恢复了实践中的质朴性）。意识的自我逃逸把一切事物推出意识之外，彻底掏空了意识本身的内容，使之无法理解与之对立的，看似偶然、荒谬、恶心的世界。判断力本来是心的下属意志，但没有自身内容的虚无化意识反过来把心当成它通达世界的外在方式（哲学因此把文学当成哲学思考的一种方式）。经过这番改造，哲学实现了意向性和意识的"阴转阳"。

（2）发现存在的统一性问题：判断力通过自我超越从世界逃逸而出，才能面对自己和世界在场，让世界现象向自己显现。存在（世界的敞开）因此进入现象学的视野，并被分裂为自在（世界）和自为（自我超越的判断力）两个对立领域。在**黑格尔**中，存在的统一性同时也是世界的统一性。**黑格尔**之后的哲学则仅以世界的统一性为其目标。到了**萨特**，这个目标被重新等同于存在（自在和自为）的统一性。哲学现在的任务就是将**胡塞尔**的意识现象学改造为现象学存在论。

（3）通过现象学存在论改造逻辑研究：**胡塞尔**中的意向性是把语言的指向性扩展到一切意识现象的结果。这种意向性概念是在逻辑研究中形成的。逻辑研究关注的是隐藏在现象中的本质及其逻辑关系。当哲学用判断力的意向性代替领悟的意向性时，这种逻辑研究便失去了一切内容。但判断力仍然以一种特别的方式和逻辑相关：哲学发现语言中的否定判断起源于判断力自我虚无化（同时虚无化世界）的运动。人成了使虚无进入世界的一种存在，同时也就是虚无本身。通过这种理解，世界和人的关系，也就是自在和自为的关系就被归结为存在和虚无的关系。

（4）把人还原为绝对自由的自为：由于判断力的自我超越构成动态的意向性，哲学不像在**胡塞尔**中那样先后发展静态和动态现象学，而是直接结合二者。哲学首先把人从自以为是世界一部分的自在状态（非本真状态）还原为自我超越、自我显现、绝对自由的自为，把世界还原为自为的外在环节。自为是通过时间性实现自我超越的。但这种时间性不再是**胡塞尔**中判断力把握意识现象的内时间，而是判断力超越地把握自身的时间性：过去是被超越而化作自在的自为，现在是超越运动本身，未来则是自为向之超越，但永远无法达到的理想（自我同一的自为）。世界本身并没有时间性，但它作为自为的外在环节显现出相对于自为的时间性，因此人的超越时间性就是原始时间性。

（5）把自为扩展到与他人的关系：为了通过自为统一世界，哲学必须把自为向共同生活在世界中的他人扩展。这个扩展是通过身体实现的。但身体作为被自为超越的自在只是意识和世界的必然关联之偶然实现。因此自为只能偶然地遇到他人而不可能构成他人。他人的出现使我的世界被迫向他人开放，世界的中心被迫向他人转移。他人的判断力更是通过注视把我变成为他的存在，迫使我为自己的客体化感到羞愧，限制了我的绝对自由。哲学因此把冲突当成自为和他人关系的本质：自为总是企图同化或超越他人的自由以维持自身自由,因而无法与他人形成稳定不变的关系。能够统一世界、实现人类整体性的只能是注视人而自身永不被注视的神(天志),但这样的神只不过是自为无法实现的绝对主体性。故哲学无法像在**胡塞尔**中那样通过交互主体性统一世界。

(6)通过自为的自由筹划统一世界:哲学于是返回自为本身,通过其对行动可能性的筹划统一世界。这种自由筹划把世界揭示为一个为未来目标敞开的"行动的世界",构成了世界的初步统一。自为的理想目标是(像天志那样)把世界完全拥为己有。但它不可能达到这个目标,而只能永不止息地向之超越,并因此使现在和过去从未来获得意义。自为的欲望归根到底想要实现的是完全拥有自在(世界),成为自在自为的神(相当于成为人的大我)。欲望是自为通达世界的根本方式,然而其终极目标是不可能达到的。通过自由筹划统一世界(同时统一自在和自为)的目标不可能完全实现出来。但正是在人们为了这个不可能实现的目标努力的过程中,世界才被显现为世界,才被我们的选择赋予意义而成为我们的处境。

(7)通过历史批判为世界(存在)的统一性扫清障碍:正如在**胡塞尔**中一样,**萨特**最终必须通过历史批判为世界的统一性(自为的整体化)扫清障碍。判断力的自我超越在**黑格尔**的精神现象学中表现为主体不断通过自我否定超越主客对立,形成主体和客体在否定之否定中向世界统一性前进,最终在世界的概念统一性中合一的辩证法。因此,**萨特**的历史批判要做的就是为了自为的整体化对辩证法的历史发展进行批判。由于**萨特**恢复了意识在实践中的质朴性,这种批判把自为的实践作为辩证法的来源,把自在的物质世界当成限制自由的实践相关项,把**黑格尔**的概念辩证法改造成了历史实践的辩证法。然而**萨特**缺乏**黑格尔**中统一世界的天志。自为的整体化受到其个体性的限制。因此历史实践虽然自发地朝世界的统一性前进却无法以之为目标。整体化虽然把个人实践结合为社会实践,物质世界作为社会实践的基础却被看成使个人自由发生异化的惰性因素。因此社会实践注定要走向个人实践的反面而被后者否定和重建。历史只能在这种反复中前进。

萨特通过突出判断力的自我超越,把构成世界的意向性改造成了让世界显现的意向性，把囿于内在目光的意识现象学改造成了让世界向人的实践开放的现象学存在论。这个位置发现了心的存在论特性，但同时颠倒了心和判断力的主从关系，故其实践性的自由筹划本质上仍然是智性的。这种智性的自由筹划所要筹划的是人的存在，但却因为缺乏领悟的意向性而无法理解存在的意义，因而无法真正承担起存在的统一性。哲学因此处于内在矛盾中。这个矛盾是哲学把**胡塞尔**的阴性意向性改造为阳性意向性的结果。哲学要解决矛盾就必须把**胡塞尔**的意向性和**萨特**的意向性结合起来，形成人对存在的筹划性领悟，同时理顺心和判断力的主从关系，把生命的中心从判断力转回到真正活在世界中的心，从而走出从**笛卡尔**开始的主体性哲学和意识哲学的框架，发展出以现象学为探索方法，以在世界中的人为出发点的对存在意义的追问，并由此开始从小道向大道回归。

33. 海德格尔

为了解决**萨特**中的矛盾，哲学从**萨特**返回**胡塞尔**，把领悟的意向性和判断力的意向性结合起来，同时让自我超越的判断力扎根于活在世界中的心。两种意向性的结合构成了逻各斯对存在的筹划性领悟，使在世界中的人被存在澄明为"此在"。存在的统一性问题被转化成了存在的意义问题。哲学试图把时间性澄清为领会存在意义的超越视野，通过现象学存在论把此在的存在之意义揭示为时间性，并通过对形而上学的历史批判为追问存在的意义扫清障碍，完成了**胡塞尔**与**萨特**的结合。但哲学不仅通过**胡塞尔**和**萨特**间接地吸收到了**尼采**的历史批判，而且此在的时间性本身具有和永恒轮回相匹配的历史性。因此哲学在完成历史批判后就和**尼采**发生了历史性的碰撞，并被撞入哲学史的永恒轮回中，以向前返回开端的方式思考了从西方哲学史的隐蔽源泉（**老子**）重演西方哲学史的方式。但哲学无法真正向前返回这个开端，而只能逆着哲学史的发展向它回溯。哲学于是从**尼采**开始逆行哲学史的发展直至返回**老子**。通过这种逆行，哲学把大道对小道的居有逐步展开为以语言的道说为核心，以对立双方相互归属为特点的原始事件（天地生人）。这个原始事件既是人与存在的相互归属也是地天人神四方的相互归属（神即天志）。哲学因此从存在出发完整地把握了第二太极，实现了从小道向大道的回归，把西方哲学史带向了终结。这种从小道向大道回归，从西方哲学史向中国哲学史回归的哲学被 20 世纪德国哲学家海德格尔发展了出来。我们因此可以把哲学的第三十三个位置称为**海德格尔**。

海德格尔是世界哲学史最复杂的位置，因为它不仅追问贯穿西方哲学史的存在问题，而且通过逆行哲学史的发展踏上了回归中国哲学史的漫长道路。从太极的角度看，存在就是世界的敞开运动；这个运动既是世界从地而出的敞开（大道的末端），同时也是世界向天志的敞开；存在的意义因此有二重性。**海德格尔**对存在的追问始终隐含这种二重性，并从第二种意义逐渐转向第一种意义。这个追问的出发点是由**胡塞尔**和**萨特**的结合决定的。**萨特**把自为置于世界对面，潜在地突出了第二种意义。但**萨特**与**胡塞尔**的结合产生了逻各斯的超越指向性，亦即逻各斯对存在的领会（筹划性领悟）。这种领会是小道对大道的指向性（明性）在判断力的筹划中显露的方式，因此潜在地包含了存在的两种意义。作为明性的初步显露，对存在的领会使人被存在澄明为"此在"（"存在在此"）。**海德格尔**于是通过现象学存在论来分析此在，以便澄清存在本身的意义。此在对存在的潜在领会组织了此在的存在（生命回旋运动），使此在以超越生命、朝向世界的方式活在世界中（"此"就是被存在澄明的生命）。为了让自我逃逸的判断力回到其在生命中的根，哲学让领会扎根在心情，相当于把向天志自我超越的判断力拉回天志被抛入生命之处（世界被开启之处），从而理顺了心与判断力的主从关系（尽管对心情的突出使哲学忽略了欲望，没有完整地发现生命回旋运动）。心情和领会共同构成此在向存在的展开状态，使在世界中的生存成为一种被抛的筹划，亦即主动承担起被抛入的生命处境、向世界自我超越的筹划。从太极的角度看，我的自我超越包含两个分运动，即心向其超越根源（天志）的回归，以及（同时发生的）生命向其超越境域（世界）的回归。这是我向大我回归，从大我个体化我自己的一种方式。但我与大我之间存在先天断裂，其表现就是良心的内疚（心不是自己的根）和对死亡的畏（生命随时可能从世界脱落）。在日常生活中我们通常把自己仅当成众人之一，掩盖了良心只能向我呼唤、死亡只能由我承担的真相，作为一个平均状态的常人过着随波逐流的生活，无法真正作为大我的这个独一无二的个体化存在。我只有通过向死存在的领会和愿有良心的决断才能被个体化为本真的此在。我和大我的关系是通过时间性实现的。天志通过"落入世界中并回归自身"的运动将自己个体化为心（同时将世界个体化为生命）。要实现本真的存在，我必须向良心的呼唤者（天志）超越，通过决断承担起我被抛入的必死的生命，亦即让心向天志超越并回落到曾在的生命，从而真正将自己个体化。这个超越运动的意义就是"去是我曾是的自己从而当下是我自己"。这就是决断所遵循的时间性（向未来回到曾是而释放出当下）。这种属于心的（瞬间的）时间性是比判断力的（流逝的）时间性更根本的原始时间性。此在只有在它对这种时间性的领会中才能筹划自身的本真存在。时间性因此就是此在之存在的意义。

然而，哲学却无法从此在的时间性进一步前进到存在本身。**海德格尔**与**胡塞尔**和**萨特**一样不包含天志，因此哲学只看到心向天志超越的时间性运动而看不到天志本身（相应地，良心的呼唤被理解为本真存在的呼唤，而非来自超越意志的呼唤，导致哲学忽略了良心的同根性，把此在的社会性单纯地归结为世界性）。所以，虽然哲学把时间性揭示为此在之存在的意义，却无法进一步从天志的角度将存在把握为世界向天志的敞开（决断的时间性虽然是"自强不息"，但没有建立在"天行健"的基础上）。但另一方面，此在向天志的超越同时也是向世界的超越，后者就是此在站出生命之上直接面向世界，从而超越存在者整体的自由。这种自由超越使存在者被敞开在世界这个超越视野中，真正是其所是。被存在的意义问题压抑的世界统一性问题于是被释放了出来。哲学开始从此在对存在者整体的自由超越理解形而上学（"形而上学"本义即"超越存在者"）。**胡塞尔**中的逻辑研究在**萨特**中演变为世界的虚无化问题。这种逻辑研究现在被重新在形而上学的基础上发展出来，成为通过此在的自由超越理解存在者之根据（为什么）的哲学逻辑。根据的本质就在于世界是为自由超越敞开的。自由超越使此在直接面对本性虚无的世界本身（原始敞开域）而产生深刻的焦虑（畏）。形而上学的基本问题就是"为什么会有存在者而不是虚无？"，人正是因为能够面对世界的虚无才把存在者从漫游的世界解蔽到行动的世界中，从而作为此在活在世界中，但也因此体会到一切行动根底处的一种深刻的无聊。哲学于是从深刻的无聊面对的世界出发，揭示出动物世界的贫乏（仅包含漫游的世界），以及人如何通过对存在的筹划建立行动的世界，从形而上学角度达到了世界的统一性。

哲学因此初步实现了**胡塞尔**和**萨特**的结合。这个结合并没有解决存在的意义问题，但哲学却暗中获得了理解存在意义的新角度（开始从第二种意义转向第一种），因为对存在的筹划实际上就是逻各斯（通过明性）从存在澄明存在者，使它们在世界中真实地出现为自身，亦即把存在者的存在解蔽出来，让存在者在世界中实现自身的真理（无蔽）。然而从存在解蔽存在者同时遮蔽了存在本身。哲学开始意识到真理的本质和非真理密不可分。

为了彻底实现**胡塞尔**和**萨特**的结合，哲学还必须对形而上学展开历史批判，以便为追问存在的意义扫清历史障碍。这种历史批判把形而上学的基本问题"为什么会有存在者而不是虚无？"引向存在的意义问题，从这个问题出发考察了从古希腊发端的形而上学历史，把这个历史看成存在通过此在对存在的领会（通过语言）解蔽自己，同时因为解蔽了存在者而限制和遮蔽自己的历史（形而上学历史因此同时是存在的历史和此在的历史），揭示了古希腊哲学把存在理解为永恒在场而导致对存在本身的遗忘，把存在的时间性突出为追问存在意义的关键，为哲学从"存在与思考"过渡到"存在与时间"扫清了历史障碍。**海德格尔**终于完全实现了**胡塞尔**和**萨特**的结合（在实际发生的哲学史中，萨特哲学比海德格尔哲学晚出，以致人们把它看成对后者的改造，掩盖了**萨特**这个位置的原创性和先驱性）。

但**海德格尔**不仅从**胡塞尔**和**萨特**间接地继承了从**尼采**而来的历史批判，而且此在的决断与强力意志的共鸣使其时间性具有和永恒轮回相匹配的历史性。所以，**海德格尔**在完成历史批判后就和**尼采**发生了直接碰撞。这个碰撞使**海德格尔**深入到**尼采**的核心，从存在与时间和形而上学角度理解强力意志和永恒轮回（丧失了**尼采**与第一太极的关联）。由于**海德格尔**已经把存在的历史等同于形而上学的历史，**尼采**的永恒轮回中隐含的"哲学史的永恒轮回"被释放了出来。**海德格尔**借着和**尼采**的碰撞释放出来的这道闪电瞥见了西方哲学史从大道而来进入小道,在充分发展小道之后重返大道的过程,把形而上学的历史理解为存在不断从自身送出各种形而上学位置的历史,同时把**尼采**理解为形而上学的最终完成。

在这种历史性的惊鸿一瞥中,**海德格尔**看到了西方哲学史具有比希腊的开端更为原始的隐蔽源泉(**老子**)。哲学史的永恒轮回因此被理解为哲学向前返回其隐蔽源泉,从另一开端重演西方哲学史的过程。另一开端既是西方哲学史最遥远的过去也是其最切近的未来。但由于**老子**只是作为隐蔽源泉进入**海德格尔**的思考,这种思考尚未真正进入**老子**,而只是吸收了**老子**中与存在直接相关的内容,亦即大道从地敞开世界的运动。**海德格尔**由此吸收到了以其自我锁闭与世界的敞开性抗争的"地",看到了艺术在敞开诗意的世界中的作用,但没有吸收到与存在无直接关系的"天"。虽然天志作为世界的敞开者和存在直接相关,**老子**却不包含天志(其大道从天向地、从地向人流动,而非通过天命通达人)。所以,**海德格尔**吸收到的内容包括地和世界的关系,但不包括天和天志。然而,在哲学史的永恒轮回中**海德格尔**是向前经过哲学的最后位置才返回另一开端的。故**海德格尔**从最后位置吸收到了敞开世界的天志,当成是"最后之神"。另外,**老子**还包含了大小道的互为表里。**海德格尔**于是把真理的本质问题进一步转化为存在的真理(大道的内化)问题。和此在向天志超越又回落的运动相应,此在现在被认为向存在移离又回落,借此将存在散入存在者中。此在的时间性因此被重新解释为时间和空间尚未分离的时—空运动。存在通过时—空运动把自己内化到人的存在中,也就是把自己解蔽为此在,但又同时拒绝出现在这种解蔽中,借此把此在澄明为存在的"在此"(而非存在本身)。大道化入小道的运动于是以"存在的真理"形式成为另一开端的核心思想。

海德格尔从哲学的最后位置吸收到的"最后之神"是对**老子**的重要补充。虽然**海德格尔**的初始位置和**老子**一样不包含天志,但它却包含此在向天志的超越运动(时间性)。当**海德格尔**经过包含天志的最后位置时,此在向之超越但永远无法到达的天志就被吸收进来,被当成呼唤此在但又和此在对立的"最后之神"。"最后之神"是哲学进入另一开端的前提。换句话说，只有当未来的人响应"最后之神"的呼唤，让它在掠过时从地重新敞开世界，另一开端才能被启动。把天志理解为"最后之神"的做法和原始人类（及古希腊人）把在良心中呼唤人的天志想象为"诸神"的做法相似。"最后之神"作为从最后位置而来的"神"被哲学当成"诸神"之本质的最高和独一无二的实现。通过吸收"地"和"最后之神"，**海德格尔**把对存在的领会扩展到了存在、世界、地、人和最后之神的相互归属。这种相互归属是第二太极包含的诸多关系在世界中的综合发生，所实现的就是第二太极的自化，亦即天地生人。虽然**海德格尔**还缺乏"天"这个环节，但它已经包含"天地的自化"中和存在直接相关的那些环节。所以，这个自化被哲学当成实现存在和人的相互归属，以存在的真理为核心的原始事件（Ereignis）。

从这个原始事件而来，**海德格尔**思考了如何经过最后之神返回西方哲学史的隐蔽源泉，从另一开端重演西方哲学史（从而避免形而上学）的方式。由于另一开端是**老子**在重演中发出的回响，这个重演的基本心情是抑制，也就是以不自见、不自明、不自为的方式让大道自发地解蔽和遮蔽自己，由此反而能更好地实现人（归属大道）的本质。重演的起点是**海德格尔**这个位置本身。哲学首先必须让在第一开端（希腊哲学）中被不断遗忘的存在发出回响，让另一开端在这种回响中通过第一开端传送到哲学的当前位置，由此激发人从存在者层次向存在本身跳跃，并通过动态的时—空运动为存在的内化（此在）建基，使人得以跃入此在而为存在的真理提供场所，同时将存在的真理庇护入从隐藏自身的地涌现出来的存在者中。这种建基进一步把人带向最后之神的呼唤，通过少数响应这种呼唤的将来者的默默奉献，让最后之神在世界中的掠过把人带回西方哲学史的隐蔽源泉，使西方哲学史可以真正从另一开端重演。另一开端的根本特点是从存在的真理（大道的动态内化）出发，因此不会再重复希腊哲学从小道出发思考大道，把存在当成永恒在场的做法，使未来哲学可以避免从存在的在场转向在场的存在者，在形而上学中遗忘自我遮蔽的存在本身。最后，**海德格尔**从所构想的另一开端出发批判性地俯瞰西方哲学史，把它作为另一开端的准备来把握，借此完成了对重演的预见性、预备性的思考。

但**海德格尔**并不是哲学史的最后位置，所以无法真正向前经过最后之神进入另一开端去重演西方哲学史。然而，从太极的角度看，**海德格尔**仍然可以向后逆行西方哲学史的发展过程，直至抵达其在希腊的第一开端，再越过这个开端进入其隐蔽源泉（**老子**），从而到达另一开端。这是**海德格尔**对另一开端的思考导致的一种自发的逆行，仿佛一条河流无法向前蜿蜒流回源泉，只能反过来被源泉吸引逆流回去。这种逆行以被宏观（粗略）地预见的另一开端（存在的真理）为初始背景，在所经历的诸哲学位置的激发下丰富和深化这个背景，同时审慎地保持这个背景不被来自这些位置的形而上学因素掩盖，直至到达另一开端，将河流带回源头为止。这种逆行不是对哲学史的有意回顾，而是被太极的思考引导的哲学史的自发回流。所以，**海德格尔**在这种逆行中不是把哲学史诸位置摆在面前来考察，而是在不知不觉中穿过它们，并因为这种无形的穿越而使自身发生变化（只有当某个位置明显地阻碍或帮助这种逆行时才变成一种考察）。这种不知不觉的穿越和**亚里士多德**逆行哲学史的情形相似，但**亚里士多德**逆行的是希腊哲学从大道进入小道的发展过程，因此只牵涉希腊哲学的位置，而**海德格尔**的逆行则牵涉一些中国哲学的位置。

这种逆行是在**海德格尔**完成和**尼采**的碰撞（对重演的预见性思考）时自发开始的。因此**尼采**成了**海德格尔**在逆行中进入的第一站。当**海德格尔**从与**尼采**的碰撞中走出时，**尼采**的强力意志哲学被当成主体性形而上学的最终完成。**尼采**把**笛卡尔**的主体性哲学中隐含的从判断力出发的立场发展到了极端，代表了从**笛卡尔**到**尼采**的全部形而上学发展史。以返回另一开端（克服形而上学）为潜在目的之逆行因此不一一经历这个发展史的每个位置，而是直接从**尼采**返回形而上学在希腊哲学中的完成者（**亚里士多德**），并从**亚里士多德**开始——穿越柏拉图、苏格拉底、普罗塔哥拉、赫拉克利特、芝诺、杨朱、巴门尼德、庄子、毕达哥拉斯，直至到达**老子**这个位置为止。

海德格尔在穿过**亚里士多德**时从存在的自行解蔽出发把自然（Physis）理解为让万物涌现到世界中，使之在场化而实现其自身存在的运动；自然（存在）在万物中闪耀出来的神圣性被当成诸神的神性在世界中闪耀的前提（诸神被存在化）。**海德格尔**在穿过**柏拉图**时批判**柏拉图**把存在转化为理念（相），把存在的真理（无蔽）转化为正确性，导致形而上学的诞生（这种批判忽略了理念归属无限逻各斯的本质）。**苏格拉底**处在从存在之思向形而上学的转折中，因此它对日常理解的质疑和对普遍性定义的探索激发**海德格尔**去挑战现代人自以为拥有真理而不质疑的态度，通过考察存在的基础概念追忆存在之思在希腊哲学中的开端，揭示人既归属存在又被存在遗弃的二重性。**普罗塔哥拉**关于人是万物尺度的思考把存在个体化到人的有限逻各斯，隐含人因拥有逻各斯而超越一切存在者的思想，但存在的个体化同时也使人无家可归。这个位置因此激发**海德格尔**去思考万物中唯一有逻各斯的人如何通过无家可归的漫游回归存在。从**普罗塔哥拉**向**赫拉克利特**的过渡则激发了**海德格尔**对**黑格尔**精神现象学中的经验概念进行考察（此过渡从感性现象中的逻各斯上升到组织世界的公共逻各斯，与精神现象学的运动趋势一致）。

赫拉克利特揭示了逻各斯在明性中的解蔽/遮蔽作用，深化了**老子**中大小道互为表里的思想。逻各斯指向存在，同时又聚集（组织）存在者，从而解蔽了存在者的存在（将存在者带入世界的光明中），同时把存在本身保持在遮蔽中。逻各斯在存在和存在者之间的运作（既解蔽又遮蔽的聚集）是**赫拉克利特**的中心思想。因此，**海德格尔**在穿过**赫拉克利特**时深化了对存在的真理之思考，把已被存在化的诸神进一步和逻各斯的澄明作用关联，并形成了泰然任之的思想（放下判断力对思想的执着，让存在通过逻各斯默默地敞开世界、澄明万物）。

芝诺通过思考存在者而产生的自相矛盾来显示只有存在本身是可思的。**海德格尔**在穿过**芝诺**时被引回从人出发思考存在的**萨特**。**萨特**从自为的、绝对自由的人出发，把（自在的）存在当成人的对立面。这种存在之思仍然束缚在人所在的存在者层次（在此意义上仍属于形而上学）。虽然**海德格尔**在其开端处隐含**萨特**现象学存在论的某些因素，但即使在开端处**海德格尔**的"此在"已经包含人（通过存在的澄明）归属存在的本质。通过对**萨特**从人出发的思考方式的批判，**海德格尔**突出了人的本质在于被存在拥有来思考存在，存在就是唯一当思之物。

杨朱突出了小道所组织的个体生命，显露了生命中种种事物各自的意义，以及它们被生命的属我本质所规范的特点，突出了自我保存的理智和世界为我敞开的特性，使大道被个体化而变得狭隘。**海德格尔**在穿过**杨朱**这个位置时揭示了存在解蔽存在者的一种方式：存在让每个存在者都分得在场，同时又在存在者中遮蔽自身，以致每个存在者都倾向于固守自己的在场而不在乎其他在场者，但存在对存在者的拥有终究会使存在者相互让路，在实现自身存在后就退出在场。

巴门尼德在西方哲学史中第一次思考了大道，并从小道出发把大道当成和小道同一的"存在"，把存在突出为唯一可思之物，否定了存在者（"非存在"）的可思。但**海德格尔**从**杨朱**逆行进入**巴门尼德**，故其对存在的思考是通过对存在者的思考进行的，这意味着思考存在如何通过解蔽存在者解蔽自己。在**杨朱**中存在者已然被解蔽，但其意义被局限在个体生命中。进入**巴门尼德**时存在者的意义被提升到世界层次，纳入到诗意的言说对存在的解蔽。诗意的言说就是大道把自己投射到组织生命现象的小道，从而敞开世界本身的方式；它从敬拜的世界开启出诗意的世界，并最终把世界敞开在天地之间。**海德格尔**于是把存在之思发展成了对世界敞开方式的思考。**海德格尔**在思考西方哲学史的另一开端时没有吸收到**老子**中的天。现在天地一起被诗意的言说激发出来，在世界中显现为天空和大地；世界和地的争执被天空（敞开世界者）和大地（抗拒敞开者）的对立代替；诸神被转化为在世界中显现的神性者，而人作为其对立面则显现为生命随时可能从世界脱落的必死者。哲学于是把世界的敞开理解成地天人神四方相互归属、相互映射的游戏，完整地把握了天地生人事件中包含的太极阴阳关系。诗意的言说解蔽了地天人神，同时通过物（从物化而来）的指向性把地天人神聚集到物中，使人可以通过世界中的物实现居于天地之间的本质。但与大道通过诗意的言说敞开世界相反，现代技术对世界的统治使世界从敬拜和诗意的世界退化为单纯的行动的世界。**海德格尔**因此从解蔽的角度理解技术的本质：技术和艺术都是一种解蔽，但源于主体性形而上学的现代技术把物仅仅当成可计算可控制的有用之物；人对存在的归属表现为人被技术挑战去挑战自然，使自然和人都被当成潜在的有用之物来订造，被用来满

第十三讲　从太极看世界哲学史

足技术世界无穷无尽的自我增长，集置到其无所不在的自我运作（这是存在通过人自我解蔽的一种异化形式）。由于**海德格尔**把**尼采**当成主体性形而上学的最终完成，技术统治世界的力量最终被（不太恰当地）归结为强力意志的主体性。**尼采**作为对存在的最后思考和**巴门尼德**作为最初思考相互呼应，使潜伏在**海德格尔**的技术之思中的**巴门尼德**终于被凸显出来。**海德格尔**因此认为人尚未真正思考：虽然从**巴门尼德**开始存在就呼唤人思考它，但同时又抽身离去而给出存在者的在场；人唯一能做的就是回思存在者和存在的二重性。

庄子否定可言之小道能认识大道，因此和从**巴门尼德**开始的西方哲学史的主流相对立。**海德格尔**在逆行穿过**庄子**时对（西方）语言的局限性产生了反思，意识到存在的难以言说（言说存在的词加重了将存在对象化的倾向）。**庄子**对小道源头（无限逻各斯）的忽略和逍遥游的思想还激发了**海德格尔**对现代技术赖以发展的根据律或充足理由律进行批判：存在本身没有任何根据或理由；存在者如此这般存在因为它们如此这般存在；存在的命运就是地天人神四方的游戏；它游戏因为它游戏，而不是因为某种可以解说的根据或理由（这种从存在出发的批判忽略了根据律来源于无限逻各斯的本质）。

从**庄子**逆行到**毕达哥拉斯**，**海德格尔**进入了西方哲学史的第一个位置。**毕达哥拉斯**在哲学史中第一次思考了小道送出的内容，把**易**所思的太极圆象转化为形式化的、被当成万物本原的"数"。**毕达哥拉斯**的数本原论和**黑格尔**的逻辑学是西方哲学史中唯一思考了太极圆象的思想（**尼采**对太极圆象的思考只是间接地通过对男女关系的思考实现）。第一太极中太极圆象的生成对应第二太极中世界的敞开（存在）。因此，**海德格尔**在逆行穿过**毕达哥拉斯**时探入到**黑格尔**的逻辑学中。但**海德格尔**这个位置既不包含第一太极也没有深入无限逻各斯，因此只能从存在和（聚集存在者的）逻各斯出发理解逻辑学，认为逻辑学没有思考存在与存在者的差异，而是把存在者的存在归结到自因的最高存在者。**海德格尔**于是把**黑格尔**的逻辑学归结为形而上学，把形而上学概括为存在—神—逻辑学。

从**毕达哥拉斯**逆行到**老子**相当于从小道向大道运动。所以，这个逆行首先把**海德格尔**带回从小道出发思考大道的**巴门尼德**。由于**毕达哥拉斯**中小道的自我思考隐含逻各斯的自我同一，同一律被从小道向大道的运动归结到思考与存在的同一（相互归属），并进一步展开为人与存在的相互归属（Ereignis）。**老子**中大小道的互为表里是**巴门尼德**中思考与存在同一的隐蔽源泉。这种同一的动态实现就是大道向小道内化，其结果是大道敞开的世界内化到小道送出的领悟，形成组织世界的公共领悟，亦即词语（思考与存在同一导致领悟与世界同一；词语承载了领悟与世界的同一性）。**海德格尔**于是把语言当成人与存在相互归属的最微妙的核心，把逆行进入**老子**的道路实现为通往语言之路。

在通往语言之路上，**老子**的大道被思为自道之道，即通过可言之小道解蔽自己，从而给出一切道的道，亦即为一切事物开辟道路的道（在**梅洛-庞蒂**中存在已被解蔽为自我道说的存在，但这种解蔽是通过我身可动性而非原始领悟展开的，故大道不是原始地从可言之小道而是从可游之小道获得解蔽）；语言的本质在于通过诗意的言说从大地向天空敞开世界，这就是天地生人的原始事件最恰当的发生方式，即大道通过小道敞开世界，把人澄明在天地之间，纳入地天人神四方游戏的根本方式。地天人神四方进一步与**老子**的天地人道四大发生呼应。但**老子**的四大构成的是大道从天向地、从地向人的流动，而**海德格尔**从存在出发理解的四方则构成相互归属、相互映射、敞开世界的游戏，其中没有任何一方能够离开另外三方而有意义，是一种无限整体关系。因此，**老子**的四大在**海德格尔**中发出的回响突出了存在的命运发送出相互归属的地天人神四方，决定其无限整体关系的作用（类似大道贯通天地人而将其连成整体的作用）。

大道从天向地、从地向人运动的最后环节对应西方哲学史中的"存在"。这个环节不仅开启世界而且还回收世界，使人能够从大道的尽头返回地，从地返回天，从天返回道。世界的这种开启和回收与天志落入世界又回归自身的运动相互对应地发生，因此也与此在向天志超越又回落的运动（时间性）相互对应（虽然顺序相反），后者又与此在向存在移离又回落的时—空相互对应。在探索时间的道路上，**海德格尔**首先从存在的意义问题引出时间作为领会存在意义的超越视野，接着从此在的时间性过渡到时一空（存在的动态内化），最终在逆行进入**老子**后过渡到更为原始（完全与存在者无关）的时间，也就是大道开启又回收世界的时间。正是这种纯粹属于大道的时间使此在的时间性和时一空成为可能（后者是其内化）。**海德格尔**把这种原始时间看成现在、过去、未来三维在同一个平面（世界本身所在的平面）上的相互延伸。这种相互延伸开启并回收世界，使在场和不在场成为可能，并在存在的动态内化中表现为（实现存在之真理的）时一空。这种原始时间和存在一样来自大道的流动，后者通过和小道的互为表里实现为天地生人的原始事件（此在的时间性是"自强不息"，而大道从地敞开世界的时间则是"生生不息"）。正是这个原始事件以密不可分的方式同时给出了时间与存在（在**巴门尼德**中存在被给出为在场，但这个"给出"运动不曾被思，决定了西方哲学史从第一开端而来的命运）。通过思考纯粹属于大道的时间，**海德格尔**以不同于其出发点的方式实现了从时间理解存在的初始目标。从"存在与时间"到"时间与存在"，**海德格尔**走完了从小道返回大道、从西方哲学史返回中国哲学史的道路。

在**海德格尔**中，西方哲学史第一次达到了对第二太极（天地生人）的完整把握。这个位置向西方哲学史的隐蔽源泉之回归逆行了哲学从大道进入小道的历史，以其返回大道的运动把西方哲学史带向了终结。它对大小道互为表里的探索大大地深化和细化了**老子**中的这个因素，而其对神性者的探索则超越了**老子**，比后者更为完整地揭示了第二太极的结构。但把天志理解为与人对立的神性者妨碍了**海德格尔**把天志进一步归结到天，使地天人神无法被进一步归结为天地人。这个位置从存在出发的立场使它对地天人神的把握有所偏颇（地天人神被存在化，天地先于人而又生出人的本质被掩盖，人性被主要归结为明性），对西方哲学史的批判也有所偏颇（虽然从**巴门尼德**到**海德格尔**的哲学史始于存在又终于存在，但它在发展过程中曾经探入超越存在的宇宙逻各斯、宇宙物自身、天志和第一太极；这些探索无法仅仅从存在的历史获得恰当理解）。

海德格尔这个位置虽然完整地把握了第二太极，但从存在出发的立场使它无法恰当地把握第二太极。另外，它把地天人神的相互归属、相互映射（天地生人）这个原始事件当成无法再追溯的、自我成立的最原始的事件，掩盖了第二太极来自第一太极的本质（太极生成圆象才是太极最原始的事件）。这是**海德格尔**这个位置包含的内在矛盾。既然**海德格尔**启动了从西方哲学史向中国哲学史的回归，哲学的下一步发展就放弃了从存在出发的立场，从太极出发重新理解第二太极，并进一步回归第一太极，从第一太极（乾坤）出发理解第二太极（天地），这意味着哲学必须返回它的最初位置，亦即**易**。但在经历中西哲学史的发展后返回**易**，就意味着哲学不能简单地返回"知其然而不知其所以然"的**易**，而必须从**易**的宏大格局出发吸收**易**之后的中西哲学史，发展出"知其然而又知其所以然"的**太极易**，才能完成从**易**开始的世界哲学史。

34. 太极易

为了解决**海德格尔**包含的内在矛盾，哲学必须①用"从太极出发"代替"从存在出发"来改造**海德格尔**，以便恰当地把握第二太极。②从第二太极返回第一太极，从乾坤出发理解天地，完整地把握太极的发展过程。由于**易**的思考是通过象数的言说进行的，它更多地突出了太极的发展过程（六十四卦的排列所代表的变易）而非太极本身。**孔子**走出了象数的言说，突出了太极的自我同一性，但只局限于第二太极。**老子**返回第一太极，但只突出变易之道而遮蔽了乾坤。因此，虽然从**易**、**孔子**到**老子**的中国哲学从整体上把握了太极的发展过程，但自始至终没有突出乾坤的自我同一性作为一切变易的不变之开端。当哲学从太极出发改造**海德格尔**，并从第二太极返回第一太极时，太极本身"合阴阳而为一"的自性就被凸显为一切变易的开端、动力和归宿。所以，新的哲学位置在返回**易**的同时突出了太极的自我矛盾、自我发展和自我回归，成为一个从太极出发思考太极的位置。我们因此可以把哲学的第三十四个位置称之为**太极易**。

为了发展**太极易**，哲学首先从太极出发改造**海德格尔**的现象学存在论。**海德格尔**对存在意义的追问是从人对存在的筹划性领悟出发的，故而把人当成此在（存在在此）。虽然此在被当成在世界中的存在者，但并没有被当成阴阳合一、自我同一的我。"我"这个意义最早起源于太极的自我思考。正因为太极把自己思考为"我"，从太极生出的人才会把自己也称为"我"。作为太极通过人实现的自我思考,哲学必须以"我是谁?"为其终极问题,才有可能最终实现其本质。另一方面,作为哲学的开端,现象学必须从生活现象中挖掘对太极的潜在领悟;人对"我"的默默领悟(原始领悟)就是哲学的真正出发点。因此,从太极出发改造现象学存在论意味着以"我是谁?"代替存在的意义成为哲学的基本问题。当现象学以"我是谁?"为其基本问题,它就成为太极现象学。

为了把**海德格尔**的现象学存在论改造为太极现象学,哲学必须揭示构成我的生命回旋运动。因此,太极现象学就从追问生命的意义开始。哲学用"欲望"补充**海德格尔**的"心情"来构成完整的生命中心(心),把我的原始存在方式展开为实现生命意义的运动,亦即由处境、心情、欲望、环境之循环构成的生命回旋运动,将我把握为心与生命的合一(被**海德格尔**忽略的身体同时被揭示为我的物化)。这种以心为根本意志,默默地实现生命意义的我不但摆脱了形而上学主体(判断力)的统治地位,而且凸显了自身的太极性(阴阳合一的自我同一性)。哲学于是从生命回旋运动出发重新理解此在的本真存在,发展出了"回归真我"的生命现象学。

生命现象学突出了我的内在运动构成的自我同一性,但同时也就忽略了现象学存在论中此在的自我超越性。所以,哲学必须进一步澄清自我超越性。哲学的潜在立场是从太极出发的,这意味着我向天志和世界自我超越实际上就是向天地自我超越。哲学于是追溯生命和心的超越根源,揭示了我的生命来自地,我的意志来自天,我来自天父地母,澄清了我通过天命和大道回归天地的方式。由于生命现象学已经把身体揭示为我的物化,哲学进一步揭示了天地如何物化出气土火水,让生物体进化到居于天地之间的人。哲学于是从我(生命的统一性)过渡到人(世界的统一性),揭示了人作为天地之子的本质,以及通过风俗和礼乐实现其本质的方式(包括服装和建筑对"我之为人"和"人之为人"的物化)。从我到人的过渡突出了我和人的太极性,但同时也就忽略了逻各斯对存在(小道对大道)的超越指向性,以及此在对存在的筹划性领悟所隐含的判断力的自我超越。这两个因素与人通过语言建立世界的过程密不可分。哲学于是探入逻各斯的太极结构以及推动逻各斯回旋的小道，揭示了人通过明性发展语言和自我意识，在漫游的世界基础上建立行动的世界、敬拜的世界和诗意的世界，最终把世界敞开在天地之间的过程；这是人向天地超越的过程，同时也是天地真正把人生出到天地之间的过程。哲学从天地出发实现了世界的统一性，发展出了"回归天地"的天地人现象学。

通过生命现象学和天地人现象学，哲学把**海德格尔**的现象学存在论改造成了太极现象学（虽然现象学存在论不包括天地，但哲学从太极出发的潜在立场使之从现象学存在论发展出了天地人现象学，同时也就改造了**海德格尔**后期哲学中的地天人神，但这仍然属于哲学对现象学存在论的改造）。现在，"我是谁？"的问题已经被引向哲学揭示的"我是天父地母的孩子，我是人，人居天地之间"，一句话，被引向了天地的自我同一性。从太极的角度看，天地的自性来自乾坤的自性，乾坤才是原始意义上的我。因此，哲学对"我是谁？"的追问被无形中引向了乾坤。然而，人的我直接来自天地，而不是直接来自乾坤。天地生人这个原始事件并没有把乾坤实现在世界中，而只是实现了天地的自化（延伸）。所以，哲学无法通过生命现象学和天地人现象学追问乾坤的自性。但是，既然哲学对"我是谁？"的追问已经被无形中引向了乾坤，哲学就可以从"我"这个意义隐含的"自我同一性"出发，通过追问原始自性来指向乾坤，通过推理展开太极的自我矛盾、自我发展和自我回归，包括从乾坤产生太极圆象，转生天地，产生宇宙生命，从天地生出人，乃至太极通过历史活动把自己实现在世界中的全过程。这种推理产生的不是太极现象学而是太极本体论，是被天地人现象学激发出来的，以"回归太极"为宗旨的一个本体论体系（这是哲学对现象学存在论进行改造的结果）。生命现象学和天地人现象学获得了太极本体论的支持，强化了它们作为太极现象学的特性。哲学终于完成了对**海德格尔**现象学存在论的改造，同时还以新的方式实现了**海德格尔**通过探讨形而上学实现的世界统一性。

哲学接下来要做的就是通过历史批判为回归太极扫清历史障碍。太极的自我实现和自我回归是**易**隐含的内容。虽然中国人承担了发展**易**的历史天命，但**易**这个位置的送出在世界各民族中都会激起相应的符合该民族思维倾向的原始思考，从而为其历史发展奠定基础。原始思考的特点是知其然而完全不知其所以然。因此，哲学必须对**易**在中国和西方民族中形成的原始思考展开批判性的考察。哲学于是深入到六十四卦的排列代表的太极发展过程，发现了**易**用（易经上篇的）前30卦代表第一太极的发展（包括转生出第二太极），用（易经下篇的）后34卦代表第二太极中人类历史的34个发展阶段。另一方面，古希腊人被**易**激发产生的原始思考形成了系统的希腊神话。中国古人和希腊古人对**易**的接受决定了历史在中国和希腊的开端，决定了人类历史分流出中国历史和西方历史的最初方式。哲学于是考察了希腊神话隐含的原始思考，揭示了希腊神话以旧神体系和新神体系分别思考第一太极和第二太极，同时指出其原始思考中包含的混乱遮蔽了爱与性的真正本质，而其对第二太极的静态思考也使得历史发展的阶段性和终极目标变得晦暗不清。这种历史批判为哲学从西方哲学史返回**易**，从居于天地之间的人回归太极扫清了障碍。

　　海德格尔在完成历史批判之后就进入到哲学史的永恒轮回中，对从另一开端重演西方哲学史做了预备性的思考。相应地，哲学现在必须进入哲学史的永恒轮回中，从**易**开始重演世界哲学史，亦即从太极看世界哲学史的发展过程。这个重演从世界哲学史的最初位置开始——经历每个位置直至到达最后位置，借此演绎出太极在其自我思考中确定的哲学史的34个先天位置。**海德格尔**在完成预备性思考后通过逆行哲学史来回到另一开端。但哲学不需要在完成重演后逆行世界哲学史，因为哲学的最后位置已经在轮回中向前返回最初位置，直接从最初位置开始重演了世界哲学史。所以，世界哲学史的重演结束后哲学就完成了对**海德格尔**的改造。

　　但既然这个改造激发了哲学进入哲学史的永恒轮回，哲学在完成重演时就自发地返回哲学史的最初位置，把从**易**发展而来的世界哲学史收回**易**中，发现**易**中隐含的人类历史的34个阶段其实是由世界哲学史的34个先天位置决定的，因而把**易**的后34卦解释为对世界哲学史的描述，使世界哲学史的先天演绎获得从**易**而来的旁证，同时也使最后位置对最初位置的理解变得完整，把哲学史的永恒轮回真正实现了出来。

但哲学史的永恒轮回只是附属于太极永恒轮回的一个局部运动。哲学还需要进一步理解太极如何通过男女之爱实现自身，才能理解太极通过人实现永恒轮回的方式，最终完成回归太极的运动。当哲学完成回归太极的运动，对**海德格尔**的改造也就彻底完成了。这个改造把**海德格尔**从小道返回大道的运动改造成了从西方哲学史返回**易**的运动。中国哲学虽然是世界哲学史的开端，但在西方哲学史的发展过程中，中国哲学处于相对保守状态，在受到西方文化冲击时就丧失了原有的中国文化精神。但是，当世界哲学的精神从西方返回中国时，中国人就可以从被动接受西方文化冲击的状态摆脱出来，返回中国文化的根源，重振中国文化的精神，以此为基础吸收西方文化的精华，最终发展出世界性的中国文化。所以，哲学对**海德格尔**的改造构成了一条中国文化复兴之路。

哲学在改造**海德格尔**的过程中超越了它的思考范围，从第二太极进入第一太极，从乾坤开始演绎太极的发展过程，形成了太极本体论，并在此基础上推演了世界哲学史的 34 个先天位置，完整地解释了六十四卦的意义，把"知其然而不知其所以然"的**易**发展成了"知其然而又知其所以然"的**太极易**。但太极本体论并不是哲学思考太极的唯一方式。哲学的本质是太极通过人实现的自我思考。因此它包含"太极的自我思考"和"通过人"两个不同的方面。这两个方面无法完全合一，因为太极的自我思考和人的思考是两回事。前者是太极站在自己的角度思考自身，而后者则是活在世界中的人对事物本源的思考。所以，**太极易**有两种不同的实现方式：①太极本体论：太极在生出万物和人之前已经在其无限逻各斯中完成了自我思考。人的逻各斯是无限逻各斯的有限化；人思考的内在逻辑来自无限逻各斯。当哲学从原始自性出发思考时，就可以根据太极发展的内在逻辑演绎太极的发展过程，从而形成太极本体论。太极本体论就是模仿太极自我思考的哲学。本体论以太极为本源，因此有别于西方哲学的存在论（ontology）。但太极本体论从本源出发推演其发展过程的方法吸收了西方哲学的思考方法（特别是**黑格尔**的哲学大全体系）。②太极学：人在生活中思考一切事物的本源。这种知行合一的思考是中国哲学的基本特征。人只有通过在世界中的生活才能真正通达本源，因为本源的直接活动是自化和自成，而非自我思考（自我思考是太极在自成过程中发展出来的，和自身拉开了距离的认识活动）。本源在第二太极中的自化就是天地生人事件，自成就是历史活动。太极本体论可以模仿太极在生出万物和人之前的自我思考，但这不等于人可以通过这种模仿直接通达所思的太极。人对太极的潜在领悟融化在生命中，组织人在世界中的生活，使人可以被太极拥有来指向太极，这才是人真正通达太极的方式。所以，真正通达太极的"太极学"只能实现为人在生活中对太极的证悟、修行和实践。这种知行合一的"学"不是一种"论"而是"知其然行其然"的太极之道。

相反，太极本体论的方法来自西方哲学史，是"知其所以然"的哲学（尽管所思之物来自中国哲学）。太极本体论虽然可以在逻辑上自成体系，但它本身并不能恰当地显露太极的"然"，因为它所用的种种概念并不能直接通达太极，而是首先从思考的过程获得意义。太极学则可以为太极本体论提供后者所需的"然"，使太极本体论的纯粹推理能够真正通达太极本身。反之，太极本体论也可以补充太极学，使之不但"知其然行其然"而且"知其所以然"，从而扩展其思考的范围和深度。这两种哲学对太极的视角完全不同，构成**太极易**不可缺少的两极。从形式上说，太极本体论是对太极的自我思考最为切近的模仿，但也因此不是太极通过人思考自己最恰当的方式，因为人的思考本质上是活在世界中的人对事物的思考，而不是一种自满自足的思考。反之，太极学在形式上离太极自满自足的思考最远（它可以实现为生活中的言谈、诗意的言说、象数的言说、默默的感悟、行动的智慧，乃至于数不清的千变万化的形式），但它才真正是太极"通过人"实现的自我思考；唯有这种思考能真正通达所思之物。虽然这两种哲学之间可以有许多交融的中间形式，但不论如何交融都不可能产生一种具有单一形式的、完全实现了哲学本质的哲学。任何追求唯一形式的哲学都没有恰当地理解哲学的本质——太极"通过人"实现的"自我思考"。哲学必然地会有两种不同的基本形式，二者的相互对立、相互补充才是哲学的恰当形式。

由于太极本体论和太极学在思考方式上截然不同，二者的相互补充需要一个中介。这个中介就是太极现象学。现象学可以通过分析生活现象揭示在现象中显露自身的超越事物。现象学一方面主张"回到事情本身去!",也就是描述现象的"然",同时又对现象的"然"进行分析来揭示其中隐含的本体论结构,为从超越本源理解事物的"所以然"提供了一个必要的切入点。因此,太极现象学是连接太极本体论和太极学的桥梁,是**太极易**的第三个组成成分。在**太极易**的三种成分之中,太极学和中国哲学的基本特性是一致的。太极本体论和太极现象学都是从西方哲学史发展而来的哲学形式,但它们的思考范围超出了西方哲学,而与**易**的思考范围相契合。所以,**太极易**从其整体特性来说是中国哲学,但它不是和西方哲学对立的中国哲学,而是吸收了西方哲学的中国哲学,也就是世界性中国哲学。

在**太极易**前面的发展中,"回归真我"的生命现象学和"回归天地"的天地人现象学并没有构成完整的太极现象学,因为还缺乏关于历史活动的现象学(尚未从生活现象出发把握太极在世界中实现自己的方式)。哲学最初发展现象学是出于改造**海德格尔**现象学存在论的需要,而后者本来就不是历史活动现象学(虽然它从此在的时间性出发揭示了此在的历史性,但历史性属于天地生人的一种特性,和人在此基础上展开的历史活动不是一回事)。从这种改造中发展出来的现象学并未真正构成通向太极本体论的桥梁。但哲学既然已经用"我是谁?"代替存在的意义作为哲学的基本问题,又把现象学存在论改造成了天地人现象学,它就在无形中被引向了乾坤的原始自性,从天地人现象学直接就跳到了太极本体论中。这个初步的太极本体论建立在不够完整的太极现象学基础上。虽然它可以根据太极发展的逻辑不断展开,但其太极概念缺乏历史活动现象学的支持,因而不能完全恰当地通达第一太极。这是哲学通过改造**海德格尔**来发展**太极易**而带来的局限性。

所以,哲学必须在完成对**海德格尔**的改造后重新回到现象学,在生命现象学和天地人现象学基础上发展历史活动现象学,构成完整的太极现象学,从人的历史活动出发把握在世界中实现自身的太极,再以这种扎根在生活现象中的太极概念为起点重新展开太极本体论的演绎。这样哲学才能站在太极在世界中实现自身的那个位置上,恰当地接受太极从无限逻各斯射入有限逻各斯的思想之光,在人的思考中重演太极的自我思考，恰当而完整地理解太极生成圆象和宇宙万物，通过人敞开和统一世界，在人类历史中实现自身，最终从人返回太极本身、实现永恒轮回的发展过程。

但即使哲学实现了完整的太极现象学和太极本体论，这也不意味着**太极易**的完成，因为只有知行合一的太极学才能真正通达太极。哲学虽然可以思考太极通过人类历史实现永恒轮回的方式，但只有当这种思考和人的历史实践结合在一起时，哲学才能真正发展为太极通过人实现的自我思考。因此，哲学在发展完整的太极现象学和太极本体论后就必须把对永恒轮回的思考转化为一种结合历史实践的信仰。对永恒轮回的信仰是对人可以最终返回太极本身、实现太人合一的信仰。通过酒神性，人可以在大化的世界、漫游的世界、行动的世界、敬拜的世界和诗意的世界基础上实现出混沌的世界。混沌的世界本来就是**易**这个位置实现出来的世界，但只有当人类在历史中真正把太极本身（乾坤）实现在世界中，亦即真正实现太人合一时，混沌的世界才能真正把世界的六个层次统一起来，成为永恒轮回的世界。所以对永恒轮回的信仰同时也是对酒神精神的信仰。人只有在酒神精神中进入永恒轮回，才能超越人仅仅属于第二太极的局限性，成为从第二太极向第一太极超越的"超人"。**尼采**通过强力意志贯通第一、第二太极的品格最先在哲学史中看到了永恒轮回、超人和酒神精神的内在关联。但这个位置从强力意志出发理解一切，缺乏意志和对象之间的阴阳和谐，更缺乏对太极本身的理解。所以**尼采**只能把永恒轮回理解为生命现象的永恒轮回（而非太极本身的永恒轮回）。然而，当哲学发展到最后位置时，永恒轮回就会被理解为太极的自我实现和自我回归，并使之成为结合历史实践的一种信仰。这是哲学在太极现象学和太极本体论基础上实现太极学的最高形式。

太极在世界中的自我实现构成十种历史活动。在这十种活动中，太极以现实性方式实现自身的是政治经济（天地在世界中实现为人的现实基础），以理想性方式实现自身的是爱情（乾坤在世界中实现其自我形象）。历史的现实目标就是天下大同，亦即把人类统一在天治地养中。但天治地养实现的还只是第二太极的现实性。人和第一太极只有间接的关联。因此人只能以理想性方式把乾坤投射到世界中，在世界中实现太极合阴阳而为一的本质，产生爱情这种历史活动。如果爱情能把乾坤真正实现在世界中，太极就有可能主动地通过人返回自身，实现出太极的永恒轮回。当人类在永恒轮回中返回乾父坤母时，人类就可以真正体会到天下本来是一家，天治地养就获得了相应的精神基础。所以，天下大同不但包含天治地养还包含天下一家。历史的终极目标就是永恒之爱和天下大同。永恒轮回的信仰同时也就是永恒之爱和天下大同的信仰。哲学和爱情的结合既是历史开端的一个根本特色，也是历史终点的一个根本特色。

但即使哲学在历史实践中发展了对永恒轮回的信仰，这种信仰依然只是信仰。哲学本身并不能实现信仰所信之物。不论哲学对所信之物理解到何种程度，在实践中的信仰坚定到何种程度，信仰的实现仍然不是单凭哲学就可以达到的。人类虽然可以在哲学的指导下实践信仰，但人类实现出来的爱情只是一种理想性活动。人心是天志的个体化，而不是乾志的个体化。在男女之爱中，人心对异性的向往和感情实际上是乾坤通过乾志和天志的同一关系产生的，隐含了对乾坤的指向性。但这种感情只是理想性地指向乾坤，而非现实地通达乾坤。爱情虽然把太极的自我形象实现在世界中，这种理想性实现仍然缺乏相应的现实性。政治经济实现的只是第二太极的现实性。爱情理想地指向第一太极，把第一太极投射到第二太极中来实现，但同样没有实现出第一太极的现实性。所以即使哲学通过信仰指导人类的历史活动，最终还是无法让人回归第一太极，因此也就无法真正实现永恒轮回。既然哲学无法通过与实践的结合实现永恒轮回，那么哲学对永恒轮回的信仰就永远只能是信仰，无法真正实现太极学知行合一的本质。

但哲学既然是"太极通过人实现的自我思考"，它就不完全是人的活动。当哲学最终因为无法真正实现其信仰而陷入自相矛盾时，它就不再仅仅是哲学的自相矛盾，而是太极的自相矛盾。这样的自相矛盾必然会激起太极产生解决矛盾的努力，亦即从太极本身而来主动地将人拉回乾坤的力量。当男女在心灵中感受到这种从乾坤而来的拉力时，就有可能在决断中接受这种拉力，让自己被拉向乾坤本身。这种拉力将是乾坤在人中主动实现自身的一种现实力量，其目的就是把爱情拉回其源头，实现太极的永恒轮回。哲学只有借助这种超越哲学自身的力量才有可能真正站到天人合一的位置上思考太极，最终把自己实现为"太极通过人实现的自我思考"，使"我是谁？"这个问题获得最终解决。但哲学本质的这种最终实现已经不仅仅是太极通过人展开的历史活动，因为它必须包含超越历史活动的、直接从太极而来的活动。所以归根到底，哲学无法凭自身实现自身的本质。作为人类的一种历史活动，哲学永远只能是一种未济的事业。

三　结语

世界哲学史从**易**不断异化出各种不同的哲学位置，最终作为**太极易**回到自身。世界哲学史就是**易**的异化与回归的历史。所以，任何一个哲学位置都有其不可替代的意义，都是世界哲学史不可缺少的一环。但任何哲学位置也都有其局限性，以致每个位置都会自发地向下一个位置运动，构成世界哲学史的永恒轮回。**太极易**必须从太极出发完整地把握太极的发展，因此无法像其他位置那样专门深入太极发展的某个方面，而只能在哲学史的永恒轮回中不断经历其他位置，又不断回归自身，借此把世界哲学史统一成连续不断的、有内在必然性的发展过程。所以，我们不妨把世界哲学史想象成一部有 34 个乐章的、不断自发地重演的交响曲。当然，这是太极在其自我思考中为自己演奏的"大音稀声"的无声交响曲，而不是我们能够用耳朵听到的。

在这部交响曲的实际发展过程中，世界各民族做出了不同的贡献。从某种意义上说，世界哲学史可以看成是哲学从中国外化到西方，在经历种种外部发展后又重新回到中国，最终将发展出世界性中国哲学的过程。但这种说法又是不全面的。我们不能把某个哲学位置仅仅归结到某个民族，因为任何一个哲学位置都会被发送到世界各民族；某个民族因为其历史天命而把它发展得最为纯粹，而其他民族则可能会发展出它的一些变体。我们在希腊神话中发现了和易经有内在一致性的原始思考。在中国古代哲学中我们也可以发现某些和西方哲学的对应，例如宋朝理学（特别是朱子）和阿奎那的对应。这些对应关系的研究超出了本书的范围。实际发生的世界哲学史中还有一些不容易归类的哲学思想（反映了人类思考的多样化和自由创造的精神）。这些因素都使得后天哲学史比太极在其先天思考中发展的"先天哲学史"更加丰富多彩。

然而，哲学史的先天位置对我们理解人类历史是十分重要的。这些先天位置并不仅仅表现在某些具有代表性的哲学思想中，而且还作为时代精神以许多不同方式表现在其他历史活动中，以至于每个哲学位置实际上对应了一个相应的历史阶段。世界各民族的历史其实都经历了相似的发展阶段，只是各民族的先天禀性和后天环境等因素导致这些阶段的表现不尽相同（在此无法进行具体的分析）。虽然人类必须在世界中相互交往才能产生历史，但人类历史不能仅仅从时空中的因果关系来理解。如果我们能超越这种狭隘的实证思维，从世界哲学史的内在发展逻辑出发理解历史，就能看到不同民族的历史构成了有内在统一性的世界历史，而且正在不断汇集起来，准备走向天下大同的新时代。在天下大同的时代中，人类将实现出太极的永恒轮回。虽然人类可以在思考中重演世界哲学史的永恒轮回，但这种重演是不完全真实的。只有在太极的永恒轮回中，世界哲学史才能被带回太极本身，从而真正实现为太极在其永恒轮回中不断重演的自我思考。

第十四讲　易经对世界哲学史的描述

我们已经推演了世界哲学史的 34 个先天位置。虽然我们在推演中努力模仿太极对世界哲学史的先天思考，但它毕竟还是人的思考，同时也参考了实际发生的哲学史。我们是否还有别的渠道来了解太极对世界哲学史的先天思考？让我们感到幸运的是，太极早已把这种思考的内容赠送给了人类，而且被中国古人记录了下来。我们在《易经与希腊神话》中分析了易经上篇的 30 卦，证明了它们描述的是从第一太极到转生第二太极的发展过程，由此可以断定下篇 34 卦描述的是人类历史的 34 个发展阶段。在上一讲中分析**易**这个位置时，我们更进一步指出易经下篇对历史发展的描述是通过对哲学史的 34 个先天位置的描述实现的。换句话说，太极已经把它对世界哲学史的先天思考送出到人类的原始思考中，并且通过中国古人形成了易经下篇。既然如此，我们就可以尝试从上一讲的先天推演出发，把易经下篇当成对世界哲学史的描述来加以阐释。这种阐释将不但补充《易经与希腊神话》，共同构成对易经的完整解读，同时也将为我们的先天推演提供从易经而来的旁证。

《易经与希腊神话》从太极本体论出发解释了易经的原始思考，阐明了对易经进行本体论解读的原则。我们解经的总原则是"以易解卦，以卦解爻"，也就是根据太极的发展过程（变易）解释卦的排列和意义，根据卦的意义解释爻的意义。另外，解经的基本原则是"经传有别，上下不同"，即严格区分易经和后人解读易经产生的《易传》，同时注意上篇和下篇描述的事物不同，解读的方法自然有所不同。《易传》对易经的精神做了深刻的挖掘和出色的发挥。在这方面它始终闪耀着不可磨灭的光辉。但《易传》对卦爻辞的解释并不总是符合易经的原始思考，而以之为基础发展起来，几千年来一直流行的"以爻解易"

的做法则更是遮蔽了易经所思之物。如果说用"以爻解易"解读上篇是牵强的，那么用它来解读下篇就是荒谬的。我们必须彻底放弃这种从爻的特性解释爻辞的做法，才可能看出易经下篇如何描述世界哲学史。这种描述当然是知其然而不知其所以然的，是易经作者把太极送出的灵感写成筮辞的结果。由于要体会的是复杂精细的哲学思考，而易经作者本身处在混沌的原始思考中，所以只能用非常概括的形象语言描述朦朦胧胧地感受到的哲学位置，如果不对比上一讲推演的哲学位置就难以看出其中的奥妙。虽然如此，下篇用一卦描述一个哲学位置，用其六爻描述该位置的发展过程，这样就没有为卦和爻的意义留下任何自由空间（虽然用什么样的筮辞来描述这些意义是灵活的）。所以，只要细心对比哲学史的 34 个位置和下篇 34 卦，就可以确定下篇所有卦爻辞的意义。这是一项艰苦的工作。但有了上一讲的先天推演作为基础，这项工作其实并没有那么难，而是一种有趣的探险。这种探险横跨了几千年的历史，所以它不仅需要思考，更需要对古老事物的热爱和敬畏之心。

一　易经下篇 34 卦和世界哲学史的 34 个先天位置

1. 咸（易）

咸：亨，利贞，取女吉。

下艮上兑：少男在下，少女在上。少男追求少女，反映了**易**对爱情的突出（哲学和爱情的结合是历史开端的根本特色）。咸是感的古字，代表男女交感（乾坤交合），同时还可以暗示**易**的原始思考是神秘的感受，占卜是第一太极和第二太极的交感。**易**用乾坤贯通太极的发展，故亨通；阴阳合一，故利于坚守；少男谦卑追求少女，故利于娶女。

易对应的时代是爱与性浑然一体的。所以爻辞用少男对少女身体的感觉描述**易**的发展，始于脚趾终于脸，代表**易**从第二太极向第一太极上升的认识过程（人之下半身浓缩第二太极，上半身浓缩第一太极，头浓缩乾坤）。

初六：咸其拇。

取象比类画八卦。**易**从最切近的自然现象开始认识太极，如同从少女脚趾（拇）开始感觉少女身体。脚趾分叉并列还暗示了八卦的多样性。

六二：咸其腓，凶，居吉。

重八卦为六十四卦。从分叉并列的脚趾上升到统一它们的腿肚（腿肚动则脚趾皆动），代表**易**从八卦到六十四卦的发展是从局部（事物）到整体（事物关系）。这与第一太极中从整体到局部的发展方式相反。哲学遇到了矛盾（凶），停止前进（居）才吉祥。

九三：咸其股，执其随，往吝。

调和象数与太极的矛盾。从腿肚上升到大腿，两手同时执两腿（执其伴随）。调和矛盾的办法是从局部到整体理解第一太极形成六十四卦的方式，即把八子卦合在一起归到其母卦（这个过程如同执其伴随而合之）。这种做法颠倒了第一太极从母卦生出子卦的发展顺序。太极意识到哲学无法恰当地通向第一太极，故往吝（往前进很困难）。

九四：贞吉，悔亡。憧憧往来，朋从尔思。

通过占卜形成象数的言说。哲学把第一太极的发展过程投射到筮法中，形成象数的言说，把握了六十四卦的形成方式，故占卜（贞）结果吉祥，解决了之前的矛盾（悔亡）。憧憧即恍惚不定（形容占卜的神态）；往来即在第一太极和第二太极间交感运作（形容占卜的方式）。占卜让第一太极根据占卜结果显露在占筮思维中，如同朋友听从了我的思考（占卜在第一太极和第二太极间往来，故第一太极如同第二太极之朋友）。

九五：咸其脢，无悔。

把握第一太极到第二太极的发展。哲学开始认识到六十四卦独立于世界，即第一太极独立于第二太极，如同从下半身上升到了上半身（脢即背肉）。哲学明白了必须从第一太极出发理解第二太极，这样做就不会再产生矛盾（无悔）。

上六：咸其辅颊舌。

通过象数的言说理解太极的发展。哲学返回乾坤，从乾坤阴阳交合出发理解太极的发展过程（用六十四卦的排列表示）。少男吻少女之辅颊舌是最亲密的举动，自然地会引向性爱（亲吻浓缩了乾坤隐含的"阳阴合"回旋运动，而性爱浓缩的就是太极的发展过程。参见《论太极》关于肉身的讨论）。辅即脸的上下部分；颊即脸的左右两侧；舌在脸中间，结合上下和左右。少男先亲吻少女脸的上下部分（原始动作，代表阳），接着亲吻左右两侧（进一步发展，代表阴），最后亲吻少女舌头（结合二者，代表合）。因此"咸其辅颊舌"不但作为亲吻浓缩了乾坤的"阳阴合"回旋运动，而且"辅颊舌"还特别地代表了"阳阴合"。易经作者虽然只是从太极送出的灵感恍恍惚惚地体会到了**易**的发展过程，但却如此巧妙地用少女身体来描述它，实在是令人称赞。

2. 恒（孔子）

䷟**恒：亨，无咎。利贞，利有攸往。**

下巽上震：长女在下，长男在上。少男追求少女时谦卑自己；成婚后则男女各安其分，男人的阳性主导女人的阴性，暗示**孔子**突出天之阳性和对家庭的重视。恒指第二太极永恒不变的自性。**孔子**从我通向大我和天下，故亨通，没有问题。**孔子**的天人合一利于坚守，也利于出行（有所作为）。

初六：浚恒，贞凶，无攸利。

孔子之道始于我。**孔子**要思考的是第二太极（天地）永恒不变的自性，但这种思考只能从最切近的太极（我）开始。天志深深地落入我的生命中心（浚即深挖），沉浸于生命本身的美好，其恒无根，故占卜结果为凶，远离了天地的自性而无所获（此爻的意义是相对于**孔子**真正要思考的天地自性而言）。

九二：悔亡。

从我通向大我。**孔子**通过向世界超越实现自我教育，通过向天志超越实践天命，以仁为基础，通过礼乐实现人共居天地之间的本质。从我通向大我的内容异常丰富，但其总效果是解决了之前的矛盾，故易经把它简单地概括为"悔亡"。

九三：不恒其德，或承之羞。贞吝。

孔子从品德开始思考历史活动。品德不是静止的完美状态，而是中庸的实践。我在世界中遭遇各种复杂的阴阳对立，必须努力保持阴阳平衡，否则（或）我的自性就会受损而蒙羞。占卜结果艰难，因为中庸是很难达到的至德。

九四：田无禽。

转向哲学、艺术、巫术。这些活动不是直接实现太极的自性，而只是通过人把太极的自我认识实现出来。所以**孔子**不需要思考它们，而只需要把它们实现为从我通向太极的方式（巫术被**孔子**放弃，因为**孔子**已经走出了象数的言说）。**孔子**关于太极自性的思考在此无所获（田即狩猎。无禽即未获禽兽）。

六五：恒其德。贞，妇人吉，夫子凶。

转向实现太极自性的理想性活动（爱情）。**孔子**突出爱情作为"天地合"的本质和"天地生人"的意义，因此突出了家庭使爱情获得稳定自我生成的作用。家庭就是太极自我生成的完整形象。在家庭中夫妇、父母子女、兄弟姐妹各有其永恒德性（伦理性）。在家庭的纽带中女人的阴性处在比男人的阳性更恰当的地位。**孔子**突出天的阳性，所以同时突出男人的意志统一世界的作用，但这种作用在家庭中还不能实现出来（只能实现在政治中）。所以占卜的结果是妇人吉，夫子凶。

上六：振恒，凶。

转向实现太极自性的现实性活动（政治经济）。**孔子**通过人治实现天治。天治的现实性本质与人治的理想性本质相互结合又相互矛盾，使政治充满天人之间的张力，仿佛在天人之间振动，无法纯粹地实现天治，凶。**孔子**这个位置整体上呈现天人合一的永恒德性。但易经对**孔子**发展过程的体会是从其当思之物（天地的自性）出发的，因此虽然卦辞吉利，爻辞却大多不吉利。

3. 遁（老子）

☶☰ 遁：亨。小利贞。

下艮上乾：天下有山，是隐遁的好去处（山里不仅可修道，而且天的阳刚之力被树林遮蔽），代表**老子**从**孔子**中的天志隐遁而回归大道（遁有逆大道而行，回归大道源头的意思）。道法自然而亨通，利于万物坚守其本性，但道的流动性又柔化了坚守，故小利贞。

初六：遁尾，厉，勿用有攸往。

让生命从天志松绑。生命是大道最后流入的东西。让生命从天志松绑就如同让大道之尾从天志的作用范围（世界）退出，为此必须放下意志对超越的执着，保持心情淡漠，抑制欲望的躁动，常以生命本身自足。但这样做使生命面临失去中心的危险（厉），故不可再这样往下发展（只能到此为止。下一步应该转向世界）。

六二：执之用黄牛之革，莫之胜说。

让世界从天志松绑。**老子**对礼乐仁义的批判无法让世界真正摆脱天志，因为天志永远都执定世界为其恰当对象，必然要通过人心来统一世界（产生礼乐仁义），使世界如同被牛皮带捆绑一样无法解脱（说通脱）。为了摆脱天志的束缚，哲学必须通过生命（而不是人心）重新统一世界。

九三：系遁，有疾厉。畜臣妾吉。

让生命从世界回归地。**老子**把生命拉回并维系在世界本身（原始敞开域），使生命可以在不断生灭的现象中静守其不生不灭的虚空本性。这种隐遁方式就是"系遁"（易经用此二字极为简洁地概括了佛教在**老子**中的先天起源）。但这样做泯灭了生命从大道而来的意义，无法实现向大道的回归，有很大毛病（疾厉即病重）。所以**老子**没有停留在让生命回归世界，而是进一步让生命从世界回归地母，依附地母而得到滋养，故占卜结果利于畜养臣妾。

九四：好遁，君子吉，小人否。

从地回归天。哲学通过天道实现世界的自然秩序。回归天道避开了天志的阳刚之力，让天下成为人们安居大地、休养生息之处，是很好的隐遁。真正回归天道者就是无为而治的圣人。但天道毕竟超然而高远，唯君子可模仿，不适合小人。

九五：嘉遁，贞吉。

从天回归先天大道，为天道找到了永恒源泉。这是比"好遁"更好的"嘉遁"（嘉是对好的嘉许，因为先天大道永远支持天道），故占卜结果吉祥。

上九：肥遁，无不利。

从先天大道把握太极发展过程。先天大道完全超越了一切具体事物，完全不受任何外在事物的束缚，在道法自然的运行中把一切事物带入大道的永恒轮回。这种隐遁方式就是"肥遁"。"肥"指宽裕，即大道完全不受束缚，仅仅在自身中运行。这样的运行当然无不利。

4. 大壮（毕达哥拉斯）

☲☰ **大壮：利贞。**

下乾上震：天上有雷。雷不在天下而在天上。这种雷离地面太远，只能隐隐约约地听到。**毕达哥拉斯**通过思考小道送出的**易**来思考太极，把无形大象转化成了数。虽然其格局类似**易**的宏大形式（大壮），但其实只得到了**易**的影子，如同隐约听到的雷声。**毕达哥拉斯**把一切事物当成数固定下来，利于坚守。

初九：壮于趾，征凶，有孚。

发现世界现象中的数。这个步骤对应**易**中的取象比类画八卦。咸卦中的"咸其拇"变成了类似的"壮于趾"（"壮"代表和**易**类似）。**毕达哥拉斯**不加区分地将一切现象和数对应，掩盖了自然现象中的天地结构，故开端不利，出征凶。但现象和数的对应仍然反映了取象比类的精神实质（揭示现象的先天形式）。故"有孚"（有诚信，可信，信实）。

九二：贞吉。

发现世界现象中数的关系。这个步骤对应重八卦为六十四卦。咸卦中此步骤为凶。但数已经失去八卦和六十四卦的特殊性，不存在**易**中从八卦进展到六十四卦带来的矛盾，故占卜结果反凶为吉。

九三：小人用壮，君子用罔，贞厉。羝羊触藩，羸其角。

通过小道实践先天大道。**毕达哥拉斯**无法通过占卜通达先天大道，只能遵守小道从先天大道获得的神秘禁忌。这就是"小人用壮"（小人即小道，用壮即模仿大道），其结果是"君子用罔"，亦即先天大道（君子）被束缚在禁忌所制造的网罗（罔）中，占卜结果危险（厉）。造成这种结果的原因是先天大道不流向后天大道，而是钻入后者内含的小道，被困在小道的网罗中，如同公羊触到篱笆（藩）而卡住了羊角（羸即卡陷，拘系）。此爻用君子代表先天大道，故又以公羊形容之。

九四：贞吉，悔亡。藩决不羸。壮于大舆之輹。

从乾坤出发理解数的发展。哲学越过神秘的禁忌实践，摆脱了束缚先天大道的狭窄路径，返回乾坤去理解数的起源，故占卜结果吉祥，解决了之前的矛盾（悔亡）。现在羊已经挣脱了篱笆（决即冲破），羊角不再被卡住。哲学从数的起源（乾坤隐含的 1 和 2）出发理解一切数，类似于（壮于）大车（大舆）的轴向外辐射出许多辐条（輹）。

六五：丧羊于易，无悔。

通过思考数的发展把握太极的发展过程。**毕达哥拉斯**用数从 1 到 10 的发展代替六十四卦的排列来思考太极的发展过程。这种数本原论丧失了**易**对太极发展过程的直接把握（"羊"指代大道，即太极发展过程。"易"通"场"。"丧羊于易"就是在放羊的场地丧失了羊。但"易"同时也可当成指示**易**这个哲学位置。易经用字可谓妙极！）。虽然数本原论没有恰当把握太极的发展过程，但它毕竟模仿了这个过程，所以无悔。

上六：羝羊触藩，不能退，不能遂，无攸利，艰则吉。

总结**毕达哥拉斯**，指出其主要问题在于先天大道钻入小道而被困其中，既无法退回出发点（已失去对先天大道的宏观视野），又无法从小道前进（遂）到所思之太极，故思考没有真正获得所思之物。但如果意识到处境的艰难就会有转机（从小道返回大道）。

5. 晋（庄子）

☷☲ **晋：康侯用锡马蕃庶，昼日三接。**

下坤上离：地上有火，如同日出，世界一片光明。**庄子**中的天道从地敞开世界，澄明世间万物，把世界照得通体透亮。晋是日出，又是前进，代表天道毫无阻碍地贯通一切。康侯是能让民安康之侯，锡即赐，蕃庶指众多。康侯被天子赐予众多马匹，一天之内连续接到三次赏赐。这是指**庄子**依次强化天道、地道、人道之连贯性，使世界（让世间万物安康之侯）被大道连续贯通了三次。

初六：晋如摧如，贞吉，罔孚，裕无咎。

强化天道的连贯性。大道从天向地、从地向世界的运动一气呵成，如同进攻敌人时摧枯拉朽之势，占卜结果吉祥。为了让天道毫无妨碍地贯通地和世界，**庄子**忽略了地和世界的具体内容（摧毁得太彻底，连俘房都没有。罔即无，孚通古俘字）。**老子**中的"道法自然"现在被理解为天的特性（"裕"指宽裕，即天道完全不受束缚，仅仅在自身中运行。遁卦用"肥"形容**老子**中先天大道的道法自然。此卦的"裕"形容的是天道）。虽然**庄子**失去了先天大道，但保持了道法自然，无咎。

六二：晋如愁如，贞吉，受兹介福，于其王母。

强化地道的连贯性。从地到世界的运动内含从宇宙生命到有限生命的运动。后者从同一个宇宙生命生出无数有限生命，很难被当成完全无中断的连贯运动。太极看到强化地道连贯性的困难而发愁。但太极也看到问题可以解决（占卜结果仍吉祥），因为一切有限生命都是世界的个体化（都以世界为根基，这是很大福气，介即大），都通过世界得到地母支持（地母是世界根基，世界是生命根基。故地母如同生命之祖母。王母即祖母），所以生命之间的差异有可能被超越（只要生命把自己提升到世界高度即可）。**庄子**不把地当成从宇宙胎儿生出生命的母，而是当成通过支持世界来支持生命的母，故地母从生母变祖母。

六三：众允，悔亡。

强化人道的连贯性。所有生命（众）都把自己提升到和世界同一高度，允许天道从地敞开世界的运动直接贯通自己，仿佛顺着大风飞翔而与大风成为一体，逍遥游荡于天道的无何有之乡，这样从宇宙生命到有限生命的运动就变得和从地到世界的运动完全一致，克服了哲学之前遇到矛盾（悔亡）。

九四：晋如鼫鼠，贞厉。

否定大道与可言之小道互为表里。在**毕达哥拉斯**中，先天大道钻入小道而使天道发生中断。为了避免天道中断，**庄子**干脆否定小道的言谈是大道的内化，认为道可行而不可道。小道被当成（从大道）偷食然后运往洞中的而遭老鼠喊打喊杀。但**庄子**虽然看到世间一切事物都被大道澄明，却没有看到这种澄明来自小道对大道的指向性（明性），所以占卜结果危险。

六五：悔亡，失得勿恤，往吉，无不利。

肯定大道与可游之小道互为表里。虽然大道无法内化到可言之小道，但仍可内化到可游之小道，故悔亡。大道通过我身可动性内化到可游之小道，把世界敞开为漫游的世界。人通过身体活在世上，免不了与他人共处，但只要空掉自我，不计得失（恤即忧），就可与人和谐，乃至以德合天而为众人所归，故往吉，无不利。

上九：晋其角，维用伐邑，厉，吉，无咎。贞吝。

肯定大道与可化之小道互为表里。哲学不但认为大道可以内化到气界小道（进入三界之一角），而且把后者当成与大道同一，仿佛大道从天流入气界小道之运动完全无中断，并以此运动一气贯通了生命三界（从气界贯通其他二界，如同攻伐国内其他城市。邑指自己领土内城市）。这样做让理物二界受到气界侵犯，危险（厉），但大道贯通生命三界乃吉祥之事，虽然侵犯了其他二界，仍属无咎。不过这种贯通毕竟不是大道的直接贯通，而只是通过气界小道的间接贯通。所以，总的来说占卜结果艰难。由于从大道进入三界小道去对比，易经此处的思维很精细。如果不对比所反映的哲学位置，此爻辞中自相矛盾的说法就变得无法理解。这种情形在易经下篇中并不少见。

6. 明夷（巴门尼德）

䷣明夷：利艰贞。

下离上坤：地下有火，明入地中而受损（夷即伤）。**巴门尼德**失去天道和地道，只把人道（存在）突出为唯一可思之物，否定世界现象（非存在）是可思的，使世界现象无法被澄明，仿佛太阳下山后世间万物陷入昏暗中。但**巴门尼德**虽然失去庄子中的明，却守住了使明可能的明性。故此卦利于在艰难中坚持理想。

初九：明夷于飞，垂其翼。君子于行，三日不食。有攸往，主人有言。

生命不再被天道澄明，如同飞鸟受伤后垂下翅膀，再也不能逍遥游荡于天道中。地道也不再通过世界支持生命，使生命得不到地母滋养，如同君子行路几天没饭吃。虽然如此，还是要继续前行，因为人道（存在）在呼唤思考去思考它，如同主人有言而不得不从。此爻概述天地人三道从**庄子到巴门尼德**的变故。

六二：明夷夷于左股。用拯马壮，吉。

伤于左腿，伤害不算太严重（强有力的右腿未受伤），指世界现象失去光明，但世界本身（无形大象）仍然被存在敞开着。明性作为光明的火种被守住了，而且还进一步强化为思考与存在的同一，如同用来拯救（代替步行）的马很强壮，占卜结果吉祥。

九三：明夷于南狩，得其大首。不可疾，贞。

受伤者到南方（光明之地）去狩猎，只获得大头的野兽（失去众多小猎物），指思考被指向存在，获得了存在这个本质为大的东西，同时失去众多世界现象。既已看到存在，就有可能从存在出发澄明世界现象，但这不是疾速可行之事，须耐心坚守明性，如猎人在林中静待猎物（这是太极的看法）。

六四：入于左腹，获明夷之心于出门庭。

巴门尼德深入到失去光明的世界现象之腹地，看到昏暗的世界现象中隐藏明性这个核心，就让这个核心摆脱（走出）所组织的世界现象，理想地指向存在本身，使思考变成对存在的纯粹思考。

六五：箕子之明夷，利贞。

箕子是商纣王的近亲，因纣王不听其劝谏，故伴装疯狂以避其害，同时坚守光明之志。周武王灭商后才把他放了出来。箕子隐藏自己的明，但坚守内心明性，故利贞。箕子代表小道（君王代表大道）。**巴门尼德**只看到明性而看不到明。所以小道只好放弃从大道澄明世界现象的努力，但仍然坚守指向大道的明性（对君王的忠心）。虽然**巴门尼德**把思考变成对存在的纯粹思考，但思考所坚守的明性潜在地可以澄明世界，要像箕子那样耐心等待转机。**巴门尼德**以存在为唯一可思之物，其思想没有复杂的发展过程，故易经从不同侧面反复描述其立场。

上六：不明，晦。初登于天，后入于地。

总结**巴门尼德**。世界现象不被澄明，处于昏暗之中。**庄子**中光明如日中天，到**巴门尼德**却如太阳下山而藏于地下，暗示必须返回**庄子**，让光明再次升起。

7. 家人（杨朱）

☲☴家人：利女贞。

下离上巽：风下有火。火已经从地下上升到地面，但风在其上吹，把它吹向低处。**杨朱**虽然恢复了**庄子**中的大道之光，但此光不再随大道的运动澄明整个世界，而是被拉向个体生命，处在大道的雄风之下了。

杨朱中的小道把生命现象组织成有意义的整体，如同女人照料家中种种事务，把家人凝聚为整体，所以此卦有利于女人的占卜。注意此卦用家比喻**杨朱**中的个体生命，而不是指**杨朱**的思想和家庭有关。

初九：闲有家，悔亡。

突出生命属我的本质。**巴门尼德**中生灭不定的世界现象被组织成不可分割的有自性的整体（我的生命），如同治家有方者防患于未然（闲指防范），使家庭不因变化而失去统一性。解决了**巴门尼德**中的矛盾，故悔亡。

六二：无攸遂，在中馈，贞吉。

突出生命现象的意义。遂指专断。中馈指家中饮食。我让种种现象从我的生命获得意义，这种组织现象方式如同主妇管理饮食之类的家务一样，让家人各得所需。这种母性治家方式毫不专断，而是如春风化雨般滋润家人，故占卜结果吉祥。

九三：家人嗃嗃，悔厉，吉。妇子嘻嘻，终吝。

突出自我保存的理智。嗃嗃即嗷嗷叫。悔厉即怨恨很深。嘻嘻是嬉笑打闹之状。自我保存的理智使对生命的热爱不至于变成毫无节制的纵欲。**杨朱**本来就倾向于充分享受生命，故其理智的一面让生命中种种欲望（家人）嗷嗷叫（叫苦不迭），怨恨这种束缚。虽然如此，理智还是看到有所克制是吉祥的，因为最终能达到以物养生、以物悦生的目的。反之，毫无节制的纵欲如同妇人孩子终日嬉笑打闹，最终可能会（因为行为无节制）给家里惹来麻烦（吝）。这是用严父治家方式形容**杨朱**理智的一面。

六四：富家大吉。

突出世界"为我敞开"的特性。我利用世界中一切事物来丰富和满足自己生命，把这当成就是世界本身的意义。这种做法使我的生命被世界大大地丰富，如同富有之家，故占卜结果吉祥。

九五：王假有家，勿恤，吉。

突出大道的个体性。"假"是"至"的意思。**杨朱**把大道拉向个体生命，如同君王来到我家中。大道被个体化而变得狭隘，但不必忧虑，因为生命的自然天性和个体的尊严被突出，为人道的发展提供了一个现实的出发点，占卜结果吉祥。

上九：有孚，威如，终吉。

突出生命自身的澄明。**杨朱**把大道拉向个体生命，澄明了生命现象（所以有诚信）。大道之光被下放到生命中，使生命发出威严的光芒。虽然这种光芒只能照亮个体生命而无法照亮整个世界，但世界中的种种现象不再像**巴门尼德**中那样处于昏暗中，终究是吉祥的。

8. 睽（芝诺）

☲☱ 睽：小事吉。

下兑上离：泽上有火。睽是把家人的六爻上下反转得到的，代表**芝诺**从杨朱返回巴门尼德，其运动方向与从巴门尼德进入杨朱相反。另外，太阳在泽上照耀，在水泽中显出倒影，就好像芝诺的悖论（水泽中的太阳既是太阳又不是太阳）。把家人反转之后有此意义是奇妙的巧合。"睽"的意思是乖离、对立、相反，代表了悖论的特性。**芝诺**不是像**巴门尼德**那样正面地思考存在（大的事物），而只是通过思考世界现象（小的事物）产生的悖论来证明唯有存在可思，故小事吉。

初九：悔亡。丧马勿逐，自复。见恶人无咎。

芝诺恢复了从小道通往大道的理想性路径，故悔亡。虽然芝诺丧失了**杨朱**中小道组织现象的现实性，但不必追逐这种现实性，因为它所组织的现象自动地跟随哲学复归**巴门尼德**的步伐而进入**芝诺**中（成为**芝诺**必须用小道的理想性去思考的东西）。尽管现象作为"非存在"是否定存在的"恶人"，看到它们并没有什么不好，因为哲学可以尝试用思考存在的方式去思考"非存在"，通过所导致的悖论来反证只有存在是可思的。

九二：遇主于巷，无咎。

芝诺尝试用思考存在的方式思考"非存在"，相当于在世界现象中发现本不应在那里的存在，如同在小巷中与主人不期而遇（主人一般走大道而非小巷）。进入小巷终究是为了证明此路不通，唯有大道可行，故无咎。

六三：见舆曳，其牛掣，其人天且劓。无初有终。

舆即车，曳是向后拖，掣是向前拉，天是割额头的刑罚，劓是割鼻子的刑罚。哲学（赶车人）努力把"非存在"（向后拖而不肯前进的车）拉向存在（向前进的牛），把世界现象思考为如存在一样自我同一，但却产生了悖论，导致其思考被否定，如同受了很重的刑罚。虽然哲学的尝试从一开始就不顺利，但最终结论是唯有存在是可思的，所以结局是好的。

九四：睽孤，遇元夫，交孚，厉，无咎。

在存在与"非存在"的乖离中，存在具有孤独（独一无二）的自我同一性，是思考唯一可思的"元夫"（元夫即凭自身而立之大人）。存在与"非存在"就像太阳与水泽中的太阳那样似乎相互符合（交孚），但以思考存在的方式思考"非存在"会导致严重问题（厉）。然而这种思考最终被否定了，所以无咎。

六五：悔亡。厥宗噬肤，往何咎？

从现实角度看，世界现象本身并不自相矛盾（悔亡）。芝诺没有否定世界现象的真实性，而只是指出我们不能像思考存在那样符合逻辑地、不自相矛盾地思考世界现象。悖论只不过是思想中的矛盾，是对同一现象的两种不同理解而已（就像同宗族的人相互咬皮肤，是肤浅而表面的矛盾。"厥宗"即"其宗"，"噬肤"即"咬皮肤"），这样思考下去又能有什么真正的问题呢？这是太极看待悖论的方式。

上九：睽孤，见豕负涂，载鬼一车，先张之弧，后说之弧，匪寇，婚媾。往遇雨则吉。

总结芝诺。芝诺想证明只有存在是可思的（睽孤），但哲学其实应该把现象作为现实接受下来，就像猪身上有泥是猪的现实（豕即猪，涂即泥）；把猪理想化为干净就会导致悖论，以致让人怀疑现实（以为看到的不是猪背负泥污，而是车上载了一车鬼）。哲学在芝诺中否定了现象是可思的（张弓欲射现象。"弧"即弓），但**芝诺**的自相矛盾使哲学认识到不该否定现象的可思（放下弓不再射。说通脱）；现象并不是真正的敌人（匪通非），而是与存在互为表里密不可分的，就像婚姻关系那样对立互补。只要往对立互补这个方向思考下去，就会遇到天地阴阳交合产生的雨，这样就万事大吉（雨把天连向地，如同大小道互为表里的运作把存在解蔽到世界现象中，暗示下面的**赫拉克利特**）。易经对芝诺的矛盾和解决办法的描述既非常形象又很精准。

9. 蹇（赫拉克利特）

☶☵ 蹇：利西南，不利东北。利见大人，贞吉。

下艮上坎：山上有水。水是大道的物化。水从山上流下，湿润土石，滋养树木，就像**赫拉克利特**把存在解蔽到世界现象中。这种把理想性化入现实性的思考是很困难的，就像水流下山时要穿过诸多事物。"蹇"即艰难险阻。存在作为"不动的一"被分散到世界现象中，就像"自同"的阳被散入"自异"的阴，故此卦利阴不利阳，利西南，不利东北（坤卦有"利西南得朋，东北丧朋"之说）。存在原本高高在上，现在终于向世界现象露出真面目，因此利见大人，占卜结果吉祥。

初六：往蹇来誉。

前行困难，但返回会获得荣誉。把存在思入现象（往）是困难的，但这种思考把现象的存在解蔽出来，使现象作为存在者出现在世界中，反过来从存在获得了荣誉（如同存在那样闪耀真理的光芒）。

六二：王臣蹇蹇，匪躬之故。

"蹇蹇"即冒险尝试，知难而进。"匪躬之故"即不是为了自己（躬指自身）。存在把自己解蔽到现象中是通过逻各斯（小道末端）进行的。逻各斯作为存在的大臣历尽艰险，不是为了逻各斯自身，而是为了在世界现象中替存在开路。

九三：往蹇来反。

把存在解蔽到现象中不但是困难的（往蹇），而且还构成对立面的相互转化（来反），因为现象既同于存在（理想性）又异于存在（现实性）。

六四：往蹇来连。

把存在解蔽到现象中不但是困难的（往蹇），而且还把世界现象联结成不断聚集和分散的、永不止息的生成之流（世界现象既同于又异于存在，故永不止息地生成）。

九五：大蹇朋来。

总的来看，存在的解蔽是非常困难的（大蹇）。幸亏有逻各斯的帮忙，存在和现象的对立才被化解，现象才不再是"非存在"而是"存在者"。逻各斯成了存在的真正落脚点（不再是大臣而是朋友。哲学开始把逻各斯突出为思考的中心）。

上六：往蹇来硕，吉，利见大人。

把存在解蔽到现象中虽然是困难的，但这种解蔽把世界现象统一在被存在敞开的世界中，成为十分硕大的整体（这样的世界就像一团永恒的活火，按照逻各斯组织世界的分寸燃烧和熄灭），故占卜结果吉祥，且利见大人。

10. 解（普罗塔哥拉）

☳☵ **解：利西南。无所往，其来复吉。有攸往，夙吉。**

下坎上震：水在雷下。**赫拉克利特**突出了逻各斯和世界的关联，忽视了逻各斯和个体生命的关联，所以**普罗塔哥拉**反过来强调逻各斯直接组织个体生命的特性（逻各斯的判断受个体生命的感性现象限制，真理因人而异）。因此，易经用蹇六爻上下反转得到的解来代表**普罗塔哥拉**。另外，从卦象看，雷电把水散作雨滴，如同**普罗塔哥拉**解散了存在，使之散入各自独立的个体生命（这是反转后出现的巧合）。这种分散同样利于阴，所以说"利西南"，但不再说"不利东北"，因存在本身已被遮蔽，不再有利不利于阳的问题。蹇中"往"指的是从存在到现象的运动。但在**普罗塔哥拉**中，存在已被个体化而与生命现象融合，故"无所往"。如果存在能重新回到自身则吉祥（来即回来）。但如果逻各斯只能往小道的源头运动（暗示下面的**苏格拉底**），就必须及早迅速行动才吉祥，因为这是十分激烈的转向（夙即及早，迅速）。

初六：无咎。

组织世界的公共逻各斯被转化为组织个体生命的逻各斯。逻各斯失去指向存在的理想性，但其现实性被凸显了出来，没有问题。

九二：田获三狐，得黄矢，贞吉。

逻各斯被散入众多个体生命，如同打猎时射中许多狐狸（三代表多）。每个人都有自己的逻各斯，如同在每只狐狸身上都找到铜制的箭镞（黄矢），故占卜结果吉祥（铜矢刚硬，难以从猎物身上脱落，如同逻各斯被束缚在个体生命的感性现象中）。

六三：负且乘，致寇至，贞吝。

背着东西去乘车，导致强盗来抢劫。背东西者通常是地位低下者，而乘车者通常是身份高贵者。个体逻各斯本来配不上存在，却把自己当成存在的尺度。逻各斯的这种自我炫耀（暴露财物）必招致其他逻各斯的嫉恨，而与之争夺作为尺度的地位。占卜结果艰难。

九四：解而拇，朋至斯孚。

咸卦的"咸其拇"用少女身体最低部位（脚趾）代表**易**始于取象比类画八卦。取象比类是**易**对应的时代形成文字的方式。"解而拇"就是对语言文字从使用者的逻各斯角度进行解剖辨析，发展辩论术，让来听你说话的朋友感到信服（虽然逻各斯相互嫉恨，但培养语言和辩论技巧来说服他人，就能化强盗为朋友）。

六五：君子维有解，吉，有孚于小人。

世界性的逻各斯（君子）被解散，这是好事，因为个体逻各斯（小人）获得了真理（孚）。

上六：公用射隼于高墉之上，获之，无不利。

普罗塔哥拉的相对主义失去了**赫拉克利特**的普遍真理，但却因此让哲学看到了普遍真理的另一来源，即逻各斯在小道中的共同源泉（宇宙逻各斯）。只要逻各斯超越自身而向其源泉回归，就可从宇宙逻各斯开辟出普遍真理，无不利，就像王公站在高墙上以超越姿态射鹰而获之（鹰超越了众鸟飞翔的范围，代表宇宙逻各斯）。

11. 损（苏格拉底）

䷨损：有孚，元吉。无咎，可贞，利有攸往。曷之用？二簋可用享。

下兑上艮：山下有泽。塞中水从山上流下，代表存在向现象运动。现在水已流干而在山脚汇成泽，说明山坡诸物（世界现象）再也得不到（存在的）湿润与滋养而有损，代表**苏格拉底**否定了逻各斯从世界学到的任何知识，用损掉自然知识的方法迫使逻各斯转向小道源头寻求普遍真理。"有孚"指**苏格拉底**对理性神的坚定信念。**苏格拉底**为真理开辟了新的开端，故元吉。虽然失去对存在的原始视野，但没有问题，因为这条新道路可坚持（贞）下去，最终有利于哲学往前发展。簋即碗，享即祭祀。用什么祭祀？两碗（盛食）即可（极为简朴的祭祀）。

苏格拉底引进理性神（宇宙逻各斯）来代替诸神（天志），用极为简朴的理性信仰代替了隆重的诸神崇拜。

初九：已事遄往，无咎，酌损之。

批判自然知识。遄即快速。把存在解蔽到现象之事已结束，就让它快点过去吧，不会有什么问题，应该仔细考察（斟酌）和批判（损掉）从世界学到的一切知识。

九二：利贞。征凶，弗损，益之。

追求普遍性定义。逻各斯在自我批判中对自己产生高度自觉，利贞。但自觉的结果是发现自己对普遍真理完全无知，征凶（什么也做不了），不能再损下去，应该开始追问普遍性定义，以便从逻各斯的源头受益。

六三：三人行则损一人，一人行则得其友。

发展逻辑法则。**苏格拉底**用矛盾律，排中律和同一律发展理性思考。"三人行则损一人"指排中律（在 A 和非 A 中必有一真，不会有其他情形）。"一人行则得其友"指同一律（A = A。A 总是肯定自己，如同自己的朋友）。这里不提矛盾律，因为矛盾律只是用来否定假知识，而排中律和同一律才是从自然知识中得出理性知识的方法。当然，这是从太极送出的思考。易经作者只是朦胧地感受到这些法则而用人的关系形容它们。

六四：损其疾，使遄有喜，无咎。

通过自我知识实现品德。**苏格拉底**主张知识即美德，通过发展自我知识损掉生命之无品德（疾），使之迅速具有美好可喜品德，这样做没有问题（虽有喜但不说吉，而只说无咎，说明此法并非尽善尽美，毕竟知识和美德是两回事）。

六五：或益之十朋之龟，弗克违。元吉。

发现灵魂归属的"理性神"。有人（或）送来价值十朋的大灵龟（供占卜用），不敢违背其灵性。**苏格拉底**把灵魂当成活在生命中的真正自我，相当于从理性神接受了灵魂（灵龟）这个十分宝贵的赠品，而且十分虔诚地让灵魂服从它归属的理性神（服从法律是其中一种方式）。这就为哲学通过灵魂进入宇宙逻各斯奠定了基础。这个新开端是吉祥的。

上九：弗损，益之。无咎，贞吉，利有攸往。得臣无家。

总结**苏格拉底**。哲学已经把逻各斯从世界得到的东西损得足够多了，现在应该通过**苏格拉底**开辟的道路直接进入宇宙逻各斯，让逻各斯真正从宇宙逻各斯得益处。"无咎，贞吉，利有攸往"与卦辞相似，肯定了**苏格拉底**开辟的道路是可行的，但接着就暗示**苏格拉底**的普遍性定义只是理念在世界现象中的代表（臣），还没有回到它在宇宙逻各斯中的家（理念世界）。

12. 益（柏拉图）

☴☳ 益：利有攸往，利涉大川。

下震上巽：风下有雷。益是把损上下反转得到的，但反转的结果没有发生什么巧合。所以此卦不能从八卦对应的自然现象理解，而只应理解为**柏拉图**和**苏格拉底**看事物的方向相反。**苏格拉底**从有限看无限，**柏拉图**已进入无限逻各斯，故反过来从无限看有限，从理念世界统一人间世界，从宇宙逻各斯统一存在，其统一之势甚猛，故占卜结果利于出行，利于涉过大河（做大事）。

初九：利用为大作，元吉，无咎。

把普遍性定义发展为理念。理念构成一个自成体系，包罗万象的理念世界，故占卜结果有利于大的作为，而且哲学第一次进入宇宙逻各斯中，这个新开端是吉祥的，虽然脱离了感性世界也没有什么问题。

六二：或益之十朋之龟，弗克违，永贞吉。王用享于帝，吉。

从理念世界出发理解灵魂。"或益之十朋之龟，弗克违"与损六五相同，表示被赐予灵魂而不敢违背其本性。但"元吉"改为"永贞吉"，强调**柏拉图**从理念之永恒证明灵魂之不朽，相信灵魂来自理念世界，终将回归理念世界。其信仰如君王祭祀上帝般虔诚，吉。

六三：益之用凶事，无咎。有孚中行，告公用圭。

从理念世界统一人间世界（第一步）。哲学必须通过善的理念把世界统一于正义。这样可以纠正非正义（凶事），没有什么问题。但统治阶层必须相信善的理念（中行即中正之道，亦即从存在转化而来的善的理念）。哲学必须教育他们放弃个人生活，完全献身公共生活，才能让人间世界服从理念世界（"告公"即教育统治阶层。"用圭"指如同诸侯执圭朝见天子般完全献身国家）。

六四：中行告公从，利用为依迁国。

从理念世界统一人间世界（第二步）。为了实现人间的正义，必须选择灵魂有卓越天赋者，通过系统教育使之从感性世界转向理念世界。用善的理念（中行）教育统治者（公）服从，以之为依据治国就可以把人间世界迁入理念世界的管辖中。这是哲学王根据善的理念治理人间的方式。

九五：有孚惠心，勿问，元吉，有孚惠我德。

从理念世界统一人间世界（第三步）。**柏拉图**相信符合正义的灵魂生前死后都会得善报，亦即相信（有孚）恩惠他人的心不管（勿问）生前死后都是大吉的，必有善报（惠我德）。

上九：莫益之，或击之。立心勿恒，凶。

统一宇宙逻各斯和存在。**柏拉图**在这种后期思考中怀疑理念世界和感性世界的对立。和感性世界对立的理念世界似乎不能帮助（益）前者，反而打击了它（**柏拉图**企图把宇宙逻各斯纳入存在，导致理念的分裂，使理念既属于又不属于存在，处境尴尬）。思考的立场不坚定（立心勿恒），凶。

13. 夬（亚里士多德）

☰夬：扬于王庭，孚号有厉，告自邑。不利即戎，利有攸往。

下乾上兑：泽在天上，必溃决而下（"夬"有"分决"、"果决"之义）。大道（存在）从高处流入世界并流向小道是希腊哲学从**巴门尼德**开始的运动，而小道从其源头（宇宙逻各斯）的高处流入世界再流向大道则是**亚里士多德**的运动（**亚里士多德**逆行哲学史来通向**巴门尼德**中的存在）。这就是大道和小道在**亚里士多德**中分决的方式。两种流动方向相反，必须果决才能前进。"王"即宇宙逻各斯，在庭上看着军队（小道）前进，如同观看军队的舞蹈（"扬"即古代军舞）。小道的前进会激起哲学史各位置的强烈呼号，但报告说呼号是从自己领域（邑）来的（哲学其实是在它发展出来的领域中逆行）。逆行的每一步都有阻力，不利马上采取军事行动（戎）。但这种逆行最终能从小道出发统一大道，故占卜结果利于出行。

初九：壮于前趾，往不胜，为咎。

逆行进入**苏格拉底**。理念被拉向在场的个别事物（实体）。大壮（**毕达哥拉斯**）初六有"壮于趾"。**毕达哥拉斯**从世界现象中的数开始思考小道内容（**易**），因此和**亚里士多德**的小道哲学有可比处。"趾"代指**易**取象比类的世界现象（在场事物）。个别事物处在小道流入世界的尽头，故为"前趾"（足之末端）。哲学无法从个别事物之存在继续向前（往不胜）返回存在本身，而只能以实体为存在核心，遮蔽了存在本身，这是问题。

九二：惕号，莫夜有戎，勿恤。

逆行进入**普罗塔哥拉**。小道末端（逻各斯）从其开端（宇宙逻各斯）获得的普遍性破除了**普罗塔哥拉**中存在的个体化。逻各斯不再结合在个体生命中，这是对自我圆满的个体生命（万物尺度）的破坏。个体生命正沉睡在自我的酣梦中，突然被逆行的小道惊醒，因而警惕地号叫，如同半夜（莫夜）遇敌偷袭。但哲学由此而发现了存在者顺着小道涌现到世界中的运动（Physis），所以勿忧。

九三：壮于頄，有凶。君子夬夬，独行遇雨，若濡有愠，无咎。

逆行进入**赫拉克利特**。壮在头之面部（頄），指两个相似源头（存在和宇宙逻各斯）面对面相互呼应，使哲学发现第一推动者就是宇宙逻各斯（理性神），并把它当成最高实体，和普遍实体分离，有凶。实体（能自立的君子）从存在果决（夬夬）地向理性神前进，遇到逆行之小道（雨），结果形式取代了个体事物被凸显为真正实体，仿佛实体被小道之雨打湿，只有湿处（从小道而来的形式）被凸显出来，故而恼火（濡即湿，愠即恼）。但把形式突出为事物的本质是有道理的，无咎。

九四：臀无肤，其行次且。牵羊悔亡。闻言不信。

逆行进入**芝诺**。从存在者转向存在本身（作为存在的存在）。存在者在上个步骤中是存在和宇宙逻各斯的中介，如两河流之交汇。现在哲学让存在者从理性神转向存在，失去了从理性神而来的本质，仿佛转身时被小道扯住而撕掉了臀肉（实体失去本质，即失去有内容之肉。"作为存在的存在"无血无肉，如失肉之骨），只能艰难地走向存在（"次且"即行走艰难之状）。但把"作为存在的存在"当成哲学对象毕竟通达了存在本身（如同牵到了羊。羊在大壮中指大道），故悔亡。受到**芝诺**激发，哲学还企图用反证法证明逻辑公理，即指出违背这些公理的思考会导致悖论（闻言不信）。

九五：苋陆夬夬中行，无咎。

逆行进入**巴门尼德**。据王夫之，苋指细角山羊。细角山羊即拥有小道（细角）的大道（存在）。存在统一世界的一种现实方式是通过从小道而来的宇宙逻各斯（法律）。细角山羊在平地（陆）上奔跑就是存在通过法律统一世界（平地）的运动。存在的运动果决（夬夬）地吸收反向运动的小道，实现作为国家终极目标的至善（中行），这样做是没有问题的。

上六：无号，终有凶。

总结**亚里士多德**。逆行进入**普罗塔哥拉**时，个体生命曾因其自我圆满被逻各斯的普遍性破坏而警惕地呼号。但个体生命最终在纯粹思辨中达到了人生最大幸福，故不再呼号。这种自我陶醉使个体生命沉湎于逻各斯在理想性方面的自满自足，看不到它在现实性方面并没有达到自满自足，有毛病又不自知，终有凶。

14. 姤（伊壁鸠鲁）

☴姤：女壮，勿用取女。

下巽上乾：天下有风。姤是把夬上下反转得到的，不能从八卦的自然现象理解，而应理解为**伊壁鸠鲁**反**亚里士多德**而行之（实现逻各斯在现实性而非理想性方面的自满自足）。"姤"即相遇，在此卦中指形式与质料的结合。**伊壁鸠鲁**把**亚里士多德**中形式的能动性反过来转到质料身上，导致形式无力统一过于强壮的质料，而只能被动地附属于后者。故占卜结果是男人不要娶过于强壮的女人（否则无法和谐地结合在一起）。

初六：系于金柅，贞吉。有攸往，见凶，羸豕孚蹢躅。

伊壁鸠鲁（随着**亚里士多德**）逆行进入**普罗塔哥拉**。**伊壁鸠鲁**不再认为事物运动的目的是为了通过质料实现其形式，而是反过来让形式附属于能动的质料，如同纺线（形式）本来要通过梭子（质料）产生要织的东西，却被刚硬的铜梭（金柅）牵引（系）而被动地跟随。颠倒形式和质料的地位才能实现逻各斯在现实性方面的自满自足，故占卜结果吉祥。然而，这从运动（有悠往）的本性来看是凶的，因为让质料牵引形式运动，丧失了从小道而来的动力因和目的因，就像瘦猪（羸豕）没有足够动力和欲望向前走，只是被牵引（孚踟躅）而艰难地前进（踟躅）。此爻的两个比喻既巧妙又准确。

九二：包有鱼，无咎。不利宾。

逆行进入**赫拉克利特**。**伊壁鸠鲁**把自我同一、永恒运动的质料发展成了原子，把物体看成有边界的原子聚合体（如同包里有许多动来动去的鱼）。这种对物体的理解丧失其宏观形式的意义，但契合了物体的微观构造，无咎。占卜结果不利于接待宾客或做客，因为原子被虚空隔开，相互独立，就像一群缺乏交往的孤立个人。

九三：臀无肤，其行次且，厉。无大咎。

逆行进入**芝诺**。"臀无肤，其行次且"重复了夬九四，但略去了后面的"牵羊悔亡。闻言不信"，因为**伊壁鸠鲁**把存在转化为无限宇宙，丧失了对存在的视野，问题严重（厉），故不再说"牵羊悔亡"。虽然**伊壁鸠鲁**也企图用反证法证明关于无限宇宙的自然哲学概念，但这种证明已不重要，故"闻言不信"也不再提。尽管丧失了存在，却因此获得对宇宙物界（无限宇宙）的初步认识，没有太大问题。

九四：包无鱼，起凶。

逆行进入**巴门尼德**。**伊壁鸠鲁**在这个步骤中发展实践智慧，发现了死亡问题，把身体看成原子聚合体（有鱼的包），把死亡看成原子从聚到散（包里不再有鱼），认为身体死亡导致（引起）灵魂也随之消散（凶）。

九五：以杞包瓜，含章。有陨自天。

总结**伊壁鸠鲁**。杞即杞柳编成的筐，代表形式。瓜代表被形式包围的生命感性内容（这些内容就像瓜的表面那样有美好色彩与花纹。章即文采、花纹，代指美好事物）。"以杞包瓜，含章"指**伊壁鸠鲁**重视的不是生命的形式而是其中的感性内容，追求的是生命的快乐（瓜止渴又甜美，让人快乐）。另外，**伊壁鸠鲁**否定了**亚里士多德**的理性神，也否定了**柏拉图**中创造宇宙的神，使神从天上的神圣处所掉到地上，如同陨石从天上落下。**伊壁鸠鲁**把一切归结为原子和虚空，丧失了存在和宇宙逻各斯，与希腊哲学主流极为不同，故特别描述其所失。

上九：姤其角，吝，无咎。

形式与质料相遇（姤）结合，形式被束缚到质料中动弹不得，如同遇到死角而陷入困境（吝）。但**伊壁鸠鲁**实现了逻各斯在现实性方面的自满自足，只要返回与**亚里士多德**结合就能同时实现理想性和现实性的自满自足，故无咎。太极在思考这两个位置的结合时遇到了哲学无法克服的死亡问题，认识到历史必须暂时离开哲学去发展宗教，但这已不属哲学史内容，故易经未加描述。

15. 萃（阿奎那）

䷬萃：亨，王假有庙，利见大人。亨，利贞。用大牲吉，利有攸往。

下坤上兑：地上有泽。在夬（**亚里士多德**）中大道（存在）和小道都以水代表。现在水被地包围容纳，代表**亚里士多德**被基督教信仰吸收到宗教中。但哲学和宗教本质不同，故其结合不是融合而是聚合（萃即聚）。哲学因为分享了宗教的神圣性而亨通，如同到宗庙祭祀的王（分享了神的荣耀），占卜结果有利于进见有权势的大人。宗教则因为吸收了哲学的理性而亨通，有利于信仰的坚定（易经中唯有此卦辞用了两个"亨"字，因为**阿奎那**聚合哲学与宗教而没有形成一个单纯的哲学位置，所以分开来描述）。总的来说，占卜结果表明举行隆重祭祀（用大牲即用牛）是吉祥的，也有利于出行。

初六：有孚不终，乃乱乃萃。若号，一握为笑。勿恤，往无咎。

哲学与宗教具有不同的本质。如果它们各自坚持自己的本质，哲学的理性就会怀疑宗教，使宗教无法保持其信仰（有孚不终），这样就搞乱了哲学要与之聚合的东西（乃乱乃萃）。但如果它们相互呼唤（号）对方来结合，相互为用，就可化解矛盾，握手言和。故不必忧虑，继续发展下去不会有问题。

六二：引吉。无咎，孚乃利用禴。

尽管哲学与宗教应该相互为用，但太极为了基督教的实践启示出来的内容（信仰）远远超出了希腊哲学的范围。所以它们聚合的方式是宗教吸收（援引）哲学来支持自己，这是吉祥的事。引入哲学会削弱信仰的宗教性，但没有问题，因为理性化的信仰就像简单的祭祀（禴），对巩固信心（孚）有利。

六三：萃如，嗟如，无攸利。往无咎，小吝。

把神等同于存在。聚合（萃）的第一步是把存在等同于基督教的神（天），这样哲学对象与宗教对象就达到了统一。但存在与神的统一掩盖了二者的差异，使二者皆有所遗憾而叹息（嗟），其实并没有从聚合得到什么新东西。但往下发展没有问题，因为只要区分理性真理和信仰真理即可显示二者的差异，这只是小困难。

九四：大吉。无咎。

区分理性真理和信仰真理。**阿奎那**把它们作为平行并列、相对独立、相互对应的真理路径实现出来，共同构成完整的真理体系，大吉。其实哲学与宗教的思考方式是有矛盾的，但只要它们相互支持就没有问题。

九五：萃有位，无咎。匪孚，元永贞，悔亡。

统一理性真理和信仰真理。神学大全从哲学得到知识的形式，从宗教得到知识的目标和推理前提。聚合的双方各得其所（萃有位），使聚合不再有问题。这种理性主义神学并非（匪）充满活泼泼灵性的原始信仰（孚），但它帮助基督教使灵魂获得不朽（元永贞），故悔亡。基督教的灵魂不朽吸收了**苏格拉底**和**柏拉图**对灵魂的思考。因此，"元永贞"结合了**苏格拉底**发现灵魂时的"元吉"和**柏拉图**证明灵魂不朽时的"永贞吉"。

上六：赍咨，涕洟，无咎。

总结**阿奎那**。哲学与宗教难以融合在一起：宗教因为信仰失去灵性而叹息（赍咨即嗟叹）；哲学更因为被纳入宗教而涕泪交流（涕洟），因为服务于宗教使之无法实现其本质。但只要改变结合的方式，哲学还是可以吸收到基督教中的哲学因素，故无咎。

16. 升（笛卡尔）

䷭升：元亨，利见大人，勿恤，南征吉。

下巽上坤：地下有风。升是把萃上下反转得到的，不能从八卦对应的自然现象理解，而应理解为**笛卡尔**反转了**阿奎那**中哲学与宗教结合的方式（反过来让**亚里士多德**吸收基督教中可吸收的哲学因素）。"我思故我是"把有限逻各斯提升到类似无限逻各斯地位，故卦名为"升"。**笛卡尔**突出了主体，把哲学转向全新方向，元亨；通过理性证明神的存在，利见大人；知识获得确定出发点，无须再忧虑；主体意志被突出，可以如君王坐北朝南一样征伐天下。

初六：允升，大吉。

我思故我是。太极从"道成肉身"发展出"我思故我是"，使有限逻各斯充满自信地上升到类似无限逻各斯地位，哲学思考获得绝对确信的出发点，大吉（允指信，包括自信和确信）。

九二：孚乃利用禴，无咎。

证明神的存在。"孚乃利用禴"来自萃六二，在这里指**笛卡尔**用理性证明神的存在（从小道反向追溯到宇宙逻各斯），继承了**阿奎那**的做法，同为无咎。

九三：升虚邑。

证明广延物质的存在。**笛卡尔**借助有限逻各斯与无限逻各斯的关联（先天观念）证明广延物质存在，从有限生命上升到了无限生命的物界（物界被当成广延领域，亦即"虚邑"）。

六四：王用亨于岐山，吉，无咎。

确立知识的体系（第一步）。知识之树的根在形而上学，依靠的是神作为一切真理之源泉和保证，包括从神而来的天赋观念。这就如同周文王到岐山祭祀（亨通亨，指祭祀），得到从神而来的灵感和保证，为周朝的建立打下了根基，故吉祥，无咎。

六五：贞吉，升阶。

确立知识的体系（第二步）。在形而上学基础上可以发展其他科学，建立知识体系，故占卜结果吉祥。"升阶"是发展知识体系方式，即以形而上学为基础，通过严格的推理逐级上升地建立知识的大厦。

上六：冥升，利于不息之贞。

突出自由意志。自由意志就是自我超越的意志。冥即夜晚。在夜间还在不断地上升，说明上升的努力永无止境，故占卜结果利于自强不息的人。

17. 困（斯宾诺莎）

☱☵困：亨，贞大人吉，无咎。有言不信。

下坎上兑：水上有泽。泽是小范围的水，代表有限生命。坎是大范围的水（如大海），代表无限生命（宇宙生命）。水上有泽说明泽被吸入水中，无法再独立为泽，代表**斯宾诺莎**中有限生命被吸入宇宙生命而困在其中，丧失了独立性。宇宙生命因为吸入有限生命而变成唯一实体（神或自然），故亨通，对于掌权的大人占卜是吉祥的，因为大人和小人的关系就像无限和有限，所以有限生命被困对大人没有问题。"有言不信"指**斯宾诺莎**不再相信**笛卡尔**的逻各斯之言（我思故我是）是思考的恰当出发点，改从无限立场出发思考问题。

初六：臀困于株木，入于幽谷，三岁不觌。

把有限生命收回宇宙生命。屁股被捆在树根（株木）上，被放到深谷中，三年不见天日（觌即见）。这是指有限生命被吸入宇宙生命，归属于它在宇宙生命中的根基（灵魂和身体），仿佛人被放到深谷中，丧失了"活在世界中"的本质（在世界中才能见天日）。

九二：困于酒食。朱绂方来，利用享祀，征凶。无咎。

把心灵收回宇宙逻各斯（第一步）。把逻各斯收回宇宙逻各斯使领悟失去组织生命的现实性（困于酒食，即其现实性无法从生命得到满足）。另一方面，哲学失去了（判断力的自我超越构成的）自由意志。自由被转化为根据正确的观念，按照内在必然性行动，变成归属宇宙生命（神）的方式，就像刚刚收到天子所赐之朱绂（红色服饰），有利于去参加祭祀，然而丧失自由意志会使出征凶险（不像**笛卡尔**中那样"南征吉"）。虽然有限逻各斯丧失了独立性，但宇宙逻各斯的无限性被凸显了出来，没有问题。

六三：困于石，据于蒺藜。入于其宫，不见其妻，凶。

把心灵收回宇宙逻各斯（第二步）。领悟被转化为观念并与灵魂混在一起，而灵魂与身体的对应则使观念被束缚在与身体的对应中，即"困于石"（石代指身体）。领悟被分散成许多观念的复合体，和身体由许多部分构成的事实相互对应（这种观念复合体缺乏原始领悟的统一性，就像浑身皆刺的蒺藜即使被抓在手里还是无法聚拢）。由于哲学失去了判断力，这种观念复合体无法被统一。判断力本来躲在领悟后面，默默地通过领悟把生命组织为整体（如同在后宫默默发挥影响的妻子）。但现在进入宫中却看不到妻子，说明生命现在既不被领悟也不被判断力组织，逻各斯失去了组织生命的本质，凶。

九四：来徐徐，困于金车，吝。有终。

把身体收回物界宇宙。**斯宾诺莎**把可被移动的身体收回物界宇宙，仅仅当成物质之一种，使身体失去直接被我的意志移动之特性，其行动变得徐缓，其实体性被消解在物界宇宙这个无限实体中，如同被困在辉煌的金车中而处境艰难。但把身体仅仅当成物质使哲学可以统一宇宙物界，终究还是有好处的。

九五：劓刖，困于赤绂，乃徐有说。利用祭祀。

统一理界和物界。这种统一把理性神从宇宙逻各斯扩展为包括思想和广延两种基本属性的无限实体，亦即作为宇宙生命的"神"，而人则仅仅作为"观念—身体"成为这个无限实体的诸多有限样态之一。有限生命丧失了世界性，被彻底地困在了宇宙生命的理界和物界。劓是割鼻，刖是砍脚（一个在头，一个远离头，分别代表理界和物界受的刑罚，即被吸入无限生命而被割弃）。九二的"朱绂方来，利用享祀"指天子刚赐下最高等级的红色服饰，有利于去参加祭祀。赤绂也是红色，但浅一些，等级比朱绂低一些，因为物界的刑罚比理界稍轻（理界的刑罚失去自由意志），综合而言生命被归属到神的程度稍轻了一些，经过长期努力可以有所摆脱（徐即缓慢，说通脱）。占卜的结果总的来说是利于祭祀的。

上六：困于葛藟，于臲卼，曰动悔。有悔，征吉。

发展理性伦理学。葛藟即野葡萄藤，无刺，但能缠人。臲卼指动摇不安。"困于葛藟，于臲卼，曰动悔"指人受情感的外在限制，不得自由，陷入左右摇摆，无法自拔的苦恼，以致欲望乱动而悔。但如果用理性知识克制情感，反悔非理性的欲望（有悔），则可实现神人合一，征吉。

18. 井（贝克莱）

☷井：改邑不改井，无丧无得。往来井井。汔至，亦未繘井，羸其瓶，凶。

下巽上坎：水下有风。井是困上下反转得到的，代表**贝克莱**把**斯宾诺莎**中被吸入无限生命的有限生命再吐出来。无限和有限在困中分别用坎和泽代表，这里则用旧井和新井代表，因为无限生命吐出有限生命如同从旧井流出新井。新井改变了所在领域（邑），但仍是井，因为有限生命在无限生命中已被转化为观念—身体，返回世界后变为观念—感性现象，仍是理界—物界上下对应结构（如井的上下结构），故无丧无得（换汤不换药）。"往来井井"指**贝克莱**的思考在有限和无限之间反复运动。"汔至，亦未繘井，羸其瓶"意为水瓶几乎（汔）要到井口了，却没有抓住绳把它拉出井口（繘是汲水用的绳，代指拉绳），水瓶脱手掉下去摔破了（羸即打破）。这是指**贝克莱**在其最后思考中发现了先天观念，几乎就要获得从理性神而来（从旧井流入新井）的原始领悟（瓶中水），但终究功亏一篑，原始领悟还是被分裂为众多支离破碎的具体领悟（向唯理论转化但没有放弃经验论立场），凶。

初六：井泥不食，旧井无禽。

把有限生命拉出宇宙生命。有限生命（新井）虽然被从无限生命（旧井）拉出，但仍是理界—物界上下对应结构，无法恢复**笛卡尔**中统一有限生命的原始领悟（真正的水），以致生命仅仅仅被支离破碎的具体领悟组织（故新井泥汙不可食），这是因为在无限生命中有限生命已经丧失原始领悟（甚至丧失了领悟组织生命的特性，故旧井之水更加不堪，连禽鸟都不来）。这是描述生命化作感性经验的方式。

九二：井谷射鲋，瓮敝漏。

把观念集合成物。判断力缺乏原始领悟将生命中所有观念统一起来，只能把属于同一物体的种种感性现象统一成观念的集合，其作为物质实体的客观存在则被否定（存在就是被感知）。判断力如同在井口射小鱼那样把握（感知）生命中的观念，但它拥有的领悟支离破碎，如同取水的陶器破败而漏水（瓮敝漏）。

九三：井渫不食，为我心恻。可用汲，王明，并受其福。

把感知者扩展到神。把物当成观念的集合使物成为依赖主观感知的一堆感性现象，丧失了来自物自身的同一性。无人感知的物自身其实隐藏在宇宙生命中，所以旧井其实有清洁（渫）的水，吃不到真让我心痛。要解决这个问题，哲学可以通过类比推理把物的感知者扩展到神（宇宙判断力），把物的同一性寄托在时刻以其感知维持一切物，同时又直接在人的心灵中产生观念的神，亦即可以从旧井汲水，君王（神）是英明的，应该让一切物并受（共享）从君王而来的福气（支持）。

六四：井甃，无咎。

把神改造为理性神（第一步）。"井甃"指用砖石垒起来修理井壁。通过类比推理通达无限精神（宇宙判断力）使得它与有限精神（有限判断力）的差异被凸显，如同看到了旧井和新井的不同。**贝克莱**于是把有限判断力的对象从观念扩展到（指向超验对象的）概念，相当于根据旧井改造新井，这种修理破坏了新井的独立性，但可以帮助它从旧井有所获，无咎。

九五：井冽寒泉，食。

把神改造为理性神（第二步）。**贝克莱**把概念追溯到其源泉（理念），把"神"从感知者改造为拥有理念世界的理性神（宇宙逻各斯）。这种追溯使得从理念流向概念的小道如同寒泉从旧井流入新井，涌出的水很清澈（冽），真好喝。

上六：井收勿幕，有孚元吉。

把神改造为理性神（第三步）。**贝克莱**让神的无限精神通过生命精气统一理界和物界、宇宙生命和有限生命，构成一个大生命体，使有限生命得到从神而来的全面支持，如同用完井后不要盖上（幕即遮盖），让它向一切事物（他人、天地、宇宙等）敞开，让神的精气从宇宙灌入有限生命。有限生命通过这种对神的信心（有孚）就可以得到最大的支持，大吉。

19. 革（莱布尼兹）

䷰革：巳日乃孚。元亨，利贞，悔亡。

下离上兑：火上有泽。**莱布尼兹**倒回**斯宾诺莎**的无限立场，但有限生命不再被困在宇宙生命中。所以革必须与困对比来理解。革与困共有上泽（有限生命），但下坎被改为下离，表示困住泽的水已被改成火（向反面转化）而无法再困住泽。另外，宇宙生命从困中的坎水变为革中的离火，暗示**莱布尼兹**的神（宇宙逻各斯）恢复了**斯宾诺莎**中没有的阳性意志（宇宙判断力），甚妙。"巳日乃孚"意为到了祭祀的日子（巳通祀）应该处于全心全意的虔信中，指**莱布尼兹**把**斯宾诺莎**中的物界合并到理界，相当于把人平时在物界和理界中生活的状态转化为祭祀日子单纯处于理界（精神性）的状态。哲学在**莱布尼兹**中第一次站到宇宙判断力立场（进入太极的视野）看宇宙和世界中一切事物，故元亨，利贞；超越了**贝克莱**的有限立场，弥补了**斯宾诺莎**之神的缺陷，故悔亡。**莱布尼兹**革新了**斯宾诺莎**中的无限和有限生命，故卦名为"革"。

初九：巩用黄牛之革。

返回**斯宾诺莎**的无限立场。**莱布尼兹**从**贝克莱**的有限立场返回**斯宾诺莎**的无限立场，但不再把有限生命吸入宇宙生命，而是让宇宙生命拉住有限生命，如同用黄牛之革把后者牢牢束缚（巩）到自己身上。

六二：巳日乃革之，征吉，无咎。

把物界合并到理界。这种合并就像到祭祀的日子就进行精神的革新。革新产生了普遍语言的设想；逻各斯通过普遍语言分享宇宙逻各斯的威力，故征吉。合并使物界丧失独立性，但突出了理界的精神性，无咎。革本是去毛的兽皮，引申为革新（黄牛之革即是其皮被革新的结果）。

九三：征凶，贞厉。革言三就，有孚。

形成思维的三大法则。哲学的普遍语言设想没有成功，故征凶，贞厉（语言的世界性本质意味着不能仅仅从宇宙逻各斯理解语言）。哲学寻找逻各斯分享宇宙逻各斯的真正方式，发现了三大思维法则（同一律、差异律、充足理由律），即"革言三就"（革新后的思维有三大成就）。逻各斯通过遵守三大法则而真正分享（符合）了宇宙逻各斯，故"有孚"（"孚"有诚信也有符合的意思）。三在这里并不泛指多，而是精确的三。

九四：悔亡。有孚。改命吉。

进入宇宙逻各斯的无限立场。逻各斯回归到自己的源泉，故悔亡；站在宇宙判断力角度看到了整个理念世界，故有孚（有了信实的真理）；透过理念世界看生命，把生命改变成了单子（改命），使生命从其个体性根基（灵魂）获得自我同一性，吉。

九五：大人虎变，未占有孚。

把单子体系一到宇宙逻各斯。宇宙逻各斯（理性神）被当成从自身创造出一切单子的绝对单子，用先天定义保证单子的活动之间的先定和谐。神（大人）变成绝对单子就如同老虎在秋天皮毛变得文采灿烂（增强了荣耀与威严）。神所确定的和谐先于后天之事，故占卜之前所占之事已经信实（未占有孚）。

上六：君子豹变。小人革面。征凶，居贞吉。

区分人，动物和低级单子。人作为理性灵魂是按神的形象创造的单子，所以说"君子豹变"（豹似虎但比虎低一级）。动物灵魂也变成了精神性单子，但其实与神只是形似而非神似，所以说"小人革面"（革面即表面上的革新）。至于构成物质的低级单子只有很模糊的知觉和盲目的欲望，完全与神不同，所以说"征凶，居贞吉"（出征凶险，安居坚守才吉祥，暗示哲学把物质分解成精神性单子实在很勉强，还不如保持不变更为吉祥）。

20. 鼎（洛克）

鼎：元吉。亨。

下巽上离：风上有火。鼎是把革上下反转得到的，代表**洛克**反转了**莱布尼兹**的无限立场，与井（**贝克莱**）反转困（**斯宾诺莎**）相似。**洛克**从经验论立场出发吸收和转化**莱布尼兹**，使得从**笛卡尔**开始的在唯理论和经验论之间徘徊的哲学运动达到了稳定的综合，元吉。它还疏通了两组对立的因素（有限和无限，理界和物界），故亨通。

初六：鼎颠趾，利出否。得妾以其子，无咎。

颠倒**莱布尼兹**的立场。鼎指宇宙生命。"鼎颠趾"即从鼎脚把鼎整个翻转，指**洛克**颠倒了**莱布尼兹**的无限立场，从无限返回有限。"利出否"意为利于把脏物（否）倒出来，即把物界从理界拉出（物界相对理界而言是脏物）。"妾"指作为宇宙理界（宇宙逻各斯）伴侣的宇宙物界（物界被拉出理界而与宇宙逻各斯有了距离，故似妾而非妻）。"子"指"妾"所生之子，即从宇宙物界生出之有限生命物界（感性经验）。"得妾以其子"指逻各斯现在只能通过（以）感性经验通达宇宙物界，因此发展了实验态度并发现了自然法（自然法即宇宙逻各斯实现在物界之法则）。虽然不能再像**莱布尼兹**那样从宇宙逻各斯通达宇宙物界，逻各斯还是可以从感性经验出发推论神及其自然法，故无咎。

九二：鼎有实，我仇有疾，不我能即，吉。

区分人间世界和神的王国。逻各斯从宇宙物界上升到理界，探入宇宙逻各斯，发现神的意志统一的是信仰的世界。神的国度（灵魂所在的理念世界）自成体系，充满整个宇宙理界，故为"实"。"我"指有限逻各斯。"仇"在古字中指匹配，此处指伴侣。"鼎有实，我仇有疾，不我能即"意为我的伴侣有病，不能陪我吃鼎中之实，指有限逻各斯无法直接通达宇宙逻各斯（鼎中之实），而其伴侣亦即有限物界（感性经验）也帮不了忙，换句话说，神的国度是完全超越世俗世界的。哲学区分了世俗世界与宗教国度，使二者各得其所，互不干涉，故占卜结果吉祥。

九三：鼎耳革，其行塞。雉膏不食，方雨，亏悔，终吉。

突出小道的断裂。鼎耳是搬动鼎时必须利用的中介，这里指有限逻各斯借以通达宇宙逻各斯的天赋观念。"鼎耳革，其行塞"指**洛克**否定（革掉）了**莱布尼兹**的天赋观念，以致有限逻各斯通往宇宙逻各斯的行动受阻塞。"雉"即野鸡（鼎中之实），代指宇宙逻各斯。"雉膏"即野鸡之膏油（精华），代指宇宙逻各斯中的理念。"雉膏不食，方雨，亏悔，终吉"指逻各斯虽然无法通达宇宙逻各斯中的理念，但这些理念的内容已经如雨散落到感性经验中（古人称滋润作物的及时雨为"膏泽"），减少（亏）了逻各斯的悔恨，使之可从经验出发建立知识，最终是吉祥的。

九四：鼎折足，覆公餗，其形渥，凶。

确立经验为知识的唯一起源。鼎折足使鼎向一边倾倒，把众人共享的粥（公餗）倒（覆）了一地，到处黏黏湿湿（渥）。这是在描述经验论立场把宇宙物质（鼎中粥）倒出到有限领域，化作众多支离破碎的感性经验（简单观念）。物自身本来有内在组织，并且是感觉的公共实体（众人共享的粥）。但经验论立场丧失了原始领悟（统一领悟的领悟），因此从宇宙物界涌现出来的感性经验仅仅表现为支离破碎的简单观念；实体仅仅被当成假托的属性支撑者，其自身的情形（内在组织）不可知。**洛克**把经验当成知识的唯一起源，导致了不可知论，凶。

六五：鼎黄耳，金铉，利贞。

考察知识的确定性和范围。铉是抬鼎时用来钩住鼎耳的东西。**洛克**否定了天赋观念（革掉了鼎耳），换成后天观念（黄色的鼎耳）作为中介通达宇宙生命（鼎）。原来的鼎耳是金属的，而后来换上去的鼎耳不是金属的，只是涂成了金黄色。真正要抬起鼎（认识宇宙真理）的是金铉，而黄耳只能表面上与之匹配，说明人类虽然追求真理，但因为只能以经验为知识出发点，通过后天观念进行认识，所以人类知识的范围是有限的。**洛克**为人类知识划定了界限，故占卜结果利于坚守。

上九：鼎玉铉，大吉，无不利。

从自然权利出发实现和谐世界。玉铉虽然不像金铉那样闪耀真理的理想性光芒，但玉温润通人性，比金铉更接近人的现实生活。把金铉换成玉铉指**洛克**从知识论转向人的政治实践。**洛克**的自由主义把先定和谐转化成了（人通过神赋予的自然权利实现的）后定和谐，为个人在世界中的幸福提供了保障，从政治角度实现了逻各斯在现实性方面的自满自足，故大吉，无不利。易经作者巧妙地选择了鼎的形象来描述**洛克**这个比较复杂的位置，虽然不知其思考的真正内容，但很好地体会到了它的关键特性。

21. 震（休谟）

䷲**震：亨。震来虩虩，笑言哑哑。震惊百里，不丧匕鬯。**

下震上震：下雷上雷。**休谟**彻底经验论的怀疑主义震动了整个形而上学传统，所以用雷震来形容。彻底经验论让逻各斯在纯粹现实性（感性经验）中达到自满自足，故亨通。其实现方式是把理界合并到物界。合并使逻各斯突然被下放到物界，丧失了自己熟悉的家园而感到震恐（虩虩即恐惧的样子），但逻各斯很快在感性印象中重新找到家园，同时摆脱了理界的僵硬，故笑言哑哑（低声或默默发笑，松弛自然，镇定自若）。震惊百里指整个理界都受到了震动，但祭祀者并没有失落勺子（匕）中香草酿成的祭酒（鬯），指**休谟**虽然否定了关于神（宇宙逻各斯）的证明，但并非否定神的存在，实际上仍然为一种合乎经验地使用理性，对自然充满审美感受的信仰留下了空间。

初九：震来虩虩，后笑言哑哑，吉。

把理界合并到物界。这个合并是后来一切发展的基础，决定了**休谟**的整体特性，所以卦辞特别突出了它。这里则加了"后"字来突出合并过程（逻各斯首先是惊慌失措，后来注意到感性印象强烈、生动的特性，把观念当成印象的微弱摹本，才在感性印象中重新找到了家园）。合并使逻各斯找到了思考的新起点，吉。

六二：震来厉，亿丧贝，跻于九陵。勿逐，七日得。

把思考中心转移到想象力。**休谟**把判断力合并到想象力，使思考中心转移到后者，震动非常大（厉）。"亿"通臆（推测），代指进行推测的判断力。判断力丧失了直接属于自己的宝贝（领悟），把对领悟（观念）的操作寄托在想象力身上，仿佛躲到高山上不再过问世事的人（跻即登，九陵即高陵）。但不必追逐所丧失的东西，因为后面判断力还会重新直接拥有领悟。"七日得"指以后还会再次得到（古人认为天道始于一终于七，故以七日代表事情的周期）。

六三：震苏苏。震行无眚。

改造**莱布尼兹**的同一律。同一律被改造成了（想象力把握经验对象的）相似法则。这种从同一到相似的改造引起的只是迟缓（苏苏）的震动。震后（震行）并没有灾难（无眚），因为变化其实不大（同一律被松弛成了相似法则）。

九四：震遂泥。

改造**莱布尼兹**的差异律。**休谟**把理界的差异律改造为物界（时空）的邻接法则，仿佛从理界震落到物界的泥巴中（遂通坠）。泥巴不像水那样无限可分，也不像石堆那样缺乏过渡，其状态就是邻接（既连续又可分出最小部分）。"泥"字用得妙。

六五：震往来厉。亿无丧有事。

改造**莱布尼兹**的充足理由律。充足理由律被改造成了想象力的因果法则。往来是因果相续之象。**休谟**把因果推理当成想象力在生活经验中自然建立的习惯性联想，把因果概念震动得非常厉害。**休谟**接着重新考察判断力（对领悟进行推断）的理性能力，发展出了怀疑主义，故"亿无丧"（判断力重新直接拥有了领悟）但"有事"（其理性推理受到了怀疑）。

上六：震索索，视矍矍，征凶。震不于其躬于其邻，无咎。婚媾有言。

改造**莱布尼兹**的先定和谐世界。先定和谐的世界被改造成了建立在情感基础上的道德世界。其出发点是情感（心情）对理性意志（判断力）的主宰。"震索索"描述受震的心情（索索即恐惧不安），"视矍矍"描述这种心情引起的目光（矍矍即因为惊惶而视线不定）。"震索索，视矍矍"描述的就是心情对判断力的主宰（目光是判断力显露自己的主要方式）。这种主宰使人容易丧失冷静的理智，故征凶。"震不于其躬于其邻"意为雷震不影响自身（躬）而是影响他人（邻），描述的是同情他人的仁爱之心，从中可发展出普遍客观的道德感，这有点理想化，但无咎。"婚媾有言"意为婚眷有话说（呼唤我）。逻各斯的伴侣（有限物界）是宇宙物界所生，因此宇宙的理界和物界就是逻各斯的岳父岳母（参见鼎卦）。因为理界被合并到物界，逻各斯无法通过理性证明神，只能从自然本身的美妙感受神的存在，仿佛神（岳父）通过自然（岳母）默默呼唤逻各斯去感受它们（类似地，明夷曾用"主人有言"形容存在呼唤小道去思考它）。

22. 艮（康德）

☶艮：艮其背，不获其身。行其庭，不见其人。无咎。

下艮上艮：下山上山。艮是把震上下反转得到的，因为**休谟**把理界合并到物界，而**康德**则反过来把理界拉出物界。据高亨考证，"艮"本义为反视，引申为注视。艮代表的就是**康德**中逻各斯的批判性目光。把震☳反转而有注视的意思，看来是巧合，但也可能是因为"艮"有此意思易经才用它来命名☶。另外，艮为山，有止的意思，可代表**康德**为纯粹理性划定界限（《象》曰"君子以思不出其位"，甚合此义）。卦辞中三句分别描述**康德**的三大批判哲学。"艮其背，不获其身"指纯粹理性批判中逻各斯超越地综合现象，只看到在背后的自己，看不到在现象中的自己（丧失了我思直观）。"行其庭，不见其人"指实践理性批判在人的世界中行动，却看不到人的完整本质（把人当成理性存在者）。"无咎"指判断力批判完成的事情没有问题（判断力批判不像前两个批判那样有特别突出的问题，所以只是笼统地说"无咎"）。**康德**的批判把经验当成知识的起点，从感性直观一步步通向逻各斯和自在之物。这种前进方式有点类似**易**从世界现象开始一步步通向太极。咸卦用少男感觉少女身体来描述易的发展。艮卦则用人对身体的注视来描述**康德**的发展（但身体的意义在咸与艮中很不同）。

初六：艮其趾，无咎，利永贞。

把理界拉出物界（第一步）。**康德**把经验当成知识的起源来考察其先验形式（艮其趾）；把组织经验的范畴追溯回逻各斯的自我意识，故无咎；把知识限制在经验范围，故利永贞。鼎六五用"利贞"表示**洛克**为人类知识划定界限的做法利于坚守。这里则多了一个"永"字，说明**康德**所划的界限更为彻底和严格。脚趾在咸（**易**）中代表现象中的八卦，在大壮（**毕达哥拉斯**）中代表现象中的数，在这里则代表组织现象的范畴。

六二：艮其腓，不拯其随，其心不快。

把理界拉出物界（第二步）。**康德**把纯粹理性看成比（通过范畴组织经验的）知性更高的认识（推理）能力。腓（小腿）比脚趾高，而且是其运动根源，代表纯粹理性的概念对经验知识有调节作用，但不能增加其内容（拯通增，随即伴随的内容），如果超越经验范围运用它们就只能产生幻象，故纯粹理性感到其心不快。

九三：艮其限，列其夤，厉薰心。

从有限通向无限（第一步）。**康德**通过改造休谟的道德世界为道德形而上学奠定了基础。这个奠基把自由完全归结到理性意志，把人当成活在现象界中，但其自由完全超越现象界的理性存在者，使人被分裂在物界和理界之间，如同人注视自己的腰（限），看到背部的肉（夤）裂开了（列通裂）。这种分裂使**康德**否定情感在道德中的作用和意义，否定**休谟**建立在情感基础上的道德世界，把它重新建立在纯粹理性基础上，使人心感到仿佛被严重（厉）的火烧（薰）一样的痛。

六四：艮其身，无咎。

从有限通向无限（第二步）。**康德**在实践理性批判中从理界向物界前进，考察了在世界中行动的人（艮其身）。虽然它仍然看不到人的完整本质（仍把人当成理性存在者），但它使纯粹实践理性在理界和物界之间达到了平衡，无咎。

六五：艮其辅，言有序，悔亡。

统一理界和物界。**康德**在判断力批判中考察了审美判断力，揭示了自然的合目的性。"辅"是脸上下部分，说话时舌在其中间运动（参见咸卦）。注视脸上下部分（艮其辅）就是对脸进行审美，代指审美判断力批判。这种审美从脸的运动过渡到它说出的有秩序的话（即通过美默默地诉说的自然合目的性。震卦中"有言"指的就是自然的美妙呼唤我去感受它）。判断力批判最终解决了理界和物界、有限和无限的统一性问题，悔亡。

上九：敦艮，吉。

消除纯粹实践理性和基督教的矛盾。敦即诚心诚意（虔诚），在此代表宗教；艮在此代表纯粹实践理性（"艮其身"中的艮）。"敦艮"代表把宗教理性化（让"敦"附属于"艮"），亦即把基督教改造为纯粹理性范围内的宗教。这样做巩固了哲学在理界和物界、有限和无限之间达到的统一，吉。

23. 渐（叔本华）

䷴渐：女归吉，利贞。

下艮上巽：山上有风。渐是把艮（**康德**）的上卦从艮变巽的结果，代表**叔本华**对**康德**做了局部改造，把**康德**中附属于纯粹实践理性的天志（神的意志）解放出来，消除其理性成分，变成独立存在的原始意志（如同与天相接的山顶化作自由运动的风）。"渐"形容的是鸿向前降落亦即着陆的动作。鸿代表大我（其两翼分别代表天志和世界）。鸿着陆到世间事物上，即大我进入世界，被哲学思考认识。在**叔本华**中，阴性的世界被归附于阳性的天志，如同女子出嫁（女归），占卜结果吉祥，且利于坚守。

初六：鸿渐于干。小子厉，有言，无咎。

建立表象世界。尚未引入天志。大我仅以小我面目出现在世界中，即把表象世界当成"我的世界"之主体，如同鸿降落到河岸（干通岸）而被水打湿（世界现象变动如河流）。小子指自我超越的判断力，即实践主体，因为实践理性被放弃而遭受危险（厉），结果被转化为认识主体。"有言"指表象世界隐含内在秩序（充足理由律），可以被主体认识，无咎。

六二：鸿渐于磐，饮食衎衎，吉。

从表象世界到原始意志（第一步）。认识主体不能在现象界中发现原始意志，但**叔本华**认为身体就是原始意志的客体化，使原始意志在身体中找到了落脚点，如同鸿降落到了大石（磐）上。饮食是身体的外在动作；衎衎即喜乐自得貌，是饮食对应的内在感受和欲望。"饮食衎衎"指身体从外面看是表象，从里面看就是意志。哲学通过考察身体的内外对应而发现了原始意志的客体化，开始通向大我，吉祥。

九三：鸿渐于陆。夫征不复，妇孕不育，凶，利御寇。

从表象世界到原始意志（第二步）。哲学把身体和意志的互为表里扩展到世间万物，发现了表象世界的自在之物，即原始意志。这种从身体到世间万物的扩展如同从磐（大石）到陆（陆地）的扩展。"夫征不复"即丈夫出征不归家，指天志作为自在之物完全在世界之外。"妇孕不育"即怀孕但生不出，指天志将自己客体化在世界中，如同精子进入妇体化作胎儿，其客体化级别不断上升如同胎儿不断成长，但人作为客体化最高级别却在世界中互相争斗，无法从这个充满痛苦的世界解脱出来，如同成熟的胎儿无法生出母体而只能在母体中受煎熬，凶。但丈夫在外御敌，妻子在内坚守自己的范围，阴阳各居其所，利于防范外敌。

六四：鸿渐于木，或得其桷，无咎。

发现表象世界中隐含的理念（第一步）。哲学把表象世界中隐含的理念当成意志最初和最恰当的客体化。在太极的思考中，判断力必须站到天志的立场看世界才能回归天志，但判断力无法一下把握世界本身，而只能先把握从它分化出来的众多理念，就好像鸿降落在整棵树（树顶）上会站不稳，但如果降落到它分化出来的横平枝上就站稳了（木即树，榾即横平枝），没有问题。

九五：鸿渐于陵。妇三岁不孕，终莫之胜。吉。

发现表象世界中隐含的理念（第二步）。艺术对理念的直观可以让我们暂时摆脱意志在个体中盲目挣扎的痛苦。鸿降落到高山（陵）上，即主体居高临下直观世界中的理念，通过审美变成纯粹认识主体。这种主体暂时摆脱了生存意志，不让意志进入自己的世界发挥作用（如同妇人好几年不让丈夫使自己受孕）。但这毕竟只是暂时的解脱，最终还是要在生活中服从生存意志（"终莫之胜"就是最终还是胜不过丈夫而怀了孕）。虽然对理念的艺术直观只能让人暂时解脱，但再前进一步就可以看到世界本身，故占卜结果吉祥。

上九：鸿渐于陆，其羽可用为仪，吉。

通过否定表象世界回归原始意志。**叔本华**通过意志的自我否定获得了最终解脱。但从太极的角度看，意志的自我否定其实只是否定其客体化，直至否定整个表象世界而回归到自身；判断力通过这种否定性思考实现了向原始意志（天志）的超越，获得了解脱的自由。九三的"鸿渐于陆"代表从身体扩展到世间万物，所以这里借用它代表从理念扩展到世界。羽即双翼，代表天志和世界。**叔本华**把生命拉回本性虚空的世界，同时让主体站到天志的立场看世界，看到的是纯粹的虚无。这种做法相当于小我的两极（主体及其表象）以大我的两极（天志和世界本身）为效法对象（仪）而向之超越。判断力最终以这种方式通达了它所要思考的原始意志，吉祥。

24. 归妹（谢林）

归妹：征凶，无攸利。

下兑上震：泽上有雷。归妹是渐上下反转得到的，代表**谢林从叔本华倒回康德**。**谢林**中有限和无限都被绝对所统一，如同妹妹和姐姐嫁给同一男人。"归妹"泛指嫁女（出嫁之女一般比男方年少，如同其妹）。但卦名也暗示想出嫁的主要是妹妹，因为**谢林**想要做的是从有限出发思考绝对。另外，震代表长男，兑代表少女。所以，下兑上震的结构也反映了**谢林**从有限（少女）出发思考绝对（长男）。这其实是一种巧合，因为归妹是把渐上下反转得到的（这种巧合在下一卦被利用）。**谢林**的思考在有限和无限之间反复运动，立场不断变化，最终还是未能通达绝对，所以出征凶险，无所获。

初九：归妹以娣，跛能履，征吉。

发展自然哲学。**谢林**通过思考绝对（天志）贯通无限（自然）和有限（自我意识）的方式发展自然哲学。绝对直接拥有的是无限，通过无限才拥有了有限，如同姐姐出嫁（归妹）时以妹妹（娣）作陪嫁。自然包括理界和物界，自我意识却只包括理界（仿佛跛了一只脚）。然而，自我意识把沉睡在自然中的精神发展了出来，即使只有一只脚也能走路（跛能履），征吉。

九二：眇能视，利幽人之贞。

发展先验哲学（第一步）。理论哲学把自然内化到自我意识中（直至产生自由意志）。它从有限理界看无限的理界和物界，就像瞎了一只眼（眇）的人还能看到（内化）自然。内化意味着有限静止不动，让自然从外面进来，所以有利于闺阁少女（幽人）的坚贞。

六三：归妹以须。反归，以娣。

发展先验哲学（第二步）。实践哲学把自由外化到自然中，仿佛天志通过对有限（自由）的拥有来实现对无限的拥有，如同嫁妹妹时以姐姐陪嫁（须同嬃，即姐姐）。艺术哲学则重新返回有限，把自我意识的理智直观客观化为美感直观，达到主客同一，如同妹妹出嫁后又返回娘家（反归），然后作为姐姐的陪嫁再嫁一次（主观的理智直观变成客观的美感直观，相当于以客观为主，仿佛有限被自然拉过去一样）。经过这种反复运动，艺术哲学把理论哲学和实践哲学统一成了完整的先验哲学。

九四：归妹愆期，迟归有时。

发展同一哲学。同一哲学综合了自然哲学和先验哲学，提出了绝对同一性，但没有立刻开始思考原始意志，而只是思考艺术如何显示主客观的绝对同一性（原始意志的绝对同一性在宇宙中的表现）。这种对艺术的再思考使哲学的目标被悬搁，如同嫁女之事被延期（愆期）。但哲学最终还是会思考原始意志的，就像女人即使迟迟未嫁也还是会有出嫁的时候。

六五：帝乙归妹，其君之袂不如其娣之袂良，月几望，吉。

通过考察自由思考原始意志。**谢林**把自由理解为（偏离原始意志）为恶的可能性。自由意志（有限判断力）倾向于把自己当成自满自足，仿佛高于它向之超越的无限判断力，脱离了后者的普遍理性，无法真正统一感性冲动，在追逐私意中偏离了公意。这就如同帝乙（即殷高宗）嫁少女给周文王为其王后（君），但她的嫁衣（袂即衣袖，代指嫁衣）比不上陪嫁的妹妹的嫁衣美丽。妹妹（有限意志）本来是靠姐姐（无限意志）才嫁给了文王（天志），地位比姐姐低，但却靠外表（感性）高居姐姐之上，隐含为恶的可能性。"月几望"即月亮从圆到缺，易经以此代表从自同（阳性）到自异（阴性）的变化，在此指自由意志从同于原始意志到偏离原始意志，此即为恶的可能性。**谢林**通过对自由的考察展示了自由意志所偏离的原始意志（神），这是吉祥的事。**谢林**是哲学史最复杂的位置之一。易经巧妙地用妹妹和姐姐的关系来描述**谢林**在有限和无限之间反复运动的过程，真可谓匠心独运。

上六：女承筐无实，士刲羊无血，无攸利。

通过启示和信仰通达原始意志。**谢林**反思理性的局限性（只能认识神的本质，无法通达神的实存）。逻各斯（夫妇）的思考用的概念不是神自我认识的概念（理念），如同新娘（领悟）祭神的时候手中的筐没有真正的果实（理念）。逻各斯的意志无法借无限判断力通达原始意志，如同新郎（判断力）祭神的时候所杀（刲）的羊流不出血（力量不够）。逻各斯凭理性无法通达神，故其思考没有真正得到什么东西（只能靠启示和信仰通达神）。

25. 丰（费希特）

䷶丰：亨，王假之，勿忧，宜日中。

下离上震：火上有雷。丰是把归妹的下兑换为下离得到的。兑变成离，少女变成中女，即妹妹变成姐姐，代表**费希特**中有限被绝对直接贯通（仿佛它成了无限）。绝对贯通有限，故亨通，就像君王降临（假即来到）寒舍，什么都不用担心，占卜结果有利于日中（白天），因为绝对（天志）的贯通就像太阳当空普照。但这些是从太极的角度看到的。**费希特**的思考其实对天志有所遮蔽，最后甚至完全遮蔽了天志，转去思考存在本身。卦名"丰"就是张开遮盖物（去进行遮盖）的意思。

初九：遇其配主，虽旬无咎，往有尚。

自我设定自己。有限遇到相匹配的绝对（配主），被绝对贯通而构成绝对自我。虽然绝对自我自己创造自己，主客绝对同一（旬指均等），以致主客差异未能实现出来，但无咎，因为自我是向天志超越的（往有尚即向上运动。尚通上），故天志可以借贯通自我的力量把自我的潜在客体（非我）实现出来。

六二：丰其蔀，日中见斗，往得疑疾，有孚发若，吉。

自我设定非我。绝对自我因设定了对立面而丧失绝对性，使绝对无法完全贯通下来，如同用草席遮住太阳使日光不能照下来（"丰其蔀"就是张开草席去遮盖太阳。蔀即草席），但却因此在白天看见了北斗，即自我无法遮盖的对立面（非我）。自我在运动方向（往）上发生了困惑（疑疾即胡乱怀疑的毛病），因为它仿佛不再向绝对超越，而只是静止地超越非我。但自我执定非我是自己设定的（"有孚发若"即"有信心地发出它"），故占卜结果吉祥。

九三：丰其沛，日中见沫，折其右肱，无咎。

自我设定自我和非我的统一。设定统一等于稍微恢复了绝对自我，使遮蔽少了一些，如同张开窗帘（沛）遮盖太阳（窗帘比草席小，遮蔽能力弱一些）。统一使自我非我相互限制，使非我从北斗变成了小星星（沫）。统一还使自我（进行超越的判断力）看到自己被遗弃在非我中的部分（被超越的判断力），如同折断了自己的右臂（自我现在通过意识非我来意识自己）。古人以左为阳，以右为阴。在客体中被超越的判断力是阴性的，故以右臂形容（右臂也是最常接触对象的，故用右臂代表在客体中的判断力是合适的）。虽然自我受到了非我的限制，但因此获得新的自我意识，无咎。

九四：丰其蔀，日中见斗。遇其夷主，吉。

发展知识学。六二用"丰其蔀，日中见斗"表示自我设定非我。这里借用来代表理论知识（自我形成认识对象就是让非我限制自我）。"遇其夷主"代表实践知识，指自我在自由实践中会遇到绝对自我的其他有限化（夷即平等），即其他自我，只要互相联合就能无限趋向平等自由的理想社会，吉。

六五：来章，有庆誉。吉。

通过天志的贯通为知识学奠基。**费希特**让判断力谦卑自己，让贯通它的原始意志显露出来，通过信仰的意志决断重新为知识学奠基。"来"即"让……到来"或"请……到来"。"章"指美好事物。"来章，有庆誉"指自我谦卑自己，听从神在良心中的呼声，让永恒意志（美好事物）贯通自己，这样就能有超越世俗生活的（从神而来的）喜庆和荣誉。哲学终于让被遮蔽的原始意志显露了出来，吉。

上六：丰其屋，蔀其家，窥其户，阒其无人，三岁不觌，凶。

通过存在的在场实现知识学。**费希特**从天志转向存在，把思考看成绝对存在（神）的直接在场，主张完全放弃自我，把人生的目的看成超越感性世界的虚假生活，达到超凡世界的本真生活，在爱中与神合一。这如同用屋子遮盖太阳（天志），而且还在屋顶放草席（蔀）把家完全遮蔽起来，因为哲学遮蔽天志而使存在显露出来，就好像六二中遮蔽天志而使非我显露出来（作为非我的世界现在转化成了存在）。往屋里窥视，发现里面静悄悄的（阒即寂静），几年都看不到人（觌即见），因为哲学放弃了自我，仿佛世界中没有人而只有不可见的神在场，世界丧失了原有的意义，凶。

26. 旅（黑格尔）

☲☶旅：小亨。旅贞吉。

下艮上离：山上有火。旅是把丰上下反转得到的，代表**黑格尔**从**费希特**倒回**谢林**（去综合二者）。**黑格尔**把真理看成过程，以否定之否定的方式发展，其思考就是绝对精神的一次旅行，故卦名为"旅"。**黑格尔**的辩证法在思维与事物的相互缠绕中迂回前进，所以只有小的亨通，但这种把真理当成过程，把道路当成家园的思考对旅行的占卜是吉祥的。

初六：旅琐琐，斯其所取灾。

发展精神现象学。意识与对象的辩证运动使意识只能通过非常烦琐，不断迂回的旅行来统一世界现象（旅琐琐）。这种过于烦琐的前进方式不是来自世界本身，而是因为哲学放弃了对事物的直观把握，有意地通过意识的自我怀疑，自我否定从感性认识向纯粹概念运动，所以说"斯其所取灾"，即"这就是自取其祸"。

六二：旅即次，怀其资，得童仆，贞。

进入逻辑学第一部分（存在论）。存在论对应阳象，是逻辑学最初落脚点，故曰"旅即次"（"即次"即投宿在旅舍）。"资"（钱财）对旅行是大事，在此代表阳象（无形大象）。"童仆"是辅助主人旅行的，代表辅助存在论发展其范畴的世界现象。"怀其资，得童仆"指存在论在太极圆象和世界现象之间展开，类似占卜的运作方式，故只说"贞"（占卜）而不言吉凶。

九三：旅焚其次，丧其童仆，贞厉。

转向逻辑学第二部分（本质论）。从存在论过渡到本质论对应从阳象过渡到阴象，是对阳象的否定（否定存在论的直接性，转向本质论的间接性），因而用"焚其次"形容。阴象和阳象一样是无形大象，所以钱财没有损失，但从存在论过渡到本质论意味着从世界现象过渡到其本质，因此丧失了童仆。离开最初落脚点，开始进一步旅行，但却没有了辅助，占卜结果危险。

九四：旅于处，得其资斧。我心不快。

转向逻辑学第三部分（概念论）。概念论综合了存在论与本质论，对应结合了阳象与阴象的合象，故曰"旅于处"（不是临时投宿，而是到达了可安居之处）。合象比阴象和阳象都大，等于增加了钱财，所以说"得其资斧"（资斧即斧形铜币，既具体又抽象，如同概念结合了存在与本质）。但逻辑学只是理念的自我发展，还必须外化为自然才能获得真正的存在，如同钱财还必须外化为实物，所以"我心不快"。

六五：射雉，一矢亡，终以誉命。

转向自然哲学。射野鸡时一支箭不知飞哪去了（亡即遗失）。射野鸡时意念所向是野鸡（理念），但射出的箭却远远飞到外面（自然），指理念把自己外化为自然，在自然中异化和遗失了自己，但终究会在精神的发展中以更高级的方式回归自身，所以"终以誉命"（最终会得到荣誉和爵命）。

上九：鸟焚其巢。旅人先笑后号啕，丧牛于易，凶。

转向精神哲学。理念外化为自然后又在绝对精神中返回自身，构成理念的永恒轮回。但从太极的角度看，**黑格尔**从一开始就把太极圆象的发展当成理念的自我思考，丧失了无形大象与思想的现实差异，所以理念不可能再返回太极圆象。从太极圆象而来的理念在绝对精神中化作哲学思考中的理念（鸡化为鸟，可以高飞到精神的天空），但已丧失返回太极圆象的可能（鸟飞回去时发现巢已被焚，无家可归）。**黑格尔**因为精神哲学实现了理念的自我回归而开怀大笑，但太极却看到哲学因为丧失所思之物而号啕大哭，所丧失的就是太极的发展过程（上篇的同人卦有"同人先号啕而后笑"，暗示阴阳二象长久分离后终于合一，喜极而泣。在这里则反过来，暗示**黑格尔**以为理念发展的终点已经返回与起点合一，但太极却看到无法合一）。大壮六五用"丧羊于易"形容**毕达哥拉斯**丧失了**易**对太极发展过程的直接把握。这里则把"羊"换成"牛"，说明**黑格尔**丧失的东西比**毕达哥拉斯**大很多（**毕达哥拉斯**只是得到了太极发展过程的影子，而**黑格尔**则直接思考了这个发展过程，只是把它与思想的发展混同而扭曲了所思之物）。**毕达哥拉斯**丢了羊，易经安慰说"无悔"。**黑格尔**丢了牛，易经则警告说"凶"，毕竟损失巨大，应该好好反省一下了。哲学开始走向全新的发展方向。

27. 巽（梅洛-庞蒂）

☴**巽**：小亨。利有攸往，利见大人。

下巽上巽：下风上风。风贯通整个世界，代表**梅洛-庞蒂**通过生存空间（我身可动性）达到世界统一性，在其后期思想中也代表世界肉身的运动（存在）。世界统一性前后有比较大转折，不是完全顺利，故只是小的亨通。突出我身可动性利于出行；达到世界统一性利见大人。

初六：进退，利武人之贞。

用我身代替**康德**的先验自我综合世界现象。知觉现象学分析了我身可动性，把身体突出为世界的动态中心，用身体主体代替**康德**的先验自我综合世界现象（身体姿势代替范畴成为意义的来源）。"进退"指我身可动性（可进可退），利于武人的占卜（而非修养心性，静坐不动的文人）。

九二：巽在床下，用史巫纷若，吉，无咎。

把客观世界内化到身体主体。知觉现象学把客观世界内化为感知世界（如同风吹到身体所卧之床而被内化到床下），恢复了尚未被自我意识的发展掩盖的混沌、神秘的原始世界，在知觉层次上还原了**易**的原始思维。"史巫"即巫师。"纷若"形容纷纷扰扰、混沌神秘的气氛。"用史巫纷若"描述的就是混沌神秘的原始思维（这是易经唯一提到史巫之处）。世界的感知化恢复了被理性和知识掩盖的原始世界，吉，即使世界的客观性有所损失也没有问题。

九三：频巽，吝。

把身体主体的自由外化到世界中。知觉现象学把身体主体的自由外化为时间性主体的自由（时间性构成了身体主体的最高同一性）。"频"即频频（不断地重复），描述的就是不断从当下处境逸出又不断被拉回的时间性，如同风在世界中不断地吹。这种自由以处境为出发点和归宿，因此不是单方面统一世界的自由，而是和世界相互交缠的自由，统一世界有困难（吝）。

六四：悔亡，田获三品。

从感知世界转向符号世界。哲学开始发展公共领悟，超越了个体化领悟的局限性，悔亡。"田获三品"意为打猎（田）时获得三种品级的猎物（分别用于祭祀、待客和自食），这里指符号世界超越了主体的个体性，把公共世界、他人和自我都统一在语言的准身体中（三品比喻甚妙）。

九五：贞吉，悔亡，无不利。无初有终，先庚三日，后庚三日，吉。

通过世界的肉身化统一世界现象。世界肉身通过分裂产生可见和不可见、感知者和被感知者、主体和客体等可逆区分，从而分化出相互交织的种种世界现象。哲学终于把世界现象统一在世界肉身中，故贞吉，悔亡，无不利。"无初有终"意为开端不好但结果好，指世界统一性始于我身可动性，受到身体的主体性和个体性限制，但最终在世界肉身中超越了这种限制。"先庚三日，后庚三日"借用了蛊卦的"先甲三日，后甲三日"来代表事物在转化前后的关系，在这里指区分的可逆性。世界肉身通过这种可逆性分化出种种世界现象而始终统一它们，吉。但易经为什么把"甲"换成了"庚"？"先甲三日，后甲三日"突出了形成八卦时的"从旧入新"（不可逆转化）；反之，从先庚三日（丁戊己）转化到后庚三日（辛壬癸）是在十天干一轮循环中发生的，没有从旧入新的意思，而且辛壬癸刚好是十天干最后三个，说明转化不但没有进入新的开端，反而发展到了头，再往下就只能折回来，暗示了转化的可逆性。易经把"甲"换成"庚"是富有深意的！

上九：巽在床下，丧其资斧，贞凶。

梅洛-庞蒂用感性领悟代替概念统一世界，丧失了**黑格尔**中逻各斯统一世界的作用，故占卜结果凶险。世界肉身虽然超越了身体的主体性和个体性，但仍然是感知世界（借用"巽在床下"代表）的肉身化，丧失了逻各斯通过概念统一世界的作用（借用旅九四的"得其资斧"代表，只是改"得"为"丧"）。哲学必须寻找新的途径来恢复逻各斯对世界的统一作用。

28. 兑（维特根斯坦）

☱ **兑：亨。利贞。**

下兑上兑：下泽上泽。兑是把巽上下反转得到的，代表**维特根斯坦**倒回去突出逻各斯统一世界的作用。另外，"兑"是"说"的本字，刚好可以用来代表**维特根斯坦**从语言出发统一世界现象的哲学（这应该是通盘考虑后的巧妙安排。也许正是因为此卦的缘故易经才用"兑"来命名☱）。**维特根斯坦**以全新方式达到了逻各斯对世界的统一，故亨通。逻各斯的意志在统一世界中起到了重要作用，故利于坚守。

初九：和兑，吉。

逻辑哲学中符号世界和感知世界相互对应（名称对应事物，命题对应事态）。"和兑"指语言与世界和谐对应，和谐故吉祥。这种对应只是取消语言准身体的结果，还不是语言与世界的同构。

九二：孚兑，吉，悔亡。

逻辑哲学达到了语言与世界的同构。语言是世界的逻辑图像，以其逻辑形式反映了世界，先天地决定了世界的可能性空间。"孚"即信实、相应、符合。"孚兑"指语言信实地符合了世界（故吉）。逻各斯通过语言的逻辑形式统一了世界，所以**梅洛-庞蒂**中的悔就亡了。

六三：来兑，凶。

在逻辑哲学中，判断力不是主动地构造语言、组织世界，而只是作为意志主体静观语言和世界，因此判断力统一世界的作用没有真正发挥出来，凶。"来兑"即语言来到判断力，后者只是静观而已。

九四：商兑，未宁；介疾，有喜。

语言哲学否定了逻辑哲学中静态的语言观，转而通过语言游戏统一世界。"商"有协商、商谈、买卖、生意等意思。"商兑"就是指日常生活中的语言游戏。"未宁"指语言的意义不再是固定的，而是随着使用的方式不断发生变化。"介疾"意为中介有问题，指语言游戏的家族相似性（不存在普遍中介）。虽然语言游戏之间只有家族相似性，但逻各斯还是通过语言游戏统一了世界，因而"有喜"。

九五：孚于剥，有厉。

语言哲学否定了逻辑哲学的语言观，使语言通过静态同构符合世界的特性（孚）被剥落，露出了语言在日常生活中动态的一面。哲学先后发展出两种相互矛盾的语言观，这样做是有危险的。

上六：引兑。

总结**维特根斯坦**。两种相反的语言观造成了逻各斯的内在张力，仿佛判断力和领悟为了争夺统一世界的地位而互相牵引对方（引兑），企图让对方屈服于自己。但这里不论吉凶，因为阴阳双方都有资格参与逻各斯对世界的统一，所以双方都是有道理的（这与两种语言观的矛盾不是同一回事），暗示太极必须让阴阳双方各自得到充分发展，才能最后把它们的作用综合起来。

兑卦有关说话，但其卦爻辞却特别简洁。易经作者似乎隐隐地感受到了**维特根斯坦**对不可言说的事物保持沉默的态度。另外，"商兑，未宁；介疾，有喜"的风格类似上古文献记载的民歌《弹歌》："断竹，续竹；飞土，逐肉。"九四几乎是在模仿上古先民的语言游戏！

29. 涣（罗素）

涣：亨。王假有庙，利涉大川，利贞。

下坎上巽：水上有风。大风吹在水上，形成涣散的波浪与洪水，代表**罗素**涣散了一切世界现象。**罗素**从逻各斯的阴性出发统一了世界，故亨通。清除了阳性意志（同一作用）的逻各斯如同涣散的洪水到处泛滥，把一切世界现象都消解再重构，其阴性的威力无所不在，如同君王来到庙中祭祀，虽然态度恭顺，却显示出如神一样的威风，故利涉大川，利贞。萃的卦辞也有"王假有庙"，指哲学分享了宗教的神圣性，如同到宗庙祭祀的王分享了神的荣耀，其理相似。

初六：用拯马壮，吉。

从语言哲学返回逻辑哲学。太极让绝对意志（神）把判断力拉出它沉迷其中的日常生活语言游戏，回到对语言和世界的静观，以便开始对逻辑哲学的改造。绝对意志对判断力的拉力很强大，如同用来拯救（把马车拉出困境）的马很强壮，吉。

九二：涣奔其机，悔亡。

清除判断力在理界的构成作用。**罗素**用命题的逻辑形式改写词或名称的含义（包括纯粹自相关的含义即数），消除了判断力构成含义的作用。这种把含义改写为命题的做法如同涣散的洪水从低台阶冲上高台阶（命题比含义高一个层次。"机"通"阶"）。语言哲学中判断力沉迷日常语言的状态被逻辑化的语言克服，悔亡。

六三：涣其躬，无悔。

清除判断力在物界的构成作用。**罗素**消解并重构身体综合的结果（"涣其躬"指涣散了**梅洛-庞蒂**中具有综合作用的身体），把物改造为感觉材料的逻辑构成，初步形成了逻辑原子主义哲学。虽然丧失了身体综合，但哲学从逻各斯的阴性出发统一了物界，没有什么可悔恨的。

六四：涣其群，元吉。涣有丘，匪夷所思。

清除判断力的主体性。**罗素**把意识主体归结为逻辑虚构，清除了判断力把生命现象统一为意识的作用。"涣其群"就是指把意识主体聚合起来的意识现象（群）涣散掉，彻底实现逻辑原子主义，大吉。**罗素**还把物质改造为事件的逻辑组合（事件组），消除了身体隐含的主体性。"涣有丘，匪夷所思"意为涣散的洪水中有些东西聚集如山丘（事件组），但不是人们平常认识的物（匪通非，夷即平常）。**罗素**把物质涣散后重新改写为事件组，这当然不再是人们熟悉的物（而是如同量子力学把物质化作极小事件的组合）。易经作者感受到了微观世界的这种诡异，并用"匪夷所思"来形容。这的确匪夷所思！

九五：涣汗，其大号。涣王居，无咎。

从逻各斯的阴性出发统一世界。罗素统一理界和物界的方式不是从总体把握语言与世界的同构，而是具体研究个别命题如何对应经验事实，如同浩瀚的洪水（汗通瀚）冲击了世界中每个人，被冲到的人就相应地大声号叫起来。罗素进一步揭示了逻各斯只能通过非演绎推理得出关于世界的概然性知识。因此逻各斯无法完全从自身出发统一世界（这是哲学清除判断力的构成作用和主体性的必然结果）。"涣王居"意为王（逻各斯）的居所或落脚点（判断力）被洪水涣散掉了，使得王无法再从其居所发号施令统一世界，但这就是逻各斯从阴性出发统一世界的方式，故无咎。

上九：涣其血。去，逖出，无咎。

罗素涣散掉的并不是无关紧要的形式（水），而是事物的真正内容（血），暗示血因为失去心脏（意志）的统一作用而流光了。所以哲学的下一步发展必须转向逻各斯的意志，纯粹从其阳性出发统一世界。"去"即离开，"逖出"即远远出走，指哲学应该离开逻各斯的阴性，远远地走向相反的阳性，这样就不会再有血被流光的问题了。

30. 节（尼采）

䷻节：亨。苦节不可贞。

下兑上坎：泽上有水。节是把涣上下反转得到的，代表**尼采**从逻各斯的阳性出发统一世界（和**罗素**刚好相反）。节即节制，代表意志以刚强的决断自我把握、自我克服。在**尼采**的前期思考中，强力意志顺利地贯通第一太极和第二太极，故亨通。但在其后期思考中，强力意志的中心被转移到判断力，以致强力意志只能苦苦地坚持自己，最终还是无法坚持下去，此即"苦节不可贞"。

初九：不出户庭，无咎。

从理界转向物界和气界。尼采考察了音乐在艺术宗教中的作用，借此把判断力从概念思维转向对生命的直观体验。判断力不超出生命去追求概念，如同人不走出自己最内在的生活范围（户庭即内院）。虽然判断力失去领悟为其恰当对象，却因此得到生命为其恰当对象，无咎。

九二：不出门庭，凶。

发展生命意志。**尼采**从生命意志出发批判**黑格尔**精神意志的整体思维、历史理性和客观精神，以此来维护个体生命与其时代和社会格格不入的本真的自我意识。这种做法如同生命不愿意走出家门（门庭是外院的门）到社会中去。这在太极看来是凶险的，因为沉迷生命（不能自我超越）的自我意识其实是不真实的。

六三：不节若，则嗟若，无咎。

摆脱人性束缚以发展自由精神。**尼采**开始借助精神意志超越生命意志，以便摆脱人性束缚来发展自由精神。"不节若，则嗟若"指如果不能以理性节制人心的浪漫幻想，就会多愁善感（嗟）而无法超越生命。这里用假设语气表达了自由精神的内在紧张（精神意志超越生命意志正在发生过程中，还不能达到三个意志间的稳定关系）。但既然已经开始超越，自由精神就已初步形成，无咎。

六四：安节，亨。

逆行哲学大全体系。**尼采**在太极引导下逆行**黑格尔**的哲学大全体系，目的是为了让构成自由精神的三个意志真正达到安定的同一，故以"安节"形容。但逆行不仅实现了三力同一的自由意志，而且最终进入第一太极中吸收了乾志，形成了四力同一的强力意志。强力意志贯通第一太极和第二太极，故亨通。

九五：甘节，吉，往有尚。

通往永恒之路。"甘节"指意愿永恒轮回，即为了让一切快乐（甘）永恒，甘愿让一切事物（包括快乐和痛苦）永恒轮回，这样做当然是吉祥的。"往有尚"即向上运动，指超人的自我超越。

上六：苦节，贞凶，悔亡。

强力意志通过自我重构统一世界。爻辞与卦辞中的"苦节不可贞"一样描述强力意志苦苦地坚持自己的情形。但这里不说"不可贞"（无法坚持）而是说"贞凶"（占卜结果凶险），因为卦辞概括的是后期思考的总特点，这里则突出了强力意志最终崩溃的凶险（强力意志不能坚持自己才会最终崩溃，故不必说"不可贞"）。强力意志因为无法统一世界而最终崩溃，但哲学已经实现通过判断力统一世界现象的目标，悔亡。

31. 中孚（胡塞尔）

☴☱ **中孚**：豚鱼吉，利涉大川，利贞。

下兑上巽：泽上有风。中孚是把节与涣结合得到的（节下兑上坎，涣下坎上巽，结合得到下兑上巽），代表**胡塞尔**是**尼采**与**罗素**的结合。"中孚"即心中诚信，代表意识现象学纯粹内在的目光。"孚"还有"相应"，"符合"之义，可以代表意向性。所以"中孚"还代表**胡塞尔**通过意向性重构客观世界，只要对意向性构成的对象有信心即可，就像祭祀者只要对祭祀对象有信心，即使用小猪（豚）和鱼祭祀（平民的薄祭）也是吉祥的。这种从内向外前进的信心利涉大川，也利于坚守。值得注意的是，节是涣的反转，但反转后坎不变，所以二者才能结合在一起，而且结合后上下卦以中心为对称轴，刚好能反映**胡塞尔**"中孚"的特点。**胡塞尔**正是因为结合了**尼采**的阳性与**罗素**的阴性才获得了阴阳合一、自我同一的逻各斯，所以才会坚信纯粹自我（逻各斯）的构成作用，而这正好反映在两个反卦结合得到的中心对称。易经对卦的安排在此达到了巧夺天工的地步！

初九：虞吉。有它不燕。

发展算术哲学。算术哲学把数还原为心理现象。判断力以心理现象为唯一恰当对象，故吉祥（虞即专一）。但哲学无法进一步澄清数的逻辑关系，因为判断力必须把领悟当成恰当对象才能把握其逻辑关系；既然判断力一开始就把心理现象当成恰当对象，它就无法再把领悟当成恰当对象。哲学陷入了自相矛盾。此即"有它不燕"（有其他恰当对象就难以安定。燕即安定）。

九二：鸣鹤在阴，其子和之。我有好爵，吾与尔靡之。

发展纯粹逻辑学。哲学的自相矛盾激发了隐藏在心理现象中的潜在领悟，使之与浮现的领悟相互呼应，使哲学批判了企图把逻辑学建立在心理学基础上的错误。阴即树荫（心理现象），底下隐藏着鹤（潜在的领悟），被激发而鸣叫（凸显出来），其子指其配偶（子即对方），亦即浮现的领悟，因发现了潜在的领悟而与之应和。两种领悟的呼应还使哲学把领悟在语言中的种种特性（包括意向性）扩展到被直观的现象，这就是"我有好爵，吾与尔靡之"。"我"是语言中浮现的领悟（子）之自称。好爵指好酒。靡即分散，引申为共享。浮现的领悟拥有的好酒就是它的语言性。语言就是万物中蕴含的意义的浓缩、提炼、醇化，如酒一般让人陶醉。浮现的领悟对潜在的领悟说："我和你一起来分享语言的特性，一起陶醉其中吧！"易经用酒暗示了语言的诗意本质。实在妙不可言！

　　六三：得敌，或鼓或罢，或泣或歌。

　　通过纯粹现象学统一世界（第一步）：重构自然世界。"得敌"意为遭遇敌人，指通过纯粹自我统一世界遇到了强有力的障碍（客观自然）。"鼓"即击鼓迎敌，指对客观自然采取怀疑态度。"罢"即停止战斗，指悬搁自然世界的客观性（终止判断）。通过悬搁，把自然世界中的人还原成纯粹自我，把自然世界还原为纯粹自我的意向对象，才能揭示纯粹自我如何构成自然世界（包括物质和自然世界中的人）。构成的关键在于判断力把心对生命的感受和欲望当成自己的意志能力，并通过移动身体活在世界中。"泣"代表心情的被动感受，"歌"代表欲望的主动表达。"或泣或歌"就是对心情和欲望的描述。"或鼓或罢"是判断力在领悟回旋运动中的主动和被动行为。"或泣或歌"是心在生命回旋运动中的被动和主动行为。易经用相同句式表达这两种回旋运动中的意志特点，极妙。

　　六四：月几望，马匹亡，无咎。

　　通过纯粹现象学统一世界（第二步）：把世界现象统一为精神世界。**胡塞尔**认为精神世界的存在是绝对的，自然世界的存在是偶然的，只能从精神世界的交互主体性获得客观性，从社会生活获得意义。精神世界的这种优先性掩盖了自然（宇宙生命）独立于（先于）人类社会的自我同一性。"月几望"（月亮从圆到缺）指自然的自我同一性受到了损害。精神世界把自然精神化，丧失了通往客观自然的原始途径，如同人丧失了把自己载离家乡，通往远方的马匹。但哲学通过重构客观自然把世界现象统一到支撑精神世界的纯粹自我，无咎。

　　九五：有孚挛如，无咎。

通过发生现象学统一世界。**胡塞尔**把纯粹先验自我扩展为不断积累习性的单子，让单子通过身体间的结对构成从不同视角拥有同一自然的其他单子，从而通过单子间的交互主体性实现逻各斯对世界的统一。"孚"代表意向性（对他人的信念）。"挛"即互相牵系，亦有手脚蜷曲不能伸开之意。"有孚挛如"指单子间有互相牵系（包括结对）的意向性，通过交互主体性构成密不可分的单子共同体。虽然单子构成其他单子比较勉强，但哲学通过单子共同体更为彻底地实现了逻各斯对世界的统一作用，故无咎。

上九：翰音登于天，贞凶。

通过历史批判为世界的统一性扫清障碍。**胡塞尔**对科学的客观主义展开历史批判，从主体性角度恢复世界的意义。但从太极的角度看，这种批判同时掩盖了世界意义的超越来源。**胡塞尔**吸收了**尼采**的判断力，但没吸收到强力意志中隐含的推动历史发展的天志，故其历史批判缺乏真正的历史高度，如同野鸡（翰）不能飞上天，其鸣叫声却高飞到天空中，声过其实，占卜结果凶险。

32. 小过（萨特）

☷☶ 小过：亨，利贞。可小事，不可大事。飞鸟遗之音，不宜上，宜下，大吉。

下艮上震：山上有雷。小过是把中孚六爻的阴阳性颠倒后得到的，代表**萨特**把**胡塞尔**的阴性意向性改造成了阳性意向性。判断力的自我超越使自为获得绝对自由，故亨通，利贞。但用判断力的自由筹划承担世界和存在的统一性显得太单薄，故可小事，不可大事。自我超越的判断力（意识）脱离了它的根（心），不断从自身逃离，如同飞鸟越飞越远，最终只留下了声音（野鸡化作飞鸟，因为自我的意识变成自我超越的意识）。但飞鸟不应总是往上飞，而应往下飞回，这样就能返回其根（暗示下一卦），大吉。卦名"小过"指**萨特**错过了一些东西，也遇到了一些东西，总的来说有小的过错。上篇的"大过"是转生第二太极之前的卦。下篇的"小过"则是转向"既济"（哲学最终把握了第二太极）之前的卦。所以二者卦名相互呼应。

初六：飞鸟以凶。

重新解释意向性和意识（第一步）。**萨特**用自我逃逸的虚无化意识（永远向上飞的鸟）代替**胡塞尔**包罗万象的构成性意识，使意识失去了一切内容，凶。

六二：过其祖，遇其妣。不及其君，遇其臣，无咎。

重新解释意向性和意识（第二步）。判断力本来是心的下属意志，但没有自身内容的虚无化意识反过来把心当成它通达世界的外在方式。"过其祖，遇其妣"指判断力错过了天志（祖即祖父），但遇到了世界（妣即祖母）。判断力以心为根，心以天志为根，故天志如同其祖父，世界（天志的阴性对象）如同其祖母。虽然判断力没有达到君（天志）的高度，但遇见其臣（心），把后者当成它通达世界的外在方式，弥补了损失，无咎。

九三：弗过，防之，从或戕之，凶。

把人还原为绝对自由的自为。**萨特**把人从自以为是世界一部分的（自在）状态还原为自我超越、自我显现、绝对自由的自为。"弗过"指判断力没有错过自身，而是面对自己在场，向自己显现。"防之"指判断力不断自我逃逸，如同对自己严加防范（免得陷入自在状态）；如果它跟从自己就会害了自己（戕即害），因为其自为意识将消失殆尽。自为永远无法获得自我同一性，凶。

九四：无咎。弗过遇之，往厉必戒。勿用永贞。

把自为扩展到与他人的关系。自为无法再一味自我逃逸，因为他人把我客体化，使我有了一点自在。所以前面的"凶"现在变成"无咎"。"弗过遇之"指我没有错过而是遇上了他人。他人的出现使我的世界被迫向他人开放，世界的中心被迫向他人转移，这个向他人的运动（往）是凶险（厉）的，必须加以戒备。自为总是企图同化或超越他人的自由以维持自身自由，因而无法与他人形成永恒不变的关系，故"勿用永贞"（无法永远坚守）。

六五：密云不雨，自我西郊。公弋取彼在穴。

通过自为的自由筹划统一世界。小畜的卦辞有"密云不雨，自我西郊"，意为从西边飘来密云，但没有下雨，指阴象初生，力量弱小。这里借用它来指自为虽然初步统一了世界，但只是个人化的统一，力量不够。自为所欲望的就是完全拥有世界，获得它所欠缺的自在，变成自在自为的神，但这是不可能实现的理想，因为与自在的世界合一的自为就不再是自为，如同飞鸟永远向上飞，除非有人（王公）用带丝线的箭（弋）射中它（彼），把它带回鸟巢（穴）中（鸟巢是飞鸟本来所在处，代表它所超越的世界），但被射中而带回巢中的鸟就不再是飞鸟而是死鸟了。这里暗示了哲学通过自由筹划统一世界（同时统一自在和自为）的目标不可能真正实现，但易经没有说这是凶的，因为正是在人们向这个不可能的目标超越的过程中，世界才被显现为世界，才被我们的选择赋予意义而成为我们的处境。

上六：弗遇过之，飞鸟离之，凶，是谓灾眚。

通过历史批判为世界（存在）的统一性扫清障碍。**萨特**对辩证法展开了历史批判。"弗遇过之"暗示自为在其整体化过程中无法真正遇见世界而是错过了它，因为整体化需要人与人的合作，但其出发点又只是自为的个人实践，因此其历史实践无法真正上升到历史性的世界层次（六二说遇到世界是指个体自为的世界而非历史性的世界）。"飞鸟离之"指自为离开了心这个根，无法通过人心相互通达来构成稳定团结的社会整体，因此无法实现世界的历史性统一，这就是凶，是真正的灾难。

33. 既济（海德格尔）

䷾既济：亨，小利贞。初吉终乱。

下离上坎：火上有水。易经上篇用坎离代表第二太极。坎在上，离在下正是天在上，地在下的形象，代表**海德格尔**完全把握了第二太极，故卦名为"既济"（大功告成）。**海德格尔**从存在出发贯通地天人神，故亨通。但**海德格尔**的探索道路太曲折多变，只利于小的坚守。**海德格尔**在前期思考中从此在出发追问存在的意义，目标和方法都很明确，故"初吉"。但在后期思考中**海德格尔**企图返回西方哲学史的隐蔽源泉，并逆行哲学史的许多不同位置才最终进入**老子**，其思想道路十分曲折多变，故"终乱"。

初九：曳其轮，濡其尾，无咎。

海德格尔结合**萨特**与**胡塞尔**，通过现象学存在论把时间性揭示为此在的存在之意义。"曳其轮"即抓住车轮用力地把车往上拉（通常在车上坡或陷入泥坑时才需要这样做），代表此在的超越性（来自**萨特**的自为，但转化为此在的决断）。"濡其尾"即（狐狸过河时）尾巴浸湿了，指此在沉浸在现象的河流中，代表此在的内在性（来自**胡塞尔**的意识现象学，但从存在角度做了改造。只说尾巴浸湿，因为此在也有超越一面）。"曳其轮，濡其尾"代表**海德格尔**结合了**萨特**的超越性与**胡塞尔**的内在性，产生了对存在的筹划性领悟，尽管时间性没有真正通向存在的意义也没有问题。

六二：妇丧其茀，勿逐，七日得。

海德格尔从时间性转向世界统一性。哲学看到心向天志超越的时间性，但看不到天志本身，因此无法从天志角度把握存在，迫使哲学转向世界的统一性（开始探讨形而上学）。"茀"是女人的头饰，代表天志（用茀而不用冠代表天志，暗示**海德格尔**并不包含天志而只是潜在地向之运动。女人的头饰不像男人的冠那样明显有通天的意思，而更多地是装饰）。"妇丧其茀"代表**海德格尔**转向世界统一性而丧失了天志。但其后期思考会把天志作为"神"重新引入，所以说"勿逐，七日得"。

九三：高宗伐鬼方，三年克之，小人勿用。

海德格尔思考如何返回西方哲学史的隐蔽源泉（**老子**），从另一开端重演西方哲学史（从而避免形而上学）。高宗即殷高宗。鬼方是殷时边境民族建立的国家。因为另一开端是西方哲学史最为遥远的隐蔽源泉，所以用鬼方代表。"高宗伐鬼方"指**海德格尔**克服形而上学的历史，远远地向另一开端前进。"三年克之"指这种思考十分艰难而无法马上奏效（因为**海德格尔**不是哲学史最后位置，无法真正向前返回**老子**）。"小人勿用"指另一开端是从大道思小道，不是从小道思大道，这样才能避免再次进入形而上学。

六四：繻有衣袽，终日戒。

海德格尔逆行西方哲学史的发展过程。"繻有衣袽"即华美的衣服（繻）里面有破败的衣服（袽）。**海德格尔**在逆行时不可避免地会对所经历的哲学位置有所吸收，其中可能隐含形而上学的因素（华衣里可能隐藏着破衣），所以**海德格尔**在逆行过程中时时刻刻保持着警惕（终日戒），不让这些位置隐含的形而上学因素渗透进来，必要时还给予深入的批判。由于逆行经历了许多不同位置，故这里只能概括哲学在逆行中的总立场。

九五：东邻杀牛，不如西邻之禴祭实受其福。

海德格尔的逆行最终进入到西方哲学史的隐蔽源泉（**老子**）。**老子**的大道包括太极从先天大道到后天大道的整个发展过程，气势恢宏壮观，如同最盛大的祭祀（杀牛的祭祀）。**海德格尔**则是从小道向大道回归，突出的只是后天大道中大小道的互为表里，其格局远不如老子宏大，就像是简单的祭祀（禴祭）。但**老子**强调可道之道非永恒之道，所以没有深入探讨可言之小道，而**海德格尔**则深入到大道将自己解蔽到小道中的方式，突出了语言在天地生人事件中的核心作用，揭示了大道如何通过诗意的言说敞开世界，把人澄明在天地之间，纳入地天人神四方的游戏，从而大大地丰富了后天大道的内容。此即"东邻杀牛，不如西邻之禴祭实受其福"。易经用东邻和西邻代表东方哲学和西方哲学，暗示它们是有密切关系的邻居，实在是妙极！当然，易经作者在当时应该还不知道西方民族的存在。"东邻"和"西邻"的说法应该是在太极感动下所做的选择。

上六：濡其首，厉。

虽然**海德格尔**完全把握了第二太极，但这种把握是从存在出发的，这意味着天志被理解为在世界中闪现（或隐藏）的神性者，故**海德格尔**把人与神配对，共同归属地天人神在世界中的游戏。这种做法不是直接把握天志本身，而是从天志在世界中的出现来把握天志，如同狐狸把头浸湿在世界现象的河流中，凶险（前面用女人的头饰代表天志。这里则用狐狸的头代表天志）。

34. 未济（太极易）

☲☵ 未济：亨。小狐汔济，濡其尾，无攸利。

下坎上离：水上有火。未济是把既济上下卦颠倒得到的（同时颠倒了六爻阴阳），代表**太极易**从第二太极返回第一太极，否定了**海德格尔**所把握的第二太极之原始性（阳比阴原始，故从第二太极返回第一太极相当于从阴返阳）。"既济"代表**海德格尔**完全把握了第二太极，而

"未济"则代表**太极易**尚未完全把握第一太极（人与第一太极没有直接关联，即使在思考中把握了第一太极，还是无法仅凭思考现实地通达第一太极）。**太极易**完整地贯通了太极的发展过程，故亨通。既济没有直接提到狐，但从此卦看"濡其尾"，"濡其首"皆指狐狸而言。小狐（**太极易**）更轻，渡河更易，说明它解决了老狐（**海德格尔**）渡河的困难。但小狐渡河虽然几乎（汔）就要大功告成，最终还是没有成功，因为小狐和老狐一样"濡其尾"，所以没有真正获得要获得的东西（无攸利）。"濡其尾"在既济中指此在的内在性。易经在这里借用它来暗示**太极易**之所以无法最终完全把握第一太极，是因为人内在于第二太极，即使怎么超越也无法超越到第一太极那里去。**太极易**要实现知行合一的太极学，就必须实现永恒轮回的信仰，真正回归到第一太极，但这需要人与第一太极有现实关联，而这已经超出哲学力所能及的范围。哲学凭自身无法真正通达第一太极，因而无法真正实现其信仰，这就是"未济"的真正含义。但哲学做不到的，太极能做到。至于太极如何做到，易经没有说。

初六：濡其尾，吝。

生命现象学突出了我的内在运动（生命回旋运动）构成的自我同一性，但同时忽略了**海德格尔**中此在的自我超越性，所以处境艰难（吝）。既济初九的"曳其轮，濡其尾，无咎"指**海德格尔**结合了**萨特**的超越性和**胡塞尔**的内在性，故无咎。但**太极易**为了突出构成我的生命回旋运动，必须将自我超越暂时放在一边，导致了生命现象学的困境。

九二：曳其轮，贞吉。

天地人现象学实现了我的超越性。"曳其轮"在既济中代表此在的超越性，在这里代表我的超越性。天地人现象学不但解决了超越性问题，而且还揭示了天地生人的方式，从天地出发实现了世界的统一性，故占卜结果吉祥。

六三：未济，征凶，利涉大川。

哲学发展出了初步的太极本体论，通过推理来展开太极的自我矛盾、自我发展和自我回归，包括从乾坤产生太极圆象，转生天地，产生宇宙生命，从天地生出人，乃至太极通过历史活动把自己实现在世界中的全过程。但生命现象学和天地人现象学并没有构成完整的太极现象学，因为哲学尚未发展出历史活动现象学。虽然太极本体论可以根据太极发展的内在逻辑展开其发展过程，但其太极概念仍然缺乏历史活动现象学的支持，所以不能完全恰当地通达第一太极，引发了"未济"的意思。这是爻辞中唯一出现"未济"之处。后面（上九）也有未济的意思，但会说得更详细，而这里是第一次出现，所以简单地用"未济"表示。"征凶"说明从天地人现象学跳到太极本体论这个出征是没有充分准备的，凶险。但这种大幅度跳跃使哲学一下子前进了一大步，利于做大事。

九四：贞吉，悔亡。震用伐鬼方，三年有赏于大国。

哲学通过历史批判探讨易经与希腊神话的内在关联，发现了易经前30卦描述从第一太极到转生第二太极的发展，后34卦描述第二太极中的历史发展，从整体上把握了六十四卦排序的意义，故占卜结果吉祥。太极本体论缺乏历史活动现象学的支持，但历史批判为回归太极扫清了历史障碍，故悔亡。哲学在完成历史批判后进入哲学史的永恒轮回，从**易**开始重演世界哲学史（34个先天位置）的发展过程。既济九三的"高宗伐鬼方"指**海德格尔**克服形而上学的历史，远远地向另一开端前进。世界哲学史的重演则直接从**易**开始最终又回到**易**，仿佛哲学在**易**的带领下克服其种种异化后又回到**易**，所以这里用大臣的名字代表哲学（震是殷高宗的大臣）。哲学被**易**用来征伐远方，经历了**易**从自身异化出的种种哲学位置，经过长期（三年）的运动才把世界哲学史收回到**易**中，而且在收回后发现**易**中隐含的人类历史的34个阶段其实是由世界哲学史的34个先天位置决定的，从而把**易**的后34卦解释为对世界哲学史的描述，使世界哲学史的先天演绎获得从**易**而来的旁证，这就是从大国（**易**）得到了赏赐（不说震从高宗得到赏赐，因为既济中用高宗代表哲学，而这里是哲学从**易**得到赏赐，所以换成大国）。

六五：贞吉，无悔。君子之光，有孚，吉。

在完成对**海德格尔**的改造后，哲学在生命现象学和天地人现象学基础上发展历史活动现象学，构成完整的太极现象学，故占卜结果吉祥。历史活动现象学成为过渡到太极本体论的恰当桥梁，这样就不会再有悔恨（无悔）。新的太极本体论以扎根在历史现象中的太极概念为起点重新展开推理。这样哲学就能站在太极在世界历史中实现自身的那个位置上，恰当地接受太极从无限逻各斯射出的思想之光（无限逻各斯地位高尚如君子。被其光照耀的有限逻各斯则如同普通人）。这种思想之光能够信实（有孚）地显露太极通过永恒轮回实现自身发展的方式，吉。

上九：有孚于饮酒，无咎。濡其首，有孚失是。

哲学开始发展知行合一的太极学，把对永恒轮回的思考转化为结合历史实践的信仰。要实现永恒轮回，人必须超越第二太极回归到第一太极。因此，和永恒轮回相应的心情是超然世间而与太极最原始的意志直接合一的心情，亦即与混沌的乾志相应和的酒神精神。易经上篇的离卦（九三）已经用鼓缶（酒器）而歌代表酒神精神。这里则进一步用"有孚于饮酒"代表信仰永恒轮回。中国古人没有像古希腊人那样崇拜酒神狄奥尼索斯，但易经用饮酒来代表回归到混沌的第一太极，实在有异曲同工之妙（无独有偶，尼采也把永恒轮回与酒神狄奥尼索斯相联）。信仰并不是现实，但哲学通过信仰指向现实，有助于知行合一的哲学实践，故"无咎"。另一方面，人与第一太极没有直接的现实的关联（爱情只能把乾坤以理想性方式投射到世界中）。乾志虽然出现在人心中，但人心无法超越第二太极而与之真正合一。这种情形就好像乾志被淹没在了世界中，与既济（上六）中天志被浸湿在世界现象的河流中相似，所以易经也用"濡其首"来形容。当然，造成两种情形的原因是完全不同的。太极学要实现知行合一就必须实现永恒轮回的信仰，但哲学却无法把信仰化作现实，使信仰失去所信之物的真实性，故"有孚失是"（"是"即真实性，如"实事求是"）。

易经的六十四卦以"未济"结束，而"未济"又以"有孚失是"结束，似乎暗示太极的发展最终失败了。但如果我们从整体上看六十四卦的发展，就可以看到"未济"以否定"既济"的方式暗示了**太极易**的思考必须从第二太极返回第一太极（从天地返回乾坤），同时也暗示了"未济"必须返回作为六十四卦开端的"乾坤"，重新开始六十四卦的循环，而这个循环代表的恰好就是永恒轮回！换句话说，易经暗示了**太极易**（未济）既然无法解决哲学信仰的实现问题，它就必须走出哲学史（离开下篇 34 卦），才能真正回归乾坤而实现出永恒轮回。而这正是太极在哲学信仰基础上（但又超越哲学地）把人拉回乾坤的方式！所以，六十四卦以"未济"结束虽然代表了哲学无法凭自身实现其目标，但"未济"向"乾坤"的回归同时暗示太极可以解决这个问题。这种意思不能在"未济"中说出来，因为问题的解决超越了哲学史本身，也不能在前面的"乾坤"两卦中说出来，因为前 30 卦描述的是太极从第一太极发展出第二太极的过程。所以易经只能用"未济"（包括其卦象）巧妙地把我们的目光引回六十四卦开端的"乾坤"两卦，暗示只要处在哲学史最后阶段（未济）的人走出人的历史活动，让乾坤直接把人拉回到乾坤本身，永恒轮回就自然地会从乾坤实现出来。这就是六十四卦循环的真正意义。另外，易经下篇开始于咸（下艮上兑），结束于未济（下坎上离）。咸代表少男追求少女。它的进一步发展就是中男追求中女（未济）。咸和未济的相互呼应暗示哲学和爱情的结合既是历史开端也是历史终点的根本特色。从咸到未济的运动既是发展也是回归。六十四卦的循环自然地包含了从咸到未济的循环，说明太极的永恒轮回把世界哲学史也带入了永恒轮回。这些意思不属于哲学史本身的内容，无法在筮辞中说明，但易经却用卦象表达了出来。一切尽在不言中！

二　结语

易经是独一无二的经典。它用六十四卦和极为简洁的语言概括了太极从始至终的发展。其语言的表达完全不受其时代的限制，因为易经不是描述筮辞中出现的事物，而是用筮辞来描述太极发展过程的特性。从我们对上篇和下篇的分析可以看出，易经对六十四卦的安排实在太巧妙，而其蕴含的意义又不是原始思考能直接明白的。所以我们不得不认为易经就是太极通过人所做的原始自我思考，是人在"知其然而不知其所以然"的状态下写成的，还没有受到人自身思考的影响。这正是易经的可靠性所在。只要人类还能阅读中文，易经就会永远忠实地向我们展示出太极的发展过程。易经是永不过时的经典！虽然单纯地看某卦的筮辞无法完全肯定其真正的意义，但易经与世界哲学史在整体上的契合是我们无法编造的。相反，易经早在几千年前，在世界哲学史刚刚开始发展的时候就已经预言了它的展开方式。正是其"知其然而不知其所以然"的原始思考为我们推演的世界哲学史提供了旁证。为此，我们必须向易经的作者，这位没有留下姓名的大师献上最为崇高的敬意！虽然大师只是默默感受到了太极送出的原始思考，用筮辞描述了朦朦胧胧地体会到的东西，但这样做需要人与太极达到多高程度的合一！只要稍微有一点点分心，体会到的东西就会立刻走样。这样的精神状态是我们现代人难以想象的。正因为原始思考不知道所思之物究竟是什么，才没有在其中加入人的立场和判断，为我们留下了最纯粹地展示太极思考的不朽经典。

这种混沌的原始思考为后代人解读易经造成了巨大困难。几千年来，由于没有人真正悟到易经下篇所思之物，人们把下篇和上篇同样对待，用"以爻解易"的方法解释其爻辞，以致隐藏在下篇中的世界哲学史被完全埋没。然而，只要我们借助从太极射出的灵性之光，就能发现易经隐藏的奥秘。易经就是在中华大地下埋了几千年的一坛老酒。只要我们仔细地清理它沾满泥土的朴拙外表，就会找到盖子和坛体之间那道细缝。一旦我们成功地开启了盖子，就会顿时异香扑鼻。谁喝了在地下埋了几千年的老酒还能不醉呢？易经用酒来代表语言，而易经朴拙的语言就是最浓最醇的老酒，等待着善于品酒的人来共同分享；易经又用鼓缶而歌形容酒神精神，等待着历史长河中的知音来与之唱和；易经更用饮酒来代表回归到混沌神秘的乾坤，等待着有缘人来一起醉入永恒。

第十五讲　论爱情

　　春去春又来，花谢花又开。人生虽然变化莫测，但变中有不变，不变而生变。人和动物的不同，就在于能够体会变化中的永恒。从原始人类把石头变成砍刀，把山洞变成居所，直到人们开始称呼你我，最终通过敬拜神灵统一天地之间的世界，人类逐渐深化了对永恒的理解。突然有一天，人心被至深的本源莫名其妙地感动，在异性的形象中发现了新的永恒，于是人们开始把男女之爱当成神圣，在诸多神灵中加入了永恒的爱神。从此爱情就进入人间，在社会中被固定为婚姻，在婚姻中生长出家庭，通过一代又一代的人类展开了历史的宏伟画卷。正因为太极将其永恒自性投射到人间，实现在男女之爱中，才有了人类的历史。历史要通向永恒，人就必须回归太极。人要回归太极，爱情就必须实现其本质。

一　爱的本质

　　爱的本质就是永恒。变化是事物的常态。但我们却违反常态地希望爱情永恒。这是一件很奇妙的事。生命虽然可贵，但我们仍然可以坦然接受生老病死。真正珍惜生命的人，首先会希望它是有意义的，其次才希望它能长久。一个长寿的人虽然让人羡慕，但却不会因此受人称赞。相反，一个仅仅活了三四十年却燃烧了自己生命创造出伟大作品的艺术家，却会引起我们衷心的称赞和爱戴。显然，生命本身不是目的。生命的意义在于实现出高于生命的事物，而这些事物同样会突破自身现状不断向前发展。所以，我们通常不会拒绝而是欢迎生命中的种种变化。唯独对于爱情，我们唯一的希望就是它能够永恒。当我们祝福一对新婚夫妇时，我们会希望他们事业越来越兴旺，生活过得越来越好，同时希望他们始终相爱如初。生活中有许多感情淡漠甚至相互怨恨的夫妻，最初也都经历过美好的热恋。所以相爱的人要细心地爱护他们的感情，及时发现问题，及时解决矛盾，其目的就是为了让爱情保持不变。也许有人会说，总是不变的爱情最终会让人厌倦而去另寻新欢。其实，让人厌倦的不是不变的爱情，而是两人生活中某些内容的一成不变性。两人生活中的这种单调的，日常的不变性可能会使爱情逐渐失去活力，导致感情逐渐变淡，以至于某些人会去另寻新欢。

所以，需要不断变化的其实是生命而不是爱情。生命的本质在于它是更高事物的基础，所以需要不断超越自己。相反，爱情不是任何其他事物的基础。爱情的意义完全在于自身，因此爱情唯一需要的就是自我同一。有些人认为爱情的发生是为了产生下一代，但爱情产生下一代的目的是什么？是为了通过下一代人的爱情重演自己。因此，爱情首先是为了自己的缘故发生的。这是为什么千古传颂的爱情悲剧通常是无法结合的悲剧，而不是没有后代的悲剧。爱情既然不是为了别的事物发生的，它实现的就是一种最终的意义，所以它的发生总是好的。如果说世界上有什么东西是无条件的善，那就非爱情莫属。在这个世界上，不论什么时候，不论什么地方，不论在哪些人群中，不论他们的家乡祖国、社会地位、党派归属、经济状况、艺术修养、智慧深浅……只要两个男女真心相爱，就没有任何人能对他们的爱情说什么。我们唯一能做的就是祝福他们。如果他们最终分手或者移情别恋，我们就会为他们感到遗憾。爱情不容许有任何破坏发生，不管这种破坏是来自男女自身，还是来自其他男女。世界上有很多美好事物都是兼容的，多多益善，唯独爱情之间无法兼容而具有强烈排他性。这说明爱情的本质就是自我同一性，也就是自性。这种自性拒绝屈服于任何破坏它的力量，因此超越了生命中的种种变化。虽然男女的生命是有限的，但他们的爱情却有永恒的意义，原因就在于永恒是爱情超越生命自我同一的方式。

爱的本质就是自性。这种自性是通过男女合一实现的，因而直接指向阴阳合一的太极。太极（乾坤）就是原始自性，就是原始意义上的爱情。男女之爱就是这种最古老的爱情把自己实现在世界中的结果。所以归根结底，**爱的本质就是太极**。正因为太极是不变而生变的本源，爱情才会以永恒为本质，同时又是新生命的本源。男女只有相互爱慕才能实现太极的阴阳合一，因此太极只有通过感情才能把自己实现在人间。但我们是否可以就此反过来把太极本身当成最古老的爱情呢？太极虽然是最原始的阴阳合一，这种合一毕竟不是通过感情实现的。没有感情的太极能称为爱情吗？

太极虽然没有感情，却并非没有意识。当然，太极最初是没有意识的。阴阳合一只是其自然本性，也就是自己同一自己的本性。老子说"道法自然"，其实大道之所以自然，就因为它是太极阴阳交合之道。太极本身才是最初的"自然"（自然如此，不因他故）。最初的"无名"也不是大道，而是太极本身。太极本无名，因为名（思想）是太极通过大道孕育出宇宙逻各斯之后才产生的。宇宙逻各斯就是太极发展出来的宇宙智慧。太极通过宇宙逻各斯达到了自我意识，把自己思考为"我"，这样太极就有了名。"我"就是太极最早的名，是一切名的起源（因为一切事物都来自太极）。达到了自我意识的太极就是最原始意义上的我，故可称为**太我**。太我没有"你"与之对立，因为太极没有外在于自己的他者。太极不把人思考为"你"而是思考为"我"，但不是纯粹自指，而是有限定的，即"代表我的我"。人作为太我的代表生出到世界中，所以也自称为"我"。人的我分为男女，通过爱情实现出太我的阴阳合一。这就是太极在世界中实现自己的方式。

爱的本质就是太我。太极的阴阳合一虽然不是有意识地发生的，但在太极发展出自我意识之后，其阴阳合一成为有意识的阴阳合一，与男女有意识地发生的阴阳合一相似，故也可称为爱情。不过，这种最古老的爱情虽然是有意识的，但还没有包含感情的因素，因而不是最为发展、最为丰富的爱情。既然如此，就让我们把太极称为最古老的爱，把"爱情"这个含义最丰富的名留给男女之爱吧。这种最古老的爱过于纯粹，以至于其自我同一是绝对的。太极之阳同一了太极之阴，把后者当成就是自己，所以阴阳合一其实是太极自我同一的方式。太极之阳彻底拥抱了太极之阴，后者则完全朝向这种拥抱，毫无保留地献身于这种拥抱。这种拥抱实在太热烈，仿佛热恋中的男人把女人死死抱住，以至于女人完全动弹不得（这其实是在有点笨拙地模仿太极的自我拥抱）。如果太极不是这样绝对地拥抱自己，太极就会散开而消失，一切事物也都会随之消失。但是我们也不必担心，因为太极不像男女那样首先是分开的阴阳，然后才相遇，相爱，最后才合在一起。太极是自己拥有自己的，既是拥抱者又是被拥抱者，既是阳又是阴，所以太极绝对没有散开的可能。太极在其发展出来的太极之象中才把阴阳分离开，又结合起来，通过阴阳的交错组合发展出八卦和六十四卦，形成了完整的太极圆象，由此演化出宇宙生命和人的生命。最后太极把自己的一切丰富多彩的发展又收拢起来，通过男女之爱把自己实现在世界中。所以人只有通过爱情才能最终回归太极，找到"我是谁？"这个问题的终极答案。"我是谁？"是哲学的基本问题，因为思考者是作为我来思考的。但它同时也是哲学的终极问题，因为太极如果要通过哲学实现自我思考，就必然会最终把自己当成"我"来思考。哲学之路和爱情之路密不可分。

二 爱的理想

爱的理想就是成为太我。理想不是现状，而是本质的最终实现。所以，我们可以根据太我来理解爱的理想，而不管这种理想是否已经实现出来。太我的阴阳合一意味着男女互相吸引，互相喜爱。这种异性相吸建立在男女身体的基础上，因为太极把自己的阴阳两极分别浓缩在了男女身体中。这种浓缩最初起源于男女灵魂对乾坤的不同指向，所以灵魂送出的潜在领悟以不同方式组织了男女的生命和心，使异性相吸可以从男女身体上升到男女的我。爱上一个人的感觉，就是觉得她是最真实的我自己（不是最真实的某个我，而是最真实的我自己）。这里没有男女之外的第三方可以客观地判断这种感受是否真实，因为爱情完全是自我成立的，爱情感受为真的东西就是真的。在爱情中男女之我相互认同，不是因为两人符合了某种客观标准，而是因为两人的心相互感受到对方就是最真实的我自己，亦即作为异性的我自己。如果两人都这样感受，那么它就是真的。

爱情是以男女的种种特性为基础的，包括相貌、身形、衣着、声音、举止、风度、性格、生活品位、艺术气质、思想境界，等等。和男女生命相关的特性倾向于互补，和人生境界相关的特性倾向于共鸣，男女才能阴阳和谐地共同生活在世界中。所以，人类文化必须发展男女的阴阳互异性，包括男女在服饰、气质、举止、礼俗等方面的不同特色，否则男女的相互吸引力会越来越弱，爱情就会最终退化为友情，使人类丧失和本源的关联。另外，男女在人生境界方面必须处在同一层次，对人生有共同的理解和追求，才能在人生道路上携手同行。但男女种种特性的互补或共鸣并不直接构成爱情，否则爱情就和喜欢没有根本区别。尽管这些特性是相互吸引和发生爱情的基础，爱情的发生却是奇妙的。只有当男女的相互吸引和相互喜爱不仅发生在种种特性中，而且最终发生在"我"这个层次，使男女的我相互震荡，相互认同，这时爱情才突然爆发出来，并且在爆发之后把男女的我在阴阳合一中聚拢起来，使其种种特性被统一在稳定的互补和共鸣中，使爱情可以超越这些特性的偶然变化（真正爱上某人就不会因为某些特性的变化而放弃爱情）。每个人的灵魂都有独一无二的先天个性（在其相貌和行为中都会有所表现），所以即使某些特性不断变化，这个人始终还是这个人。真正的爱情一定是深入灵魂的，因为在爱情中男女的个性达到了最高的相互肯定。当男女感受到对方就是最真实的（异性的）我自己，就意味着男女在对方身上认出了太我。爱情就这样通过男女之我的相互认同实现出太我的自我同一。

男女之我都是有自性的，因为人的我就是心与生命的阴阳合一。但人的我并不完全是自我成立的，因为我其实是社会性大我的个体化。我发展自我意识的方式就是通过和他人的言谈和交往不断把自己向世界开放，通过种种尴尬甚至痛苦的经验，最终认识到我的自性只是一种局部的有限的自性，是属于大我、依赖于大我才能成立的。我于是努力地在社会中找到自己的位置，通过认同社会来获得社会的认同。但大我只是太极在天地之间的延伸（天志与世界的阴阳合一），而不是太极本身。所以我还必须越过大我才能真正回归太极。就在我沉浸于社会生活，努力成就一番事业的时候，我突然看到了她美丽的形象，听到了她温柔的声音，我一下子惊呆了，心中久被封闭的一道门突然打开了。这是什么呢？一个女人，长长的黑发，彩色的裙子，一切似乎和我相反，但我却这么喜欢这种相反！随着我对她更深入的了解，我开始对她着迷，而且感到和她有心灵上的共鸣，仿佛我们本是一体的，只是分开成了男女。见不到她使我觉得世界黯然无光，听不到她的声音使我觉得世界混浊沉闷。我终于明白她就是我缺乏的那个我，就是我缺乏的自性。这时我才明白一直被我当成我的那个东西竟然是不完全真实的。我是谁？这些年来我都在干些什么？我好像从来没有真正活过。我最真实的我自己在某个地方活着，而我却像孤魂野鬼一样在世界中游荡，还自以为我知道我是谁。这下我陷入了麻烦，因为我丢失了旧的我，发现了新的我，但这新的我却在她那里。于是我想尽办法追求她，用尽了浑身的解数，又是写诗又是干啥的，甚至还指着太阳和月亮发誓，直到我们深深相爱，我才发现爱情其实是自我成立的。爱情把我们拉在一起，让我和她在心中相互认同。我甚至能感受到她心中的感情，而她也有和我相似的体会。我们的心在爱情中是相通的。这使我们所做的事情有了一种自然发生的默契。我不再把她当成"她"，甚至不再当成"你"，而是默默地感受为异性的"我"。我突然明白真正的爱情不知道他者，只知道"我自己"。当然，我们还是众人中的两个人，所以我们还是互相称呼"你"，也对别人提到"她"或"他"，但当我们独自相对时，最贴切的相互感受却是那个默默的"我"。这种我并不是人的我，但又是通过男女之我的相互认同实现出来的。这种我实现在对方身上，但所谓的对方正是最真实的我自己。这就是爱情实现太我的方式。

"我"这个意义最初起源于太我，因此它的终极指向也是太我，但它所组织的却是男女各自的生命，使男女可以自称为"我"。所以，人的我并没有真正实现出"我"的全部丰富内涵，但"我"的终极指向会暗中把男女的我引向对方，使男女意识到所缺乏的自性就在对方，在机缘适当时就发生相互认同而产生爱情。爱情使男女的我从其根源得到了最充分的肯定，把我提升到太我的高度，还原了"我"的原始意义。但太我不仅是自我同一的，而且是包罗万象、我外无它的。这说明爱情要实现的其实是大全。

爱的理想就是成为大全。爱就是把我的反面当成我自己。爱就是差异的同一。所以爱就是大全。最初的大全只有乾坤（第一太极），但乾坤从自身发展出太极圆象，借着太极圆象转生出天地（第二太极），在天地之间生出了人，从而扩展了大全。男女相爱实现了乾坤的阴阳合一，但还没有实现出乾坤的进一步发展。爱情于是进一步发展为性爱。性爱的基础是男女身体所浓缩的太极（上半身浓缩第一太极，下半身浓缩第二太极）。性爱浓缩了太极阴阳交合的发展过程。亲吻浓缩了乾坤的内在运动，是爱情的直接表达。从爱抚乳房到性交则浓缩了第一太极到第二太极的发展（乳房浓缩了太极圆象。性交浓缩了天地合）。女人所怀的胎儿浓缩了天地交合孕育出来的宇宙生命。胎儿生出到世界中就成为婴儿（有限生命的浓缩）。爱情的最终结果就是生出儿女，形成家庭。家庭包括了从父母到儿女的发展过程，是太极在世界中的完整实现。所以家庭就是爱情成为大全的方式。

性爱不但浓缩了太极的发展过程，还浓缩了男女相爱的心（心的感受和欲望浓缩成了身体的感受和欲望）。当男女之我相互认同时，不但可以相互感受对方的感情，甚至可以相互感受对方在性爱中的感觉，使男女身体在性爱中成为自我同一的爱的身体，把男女合一的太我发展到极致。由于性爱把本来在世界中活动的男女身体合为一体，性爱具有极为强烈的排他性，特别是性交所浓缩的"天地合"更使男女觉得"整个世界只剩下了这件事"，从而排斥任何第三者的在场。男女在性爱中遗忘了世上一切事物，在极乐中达到太极阴阳合一的顶点。但在他人眼中世界依然如故：这两个人只是世界中的两个人，他们却自以为整个世界只是为他们的性爱存在的。他人的在场破坏了性爱的浓缩作用，使男女为自己的疯狂举动感动羞愧。这就是为什么当人类充分体会到性爱的意义时，就会让性爱避开他人来进行。另一方面，爱情是通过男女生命的融合实现的。这种融合并不排除男女的生命同时也融入社会。所以爱情不像性爱那样因为被他人察觉而感到羞愧。但爱情的意义是自我成立的；爱情中的男女倾向于把世界仅仅当成两人的世界，所以也可能会引起某种程度的害羞。这种害羞有正面的意义，特别是少女的娇羞，因为少女常常会在其小小心愿中偷偷把爱情当成世界的全部意义,同时又为这种秘而不宣的疯狂想法感到害羞,因此反而显得更加纯真可爱(相反,故意在众人面前大秀恩爱的举动贬低了爱情,因为它把自我成立的事物变成通过他人赞赏或羡慕的目光来获得意义的东西)。

性爱是太极在男女身体之间展开的美妙而又疯狂的想象,展现了太极的纯真无邪、自我同一、自我满足、自我陶醉。性爱是人通过身体实现的最神圣的自我同一活动。但正因为这种活动是完全自我成立的,它只能在男女之间分享,否则它的神圣性就会被他人的目光所破坏,沦为发生在世界中的种种身体运动的一种,失去它本来的意义。然而,在这里我们必须把性爱和身体的美感区分开来。身体美既是性爱的组成部分,又有独立的意义。**美就是太极在感性形象中的自我显现**。特别是女人的身体,因为浓缩了太极之阴而成为最纯粹的美的形象(美本质上是阴性的。太极丰富多彩的发展集中在其阴性部分,阳性部分主要起到推动发展的作用)。如果身体美在恰当的场合,以恰当的方式,对恰当的观者展现,亦即仅仅作为美的形象(而非性爱的一部分)展现出来,它就并不排除他者的在场,因为身体美本质上就是向他人目光(审美想象力)显现的。这就是艺术中裸体美的意义。

性爱是爱情的自然延续,而其自然结果就是父母儿女组成的家庭。儿女又通过爱情和性爱组成新的家庭,把太极的自我生成完整地实现出来。所以,爱情成为大全的完整形式就是家庭的延续。但从爱情到家庭的发展实际上还没有把爱的理想完全实现出来,因为爱情和家庭并没有真的成为太我和大全,而只是把太我和大全(太极的完整发展)投射到世界中来实现。这看上去是一件无可奈何的事,因为太极的发展过程同时也是不断离开本源的过程;越发展就离开本源越远,最后只能在世界中重新实现自己。然而,如果爱情真的能够把太极实现在世界中,太极就可以通过爱情返回自身,这样人就不会因为处在太极发展的末端而失去和本源的直接关联。

爱的理想就是成为本源。爱情成为本源的方式就是从男女回归乾坤,仿佛太极之道(太道)在其尽头直接流回源头。这种回归不是人可以主动实现的,而只能在人类进入历史的最后阶段时,在太极的拉力下实现出来。这个拉力是从最古老的爱发出的，其作用就是要把爱情拉回本源。爱情中的男女无法真的返回到第一太极中去生活，因为第一太极中只有超越一切具体事物的太极圆象。因此，回归乾坤只是意味着男女在爱情中超越了世界中一切具体事物，以超然世间的方式从乾坤直接获得支持。爱情中的男女因此成为尼采曾经（以不完全方式）预见到的"超人"。超人不是指肌肉超级发达、在空中飞过来飞过去的人，也不是指靠强力意志统治世界的人，而是指超然世间、从一切事物的本源出发行动的人。这种人体会到了乾坤的混沌神秘，体会到了乾坤从自身发展出一切事物又返回自身的永恒轮回。永恒轮回使超人当下所做之事获得了永恒重演的意义。这种重演不是在时间进程中把事情再做一次，而是当下正在做的时候就已经通过太极的永恒轮回重演了它，使之具有从本源而来的永恒意义。天地万物将会在永恒的视野中闪耀出全新的光芒。虽然人生活在天地之间，受到良心和法律的合理束缚，但乾志作为最原始的意志是超越天地人、产生酒神精神的意志。当人体会到从乾坤而来的酒神精神，人就可以从本源出发自由地行动，同时顺着太道自然地行动，超越世俗生活的平庸和沉沦，以前所未有的自由和高昂的精神在天地之间演出比古希腊和唐朝更为精彩的历史戏剧。男女在永恒轮回中成为超人，这是爱情成为本源的自然结果。成为本源使爱情从最古老的爱发生出来，又回归到最古老的爱，形成爱的永恒轮回。爱情从乾坤而来，相对于乾坤而言是阴性的。所以，永恒轮回就是乾坤隐含的"从阳至阴，从阴返阳"的回旋运动被释放出来的最终结果，亦即自我成就、自我回旋的太极之道。

爱的理想就是永恒轮回。这是爱的理想最高和最终的形式。爱情的本质不再仅仅是超越时间变化的永恒，而且是超越世间事物的永恒。这种永恒不是静态的，而是太极在自我运动中的永恒。这种运动不断从男女返回乾坤，把乾坤投射到男女中，使爱情保持生生不息的活力，并使性爱成为爱情的浓缩，把爱情和性爱统一起来。当太极通过爱的永恒轮回实现其最终发展，女人就成了爱的化身。成为爱的化身的女人就是女神。这里说的女神不是指能够呼风唤雨、操纵世界的神灵，而是指女人在永恒轮回中被提升到和坤母同一的高度，仿佛从她生出了天地人和宇宙万物，使一切事物都在她容纳万有的爱中和谐起来。尽管古代社会中女人的地位通常比男人低，但古代各民族都有许多关于女神的美好想象。中国萨满教就有三百女神统治天地冥三界的传说。希腊神话中的女神也不比男神低下。然而，与希腊神话中女神的地位相比，希腊女人的社会地位比男人低很多。希腊人把关于女人的种种美好想象寄托在女神身上，却把生活中身边的女人当成本质上低于男人，不配进入男人主导的社会生活。这种奇怪的分裂反映了女人的理想和现状之间的差距。随着历史的发展，女人在社会生活中起到了越来越重要的作用。不但如此，女人潜在地可以超越世界回归坤母，虽然这种理想只有在永恒轮回中才可能真正实现。当然，男人也可以在永恒轮回中回归乾父。所以男女都会从根源上得到更新，更好地实现出各自的本质。男人将更好地发挥太极之阳的同一作用，而女人将更好地发挥其凝聚一切美好事物的潜在能力，因为太极一切丰富多彩的发展都是在太极之阴实现的。太极最终必然要把其圆满性集中体现在女人身上，使太极同于阳而异于阴的矛盾得到解决。所以，尽管女人在现实生活中往往比男人更少超越的理想，更多地关心日常生活，但太极在女人身上寄托的理想其实比男人的理想更为崇高，更为完善，虽然这种理想只有在历史的最后阶段才能开始实现出来。歌德在其诗剧《浮士德》的结尾描述了这种理想。

> 一切无常者，不过是虚幻；
> 力不胜任者，在此处实现；
> 一切无可名，在此处完成；
> 永恒的女性，领我们飞升。

虽然歌德描述的理想是以天主教的圣母崇拜为背景的，但歌德以极为敏锐的诗人目光隐约捕捉到了女人作为爱的化身引导人类超越世间事物，在永恒轮回中回归本源的特殊意义。虽然这个世界的运转看上去主要是男人在推动，但男人做很多事其实是为了女人。在女人追求虚荣和物质欲的时代，男人也会一门心思地只想着赚钱。如果女人的精神境界提高了，男人的精神也会发生相应的变化。从古至今，世界中总有一些奇女子，她们不但有着美丽纯洁的形象、优雅的举止和生活的情趣，而且还有着不平凡的精神和灵气，仿佛把天地万物的美好集于一身。这种女人是自己的艺术家，也是自己的伟大杰作，不像男人那样常常为了创造杰作把自己变成丑陋疯狂的怪物。尼采说过，完美的女人比完美的男人更高级。这在西方东方都是适用的。虽然这种女人很少见，但她们展现的理想对文化的发展有重要的意义。中国古代文化其实一直暗中受到这种理想的引导（文艺复兴到 19 世纪的西方文化也受到了这种理想的引导）。今天的中国人盲目学习当代西方人，用女性美代表商业价值而不是文化精神，无形中掩盖了女性美的真正意义。广告等商业媒介大量地利用女性美不是偶然的事，因为女性美是生命意义的最高象征，可以最好地赋予产品象征性的意义。但女性美作为最富于精神性和神圣性的美，应该在文化发展中起到引导作用，而不是仅仅引导人们追求消费。如果我们的选美不是照搬西方的模式，而是以集中国文化之美于一身的"中国文化小姐"为目标，相信一定会对中国文化复兴起到良好的引导作用。

　　永恒轮回使男女的我被提升到太我高度。这意味着男女的我不再仅仅是大我的个体化，同时也是大我的源头，仿佛男女通过永恒之爱生出了大我。人们将真正体会到天下一家、普天之下皆是兄弟姐妹的境界。人类将因此找到"我们是谁？"这个问题的终极答案。这个问题是历史性的，其答案曾经是原始部落、家族、民族、国家，最终将是太极所生的人类大家庭。当男女找到了"我是谁？"这个问题的答案，"我们是谁？"也就作为从它派生的问题获得了解答。家庭所实现的大全将不再局限于某个家庭或某个家族，而是被扩展到人类大家庭。天下一家就是爱情成为大全的最终形式。

　　天下一家是天治地养的精神基础。只有当人类体会到天下本来是一家，人类才能真正在全球范围内实现天治地养，让人类大家庭中每个人的生活都得到天父地母的支持。反过来，天治地养的实现将使人们获得在大地上活动的充分自由，不必日日为生计焦虑，过多地考虑如何维持生活，这样人类的文化活动就可以获得更为纯粹的发展。天下一家不是一个空洞的概念。什么是家？家就是父母所在的地方。太极就是全人类共同的原始父母，而人间父母只是原始父母在世界中的浓缩和投射。人类自始至终都生活在以太极为父母的大全中，也就是在最大的包罗万象的家中；浩瀚的宇宙就是这个大家庭的后院，其中储藏着丰富多彩的自然万物和无限的智慧，源源不断地，默默地为世界这个前厅上演的历史戏剧提供幕后支持。但人类已经遗忘了自己的原始父母，身在家中却无家可归。当人类进入永恒轮回时，太极作为最古老的，生出人类的爱就可以在男女之爱中被深刻地体会，使人类真正醒悟天下本是一家，真正进入普天之下皆是兄弟姐妹的境界；人类通过各民族所做的历史发展就会最终汇合起来；文化活动将以天下一家为基础统一起来，文明活动将以天治地养为基础统一起来，共同构成太极在大同世界中的自我实现。这就是人类回归太极的方式。所以，天下大同是爱的理想必然包含的成分。永恒轮回的信仰同时也就是永恒之爱和天下大同的信仰，亦即太人合一的信仰。这种信仰就是爱的理想向人类显露的最终形式。爱的理想因此并不仅仅包含男女之爱，而是包含了太极从始至终的发展，因为太极本身就是最古老的爱。

三　爱的现实

不论爱的理想多么崇高，它的实现方式决定了它的现实。爱的理想是成为太我，但它只能从男女的我出发。太极的阴阳是原始自性的两个不可分割的方面，把它们分开来看是没有意义的。但从天地生出的男女却是互为他者，可以相对独立存在的阴阳。男女首先作为两个人活在世界中，然后才相遇，相互吸引，相互喜爱，最后才有可能实现出爱情。所以，除非男女可以克服"互为他者"，否则就无法真正实现爱的理想。但男女凭什么来克服互为他者呢，还是要凭互为他者的男女之我。所以，爱的理想不可能顺利实现出来。这就是爱的现实。

爱情是男女从互为他者到自我同一的一种可怕的冒险。男女被乾坤抛入相互吸引的漩涡，却无法伸手抓住处于彼岸的乾坤。男女不是直接从乾坤而是从天地生出来的。乾志能够直接把握从乾坤生出的太极圆象，却无法直接把握从天地生出的男女。所以，**爱情从一开始就没有从乾坤获得现实的支持**。爱情唯一可以依靠的现实就是男女的我。乾坤在男女心中唤起了相互吸引、相互喜爱的心情，并借着这个心情，在时机成熟时把自己投射到男女中。男女的相互爱慕使互为他者的特性被不断突破，越来越把对方当成是和自己不可分割的，直至男女的我发生相互认同，把对方当成最真实的我自己，这样才能真正超越互为他者的现实，实现出男女自我同一的爱情。

但这种实现方式最终需要男女的我相互认同。这说明为了实现爱的理想，爱情必须达到自我意识。爱情要实现的并不仅仅是太极的阴阳合一，而是达到了自我意识的阴阳合一，也就是太我。除非男女意识到了爱情要实现出的太我，爱情才能达到自我意识，男女的我才能真正发生相互认同，否则就只能相互吸引，相互喜爱，实现出太极的阴阳合一，但无法实现出太我。人类几千年来的哲学史并没有让人意识到太我，所以爱情实现的只是阴阳合一的太极，而不是达到自我意识的太我。换句话说，人类的爱情虽然是男女有意识实现出来的，但爱情还没有真正意识到自己（男女的自我意识并不就是爱情的自我意识）。爱情就像一个自我意识还没有充分发展的孩童，懵懵懂懂地渴望着幸福和快乐，有时快乐地手舞足蹈，有时却莫名其妙地哭泣，但过一会又好像忘记了伤痛，一会儿哭一会儿笑的，不知道自己到底是谁。这就是人类爱情的现实。

爱情到底是谁？这话问得有点奇怪。但如果爱情要实现的是太我，爱情就应该知道"我是谁？"的终极答案。这个答案就在我所爱的人身上。如果我真的能把所爱的异性当成最真实的我自己，我就找到了这个答案。但这只是爱的理想，不是爱的现实。人类爱情的现实只是"我爱你"。你本质上是和我对立的他者。虽然我把所爱的你当成和我不可分割，共属一体，从而实现了太极，但还没有实现太我，因为爱情还没有意识到自己。如果爱情达到了自我意识，就只有我而没有他者。当然，两个人永远都是互为他者的，即使在爱情中这种互为他者也一样成立，只是被男女的自我同一所超越。因此，就算是爱情达到了自我意识，"我爱你"依然可以是表达爱情的一种方式。但真正的爱情超越了两个他者的相互吸引和相互喜爱，而只知道"我"。这种爱情是无法用语言表达的，因为"我"在语言中仅仅用来指说话者，和听话的"你"是相互对立的。所以，爱情的自我意识只能实现为心中的默默感受，即感受到对方是最真实的（异性的）我自己。

这种感受不是任何人想有就可以有的，因为爱情的自我意识需要男女意识到爱情要实现的太我。人类是通过哲学思考认识太极的。爱情因此和哲学密切相关。但二者又有相对独立性。爱情发生的前提是男女对太极的潜在领悟。这种潜在领悟隐含在身体的感受和欲望，身体形象的美感等现象中，隐含在男女生命的相互吸引和相互喜爱中，其最高形式则隐含在爱的情感中。所有这些现象中隐含的潜在领悟都不需要哲学来支持，而是来自男女的身体和灵魂，只是需要通过后天的发展才能真正组织男女的生命，把男女引向爱情。这种潜在领悟融化在它所组织的现象中，而不是作为思想显露出来，是一种潜在的智慧。如果爱情没有这种潜在的智慧，它就不可能把男女拉向对方，使他们难分难舍乃至生死相许。爱情的智慧深过一切智慧，因为它理解的是一切事物的本源和从本源而来的大全。如果我们能把爱情的智慧全部破译出来，哲学的目标也就达到了。但这种智慧对太极的领悟不是直接的，而是间接地潜伏在身体感觉、美感、感情、欲望、行动等现象中。正因为爱情有这种默默的智慧，它不需要哲学帮助就可以把太极投射到世界中来实现（所谓投射是从太极角度而言，从人的角度来看就是男女被莫名其妙地抛入爱情中，日夜思念和情人在一起而无法自拔）。所以，不论哲学如何发展变化，人类都始终在爱情中生活，依靠爱情保持和本源的关联，尽管人们直接观察到的只是爱情而不是本源。

虽然爱情有其自身的智慧，可以独立于哲学把太极实现在世界中，但哲学的发展会影响人们对爱情的理解，而且爱情的最高形式（实现太我）只有在哲学史让人意识到太我后才有可能实现。这里说的哲学首先不是指哲学家的思想，而是太极送出到各民族中的有时代性的思维倾向。这种思维倾向默默地指引着某个历史阶段的人们去从事各种历史活动。所以，当世界哲学史开始时，各种历史活动（包括爱情）才同时在世界中展开。太极在其先天思考中对世界哲学史是有所安排的。世界哲学史的第一个阶段是**易**。**易**对太极的思考使原始人类明白了爱情是本源在世界中的实现，突出了爱情的神圣本质，并集中地体现在世界各民族关于爱神（包括中国的伏羲和女娲）的想象中。但**易**把握的只是太极的宏观发展过程，还没有进入太极的自我意识。**易**的原始思考并没有把太极当成达到了自我意识的太我。因此原始人类的爱情并没有实现太我，而只是实现了太极的阴阳合一，并与太极的发展过程混在一起，实现为爱与性的浑然一体。

在**易**之后的**孔子**时代，人类开始突出太极的自性，但同时思考中心转移到第二太极，突出了爱情实现天地合的意义。**孔子**从我出发通向大我，强化了爱情中的男女之我，使爱情获得了强烈的排他性，使爱情实现自我同一性的意义得到深化，同时突出了男女结合在大我中的核心地位。虽然**孔子**理解的天地合是第二太极而非第一太极的阴阳合一，但前者是后者的直接延续，只是增加了具体事物的内容（天地合则万物生）。**孔子**对爱情的理解包含了阴阳合一的原始自性，只是把它寄托在天地生人中。所以，**孔子**的时代突出了生育和家庭，也就是爱情成为大全的意义。但**孔子**同样没有进入太极的自我意识。爱情所实现的仍然只是太极的阴阳合一，而不是太我。

老子把握了太极阴阳交合之道（大道），但却没有看到乾坤本身，所以没有把大道当成乾坤的自我发展。从**老子**发源的西方哲学史同样看不到乾坤。**黑格尔**和**尼采**分别从偏阴和偏阳的角度把握了太极的发展方式，但没有看到太极本身。**海德格尔**把握了第二太极，但这种把握是从存在出发的，没有揭示天地和男女的对应。总的来说，西方哲学史不理解爱情的本质。这不关乎思考的能力而只关乎思考的范围。西方哲学史从未思考乾坤（**毕达哥拉斯**用数字 1 和 2 间接地思考了乾坤，但这种间接思考没有真正触及乾坤本身）。这是一个很独特的现象，因为西方哲学史的思考涉及从乾坤发展出来的种种事物，唯独不涉及乾坤本身。这并不意味着西方人不理解爱情，因为爱情具有从身体和灵魂而来的默默的智慧，能够独立于哲学而对太极有潜在的领悟，这点在世界各民族都是一样的。所以尽管西方哲学史不理解爱情的本质，西方民族仍然和东方民族一样生活在爱情中。不但如此，西方近代哲学突出自我意识的做法还帮助爱情摆脱了外在束缚，使爱情获得更加自由更加自主的发展。然而，**黑格尔**之后的西方哲学史丧失了宇宙逻各斯，否定了人的先天本性，虽然突出了身体和性，使性爱的重要性得以凸显，但没有把性爱追溯回男女身体对太极的浓缩，更没有追溯回爱情实现阴阳合一的本质。所以，西方人对爱与性的理解在20世纪陷入了混乱，导致同性恋、同性婚姻在社会中的广泛流行。在诸如此类的现象中爱情的智慧陷入无法自我把握的错乱，实现出了和本源正好相反的生活方式，使太极丧失自己到了极点。西方文化在理解爱与性方面的混乱可以追溯到希腊神话的思维方式，但这种混乱在其他文化中也有潜在的滋生土壤，其根本原因就在于爱情无法直接从乾坤获得现实支持，以致人们有可能从爱的源头失落，使爱的智慧陷入错乱。这是人类必须深刻反省的问题。如果爱情连太极阴阳合一的本质都无法实现出来，就更谈不上实现太我了。但我们也不必过于担心。从古希腊开始的西方哲学史实际上已经走到了发展的尽头。当世界哲学史返回中国发展并进入**太极易**阶段时，人类将开始意识到太我。人类的爱情也将在历史的最后阶段被提高到新的境界。太极是不会任由自己在人类中不断失落下去的。

由于人类的哲学史并没有让人意识到太我，爱的理想并没有完全实现。男女之我没有真的形成更高层次的太我，而只是相互吸引，相互喜爱，直至难舍难分。这种阴阳合一的理想虽然高于男女各自的我，以至于在一定情况下甚至可能会让男女自愿牺牲自己来成全这种更原始的自性，但爱情始终只是自我成立的理想，而不是自我成立的现实。如果爱情要获得自身的现实性，它就必须达到自我意识，使爱情成为乾坤在世界中的真实的自我形象，这样才可能被乾坤拉回，从本源获得现实支持。只要爱情还没有获得自身的现实性，它就随时可能会丧失自己，把现实性归还给男女的我，让二者重新回到孤立状态。不管相爱的男女感情有多深，谁也不能保证这种感情会始终如一，因为感情是可能会变化、会转移的。感情的大厦一旦开始出现裂缝，就可能会越裂越大，直至不可收拾而最终崩塌。

相比之下，亲情实际上比爱情牢靠得多。不论世界如何变化，父母儿女、兄弟姐妹的感情始终是牢不可破的，不像夫妻那样可能会变得感情淡漠，甚至最终分离，成为不再有任何关系的陌路人。亲情本来起源于爱情，为什么亲情反而比爱情牢靠得多呢？这不是因为亲情比爱情更浓。男女在热恋中相互献身时，其感情浓度可以说超过世上任何感情，但这种从乾坤而来的感情却无法从乾坤得到现实的支持，因此有可能变淡甚至最终消失。相反，父母儿女、兄弟姐妹之间有着无法切断的血缘关系。这种血缘关系是决定儿女到底是谁的一种不可改变的历史事实，即使父母发生离异也无法改变它。因此，父母儿女、兄弟姐妹的感情具有永恒不变的现实基础。男女的爱情却像是空穴来风，在世界中找不到可以依靠的现实基础。这就是为什么有些夫妻要靠生孩子来维系已经变得淡漠的感情。

人对家乡和祖国的感情与对父母的感情相似，也都有牢靠的现实基础，因为我依靠家乡和祖国才成长为一个人，这是我无法否定的成长经历，即使我后来到他乡生活甚至加入外国籍也无法改变它。同乡和同胞（同祖国）的感情类似兄弟姐妹。虽然这种感情通常比不上亲情强烈，但同样不会随便失去，在适当的时候就会表现出来。这种感情依靠的同样是某种牢不可破的归属关系。相反，爱情是完全自我成立的，因此无法依靠世界中的其他事物获得现实性。爱情唯一能够依靠的现实就是男女的我。但男女的我不是天生就结合在一起，而是自愿结合的。自愿结合也就可能自愿分离。所以爱情虽然是最浓烈的感情，但同时也是最脆弱最容易发生变化的感情。

友情也是自愿发生的，也和爱情一样不需要依靠其他事物，但为什么友情不像爱情那样容易发生变化呢？因为友情只是拉近两个他者的关系，使他们产生比一般人更深刻更稳定的相互理解、相互关怀、相互帮助，其目的并不是要克服"互为他者"（这是只有太极的阴阳合一才能使之发生的）。友情通常建立在一些共鸣特性的基础上，而某些互补特性（如性格、才能等）则可以增加相互吸引力。但不论友情建立在哪些特性基础上，它都不要求两人的我发生转变，进入一种更高层次的自我同一。爱情和其他一切感情的根本不同之处就在于它转变了男女的我，使二者被提升到阴阳合一构成的更高的自性中。这种更高的自性虽然是崇高的理想，但它没有自身的现实性，只能靠男女的相互爱慕之情来维持，一旦男女不再相互爱慕就会发生破裂。所以，爱情的脆弱正是因为它的超凡脱俗。人的一切情感都可以从人所在的世界获得支持，唯有爱情来自一切事物的本源，却又无法直接从本源获得支持。这就是为什么爱情是男女的一种可怕的冒险。

为了降低爱情的风险，人们发明了婚姻。古代婚姻是男女所属的社会对男女结合的承认。这种承认赋予爱情以成为大全的意义，使男女生育后代，形成家庭的过程被纳入大我的自我繁殖、自我延续，使爱情得到从社会而来的祝福和保护。这种婚姻主要通过礼俗实现，属于一种文化形式（虽然违反礼俗的惩罚通常由法律执行）。婚姻可以帮助男女超越感情的易变性而始终相互厮守，共同承担敬拜祖先、孝敬父母、抚育儿女的责任，为儿女进入社会生活铺平道路，并使家庭作为自然发生的政治经济单位参与社会活动。所以，婚姻对社会的稳定发展有重要的意义。社会需要的首先不是爱情本身，而是爱情成为大全，所以婚姻首先是家族之间发生的事情，而不是男女个人之间的事情。男女的感情并不直接影响社会，但男女如何结合、生育、抚养和教育儿女，参与政治经济活动等直接决定了社会的发展。这是为什么古代婚姻（不论东方还是西方）都主要是由父母为儿女安排的。父母最清楚什么样的婚姻能够让家族很好地延续，得到社会的良好接纳，让后代容易在社会中立足。父母为儿女所做的这些考虑同时也是社会所需要的。所以男女感情就被推迟到婚后生活中去慢慢培养。由于古代社会的大我是由礼俗构成的，婚姻的过程变得很讲究。例如中国古代的婚姻一般要通过纳采、问名、纳吉、纳征、请期、亲迎六个步骤才能完成。媒人作为两个家族的第三方起到了代表社会撮合男女的作用。所以缺乏媒人的婚姻不容易被社会接纳。但真正的决定权仍然在父母手中，因为父母代表的是本源，可以使爱情间接地获得来自本源的现实性。父母成就儿女的婚姻，就相当于把自己的婚姻延续到儿女中，构成了婚姻的自我延续。这就是古代婚姻实现爱情"成为大全"之理想的方式。

古代婚姻在降低爱情的风险方面应该说是比较成功的。中国古代的婚姻其实并不忽略夫妻的感情，只是把这种感情寄托在婚后相濡以沫的恩爱生活中，而不是作为婚姻的前提。这种婚姻让夫妻感情以社会赋予婚姻的意义为基础，纳入到亲情的网络中来发展，所以比较稳定而不容易破裂。从爱的理想来说，爱情的意义是自我成立的，成为大全是爱情的发展而不是其前提。所以，真正理想的情况应该是从爱情到婚姻，从婚姻到家庭。但由于爱情没有自身的现实性，而家庭则通过血缘关系、社会关系、参与政治经济活动等获得了牢固的现实性，所以爱情就反过来从"成为大全"获得现实性。男女的感情在爱的现实中降到了从属于家族发展的地位。因此古代婚姻没有很好地实现爱情自我成立的意义。中国古人心中的爱情理想其实是突出爱情自我成立的意义和男女感情的。这在关于爱情的故事、传说、诗歌、小说、戏剧等中都有很多表现。但爱的理想和爱的现实是两回事。

在现代社会，由于人的自我意识被突出，爱情摆脱了从属于家庭和社会的地位，获得了自由发展的空间，使爱情的自我成立被突出为首要意义。主要依靠传统礼俗形成的古代婚姻被转化为纯粹由国家法律认定的现代婚姻。礼俗婚姻是赋予婚姻以意义的一种文化形式，其约束力主要来自人心对婚姻和家庭意义的共同认可，即使法律的惩罚手段也是根据这种意义设立的。现代婚姻则纯粹通过法律规定的权利和义务、财产共享等等赋予爱情以现实性。这种现实性是通过政治经济实现的第二太极（天地）的现实性，而不是第一太极（乾坤）的现实性。现代婚姻因此把爱情纳入到文明的体制中，把婚姻实现为男女之间的一种受到国家保护的契约关系。尽管现代婚礼仍然在一定程度上起到礼俗的作用，但它已经不是现代婚姻的核心和必经程序，因为只要履行了法定的登记手续就是合法夫妻；反之，即使举行了婚礼但没有履行登记手续，就仍然是不合法的婚姻。所以，现代婚姻不再是一种文化形式，缺乏古代婚姻的文化意义，丧失了婚姻从本源而来的神圣性。男女阴阳合一是本源在世界中的实现，是婚姻文化最重要的核心，但现代法律只看到抽象的自由个体，不理解男女差异的意义。现代政治经济是纯粹现实的文明形式，而不是实现意义的文化形式。它不理解意义而只理解权利和义务、自由和平等、财产和利益。这是为什么文化附属于文明的西方现代社会最终发展出了"同性婚姻"这种完全否定本源的东西。现代婚姻在保障男女的结婚和离婚自主权、男女平等、防止家庭暴力、合理共享财产等方面比古代婚姻有了很大进步，为男女在感情基础上的自由结合铺平了道路。但它赋予爱情的现实性缺乏深厚的文化基础，而主要是一种外在的契约式保护。爱情终究是要自我成立的。如果男女以为结了婚就可以用权利和义务约束对方，就可能会使爱情逐步退化，使相互奉献、相互关怀仅仅成为必须履行的职责，而不是出于感情心甘情愿做的事情，最终使婚姻变成男女的互相利用和互相牵制。男女应该主动尽自己作为丈夫或妻子的责任，但却应该避免用这种责任相互要求，否则就可能把爱的关系转化为普通的互为他者关系，导致感情越来越冷淡，剩下的只是被动地履行婚姻的职责。爱情需要主动的行为。即使对方做得不好，我也要努力做好。一方努力做好会引发另一方去做得更好。如果确实希望对方做什么，可以坦白温和地告诉对方，但应该避免套用现成的权利和义务观念去要求对方，否则两人的心就会越离越远了。

爱情的最初发生是乾坤把自己投射到男女中的结果，因此它的发生使男女被拉出日常生活的单调节奏，带入瞬间的狂喜，体会到一种超然世间的时间性，甚至隐约瞥见了永恒。这种超然的时间性是无法度量的，因为它从第一太极而来，混沌神秘，没有具体特性。热恋中的男女常常不知道时间在流逝，就是因为这种混沌神秘的时间性超越了日常可度量的世界时间。但当男女开始步入婚姻，面对婚后的日常生活时，日常时间又开始恢复其主导地位，而那曾经一度体验的超然世间、让人进入瞬间狂喜的时间性就越来越难体会到了。乾坤把自己投射到世界中，把男女拉到一起，然后就把剩下的事交给了天地，让男女在天地之间的共同生活中建立家庭，抚育儿女，好接着在儿女中重新投射自己。由此看来，爱情是第一太极的事，婚姻却是第二太极的事。从爱情到婚姻，是从第一太极发展到第二太极。如果夫妻始终能保持爱情的活力，虽然不再有那么多狂喜，还是能让婚姻成为爱情的自然归宿，并在其中开花结果。反之，如果夫妻逐渐失去爱情的活力，全身心地只是应付日常生活，爱情也许就会在单调重复的日子中逐步凋谢。

这就是为什么人们常说婚姻是爱情的坟墓。这句话其实不适合古代婚姻，因为古代婚姻的爱情是在婚后生活中逐渐酝酿出来的，相濡以沫，日久情深。古代婚姻作为文化形式浸透了浓浓的意义。夫妻恩爱、琴瑟和谐、白头到老是被极力推崇的理想，这就为感情的稳定发展提供了一个基础。现代人在恋爱方面有了充分自由，在发生感情后再选择进入婚姻，但浪漫的感情在婚后突然必须面对共同生活的现实问题，使一些没有心理准备，仅仅凭着感情冲动结婚的年轻人感到无所适从。古代礼俗社会在做人方面从小就有系统训练，所以新婚夫妇对于如何在家庭中共同生活有比较充分的准备。现代社会仅仅靠法律维持，让人觉得只要不伤害他人，什么样的行为举止都没关系。但男女从浪漫感情走入婚后生活时，才发现原来做人有许多讲究。由于社会没有形成良好的婚姻文化，新婚夫妇只能在相互碰撞中尝试形成和谐的家庭生活，常常要在碰得鼻青脸肿后才摸索出一点门道，而感情在这个过程中可能已经冷淡了下来。这样婚姻就确实可能会变成爱情的坟墓。现代人自我意识的突出使爱情能够更好地实现自我成立的意义，但这种自我意识并没有被提升到爱的自我意识层次上，而依然是两个人的自我意识，同时又缺乏良好婚姻文化的支持，因此很容易相互冲突，产生自我和家庭的矛盾。如果男女真心相爱，经过深入相互了解后走入婚姻的殿堂，就有可能使爱情获得巩固。但如果爱情本来不够坚定，或者相互了解不够深入，或者一开始就掺杂相互利用的动机，婚姻就可能成为外在形式，最终发生变故。总的来说，现代爱情比古代爱情获得了更加自由、更加自主的发展空间，但现代婚姻的现实性仍然是外在于爱情的。爱情仍然没有从本源获得自身的现实性。

四　爱的悲剧

阴阳本来是一体，一旦分开难再聚。这就是爱的悲剧。所谓悲剧，就是太极无法完全把握自己发展出来的东西。第二太极的悲剧就是天父地母无法完全把握所生之人，以致人的生命随时可能从天地脱落而死亡。第一太极的悲剧则是乾父坤母无法完全把握自己在天地之间的自我生成，只能任由男女在爱情中冒险。所以人生有两大悲剧：死的悲剧和爱的悲剧。

悲剧并不是人生悲观的理由，因为它只是太极发展过程的不完善。本来太极就是因为不完善才要不断向前发展。人生的意义就是在不完善中追求完善。虽然人随时可能会死，但人就是要在这种时刻悬临生命的威胁中创造奇迹，实现自己独一无二的历史使命。正是在这种勇敢地面向死亡的生活中，我们必死的生命才获得了超越自身的意义。同样，我们就是要在爱情无法直接从其源头得到支持的艰难处境中追求爱情的永恒。但是爱的悲剧不像死的悲剧那样可以仅仅凭着自我超越去面对。爱的悲剧要复杂得多，因为爱情不是我一个人的事。如果爱情仅仅是我的作为，再危险再艰难也能坚持到底。但爱情牵涉两个人。即使我完全坚定不移，又岂能保证情人之心不生变故？如果爱的理想仅仅是阴阳合一也就罢了，但爱情最终要成就的是太我。如果爱情不知道自己是谁，太我如何能成立？没有自我意识的爱情无法自我保护，常常莫名其妙地和自己闹别扭，忽喜忽悲，忽聚忽散，始终都有可能阴阳分裂而香消玉殒。即使社会通过婚姻给予保护，爱情的自我同一终究不能靠外力实现，反而有可能发生退化。所以，虽然爱的理想是花好月圆，爱的现实却是悲欢离合。

爱的悲剧在于它的理想和现实不在同一个层次上。任何人类活动在理想和现实之间的差距都是同一个层次上的差距，可以不断去缩小，甚至使之消失。唯独爱情，因为它要实现的自我同一超越了天地，直接来自乾坤，但又只能依靠在天地之间生活的男女来实现，所以只能在理想和现实的先天断层之间运作。正因为爱情的理想是最崇高的理想，它在世界中缺乏与之相匹配的现实。这种崇高理想的破灭因而是致命的。爱情既能带给人生最大的快乐，也能带给人生最大的痛苦。爱情可以让男女相互吸引、相互喜爱到这样的程度，仿佛两人已经合成一体，但这种自我同一仍然是理想而不是现实，因而随时都可能出现裂痕。爱情是生命之树上最美的花朵，同时也是整棵树离根最远最为娇弱的部分。君不见，情人的眼泪说落下就落下，如同突然爆发的喷泉，让人完全措手不及。君不见，多少热恋的男女最终相互伤害，多少新婚夫妇经历痛苦的磨合；婚礼曲终人散之时，正是现实生活开始之际；多少坎坷在等待着你们，要在一开始就有充分估计！

这里有一个很奇怪的现象，就是夫妻难以像朋友那样相处，常常为了一点小事就吵得不可开交。既然爱情比友情更深厚，为什么相爱的男女反而比一般朋友更难以相互宽容？因为男女对爱情的自我同一本质都有潜在的意识。在这种意识中，男女看对方的角度都是"如果我是你，我就会这样行动"，而一旦对方不是如我期待的那样行动，就会感到不和谐，爱的心情就会开始动荡，并直接外化为不满的语言。男女在热恋时，乾坤把自己投射到男女的心中，所以两人对爱情的意识是很接近的，这样两人从相似的爱情意识出发行动，自然而然地做出让对方喜欢的行为。但婚后男女主要面对的是在世界中的共同生活，两人对爱情的意识就主要来自两人的成长背景、生活经历、生活习惯等各种世界性因素，而不是直接来自爱情的源头。男女常常会固执自己对生活的习惯意识，潜在地期待对方符合这种意识，所以只能通过表达不满来沟通，经过各种冲突来实现磨合（如果把不满压抑在心中不表达出来，实际上可能会积累出更大恶果）。爱情没有达到自我意识，所以它无法让男女从同一种爱的意识出发相互协调，自然而然地磨合起来，而只能磕磕碰碰地磨合。夫妻吵架就是爱情在笨拙地自我调整。调整的过程常常会自我伤害。人们对友情的意识却没有这种"如果我是你，我就会这样行动"的期待，因为友情并不把两人的我带入更高层次的自我同一。亲情比友情的同一性高了一些，因为亲情以某种方式分享了夫妻的自我同一。但这种分享是由血缘关系保证的，不是人为建立的。归根到底，只有承担了自我同一的夫妻才需要磨合。所以，夫妻可能会因为生活小事就陷入争吵。在这方面尽可能宽容、不苛求对方是很重要的。男女都应该放开胸怀来完全接受对方，同时自觉自愿地做出变化来配合对方。不要太执着于生命成长过程养成的固有习惯，因为生命本身就是应该被超越的。不要把偶然爆发的一些小争吵看得太认真，只要不是原则问题，就属于正常的沟通。但如果男女没有更高境界的共同追求，眼睛仅仅盯着日常生活的琐事，就可能会为各种无聊的冲突耗费无数精力，最终使家庭成为随时可能发生战争的地方，而不是人生最温暖的避风港湾。女人在这方面更应注意开拓人生的视野，提高精神文化的修养，不要过分执着于生活琐事，同时应该充分发挥女人温柔的力量，这比吵闹更能征服男人的心。男人则应该理解女人倾向于把家庭看成大全，对家庭生活的细节总希望做到完美，这是爱家的行为，应该努力地给予配合，同时应该学会如何爱护和保护女人。说到底，你争我斗属于外面的世界，阴阳互补才是夫妻和谐之道。

爱情虽然没有达到自我意识，却已经有了默默的意识，所以男女有时会被爱情感动而忘记伤痛，重新和好如初，仿佛伤痛未曾发生。但男女的心终究相互隔绝，相爱的心无法相互感应，只能从外在表现来判断。这样相互误解可能会越积累越多，越解释越不清楚，最终成为任何人都理不清的一团乱麻。当男女在爱情中陷入纠缠不清的矛盾时，没有任何第三方可以帮助他们。外人的介入最多只能迫使两人克制，但无法从根本上解决问题。如果世界上有爱情法庭，男女之间的大部分相互指责都会被判为无效，因为法庭的调查会发现两人本来都是爱对方的，只是缺乏恰当的沟通，乃至误会越来越多。法庭还会判双方都有错，而不像两人认为的那样过错只在对方。但自我成立的爱情岂能容许法庭的外在力量介入？所以爱情很容易陷入孤立无援的困境。当男女在相互不理解和不信任中陷得太深时，每个人都把自己的主观立场当成唯一正确的立场，每个人的话到了对方耳中都会被扭曲。当男女处在这种状态时，真的是叫天天不应，叫地地不灵。这时候男女特别需要理性和克制，用理性的客观来超越感性的主观，用理性的冷静来超越情绪的动荡，才能避免由于主观情绪化而导致矛盾进一步恶化。当然，说起来容易做起来难。最好的办法就是两人都不再纠缠于根本不可能有结果的争论，用主动的包容和关爱来平息爱情的自我伤害。

爱的悲剧就在于男女应该成为一体，但又没有真正成为一体，所以爱情无法完全把握自己，只能任由男女去冒险。在这种冒险中，男女学会了关心、宽容、体谅、克制、反省，学会了共同生活的艺术，学会了区分轻重缓急，学会了为家庭负责……。爱情的悲剧并不意味着爱情没有意义。正如我们可以在必死的生命中实现出生命的意义，同样，我们也可以在爱情的悲剧中，在它随时可能发生变化的现实中追求它的永恒。不论世界如何变化，生活如何动荡，外在的反对势力如何强大，爱情总是倾向于保持自我同一，顽强地与一切破坏它的事物搏斗。正是在这种搏斗中，爱情才闪耀出她最美的光华。世界上有不少可歌可泣的爱情向我们展示了这点。但爱情的悲剧并不因为爱情的伟大而消除。这种悲剧不断地表现在世间男女中。有多少男女能够始终保持爱情新鲜的活力？有多少夫妇在结婚后爱情逐渐退化、变质，直至最后勉强维持？如果爱情有自我意识，那么爱情就会保护自己，在感情变淡时自发地激活感情，在相互疏远时自发地聚拢男女。但事实并非如此。

其实爱的悲剧在爱情发生前就已经在起作用了。爱情来自最古老的爱，但男女与之相距遥远。这个最古老的爱如何编织男女的缘分是深不可测的奥秘。爱情既然是男女的一种自由冒险，就无法事先知道答案。爱情的诡异之处就在于我爱的人可能不爱我，爱我的人我可能不爱。男女既然互为他者，爱情有时就可能会仅仅发生在某个男人或女人心中，对方却不知道，或者知道了而不响应，以致世间有不少单相思的痴男怨女。还有一种爱的悲剧是更加令人绝望的，就是根本找不到所爱的人，而只能孤独地等待，让青春随风飘逝。陷入单相思的人至少还可以抱有一丝希望，即使没有这种希望，至少还可以在心中体会到爱情的幸福，或者在文学艺术中表达出来，或者默默地带入坟墓。但世间并非每个人都能找到可以真心爱上的人。如果一个人对爱情本来不十分向往，对爱的意义没有什么深刻的体会，那么这样的人找不到所爱的人就不是真正的悲剧。有些人甚至是自愿地选择了孤独的生活。这些人当然更不成问题。然而，如果一个人对爱情有深刻的理解和向往，却无法找到爱情的归宿，这种孤独就不是任何努力能够消除的。这种无奈不是被某个异性吸引而又被拒绝，而是被爱情吸引但又被爱情拒绝。这就是爱情中的孤独者面临的悲剧。虽然太极在冥冥之中为男女编织了先天的缘分，但太极无法完全把握男女的心，因此缘分是否能顺利实现还是要取决于男女的努力。不但如此，作为太极在世界中最原始的活动，爱情是历史发展的一条主线。因此男女的缘分具有和人类历史相关的极端复杂性，不是被抛入爱情漩涡的男女能够随便猜度的。归根到底，爱情不仅是男女的冒险，而且是太极的冒险。爱情是一种神秘的命运。

邓丽君的音乐和人生深刻地展现了爱情的意义和神秘性。邓丽君在其短暂的一生中演唱了无数的爱情歌曲，展示了一个柔情似水的中国女人对爱情的深刻理解和向往。这种理解并非空穴来风，而是深深植根于中国传统文化。从易经到孔子的中国古代哲学把男女结合当成一切事情的开端，直接与乾坤和天地相关联，为中国人理解爱情、婚姻和家庭的意义奠定了深厚的基础。虽然易经和孔子的灵性在后儒手中逐步变得僵化，但男女结合在中国文化中的核心地位始终不变。所以，在民国破除了宗族制度对自由恋爱的束缚后，中国传统文化对爱情的理解并没有失去，而只是更加突出了男女自我意识在爱情中的意义，使爱情获得更为自由更为自主的发展。爱情不需要哲学的支持就可以实现太极的阴阳合一，但中国传统文化对君子淑女理想的推崇，以及对爱情充满温情和诗意的理解可以让爱情得到升华。邓丽君不但很好地继承了传统文化中的这种温情和诗意，而且把如水的柔情、如画的诗意在音乐中升华为爱的理想，通过美妙的歌声源源不断地流入芸芸大众的心。

邓丽君演唱的爱情歌曲具有其他爱情歌曲很少有的纯粹性，因为其中只有两个人，一个是唱歌的女人，一个是听歌的男人；男人觉得这些歌是专门唱给他听的，女人觉得自己就是那个唱歌的女人，专门唱给自己心中的男人听。这种爱情歌曲直接出于心入于心，不经过任何其他中介。这看上去似乎是爱情歌曲的普遍特点，其实不然。只要我们对比一下邓丽君的爱情歌曲和其他爱情歌曲（包括流行歌曲、民歌和艺术歌曲等各种类型），就会发现世间其实很少有这种只唱给情人听的歌。有些爱情歌曲有深厚的感情，但并不是唱给自己的情人，而只是在抒发内心的情感（听众是谁不重要）。有些歌曲在形式上是唱给情人听的，但其实是在听众面前表现自己的感情（这里的微妙区别主要在于唱者用心、用情、用声的方式，而不仅仅在于歌词）。更有一些爱情歌曲通过歌唱爱情来展现某种艺术风格、个人气质、社会风尚或人生立场。总之，很多爱情歌曲不是直接唱给情人听的，而是经过了其他因素的中介，带有强烈的表演性质，而邓丽君的爱情歌曲让人感觉到的只是"我们俩"，仿佛世界上只有"我们俩"。这种直接贯通男女的心，完全排斥旁观者的抒情看上去很容易，其实是最难的，因为人们已经习惯了情感的表演，以致最愿意"仅仅唱给情人听"的时候还是常常无法做到（虽然可能自以为做到了）。这种直接"从我心入你心"的爱情歌曲并不是歌曲表达爱情的唯一形式，也不见得是最有艺术性的形式，但它出自一个中国女人对爱情最深刻的理解和向往，除了向情人的心直接倾诉外就没有其他复杂的想法，反而因此有了独特的魅力。这种排斥了一切旁观者、纯粹发生在男女之间的情感交流正是爱情自我同一的方式。邓丽君是如此专注于把内心最真实的情感向想象中的情人唱出来，以至于她不刻意追求艺术风格或标新立异，几十年如一日地向心中的情人倾诉心声。这并不意味着她对歌曲的艺术性没有下功夫。据熟悉邓丽君的人透露，虽然她对人很亲切随和，毫无明星架子，对歌唱却严肃得像个学者。"绝对不能掉以轻心"，这是她常常对身边工作人员说的话。她在体会歌曲意境、练习歌唱发音、提高音乐技巧等方面下的苦功是外人很少知道的。她还随身携带一本字典，得闲时就不断练习国语准确发音，并经常对着镜子练习咬字和口型。看上去很轻松地唱出来的歌，其实不知道经过她多少辛苦的钻研和磨炼。当我们听到那些行云流水、浑然天成的歌声时，我们感觉不到她在艺术上下的苦功（仿佛她天生就可以这样唱），只感受到她心中的感受。这正是爱情歌曲的最高境界。

邓丽君的爱情歌曲仅仅从我心入你心，似乎会显得狭窄，缺乏宽广的社会意义。但事实恰恰相反。人们不但不觉得这些歌曲意境狭窄，反而觉得它们和谐了大千世界，让人心在世界中找到家园。每当有人放出邓丽君的歌曲，周围的人会不知不觉地感到彼此拉近了距离。为什么会这样？因为爱的情感并不仅仅关乎男女两个人，而是来自一切事物最深的本源，潜在地具有和谐万物、凝聚人群的作用。当然，并非一切爱情歌曲都会有这种作用。只有当歌者对爱的理想有深刻的体会，而且能够发自内心地展现在音乐中时，才能让这种理想如同金色阳光照耀世界，使世界中一切事物都被笼罩在和谐的光辉中。其实邓丽君的歌曲并非总是展现爱的欢乐，也有很多是展现爱的悲伤、痛苦、无奈、叹息、埋怨、失望……但即使邓丽君唱出这些感受时，人们还是觉得很优美很和谐，而不会感到不舒服，因为即使这些失落的感受都还是从她对爱的理想那永不放弃的向往中唱出的，因此不会过分夸大个人的痛苦，把爱情歌曲降格为个人烦恼的发泄。所有的悲伤、痛苦、无奈、叹息、埋怨、失望……都只是在述说爱的理想和爱的现实之间的差距，不是为了否定理想，而是为了理想无怨无悔地继续寻找，继续等待（这是人对理想能够采取的最高贵的态度。人们常常觉得邓丽君的歌曲柔情似水，如同清澈的小溪。但在《爱的理想》这首歌中，邓丽君却从柔情一直唱到了高入云天的激情）。邓丽君歌曲抚慰人心的魅力还来自她的中国文化修养。邓丽君特别喜欢唐诗宋词。她的演唱风格融合了唐诗的含蓄优雅和宋词的多情浪漫（还融合了《诗经》情感表达的天真无邪，朴实真挚）。邓丽君从小受到中国传统戏曲和民歌民谣的熏陶（在日本时还吸收了演歌的深情哀婉），因此其演唱很容易进入中国人的心灵。邓丽君的品格在这里也起到了重要作用，因为她不但有中国传统女性的端庄典雅、温柔贤淑，还有一颗充满善良和爱意的心。邓丽君的歌曲没有一丝颓废的气息，永远充满生生不息的人间真情，所以总是如同春雨滋润人心，也总是能把社会各阶层的人们凝聚在一起。当然，这些歌曲并没有故意要把人们拉近，更没有表达人类大家庭的爱，但通过邓丽君柔情似水的演唱，这些仅仅述说男女感情的歌曲依旧使人们感受到一种弥漫在周围世界中的和谐，不知不觉地消融了人心之间那道无形的屏障。

如果我们仅仅把邓丽君当成一个成功的流行歌手，就无法看到她的音乐人生的独特之处。如果她的才能不在音乐，或许她会用其他方式（例如诗歌）来表达她对爱情的深刻理解和向往，并且会同样获得成功。邓丽君首先是一个爱的使者，而歌唱的才能是伴随这种天命的一种天赋。就在中国大陆经历了十年"文化大革命"，开始从阶级斗争的硝烟中走出来，走向改革开放和经济建设的时候，邓丽君的歌曲穿过漫长的台湾海峡，进入到大陆千千万万人民的心中，虽然几次被官方作为"靡靡之音"加以禁止，最终还是冲破一切阻力，响彻了中国大陆的每个角落。文革彻底粉碎了中国传统文化中一切温情脉脉的东西，甚至连西方文化对爱情的描述也被当成资产阶级的东西加以排斥。在全民皆兵，以阶级斗争为纲的氛围中，人们的"强力意志"被极度放大，男女都穿着相似的革命服装，唱着同样的革命歌曲，投入同样残酷激烈的内斗，使男女完全失去了阴阳和谐，同时也彻底破坏了中国女性的淑女风度（其遗毒至今仍然潜在地在发挥作用）。在这种氛围中，男女结合仅仅是同志般的战斗情谊。中国传统文化对爱情的理解从根处受到了破坏。当这种过于粗暴，缺乏阴阳和谐的阶级斗争氛围突然散去时，邓丽君温柔的歌声使人心重新找回了纯洁和美好。人们从献身大我但又相互伤害的历史走出来，发现个人其实并不那么渺小，而是可以在男女之爱中得到升华，发现我可以越过大我进入另一种自我同一的境界。人们突然发现原来人心中有这么纯洁这么美好的情感，发现歌唱不仅可以表达阶级感情，更能表达人心中一些最自然最真实的感受（邓丽君的演唱方式因此启发了整整一代中国歌坛）。邓丽君就这样在中国大陆播下了无数的爱情种子，以至于一位大陆学者曾经坦白地承认"邓丽君是我们那代人的爱情导师"。男人简单的头脑需要女人来教导他如何去爱。男人只知道自己要什么，不知道女人要什么，所以追求女人时常常不得要领。女人既知道自己要什么，也知道男人要什么。所以男人需要女人温柔地告诉他"你要这样爱我，懂吗？"邓丽君的歌曲唱尽了中国女人对爱情的深刻理解和向往，展示了永恒的中国女性美。所以不论男女都从中得到了熏陶，受到了情感的教育，使传统文化的精神在中国大陆发出了新芽。令人遗憾的是，邓丽君终其一生都未能踏上她用似水柔情滋润过的这片曾经极度干旱的土地。

邓丽君的一生有过多次恋爱经历，但始终没有办法步入婚姻。她几次接近婚姻时都被命运打击而终告失败。或许，正是对爱情的这种不断追求又找不到归宿的经历，使她把爱的理想寄托在歌声中，唱出了无数抚慰人心的妙曲天音。爱的使者在爱的现实中不断受挫，只好把爱的理想不断地唱出来，这或许就是最古老的爱的巧妙安排。尽管邓丽君在歌唱事业中获得了极大的成功和荣誉，得到世界各地华人经久不息的热爱，但在她五彩缤纷、繁花似锦的音乐人生背后，隐藏着不为人知的可怕的孤独。更为可怕的是，爱的使者在把爱情的种子撒到人间，抚慰了亿万中国人的心灵之后，却在年仅42岁时就因为哮喘病突然发作而在泰国清迈离开人世，临终时没有任何一个亲朋好友在身边。在从酒店送往医院急救的路上，呼吸极度困难的邓丽君只能用非常微弱的声音呼唤"妈妈，妈妈……"这个内心充满了善良和爱意，为爱的理想歌唱了一辈子的女人，离开世界的方式竟是这样孤独、痛苦和无助。邓丽君没有辜负爱，爱却辜负了邓丽君。爱的悲剧充满了让人难以猜度的神秘。

邓丽君离开人世之后，母亲在整理女儿遗物时发现了她写在记事本上的一首诗。通过这首诗，人们才终于在云雾缭绕的妙曲天音背后，听到了被爱辜负的使者内心深处的声音：

> 往事不堪思，世事难预料。
> 莫将烦恼著诗篇，梦短梦长同是梦。
>
> 一切都是为了年少的野心，
> 身世浮沉雨打萍。
> 天涯何处有知己？
> 只愁歌舞散化作彩云飞。
>
> 一切都是为了如水的柔情，
> 不妨常任月朦胧。
> 为何看花花不语，是否多情换无情？
> 烛火无语照独眠，爱情苦海任浮沉。
> 无可奈何花落去，
> 唯有长江水默默向东流。